T0373208

LOEB CLASSICAL LIBRARY

FOUNDED BY JAMES LOEB 1911

EDITED BY

JEFFREY HENDERSON

POLYBIUS

III

LCL 138

POLYBIUS

THE HISTORIES

BOOKS 5–8

TRANSLATED BY

W. R. PATON

REVISED BY

FRANK W. WALBANK

AND

CHRISTIAN HABICHT

HARVARD UNIVERSITY PRESS
CAMBRIDGE, MASSACHUSETTS
LONDON, ENGLAND
2011

First published 1923

Revised 2011

Library of Congress Control Number 2009937799
CIP data available from the Library of Congress

ISBN 978-0-674-99658-8

*Composed in ZephGreek and ZephText by
Technologies 'N Typography, Merrimac, Massachusetts.
Printed on acid-free paper and bound by
The Maple-Vail Book Manufacturing Group*

CONTENTS

THE HISTORIES OF POLYBIUS

ΙΣΤΟΡΙΩΝ ΠΕΜΠΤΗ

1. Τὸ μὲν οὖν κατὰ τὴν Ἀράτου τοῦ νεωτέρου
στρατηγίαν ἔτος ἐτύγχανε διεληλυθὸς περὶ τὴν τῆς
Πλειάδος ἐπιτολήν· οὕτως γὰρ ἦγε τοὺς χρόνους
2 τότε <τό> τῶν Ἀχαιῶν ἔθνος. διόπερ οὗτος μὲν ἀπετί-
θετο τὴν ἀρχήν, Ἐπήρατος δὲ παρελάμβανε τὴν τῶν
3 Ἀχαιῶν ἡγεμονίαν· Αἰτωλῶν δὲ Δωρίμαχος ἐστρατή-
γει. κατὰ δὲ τοὺς αὐτοὺς καιροὺς ἀρχομένης τῆς
θερείας Ἀννίβας μὲν ἐκφανῶς ἤδη τὸν πρὸς Ῥωμαί-
ους πόλεμον ἀνειληφώς, ὁρμήσας ἐκ Καινῆς πόλεως
καὶ διαβὰς τὸν Ἴβηρα ποταμὸν ἐνήρχετο τῆς ἐπι-
4 βολῆς καὶ πορείας τῆς εἰς Ἰταλίαν· Ῥωμαῖοι δὲ Τιβέ-
ριον μὲν Σεμπρώνιον εἰς Λιβύην μετὰ δυνάμεως,
Πόπλιον δὲ Κορνήλιον εἰς Ἰβηρίαν ἐξαπέστελλον·
5 Ἀντίοχος δὲ καὶ Πτολεμαῖος ἀπεγνωκότες τὰς πρε-
σβείας καὶ τὸ λόγῳ διεξάγειν τὴν ὑπὲρ Κοίλης Συρίας
ἀμφισβήτησιν, ἐνήρχοντο πολεμεῖν ἀλλήλοις.

6 Ὁ δὲ βασιλεὺς Φίλιππος, ἐνδεὴς ὢν σίτου καὶ
χρημάτων εἰς τὰς δυνάμεις, συνῆγε τοὺς Ἀχαιοὺς διὰ
7 τῶν ἀρχόντων εἰς ἐκκλησίαν. ἀθροισθέντος δὲ τοῦ
πλήθους εἰς Αἴγιον κατὰ τοὺς νόμους, ὁρῶν τοὺς μὲν
περὶ Ἄρατον ἐθελοκακοῦντας διὰ τὴν περὶ τὰς ἀρχαι-

BOOK V

1. The year of office of the younger Aratus came to an end at the rising of the Pleiades,[1] such being then the Achaean reckoning of time. On his retirement he was succeeded by Eperatus, Dorimachus being still the strategus of the Aetolians. Contemporaneously in the early summer, Hannibal, having now openly embarked on the war against Rome, had started from New Carthage, and having crossed the Ebro was beginning to march on Italy in pursuit of his plan; the Romans at the same time sent Tiberius Sempronius Longus to Africa with an army and Publius Cornelius Scipio to Spain, and Antiochus and Ptolemy, having abandoned the attempt to settle by diplomatic means their dispute about Coele-Syria, went to war with each other.

King Philip, being in want of corn and money for his army, summoned the Achaeans through their magistrates to a General Assembly. When this met at Aegium according to the law of the League, noticing that Aratus was de-

[1] May 22, 218.

ρεσίας γεγενημένην εἰς αὐτοὺς τῶν περὶ τὸν Ἀπελλῆν
κακοπραγμοσύνην, τὸν δ᾽ Ἐπήρατον ἄπρακτον ὄντα
8 τῇ φύσει καὶ καταγινωσκόμενον ὑπὸ πάντων, συλλο-
γισάμενος ἐκ τῶν προειρημένων τὴν ἄγνοιαν τῶν περὶ
τὸν Ἀπελλῆν καὶ Λεόντιον ἔκρινεν αὖθις ἀντέχεσθαι
9 τῶν περὶ τὸν Ἄρατον. πείσας οὖν τοὺς ἄρχοντας
μεταγαγεῖν τὴν ἐκκλησίαν εἰς Σικυῶνα, λαβὼν τόν τε
πρεσβύτερον καὶ τὸν νεώτερον Ἄρατον εἰς τὰς χεῖρας,
καὶ πάντων τῶν γεγονότων ἀναθεὶς τὴν αἰτίαν ἐπὶ τὸν
Ἀπελλῆν, παρεκάλει μένειν αὐτοὺς ἐπὶ τῆς ἐξ ἀρχῆς
10 αἱρέσεως. τῶν δὲ συγκαταθεμένων ἑτοίμως, εἰσελθὼν
εἰς τοὺς Ἀχαιοὺς καὶ χρησάμενος συνεργοῖς τοῖς
προειρημένοις πάντα κατέπραξε τὰ πρὸς τὴν ἐπι-
11 βολήν. πεντήκοντα μὲν γὰρ ἔδοξε τάλαντα τοῖς Ἀχαι-
οῖς εἰς τὴν πρώτην ἀναζυγὴν αὐτῷ δοῦσι παραχρῆμα
τριμήνου μισθοδοτῆσαι τὴν δύναμιν καὶ σίτου προσ-
12 θεῖναι μυριάδα· τὸ δὲ λοιπόν, ἕως ἂν παρὼν ἐν
Πελοποννήσῳ συμπολεμῇ, τάλαντα λαμβάνειν ἑκά-
στου μηνὸς παρὰ τῶν Ἀχαιῶν ἑπτακαίδεκα.

2. Δοξάντων δὲ τούτων οἱ μὲν Ἀχαιοὶ διελύθησαν
ἐπὶ τὰς πόλεις· τῷ δὲ βασιλεῖ βουλευομένῳ μετὰ τῶν
φίλων, ἐπειδὴ συνῆλθον αἱ δυνάμεις ἐκ τῆς παραχει-
μασίας, ἔδοξε χρῆσθαι κατὰ θάλατταν τῷ πολέμῳ.
2 οὕτως γὰρ ἐπέπειστο μόνως αὐτὸς μὲν δυνήσεσθαι
ταχέως πανταχόθεν ἐπιφαίνεσθαι τοῖς πολεμίοις, τοὺς
δ᾽ ὑπεναντίους ἥκιστ᾽ ἂν δύνασθαι παραβοηθεῖν
3 ἀλλήλοις, ἅτε διεσπασμένους μὲν ταῖς χώραις, δεδιό-
τας δ᾽ ἑκάστους περὶ σφῶν διὰ τὴν ἀδηλότητα καὶ τὸ

liberately hindering him owing to the intrigues of Apelles against him at the late election, and that Eperatus was by nature no man of action and was held in contempt by all, he became convinced by these facts of the error that Apelles and Leontius had committed, and decided to take the part of Aratus. He therefore persuaded the magistrates to transfer the Assembly to Sicyon and there meeting the elder and younger Aratus in private and laying all the blame for what had happened on Apelles, he begged them not to desert their original policy. Upon their readily consenting, he entered the assembly and with the support of these statesmen managed to obtain all he wanted for his purpose. For the Achaeans passed a vote to pay him at once fifty talents for his first campaign, to provide three months' pay for his troops and ten thousand medimni of corn, and for the future as long as he remained in the Peloponnese fighting in alliance with them he was to receive seventeen talents per month from the League.

2. After passing this decree the Achaeans dispersed to their several cities. When the troops had mustered from their winter quarters, the king at a council of his friends decided to prosecute the war by sea. This, he was convinced, was the only way by which he could himself fall suddenly on his enemies from every side, while at the same time his adversaries would be deprived of the power of rendering assistance to each other, separated as they were geographically and each in alarm for their own safety owing to the rapidity and secrecy with which the enemy could

τάχος τῆς κατὰ θάλατταν παρουσίας τῶν πολεμίων·
πρὸς γὰρ Αἰτωλοὺς καὶ Λακεδαιμονίους ἔτι δ᾽ Ἠλεί-
4 ους ὁ πόλεμος ἦν αὐτῷ. κριθέντων δὲ τούτων ἤθροιζε
τάς τε τῶν Ἀχαιῶν νῆας καὶ τὰς σφετέρας εἰς τὸ
Λέχαιον, καὶ συνεχεῖς ποιούμενος ἀναπείρας ἐγύμνα-
ζε τοὺς φαλαγγίτας καὶ συνείθιζε ταῖς εἰρεσίαις, προ-
θύμως αὐτῷ πρὸς τὸ παραγγελλόμενον συνυπακουόν-
5 των τῶν Μακεδόνων· πρός τε γὰρ τοὺς ἐν γῇ κινδύνους
ἐκ παρατάξεως γενναιότατοι πρός τε τὰς κατὰ θάλατ-
ταν ἐκ τοῦ καιροῦ χρείας ἑτοιμότατοι, λειτουργοί γε
μὴν περὶ τὰς ταφρείας καὶ χαρακοποιίας καὶ πᾶσαν
6 τὴν τοιαύτην ταλαιπωρίαν φιλοπονώτατοί τινες, οἵους
Ἡσίοδος παρεισάγει τοὺς Αἰακίδας,

πολέμῳ κεχαρηότας ἠΰτε δαιτί.

7 Ὁ μὲν οὖν βασιλεὺς καὶ τὸ τῶν Μακεδόνων πλῆθος
ἐν τῷ Κορίνθῳ διέτριβε, περὶ τὴν κατὰ θάλατταν
8 ἄσκησιν καὶ παρασκευὴν γινόμενος· ὁ δ᾽ Ἀπελλῆς
οὔτ᾽ ἐπικρατεῖν τοῦ Φιλίππου δυνάμενος οὔτε φέρειν
τὴν ἐλάττωσιν παρορώμενος, ποιεῖται συνωμοσίαν
πρὸς τοὺς περὶ Λεόντιον καὶ Μεγαλέαν, ὥστ᾽ ἐκείνους
μὲν συμπαρόντας ἐπ᾽ αὐτῶν τῶν καιρῶν ἐθελοκακεῖν
καὶ λυμαίνεσθαι τὰς τοῦ βασιλέως χρείας, αὐτὸς δὲ
χωρισθεὶς εἰς Χαλκίδα φροντίζειν ἵνα μηδαμόθεν
9 αὐτῷ χορηγία παραγίνηται πρὸς τὰς ἐπιβολάς. οὗτος
μὲν οὖν τοιαῦτα συνθέμενος καὶ κακοτροπευσάμενος
πρὸς τοὺς προειρημένους ἀπῆρεν εἰς τὴν Χαλκίδα,
σκήψεις τινὰς εὐλόγους πρὸς τὸν βασιλέα πορισάμε-

descend on them by sea. For it was against the Aetolians, Lacedaemonians, and Eleans that he was fighting. Having resolved on this he collected at the Lechaeum the Achaean ships and his own, and by constant practice trained the soldiers of the phalanx to row. The Macedonians obeyed his orders in this respect with the utmost alacrity, for they are not only most intrepid in regular battles on land, but very ready to undertake temporary service at sea, and also industrious in digging trenches, erecting palisades and all such hard work, just as Hesiod represents the sons of Aeacus to be "joying in war as if it were a feast."[2]

The king, then, and the bulk of the Macedonian army remained in Corinth occupied with this training and preparation. But Apelles, being unable either to keep Philip under his influence or to endure the diminishment of his power that resulted from the king's disregard, formed a conspiracy with Leontius and Megaleas by which these two were to remain with Philip and in the actual hour of need damage the king's service by deliberate neglect, while he himself would withdraw to Chalcis[3] and take care that the supplies required for Philip's project should not reach him from any quarter. Having come to this mischievous understanding with these two colleagues, he left for Chalcis, alleging some plausible pretext to the king, and

[2] Hesiod, Fr. 206 M-W.

[3] Strong fortress, with Demetrias and Acrocorinthus one of the "three fetters of Greece": see M. Hatzopoulos, *L'organisation de l'armée macédonienne sous les Antigonides* (Athens 2001), esp. 151–153.

10 νος· κἀκεῖ διατρίβων οὕτως βεβαίως ἐτήρει τὰ κατὰ
τοὺς ὅρκους, πάντων αὐτῷ πειθαρχούντων κατὰ τὴν
προγεγενημένην πίστιν, ὥστε τὸ τελευταῖον ἀναγ-
κασθῆναι τὸν βασιλέα δι᾽ ἀπορίαν ἐνέχυρα τιθέντα
τῶν πρὸς τὴν χρείαν ἀργυρωμάτων ἀπὸ τούτων ποιεῖ-
σθαι τὴν διαγωγήν.

11 Ἠθροισμένων δὲ τῶν πλοίων, καὶ τῶν Μακεδόνων
ἤδη ταῖς εἰρεσίαις κατηρτισμένων, σιτομετρήσας καὶ
μισθοδοτήσας ὁ βασιλεὺς τὴν δύναμιν ἀνήχθη, καὶ
κατῆρε δευτεραῖος εἰς Πάτρας, ἔχων Μακεδόνας μὲν
ἑξακισχιλίους μισθοφόρους δὲ χιλίους καὶ διακοσί-
ους.

3. κατὰ δὲ τοὺς αὐτοὺς καιροὺς Δωρίμαχος ὁ τῶν
Αἰτωλῶν στρατηγὸς Ἀγέλαον καὶ Σκόπαν ἐξαπέστει-
λε τοῖς Ἠλείοις μετὰ Νεοκρήτων πεντακοσίων· οἱ δ᾽
Ἠλεῖοι δεδιότες μὴ τὴν Κυλλήνην ὁ Φίλιππος ἐπι-
βάληται πολιορκεῖν, στρατιώτας τε μισθοφόρους
συνήθροιζον καὶ τοὺς πολιτικοὺς ἡτοίμαζον, ὠχυροῦν-
2 το δὲ καὶ τὴν Κυλλήνην ἐπιμελῶς. εἰς ἃ βλέπων ὁ
Φίλιππος τούς τε τῶν Ἀχαιῶν μισθοφόρους καὶ τῶν
παρ᾽ αὐτῷ Κρητῶν καὶ τῶν Γαλατικῶν ἱππέων τινάς,
σὺν δὲ τούτοις τῶν ἐξ Ἀχαΐας ἐπιλέκτων εἰς δισχι-
λίους πεζοὺς ἀθροίσας ἐν τῇ τῶν Δυμαίων πόλει
κατέλειπεν, ἅμα μὲν ἐφεδρείας ἔχοντας ἅμα δὲ προ-
φυλακῆς τάξιν πρὸς τὸν ἀπὸ τῆς Ἠλείας φόβον.
3 αὐτὸς δ᾽, ἔτι πρότερον γεγραφὼς τοῖς Μεσσηνίοις καὶ
τοῖς Ἠπειρώταις, ἔτι δὲ τοῖς Ἀκαρνᾶσι καὶ Σκερ-
διλαΐδᾳ, πληροῦν ἑκάστοις τὰ παρ᾽ αὐτοῖς πλοῖα καὶ

remaining there so effectually kept his sworn word, all yielding him obedience owing to his former credit at court, that at length the king was in such want of money that he was compelled to pawn some of the plate in use at his table and subsist on the proceeds.

When the ships were collected, the Macedonians being now well instructed in rowing, the king, after issuing rations of corn to his troops and paying them, put to sea, and on the second day arrived at Patrae with six thousand Macedonians and twelve hundred mercenaries.

3. At about the same time Dorimachus, the Aetolian strategus, dispatched to the Eleans Agelaus and Scopas with five hundred Neo-Cretans.[4] The Eleans, afraid of Philip's attempting to besiege Cyllene, were collecting mercenaries, preparing their civic force and carefully strengthening Cyllene. Philip, aware of this, collected a force consisting of the Achaeans' mercenaries, a few of his own Cretans, some Gaulish horse and about two thousand picked infantry from Achaea, and left it in Dyme to act both as a reserve and as a protection against the danger from Elis. He himself, after first writing to the Messenians, Epirots, and Acarnanians and to Scerdilaïdas to man their

[4] The meaning of the term is disputed.

συναντᾶν εἰς Κεφαλληνίαν, ἀναχθεὶς ἐκ τῶν Πατρῶν
κατὰ τὴν σύνταξιν ἔπλει, καὶ προσέσχε τῆς Κεφαλ-
4 ληνίας κατὰ Πρόννους. ὁρῶν δὲ τό τε πολισμάτιον
[τοὺς Πρόννους] δυσπολιόρκητον ὂν καὶ τὴν χώραν
στενὴν παρέπλει τῷ στόλῳ, καὶ καθωρμίσθη πρὸς τὴν
5 τῶν Παλαιῶν πόλιν. συνιδὼν δὲ ταύτην τὴν χώραν
γέμουσαν σίτου καὶ δυναμένην τρέφειν στρατόπεδον,
τὴν μὲν δύναμιν ἐκβιβάσας προσεστρατοπέδευσε τῇ
πόλει, τὰς δὲ ναῦς συνορμίσας τάφρῳ καὶ χάρακι
περιέβαλε, τοὺς δὲ Μακεδόνας ἐφῆκε σιτολογεῖν.
6 αὐτὸς δὲ περιῄει τὴν πόλιν, ἐπισκοπῶν πῶς δυνατὸν
εἴη προσάγειν ἔργα τῷ τείχει καὶ μηχανάς, βουλόμε-
νος ἅμα μὲν προσδέξασθαι τοὺς συμμάχους ἅμα δὲ
7 τὴν πόλιν ἐξελεῖν, ἵνα πρῶτον μὲν Αἰτωλῶν παρέλη-
ται τὴν ἀναγκαιοτάτην ὑπηρεσίαν—ταῖς γὰρ τῶν
Κεφαλλήνων ναυσὶ χρώμενοι τάς τ᾽ εἰς Πελοπόν-
νησον ἐποιοῦντο διαβάσεις καὶ τὰς Ἠπειρωτῶν ἔτι δ᾽
8 Ἀκαρνάνων ἐπόρθουν παραλίας—δεύτερον δ᾽ ἵνα
παρασκευάσῃ μὲν αὑτῷ, παρασκευάσῃ δὲ τοῖς συμ-
μάχοις ὁρμητήριον εὐφυὲς κατὰ τῆς τῶν πολεμίων
9 χώρας. ἡ γὰρ Κεφαλληνία κεῖται μὲν κατὰ τὸν Κοριν-
θιακὸν κόλπον ὡς εἰς τὸ Σικελικὸν ἀνατείνουσα πέλα-
10 γος, ἐπίκειται δὲ τῆς μὲν Πελοποννήσου τοῖς πρὸς
ἄρκτον καὶ πρὸς ἑσπέραν μέρεσι κεκλιμένοις, καὶ
μάλιστα τῇ τῶν Ἠλείων χώρᾳ, τῆς δ᾽ Ἠπείρου καὶ
τῆς Αἰτωλίας ἔτι δὲ τῆς Ἀκαρνανίας τοῖς πρὸς μεσημ-
βρίαν καὶ πρὸς τὰς δύσεις μέρεσιν ἐστραμμένοις.

4. διὸ καὶ πρός τε τὴν συναγωγὴν τῶν συμμάχων

ships and meet him at Cephallenia,[5] put out from Patrae, as he had agreed, and reached Pronni on the coast of Cephallenia. Observing that this small town was difficult to take by siege, and that the position was a confined one, he sailed past it with his fleet and anchored off Palus, where, finding the country full of corn and capable of providing subsistence for an army, he disembarked his forces and encamped before the town. Beaching his ships close together and surrounding them with a trench and palisade he sent out the Macedonians to gather in the corn. He himself made the circuit of the city to see how the wall could be attacked by siege-works and machines. He intended to wait here for his allies and at the same time to take the town, in order in the first place to deprive the Aetolians of their most indispensable aid—for they used the Cephallenian ships to cross to the Peloponnese and to plunder the coasts of Epirus and Acarnania—and next to provide for himself and his allies a base favorably situated from which to descend on the enemy's territory. For Cephallenia lies off the Gulf of Corinth, stretching out to the Sicilian Sea, and overlooks the northwestern part of the Peloponnese, especially Elis and the southwestern districts of Epirus, Aetolia, and Acarnania.

4. Since, therefore, it was a convenient rendezvous for

[5] For the island, its history, its towns and their inscriptions, see *IG* IX 1², fasc. 4, pp. 229–271.

εὐφυῶς ἐχούσης καὶ κατὰ τῆς τῶν πολεμίων καὶ πρὸ
τῆς τῶν φίλων χώρας εὐκαίρως κειμένης, ἔσπευδε
2 χειρωσάμενος ὑφ᾽ αὑτὸν ποιήσασθαι τὴν νῆσον. συν-
θεωρῶν δὲ τὰ μὲν ἄλλα πάντα μέρη τῆς πόλεως τὰ μὲν
θαλάττῃ τὰ δὲ κρημνοῖς περιεχόμενα, βραχὺν δέ τινα
τόπον ἐπίπεδον αὐτῆς ὑπάρχοντα, τὸ πρὸς τὴν Ζάκυν-
θον ἐστραμμένον, τῇδε διενοεῖτο προσάγειν ἔργα καὶ
3 τῇδε τὴν ὅλην συνίστασθαι πολιορκίαν. ὁ μὲν οὖν
βασιλεὺς περὶ ταῦτα καὶ πρὸς τούτοις ἦν· κατὰ δὲ τὸν
καιρὸν τοῦτον πεντεκαίδεκα μὲν ἧκον λέμβοι παρὰ
Σκερδιλαΐδου—τοὺς γὰρ πλείστους ἐκωλύθη πέμψαι
διὰ τὰς γενομένας ἐπιβουλὰς καὶ ταραχὰς περὶ τοὺς
4 κατὰ τὴν Ἰλλυρίδα πολιδυνάστας—ἧκον δὲ καὶ παρ᾽
Ἠπειρωτῶν καὶ παρ᾽ Ἀκαρνάνων ἔτι δὲ Μεσσηνίων οἱ
5 διαταχθέντες σύμμαχοι· τῆς γὰρ τῶν Φιαλέων πόλεως
ἐξαιρεθείσης ἀπροφασίστως τὸ λοιπὸν ἤδη μετεῖχον
6 Μεσσήνιοι τοῦ πολέμου. τῶν δὲ πρὸς τὴν πολιορκίαν
ἡτοιμασμένων διαθεὶς τὰ βέλη καὶ τοὺς πετροβόλους
κατὰ τοὺς ἁρμόζοντας τόπους πρὸς τὸ κωλύειν τοὺς
ἀμυνομένους, παρακαλέσας τοὺς Μακεδόνας ὁ βασι-
λεὺς προσῆγε τὰς μηχανὰς τοῖς τείχεσι καὶ διὰ τού-
7 των τοῖς ὀρύγμασιν ἐνεχείρει. ταχὺ δὲ τοῦ τείχους ἐπὶ
δύο πλέθρα κρεμασθέντος διὰ τὴν ἐν τοῖς ἔργοις
προθυμίαν τῶν Μακεδόνων, ἐγγίσας τοῖς τείχεσιν ὁ
βασιλεὺς παρῄνει τοῖς ἐν τῇ πόλει τίθεσθαι πρὸς
8 αὑτὸν τὴν εἰρήνην. τῶν δὲ παρακουόντων ἐμβαλὼν
πῦρ τοῖς ἐρείσμασιν ὁμοῦ πᾶν τὸ διεστυλωμένον κατ-
9 έβαλε τεῖχος. οὗ γενομένου πρώτους ἐφῆκε τοὺς πελ-

the allies and a favorable site for attacking enemy and defending friendly territory, he was very anxious to get the island into his hands. Observing that all the other parts of the city were surrounded either by the sea or by cliffs, and that the only little piece of level ground was on the side facing Zacynthus, he decided to throw up works and open the siege here. While the king was thus occupied, fifteen boats arrived from Scerdilaïdas, who had been prevented from sending the major part of his fleet owing to plots and disturbances among the city despots throughout Illyria, and there came also the contingents ordered from Epirus, Acarnania, and Messene; for now that Phigaleia had been taken, the Messenians had no longer any hesitation in taking part in the war. All being now ready for the siege, the king placed his *balistae* and catapults at the proper spots for holding back the garrison, and after addressing the Macedonians brought his machines up to the walls and began to open mines under their cover. The Macedonians worked with such goodwill that about two hundred feet of the wall was soon undermined, and the king now approached the wall and invited the garrison to come to terms. On their refusal he set fire to the props and brought down all that part of the wall which had been underpinned, upon which he first of all sent forward the peltasts under

ταστὰς τοὺς ὑπὸ Λεόντιον ταττομένους, σπειρηδὸν
τάξας καὶ παραγγείλας βιάζεσθαι διὰ τοῦ πτώματος.
10 οἱ δὲ περὶ τὸν Λεόντιον, τηροῦντες τὰ πρὸς τὸν Ἀπελ-
λῆν συγκείμενα, τρὶς ἑξῆς τοὺς νεανίσκους ὑπερβάν-
τας τὸ πτῶμα διέτρεψαν τοῦ μὴ τελεσιουργῆσαι τὴν
11 κατάληψιν τῆς πόλεως· <καὶ> προδιεφθαρκότες μὲν
τοὺς ἐπιφανεστάτους τῶν κατὰ μέρος ἡγεμόνων, ἐθε-
λοκακοῦντες δὲ καὶ παρ᾽ ἕκαστον ἀποδειλιῶντες αὐτοί.
12 τέλος ἐξέπεσον ἐκ τῆς πόλεως πολλὰς πληγὰς λαβόν-
τες, καίπερ εὐχερῶς δυνάμενοι κρατῆσαι τῶν πολε-
13 μίων. ὁ δὲ βασιλεύς, ὁρῶν ἀποδειλιῶντας μὲν τοὺς
ἡγεμόνας, τραυματίας δὲ καὶ πλείους γεγονότας τῶν
Μακεδόνων, τῆς μὲν πολιορκίας ἀπέστη, περὶ δὲ τῶν
ἑξῆς ἐβουλεύετο μετὰ τῶν φίλων.

5. Κατὰ δὲ τοὺς αὐτοὺς καιροὺς Λυκοῦργος μὲν εἰς
τὴν Μεσσηνίαν ἐξεστρατεύκει, Δωρίμαχος δὲ τοὺς
ἡμίσεις ἔχων Αἰτωλῶν εἰς Θετταλίαν ἐπεποίητο τὴν
ὁρμήν, ἀμφότεροι πεπεισμένοι τὸν Φίλιππον ἀπο-
2 σπάσειν τῆς τῶν Παλαιέων πολιορκίας. ὑπὲρ ὧν ἧκον
πρέσβεις πρὸς τὸν βασιλέα παρά τ᾽ Ἀκαρνάνων καὶ
παρὰ Μεσσηνίων, οἱ μὲν παρὰ τῶν Ἀκαρνάνων παρα-
καλοῦντες αὐτὸν ἐμβαλεῖν εἰς τὴν τῶν Αἰτωλῶν
χώραν καὶ τόν τε Δωρίμαχον ἀποστῆσαι τῆς εἰς τὴν
Μακεδονίαν ὁρμῆς καὶ τὴν χώραν τῶν Αἰτωλῶν ἐπελ-
3 θεῖν καὶ πορθῆσαι πᾶσαν ἀδεῶς, οἱ δὲ παρὰ τῶν
Μεσσηνίων δεόμενοι σφίσι βοηθεῖν καὶ διδάσκοντες
ὅτι τῶν ἐτησίων ἤδη στάσιν ἐχόντων δυνατόν ἐστι τὴν
παρακομιδὴν ἐκ τῆς Κεφαλληνίας εἰς τὴν Μεσσηνίαν

Leontius, drawing them up in cohorts and ordering them to force their way through the breach. But Leontius, faithful to his agreement with Apelles, three times in succession deterred the soldiers after they had actually passed the breach from completing the conquest of the city, and having previously corrupted some of the principal officers and himself making a deliberate exhibition of cowardice on each occasion, he was finally driven out of the city with considerable loss, although he might easily have overcome the enemy. The king, when he saw that the commanding officers were playing the coward and a great number of the soldiers were wounded, abandoned the siege and consulted his friends about the next step to be taken.

5. About the same time Lycurgus had marched out to invade Messenia, and Dorimachus with half the Aetolian forces had attacked Thessaly, both under the belief that they would draw away Philip from the siege of Palus. Embassies reached the king on the matter from the Acarnanians and Messenians; those from Acarnania pressing him to invade Aetolia and thus force Dorimachus to abandon his attack on Macedonia, at the same time overrunning and plundering unhindered the whole of Aetolia, while the Messenians implored him to come and help them, pointing out to him that now that the Etesian winds had set in, he could easily cross from Cephallenia to

4 ἐν ἡμέρᾳ ποιήσασθαι μιᾷ· διόπερ οἱ περὶ Γόργον τὸν
Μεσσήνιον αἰφνίδιον καὶ πραγματικὴν ἐσομένην
5 συνίστασαν τὴν ἐπὶ τὸν Λυκοῦργον ἐπίθεσιν. οἱ δὲ
περὶ τὸν Λεόντιον, τηροῦντες τὴν αὑτῶν ὑπόθεσιν,
συνήργουν τοῖς περὶ τὸν Γόργον ἐκτενῶς, θεωροῦντες
ὅτι συμβήσεται τὴν θερείαν εἰς τέλος ἄπρακτον γενέ-
6 σθαι τῷ Φιλίππῳ. πλεῦσαι μὲν γὰρ εἰς τὴν Μεσ-
σηνίαν ῥᾴδιον ἦν, ἀναπλεῦσαι δ᾽ ἐκεῖθεν τῶν ἐτησίων
7 ἐπεχόντων ἀδύνατον· ἐξ οὗ δῆλον ἦν ὡς ὁ μὲν Φί-
λιππος ἐν τῇ Μεσσηνίᾳ μετὰ τῆς δυνάμεως συγ-
κλεισθεὶς ἀναγκασθήσεται τὸ λοιπὸν μέρος τοῦ
θέρους ἄπρακτος μένειν, οἱ δ᾽ Αἰτωλοὶ τὴν Θετταλίαν
καὶ τὴν Ἤπειρον ἐπιπορευόμενοι κατασυροῦσι καὶ
8 πορθοῦσι πᾶσαν ἀδεῶς. οὗτοι μὲν οὖν λυμεωνευόμενοι
ταῦτα καὶ τοιαῦτα συνεβούλευον, οἱ δὲ περὶ τὸν Ἄρα-
τον συμπαρόντες τῆς ἐναντίας προέστασαν γνώμης·
9 δεῖν γὰρ ἔφασαν εἰς τὴν Αἰτωλίαν ποιεῖσθαι τὸν
πλοῦν καὶ τούτων ἔχεσθαι τῶν πραγμάτων· ἐξεστρα-
τευκότων γὰρ τῶν Αἰτωλῶν μετὰ Δωριμάχου κάλ-
λιστον εἶναι καιρὸν ἐπελθεῖν καὶ πορθῆσαι τὴν Αἰτω-
10 λίαν. ὁ δὲ βασιλεὺς τὰ μὲν ἀπιστῶν ἤδη τοῖς περὶ τὸν
Λεόντιον ἐκ τῆς περὶ τὴν πολιορκίαν ἐθελοκακήσεως,
συναισθανόμενος δὲ καὶ ἐκ τοῦ περὶ τὸν πλοῦν δια-
βουλίου αὐτῶν τὴν κακοπραγμοσύνην, ἔκρινε χρῆ-
σθαι τοῖς πράγμασι κατὰ τὴν Ἀράτου γνώμην.
11 διόπερ Ἐπηράτῳ μὲν ἔγραψε, τῷ τῶν Ἀχαιῶν στρα-
τηγῷ βοηθεῖν τοῖς Μεσσηνίοις, ἀναλαβόντι τοὺς
Ἀχαιούς, αὐτὸς δ᾽ ἀναχθεὶς ἐκ τῆς Κεφαλληνίας

Messenia in a single day. In consequence, as Gorgus the Messenian[6] urged, his attack on Lycurgus would be unexpected and sure of success. Leontius, still in pursuit of his plan, vigorously supported Gorgus, seeing that thus the summer would be entirely wasted by Philip. For it was an easy enough thing to sail to Messene, but to sail back again during the period of the Etesian winds was impossible. The evident result would be that Philip would be shut up in Messenia with his army and have to spend the rest of the summer in idleness, while the Aetolians would overrun and plunder unmolested both Thessaly and Epirus. Such were Leontius' pernicious motives in tendering this advice. But Aratus, who was present, spoke in support of the opposite view, advising Philip to sail to Aetolia and give his whole attention to operations there; for as the Aetolians had left with Dorimachus on his expedition, it was an excellent opportunity for invading and pillaging Aetolia. The king had already entertained suspicions of Leontius owing to his deliberate cowardice at the siege, and perceiving now his treachery from the advice he gave to sail south,[7] decided to yield to the opinion of Aratus. He therefore wrote to Eperatus the strategus of the Achaeans to give assistance to the Messenians with Achaean forces, and him-

[6] Gorgus, the son of Eucletus, had been victorious in the pentathlon at Olympia in 232 (Paus. 6.14.11). His statue there was the work of the Boeotian Theron, cf. *RE* Theron 2454 (G. Lippold).

[7] Accepting Kiessling's emendation πλοῦν for Παλοῦντα of the ms.

παρῆν δευτεραῖος εἰς Λευκάδα μετὰ τοῦ στόλου
12 νυκτός. εὐτρεπισάμενος δὲ τὰ περὶ τὸν Διόρυκτον, καὶ
ταύτῃ διακομίσας τὰς ναῦς, ἐποιεῖτο τὸν ἀπόπλουν
13 κατὰ τὸν Ἀμβρακικὸν καλούμενον κόλπον. ὁ δὲ προ-
ειρημένος κόλπος ἐπὶ πολὺ προτείνων ἐκ τοῦ Σικε-
λικοῦ πελάγους εἰς τοὺς μεσογαίους ἀνήκει τόπους
τῆς Αἰτωλίας, καθάπερ καὶ πρότερον ἡμῖν εἴρηται.
14 διανύσας δὲ καὶ καθορμισθεὶς βραχὺ πρὸ ἡμέρας
πρὸς τῇ καλουμένῃ Λιμναίᾳ, τοῖς μὲν στρατιώταις
ἀριστοποιεῖσθαι παρήγγειλε καὶ τὸ πολὺ τῆς ἀπο-
σκευῆς ἀποθεμένους εὐζώνους σφᾶς παρασκευάζειν
15 πρὸς ἀναζυγήν, αὐτὸς δὲ τοὺς ὁδηγοὺς ἀθροίσας τά τε
περὶ τοὺς τόπους καὶ τὰς παρακειμένας πόλεις ἐπυν-
θάνετο καὶ διηρεύνα.

6. κατὰ δὲ τὸν καιρὸν τοῦτον ἧκεν ἔχων Ἀριστό-
φαντος ὁ στρατηγὸς πανδημεὶ τοὺς Ἀκαρνᾶνας· πολ-
λὰ γὰρ καὶ δεινὰ πεπονθότες ἐν τοῖς ἀνώτερον χρόνοις
ὑπ᾽ Αἰτωλῶν ἐκθύμως εἶχον πρὸς τὸ κατὰ πάντα
2 τρόπον ἀμύνασθαι καὶ βλάψαι τοὺς Αἰτωλούς. διόπερ
ἀσμένως ἐπιλαβόμενοι τότε τῆς Μακεδόνων ἐπαρ-
κείας, ἧκον ἐν τοῖς ὅπλοις, οὐ μόνον ὅσοις ὁ νόμος
3 ἐπέταττε στρατεύειν, ἀλλὰ καὶ τῶν πρεσβυτέρων
τινές. οὐκ ἐλάττω δὲ τούτων ὁρμὴν εἶχον Ἠπειρῶται
διὰ τὰς παραπλησίους αἰτίας· διὰ δὲ τὸ μέγεθος τῆς
χώρας καὶ διὰ τὸ τῆς παρουσίας αἰφνίδιον τῆς τοῦ
4 Φιλίππου καθυστέρουν τῇ συναγωγῇ τῶν καιρῶν. τῶν
δ᾽ Αἰτωλῶν τοὺς μὲν ἡμίσεις ἔχων Δωρίμαχος <ἐπε-
ποίητο τὴν ἔξοδον>, καθάπερ εἶπον, τοὺς δ᾽ ἡμίσεις

self sailing from Cephallenia reached Leucas in the night after a two-days' voyage. Having cleared the canal called Dioryctus[8] he brought his ships through it and sailed up the Ambracian Gulf. This gulf, as I previously stated, runs up from the Sicilian sea for a long distance into the interior. Having passed up it he anchored a little before daylight at the place called Limnaea, where ordering his men to take their breakfast and then to get rid of the greater part of their baggage and lighten themselves for the march, he himself collected the local guides and made inquiries about the district and neighboring cities.

6. Aristophantus the Acarnanian strategus now arrived in full force; for the Acarnanians had suffered so much from the Aetolians in former times that they were passionately desirous of being revenged on them and doing them all possible injury; and therefore, availing themselves now gladly of the support of the Macedonians, they came in arms and not only those who were legally obliged to serve, but even some of the elder men. The spirit of the Epirots was no less eager and for the same reason, but owing to the size of their country and the suddenness of Philip's arrival they were not able to gather their forces in time. As I said, Dorimachus had taken with him half of the total Aetolian

[8] The canal, built around 600, between the island of Leucas and the coast of Acarnania; best description in E. Oberhummer, *Akarnanien, Ambrakia, Amphilochien, Leukas im Altertum* (Munich 1887), 8–14.

ἀπολελοίπει, νομίζων ἀξιόχρεων πρὸς τὰ παράδοξα
ταύτην τὴν ἐφεδρείαν ὑπάρχειν τῶν τε πόλεων καὶ τῆς
5 χώρας. ὁ δὲ βασιλεὺς ἀπολιπὼν φυλακὴν ἱκανὴν τῆς
ἀποσκευῆς, τότε μὲν ἀναζεύξας ἐκ τῆς Λιμναίας
δείλης καὶ προελθὼν ὡς ἑξήκοντα στάδια κατεστρα-
6 τοπέδευσε. δειπνοποιησάμενος δὲ καὶ βραχὺ διανα-
παύσας τὴν δύναμιν αὖθις ὥρμα, καὶ συνεχῶς νυκτο-
πορήσας ἧκε πρὸς τὸν Ἀχελῷον ποταμὸν ἄρτι τῆς
ἡμέρας ἐπιφαινούσης, μεταξὺ Κωνώπης καὶ Στράτου,
σπεύδων ἄφνω καὶ παραδόξως ἐπὶ τὸν ἐν τοῖς Θέρμοις
τόπον ἐπιβαλεῖν.

7. Οἱ δὲ περὶ τὸν Λεόντιον κατὰ δύο τρόπους ὁρῶν-
τες τὸν μὲν Φίλιππον καθιξόμενον τῆς προθέσεως,
τοὺς δ᾽ Αἰτωλοὺς ἀδυνατήσοντας τοῖς παροῦσι, καθ᾽
ἕνα μὲν ᾗ ταχεῖα καὶ παράδοξος ἡ τῶν Μακεδόνων
2 ἐγεγόνει παρουσία, καθ᾽ ἕτερον δ᾽ ᾗ πρός γε τὸν ἐν
τοῖς Θέρμοις τόπον οὐδέποτ᾽ ἂν ὑπολαβόντες Αἰτωλοὶ
τολμῆσαι τὸν Φίλιππον οὕτω προχείρως αὑτὸν δοῦναι
διὰ τὰς ὀχυρότητας τῶν τόπων ἔμελλον ἀπρονόητοι
καὶ παντελῶς ἀπαράσκευοι ληφθήσεσθαι πρὸς τὸ
3 συμβαῖνον· εἰς ἃ βλέποντες, καὶ τηροῦντες τὴν ἑαυ-
τῶν πρόθεσιν, ᾤοντο δεῖν τὸν Φίλιππον περὶ τὸν
Ἀχελῷον στρατοπεδεύσαντα προσαναπαῦσαι τὴν
δύναμιν ἐκ τῆς νυκτοπορίας, σπουδάζοντες βραχεῖάν
γε τοῖς Αἰτωλοῖς ἀναστροφὴν δοῦναι πρὸς τὴν βοή-
4 θειαν. οἱ δὲ περὶ τὸν Ἄρατον θεωροῦντες τὸν μὲν
καιρὸν ὀξὺν ὄντα τῆς ἐπιβολῆς, τοὺς δὲ περὶ τὸν
Λεόντιον προδήλως ἐμποδίζοντας, διεμαρτύροντο τὸν

levy and left the other half behind, thinking this force adequate for the protection of the towns and the country from a surprise attack. The king, leaving a sufficient guard for his baggage, began to march from Limnaea in the evening and having advanced about sixty stades encamped. Having supped and given his troops a little rest he again set out and marching all through the night reached the river Achelous at a spot between Conope and Stratus just as day was breaking, his object being to fall suddenly and unexpectedly on the district of Thermus.[9]

7. Leontius saw that there were two circumstances which would lead to Philip's attainment of his purpose and render the Aetolians incapable of facing the situation, first the rapidity and unexpectedness of the Macedonian advance and secondly the fact that the Aetolians, never dreaming that Philip would so readily venture to throw himself into the country round Thermus owing to its great natural strength, would be caught off their guard and absolutely unprepared for such an occurrence. In view of this, then, and still pursuing his purpose, he recommended Philip to encamp near the Achelous and give his troops a longer rest after their night march, his object being to give the Aetolians a brief time at least to organize their resistance. Aratus, however, seeing that the time for the enterprise was now or never and that Leontius was evidently

[9] The federal sanctuary of the Aetolians dedicated to Apollo; *RE* Thermos 2423–2444 (K. Fiehn). Many important state documents have been found there: *IG* IX 1², nos. 1–91 and 196 (plus Addenda).

Φίλιππον μὴ παριέναι τὸν καιρὸν μηδὲ καταμέλλειν.
5 οἷς καὶ πεισθεὶς ὁ βασιλεύς, καὶ προσκόπτων ἤδη
τοῖς περὶ τὸν Λεόντιον, ἐποιεῖτο τὴν πορείαν κατὰ τὸ
6 συνεχές. διαβὰς δὲ τὸν Ἀχελῷον ποταμὸν προῆγε
συντόνως ὡς ἐπὶ τὸν Θέρμον· ἅμα δὲ προάγων ἐδῄου
7 καὶ κατέφθειρε τὴν χώραν. παρῄει δὲ ἐκ μὲν εὐωνύμων
ἀπολιπὼν Στράτον Ἀγρίνιον, Θεστιεῖς, ἐκ δὲ δεξιῶν
8 Κωνώπην, Λυσιμάχειαν, Τριχώνιον, Φύταιον. ἀφικό-
μενος δὲ πρὸς πόλιν τὴν καλουμένην Μέταπαν, ἣ
κεῖται μὲν ἐπ' αὐτῆς τῆς Τριχωνίδος λίμνης καὶ τῶν
παρὰ ταύτην στενῶν, ἀπέχει δὲ σχεδὸν ἑξήκοντα
9 στάδια τοῦ προσαγορευομένου Θέρμου, ταύτην μὲν
ἐκλιπόντων τῶν Αἰτωλῶν εἰσαγαγὼν πεντακοσίους
στρατιώτας κατεῖχε, βουλόμενος ἐφεδρείᾳ χρήσα-
σθαι πρός τε τὴν εἴσοδον καὶ τὴν ἔξοδον τὴν ἐκ τῶν
10 στενῶν—ἔστι γὰρ πᾶς ὁ παρὰ τὴν λίμνην τόπος
ὀρεινὸς καὶ τραχύς, συνηγμένος ταῖς ὕλαις· διὸ καὶ
παντελῶς στενὴν καὶ δυσδίοδον ἔχει τὴν πάροδον—
11 μετὰ δὲ ταῦτα τοὺς μὲν μισθοφόρους προθέμενος
πάσης τῆς πορείας, ἐπὶ δὲ τούτοις τοὺς Ἰλλυριούς,
ἑξῆς δὲ τοὺς πελταστὰς καὶ φαλαγγίτας ἔχων προῆγε
διὰ τῶν στενῶν, ἀπουραγούντων μὲν αὐτῷ τῶν Κρη-
τῶν, δεξιῶν δὲ παρὰ πλάγια τῶν Θρᾳκῶν καὶ ψιλῶν
12 ἀντιπαραπορευομένων ταῖς χώραις. τὴν μὲν γὰρ ἐκ
τῶν εὐωνύμων ἐπιφάνειαν τῆς πορείας ἠσφάλισθ' ἡ
λίμνη σχεδὸν ἐπὶ τριάκοντα στάδια.

8. ἀνύσας δὲ τοὺς προειρημένους τόπους, καὶ παραγενόμενος πρὸς τὴν καλουμένην κώμην Παμφίαν,

hampering it, implored Philip not to let the opportunity slip by delaying his advance. The king, displeased as he already was with Leontius, took this advice and continued his march. Crossing the Achelous he advanced briskly on Thermus plundering and devastating the country as he went,[10] leaving as he proceeded Stratus, Agrinium, and Thestia on his left and Conope, Lysimachia, Trichonium, and Phytaeum on his right. Reaching a town called Metapa, situated on Lake Trichonis and close to the neighboring pass, at a distance of about six miles from Thermus, he occupied this place, which the Aetolians had abandoned, with a force of five hundred men serving to cover his entrance into the pass and secure his retreat: for all this bank of the lake is steep, rugged and wooded to the water's edge, so that the path along it is quite narrow and very difficult. After this, putting his mercenaries at the head of the column, the Illyrians behind them, and last of all the peltasts and heavy-armed soldiers, he advanced through the pass, with the Cretans guarding his rear and the Thracians and light-armed troops advancing parallel to him through the country on his right flank, his left flank being protected by the lake for a distance of about thirty stades.

8. Having got through this pass he reached a village called Pamphia, which he likewise garrisoned, and then

[10] See the map in WC 1.542 and the discussion on pp. 543–545.

ὁμοίως καὶ ταύτην ἀσφαλισάμενος φρουρᾷ προέβαινε
πρὸς τὸν Θέρμον, ὁδὸν οὐ μόνον προσάντη καὶ τρα-
χεῖαν διαφερόντως, ἀλλὰ καὶ κρημνοὺς ἐξ ἑκατέρου
2 τοῦ μέρους ἔχουσαν βαθεῖς, ὥστε καὶ λίαν ἐπισφαλῆ
καὶ στενὴν τὴν πάροδον εἶναι κατ' ἐνίους τόπους, τῆς
πάσης ἀναβάσεως οὔσης σχεδὸν ἐπὶ τριάκοντα
3 στάδια. διανύσας δὲ καὶ ταύτην ἐν βραχεῖ χρόνῳ διὰ
τὸ τοὺς Μακεδόνας ἐνεργὸν ποιεῖσθαι τὴν πορείαν,
4 ἧκε πολλῆς ὥρας ἐπὶ τὸν Θέρμον, καὶ καταστρα-
τοπεδεύσας ἐφῆκε τὴν δύναμιν τάς τε περιοικίδας
κώμας πορθεῖν καὶ τὸ τῶν Θερμίων πεδίον ἐπιτρέχειν,
ὁμοίως δὲ καὶ τὰς οἰκίας τὰς ἐν αὐτῷ τῷ Θέρμῳ
διαρπάζειν, οὔσας πλήρεις οὐ μόνον σίτου καὶ τῆς
τοιαύτης χορηγίας, ἀλλὰ καὶ κατασκευῆς διαφε-
5 ρούσης τῶν παρ' Αἰτωλῶν. καθ' ἕκαστον γὰρ ἔτος
ἀγοράς τε καὶ πανηγύρεις ἐπιφανεστάτας, ἔτι δὲ καὶ
τὰς τῶν ἀρχαιρεσίων καταστάσεις ἐν τούτῳ τῷ τόπῳ
συντελούντων, ἕκαστοι πρὸς τὰς ὑποδοχὰς καὶ τὰς εἰς
ταῦτα παρασκευὰς τὰ πολυτελέστατα τῶν ἐν τοῖς
βίοις ὑπαρχόντων εἰς τοῦτον ἀπετίθεντο τὸν τόπον.
6 χωρὶς δὲ τῆς χρείας καὶ τὴν ἀσφάλειαν ἤλπιζον
ἐνταυθοῖ βεβαιοτάτην αὑτοῖς ὑπάρχειν, διὰ τὸ μήτε
πολέμιον τετολμηκέναι μηδένα πώποτε εἰς τοὺς τό-
πους τούτους ἐμβαλεῖν, εἶναί τε τῇ φύσει τοιούτους
ὥστε τῆς συμπάσης Αἰτωλίας οἷον ἀκροπόλεως ἔχειν
7 τάξιν. διότιπερ εἰρηνευομένης ἐκ παλαιοῦ τῆς χώρας
πλήρεις ἦσαν ἀγαθῶν πολλῶν αἵ τε περὶ τὸ ἱερὸν
8 οἰκίαι καὶ πάντες οἱ πέριξ τόποι. ἐκείνην μὲν οὖν τὴν

continued his advance on Thermus by a path not only exceedingly steep and rugged, but having high precipices on each side, so that in some places the passage was very narrow and dangerous, the total ascent being about thirty stades. Having accomplished this also in a very short time, as the Macedonians marched at a great pace, he reached Thermus late in the evening, and encamping there, sent out his men to sack the surrounding villages and overrun the plain of Thermus, and at the same time to loot the houses in Thermus itself, which were not only full of corn and other provisions, but more richly furnished than any in Aetolia. For as it is here that they hold every year a very splendid fair and festival,[11] as well as the election of their magistrates, they all kept the most precious of their goods stored up in this place to be used for the proper reception of their guests and for the various needs of the festive season. Apart too from the need for their use, they thought it was far the safest place in which to store them, as no enemy had ever dared to invade this district, and it was indeed, so to speak, the natural citadel of all Aetolia. Consequently, as it had enjoyed peace from time immemorial, the houses in the neighborhood of the temple and all the places in the environs were full of every kind of valuables. For that night

[11] The *Thermika* in autumn, cf. Holleaux, *Ét.* 1.219–227 and 229–230.

νύκτα παντοδαπῆς γέμοντες ὠφελείας αὐτοῦ κατ-
ηυλίσθησαν· τῇ δ᾽ ἐπαύριον τῆς μὲν κατασκευῆς τὰ
πολυτελέστατα καὶ τὰ δυνατὰ κομίζεσθαι διέλεγον,
τὰ δὲ λοιπὰ σωρεύοντες πρὸ τῶν σκηνῶν ἐνεπίμπρα-
9 σαν. ὁμοίως δὲ καὶ τῶν ὅπλων τῶν ἐν ταῖς στοαῖς
ἀνακειμένων τὰ μὲν πολυτελῆ καθαιροῦντες ἀπεκόμι-
ζον, τινὰ δ᾽ ὑπήλλαττον, τὰ δὲ λοιπὰ συναθροίσαντες
πῦρ ἐνέβαλον. ἦν δὲ ταῦτα πλείω τῶν μυρίων καὶ
πεντακισχιλίων.

9. Καὶ ἕως μὲν τούτου πάντα κατὰ τοὺς τοῦ πολέ-
μου νόμους καλῶς καὶ δικαίως ἐπράττετο· τὰ δὲ μετὰ
2 ταῦτα πῶς χρὴ λέγειν οὐκ οἶδα. λαβόντες γὰρ ἔννοιαν
τῶν ἐν Δίῳ καὶ Δωδώνῃ πεπραγμένων τοῖς Αἰτωλοῖς
τάς τε στοὰς ἐνεπίμπρασαν καὶ τὰ λοιπὰ τῶν ἀναθη-
μάτων διέφθειρον, ὄντα πολυτελῆ ταῖς κατασκευαῖς
3 καὶ πολλῆς ἐπιμελείας ἔνια τετευχότα καὶ δαπάνης. οὐ
μόνον δὲ τῷ πυρὶ κατελυμήναντο τὰς ὀροφάς, ἀλλὰ
καὶ κατέσκαψαν εἰς ἔδαφος. ἀνέτρεψαν δὲ καὶ τοὺς
ἀνδριάντας, ὄντας οὐκ ἐλάττους δισχιλίων· πολλοὺς
δὲ καὶ διέφθειραν, πλὴν ὅσοι θεῶν ἐπιγραφὰς ἢ τύ-
4 πους εἶχον· τῶν δὲ τοιούτων ἀπέσχοντο. κατέγραφον
δ᾽ εἰς τοὺς τοίχους καὶ τὸν περιφερόμενον στίχον, ἤδη
τότε τῆς ἐπιδεξιότητος τῆς Σάμου φυομένης, ὃς ἦν
5 υἱὸς μὲν Χρυσογόνου σύντροφος δὲ τοῦ βασιλέως. ὁ
δὲ στίχος ἦν

ὁρᾷς τὸ δῖον οὗ βέλος διέπτατο;

---

12 P. begins a long digression (to 12.8) on what he thinks the laws of war ought to be.

the army bivouacked on the spot laden with booty of every description, and next day they selected the richest and most portable portion of the household goods and making a heap of the rest in front of their tents set fire to it. Similarly as regards the suits of armors dedicated in the porticoes they took down and carried off the most precious, exchanged some of their own and collecting the rest made a bonfire of them. These were more than fifteen thousand in number.

9. Up to now[12] all that had been done was right and fair according to the laws of war, but what shall I say of that which followed? For mindful of what the Aetolians had done at Dium and Dodona[13] they burnt the colonnades and destroyed the rest of the rich and artistic votive offerings, some of which were most elaborate and expensive works. And not only did they damage the roofs of these buildings by the fire, but razed them to the ground. They also threw down statues numbering not less than two thousand and destroyed many of them, sparing however, such as represented gods or bore inscribed dedications to gods. On the walls they scribbled the often quoted verse due to Samus, son of Chrysogonus[14] and a foster brother of the king, whose talent was beginning already at this date to reveal itself:

Seest thou how far the bolt divine hath sped?[15]

[13] 4.62.2 and 4.67.3, respectively.

[14] One of Philip's "friends," his commander in Thessaly (17.6). He was honored c. 217 by a decree of Larisa (*SEG* 27.202); A. B. Tataki, *Macedonians Abroad* (Athens 1998), 105, no. 22.

[15] An adaptation of E. *Supp.* 860, with the substitution of τὸ δῖον for τὸν ἁβρόν, which brings out the pun on δῖον, "divine" or "of Dium."

6 καὶ μεγίστη δὴ καὶ παράστασις ἐπὶ τούτοις εἶχε τόν
τε βασιλέα καὶ τοὺς περὶ αὐτὸν φίλους, ὡς δικαίως
ταῦτα πράττοντας καὶ καθηκόντως, ἀμυνομένους τοῖς
7 ὁμοίοις τὴν τῶν Αἰτωλῶν περὶ τὸ Δῖον ἀσέβειαν. ἐμοὶ
δὲ τἀναντία δοκεῖ τούτων. εἰ δ᾽ ὀρθὸς ὁ λόγος, σκοπεῖν
ἐν μέσῳ πάρεστι χρωμένους οὐχ ἑτέροις τισίν, ἀλλὰ
τοῖς ἐξ αὐτῆς τῆς οἰκίας ταύτης παραδείγμασιν.
8 Ἀντίγονος ἐκ παρατάξεως νικήσας μάχῃ Κλεο-
μένην τὸν βασιλέα τῶν Λακεδαιμονίων ἐγκρατὴς ἐγέ-
9 νετο καὶ τῆς Σπάρτης, αὐτός τ᾽ ὢν κύριος ὃ βούλοιτο
χρῆσθαι καὶ τῇ πόλει καὶ τοῖς ἐμπολιτευομένοις
τοσοῦτον ἀπεῖχε τοῦ κακῶς ποιεῖν τοὺς γεγονότας
ὑποχειρίους ὡς ἐκ τῶν ἐναντίων ἀποδοὺς τὸ πάτριον
πολίτευμα καὶ τὴν ἐλευθερίαν, καὶ τῶν μεγίστων
ἀγαθῶν αἴτιος γενόμενος καὶ κοινῇ καὶ κατ᾽ ἰδίαν
10 Λακεδαιμονίοις, οὕτως εἰς τὴν οἰκείαν ἀπηλλάγη.
τοιγαροῦν οὐ μόνον ἐκρίθη παρ᾽ αὐτὸν τὸν καιρὸν
εὐεργέτης ἀλλὰ καὶ μεταλλάξας σωτήρ, οὐδὲ παρὰ
μόνοις Λακεδαιμονίοις ἀλλὰ παρὰ πᾶσι τοῖς Ἕλλη-
σιν ἀθανάτου τέτευχε τιμῆς καὶ δόξης ἐπὶ τοῖς προ-
ειρημένοις.

10. καὶ μὴν ὁ πρῶτος αὐτῶν αὐξήσας τὴν βασι-
λείαν καὶ γενόμενος ἀρχηγὸς τοῦ προσχήματος τῆς
οἰκίας, Φίλιππος νικήσας Ἀθηναίους τὴν ἐν Χαιρω-
νείᾳ μάχην, οὐ τοσοῦτον ἤνυσε διὰ τῶν ὅπλων ὅσον
2 διὰ τῆς ἐπιεικείας καὶ φιλανθρωπίας τῶν τρόπων· τῷ

[16] Philip's rage at Thermus is unfavorably contrasted with the

and the king and his intimates indeed had a perverse conviction that they were acting rightly and properly in thus retaliating upon the Aetolians for their sacrilegious treatment of Dium. I am quite of the opposite opinion, and we have the material at hand for judging if I am right or not, by taking examples not from elsewhere but from the previous history of this royal house.[16]

When Antigonus after defeating Cleomenes king of the Lacedaemonians in a pitched battle became master of Sparta and had absolute authority to treat the city and citizens as he chose, so far from injuring those who were at his mercy, he restored to them on the contrary their national constitution and their liberty, and did not return to Macedonia before he had conferred the greatest public and private benefits on the Lacedaemonians. Not only therefore was he regarded as their benefactor[17] at the time but after his death he was venerated as their preserver, and it was not in Sparta alone but throughout Greece that he received undying honor and glory in acknowledgement of this conduct.

10. Again Philip, who first raised their kingdom to the rank of a great power and the royal house to a position of splendor, did not, when he conquered the Athenians in the battle of Chaeronea, obtain so much success by his arms as by the leniency and humanity of his character. For by war

magnanimous behavior of his predecessors, Antigonus Doson, Philip II, and Alexander the Great (where P.'s praise regarding Thebes is somewhat forced).

[17] P.'s statements (also on "savior" in the next line [preferable to "preserver"]) are confirmed by authors and inscriptions: see S. Le Bohec, *Antigone Dôsôn* (Nancy 2003), 454–465.

μὲν γὰρ πολέμῳ καὶ τοῖς ὅπλοις αὐτῶν μόνων περι-
εγένετο καὶ κύριος κατέστη τῶν ἀντιταξαμένων, τῇ δ'
εὐγνωμοσύνῃ καὶ μετριότητι πάντας Ἀθηναίους ἅμα
3 καὶ τὴν πόλιν αὐτῶν ἔσχεν ὑποχείριον, οὐκ ἐπιμετρῶν
τῷ θυμῷ τοῖς πραττομένοις, ἀλλὰ μέχρι τούτου πολε-
μῶν καὶ φιλονεικῶν, ἕως τοῦ λαβεῖν ἀφορμὰς πρὸς
ἀπόδειξιν τῆς αὑτοῦ πρᾳότητος καὶ καλοκἀγαθίας.
4 τοιγαροῦν χωρὶς λύτρων ἀποστείλας τοὺς αἰχμαλώ-
τους καὶ κηδεύσας Ἀθηναίων τοὺς τετελευτηκότας, ἔτι
δὲ συνθεὶς Ἀντιπάτρῳ τὰ τούτων ὀστᾶ καὶ τῶν ἀπαλ-
λαττομένων τοὺς πλείστους ἀμφιέσας, μικρᾷ δαπάνῃ
διὰ τὴν ἀγχίνοιαν τὴν μεγίστην πρᾶξιν κατειργάσα-
5 το· τὸ γὰρ Ἀθηναίων φρόνημα καταπληξάμενος τῇ
μεγαλοψυχίᾳ πρὸς πᾶν ἑτοίμους αὐτοὺς ἔσχε συν-
6 αγωνιστὰς ἀντὶ πολεμίων. τί δ' Ἀλέξανδρος; ἐκεῖνος
γὰρ ἐπὶ τοσοῦτον ἐξοργισθεὶς Θηβαίοις ὥστε τοὺς
μὲν οἰκήτορας ἐξανδραποδίσασθαι, τὴν δὲ πόλιν εἰς
ἔδαφος κατασκάψαι, τῆς γε πρὸς τοὺς θεοὺς εὐσε-
βείας οὐκ ὠλιγώρησε περὶ τὴν κατάληψιν τῆς πόλεως,
7 ἀλλὰ πλείστην ἐποιήσατο πρόνοιαν ὑπὲρ τοῦ μηδ'
ἀκούσιον ἁμάρτημα γενέσθαι περὶ τὰ ἱερὰ καὶ καθό-
8 λου τὰ τεμένη. καὶ μὴν ὅτε διαβὰς εἰς τὴν Ἀσίαν
μετεπορεύετο τὴν Περσῶν ἀσέβειαν εἰς τοὺς Ἕλλη-
νας, παρὰ μὲν τῶν ἀνθρώπων ἐπειράθη λαβεῖν δίκην
ἀξίαν τῶν σφίσι πεπραγμένων, τῶν δὲ τοῖς θεοῖς
καταπεφημισμένων πάντων ἀπέσχετο, καίπερ τῶν
Περσῶν μάλιστα περὶ τοῦτο τὸ μέρος ἐξαμαρτόντων
ἐν τοῖς κατὰ τὴν Ἑλλάδα τόποις.

and arms he only defeated and subjugated those who met him in the field, but by his gentleness and moderation he brought all the Athenians and their city under his domination, not letting passion push him on to further achievement, but pursuing the war and striving for victory only until he found a fair occasion for exhibiting his clemency and goodness. So he dismissed the prisoners without ransom, paid the last honors to the Athenian dead, entrusting their bones to Antipater to convey to their homes, gave clothes to most of those who were released, and thus at a small expense achieved by this sagacious policy a result of the greatest importance. For having daunted the haughty spirit of the Athenians by his magnanimity, he gained their hearty cooperation in all his schemes instead of their hostility. And take Alexander. Though so indignant with the Thebans that he sold the inhabitants into slavery and razed the city to the ground, yet he was so far from neglecting the reverence due to the gods when he captured the city, that he took the most anxious care that not even any unintentional offense should be committed against the temples and holy places in general. Even when he crossed to Asia to chastise the Persians for the outrages they had perpetrated against the Greeks, he strove to exact the punishment from men that their deeds deserved, but refrained from injuring anything consecrated to the gods, although it was in this respect that the Persians had offended most while in Greece.

9 Ταῦτ᾽ οὖν ἐχρῆν καὶ τότε Φίλιππον ἐν νῷ λαμ-
βάνοντα συνεχῶς μὴ οὕτως τῆς ἀρχῆς ὡς τῆς προ-
αιρέσεως καὶ τῆς μεγαλοψυχίας διάδοχον αὐτὸν ἀνα-
δεικνύναι καὶ κληρονόμον τῶν προειρημένων ἀνδρῶν.
10 ὁ δ᾽ ἵνα μὲν καὶ συγγενὴς Ἀλεξάνδρου καὶ Φιλίππου
φαίνηται, μεγάλην ἐποιεῖτο παρ᾽ ὅλον τὸν βίον σπου-
δήν, ἵνα δὲ ζηλωτὴς οὐδὲ τὸν ἐλάχιστον ἔσχε λόγον.
11 τοιγαροῦν τἀναντία τοῖς προειρημένοις ἀνδράσιν ἐπι-
τηδεύων τῆς ἐναντίας ἔτυχε παρὰ πᾶσι δόξης, προ-
βαίνων κατὰ τὴν ἡλικίαν.

11. ὧν ἦν ἓν καὶ τὸ τότε πραχθέν. τοῖς γὰρ Αἰτω-
λῶν ἀσεβήμασι συνεξαμαρτάνων διὰ τὸν θυμὸν καὶ
2 κακῷ κακὸν ἰώμενος οὐδὲν ᾤετο ποιεῖν ἄτοπον. καὶ
Σκόπᾳ μὲν καὶ Δωριμάχῳ παρ᾽ ἕκαστον εἰς ἀσέλγειαν
καὶ παρανομίαν ὠνείδιζε, τὴν ἐν Δωδώνῃ καὶ Δίῳ
προφερόμενος ἀσέβειαν εἰς τὸ θεῖον· αὐτὸς δὲ παρα-
πλήσια ποιῶν οὐκ ᾤετο τῆς ὁμοίας ἐκείνοις τεύξεσθαι
3 δόξης παρὰ τοῖς ἀκούσασι· τὸ μὲν γὰρ παραιρεῖσθαι
τῶν πολεμίων καὶ καταφθείρειν φρούρια, λιμένας,
πόλεις, ἄνδρας, ναῦς, καρπούς, τἆλλα τὰ τούτοις
παραπλήσια, δι᾽ ὧν τοὺς μὲν ὑπεναντίους ἀσθενε-
στέρους ἄν τις ποιήσαι, τὰ δὲ σφέτερα πράγματα καὶ
τὰς ἐπιβολὰς δυναμικωτέρας, ταῦτα μὲν ἀναγκάζου-
σιν οἱ τοῦ πολέμου νόμοι καὶ τὰ τούτου δίκαια δρᾶν·
4 τὸ δὲ μήτε τοῖς ἰδίοις πράγμασιν ἐπικουρίαν μέλλον-
τα μηδ᾽ ἡντινοῦν παρασκευάζειν μήτε τοῖς ἐχθροῖς
ἐλάττωσιν πρός γε τὸν ἐνεστῶτα πόλεμον ἐκ περιττοῦ
καὶ ναούς, ἅμα δὲ τούτοις ἀνδριάντας καὶ πᾶσαν δὴ

With these examples constantly present to his mind Philip should now have shown himself to be the true heir and successor of those princes, not inheriting so much their kingdom as their high principles and magnanimity. But, instead of this, though all through his life he was at great pains to prove that he was allied in blood to Alexander and Philip, he was not in the least anxious to show himself their emulator. Therefore since his practices were the reverse of theirs, as he advanced in years his general reputation came to be also the reverse.

11. His conduct on the present occasion is an instance of the difference. For in allowing his passion to make him the rival of the Aetolians in their impiety, and thus trying to cure one evil by another, he thought he was doing nothing wrong. He was constantly reproaching Scopas and Dorimachus with brutality and lawless violence, alleging their outrages on religion at Dodona and Dium, but never reflected that he himself by behaving in precisely the same manner would earn the same reputation among those who might hear of it. For it is one thing to seize on and destroy the enemy's forts, harbors, cities, men, ships, crops and other things of a like nature, by depriving him of which we weaken him, while strengthening our own resources and furthering our plans: all these indeed are measures forced on us by the usages and laws of war. But to do wanton damage to temples, statues and all such works with absolutely no prospect of any resulting advantage in the war to our

τὴν τοιαύτην κατασκευὴν λυμαίνεσθαι πῶς οὐκ ἂν
5 εἴποι τις εἶναι τρόπου καὶ θυμοῦ λυττῶντος ἔργον; οὐ
γὰρ ἐπ' ἀπωλείᾳ δεῖ καὶ ἀφανισμῷ τοῖς ἀγνοήσασι
πολεμεῖν τοὺς ἀγαθοὺς ἄνδρας, ἀλλ' ἐπὶ διορθώσει
καὶ μεταθέσει τῶν ἡμαρτημένων, οὐδὲ συναναιρεῖν τὰ
μηδὲν ἀδικοῦντα τοῖς ἠδικηκόσιν, ἀλλὰ συσσῴζειν
μᾶλλον καὶ συνεξαιρεῖσθαι τοῖς ἀναιτίοις τοὺς δο-
6 κοῦντας ἀδικεῖν. τυράννου μὲν γὰρ ἔργον ἐστὶ τὸ
κακῶς ποιοῦντα τῷ φόβῳ δεσπόζειν ἀκουσίων, μισού-
μενον καὶ μισοῦντα τοὺς ὑποταττομένους· βασιλέως
δὲ τὸ πάντας εὖ ποιοῦντα, διὰ τὴν εὐεργεσίαν καὶ
φιλανθρωπίαν ἀγαπώμενον, ἑκόντων ἡγεῖσθαι καὶ
προστατεῖν.

7 Μάλιστα δ' ἄν τις καταμάθοι τὴν ἁμαρτίαν τὴν
τότε Φιλίππου, λαβὼν πρὸ ὀφθαλμῶν τίνα διάληψιν
εἰκὸς ἦν Αἰτωλοὺς ἔχειν, εἰ τἀναντία τοῖς εἰρημένοις
ἔπραξε καὶ μήτε τὰς στοὰς μήτε τοὺς ἀνδριάντας
διέφθειρε, μήτ' ἄλλο μηδὲν ᾐκίσατο τῶν ἀναθημάτων.
8 ἐγὼ μὲν γὰρ οἶμαι τὴν βελτίστην ἂν καὶ φιλαν-
θρωποτάτην, συνειδότας μὲν αὑτοῖς τὰ περὶ Δῖον καὶ
Δωδώνην πεπραγμένα, σαφῶς δὲ γινώσκοντας ὅθ' ὁ
Φίλιππος τότε καὶ πρᾶξαι κύριος ἦν ὃ βουληθείη, καὶ
πράξας τὰ δεινότατα δικαίως ἂν ἐδόκει τοῦτο πεποιη-
9 κέναι τό γε κατ' ἐκείνους μέρος· διὰ δὲ τὴν αὑτοῦ
πρᾳότητα καὶ μεγαλοψυχίαν οὐδὲν εἵλετο τῶν ὁμοίων
ἐκείνοις ἐπιτηδεύειν.

12. δῆλον γὰρ ἐκ τούτων ὡς εἰκὸς ἦν αὑτῶν μὲν καταγινώσκειν, τὸν δὲ Φίλιππον ἀποδέχεσθαι καὶ

own cause or detriment to that of the enemy must be characterized as the work of a frenzied mind at the height of its fury. For good men should not make war on wrongdoers with the object of destroying and exterminating them, but with that of correcting and reforming their errors, nor should they involve the guiltless in the fate of the guilty, but rather extend to those whom they think guilty the mercy and deliverance they offer to the innocent. It is indeed the part of a tyrant to do evil that he may make himself the master of men by fear against their will, hated himself and hating his subjects, but it is that of a king to do good to all and thus rule and preside over a willing people, earning their love by his beneficence and humanity.

We can but realize the gravity of Philip's error by picturing to ourselves, what opinion of him the Aetolians would have held if he had done just the reverse, and had neither destroyed the colonnades and statues nor damaged any of the votive offerings. For my own part I think it would have been the best and kindest opinion, since they were conscious of their crimes at Dium and Dodona and would have been well aware that Philip was now at liberty to do exactly what he wished, and even if he acted most ruthlessly would be held to have done right as far at least as concerned themselves, but that owing to his gentle and magnanimous spirit he had chosen to avoid acting in any respect as they had done.

12. It is evident from this, that they would naturally have condemned themselves, and approved and admired

θαυμάζειν ὡς βασιλικῶς καὶ μεγαλοψύχως αὐτοῦ·
χρωμένου τῇ τε πρὸς τὸ θεῖον εὐσεβείᾳ καὶ τῇ πρὸς
2 αὐτοὺς ὀργῇ. καὶ μὴν τό γε νικῆσαι τοὺς πολεμίους
καλοκἀγαθίᾳ καὶ τοῖς δικαίοις οὐκ ἐλάττω, μείζω δὲ
παρέχεται χρείαν τῶν ἐν τοῖς ὅπλοις κατορθωμάτων.
3 οἷς μὲν γὰρ δι᾽ ἀνάγκην, οἷς δὲ κατὰ προαίρεσιν
εἴκουσιν οἱ λειφθέντες· καὶ τὰ μὲν μετὰ μεγάλων
ἐλαττωμάτων ποιεῖται τὴν διόρθωσιν, τὰ δὲ χωρὶς
βλάβης πρὸς τὸ βέλτιον μετατίθησι τοὺς ἁμαρτάνον-
4 τας. τὸ δὲ μέγιστον, ἐν οἷς μὲν τὸ πλεῖστόν ἐστι τῆς
πράξεως τῶν ὑποταττομένων, ἐν οἷς δ᾽ αὐτοτελὴς ἡ
νίκη γίνεται τῶν ἡγουμένων.

5 Ἴσως μὲν οὖν οὐκ ἄν τις αὐτῷ Φιλίππῳ τῶν τότε
γενομένων πᾶσαν ἐπιφέροι τὴν αἰτίαν διὰ τὴν ἡλι-
κίαν, τὸ πλεῖον δὲ τοῖς συνοῦσι καὶ συμπράττουσι
τῶν φίλων, ὧν ἦν Ἄρατος καὶ Δημήτριος ὁ Φάριος.
6 ὑπὲρ ὧν οὐ δυσχερὲς ἀποφήνασθαι καὶ μὴ παρόντα
τότε ποτέρου τὴν τοιαύτην εἰκὸς εἶναι συμβουλίαν.
7 χωρὶς γὰρ τῆς κατὰ τὸν ὅλον βίον προαιρέσεως, ἐν ᾗ
περὶ μὲν Ἄρατον οὐδὲν ἂν εὑρεθείη προπετὲς οὐδ᾽
ἄκριτον, περὶ δὲ Δημήτριον τἀναντία, καὶ δεῖγμα τῆς
προαιρέσεως ἑκατέρων ἐν οἷς <συνεβουλευσαντο Φι-
8 λίππῳ> παραπλησίως ὁμολογούμενον ἔχομεν· ὑπὲρ
οὗ λαβόντες τὸν οἰκεῖον καιρὸν ποιησόμεθα τὴν ἁρμό-
ζουσαν μνήμην.

13. Ὁ δὲ Φίλιππος (ἀπὸ γὰρ τούτων παρεξέβην) ὅσα δυνατὸν ἦν ἄγειν καὶ φέρειν ἀναλαβὼν ἐκ τοῦ Θέρμου προῆγε, ποιούμενος τὴν αὐτὴν ἐπάνοδον ᾗ καὶ

Philip, as having acted nobly and like a king in thus respecting religion and curbing his just anger against themselves. And surely to conquer one's enemies by generosity and equity is of far higher service than any victory in the field; for to arms the vanquished yield from necessity, to virtue from conviction; in the one case the correction of error is made with much sacrifice, in the other the erring are guided to better ways without suffering hurt. And, what is of greatest moment, in the one case the achievement is chiefly the work of subordinates, in the other the victory is solely due to the commander.

Possibly indeed we should not attach the whole blame to Philip for what happened, taking his extreme youth into consideration, but rather attribute it to the friends who associated and cooperated with him, among whom were Aratus and Demetrius of Pharos. To pronounce which of the two was likely to give such advice is not difficult even for one who was not actually present. For apart from the general tenor of their lives, in which we never find Aratus to have been guilty of impulsiveness or want of judgment, while the contrary is true of Demetrius, we have an undisputed example[18] of their divergent principles in the counsel they once both offered to Philip under similar circumstances. When the proper time comes I shall make due mention of this.

13. We left Philip at Thermus. Taking all the booty which it was possible to drive or carry off he started from Thermus, returning by the same road as that by which he

[18] P. thinks ahead to Book 7, chapter 11.

παρεγένετο, προβαλόμενος μὲν τὴν λείαν εἰς τοὔμ-
προσθεν καὶ τὰ βαρέα τῶν ὅπλων, ἐπὶ δὲ τῆς οὐρα-
γίας ἀπολιπὼν τοὺς Ἀκαρνᾶνας καὶ τοὺς μισθοφό-
2 ρους, σπεύδων ὡς τάχιστα διανύσαι τὰς δυσχωρίας
διὰ τὸ προσδοκᾶν τοὺς Αἰτωλοὺς ἐξάψεσθαι τῆς οὐρα-
3 γίας, πιστεύοντας ταῖς ὀχυρότησι τῶν τόπων. ὃ καὶ
συνέβη γενέσθαι παρὰ πόδας. οἱ γὰρ Αἰτωλοὶ προσ-
βεβοηθηκότες καὶ συνηθροισμένοι σχεδὸν εἰς τρισχι-
λίους, ἕως μὲν ὁ Φίλιππος ἦν ἐπὶ τῶν μετεώρων, οὐκ
ἤγγιζον, ἀλλ᾽ ἔμενον ἔν τισι τόποις ἀδήλοις, Ἀλεξάν-
δρου τοῦ Τριχωνέως προεστῶτος αὐτῶν· ἅμα δὲ τῷ
κινῆσαι τὴν οὐραγίαν ἐπέβαλον εὐθέως εἰς τὸν Θέρ-
4 μον καὶ προσέκειντο τοῖς ἐσχάτοις. γινομένης δὲ
ταραχῆς περὶ τὴν οὐραγίαν, ἔτι μᾶλλον ἐκθύμως οἱ
παρὰ τῶν Αἰτωλῶν ἐπέκειντο καὶ προσέφερον τὰς
5 χεῖρας, πιστεύοντες τοῖς τόποις. ὁ δὲ Φίλιππος, προ-
ειδὼς τὸ μέλλον, ὑπό τινα λόφον ὑπεστάλκει τοὺς
Ἰλλυριοὺς ἐν τῇ καταβάσει καὶ τῶν πελταστῶν τοὺς
6 ἐπιτηδειοτάτους. ὧν διαναστάντων ἐπὶ τοὺς ἐπικειμέ-
νους καὶ προπεπτωκότας τῶν ὑπεναντίων τοὺς μὲν
λοιποὺς τῶν Αἰτωλῶν ἀνοδίᾳ καὶ προτροπάδην συν-
έβη φυγεῖν, ἑκατὸν δὲ καὶ τριάκοντα πεσεῖν, ἁλῶναι δ᾽
7 οὐ πολὺ τούτων ἐλάττους. γενομένου δὲ τοῦ προτερή-
ματος τούτου, ταχέως οἱ περὶ τὴν οὐραγίαν, ἐμπρή-
σαντες τὸ Πάμφιον καὶ μετ᾽ ἀσφαλείας διελθόντες τὰ
8 στενά, συνέμιξαν τοῖς Μακεδόσιν· ὁ γὰρ Φίλιππος
ἐστρατοπεδευκὼς περὶ τὴν Μέταπαν ἐνταυθοῖ προσ-
ανεδέχετο τοὺς ἀπὸ τῆς οὐραγίας. εἰς δὲ τὴν ὑστε-

had come, and placing the booty and heavy-armed troops in front, and the Acarnanians and mercenaries in the rear. He was in great haste to get through the difficult pass, as he expected that the Aetolians, relying on the strength of the positions near it, would fall on his rear, as they actually did at once. They had gathered to defend their country to the number of about three thousand, and as long as Philip was on the heights did not approach him, but remained in certain hidden strongholds under the command of Alexander of Trichonium. As soon, however, as the rearguard had moved out of Thermus they entered the town at once and attacked the last ranks. When the rearguard had thus been thrown into some confusion, the Aetolians fell on it with more determination and did some execution, being emboldened by the nature of the ground. But Philip, having foreseen this, had concealed under a hill on the descent the Illyrians and a picked force of peltasts, and when they sprang up from their ambush and charged those of the enemy who had advanced farthest in the pursuit of the rearguard, the whole Aetolian force fled in complete rout across country with the loss of one hundred and thirty killed and about as many prisoners. After this success the rearguard, setting fire to Pamphium, soon got through the pass in safety and joined the Macedonians, Philip having encamped at Metapa to wait for them there. Next day,

ραίαν κατασκάψας τὴν Μέταπαν προῆγε, καὶ παρενέ-
9 βαλε περὶ τὴν καλουμένην πόλιν Ἄκρας. τῇ δ' ἑξῆς
ἅμα προάγων ἐπόρθει τὴν χώραν, καὶ καταστρατο-
πεδεύσας περὶ Κωνώπην ἐπέμεινε τὴν ἐχομένην ἡμέ-
10 ραν. τῇ δ' ἐπιούσῃ πάλιν ἀναζεύξας ἐποιεῖτο τὴν
πορείαν παρὰ τὸν Ἀχελῷον ἕως ἐπὶ τὸν Στράτον.
διαβὰς δὲ τὸν ποταμὸν ἐπέστησε τὴν δύναμιν ἐκτὸς
βέλους, ἀποπειρώμενος τῶν ἔνδον·

14. ἐπυνθάνετο γὰρ εἰς τὸν Στράτον συνδεδρα-
μηκέναι τῶν Αἰτωλῶν πεζοὺς μὲν εἰς τρισχιλίους,
ἱππεῖς δὲ περὶ τετρακοσίους, Κρῆτας δ' εἰς πεντα-
2 κοσίους. οὐδενὸς δ' ἐπεξιέναι τολμῶντος αὖτις ἀρ-
ξάμενος ἐκίνει τοὺς πρώτους, ποιούμενος τὴν πορείαν
3 ὡς ἐπὶ τὴν Λιμναίαν καὶ τὰς ναῦς. ἅμα δὲ τῷ τὴν
οὐραγίαν παραλλάξαι τὴν πόλιν τὸ μὲν πρῶτον ὀλί-
γοι τῶν Αἰτωλικῶν ἱππέων ἐξελθόντες κατεπείραζον
4 τῶν ἐσχάτων· ἐπεὶ δὲ τό τε τῶν Κρητῶν πλῆθος ἐκ τῆς
πόλεως καί τινες τῶν Αἰτωλικῶν συνῆψαν τοῖς αὑτῶν
ἱππεῦσι, γινομένης ὁλοσχερεστέρας συμπλοκῆς,
ἠναγκάσθησαν ἐκ μεταβολῆς οἱ περὶ τὴν οὐραγίαν
5 κινδυνεύειν. τὸ μὲν οὖν πρῶτον ἀμφοτέρων ἐφάμιλλος
ἦν ὁ κίνδυνος· προσβοηθησάντων δὲ τοῖς παρὰ τοῦ
Φιλίππου μισθοφόροις τῶν Ἰλλυριῶν, ἐνέκλιναν καὶ
σποράδην ἔφευγον οἱ τῶν Αἰτωλῶν ἱππεῖς καὶ μισθο-
6 φόροι. καὶ τὸ μὲν πολὺ μέρος αὐτῶν ἕως εἰς τὰς πύλας
καὶ πρὸς τὰ τείχη συνεδίωξαν οἱ παρὰ τοῦ βασιλέως,
7 κατέβαλον δ' εἰς ἑκατόν. ἀπὸ δὲ ταύτης τῆς χρείας
λοιπὸν οἱ μὲν ἐκ τῆς πόλεως τὴν ἡσυχίαν ἦγον, οἱ δ'

after razing Metapa to the ground, he continued his march and encamped near a town called Acrae, and on the following day advanced laying the country waste, encamping that night at Conope, where he remained all the next day. On the following day he broke up his camp and marched along the Achelous upon Stratus, on reaching which he crossed the river and halted his army out of range, challenging the defenders to attack him.

14. For he had learned that a force of three thousand Aetolian foot, four hundred horse, and five hundred Cretans was collected in Stratus. When no one came out against him he again set his van in motion and began to march for Limnaea and his fleet. When the rearguard had passed the town, a few Aetolian horsemen to begin with sallied out to harass the hindmost men, and when all the Cretans from the town and some of the Aetolians came out to join their cavalry, the engagement became more general and the rearguard was forced to face about and engage the enemy. At first the fortunes of the battle were even, but when the Illyrians came to the help of Philip's mercenaries, the Aetolian cavalry and mercenaries gave way and scattered in flight. The king's troops pursued the greater part of them up to the gates and walls, cutting down about a hundred. After this affair, the garrison of the city took no

ἀπὸ τῆς οὐραγίας ἀσφαλῶς συνῆψαν πρὸς τὸ στρατό-
πεδον καὶ τὰς ναῦς.

8 Ὁ δὲ Φίλιππος καταστρατοπδεύσας ἐν ὥρᾳ τοῖς
θεοῖς ἔθυεν εὐχαριστήρια τῆς γεγενημένης αὐτῷ περὶ
τὴν ἐπιβολὴν εὐροίας, ἅμα δὲ καὶ τοὺς ἡγεμόνας
9 ἐκάλει, βουλόμενος ἑστιᾶσαι πάντας. ἐδόκει γὰρ εἰς
τόπους αὑτὸν δεδωκέναι παραβόλους καὶ τοιούτους,
εἰς οὓς οὐδεὶς ἐτόλμησε πρότερον στρατοπέδῳ παρεμ-
10 βαλεῖν. ὁ δ᾽ οὐ μόνον ἐνέβαλε μετὰ τῆς δυνάμεως,
ἀλλὰ καὶ πᾶν ὃ προέθετο συντελεσάμενος ἀσφαλῶς
ἐποιήσατο τὴν ἐπάνοδον. δι᾽ ἃ περιχαρὴς ὢν οὗτος
11 μὲν ἐγίνετο περὶ τὴν τῶν ἡγεμόνων ὑποδοχήν· οἱ δὲ
περὶ τὸν Μεγαλέαν καὶ Λεόντιον δυσχερῶς ἔφερον
τὴν γεγενημένην ἐπιτυχίαν τοῦ βασιλέως, ὡς ἂν δια-
τεταγμένοι μὲν πρὸς τὸν Ἀπελλῆν πάσαις ἐμποδιεῖν
12 ταῖς ἐπιβολαῖς αὐτοῦ, μὴ δυνάμενοι δὲ τοῦτο ποιεῖν,
ἀλλὰ τῶν πραγμάτων αὐτοῖς κατὰ τοὐναντίον προχω-
ρούντων, <διεσφαλμένοι προφανῶς>. ἀλλ᾽ ἧκόν γε
πρὸς τὸ δεῖπνον.

15. Ἦσαν μὲν οὖν εὐθέως ἐν ὑπονοίᾳ τῷ τε βασιλεῖ
καὶ τοῖς ἄλλοις οὐχ ὁμοίως τοῖς λοιποῖς χαίροντες ἐπὶ
2 τοῖς γεγονόσι· προβαίνοντος δὲ τοῦ πότου, κἄπειτα
γενομένης ἀκαιρίας καὶ πολυποσίας, ἀναγκασθέντες
3 συμπεριφέρεσθαι, ταχέως ἐξεθεάτρισαν αὑτούς. λυ-
θείσης γὰρ τῆς συνουσίας ὑπό τε τῆς μέθης καὶ τῆς
ἀλογιστίας ἐλαυνόμενοι, περιῄεσαν ζητοῦντες τὸν
4 Ἄρατον. συμμίξαντες δὲ κατὰ τὴν ἐπάνοδον αὐτῷ, τὸ
μὲν πρῶτον ἐλοιδόρουν, μετὰ δὲ βάλλειν ἐνεχείρησαν

further action and the rearguard safely reached the main army and the ships.

Philip, having pitched his camp early in the day, sacrificed a thank-offering to the gods for the success of his late enterprise and invited all his commanding officers to a banquet. It was indeed generally acknowledged that he had run great risk in entering such a dangerous country, and one that no one before him had ever ventured to invade with an army. And now he had not only invaded it, but had made his retreat in safety after completely accomplishing his purpose. So that he was in high spirits and was now preparing to entertain his officers. But Megaleas and Leontius on the contrary were much annoyed at the king's success, for they had pledged themselves to Apelles to hamper Philip's plans and had not been able to do so, the tide of events having set against them. Still[19] they came to the banquet.

15. From the very first their behavior aroused the suspicions of the king and his guests, as they did not show the same joy as the rest at the recent events, but as the feast progressed and the drinking finally became excessive, they were obliged to join in the carousal and soon exhibited themselves in their true colors. For when the banquet had broken up, under the incitement of drink and passion they went about looking for Aratus and meeting him as he was on his way home, first of all abused him and then began to

19 The word ἀλλ᾽ suggests a preceding lacuna in which "despite these setbacks" or something similar was said.

5 τοῖς λίθοις. προσβοηθούντων δὲ πλειόνων ἀμφοτέροις
θόρυβος ἦν καὶ κίνημα κατὰ τὴν παρεμβολήν. ὁ δὲ
βασιλεὺς ἀκούων τῆς κραυγῆς ἐξαπέστειλε τοὺς ἐπι-
6 γνωσομένους καὶ διαλύσοντας τὴν ταραχήν. ὁ μὲν οὖν
Ἄρατος, παραγενομένων τούτων, εἰπὼν τὰ γεγονότα
καὶ μάρτυρας παρασχόμενος τοὺς συμπαρόντας
ἀπηλλάττετο τῆς . . . . χιλίας ἐπὶ τὴν αὑτοῦ
7 σκηνήν, ὁ δὲ Λεόντιος ἀλόγως πως κατὰ τὸν θόρυβον
ἀπέρρευσε. τὸν δὲ Μεγαλέαν καὶ Κρίνωνα μεταπεμ-
ψάμενος ὁ βασιλεύς, ἐπεὶ συνῆκε τὸ γεγονός, ἐπετίμα
8 πικρῶς. οἱ δ᾽ οὐχ οἷον . . . . , ἀλλ᾽ ἐπεμέτρησαν
φάσκοντες οὐδὲ λήξειν τῆς προθέσεως, ἕως ἂν τὸν
9 μισθὸν ἐπιθῶσι τοῖς περὶ τὸν Ἄρατον. ὁ δὲ βασιλεύς,
ὀργισθεὶς ἐπὶ τῷ ῥηθέντι παραχρῆμα πρὸς εἴκοσι
τάλαντα κατεγγυήσας, ἐκέλευσεν αὐτοὺς εἰς φυλακὴν
ἀπαγαγεῖν.

16. τῇ δ᾽ ἐπαύριον ἀνακαλεσάμενος τὸν Ἄρατον
παρεκάλει θαρρεῖν, ὅτι ποιήσεται τὴν ἐνδεχομένην
2 ἐπιστροφὴν τοῦ πράγματος. ὁ δὲ Λεόντιος συνεὶς τὰ
περὶ τὸν Μεγαλέαν, ἧκε πρὸς τὴν σκηνὴν μετά τινων
πελταστῶν, πεπεισμένος καταπλήξεσθαι διὰ τὴν ἡλι-
κίαν καὶ ταχέως εἰς μετάνοιαν ἄξειν τὸν βασιλέα.
3 συντυχὼν δ᾽ αὐτῷ, προσεπυνθάνετο τίς ἐτόλμησεν
ἐπιβαλεῖν τὰς χεῖρας Μεγαλέᾳ καὶ τίς εἰς τὴν
4 φυλακὴν ἀπαγαγεῖν. τοῦ δὲ βασιλέως ὑποστατικῶς
αὐτοῦ φήσαντος συντεταχέναι, καταπλαγεὶς ὁ Λεόν-
5 τιος καί τι προσανοιμώξας, ἀπῄει τεθυμωμένος. ὁ δὲ
βασιλεύς, ἀναχθεὶς παντὶ τῷ στόλῳ καὶ διάρας τὸν

pelt him with stones. A number of people came up to help on both sides, and there was a great noise and commotion in the camp, until the king hearing the cries sent men to find out what was the matter and separate the disturbers. Aratus on their arrival, after telling them the facts and appealing to the testimony of those present, retired[20] to his tent, and Leontius also slipped away in some mysterious manner. The king, when he understood what had happened, sent for Megaleas and Crinon and reprimanded them severely. Yet not only did they express no regret but aggravated[21] their offense, saying that they would not desist from their purposes until they had paid out Aratus. The king was highly indignant at their language, and at once ordered their imprisonment, failing the provision of surety for a fine of twenty talents on them and ordered them to be imprisoned until they paid it.

16. Next morning he summoned Aratus and bade him have no fear, as he would see that the matter was settled to his satisfaction. Leontius, hearing of what had happened to Megaleas, came to the royal tent accompanied by some peltasts, feeling confident that he would intimidate the king, who was but a boy, and soon make him change his mind. Coming into his presence he asked who had dared to lay hands on Megaleas and who had taken him to prison. But when the king confidently replied that he himself had given the order, Leontius was dismayed and with a muttered protest departed in a huff. The king now put to sea

[20] The following lacuna of twelve letters has not satisfactorily been filled.

[21] Preceded by another lacuna; the translation gives the sense.

κόλπον, ὡς θᾶττον εἰς τὴν Λευκάδα καθωρμίσθη, τοῖς
μὲν ἐπὶ τῆς τῶν λαφύρων οἰκονομίας τεταγμένοις περὶ
ταῦτα συνέταξε γινομένοις μὴ καθυστερεῖν, αὐτὸς δὲ
συναγαγὼν τοὺς φίλους ἀπέδωκε κρίσιν τοῖς περὶ τὸν
6 Μεγαλέαν. τοῦ δ᾽ Ἀράτου κατηγορήσαντος ἀνέκαθεν
τὰ πεπραγμένα τοῖς περὶ τὸν Λεόντιον, καὶ διελθόντος
τὴν γενομένην ὑπ᾽ αὐτῶν ἐν Ἄργει σφαγήν, ἣν ἐποι-
ήσαντο μετὰ τὸν Ἀντιγόνου χωρισμόν, καὶ τὰς πρὸς
Ἀπελλῆν συνθήκας, ἔτι δὲ τὸν περὶ τοὺς Παλαιεῖς
7 ἐμποδισμόν, καὶ πάντα ταῦτα μετ᾽ ἀποδείξεως ἐν-
δεικνυμένου καὶ μαρτύρων, οὐ δυνάμενοι πρὸς οὐδὲν
ἀντιλέγειν οἱ περὶ τὸν Μεγαλέαν κατεκρίθησαν ὁμο-
8 θυμαδὸν ὑπὸ τῶν φίλων. καὶ Κρίνων μὲν ἔμεινεν ἐν τῇ
φυλακῇ, τὸν δὲ Μεγαλέαν Λεόντιος ἀνεδέξατο τῶν
χρημάτων.

9 Ἡ μὲν οὖν Ἀπελλοῦ καὶ τῶν περὶ τὸν Λεόντιον
πρᾶξις ἐν τούτοις ἦν, παλίντροπον λαμβάνουσα τὴν
10 προκοπήν ταῖς ἐξ ἀρχῆς αὐτῶν ἐλπίσιν· ἔδοξαν μὲν
γὰρ καταπληξάμενοι τὸν Ἄρατον καὶ μονώσαντες τὸν
Φίλιππον ποιήσειν ὅ τι ἂν αὐτοῖς δοκῇ συμφέρειν,
ἀπέβη δὲ τούτων τἀναντία.

17. κατὰ δὲ τοὺς προειρημένους καιροὺς Λυκοῦργος
ἐκ μὲν τῆς Μεσσηνίας οὐδὲν ἄξιον λόγου πράξας
ἐπανῆλθε· μετὰ δὲ ταῦτα πάλιν ὁρμήσας ἐκ Λακε-
2 δαίμονος κατελάβετο τὴν τῶν Τεγεατῶν πόλιν. τῶν δὲ
σωμάτων ἀποχωρησάντων εἰς τὴν ἄκραν ἐπεβάλετο
πολιορκεῖν ταύτην. οὐδαμῶς δὲ δυνάμενος ἀνύειν
οὐδὲν αὖτις ἀνεχώρησεν εἰς τὴν Σπάρτην.

with his whole fleet and passing down the gulf, as soon as he came to anchor at Leucas ordered those who were charged with the disposal of the booty to dispatch this business, while he himself called a counsel of his friends and tried the case of Megaleas and Crinon. Aratus, who acted as accuser, recounted the malpractices of Leontius and his party from beginning to end, giving an account of the massacre they had perpetrated at Argos after the departure of Antigonus, their understanding with Apelles and their obstruction at the siege of Palus,[22] supporting all his statements by proofs and bringing forward witnesses; upon which Megaleas and Crinon, having not a word to say in defense, were unanimously found guilty by the king's friends. Crinon remained in prison, but Leontius became surety for Megaleas' fine.

Such was the issue so far of the plot between Apelles and Leontius, which had progressed in a manner quite contrary to their expectation; for they had thought by intimidating Aratus and isolating Philip to do whatever they considered to be to their advantage, and the result was just the opposite.

17. Lycurgus at about the same time returned from his expedition to Messenia[23] without having accomplished anything worthy of mention; and starting again from Sparta shortly afterward, occupied the town of Tegea[24] and undertook the siege of the citadel, into which the inhabitants had retired. But being utterly unable to effect anything he returned again to Sparta.

22 See n. on 3.4.

23 4.5.

24 The attack on Tegea is recorded in *SIG* 533.

3 Οἱ δ᾽ ἐκ τῆς Ἤλιδος καταδραμόντες τὴν Δυμαίαν
καὶ τοὺς βοηθήσαντας τῶν ἱππέων εἰς ἐνέδραν ἐπαγα-
4 γόμενοι ῥᾳδίως ἐτρέψαντο, καὶ τῶν μὲν Γαλατικῶν οὐκ
ὀλίγους κατέβαλον, τῶν δὲ πολιτικῶν αἰχμαλώτους
ἔλαβον Πολυμήδη τε τὸν Αἰγιέα καὶ Δυμαίους Ἀγη-
σίπολιν καὶ Διοκλέα.

5 Δωρίμαχος δὲ τὴν μὲν πρώτην ἔξοδον ἐποιήσατο
μετὰ τῶν Αἰτωλῶν, πεπεισμένος, καθάπερ ἐπάνω προ-
εῖπον, αὑτὸν μὲν ἀσφαλῶς κατασυρεῖν τὴν Θετταλίαν,
τὸν δὲ Φίλιππον ἀναστήσειν ἀπὸ τῆς περὶ τοὺς Πα-
6 λαιεῖς πολιορκίας· εὑρὼν δὲ τοὺς περὶ τὸν Χρυσό-
γονον καὶ Πετραῖον ἑτοίμους ἐν Θετταλίᾳ πρὸς τὸ
διακινδυνεύειν, εἰς μὲν τὸ πεδίον οὐκ ἐθάρρει κατα-
βαίνειν, ἐν δὲ ταῖς παρωρείαις προσανέχων διῆγε.
7 προσπεσούσης δ᾽ αὐτῷ τῆς τῶν Μακεδόνων εἰς τὴν
Αἰτωλίαν εἰσβολῆς, ἀφέμενος τῶν κατὰ Θετταλίαν
ἐβοήθει τούτοις κατὰ σπουδήν. καταλαβὼν δ᾽ ἀπηλ-
λαγμένους ἐκ τῆς Αἰτωλίας τοὺς Μακεδόνας οὗτος μὲν
8 ὑπελείπετο καὶ καθυστέρει πάντων· ὁ δὲ βασιλεὺς
ἀναχθεὶς ἐκ τῆς Λευκάδος, καὶ πορθήσας ἐν παράπλῳ
τὴν τῶν Οἰανθέων χώραν, κατῆρε μετὰ τοῦ στόλου
9 παντὸς εἰς Κόρινθον. ὁρμίσας δὲ τὰς νῆας ἐν τῷ
Λεχαίῳ τήν τε δύναμιν ἐξεβίβαζε καὶ τοὺς γραμματο-
φόρους διαπέστελλε πρὸς τὰς ἐν Πελοποννήσῳ συμ-
μαχίδας πόλεις, δηλῶν τὴν ἡμέραν ἐν ᾗ δεήσει πάν-
τας μετὰ τῶν ὅπλων κοιταίους ἐν τῇ τῶν Τεγεατῶν
γίνεσθαι πόλει.

18. ταῦτα δὲ διαπραξάμενος, καὶ μείνας οὐδένα

The forces from Elis also overran the territory of Dyme and easily defeated the cavalry who came to oppose them by decoying them into an ambush, killing not a few of the Gauls and of the citizen troops, taking Polymedes of Aegium and Agesipolis and Diocles of Dyme prisoners.

Dorimachus had originally made his raid with the Aetolians, fully persuaded, as I said above, that he could overrun Thessaly undisturbed and would force Philip to raise the siege of Palus, but finding Chrysogonus[25] and Petraeus in Thessaly ready to give him battle, he did not venture to descend into the plain, but kept to the slopes of the hills. On hearing of the Macedonian invasion of Aetolia he quitted Thessaly and hastened to defend his country, but found that the Macedonians had already left Aetolia, and so failed and was too late at all points.

The king put out from Leucas, and after pillaging the territory of Oeanthe as he coasted along, reached Corinth with his whole fleet. Anchoring his ships in Lechaeum he disembarked his troops, and sent couriers to all the allied cities in the Peloponnese to inform them of the day on which they must present themselves in arms at Tegea before bedtime.

18. After taking this step, having spent no time at all in

[25] See n. on 9.4.

χρόνον ἐν τῇ Κορίνθῳ, παρήγγειλε τοῖς Μακεδόσιν ἀναζυγήν. ποιησάμενος δὲ τὴν πορείαν δι᾿ Ἄργους
2 ἧκε δευτεραῖος εἰς Τέγεαν. προσαναλαβὼν δὲ τοὺς ἠθροισμένους τῶν Ἀχαιῶν προῆγε διὰ τῆς ὀρεινῆς, σπουδάζων λαθεῖν τοὺς Λακεδαιμονίους ἐμβαλὼν εἰς
3 τὴν χώραν. περιελθὼν δὲ ταῖς ἐρημίαις, τεταρταῖος ἐπέβαλε τοῖς καταντικρὺ τῆς πόλεως λόφοις, καὶ παρῄει δεξιὸν ἔχων τὸ Μενελάιον ἐπ᾿ αὐτὰς τὰς Ἀμύκλας.
4 οἱ δὲ Λακεδαιμόνιοι, θεωροῦντες ἐκ τῆς πόλεως παράγουσαν τὴν δύναμιν ἐκπλαγεῖς ἐγένοντο καὶ περί-
5 φοβοι, θαυμάζοντες τὸ συμβαῖνον. ἀκμὴν γὰρ ἦσαν μετέωροι ταῖς διανοίαις ἐκ τῶν προσπιπτόντων ὑπὲρ τοῦ Φιλίππου περὶ τὴν καταφθορὰν τοῦ Θέρμου καὶ καθόλου ταῖς ἐν Αἰτωλίᾳ πράξεσι, καί τις ἐνεπεπτώκει θροῦς παρ᾿ αὐτοῖς ὑπὲρ τοῦ τὸν Λυκοῦργον ἐκπέμπειν
6 βοηθήσοντα τοῖς Αἰτωλοῖς. ὑπὲρ δὲ τοῦ τὸ δεινὸν ἥξειν ἐπὶ σφᾶς οὕτως ὀξέως ἐκ τηλικούτου διαστήματος οὐδὲ διενοεῖτο παράπαν αὐτῶν οὐδείς, ἅτε καὶ τῆς ἡλικίας ἐχούσης ἀκμὴν εὐκαταφρόνητόν τι τῆς τοῦ βασιλέως. διὸ καὶ παρὰ δόξαν αὐτοῖς τῶν πρα-
7 γμάτων συγκυρούντων εἰκότως ἦσαν ἐκπλαγεῖς. ὁ γὰρ Φίλιππος τολμηρότερον καὶ πρακτικώτερον ἢ κατὰ τὴν ἡλικίαν χρώμενος ταῖς ἐπιβολαῖς εἰς ἀπορίαν καὶ δυσχρηστίαν ἅπαντας ἦγε τοὺς πολεμίους.
8 ἀναχθεὶς γὰρ ἐκ μέσης Αἰτωλίας, καθάπερ ἐπάνω προεῖπον, καὶ διανύσας ἐν νυκτὶ τὸν Ἀμβρακικὸν
9 κόλπον, εἰς Λευκάδα κατῆρε· δύο δὲ μείνας ἡμέρας ἐνταῦθα, τῇ τρίτῃ ποιησάμενος ὑπὸ τὴν ἑωθινὴν τὸν

Corinth, he ordered the Macedonians to break up their camp, and marching through Argos reached Tegea on the second day. Picking up there the Achaeans who had assembled, he advanced through the hilly country with the object of invading Laconia by surprise. Taking a circuitous route through an uninhabited district he seized on the fourth day the hills opposite Sparta and passing the city with the Menelaïum[26] on his right made straight for Amyclae.[27] The Lacedaemonians seeing from the city the army as it marched past were thunderstruck and in great fear, as they were completely surprised by what was happening. For they were still in a state of excitement over the news that had arrived about the doings of Philip in Aetolia and his destruction of Thermus, and there was some talk among them of sending Lycurgus to help the Aetolians, but no one ever imagined that the danger would descend on their heads so swiftly from such a long distance, the king's extreme youth still tending to inspire contempt for him. Consequently, as things fell out quite contrary to their expectations, they were naturally much dismayed; for Philip had shown a daring and energy beyond his years in his enterprises, and reduced all his enemies to a state of bewilderment and helplessness. For putting to sea from the centre of Aetolia, as I above narrated, and traversing the Ambracian Gulf in one night, he had reached Leucas, where he spent two days, and setting sail on the morning of

26 *OCD* Menelaion (H. W. Catling).

27 *OCD* Amyclae (A. M. Woodward and others).

ἀνάπλουν, δευτεραῖος πορθήσας ἅμα τὴν τῶν Αἰτω-
10 λῶν παραλίαν ἐν Λεχαίῳ καθωρμίσθη· μετὰ δὲ ταῦτα
κατὰ τὸ συνεχὲς ποιούμενος τὰς πορείας ἑβδομαῖος
ἐπέβαλε τοῖς ὑπὲρ τὴν πόλιν κειμένοις παρὰ τὸ Μενε-
λάιον λόφοις, ὥστε τοὺς πλείστους ὁρῶντας τὸ γεγο-
νὸς μὴ πιστεύειν τοῖς συμβαίνουσιν.
11 Οἱ μὲν οὖν Λακεδαιμόνιοι περιδεεῖς γεγονότες διὰ
τὸ παράδοξον ἠπόρουν καὶ δυσχρήστως διέκειντο
πρὸς τὸ παρόν.

19. ὁ δὲ Φίλιππος τῇ μὲν πρώτῃ κατεστρατοπέ-
2 δευσε περὶ τὰς Ἀμύκλας. αἱ δ' Ἀμύκλαι καλούμεναι
τόπος ἐστὶ τῆς Λακωνικῆς χώρας καλλιδενδρότατος
καὶ καλλικαρπότατος, ἀπέχει δὲ τῆς Λακεδαίμονος ὡς
3 εἴκοσι σταδίους. ὑπάρχει δὲ καὶ τέμενος Ἀπόλλωνος
ἐν αὐτῷ σχεδὸν ἐπιφανέστατον τῶν κατὰ τὴν Λακωνι-
κὴν ἱερῶν. κεῖται δὲ τῆς πόλεως ἐν τοῖς πρὸς θάλατταν
4 κεκλιμένοις μέρεσι. τῇ δ' ἐπιούσῃ πορθῶν ἅμα τὴν
χώραν εἰς τὸν Πύρρου καλούμενον κατέβη χάρακα.
δύο δὲ τὰς ἑξῆς ἡμέρας ἐπιδραμὼν καὶ δῃώσας τοὺς
σύνεγγυς τόπους κατεστρατοπέδευσε περὶ τὸ Κάρ-
5 νιον, ὅθεν ὁρμήσας ἦγε πρὸς Ἀσίνην· καὶ ποιησάμε-
νος προσβολάς, οὐδέν γε τῶν προύργου περαίνων,
ἀνέζευξε, καὶ τὸ λοιπὸν ἐπιπορευόμενος ἔφθειρε τὴν
χώραν πᾶσαν τὴν ἐπὶ τὸ Κρητικὸν πέλαγος τετραμ-
6 μένην ἕως Ταινάρου. μεταβαλόμενος δ' αὖτις ἐποιεῖτο
τὴν πορείαν παρὰ τὸν ναύσταθμον τῶν Λακεδαιμο-
νίων, ὃ καλεῖται μὲν Γύθιον, ἔχει δ' ἀσφαλῆ λιμένα,
τῆς δὲ πόλεως ἀπέχει περὶ <διακόσια καὶ> τριάκοντα

the third day he came to anchor next day in Lechaeum after pillaging the coast of Aetolia on his voyage. After that, marching without a break he gained upon the seventh day the hills near the Menelaïum that look down on Sparta. So that most of the Spartans, though they saw what had happened, could not believe their eyes.

The Lacedaemonians, then, were in a state of the utmost terror at this unexpected invasion and quite at a loss how to meet it.

19. Philip on the first day pitched his camp at Amyclae. The district of Amyclae is one of the most richly timbered and fertile in Laconia, and contains a sacred precinct of Apollo which is about the most famous of all the Laconian holy places. It lies between Sparta and the sea. Next day Philip, continuing to pillage the country on his way, marched down to what is called Pyrrhus' camp.[28] After spending the next two days in overrunning and plundering the immediate neighborhood he encamped at Carnium, and starting thence advanced on Asine,[29] which he assaulted, but making no progress, took his departure and subsequently continued to lay waste all the country bordering on the Cretan Sea as far as Taenarum. Changing the direction of his march he next made for the arsenal of the Lacedaemonians, which is called Gythium and has a secure harbor, being about <two hundred and> thirty stades

[28] The location is disputed; χάραξ is not just a camp, but also a fortification: Robert, *OMS* 6. 599, n. 12, the closest parallel to Pyrrhus' *charax* being *Patroklou charax* in Attica during the Chremonidean War.

[29] For this and other sites in Philip's Laconian campaign, see WC 1.555–556.

7 στάδια. τοῦτο δ' ἀπολιπὼν κατὰ πορείαν δεξιὸν κατ-
εστρατοπέδευσε περὶ τὴν Ἑλείαν, ἥτις ἐστὶν ὡς πρὸς
μέρος θεωρουμένη πλείστη καὶ καλλίστη χώρα τῆς
8 Λακωνικῆς· ὅθεν ἀφιεὶς τὰς προνομὰς αὐτόν τε τὸν
τόπον τοῦτον πάντα κατεπυρπόλει καὶ διέφθειρε τοὺς
ἐν αὐτῷ καρπούς, ἀφικνεῖτο δὲ ταῖς προνομαῖς καὶ
πρὸς Ἀκρίας καὶ Λεύκας, ἔτι δὲ καὶ τὴν τῶν Βοιῶν
χώραν.

20. Οἱ δὲ Μεσσήνιοι κομισάμενοι τὰ γράμματα τὰ
παρὰ τοῦ Φιλίππου τὰ περὶ τῆς στρατείας, τῇ μὲν
ὁρμῇ τῶν ἄλλων οὐκ ἐλείποντο συμμάχων, ἀλλὰ τὴν
ἔξοδον ἐποιήσαντο μετὰ σπουδῆς καὶ τοὺς ἀκμαιο-
τάτους ἄνδρας ἐξέπεμψαν, πεζοὺς μὲν δισχιλίους ἱπ-
2 πεῖς δὲ διακοσίους. τῷ δὲ μήκει τῆς ὁδοῦ καθυστερή-
σαντες τῆς εἰς τὴν Τέγεαν παρουσίας τοῦ Φιλίππου,
3 τὸ μὲν πρῶτον ἠπόρουν τί δέον εἴη ποιεῖν· ἀγωνιῶντες
δὲ μὴ δόξαιεν ἐθελοκακεῖν διὰ τὰς προγεγενημένας
περὶ αὐτοὺς ὑποψίας, ὥρμησαν διὰ τῆς Ἀργείας εἰς
τὴν Λακωνικήν, βουλόμενοι συνάψαι τοῖς περὶ τὸν
4 Φίλιππον. παραγενόμενοι δὲ πρὸς Γλυμπεῖς χωρίον, ὃ
κεῖται περὶ τοὺς ὅρους τῆς Ἀργείας καὶ Λακωνικῆς,
πρὸς τοῦτο κατεστρατοπέδευσαν ἀπείρως ἅμα καὶ
5 ῥᾳθύμως· οὔτε γὰρ τάφρον οὔτε χάρακα τῇ παρεμ-
βολῇ περιέβαλον οὔτε τόπον εὐφυῆ περιέβλεψαν,
ἀλλὰ τῇ τῶν κατοικούντων τὸ χωρίον εὐνοίᾳ πιστεύ-
6 οντες ἀκάκως πρὸ τοῦ τείχους αὐτοῦ παρενέβαλον. ὁ
δὲ Λυκοῦργος, προσαγγελθείσης αὐτῷ τῆς τῶν Μεσ-
σηνίων παρουσίας, ἀναλαβὼν τοὺς μισθοφόρους καὶ

distant from Sparta. Leaving this place on his right he encamped in the district of Helos, which taken as a whole is the most extensive and finest in Laconia. Sending out his foragers from here he set fire to every part of it, destroying the crops, and carried his devastation even as far as Acriae, Leucae, and Boeae.

20. The Messenians, on receipt of Philip's dispatch demanding troops, were no less eager to comply than the other allies, and at once started on the expedition sending their finest troops, two thousand foot and two hundred horse. Owing, however, to the distance they missed Philip at Tegea and at first were at a loss what to do, but anxious as they were not to seem intentionally remiss owing to the suspicions they had incurred on previous occasions, they marched hastily through the territory of Argos to Laconia with the object of joining Philip. On arriving at a village called Glympeis, which lies on the borders of Argolis and Laconia, they encamped near it with an unmilitary lack of precaution; for they neither protected their camp with a trench and palisade, nor did they look round for a favorable spot, but relying in the simplicity of their hearts on the goodwill of the inhabitants pitched their camp just under the wall. Lycurgus, when the arrival of the Messenians was announced to him, set out with his mercenaries and a few

τινας τῶν Λακεδαιμονίων προῆγε, καὶ συνάψας τοῖς τόπους ὑπὸ τὴν ἑωθινὴν ἐπέθετο τῇ στρατοπεδείᾳ
7 τολμηρῶς. οἱ δὲ Μεσσήνιοι, τἄλλα πάντα κακῶς βουλευσάμενοι, καὶ μάλιστα προελθεῖν ἐκ τῆς Τεγέας, μὴ κατὰ τὸ πλῆθος ἀξιόχρεως ὑπάρχοντες μήτε πιστεύοντες ἐμπείροις, παρ' αὐτόν γε τὸν κίνδυνον κατὰ τὴν ἐπίθεσιν ὅμως τὸ δυνατὸν ἐκ τῶν πραγμάτων ἔλαβον
8 πρὸς τὴν ἑαυτῶν σωτηρίαν· ἅμα γὰρ τῷ συνιδεῖν ἐπιφαινομένους τοὺς πολεμίους ἀφέμενοι πάντων
9 σπουδῇ πρὸς τὸ χωρίον προσέφυγον. διόπερ Λυκοῦργος τῶν μὲν ἵππων ἐγκρατὴς ἐγένετο τῶν πλείστων καὶ τῆς ἀποσκευῆς, τῶν δ' ἀνδρῶν ζωγρίᾳ μὲν οὐδενὸς ἐκυρίευσε, τῶν δ' ἱππέων ὀκτὼ μόνον ἀπέκτεινε.

10 Μεσσήνιοι μὲν οὖν τοιαύτῃ περιπετείᾳ χρησάμενοι
11 πάλιν δι' Ἄργους εἰς τὴν οἰκείαν ἀνεκομίσθησαν. ὁ δὲ Λυκοῦργος μετεωρισθεὶς ἐπὶ τῷ γεγονότι, παραγενόμενος εἰς τὴν Λακεδαίμονα περὶ παρασκευὴν ἐγίνετο καὶ συνήδρευε μετὰ τῶν φίλων, ὡς οὐκ ἐάσων τὸν Φίλιππον ἐπανελθεῖν <ἐκ> τῆς χώρας ἄνευ κινδύνου
12 καὶ συμπλοκῆς. ὁ δὲ βασιλεὺς ἐκ τῆς Ἐλείας ἀναζεύξας προῆγε, πορθῶν ἅμα τὴν χώραν, καὶ τεταρταῖος αὖθις εἰς τὰς Ἀμύκλας κατῆρε παντὶ τῷ στρατεύματι περὶ μέσον ἡμέρας.

21. Λυκοῦργος δὲ διαταξάμενος περὶ τοῦ μέλλοντος κινδύνου τοῖς ἡγεμόσι καὶ τοῖς φίλοις, αὐτὸς μὲν ἐξελθὼν ἐκ τῆς πόλεως κατελάβετο τοὺς περὶ τὸ Μενελάιον τόπους, ἔχων τοὺς πάντας οὐκ ἐλάττους δισ-
2 χιλίων, τοῖς δ' ἐν τῇ πόλει συνέθετο προσέχειν τὸν

Lacedaemonians, and reaching the place just as day was breaking, made a bold attack on the camp. The Messenians, who had acted foolishly in every way and especially in advancing from Tegea with such an inadequate force and without any expert advice, yet now when they were attacked and in actual danger took the best means open to them to ensure their safety. For as soon as they saw the enemy coming up, they abandoned everything and hastily took refuge within the walls of the village. So that Lycurgus captured most of their horses and their baggage, but did not make a single prisoner and only killed eight cavalry soldiers.

The Messenians, then, having met with this reverse returned home by way of Argos. But Lycurgus was highly elated at his success; and on arriving at Sparta began to make preparations and hold councils of his friends, with the view of not allowing Philip to retire from the country without giving battle. The king, leaving the territory of Helos, now advanced laying the country waste, and on the fourth day about midday again descended on Amyclae with his whole army.

21. Lycurgus, after giving his orders for the approaching engagement to his officers and friends, himself sallied from the city and occupied the ground round the Menelaïum, his total force consisting of not less than two thousand men; but those who remained in the city he had

νοῦν, ἵν᾽ ὅταν αὐτοῖς αἴρῃ τὸ σύνθημα, σπουδῇ κατὰ
πλείους τόπους ἐξαγαγόντες πρὸ τῆς πόλεως τὴν
δύναμιν ἐκτάττωσι, βλέπουσαν ἐπὶ τὸν Εὐρώταν, καθ᾽
ὃν ἐλάχιστον τόπον ἀπέχει τῆς πόλεως ὁ ποταμός.
3 Τὰ μὲν οὖν περὶ τὸν Λυκοῦργον καὶ τοὺς Λακεδαι-
4 μονίους ἐν τούτοις ἦν. ἵνα δὲ μὴ τῶν τόπων ἀγνοου-
μένων ἀνυπότακτα καὶ κωφὰ γίνηται τὰ λεγόμενα,
5 συνυποδεικτέον ἂν εἴη τὴν φύσιν καὶ τάξιν αὐτῶν, ὃ
δὴ καὶ παρ᾽ ὅλην τὴν πραγματείαν πειρώμεθα ποιεῖν,
συνάπτοντες καὶ συνοικειοῦντες ἀεὶ τοὺς ἀγνοουμέ-
νους τῶν τόπων τοῖς γνωριζομένοις καὶ παραδιδομέ-
6 νοις. ἐπεὶ γὰρ τῶν κατὰ πόλεμον κινδύνων τοὺς πλεί-
ους καὶ κατὰ γῆν καὶ κατὰ θάλατταν σφάλλουσιν αἱ
τῶν τόπων διαφοραί, βουλόμεθα δὲ πάντες οὐχ οὕτως
7 τὸ γεγονὸς ὡς τὸ πῶς ἐγένετο γινώσκειν, οὐ παρολι-
γωρητέον τῆς τῶν τόπων ὑπογραφῆς ἐν οὐδ᾽ ὁποίᾳ
μὲν τῶν πράξεων, ἥκιστα δ᾽ ἐν ταῖς πολεμικαῖς, οὐδ᾽
ὀκνητέον ποτὲ μὲν λιμέσι καὶ πελάγεσι καὶ νήσοις
8 συγχρῆσθαι σημείοις, ποτὲ δὲ πάλιν ἱεροῖς, ὄρεσι,
χώραις ἐπωνύμοις, τὸ δὲ τελευταῖον ταῖς ἐκ τοῦ περι-
έχοντος διαφοραῖς, ἐπειδὴ κοινόταται πᾶσιν ἀνθρώ-
9 ποις εἰσὶν αὗται· μόνως γὰρ οὕτως δυνατὸν εἰς ἔννοιαν
ἀγαγεῖν τῶν ἀγνοουμένων τοὺς ἀκούοντας, καθάπερ
10 καὶ πρότερον εἰρήκαμεν. ἔστι δ᾽ ἡ τῶν τόπων φύσις
τοιαύτη [ὑπὲρ ὧν νῦν δὴ ὁ λόγος].

22. τῆς γὰρ Σπάρτης τῷ μὲν καθόλου σχήματι περιφεροῦς ὑπαρχούσης καὶ κειμένης ἐν τόποις ἐπιπέδοις, κατὰ μέρος δὲ περιεχούσης ἐν αὐτῇ διαφόρους

ordered to be on the look out and when the signal was hoisted, to lead out their forces at several points with all speed, and draw them up facing the Eurotas, where the stream is at the shortest distance from the city. Such was the position of Lycurgus and the Lacedaemonians.

But lest owing to ignorance of the localities[30] my narrative tend to become vague and meaningless, I must describe their natural features and relative positions, as indeed I attempt to do throughout my whole work, by bringing any places with which my readers are unacquainted into connection and relation with those familiar to them from personal knowledge or reading. For seeing that in the majority of land and sea battles in a war defeat is due to difference of position, and since we all wish to know not so much what happened as how it happened, we must by no means neglect to illustrate by local descriptions events of any sort, and least of all those of a war, nor must we hesitate to adopt as landmarks harbors, seas, and islands, or again temples, mountains, and local names of districts, and finally different quarters of the heavens, as these latter are most universally recognized by mankind. For this, as I said on a former occasion, is the only way of making readers acquainted with places of which they are ignorant. The following, then, are the features of the country in question.

22. The general shape of Sparta is a circle; it lies in a country level on the whole but here and there with certain

[30] A digression on topography, through 22.4.

2 ἀνωμάλους καὶ βουνώδεις τόπους, τοῦ δὲ ποταμοῦ
παραρρέοντος ἐκ τῶν πρὸς ἀνατολὰς αὐτῆς μερῶν, ὃς
καλεῖται μὲν Εὐρώτας, γίνεται δὲ τὸν πλείω χρόνον
3 ἄβατος διὰ τὸ μέγεθος, συμβαίνει τοὺς βουνοὺς ἐφ'
ὧν τὸ Μενελάιόν ἐστι πέραν μὲν εἶναι τοῦ ποταμοῦ,
κεῖσθαι δὲ τῆς πόλεως κατὰ χειμερινὰς ἀνατολάς,
ὄντας τραχεῖς καὶ δυσβάτους καὶ διαφερόντως ὑψη-
λούς, ἐπικεῖσθαι δὲ τῷ πρὸς τὴν πόλιν τοῦ ποταμοῦ
4 διαστήματι κυρίως, δι' οὗ φέρεται μὲν ὁ προειρημένος
ποταμὸς παρ' αὐτὴν τὴν τοῦ λόφου ῥίζαν, ἔστι δ' οὐ
5 πλεῖον τὸ πᾶν διάστημα τριῶν ἡμισταδίων· δι' οὗ τὴν
ἀνακομιδὴν ἔδει ποιεῖσθαι κατ' ἀνάγκην τὸν Φίλιπ-
πον, ἐκ μὲν εὐωνύμων ἔχοντα τὴν πόλιν καὶ τοὺς
Λακεδαιμονίους ἑτοίμους καὶ παρατεταγμένους, ἐκ
<δὲ> δεξιῶν τόν τε ποταμὸν καὶ τοὺς περὶ τὸν Λυκοῦρ-
6 γον ἐπὶ τῶν λόφων ἐφεστῶτας. ἐμεμηχάνηντο δέ τι
πρὸς τοῖς ὑπάρχουσι καὶ τοιοῦτον οἱ Λακεδαιμόνιοι·
φράξαντες γὰρ τὸν ποταμὸν ἄνωθεν ἐπὶ τὸν μεταξὺ
τόπον τῆς πόλεως καὶ τῶν βουνῶν ἐφῆκαν, οὗ δια-
βρόχου γενηθέντος οὐχ οἷον τοὺς ἵππους, ἀλλ' οὐδ' ἂν
7 τοὺς πεζοὺς δυνατὸν ἦν ἐμβαίνειν. διόπερ ἀπελείπετο
παρ' αὐτὴν τὴν παρώρειαν ὑπὸ τοὺς λόφους τὴν δύνα-
μιν ἄγοντας δυσπαραβοηθήτους καὶ μακροὺς αὐτοὺς
ἐν πορείᾳ παραδιδόναι τοῖς πολεμίοις.

8 Εἰς ἃ βλέπων ὁ Φίλιππος, καὶ βουλευσάμενος μετὰ
τῶν φίλων, ἀναγκαιότατον ἔκρινε τῶν παρόντων τὸ
τρέψασθαι πρώτους τοὺς περὶ τὸν Λυκοῦργον ἀπὸ τῶν
9 κατὰ <τὸ> Μενελάιον τόπων. ἀναλαβὼν οὖν τούς τε

irregularities and hills. The river that runs past it on the east is called the Eurotas, and is usually too deep to be forded. The hills on which the Menelaïum stands are on the far side of the river to the southeast of the town, and are rocky, difficult to ascend, and of considerable height. They absolutely command the level space between the city and the river, which runs close along their foot, its distance from the city being not more than a stade and a half. It was along there that Philip was forced to pass in his retreat with the town on the left hand and the Lacedaemonians drawn up outside it ready for him, and with the river on his right and across it Lycurgus' force posted on the hills. The Lacedaemonians had contrived still further to strengthen their position by damming the river higher up and making it overflow all the ground between the town and the hills, over which, when thus soaked, it was impossible even for the infantry to pass, not to speak of the cavalry. Thus the only passage left for the army was close along the foot of the hills, which would expose them on the march to the enemy in a long narrow column, no part of which if attacked could expect support from the rest.

Philip, taking this into consideration and having consulted his friends, decided that the most immediate necessity was to drive Lycurgus away from the neighborhood of the Menelaïum. Taking therefore his mercenaries,

μισθοφόρους καὶ τοὺς πελταστάς, ἐπὶ δὲ τούτοις καὶ
τοὺς Ἰλλυριούς, προῆγε διαβὰς τὸν ποταμὸν ὡς ἐπὶ
10 τοὺς λόφους. ὁ δὲ Λυκοῦργος, συνθεωρῶν τὴν ἐπί-
νοιαν τοῦ Φιλίππου τοὺς μὲν μεθ' ἑαυτοῦ στρατιώτας
ἡτοίμαζε καὶ παρεκάλει πρὸς τὸν κίνδυνον, τοῖς δὲ ἐν
11 τῇ πόλει τὸ σημεῖον ἀνέφηνεν· οὗ γενομένου παραυ-
τίκα τοὺς πολιτικούς, οἷς ἐπιμελὲς ἦν, ἐξῆγον κατὰ τὸ
συντεταγμένον πρὸ τοῦ τείχους, ποιοῦντες ἐπὶ τοῦ
δεξιοῦ κέρατος τοὺς ἱππεῖς.

23. ὁ δὲ Φίλιππος ἐγγίσας τοῖς περὶ τὸν Λυκοῦργον
2 τὸ μὲν πρῶτον αὐτοὺς ἐφῆκε τοὺς μισθοφόρους, ἐξ οὗ
καὶ συνέβη τὰς ἀρχὰς ἐπικυδεστέρως ἀγωνίζεσθαι
τοὺς παρὰ τῶν Λακεδαιμονίων, ἅτε καὶ τοῦ καθοπλι-
σμοῦ καὶ τῶν τόπων αὐτοῖς οὐ μικρὰ συμβαλλομέ-
3 νων. ἐπεὶ δὲ τοὺς μὲν πελταστὰς ὁ Φίλιππος ὑπέβαλε
τοῖς ἀγωνιζομένοις, ἐφεδρείας ἔχοντας τάξιν, τοῖς δ'
Ἰλλυριοῖς ὑπεράρας ἐκ πλαγίων ἐποιεῖτο τὴν ἔφοδον,
4 τότε συνέβη τοὺς μὲν παρὰ τοῦ Φιλίππου μισθοφό-
ρους ἐπαρθέντας τῇ τῶν Ἰλλυριῶν καὶ πελταστῶν
ἐφεδρείᾳ πολλαπλασίως ἐπιρρωσθῆναι πρὸς τὸν κίν-
δυνον, τοὺς δὲ παρὰ τοῦ Λυκούργου, καταπλαγέντας
τὴν τῶν βαρέων ὅπλων ἔφοδον, ἐγκλίναντας φυγεῖν.
5 ἔπεσον μὲν οὖν αὐτῶν εἰς ἑκατόν, ἑάλωσαν δὲ μικρῷ
πλείους· οἱ δὲ λοιποὶ διέφυγον εἰς τὴν πόλιν. ὁ δὲ
Λυκοῦργος αὐτὸς ταῖς ἀνοδίαις ὁρμήσας νύκτωρ μετ'
6 ὀλίγων ἐποιήσατο τὴν εἰς πόλιν πάροδον. Φίλιππος δὲ
τοὺς μὲν λόφους τοῖς Ἰλλυριοῖς κατελάβετο, τοὺς δ'
εὐζώνους ἔχων καὶ πελταστὰς ἐπανῄει πρὸς τὴν δύνα-

peltasts, and Illyrians, he crossed the river and made for the hills. Lycurgus, seeing what Philip had in view, got the men he had with him ready and addressed them in view of the approaching battle, and at the same time signaled to those in the town, upon which the officers in command there at once led out the troops, as had been arranged, and drew them up in front of the wall, placing the cavalry on the right wing.

23. Philip, on approaching Lycurgus, first sent the mercenaries along against him, so that at the beginning the Lacedaemonians fought with more success, favored as they were in no small degree by the ground and their heavier armor. But as soon as Philip had sent the peltasts to take part in the fight acting as a supporting force, and getting round the enemy with his Illyrians charged them on the flank, his mercenaries encouraged by this support fought with much greater spirit, while Lycurgus' force dreading the charge of the heavier troops gave way and ran. About a hundred were killed and rather more taken prisoners, the remainder escaping to the town: Lycurgus himself passing along the hills made his escape with a few others into the city. Philip, leaving the Illyrians in occupation of the hills, returned to his army with his light infantry

7 μιν. Ἄρατος δὲ κατὰ τὸν καιρὸν τοῦτον, ἄγων ἐκ τῶν Ἀμυκλῶν τὴν φάλαγγα, σύνεγγυς ἦν ἤδη τῆς πόλεως.
8 ὁ μὲν οὖν βασιλεὺς διαβὰς τὸν ποταμὸν ἐφήδρευε τοῖς εὐζώνοις καὶ πελτασταῖς, ἔτι δὲ τοῖς ἱππεῦσιν, <ἕως> τὰ βαρέα τῶν ὅπλων ὑπ' αὐτοὺς τοὺς βουνοὺς
9 ἀσφαλῶς διῄει τὰς δυσχωρίας. τῶν δ' ἐκ τῆς πόλεως ἐπιβαλομένων ἐγχειρεῖν τοῖς ἐφεδρεύουσι τῶν ἱπ-
10 πέων, καὶ γενομένης συμπλοκῆς ὁλοσχερεστέρας, καὶ τῶν πελταστῶν εὐψύχως ἀγωνισαμένων, καὶ περὶ τοῦτον τὸν καιρὸν ὁ Φίλιππος ὁμολογούμενον προτέρημα ποιήσας, καὶ συνδιώξας τοὺς τῶν Λακεδαιμονίων ἱππεῖς εἰς τὰς πύλας, μετὰ ταῦτα διαβὰς ἀσφαλῶς τὸν Εὐρώταν ἀπουράγει τοῖς αὑτοῦ φαλαγγίταις.

24. Ἤδη δὲ τῆς ὥρας συναγούσης, ἀπαναγκαζόμενος αὐτοῦ στρατοπεδεύειν περὶ τὴν ἐκ τῶν στενῶν
2 ἔξοδον ἐχρήσατο στρατοπεδείᾳ, κατὰ σύμπτωμα τῶν ἡγεμόνων περιβαλομένων τοιοῦτον τόπον οἷον οὐκ ἂν ἄλλον τις εὕροι βουλόμενος εἰς τὴν χώραν τῆς Λακωνικῆς παρ' αὐτὴν τὴν πόλιν ποιεῖσθαι τὴν εἰσβολήν.
3 ἔστι γὰρ ἐπὶ τῆς ἀρχῆς τῶν προειρημένων στενῶν, ὅταν ἀπὸ τῆς Τεγέας ἢ καθόλου τῆς μεσογαίου παραγινόμενος ἐγγίζῃ τις τῇ Λακεδαίμονι, τόπος ἀπέχων μὲν τῆς πόλεως δύο μάλιστα σταδίους, ἐπ' αὐτοῦ δὲ
4 κείμενος τοῦ ποταμοῦ. τούτου δὲ συμβαίνει τὴν μὲν ἐπὶ τὴν πόλιν καὶ τὸν ποταμὸν βλέπουσαν πλευρὰν περιέχεσθαι πᾶσαν ἀπορρῶγι μεγάλῃ καὶ παντελῶς ἀπροσίτῳ· τὸ δ' ἐπὶ τοῖς κρημνοῖς τούτοις χωρίον ἐπίπεδόν ἐστι καὶ γεῶδες καὶ κάθυγρον, ἅμα δὲ καὶ

and peltasts. Meanwhile Aratus had left Amyclae with the phalanx and was now close to Sparta. The king crossing the river remained with his light troops, peltasts, and cavalry to cover the heavy armed troops until they had traversed the narrow passage under the hills. When the Spartans from the city attempted an attack on the cavalry which was performing this service, the action became general, and the peltasts displaying great gallantry, Philip gained here too a distinct advantage, and after pursuing the Spartan horse up to the gates, recrossed the Eurotas in safety and placed himself in the rear of his phalanx.

24. The day was now far advanced, and Philip being obliged to encamp on the spot availed himself of a site just at the end of the narrow passage, his officers having by chance chosen as a camping ground the most advantageous spot it would be possible to find for anyone wishing to invade Laconia by passing close by the city of Sparta. For there is at the entrance of the narrow passage I described above, as one approaches Lacedaemon coming from Tegea or from any part of the interior, a certain site distant at the most two stades from the town and lying close to the river. On the side which looks to the town and the river it is entirely surrounded by a lofty and quite inaccessible cliff, but the ground at the top of the precipice is flat, covered with soil, and well supplied with water, and

πρὸς τὰς εἰσαγωγὰς καὶ τὰς ἐξαγωγὰς τῶν δυνάμεων
5 εὐφυῶς κείμενον, ὥστε τὸν στρατοπεδεύσαντα ἐν αὐτῷ
καὶ κατασχόντα τὸν ὑπερκείμενον λόφον δοκεῖν μὲν
<μὴ> ἐν ἀσφαλεῖ στρατοπεδεύειν διὰ τὴν παράθεσιν
τῆς πόλεως, στρατοπεδεύειν δὲ ἐν καλλίστῳ, κρατοῦν-
6 τα τῆς εἰσόδου καὶ τῆς διόδου <τῶν> στενῶν. πλὴν ὅ
γε Φίλιππος, καταστρατοπεδεύσας ἐν τούτῳ μετ᾽
ἀσφαλείας, τῇ κατὰ πόδας ἡμέρᾳ τὴν μὲν ἀποσκευὴν
προαπέστειλε, τὴν δὲ δύναμιν ἐξέταξεν ἐν τοῖς ἐπιπέ-
7 δοις εὐσύνοπτον τοῖς ἐκ τῆς πόλεως. χρόνον μὲν οὖν
τινα βραχὺν ἔμεινε, μετὰ δὲ ταῦτα κλίνας ἐπὶ κέρας
8 ἦγε ποιούμενος τὴν πορείαν ὡς ἐπὶ Τέγεαν. συνάψας
δὲ τοῖς τόποις ἐν οἷς Ἀντίγονος καὶ Κλεομένης συν-
εστήσαντο τὸν κίνδυνον, αὐτοῦ κατεστρατοπέδευσε.
9 τῇ δ᾽ ἑξῆς θεασάμενος τοὺς τόπους καὶ θύσας τοῖς
θεοῖς ἐφ᾽ ἑκατέρου τῶν λόφων, ὧν ὁ μὲν Ὄλυμπος, ὁ
δ᾽ Εὔας καλεῖται, μετὰ ταῦτα προῆγε, στερροποιη-
10 σάμενος τὴν οὐραγίαν. ἀφικόμενος δ᾽ εἰς Τέγεαν καὶ
λαφυροπωλήσας πᾶσαν τὴν λείαν, καὶ μετὰ ταῦτα
ποιησάμενος δι᾽ Ἄργους τὴν πορείαν, ἧκε μετὰ τῆς
11 δυνάμεως εἰς Κόρινθον. παρόντων δὲ πρεσβευτῶν
παρά τε Ῥοδίων καὶ Χίων περὶ διαλύσεως τοῦ πολέ-
μου, χρηματίσας τούτοις καὶ συνυποκριθεὶς καὶ
φήσας ἕτοιμος εἶναι διαλύεσθαι καὶ νῦν καὶ πάλαι
πρὸς Αἰτωλούς, τούτους μὲν ἐξέπεμπε, διαλέγεσθαι
κελεύσας καὶ τοῖς Αἰτωλοῖς περὶ τῆς διαλύσεως,
12 αὐτὸς δὲ καταβὰς εἰς τὸ Λέχαιον ἐγίνετο περὶ πλοῦν,

also very favorably situated for the entry or exit of an army, so that anyone encamping on it and holding the hill above it would seem to have chosen for his camp a somewhat insecure position owing to the vicinity of the city, but is really encamped in the best possible position, as he commands the entrance and passage of the narrows. Philip, then, having encamped here in safety, sent on his baggage on the following day and marshaled his troops on the level ground in full view of those in the city. He waited for a short time and then wheeling round began to march toward Tegea. On reaching the site[31] of the battle between Antigonus and Cleomenes, he encamped there, and next day after inspecting the field and sacrificing to the gods on each of the hills Olympus and Evas, he resumed his march, taking care to strengthen his rearguard. Reaching Tegea he there held a sale of all his booty, and afterward marching through Argolis arrived with his army at Corinth. Here embassies from both Rhodes and Chios awaited him with proposals for bringing the war to an end. He received them both, and dissembling his real intentions told them that he was and always had been quite ready to come to terms with the Aetolians, and sent them off to address the Aetolians in the same sense, and he then went down to Lechaeum and pre-

[31] Of the battle of Sellasia (2.65.7).

ἔχων τινὰς πράξεις ὁλοσχερεστέρας ἐν τοῖς περὶ Φωκίδα τόποις.

25. Κατὰ δὲ τὸν καιρὸν τοῦτον οἱ περὶ τὸν Λεόντιον
καὶ Μεγαλέαν καὶ Πτολεμαῖον, ἔτι πεπεισμένοι κατα-
πλήξεσθαι τὸν Φίλιππον καὶ λύσειν τῷ τοιούτῳ τρό-
πῳ τὰς προγεγενημένας ἁμαρτίας, ἐνέβαλον λόγους
εἴς τε τοὺς πελταστὰς καὶ τοὺς ἐκ τοῦ λεγομένου παρὰ
τοῖς Μακεδόσιν ἀγήματος, ὅτι κινδυνεύουσι μὲν ὑπὲρ
2 πάντων, γίνεται δ᾽ αὐτοῖς οὐδὲν τῶν δικαίων, οὐδὲ
κομίζονται τελείας τὰς <ὠφελείας> τὰς γινομένας αὐ-
3 τοῖς ἐκ τῶν ἐθισμῶν. δι᾽ ὧν παρώξυναν τοὺς νεα-
νίσκους συστραφέντας ἐγχειρῆσαι διαρπάζειν μὲν
τὰς τῶν ἐπιφανεστάτων φίλων καταλύσεις, ἐκβάλλειν
δὲ τὰς θύρας καὶ κατακόπτειν τὸν κέραμον τῆς τοῦ
4 βασιλέως αὐλῆς. τούτων δὲ συμβαινόντων καὶ τῆς
πόλεως ὅλης ἐν θορύβῳ καὶ ταραχῇ καθεστώσης,
ἀκούσας ὁ Φίλιππος ἧκε μετὰ σπουδῆς ἐκ τοῦ Λε-
5 χαίου θέων εἰς τὴν πόλιν. καὶ συναγαγὼν εἰς τὸ
θέατρον τοὺς Μακεδόνας τὰ μὲν παρεκάλει, τὰ δ᾽
6 ἐπέπληττε πᾶσιν ἐπὶ τοῖς πεπραγμένοις. θορύβου δ᾽
ὄντος καὶ πολλῆς ἀκρισίας, καὶ τῶν μὲν οἰομένων δεῖν
ἄγειν καὶ καταλεύειν τοὺς αἰτίους, τῶν δὲ διαλύεσθαι
7 καὶ μηδενὶ μνησικακεῖν, τότε μὲν ὑποκριθεὶς ὡς πεπει-
σμένος καὶ παρακαλέσας πάντας ἐπανῆλθεν σαφῶς
μὲν εἰδὼς τοὺς ἀρχηγοὺς τῆς κινήσεως γεγονότας, οὐ
προσποιηθεὶς δὲ διὰ τὸν καιρόν.

26. Μετὰ δὲ τὴν ταραχὴν ταύτην αἱ μὲν ἐν τῇ

pared to take ship, as he had some very important business in Phocis.

25. In the meanwhile Leontius, Megaleas, and Ptolemaeus, still entertaining the hope of intimidating Philip and thus retrieving their former errors, disseminated among the peltasts and the body of troops which the Macedonians call the *Agema*[32] suggestions to the effect that they were in risk of losing all their privileges, that they were most unfairly treated and did not get in full their customary plunder. By this means they excited the men to collect in a body, and attempt to plunder the tents of the king's most prominent friends, and even to pull down the doors and break through the roof of the royal apartments. The whole city was thrown thereby into a state of disturbance and tumult, and Philip, on hearing of it, came running up in hot haste from Lechaeum to Corinth, where he called a meeting of the Macedonians in the theater and addressed them there, exhorting them all to resume discipline and rebuking them severely for their conduct. Upon this there was a mighty hubbub and much confusion of counsel, some advising that the offenders should be arrested and called to account, while others were in favor of coming to terms and granting a general amnesty, upon which the king, pretending for the time that he was convinced, addressed some words of exhortation to the whole army without distinction and took his departure, well knowing who the originators of the sedition had been, but pretending ignorance owing to the pressure of circumstances.

26. After these disturbances the opportunity which had

[32] A picked body of two thousand peltasts (Livy 42.51.5); see Hatzopoulos (2.8), 66–73.

Φωκίδι προφανεῖσαι πράξεις ἐμποδισμούς τινας
2 ἔσχον· οἱ δὲ περὶ τὸν Λεόντιον, ἀπεγνωκότες τὰς ἐν αὑτοῖς ἐλπίδας διὰ τὸ μηδὲν σφίσι προχωρεῖν τῶν ἐπινοουμένων, κατέφευγον ἐπὶ τὸν Ἀπελλῆν καὶ διαπεμπόμενοι συνεχῶς ἐκάλουν αὐτὸν ἐκ τῆς Χαλκίδος, ἀπολογιζόμενοι τὴν περὶ σφᾶς ἀπορίαν καὶ δυσχρη-
3 στίαν ἐκ τῆς πρὸς τὸν βασιλέα διαφορᾶς. συνέβαινε δὲ τὸν Ἀπελλῆν πεποιῆσθαι τὴν ἐν τῇ Χαλκίδι δια-
4 τριβὴν ἐξουσιαστικώτερον τοῦ καθήκοντος αὐτῷ· τὸν μὲν γὰρ βασιλέα, νέον ἔτι καὶ τὸ πλεῖον ὑφ' αὑτὸν ὄντα καὶ μηδενὸς κύριον ἀπεδείκνυε, τὸν δὲ τῶν πραγμάτων χειρισμὸν καὶ τὴν τῶν ὅλων ἐξουσίαν εἰς
5 αὑτὸν ἐπανῆγε. διόπερ οἵ τ' ἀπὸ Μακεδονίας καὶ Θετταλίας ἐπιστάται καὶ χειρισταὶ τὴν ἀναφορὰν ἐποιοῦντο πρὸς ἐκεῖνον, αἵ τε κατὰ τὴν Ἑλλάδα πόλεις ἐν τοῖς ψηφίσμασι καὶ τιμαῖς καὶ δωρεαῖς ἐπὶ βραχὺ μὲν ἐμνημόνευον τοῦ βασιλέως, τὸ δ' ὅλον αὐτοῖς ἦν
6 καὶ τὸ πᾶν Ἀπελλῆς. ἐφ' οἷς Φίλιππος πυνθανόμενος πάλαι μὲν ἐσχετλίαζε καὶ δυσχερῶς ἔφερε τὸ γινόμενον, ἅτε καὶ παρὰ πλευρὰν ὄντος Ἀράτου καὶ πραγματικῶς ἐξεργαζομένου τὴν ὑπόθεσιν· ἀλλ' ἐκαρτέρει καὶ πᾶσιν ἄδηλος ἦν ἐπὶ τί φέρεται καὶ ἐπὶ ποίας
7 ὑπάρχει γνώμης. ὁ δ' Ἀπελλῆς, ἀγνοῶν τὰ καθ' αὑτόν, πεπεισμένος δ', ἐὰν εἰς ὄψιν ἔλθῃ τῷ Φιλίππῳ, πάντα κατὰ τὴν ἑαυτοῦ γνώμην διοικήσειν, ὥρμησε τοῖς περὶ
8 τὸν Λεόντιον ἐπικουρήσων ἐκ τῆς Χαλκίδος. παραγενομένου δ' εἰς τὴν Κόρινθον αὐτοῦ, μεγάλην σπουδὴν ἐποιοῦντο καὶ παρώξυνον τοὺς νέους εἰς τὴν

presented itself of carrying out a *coup de main* in Phocis met with some impediments, but Leontius renouncing all hope of achieving anything by his own efforts, owing to all his plans having failed, appealed to Apelles, sending frequent messages to him to come back from Chalcis, alleging his own helplessness and embarrassment owing to his difference with the king. Now Apelles during his stay in Chalcis had assumed more authority than his position warranted, giving out that the king was still young and was ruled by him in most matters and could do nothing of his own accord, and taking the management of affairs and the supreme power into his own hands. Consequently the prefects[33] and officials in Macedonia and Thessaly referred all matters to him, while the Greek cities in voting gifts and honors made little mention of the king, but Apelles was all in all to them. Philip, who was aware of this, had long been annoyed and aggrieved at it, especially as Aratus was always by him and took the most efficient means to work out his own project, but he bore with it for the time and let no one know what action he contemplated and what his real opinion was. Apelles, ignorant of his own true position and convinced that if he had a personal meeting with Philip he would order matters exactly as he wished, left Chalcis and hastened to the help of

33 The status and functions of the Macedonian epistatai are controversial; see e.g., M. B. Hatzopoulos, *Tekmeria* 8 (2003/4), 37–89.

ἀπάντησιν οἱ περὶ τὸν Λεόντιον καὶ Πτολεμαῖον καὶ
Μεγαλέαν, ὄντες ἡγεμόνες τῶν τε πελταστῶν καὶ τῶν
9 *ἄλλων τῶν ἐπιφανεστάτων συστημάτων. γενομένης δὲ*
τῆς εἰσόδου τραγικῆς διὰ τὸ πλῆθος τῶν ἀπαντη-
σάντων ἡγεμόνων καὶ στρατιωτῶν, ἧκε πρὸς τὴν αὐ-
10 *λὴν ὁ προειρημένος εὐθέως ἐκ πορείας. βουλομένου δ᾽*
αὐτοῦ κατὰ τὴν προγεγενημένην συνήθειαν εἰσιέναι,
παρακατέσχε τις τῶν ῥαβδούχων κατὰ τὸ συντε-
ταγμένον, φήσας οὐκ εὐκαίρως ἔχειν τὸν βασιλέα.
11 *ξενισθεὶς δὲ καὶ διαπορήσας ἐπὶ πολὺν χρόνον διὰ τὸ*
παράδοξον ὁ μὲν Ἀπελλῆς ἐπανῆγε διατετραμμένος,
οἱ δὲ λοιποὶ παραχρῆμα πάντες ἀπέρρεον ἀπ᾽ αὐτοῦ
προφανῶς, ὥστε τὸ τελευταῖον μόνον μετὰ τῶν ἰδίων
12 *παίδων εἰσελθεῖν εἰς τὴν αὑτοῦ κατάλυσιν. βραχεῖς*
γὰρ δὴ πάνυ καιροὶ πάντας μὲν ἀνθρώπους ὡς ἐπίπαν
ὑψοῦσι καὶ πάλιν ταπεινοῦσι, μάλιστα δὲ τοὺς ἐν τοῖς
13 *βασιλείαις. ὄντως γάρ εἰσιν οὗτοι παραπλήσιοι ταῖς*
ἐπὶ τῶν ἀβακίων ψήφοις. ἐκεῖναί τε γὰρ κατὰ τὴν τοῦ
ψηφίζοντος βούλησιν ἄρτι χαλκοῦν καὶ παραυτίκα
τάλαντον ἰσχύουσιν, οἵ τε περὶ τὰς αὐλὰς κατὰ τὸ τοῦ
βασιλέως νεῦμα μακάριοι καὶ παρὰ πόδας ἐλεεινοὶ
14 *γίνονται. ὁ δὲ Μεγαλέας, ὁρῶν παρὰ δόξαν ἐκβαίνου-*
σαν αὑτοῖς τὴν ἐπικουρίαν τὴν κατὰ τὸν Ἀπελλῆν,
15 *φόβου πλήρης ἦν καὶ περὶ δρασμὸν ἐγένετο. ὁ δ᾽*
Ἀπελλῆς ἐπὶ μὲν τὰς συνουσίας καὶ τοιαῦτα τῶν
τιμῶν παρελαμβάνετο, τῶν δὲ διαβουλίων καὶ τῆς
16 *μεθ᾽ ἡμέραν συμπεριφορᾶς οὐ μετεῖχε. ταῖς δ᾽ ἑξῆς*
ἡμέραις ὁ βασιλεὺς ἐπὶ τὰς κατὰ τὴν Φωκίδα πράξεις

Leontius. On his arrival at Corinth Leontius, Ptolemaeus, and Megaleas, who were in command of the peltasts and the other crack corps, were at much pains to work up the soldiers to give him a fine reception. After entering the city in great pomp owing to the number of officers and soldiers who had flocked to meet him, he proceeded without alighting to the royal quarters. He was about to enter as had been his former custom, when one of the ushers, acting by order, stopped him, saying that the king was engaged. Disconcerted by this unexpected rebuff. Apelles after remaining for some time in a state of bewilderment withdrew much abashed, upon which his followers at once began to drop away quite openly, so that finally he reached his lodging accompanied only by his own servants. So brief a space of time suffices to exalt and abase men all over the world and especially those in the courts of kings, for those are in truth exactly like counters on a reckoning board. For these at the will of the reckoner are now worth a copper and now worth a talent, and courtiers at the nod of the king are at one moment universally envied and at the next universally pitied. Megaleas seeing that the result of Apelles' intervention had not been at all what he expected, was beset by fear, and made preparations for flight. Apelles was now invited to state banquets and received other such honors, but took no part in councils and was not admitted to the king's intimacy. When a few days afterward the king

πάλιν ἐκ τοῦ Λεχαίου ποιούμενος τὸν πλοῦν ἐπεσπά-
σατο τὸν Ἀπελλῆν.

27. διαπεσούσης δ' αὐτῷ τῆς ἐπιβολῆς, οὗτος μὲν
αὖτις ἐξ Ἐλατείας ἀνέστρεφε, κατὰ δὲ τὸν καιρὸν
τοῦτον ὁ Μεγαλέας εἰς τὰς Ἀθήνας ἀπεχώρησε, κατα-
λιπὼν τὸν Λεόντιον ἐν <ἐγγ>ύῃ τῶν εἴκοσι ταλάντων.
2 τῶν δ' ἐν ταῖς Ἀθήναις στρατηγῶν οὐ προσδεξαμένων
3 αὐτόν, μετῆλθε πάλιν εἰς τὰς Θήβας. ὁ δὲ βασιλεὺς
ἀναχθεὶς ἐκ τῶν κατὰ Κίρραν τόπων κατέπλευσε μετὰ
τῶν ὑπασπιστῶν εἰς τὸν τῶν Σικυωνίων λιμένα, κἀκεῖ-
θεν ἀναβὰς εἰς τὴν πόλιν τοὺς μὲν ἄρχοντας παρῃτή-
σατο, παρὰ δ' Ἄρατον καταλύσας μετὰ τούτου τὴν
πᾶσαν ἐποιεῖτο διαγωγήν, τῷ δ' Ἀπελλῇ συνέταξε
4 πλεῖν εἰς Κόρινθον. προσπεσόντων δὲ τῶν κατὰ τὸν
Μεγαλέαν αὐτῷ, τοὺς μὲν πελταστάς, ὧν ἡγεῖτο Λεόν-
τιος, εἰς τὴν Τριφυλίαν ἐξαπέστειλε μετὰ Ταυρίωνος,
ὥς τινος χρείας κατεπειγούσης, τούτων δ' ἀφορμη-
σάντων, ἀπαγαγεῖν ἐκέλευσε τὸν Λεόντιον πρὸς τὴν
5 ἀναδοχήν. συνέντες δ' οἱ πελτασταὶ τὸ γεγονός, δια-
πεμψαμένου τινὰ πρὸς αὐτοὺς τοῦ Λεοντίου, πρεσβευ-
τὰς ἐξαπέστειλαν πρὸς τὸν βασιλέα, παρακαλοῦντες,
εἰ μὲν πρὸς ἄλλο τι πεποίηται τὴν ἀπαγωγὴν τοῦ
Λεοντίου, μὴ χωρὶς αὐτῶν ποιήσασθαι τὴν ὑπὲρ τῶν
6 ἐγκαλουμένων κρίσιν, εἰ δὲ μή, ὅτι νομιοῦσι μεγα-
λείως παρολιγωρεῖσθαι καὶ καταγινώσκεσθαι πάν-
τες—εἶχον γὰρ ἀεὶ τὴν τοιαύτην ἰσηγορίαν Μακεδό-
7 νες πρὸς τοὺς βασιλεῖς—εἰ δὲ πρὸς τὴν ἐγγύην τοῦ
Μεγαλέου, διότι τὰ χρήματα κατὰ κοινὸν εἰσενέγ-

again sailed from Lechaeum on his Phocian enterprise he took Apelles with him.

27. Upon the project falling through, the king set out from Elatea on his return, and meanwhile Megaleas left for Athens, leaving Leontius to meet his bail of the twenty talents; but when the Athenian strategi refused to receive him,[34] he then went on to Thebes. The king sailing from the neighborhood of Cirrha[35] reached the harbor of Sicyon with his guard, and going up to the city declined the invitation of the magistrates, but taking up his quarters in Aratus' house spent his whole time in his society, ordering Apelles to take ship for Corinth. On hearing the news about Megaleas, he sent away the peltasts who were under the command of Leontius to Triphylia with Taurion, on the pretence of some urgent service, and as soon as they had left ordered Leontius to be arrested on account of his bail for Megaleas. The peltasts, however, heard what had happened, as Leontius had sent them a messenger, and dispatched a deputation to the king, begging him, if he had arrested Leontius on any other charge, not to try the case in their absence, for if he did so they would all consider it a signal slight and affront—with such freedom did the Macedonians always address their kings—but if it was on account of his bail for Megaleas, they would subscribe

[34] For their reasons, see C. Habicht, *Athens from Alexander to Antony* (Cambridge, Mass., 1997), 188.

[35] The port of Delphi, doubtless Aetolian at the time.

8 καντες ἐκτίσουσιν αὐτοί. τὸν μὲν οὖν Λεόντιον ὁ
βασιλεὺς παροξυνθεὶς θᾶττον ἢ προέθετο διὰ τὴν τῶν
πελταστῶν φιλοτιμίαν ἐπανείλετο.

28. οἱ δὲ παρὰ τῶν Ῥοδίων καὶ Χίων πρέσβεις
ἐπανῆκον ἐκ τῆς Αἰτωλίας, ἀνοχάς τε πεποιημένοι
τριακονθημέρους, καὶ πρὸς τὰς διαλύσεις ἑτοίμους
2 φάσκοντες εἶναι τοὺς Αἰτωλούς, καὶ τεταγμένοι ῥητὴν
ἡμέραν εἰς ἣν ἠξίουν τὸν Φίλιππον ἀπαντῆσαι πρὸς
τὸ Ῥίον, ὑπισχνούμενοι πάντα ποιήσειν τοὺς Αἰτω-
3 λοὺς ἐφ᾽ ᾧ συνθέσθαι τὴν εἰρήνην. ὁ δὲ Φίλιππος,
δεξάμενος τὰς ἀνοχάς, τοῖς μὲν συμμάχοις ἔγραψε
διασαφῶν πέμπειν εἰς Πάτρας τοὺς συνεδρεύσοντας
καὶ βουλευσομένους ὑπὲρ τῆς πρὸς Αἰτωλοὺς διαλύ-
σεως, αὐτὸς δ᾽ ἐκ τοῦ Λεχαίου κατέπλευσε δευτεραῖος
4 εἰς τὰς Πάτρας. κατὰ δὲ τὸν καιρὸν τοῦτον ἐπιστολαί
τινες ἀνεπέμφθησαν πρὸς αὐτὸν ἐκ τῶν κατὰ τὴν
Φωκίδα τόπων παρὰ τοῦ Μεγαλέα διαπεμπόμεναι
πρὸς τοὺς Αἰτωλούς, ἐν αἷς ἦν παράκλησίς τε τῶν
Αἰτωλῶν θαρρεῖν καὶ μένειν ἐν τῷ πολέμῳ, διότι τὰ
κατὰ τὸν Φίλιππον ἔξω τελέως ἐστὶ διὰ τὴν ἀχορη-
γίαν· πρὸς δὲ τούτοις κατηγορίαι τινὲς τοῦ βασιλέως
5 καὶ λοιδορίαι φιλαπεχθεῖς ἦσαν. ἀναγνοὺς δὲ ταύτας,
καὶ νομίσας πάντων τῶν κακῶν ἀρχηγὸν εἶναι τὸν
Ἀπελλῆν, τοῦτον μὲν εὐθέως φυλακὴν περιστήσας
ἐξαπέστειλε μετὰ σπουδῆς εἰς τὸν Κόρινθον, ἅμα δὲ
6 καὶ τὸν υἱὸν αὐτοῦ καὶ τὸν ἐρώμενον, ἐπὶ δὲ τὸν
Μεγαλέαν εἰς τὰς Θήβας Ἀλέξανδρον ἔπεμψε, προσ-
τάξας ἄγειν αὐτὸν ἐπὶ τὰς ἀρχὰς πρὸς τὴν ἐγγύην.

among themselves and pay it off. But this warm support of Leontius by the peltasts served only to exasperate the king, who for this reason put Leontius to death sooner than he had purposed.

28. The Rhodian and Chian embassies now returned from Aetolia, where they had concluded a truce for thirty days. They reported that the Aetolians were ready to come to terms, and stated that they had themselves named a day on which they begged Philip to meet the Aetolians at Rhium, when they undertook that the latter would make peace at any price. Philip accepted the truce, and writing to his allies with the request to send commissioners to Patrae to meet him and confer[36] about the conditions of peace with the Aetolians, proceeded there himself by sea from Lechaeum, arriving on the second day. Just then certain letters were sent to him from Phocis, which Megaleas had addressed to the Aetolians exhorting them to persist in the war with confidence, since Philip's fortunes were at their last ebb owing to scarcity of supplies: the letters also contained certain accusations against the king coupled with venomous personal abuse. On reading them and being convinced that all the mischief was originally due to Apelles, he placed him in custody and at once dispatched him to Corinth together with his son and his minion, sending at the same time Alexander[37] to Thebes to arrest Megaleas and bring him before the magistrates to

[36] Philip, as *hegemon* of the alliance, acts on his own in accepting the truce but consults with the allies on possible terms for peace.

[37] See on 4.87.5.

7 τοῦ δ' Ἀλεξάνδρου τὸ προσταχθὲν ποιήσαντος, οὐχ
ὑπέμεινε τὴν πρᾶξιν ὁ Μεγαλέας, ἀλλ' αὑτῷ προσή-
8 νεγκε τὰς χεῖρας. περὶ δὲ τὰς αὐτὰς ἡμέρας συνέβη
καὶ τὸν Ἀπελλῆν μεταλλάξαι τὸν βίον, ἅμα δὲ καὶ τὸν
9 υἱὸν καὶ τὸν ἐρώμενον. Οὗτοι μὲν οὖν τῆς ἁρμοζούσης
τυχόντες καταστροφῆς ἐξέλιπον τὸν βίον, καὶ μά-
λιστα διὰ τὴν εἰς Ἄρατον γενομένην ἐξ αὐτῶν ἀσέλ-
γειαν·

29. οἱ δ' Αἰτωλοὶ τὰ μὲν ἔσπευδον ποιήσασθαι τὴν
εἰρήνην, πιεζόμενοι τῷ πολέμῳ, καὶ παρὰ δόξαν αὐ-
2 τοῖς προχωρούντων τῶν πραγμάτων—ἐλπίσαντες γὰρ
ὡς παιδίῳ νηπίῳ χρήσασθαι τῷ Φιλίππῳ διά τε τὴν
ἡλικίαν καὶ τὴν ἀπειρίαν, τὸν μὲν Φίλιππον εὗρον
τέλειον ἄνδρα καὶ κατὰ τὰς ἐπιβολὰς καὶ κατὰ τὰς
3 πράξεις, αὐτοὶ δ' ἐφάνησαν εὐκαταφρόνητοι καὶ παι-
δαριώδεις ἔν τε τοῖς κατὰ μέρος καὶ τοῖς καθόλου
πράγμασιν—ἅμα δὲ προσπιπτούσης αὐτοῖς τῆς τε
περὶ τοὺς πελταστὰς γενομένης ταραχῆς καὶ τῆς τῶν
περὶ τὸν Ἀπελλῆν καὶ Λεόντιον ἀπωλείας ἐλπίσαντες
μέγα τι καὶ δυσχερὲς κίνημα περὶ τὴν αὐλὴν εἶναι,
παρεῖλκον ὑπερτιθέμενοι τὴν ἐπὶ τὸ Ῥίον ταχθεῖσαν
4 ἡμέραν. ὁ δὲ Φίλιππος, ἀσμένως ἐπιλαβόμενος τῆς
προφάσεως ταύτης διὰ τὸ θαρρεῖν ἐπὶ τῷ πολέμῳ,
καὶ προδιειληφὼς ἀποτρίβεσθαι τὰς διαλύσεις, τότε
παρακαλέσας τοὺς ἀπηντηκότας τῶν συμμάχων οὐ τὰ
πρὸς διαλύσεις πράττειν, ἀλλὰ τὰ πρὸς τὸν πόλεμον,
5 ἀναχθεὶς αὖτις ἀπέπλευσεν εἰς τὸν Κόρινθον. καὶ τοὺς
μὲν Μακεδόνας διὰ Θετταλίας ἀπέλυσε πάντας εἰς τὴν

answer to his bail. Upon Alexander's executing this order. Megaleas did not await the issue, but died by his own hand, and at about the same time, Apelles, his son and his favorite also ended their lives. Thus did these men meet with the end they deserved, and it was chiefly their outrageous conduct to Aratus[38] that brought them to ruin.

29. The Aetolians were on the one hand anxious to make peace, since the war told heavily on them and things were turning out far otherwise than they had expected. For while they had hoped to find a helpless infant in Philip, owing to his tender years and inexperience, they really found him to be a grown-up man, both in his projects and in his performances, while they had shown themselves contemptible and childish both in their general policy and in their conduct of particular operations. But on the news reaching them of the outbreak among the peltasts and the deaths of Apelles and Leontius, they flattered themselves that there was some serious trouble at the Court and began to procrastinate, proposing to defer the date that had been fixed for the conference at Rhium. Philip, gladly availing himself of this pretext, as he was confident of success in the war, and had made up his mind from the outset to shuffle off the negotiations, now begged the representatives of the allies who had arrived to meet him at Patrae not to occupy themselves with terms of peace but with the prosecution of the war, and himself sailed back to Corinth. Dismissing all his Macedonian troops and sending

[38] "The reference to Aratus indicates the Achaean bias of P.'s source here; similarly in the anti-Aetolian sentiments of 29. 2" (WC 1.561). In both cases these could as well be P.'s own opinions.

οἰκείαν παραχειμάσοντας, αὐτὸς δ' ἀναχθεὶς ἐκ Κεγχρεῶν, καὶ παρὰ τὴν Ἀττικὴν κομισθεὶς δι' Εὐρίπου,
6 κατέπλευσεν εἰς Δημητριάδα· κἀκεῖ Πτολεμαῖον, ὃς ἦν ἔτι λοιπὸς τῆς τῶν περὶ τὸν Λεόντιον ἑταιρείας, κρίνας ἐν τοῖς Μακεδόσιν ἀπέκτεινε.

7 Κατὰ δὲ τοὺς καιροὺς τούτους Ἀννίβας μὲν εἰς Ἰταλίαν ἐμβεβληκὼς ἀντεστρατοπέδευε ταῖς τῶν Ῥωμαίων δυνάμεσι περὶ τὸν Πάδον καλούμενον ποταμόν,
8 Ἀντίοχος δὲ τὰ πλεῖστα μέρη Κοίλης Συρίας κατεστραμμένος αὖτις εἰς παραχειμασίαν ἀνέλυσε, Λυκοῦργος δὲ ὁ βασιλεὺς τῶν Λακεδαιμονίων εἰς Αἰτω-
9 λίαν ἔφυγε, καταπλαγεὶς τοὺς ἐφόρους. οἱ γὰρ ἔφοροι, προσπεσούσης αὐτοῖς ψευδοῦς διαβολῆς ὡς μέλλοντος αὐτοῦ νεωτερίζειν, ἀθροίσαντες τοὺς νέους νυκτὸς ἦλθον ἐπὶ τὴν οἰκίαν· ὁ δὲ προαισθόμενος ἐξεχώρησε μετὰ τῶν ἰδίων οἰκετῶν.

30. Τοῦ δὲ χειμῶνος ἐπιγενομένου, καὶ Φιλίππου μὲν τοῦ βασιλέως εἰς Μακεδονίαν ἀπηλλαγμένου, τοῦ δ' Ἐπηράτου τοῦ στρατηγοῦ τῶν Ἀχαιῶν καταπεφρονημένου μὲν ὑπὸ τῶν πολιτικῶν νεανίσκων, κατεγνωσμένου δὲ τελέως ὑπὸ τῶν μισθοφόρων, οὔτ' ἐπειθάρχει τοῖς παραγγελλομένοις οὐδεὶς οὔτ' ἦν ἕτοιμον
2 οὐδὲν πρὸς τὴν τῆς χώρας βοήθειαν. εἰς ἃ βλέψας Πυρρίας ὁ παρὰ τῶν Αἰτωλῶν ἀπεσταλμένος στρατηγὸς τοῖς Ἠλείοις, ἔχων Αἰτωλῶν εἰς χιλίους καὶ τριακοσίους καὶ τοὺς τῶν Ἠλείων μισθοφόρους, ἅμα δὲ τούτοις πολιτικοὺς πεζοὺς μὲν εἰς χιλίους, ἱππεῖς δὲ διακοσίους, ὥστ' εἶναι τοὺς πάντας εἰς τρισχιλίους,

them through Thessaly home to winter, he took ship at Cenchreae and coasting along Attica passed through the Euripus to Demetrias. Here he put on his trial before a Macedonian court and executed Ptolemaeus, the last survivor of Leontius' band of conspirators.

The contemporary events were as follows. Hannibal had now entered Italy and encamped near the river Po opposite the Roman forces, Antiochus after subduing the greater part of Coele-Syria retired into winter quarters, and Lycurgus the king of Sparta escaped to Aetolia for fear of the ephors. For the ephors, to whom he had been falsely accused of entertaining revolutionary designs, collected the young men and came to his house at night, but having received warning he escaped with his servants.

30. It was now winter; King Philip had left for Macedonia, and Eperatus[39] the Achaean strategus was treated with contempt by the civic soldiers and utterly set at naught by the mercenaries, so that no one obeyed orders, and no preparations had been made for protecting the country. Pyrrhias, the general sent by the Aetolians to Elis, observed this; and taking about thirteen hundred Aetolians, the mercenaries of the Eleans and about a thousand foot and two hundred horse of their civic troops, so that he had in all about three thousand men, not only laid waste the

[39] He had been elected over Aratus' candidate Timoxenus.

3 οὐ μόνον τὴν τῶν Δυμαίων καὶ Φαραιέων συνεχῶς
4 ἐπόρθει χώραν, ἀλλὰ καὶ τὴν τῶν Πατρέων. τὸ δὲ
τελευταῖον ἐπὶ τὸ Παναχαϊκὸν ὄρος καλούμενον ἐπι-
στρατοπεδεύσας, τὸ κείμενον ὑπὲρ τῆς τῶν Πατρέων
πόλεως, ἐδῄου πᾶσαν τὴν ἐπὶ τὸ Ῥίον καὶ τὴν ἐπ'
5 Αἴγιον κεκλιμένην χώραν. λοιπὸν αἱ μὲν πόλεις κακο-
παθοῦσαι καὶ μὴ τυγχάνουσαι βοηθείας δυσχερῶς
πως εἶχον πρὸς τὰς εἰσφοράς, οἱ δὲ στρατιῶται, τῶν
ὀψωνίων παρελκομένων καὶ καθυστερούντων, τὸ
6 παραπλήσιον ἐποίουν περὶ τὰς βοηθείας· ἐξ ἀμφοῖν
δὲ τῆς τοιαύτης ἀνταποδόσεως γινομένης, ἐπὶ τὸ
χεῖρον προύβαινε τὰ πράγματα καὶ τέλος διελύθη τὸ
ξενικόν. πάντα δὲ ταῦτα συνέβαινε γίνεσθαι διὰ τὴν
7 τοῦ προεστῶτος ἀδυναμίαν. ἐν τοιαύτῃ δ' ὄντων δια-
θέσει τῶν κατὰ τοὺς Ἀχαιούς, καὶ τῶν χρόνων ἤδη
καθηκόντων, Ἐπήρατος μὲν ἀπετίθετο τὴν ἀρχήν, οἱ
δ' Ἀχαιοὶ τῆς θερείας ἐναρχομένης στρατηγὸν αὑτῶν
Ἄρατον κατέστησαν τὸν πρεσβύτερον.

8 Καὶ τὰ μὲν κατὰ τὴν Εὐρώπην ἐν τούτοις ἦν. ἡμεῖς
δ' ἐπειδὴ κατά τε τὴν τῶν χρόνων διαίρεσιν καὶ κατὰ
τὴν τῶν πράξεων περιγραφὴν ἁρμόζοντα τόπον εἰλή-
φαμεν, μεταβάντες ἐπὶ τὰς κατὰ τὴν Ἀσίαν πράξεις
τὰς κατὰ τὴν αὐτὴν ὀλυμπιάδα τοῖς προειρημένοις
ἐπιτελεσθείσας αὖτις ὑπὲρ ἐκείνων ποιησόμεθα τὴν
ἐξήγησιν,

31. καὶ πρῶτον ἐπιχειρήσομεν δηλοῦν κατὰ τὴν ἐξ
ἀρχῆς πρόθεσιν τὸν ὑπὲρ Κοίλης Συρίας Ἀντιόχῳ καὶ
2 Πτολεμαίῳ συστάντα πόλεμον, σαφῶς μὲν γινώ-

territories of Dyme and Pharae but even that of Patrae. Finally establishing his camp on the so-called Panachaean Mountain which overlooks Patrae he pillaged all the country in the direction of Rhium and Aegium. The consequence was that the cities suffering severely and getting no help were by no means disposed to pay their contributions, and the soldiery, as their pay had been deferred and was much in arrears, were as little inclined to give help. So citizens and soldiers thus playing into each others' hands, things went from bad to worse and finally the mercenaries disbanded—all this being the consequence of the chief magistrate's imbecility. The above was the condition of affairs in Achaea, when his year having now expired, Eperatus laid down his office, and the Achaeans at the beginning of summer elected the elder Aratus their strategus.

Such was the position in Europe. Now that I have arrived at a place that is suitable both chronologically and historically, I will shift the scene to Asia, and turning to the doings there during this same Olympiad will again confine my narrative to that field.

31. And in the first place, in pursuit of my original design, I will attempt to give a clear description of the war[40] between Antiochus and Ptolemy for Coele-Syria. I am per-

[40] The Fourth Syrian War, 221–217.

σκοντες ὅτι κατὰ τὸν καιρὸν τοῦτον, εἰς ὃν ἐλήξαμεν τῶν Ἑλληνικῶν, ὅσον οὔπω κρίνεσθαι συνέβαινε καὶ πέρας λαμβάνειν αὐτόν, αἱρούμενοι δὲ τὴν τοιαύτην ἐπίστασιν καὶ διαίρεσιν τῆς ἐνεστώσης διηγήσεως.
3 τοῦ μὲν γὰρ μὴ τῆς τῶν κατὰ μέρος καιρῶν ἀκριβείας διαμαρτάνειν τοὺς ἀκούοντας ἱκανὴν τοῖς φιλομαθοῦσι πεπείσμεθα παρασκευάζειν ἐμπειρίαν ἐκ τοῦ τὰς ἑκάστων ἀρχὰς καὶ συντελείας παρυπομιμνήσκειν, καθ' ὁποίους ἐγίνοντο καιροὺς τῆς ὑποκειμένης
4 ὀλυμπιάδος καὶ τῶν Ἑλληνικῶν πράξεων· τὸ δ' εὐπαρακολούθητον καὶ σαφῆ γίνεσθαι τὴν διήγησιν οὐδὲν ἀναγκαιότερον ἐπὶ ταύτης τῆς ὀλυμπιάδος ἡγούμεθ' εἶναι τοῦ μὴ συμπλέκειν ἀλλήλαις τὰς πράξεις, ἀλλὰ χωρίζειν καὶ διαιρεῖν αὐτὰς καθ' ὅσον
5 ἐστὶ δυνατόν, μέχρις ἂν ἐπὶ τὰς ἑξῆς ὀλυμπιάδας ἐλθόντες κατ' ἔτος ἀρξώμεθα γράφειν τὰς κατάλληλα
6 γενομένας πράξεις. ἐπεὶ γὰρ οὐ τινά, τὰ δὲ παρὰ πᾶσι γεγονότα γράφειν προῃρήμεθα, καὶ σχεδὸν ὡς εἰπεῖν μεγίστῃ τῶν προγεγονότων ἐπιβολῇ κεχρήμεθα τῆς
7 ἱστορίας, καθάπερ καὶ πρότερόν που δεδηλώκαμεν, δέον ἂν εἴη μεγίστην ἡμᾶς ποιεῖσθαι πρόνοιαν καὶ τοῦ χειρισμοῦ καὶ τῆς οἰκονομίας, ἵνα καὶ κατὰ μέρος καὶ καθόλου σαφὲς τὸ σύνταγμα γίνηται τῆς πρα-
8 γματείας. διὸ καὶ νῦν βραχὺ προσαναδραμόντες περὶ τῆς Ἀντιόχου καὶ Πτολεμαίου βασιλείας πειρασόμεθα λαμβάνειν ἀρχὰς ὁμολογουμένας καὶ γνωριζομένας περὶ τῶν λέγεσθαι μελλόντων, ὅπερ ἐστὶ πάντων ἀναγκαιότατον.

fectly aware that at the date I chose for breaking off my narrative of events in Greece this war was on the point of being decided and coming to an end, but I deliberately resolved to make a break here in this history and open a fresh chapter for the following reasons. I am confident that I have provided my readers with sufficient information to prevent them from going wrong about the dates of particular events by my parallel recapitulations of general history, in which I state in what year of this Olympiad and contemporaneously with what events in Greece each episode elsewhere began and ended. But in order that my narrative may be easy to follow and lucid, I think it most essential as regards this Olympiad not to interweave the histories of different countries, but to keep them as separate and distinct as possible until upon reaching the next and following Olympiads I can begin to narrate the events of each year which occurred at the same time. For since my design is to write the history not of certain particular matters but of what happened all over the world, and indeed, as I previously stated, I have undertaken, I may say, a vaster task than any of my predecessors, it is my duty to pay particular attention to the matter of arrangement and treatment, so that both as a whole and in all its details my work may have the quality of clearness. I will therefore on the present occasion also go back a little and try in treating of the reigns of Antiochus and Ptolemy to take some generally recognized and accepted starting point for my narrative: the most necessary thing to provide for.

32. οἱ μὲν γὰρ ἀρχαῖοι τὴν ἀρχὴν ἥμισυ τοῦ
παντὸς εἶναι φάσκοντες μεγίστην παρῄνουν ποι-
εῖσθαι σπουδὴν ἐν ἑκάστοις ὑπὲρ τοῦ καλῶς ἄρξα-
2 σθαι· δοκοῦντες δὴ λέγειν ὑπερβολικῶς ἐλλιπέστερόν
μοι φαίνονται τῆς ἀληθείας εἰρηκέναι. θαρρῶν γὰρ ἄν
τις εἴπειεν οὐχ ἥμισυ τὴν ἀρχὴν εἶναι τοῦ παντός,
3 ἀλλὰ καὶ πρὸς τὸ τέλος διατείνειν. πῶς γὰρ ἄρξασθαί
τινος καλῶς οἷόν τε μὴ προπεριλαβόντα τῷ νῷ τὴν
συντέλειαν τῆς ἐπιβολῆς μηδὲ γινώσκοντα ποῦ καὶ
4 πρὸς τί καὶ τίνος χάριν ἐπιβάλλεται τοῦτο ποιεῖν; πῶς
δὲ πάλιν οἷόν τε συγκεφαλαιώσασθαι πράγματα
δεόντως μὴ συναναφέροντα τὴν ἀρχὴν πόθεν ἢ πῶς ἢ
5 διὰ τί πρὸς τὰς ἐνεστώσας ἀφῖκται πράξεις; διόπερ
οὐχ ἕως τοῦ μέσου νομίζοντας διατείνειν τὰς ἀρχάς,
ἀλλ᾿ ἕως τοῦ τέλους, πλείστην περὶ ταύτας ποιητέον
σπουδὴν καὶ τοὺς λέγοντας καὶ τοὺς ἀκούοντας περὶ
τῶν ὅλων. ὃ δὴ καὶ νῦν ἡμεῖς πειρασόμεθα ποιεῖν.

33. Καίτοι γ᾿ οὐκ ἀγνοῶ διότι καὶ πλείους ἕτεροι
τῶν συγγραφέων τὴν αὐτὴν ἐμοὶ προεῖνται φωνήν,
φάσκοντες τὰ καθόλου γράφειν καὶ μεγίστην τῶν
2 προγεγονότων ἐπιβεβλῆσθαι πραγματείαν· περὶ ὧν
ἐγώ, παραιτησάμενος Ἔφορον τὸν πρῶτον καὶ μόνον
ἐπιβεβλημένον τὰ καθόλου γράφειν, τὸ μὲν πλείω
λέγειν ἢ μνημονεύειν τινὸς τῶν ἄλλων ἐπ᾿ ὀνόματος
3 παρήσω, μέχρι δὲ τούτου μνησθήσομαι, διότι τῶν
καθ᾿ ἡμᾶς τινες γραφόντων ἱστορίαν ἐν τρισὶν ἢ
τέτταρσιν ἐξηγησάμενοι σελίσιν ἡμῖν τὸν Ῥωμαίων
καὶ Καρχηδονίων πόλεμον φασὶ τὰ καθόλου γράφειν.

32. For the ancients, saying that the beginning is half of the whole, advised that in all matters the greatest care should be taken to make a good beginning. And although this dictum is thought to be exaggerated, in my own opinion it falls short of the truth. One may indeed confidently affirm that the beginning is not merely half of the whole, but reaches as far as the end. For how is it possible to begin a thing well without having present in one's mind the completion of one's project, and without knowing its scope, its relation to other things, and the object for which one undertakes it? And again how is it possible to sum up events properly without referring to their beginnings, and understanding whence, how, and why the final situation was brought about? So we should think that beginnings do not only reach half way, but reach to the end, and both writers and readers of a general history should pay the greatest attention to them. And this I shall endeavor to do.

33. I am not indeed unaware that several other writers make the same boast as myself, that they write general history and have undertaken a vaster task than any predecessor. Now, while paying all due deference to Ephorus,[41] the first and only writer who really undertook a general history, I will avoid criticizing at length or mentioning by name any of the others, and will simply say thus much, that certain writers of history in my own times after giving an account of the war between Rome and Carthage in three or four pages, maintain that they write universal his-

[41] He is the only historian whom P. acknowledges as a previous writer of General History.

4 καίτοι διότι πλεῖσται μὲν καὶ μέγισται τότε περί τε
τὴν Ἰβηρίαν καὶ Λιβύην, ἔτι δὲ τὴν Σικελίαν καὶ
Ἰταλίαν ἐπετελέσθησαν πράξεις, ἐπιφανέστατος δὲ
καὶ πολυχρονιώτατος ὁ κατ᾽ Ἀννίβαν πόλεμος γέγονε
πλὴν τοῦ περὶ Σικελίαν, πάντες δ᾽ ἠναγκάσθημεν
πρὸς αὐτὸν ἀποβλέπειν διὰ τὸ μέγεθος, δεδιότες τὴν
συντέλειαν τῶν ἀποβησομένων, τίς οὕτως ἐστὶν
5 ἀδαὴς ὃς οὐκ οἶδεν; ἀλλ᾽ ἔνιοι τῶν πραγματευομένων
οὐδ᾽ ἐφ᾽ ὅσον οἱ τὰ κατὰ καιροὺς ἐν ταῖς χρονογρα-
φίαις ὑπομνηματιζόμενοι πολιτικῶς εἰς τοὺς τοίχους,
οὐδ᾽ ἐπὶ τοσοῦτο μνησθέντες, πάσας φασὶ τὰς κατὰ
τὴν Ἑλλάδα καὶ βάρβαρον περιειληφέναι πράξεις.
6 τούτου δ᾽ ἐστὶν αἴτιον, ὅτι τὸ μὲν τῷ λόγῳ τῶν μεγί-
στων ἔργων ἀντιποιήσασθαι τελείως ἐστὶ ῥᾴδιον, τὸ
δὲ τοῖς πράγμασιν ἐφικέσθαι τινὸς τῶν καλῶν οὐκ
7 εὐμαρές. διὸ καὶ τὸ μὲν ἐν μέσῳ κεῖται καὶ πᾶσι
κοινὸν ὡς ἔπος εἰπεῖν τοῖς μόνον τολμᾶν δυναμένοις
ὑπάρχει, τὸ δὲ καὶ λίαν ἐστὶ σπάνιον καὶ σπανίοις
8 συνεξέδραμε κατὰ τὸν βίον. ταῦτα μὲν οὖν προήχθην
εἰπεῖν χάριν τῆς ἀλαζονείας τῶν ὑπερηφανούντων
ἑαυτοὺς καὶ τὰς ἰδίας πραγματείας· ἐπὶ δὲ τὴν ἀρχὴν
ἐπάνειμι τῆς ἐμαυτοῦ προθέσεως.

34. Ὡς γὰρ θᾶττον Πτολεμαῖος ὁ κληθεὶς Φιλο-
πάτωρ, μεταλλάξαντος τοῦ πατρός, ἐπανελόμενος τὸν
ἀδελφὸν Μάγαν καὶ τοὺς τούτῳ συνεργοῦντας παρ-
2 έλαβε τὴν τῆς Αἰγύπτου δυναστείαν, νομίσας τῶν μὲν
οἰκείων φόβων ἀπολελύσθαι δι᾽ αὑτοῦ καὶ διὰ τῆς
προειρημένης πράξεως, τῶν δ᾽ ἐκτὸς κινδύνων ἀπηλ-

tory. Yet no one is so ignorant as not to know that many actions of the highest importance were accomplished then in Spain, Africa, Italy, and Sicily, that the war with Hannibal was the most celebrated and longest of wars if we except that for Sicily, and that we in Greece were all obliged to fix our eyes on it, dreading the results that would follow. But some of those who treat of it, after giving a slighter sketch of it even than those worthy citizens who jot down occasional memoranda of events on the walls of their houses, claim to have comprised in their work all events in Greece and abroad.[42] This depends on the fact that it is a very simple matter to engage by words in the greatest undertakings, but by no means easy to attain actual excellence in anything. Promise therefore is open to anyone and the common property of all, one may say, who have nothing beyond a little audacity, while performance is rare and falls to few in this life. I have been led into making these remarks by the arrogance of those authors who extol themselves and their own writings, and I will now return to the subject I proposed to deal with.

34. When Ptolemy surnamed Philopator,[43] at the death of his father, after making away with his brother Magas[44] and his partisans, succeeded to the throne of Egypt, he considered that he had freed himself from domestic perils by his own action in thus destroying his rivals, but that

[42] P. ridicules those historians who claim to be general historians on the most feeble grounds; the sentence as it stands is very hard to understand.

[43] Ptolemy IV succeeding his father in February 221.

[44] Named after his maternal grandfather, the ruler of Cyrene. Among those killed with him was his (and Philopator's) mother, queen Berenice II. *RE* Magas 297 (F. Geyer).

λάχθαι διὰ τὴν τύχην, Ἀντιγόνου μὲν καὶ Σελεύκου
μετηλλαχότων, Ἀντιόχου δὲ καὶ Φιλίππου τῶν δια-
δεδεγμένων τὰς ἀρχὰς παντάπασι νέων καὶ μόνον οὐ
3 παίδων ὑπαρχόντων, καταπιστεύσας διὰ ταῦτα τοῖς
παροῦσι καιροῖς, πανηγυρικώτερον διῆγε τὰ κατὰ τὴν
4 ἀρχήν, ἀνεπίστατον μὲν καὶ δυσέντευκτον αὑτὸν
παρασκευάζων τοῖς περὶ τὴν αὐλὴν καὶ τοῖς ἄλλοις
τοῖς <τὰ> κατὰ τὴν Αἴγυπτον χειρίζουσιν, ὀλίγωρον
δὲ καὶ ῥᾴθυμον ὑποδεικνύων τοῖς ἐπὶ τῶν ἔξω πρα-
5 γμάτων διατεταγμένοις, ὑπὲρ ὧν οἱ πρότερον οὐκ
ἐλάττω, μείζω δ᾽ ἐποιοῦντο σπουδὴν ἢ περὶ τῆς κατ᾽
6 αὐτὴν τὴν Αἴγυπτον δυναστείας. τοιγαροῦν ἐπέκειντο
μὲν τοῖς τῆς Συρίας βασιλεῦσι καὶ κατὰ γῆν καὶ κατὰ
θάλατταν, Κοίλης Συρίας καὶ Κύπρου κυριεύοντες·
7 παρέκειντο δὲ τοῖς κατὰ τὴν Ἀσίαν δυνάσταις, ὁμοίως
δὲ καὶ ταῖς νήσοις, δεσπόζοντες τῶν ἐπιφανεστάτων
πόλεων καὶ τόπων καὶ λιμένων κατὰ πᾶσαν τὴν παρα-
λίαν ἀπὸ Παμφυλίας ἕως Ἑλλησπόντου καὶ τῶν κατὰ
8 Λυσιμάχειαν τόπων· ἐφήδρευον δὲ τοῖς ἐν τῇ Θρᾴκῃ
καὶ τοῖς ἐν Μακεδονίᾳ πράγμασι, τῶν κατ᾽ Αἶνον καὶ
Μαρώνειαν καὶ πορρώτερον ἔτι πόλεων κυριεύοντες.
9 καὶ τῷ τοιούτῳ τρόπῳ μακρὰν ἐκτετακότες τὰς χεῖρας,
καὶ προβεβλημένοι πρὸ αὐτῶν ἐκ πολλοῦ τὰς δυνα-
στείας, οὐδέποτε περὶ τῆς κατ᾽ Αἴγυπτον ἠγωνίων

45 He was nineteen when he succeeded his brother in the summer of 223. Philip was seventeen at his accession in 221.

46 See Ad. Wilhelm, "Kleinasiatische Dynasten," a paper of 1911, now *Akademieschriften* 1.48–63, and J. Kobes, *Kleine*

chance had freed him from danger abroad, Antigonus and Seleucus having just died and their successors, Antiochus[45] and Philip, being quite young, in fact almost boys. Secure therefore in his present good fortune, he began to conduct himself as if his chief concern were the idle pomp of royalty, showing himself as regards the members of his court and the officials who administered Egypt inattentive to business and difficult of approach, and treating with entire negligence and indifference the agents charged with the conduct of affairs outside Egypt, to which the former kings had paid much more attention than to the government of Egypt itself. As a consequence they had been always able to menace the kings of Syria both by sea and land, masters as they were of Coele-Syria and Cyprus, and they also menaced the dynasts of Asia Minor and the islands,[46] since they had the chief cities, strong places and harbors in their hands all along the coast from Pamphylia to the Hellespont and the neighborhood of Lysimachia; while by their command of Aenus, Maronea[47] and other cities even more distant, they exercised a supervision over the affairs of Thrace and Macedonia. With so long an arm and such a far advanced fence of client states they were never in any alarm about the safety of their Egyptian do-

Könige. Untersuchungen zu den Lokaldynasten im hellenistischen Kleinasien (323–188 v. Chr.) (St. Katharinen 1996). For the extent of the Ptolemaic possessions outside Egypt see R. S. Bagnall, *The Administration of the Ptolemaic Possessions outside Egypt* (Leiden 1976).

[47] In Thrace, acquired between 245 and 242: K. Rigsby, *Asylia. Territorial Inviolability in the Hellenistic World* (Berkeley 1996), nos. 28–29; for the date Bagnall (previous n.), 159–161.

ἀρχῆς. διὸ καὶ τὴν σπουδὴν εἰκότως μεγάλην ἐποι-
10 οῦντο περὶ τῶν ἔξω πραγμάτων. ὁ δὲ προειρημένος
βασιλεὺς ὀλιγώρως ἕκαστα τούτων χειρίζων διὰ τοὺς
ἀπρεπεῖς ἔρωτας καὶ τὰς ἀλόγους καὶ συνεχεῖς μέθας,
εἰκότως ἐν πάνυ βραχεῖ χρόνῳ καὶ τῆς ψυχῆς ἅμα καὶ
11 τῆς ἀρχῆς ἐπιβούλους εὗρε καὶ πλείους, ὧν ἐγένετο
πρῶτος Κλεομένης ὁ Σπαρτιάτης.

35. Οὗτος γάρ, ἕως μὲν ὁ προσαγορευόμενος Εὐερ-
γέτης ἔζη, πρὸς ὃν ἐποιήσατο τὴν κοινωνίαν τῶν
πραγμάτων καὶ τὰς πίστεις, ἦγε τὴν ἡσυχίαν, πεπει-
σμένος ἀεὶ δι' ἐκείνου τεύξεσθαι τῆς καθηκούσης
ἐπικουρίας εἰς τὸ τὴν πατρῴαν ἀνακτήσασθαι βασι-
2 λείαν· ἐπεὶ δ' ἐκεῖνος μὲν μετήλλαξε, προῄει δ' ὁ
χρόνος, οἱ δὲ κατὰ τὴν Ἑλλάδα καιροὶ μόνον οὐκ ἐπ'
ὀνόματος ἐκάλουν τὸν Κλεομένην, μετηλλαχότος μὲν
Ἀντιγόνου, πολεμουμένων δὲ τῶν Ἀχαιῶν, κοινωνούν-
των δὲ τῶν Λακεδαιμονίων Αἰτωλοῖς τῆς πρὸς Ἀχαι-
οὺς καὶ Μακεδόνας ἀπεχθείας κατὰ τὴν ἐξ ἀρχῆς
3 ἐπιβολὴν καὶ πρόθεσιν τὴν Κλεομένους, τότε δὴ καὶ
μᾶλλον ἠναγκάζετο σπεύδειν καὶ φιλοτιμεῖσθαι περὶ
4 τῆς ἐξ Ἀλεξανδρείας ἀπαλλαγῆς. διόπερ τὸ μὲν πρῶ-
τον ἐντεύξεις ἐποιεῖτο παρακαλῶν μετὰ χορηγίας τῆς
5 καθηκούσης καὶ δυνάμεως αὐτὸν ἐκπέμψαι, μετὰ δὲ
ταῦτα παρακουόμενος ἠξίου μετὰ δεήσεως μόνον
αὐτὸν ἀπολῦσαι μετὰ τῶν ἰδίων οἰκετῶν· τοὺς γὰρ
καιροὺς ἱκανὰς ὑποδεικνύειν ἀφορμὰς αὐτῷ πρὸς τὸ
6 καθικέσθαι τῆς πατρῴας ἀρχῆς. ὁ μὲν οὖν βασιλεύς,
οὔτ' ἐφιστάνων [ἐν] οὐδενὶ τῶν τοιούτων οὔτε προνοού-

minions, and for this reason they naturally paid serious attention to foreign affairs. But this new king, neglecting to control all these matters owing to his shameful amours and senseless and constant drunkenness, found, as was to be expected, in a very short time both his life and his throne threatened by more than one conspiracy, the first being that of Cleomenes the Spartan.

35. Cleomenes,[48] during the lifetime of Ptolemy Euergetes, to whom he had linked his fortunes and pledged his word, had kept quiet, in the constant belief that he would receive sufficient assistance from him to recover the throne of his ancestors. But after the death of this king, as time went on, and circumstances in Greece almost called aloud for Cleomenes, Antigonus being dead, the Achaeans being engaged in war, and the Spartans now, as Cleomenes had from the first planned and purposed, sharing the hatred of the Aetolians for the Achaeans and Macedonians, he was positively compelled to bestir himself and do his best to get away from Alexandria. Consequently, he at first approached Ptolemy more than once with the request that he would furnish him with adequate supplies and troops for an expedition; but as the king would not listen to this, he earnestly besought him to allow him to leave with his own household, for the state of affairs, he said, held out a sufficiently fair prospect of his recovering his ancestral throne. The king, however, who for the reasons I stated above neither concerned himself at all with such ques-

[48] His departure for Alexandria is recorded in 2.69.11. P.'s report on his end (chaps. 35–39) may be compared with that of Plu. *Cleom.* 33–38.

μενος τοῦ μέλλοντος διὰ τὰς προειρημένας αἰτίας,
7 εὐήθως καὶ ἀλόγως ἀεὶ παρήκουε τοῦ Κλεομένους. οἱ
δὲ περὶ τὸν Σωσίβιον—οὗτος γὰρ μάλιστα τότε προ-
εστάτει τῶν πραγμάτων—συνεδρεύσαντες τοιαύτας
8 τινὰς ἐποιήσαντο περὶ αὐτοῦ διαλήψεις. μετὰ μὲν γὰρ
στόλου καὶ χορηγίας ἐκπέμπειν αὐτὸν οὐκ ἔκρινον,
καταφρονοῦντες τῶν ἔξω πραγμάτων διὰ τὸ μετηλλα-
χέναι τὸν Ἀντίγονον καὶ νομίζειν μάταιον αὑτοῖς
9 ἔσεσθαι τὴν εἰς ταῦτα δαπάνην. πρὸς δὲ τούτοις
ἠγωνίων μή ποτε μετηλλαχότος μὲν Ἀντιγόνου, τῶν
δὲ λοιπῶν μηδενὸς ὑπάρχοντος ἀντιπάλου, ταχέως
ἀκονιτὶ τὰ κατὰ τὴν Ἑλλάδα ποιησάμενος ὑφ᾿ αὑτὸν
βαρὺς καὶ φοβερὸς αὐτὸς ὁ Κλεομένης ἀνταγωνιστὴς
10 σφίσι γένηται, τεθεαμένος μὲν ὑπ᾿ αὐγὰς αὐτῶν τὰ
πράγματα, κατεγνωκὼς δὲ τοῦ βασιλέως, θεωρῶν δὲ
πολλὰ τὰ παρακρεμάμενα μέρη καὶ μακρὰν ἀπεσπα-
σμένα τῆς βασιλείας καὶ πολλὰς ἀφορμὰς ἔχοντα
11 πρὸς πραγμάτων λόγον· καὶ γὰρ ναῦς ἐν τοῖς κατὰ
Σάμον ἦσαν τόποις οὐκ ὀλίγαι καὶ στρατιωτῶν πλῆ-
12 θος ἐν τοῖς κατ᾿ Ἔφεσον. διὰ ταῦτα μὲν οὖν τὴν
ἐπιβολήν, ὥστ᾿ ἐκπέμπειν αὐτὸν μετὰ χορηγίας, ἀπ-
εδοκίμασαν διὰ τὰς προειρημένας αἰτίας· τό γε μὴν
ὀλιγωρήσαντας ἄνδρα τοιοῦτον ἐξαποστεῖλαι, πρόδη-
λον ἐχθρὸν καὶ πολέμιον, οὐδαμῶς ἡγοῦντο σφίσι
13 συμφέρειν. λοιπὸν ἦν ἄκοντα κατέχειν. τοῦτο δ᾿ αὐτό-

---

49 Son of Dioscurides of Alexandria, the king's able, unscrupulous, and most important minister of affairs. His dominant

tions, nor took any thought for the future, continued in his thoughtlessness and folly to turn a deaf ear to Cleomenes. Meanwhile Sosibius,[49] who, more than anyone, was now at the head of affairs, took counsel with his friends and came to the following decision with regard to him. On the one hand they judged it inadvisable to send him off on an armed expedition, as owing to the death of Antigonus they regarded foreign affairs as of no importance and thought that money they expended on them would be thrown away. Besides which, now that Antigonus was no more and there was no general left who was a match for Cleomenes, they were afraid that he would have little trouble in making himself the master of Greece and thus become a serious and formidable rival to themselves, especially as he had held up to the light to look at their affairs and had formed a poor opinion of the king, and as he was aware that many parts of the kingdom were loosely attached or dissevered by distance, thus offering plenty of opportunity for intrigue—for they had a good many ships at Samos[50] and a considerable military force at Ephesus. These, then, were the reasons which made them dismiss the project of sending Cleomenes off with supplies for an expedition; but at the same time they thought it would by no means serve their interests to send away such an eminent man after inflicting a slight on him, as this was sure to make him their enemy and antagonist. The only course left then was to keep him back against his will, and this they all indeed re-

position is reflected in the numerous honors he received from cities in the Ptolemaic realm. *PP* 17239. W. Huss, *Ägypten in hellenistischer Zeit 332–30 v.Chr.* (Munich 2001), 458–460.

[50] Bagnall (34.7), 80–88.

θεν καὶ χωρὶς λόγου πάντες μὲν ἀπεδοκίμαζον, οὐκ ἀσφαλὲς νομίζοντες εἶναι λέοντι καὶ προβάτοις ὁμοῦ ποιεῖσθαι τὴν ἔπαυλιν· μάλιστα δὲ τοῦτο τὸ μέρος ὁ Σωσίβιος ὑφεωρᾶτο διά τινα τοιαύτην αἰτίαν.

36. καθ᾽ ὃν γὰρ καιρὸν ἐγίνοντο περὶ τὴν ἀναίρεσιν τοῦ Μάγα καὶ τῆς Βερενίκης, ἀγωνιῶντες μὴ διασφαλῶσι τῆς ἐπιβολῆς, καὶ μάλιστα διὰ τὴν Βερενίκης τόλμαν, ἠναγκάζοντο πάντας αἰκάλλειν τοὺς περὶ τὴν αὐλὴν καὶ πᾶσιν ὑπογράφειν ἐλπίδας, ἐὰν κατὰ λόγον
2 αὐτοῖς χωρήσῃ τὰ πράγματα. τότε δὴ κατανοῶν ὁ Σωσίβιος τὸν Κλεομένην δεόμενον μὲν τῆς ἐκ τῶν βασιλέων ἐπικουρίας, ἔχοντα δὲ γνώμην καὶ πραγμάτων ἀληθινὴν ἔννοιαν, ὑπογράφων αὐτῷ μεγάλας
3 ἐλπίδας ἅμα συμμετέδωκε τῆς ἐπιβολῆς. θεωρῶν δ᾽ αὐτὸν ὁ Κλεομένης ἐξεπτοημένον καὶ μάλιστα δεδιότα τοὺς ξένους καὶ μισθοφόρους, θαρρεῖν παρεκάλει· τοὺς γὰρ μισθοφόρους βλάψειν μὲν αὐτὸν οὐδὲν, ὠφε-
4 λήσειν δ᾽ ὑπισχνεῖτο. μᾶλλον δ᾽ αὐτοῦ θαυμάσαντος τὴν ἐπαγγελίαν "οὐχ ὁρᾷς" ἔφη "διότι σχεδὸν εἰς τρισχιλίους εἰσὶν ἀπὸ Πελοποννήσου ξένοι καὶ Κρῆτες εἰς χιλίους; οἷς ἐὰν νεύσωμεν ἡμεῖς μόνον,
5 ἑτοίμως ὑπουργήσουσι πάντες; τούτων δὲ συστραφέντων, τίνας ἀγωνιᾷς; ἢ δῆλον" ἔφη "τοὺς ἀπὸ
6 Συρίας καὶ Καρίας στρατιώτας;" τότε μὲν οὖν ἡδέως ὁ Σωσίβιος ἀκούσας ταῦτα διπλασίως ἐπερρώσθη πρὸς
7 τὴν κατὰ τῆς Βερενίκης πρᾶξιν· μετὰ δὲ ταῦτα θεωρῶν τὴν τοῦ βασιλέως ῥᾳθυμίαν, ἀεὶ τὸν λόγον ἀνενεοῦτο, καὶ πρὸ ὀφθαλμῶν τήν τε τοῦ Κλεομένους τόλμαν

jected at once and without discussion, thinking it by no means safe for a lion to lie in the same fold as the sheep,[51] but it was especially Sosibius who was apprehensive of the effects of such a measure for the following reason.

36. At the time when they were plotting the murder of Magas and Berenice, being in great fear of their project failing chiefly owing to the high courage of Berenice, they were compelled to conciliate the whole court, holding out hopes of favor to everyone if things fell out as they wished. Sosibius on this occasion observing that Cleomenes was in need of assistance from the king, and that he was a man of judgment with a real grasp of facts, confided the whole plot to him, picturing the high favors he might expect. Cleomenes, seeing that he was in a state of great alarm and in fear chiefly of the foreign mercenaries, bade him be of good heart, promising him that the mercenaries would do him no harm, but would rather be helpful to him. When Sosibius showed considerable surprise at this promise, "Don't you see," he said, "that nearly three thousand of them are from the Peloponnese and about a thousand are Cretans, and I need but make a sign to these men and they will all put themselves joyfully at your service. Once they are united whom have you to fear? The soldiers from Syria and Caria I suppose!"[52] At the time Sosibius was delighted to hear this and pursued the plot against Berenice with doubled confidence, but afterward, when he witnessed the king's slackness, the words were always coming back to his mind, and the thought of Cleomenes' daring and popular-

[51] The same in Plu. *Cleom.* 33.8, with both Plutarch and P. probably following Phylarchus. [52] Clearly ironical: Cleomenes expresses his low opinion of these troops.

8 ἐλάμβανε καὶ τὴν τῶν ξένων πρὸς αὐτὸν εὔνοιαν. διὸ
καὶ τότε μάλιστα παρέστησε τῷ τε βασιλεῖ καὶ τοῖς
φίλοις ὁρμὴν οὗτος εἰς τὸ προκαταλαβέσθαι καὶ συγ-
9 κλεῖσαι τὸν Κλεομένην. πρὸς δὲ τὴν ἐπίνοιαν ταύτην
ἐχρήσατο συνεργήματι τοιούτῳ τινί.

37. Νικαγόρας τις ἦν Μεσσήνιος· οὗτος ὑπῆρχε
πατρικὸς ξένος Ἀρχιδάμου τοῦ Λακεδαιμονίων βασι-
2 λέως. τὸν μὲν οὖν πρὸ τοῦ χρόνον βραχεῖά τις ἦν τοῖς
προειρημένοις ἐπιπλοκὴ πρὸς ἀλλήλους· καθ' ὃν δὲ
καιρὸν Ἀρχίδαμος ἐκ τῆς Σπάρτης ἔφυγε δείσας τὸν
Κλεομένην, καὶ παρεγένετ' εἰς Μεσσηνίαν, οὐ μόνον
οἰκίᾳ καὶ τοῖς ἄλλοις ἀναγκαίοις ὁ Νικαγόρας αὐτὸν
ἐδέξατο προθύμως, ἀλλὰ καὶ κατὰ τὴν ἑξῆς συμ-
περιφορὰν ἐγένετό τις αὐτοῖς ὁλοσχερὴς εὔνοια καὶ
3 συνήθεια πρὸς ἀλλήλους. διὸ καὶ μετὰ ταῦτα, τοῦ
Κλεομένους ὑποδείξαντος ἐλπίδα καθόδου καὶ δια-
λύσεως πρὸς τὸν Ἀρχίδαμον, ἔδωκεν αὑτὸν ὁ Νικαγό-
ρας εἰς τὰς διαποστολὰς καὶ τὰς ὑπὲρ τῶν πίστεων
4 συνθήκας. ὧν κυρωθέντων ὁ μὲν Ἀρχίδαμος εἰς τὴν
Σπάρτην κατῄει, πιστεύσας ταῖς διὰ τοῦ Νικαγόρου
5 γεγενημέναις συνθήκαις, ὁ δὲ Κλεομένης ἀπαντήσας
τὸν μὲν Ἀρχίδαμον ἐπανείλετο, τοῦ δὲ Νικαγόρου καὶ
6 τῶν ἄλλων τῶν συνόντων ἐφείσατο. πρὸς μὲν οὖν τοὺς
ἐκτὸς ὁ Νικαγόρας ὑπεκρίνετο χάριν ὀφείλειν τῷ
Κλεομένει διὰ τὴν αὑτοῦ σωτηρίαν, ἐν αὑτῷ γε μὴν
βαρέως ἔφερε τὸ συμβεβηκός, δοκῶν αἴτιος γεγο-
7 νέναι τῷ βασιλεῖ τῆς ἀπωλείας. οὗτος ὁ Νικαγόρας
ἵππους ἄγων κατέπλευσε βραχεῖ χρόνῳ πρότερον εἰς

ity with the mercenaries kept on haunting him. It was he therefore who on this occasion was foremost in instigating the king and his friends to take Cleomenes into custody before it was too late. To reinforce this advice he availed himself of the following circumstance.

37. There was a certain Messenian called Nicagoras who had been a family friend of Archidamus the king of Sparta. In former times their intercourse had been of the slightest, but when Archidamus took flight from Sparta for fear of Cleomenes, and came to Messenia, Nicagoras not only gladly received him in his house and provided for his wants but ever afterward they stood on terms of the closest intimacy and affection. When therefore Cleomenes held out hopes to Archidamus of return and reconciliation, Nicagoras devoted himself to negotiating and concluding the treaty. When this had been ratified, Archidamus was on his way home to Sparta, relying on the terms of the agreement brought about by Nicagoras, but Cleomenes coming to meet them put Archidamus to death,[53] sparing Nicagoras and the rest of his companions. To the outside world, Nicagoras pretended to be grateful to Cleomenes for having spared his life, but in his heart he bitterly resented what had occurred, for it looked as if he had been the cause of the king's death. This Nicagoras had arrived not long ago at Alexandria with a cargo of horses and

[53] WC (1.569) ends his discussion with the words "the case against Cleomenes is therefore not proved."

8 τὴν Ἀλεξάνδρειαν. ἀποβαίνων δ᾽ ἐκ τῆς νεὼς κατα-
λαμβάνει τόν τε Κλεομένην καὶ τὸν Παντέα καὶ μετ᾽
αὐτῶν Ἱππίταν ἐν τῷ λιμένι παρὰ τὴν κρηπῖδα περι-
9 πατοῦντας. ἰδὼν δ᾽ ὁ Κλεομένης αὐτὸν καὶ συμμίξας
ἠσπάζετο φιλοφρόνως, καὶ προσεπύθετο τί παρείη.
10 τοῦ δ᾽ εἰπόντος ὅτι παραγέγονεν ἵππους ἄγων "ἐβου-
λόμην ἄν σε" ἔφη "καὶ λίαν ἀντὶ τῶν ἵππων κιναίδους
ἄγειν καὶ σαμβύκας· τούτων γὰρ ὁ νῦν βασιλεὺς
11 κατεπείγεται." τότε γοῦν ἐπιγελάσας ὁ Νικαγόρας
ἐσιώπησε, μετὰ δέ τινας ἡμέρας ἐπὶ πλεῖον ἐλθὼν εἰς
τὰς χεῖρας τῷ Σωσιβίῳ διὰ τοὺς ἵππους εἶπε κατὰ τοῦ
12 Κλεομένους τὸν ἄρτι ῥηθέντα λόγον, θεωρῶν δὲ τὸν
Σωσίβιον ἡδέως ἀκούοντα, πᾶσαν ἐξέθετο τὴν προ-
ϋπάρχουσαν ἑαυτῷ πρὸς τὸν Κλεομένην διαφοράν.

38. ὃν ὁ Σωσίβιος ἐπιγνοὺς ἀλλοτρίως πρὸς τὸν
Κλεομένην διακείμενον, τὰ μὲν παραχρῆμα δούς, ἃ δὲ
εἰς τὸ μέλλον ἐπαγγειλάμενος, συνέπεισε γράψαντα
κατὰ τοῦ Κλεομένους ἐπιστολὴν ἀπολιπεῖν ἐσφρα-
2 γισμένην, ἵν᾽ ἐπειδὰν ὁ Νικαγόρας ἐκπλεύσῃ μετ᾽
ὀλίγας ἡμέρας, ὁ παῖς ἀνενέγκῃ τὴν ἐπιστολὴν πρὸς
3 αὐτὸν ὡς ὑπὸ τοῦ Νικαγόρου πεμφθεῖσαν. συνεργή-
σαντος δὲ τοῦ Νικαγόρου τὰ προειρημένα καὶ τῆς
ἐπιστολῆς ἀνενεχθείσης ὑπὸ τοῦ παιδὸς πρὸς τὸν
4 Σωσίβιον μετὰ τὸν ἔκπλουν τοῦ Νικαγόρου, παρὰ
πόδας ἅμα τὸν οἰκέτην καὶ τὴν ἐπιστολὴν ἧκεν ἔχων
πρὸς τὸν βασιλέα. τοῦ μὲν παιδὸς φάσκοντος Νικα-
5 γόραν ἀπολιπεῖν τὴν ἐπιστολήν, ἐντειλάμενον ἀπο-
δοῦναι Σωσιβίῳ, τῆς δ᾽ ἐπιστολῆς διασαφούσης ὅτι

on disembarking he found Cleomenes, with Panteus and Hippitas, walking on the quay. When Cleomenes saw him he came up to him and greeted him affectionately and asked him on what business he had come. When he told him he had brought horses to sell, Cleomenes said, "I very much wish you had brought catamites and harp girls instead of the horses, for those are the wares this king is after." Nicagoras at the time smiled and held his tongue, but a few days afterward, when he had become quite familiar with Sosibius owing to the business of the horses, he told against Cleomenes the story of what he had recently said, and noticing that Sosibius listened to him with pleasure, he gave him a full account of his old grievance[54] against that prince.

38. When Sosibius saw that he was ill-disposed to Cleomenes, he persuaded him by a bribe in cash and a promise of a further sum to write a letter against Cleomenes and leave it sealed, so that a few days after Nicagoras had left his servant might bring him the letter as having been sent by Nicagoras. Nicagoras entered into the plot, and when the letter was brought to Sosibius by the servant after Nicagoras had sailed, he at once took both servant and letter to the king. The servant said that Nicagoras had left the letter with orders for him to deliver it to Sosibius, and as the letter stated that Cleomenes, un-

[54] P. and Plu. *Cleom.* 35.1 disagree on what that grievance was.

μέλλει Κλεομένης, ἐὰν μὴ ποιῶνται τὴν ἐξαποστολὴν
αὐτοῦ μετὰ τῆς ἁρμοζούσης παρασκευῆς καὶ χορη-
γίας, ἐπανίστασθαι τοῖς τοῦ βασιλέως πράγμασιν,
6 εὐθέως ὁ Σωσίβιος λαβόμενος τῆς ἀφορμῆς ταύτης
παρώξυνε τὸν βασιλέα καὶ τοὺς ἄλλους φίλους πρὸς
τὸ μὴ μέλλειν, ἀλλὰ φυλάξασθαι καὶ συγκλεῖσαι τὸν
7 Κλεομένην. γενομένου δὲ τούτου, καί τινος ἀποδο-
θείσης οἰκίας αὐτῷ παμμεγέθους, ἐποιεῖτο τὴν διατρι-
βὴν ἐν ταύτῃ παραφυλαττόμενος, τούτῳ διαφέρων
τῶν ἄλλων τῶν ὑπηγμένων εἰς τὰς φυλακάς, τῷ ποι-
8 εῖσθαι τὴν δίαιταν ἐν μείζονι δεσμωτηρίῳ. εἰς ἃ βλέ-
πων ὁ Κλεομένης, καὶ μοχθηρὰς ἐλπίδας ἔχων ὑπὲρ
τοῦ μέλλοντος, παντὸς πράγματος ἔκρινε πεῖραν λαμ-
9 βάνειν, οὐχ οὕτως πεπεισμένος κατακρατήσειν τῆς
προθέσεως—οὐδὲν γὰρ εἶχε τῶν εὐλόγων πρὸς τὴν
ἐπιβολήν—τὸ δὲ πλεῖον εὐθανατῆσαι σπουδάζων καὶ
μηδὲν ἀνάξιον ὑπομεῖναι τῆς περὶ αὐτὸν προγεγενη-
μένης τόλμης, ἅμα δὲ καὶ λαμβάνων ἐν νῷ τὸ τοιοῦ-
10 τον, ὥς γ' ἐμοὶ δοκεῖ, καὶ προτιθέμενος, ὅπερ εἴωθε
συμβαίνειν πρὸς τοὺς μεγαλόφρονας τῶν ἀνδρῶν,

μὴ μὰν ἀσπουδεί γε καὶ ἀκλειῶς ἀπολοίμην,
ἀλλὰ μέγα ῥέξας τι καὶ ἐσσομένοισι πυθέσθαι.

39. παρατηρήσας οὖν ἔξοδον τοῦ βασιλέως εἰς Κάνωβον, διέδωκε τοῖς φυλάττουσιν αὐτὸν φήμην ὡς ἀφίεσθαι μέλλων ὑπὸ τοῦ βασιλέως, καὶ διὰ ταύτην τὴν αἰτίαν αὐτός τε τοὺς αὐτοῦ θεράποντας εἱστία καὶ τοῖς φυλάττουσιν ἱερεῖα καὶ στεφάνους, ἅμα δὲ τού-

less he were furnished with a properly equipped expeditionary force, intended to revolt against the king, Sosibius at once availed himself of this pretext for urging the king not to delay, but to take the precaution of placing him in custody. This was done, a huge house being put at his disposal in which he resided under watch and ward, differing from ordinary prisoners only in that he had a bigger jail to live in. Seeing his position and having but poor hopes of the future, Cleomenes decided to make a dash for freedom at any cost, not that he really believed he would attain his object—for he had nothing on his side likely to conduce to success—but rather desiring to die a glorious death without submitting to anything unworthy of the high courage he had ever exhibited, and I suppose that there dwelt in his mind and inspired him those words of the hero[55] which are wont to commend themselves to men of dauntless spirit:

'Tis true I perish, yet I perish great:
Yet in a mighty deed I shall expire,
Let future ages hear it, and admire.

39. Waiting then for a day on which Ptolemy made an excursion to Canobus he spread a report among his guards that he was going to be set at liberty by the king, and upon this pretence he entertained his own attendants, and sent

[55] Hector, at Hom. *Il.* 22.304–305.

2 τοις οἶνον ἐξαπέστειλε. τῶν δὲ χρωμένων τούτοις
ἀνυπονοήτως καὶ καταμεθυσθέντων, παραλαβὼν τοὺς
συνόντας φίλους καὶ τοὺς περὶ αὐτὸν παῖδας περὶ
μέσον ἡμέρας λαθὼν τοὺς φύλακας ἐξῆλθε μετ' ἐγχει-
3 ριδίων. προάγοντες δὲ καὶ συντυχόντες κατὰ τὴν πλα-
τεῖαν Πτολεμαίῳ τῷ τότ' ἐπὶ τῆς πόλεως ἀπολελειμ-
μένῳ, καταπληξάμενοι τῷ παραβόλῳ τοὺς συνόντας
αὐτῷ, τοῦτον μὲν κατασπάσαντες ἀπὸ τοῦ τεθρίππου
παρέκλεισαν, τὰ δὲ πλήθη παρεκάλουν ἐπὶ τὴν ἐλευ-
4 θερίαν. οὐδενὸς δὲ προσέχοντος αὐτοῖς οὐδὲ συνεξι-
σταμένου διὰ τὸ παράδοξον τῆς ἐπιβολῆς, ἐπιστρέ-
ψαντες ὥρμησαν πρὸς τὴν ἄκραν, ὡς ἀνασπάσοντες
ταύτης τὰς πυλίδας καὶ συγχρησόμενοι τοῖς εἰς τὴν
5 φυλακὴν ἀπηγμένοις τῶν ἀνδρῶν. ἀποσφαλέντες δὲ
καὶ ταύτης τῆς ἐπιβολῆς διὰ τὸ τοὺς ἐφεστῶτας προ-
αισθομένους τὸ μέλλον ἀσφαλίσασθαι τὴν πύλην,
προσήνεγκαν αὑτοῖς τὰς χεῖρας εὐψύχως πάνυ καὶ
Λακωνικῶς.

6 Κλεομένης μὲν οὖν οὕτω μετήλλαξε τὸν βίον, ἀνὴρ
γενόμενος καὶ πρὸς τὰς ὁμιλίας ἐπιδέξιος καὶ πρὸς
πραγμάτων οἰκονομίαν εὐφυὴς καὶ συλλήβδην ἡγε-
μονικὸς καὶ βασιλικὸς τῇ φύσει.

40. Μετὰ δὲ τοῦτον οὐ πολὺ κατόπιν Θεόδοτος ὁ
τεταγμένος ἐπὶ Κοίλης Συρίας, ὢν τὸ γένος Αἰτωλός,
τὰ μὲν καταφρονήσας τοῦ βασιλέως διὰ τὴν ἀσέλ-
2 γειαν τοῦ βίου καὶ τῆς ὅλης αἱρέσεως, τὰ δὲ διαπιστή-
σας τοῖς περὶ τὴν αὐλὴν διὰ τὸ μικροῖς ἔμπροσθεν
χρόνοις ἀξιολόγους παρασχόμενος χρείας τῷ βασι-

presents of meat, garlands, and wine to the guards. When the soldiers, suspecting nothing, had indulged freely in these good things and were quite drunk, he took the friends who were with him and his own servants and at about midday they rushed out of the house unnoticed by the guards, and armed with daggers. As they advanced they met in the street with Ptolemy[56] who had been left in charge of the city, and overawing his attendants by the audacity of their attack, they dragged him from his chariot and shut him up,[57] and now began to call on the people to assert their freedom. But when no one paid any attention or consented to join the rising, as the whole plan had taken everyone completely by surprise, they retraced their steps and made for the citadel with the intention of forcing the gates and getting the prisoners to join them. But when this design also failed, as the guards of the prison got word of their intention and made the gates fast, they died by their own hands like brave men and Spartans.

Thus perished Cleomenes, a man tactful in his bearing and address, with a great capacity for the conduct of affairs and in a word designed by nature to be a captain and a prince.

40. The next conspiracy shortly after this was that of Theodotus[58] the governor of Coele-Syria, an Aetolian by birth. Holding the king in contempt owing to his debauched life and general conduct and mistrusting the court circles, because after recently rendering important

[56] Son of Chrysermus, *PP* 14624.

[57] The text (παρέκλεισεν) is doubtful; Plu. Cleom. 37.4 has ἀπέκτειναν, "killed him."

[58] Aetolian from Calydon. *RE* Theodotos 1955–1956 (F. Geyer). *PP* 15045.

λεῖ περί τε τἄλλα καὶ περὶ τὴν πρώτην ἐπιβολὴν Ἀντιόχου τοῖς κατὰ Κοίλην Συρίαν πράγμασι, μὴ οἷον ἐπὶ τούτοις τυχεῖν τινος χάριτος, ἀλλὰ τοὐναντίον ἀνακληθεὶς εἰς τὴν Ἀλεξάνδρειαν παρ' ὀλίγον
3 κινδυνεῦσαι τῷ βίῳ, διὰ ταύτας τὰς αἰτίας ἐπεβάλετο τότε λαλεῖν Ἀντιόχῳ καὶ τὰς κατὰ Κοίλην Συρίαν πόλεις ἐγχειρίζειν. τοῦ δ' ἀσμένως δεξαμένου τὴν ἐλπίδα, ταχεῖαν ἐλάμβανε τὸ πρᾶγμα τὴν οἰκονομίαν.

4 Ἵνα δὲ καὶ περὶ ταύτης τῆς οἰκίας τὸ παραπλήσιον ποιήσωμεν, ἀναδραμόντες ἐπὶ τὴν παράληψιν τῆς Ἀντιόχου δυναστείας ἀπὸ τούτων τῶν καιρῶν ποιησόμεθα κεφαλαιώδη τὴν ἔφοδον ἐπὶ τὴν ἀρχὴν τοῦ μέλλοντος λέγεσθαι πολέμου.

5 Ἀντίοχος γὰρ ἦν μὲν υἱὸς νεώτερος Σελεύκου τοῦ Καλλινίκου προσαγορευθέντος, μεταλλάξαντος δὲ τοῦ πατρὸς καὶ διαδεξαμένου τἀδελφοῦ Σελεύκου τὴν βασιλείαν διὰ τὴν ἡλικίαν, τὸ μὲν πρῶτον τοῖς ἄνω
6 τόποις μεθιστάμενος ἐποιεῖτο τὴν διατριβήν, ἐπεὶ δὲ Σέλευκος μετὰ δυνάμεως ὑπερβαλὼν τὸν Ταῦρον ἐδολοφονήθη, καθάπερ καὶ πρότερον εἰρήκαμεν, μετaλα-
7 βὼν τὴν ἀρχὴν αὐτὸς ἐβασίλευσε, διαπιστεύων τὴν μὲν ἐπὶ τάδε τοῦ Ταύρου δυναστείαν Ἀχαιῷ, τὰ δ' ἄνω μέρη τῆς βασιλείας ἐγκεχειρικὼς Μόλωνι καὶ τἀδελφῷ τῷ Μόλωνος Ἀλεξάνδρῳ, Μόλωνος μὲν Μηδίας ὑπάρχοντος σατράπου, τἀδελφοῦ δὲ τῆς Περσίδος.

41. οἳ καταφρονήσαντες μὲν αὐτοῦ διὰ τὴν ἡλικίαν, ἐλπίσαντες δὲ τὸν Ἀχαιὸν ἔσεσθαι κοινωνὸν σφίσι τῆς ἐπιβολῆς, μάλιστα δὲ φοβούμενοι τὴν ὠμότητα

service to Ptolemy in various ways and especially in connection with the first attempt of Antiochus on Coele-Syria, he had not only received no thanks for this but on the contrary had been recalled to Alexandria and had barely escaped with his life, he now formed the project of entering into communication with Antiochus and handing over to him the cities of Coele-Syria. Antiochus gladly grasped at the proposal and the matter was soon in a fair way of being accomplished.

Now that I may perform for this royal house what I have done for that of Egypt, I will go back to Antiochus' succession to the throne and give a summary of events between that date and the outbreak of the war I am about to describe.

Antiochus was the younger son of Seleucus Callinicus, and on the death of his father and the succession to the throne of his elder brother Seleucus, he at first resided in the interior, but when Seleucus crossed the Taurus with his army and was assassinated, as I have already stated,[59] he succeeded him and began to reign, entrusting the government of Asia on this side of Taurus to Achaeus and having handed over that of the upper provinces to Molon and his brother Alexander, Molon being satrap of Media and Alexander of Persia.

41. These brothers, despising the king on account of his youth, and hoping that Achaeus would associate himself with them in their design, dreading especially the cruelty

[59] 4.48.8.

καὶ κακοπραγμοσύνην τὴν Ἑρμείου τοῦ τότε προ-
εστῶτος τῶν ὅλων πραγμάτων, ἀφίστασθαι καὶ δια-
2 στρέφειν ἐνεχείρησαν τὰς ἄνω σατραπείας. ὁ δὲ Ἑρ-
μείας ἦν μὲν ἀπὸ Καρίας, ἐπέστη δὲ ἐπὶ τὰ πράγματα
Σελεύκου τἀδελφοῦ ταύτην αὐτῷ τὴν πίστιν ἐγχειρί-
σαντος, καθ' οὓς καιροὺς ἐποιεῖτο τὴν ἐπὶ τὸν Ταῦρον
3 στρατείαν. τυχὼν δὲ ταύτης τῆς ἐξουσίας πᾶσι μὲν
ἐφθόνει τοῖς ἐν ὑπεροχαῖς οὖσι τῶν περὶ τὴν αὐλήν,
φύσει δ' ὠμὸς ὢν τῶν μὲν τὰς ἀγνοίας ἐπὶ τὸ χεῖρον
ἐκδεχόμενος ἐκόλαζε, τοῖς δὲ χειροποιήτους καὶ ψευ-
δεῖς ἐπιφέρων <αἰτίας> ἀπαραίτητος ἦν καὶ πικρὸς
4 δικαστής. μάλιστα δ' ἔσπευδε καὶ περὶ παντὸς ἐποι-
εῖτο βουλόμενος ἐπανελέσθαι τὸν ἀποκομίσαντα τὰς
δυνάμεις τὰς Σελεύκῳ συνεξελθούσας Ἐπιγένην, διὰ
τὸ θεωρεῖν τὸν ἄνδρα καὶ λέγειν καὶ πράττειν δυνάμε-
νον καὶ μεγάλης ἀποδοχῆς ἀξιούμενον παρὰ ταῖς
5 δυνάμεσιν. ὢν δὲ ταύτης τῆς προθέσεως ἐπεῖχε, βου-
λόμενος ἀεί τινος ὁρμῆς ἐπιλαβέσθαι καὶ προφάσεως
6 κατὰ τοῦ προειρημένου. ἀθροισθέντος δὲ τοῦ συν-
εδρίου περὶ τῆς τοῦ Μόλωνος ἀποστάσεως, καὶ κελεύ-
σαντος τοῦ βασιλέως λέγειν ἕκαστον τὸ φαινόμενον
περὶ τοῦ πῶς δεῖ χρῆσθαι τοῖς κατὰ τοὺς ἀποστάτας
7 πράγμασι, καὶ πρώτου συμβουλεύοντος Ἐπιγένους
διότι δεῖ μὴ μέλλειν ἀλλ' ἐκ χειρὸς ἔχεσθαι τῶν
προκειμένων, καὶ πρῶτον καὶ μάλιστα τὸν βασιλέα

60 Minister of affairs; *RE* Hermeias 726–730 (W. Otto). P. is as biased against him as he is against the Macedonian Apelles, who

and malice of Hermeias,[60] who was now at the head of the government, entered on a revolt, attempting to engage the upper satrapies in it. This Hermeias was a Carian who had been in charge of affairs[61] ever since Seleucus, Antiochus' brother, on leaving for his expedition to the Taurus[62] had entrusted him with the government. Having attained this position of authority he was jealous of all the holders of prominent posts at court, and as he was naturally of a savage disposition, he inflicted punishment on some for errors which he magnified into crimes, and trumping up false charges against others, showed himself a cruel and relentless judge. The man above all others whom he was particularly desirous of destroying was Epigenes, who had brought back the army that had been left under the command of Seleucus, as he saw he was capable both as a speaker and as a man of action and enjoyed great popularity with the soldiery. He was quite determined on this, but was biding his time on the lookout for some pretext for attacking Epigenes. When the council[63] was called to discuss the revolt of Molon, and the king ordered everyone to state his opinion as to how the rebellion should be dealt with, Epigenes was the first to speak and advised not to delay but to take the matter in hand at once. It was of the first importance, he said, that the king should proceed to the spot and

held a similar position at Philip's court in the first years of the king's rule. [61] The ὁ ἐπὶ τῶν πραγμάτων was the most powerful official in the king's service. [62] Reading not certain, as the mss. give πάδον and ταύρον; B-W emended to ["A]τταλον. [63] E. Bikerman, *Institutions des Séleucides* (Paris 1938), 188–190, C. Habicht, *The Hellenistic Monarchies. Selected Papers* (Ann Arbor 2006), 26–40 and 290.

συνάπτειν τοῖς τόποις καὶ παρ' αὐτοὺς εἶναι τοὺς
8 καιρούς· οὕτως γὰρ ἢ τὸ παράπαν αὐδὲ τολμήσειν ἀλλοτριοπραγεῖν τοὺς περὶ τὸν Μόλωνα, τοῦ βασιλέως παρόντος καὶ τοῖς πολλοῖς ἐν ὄψει γενομένου
9 μετὰ συμμέτρου δυνάμεως, ἢ κἂν ὅλως τολμήσωσι καὶ μείνωσιν ἐπὶ τῆς προθέσεως, ταχέως αὐτοὺς συναρπασθέντας ὑπὸ τῶν ὄχλων ὑποχειρίους παραδοθήσεσθαι τῷ βασιλεῖ·

42. ταῦτα λέγοντος ἔτι τοῦ προειρημένου διοργισθεὶς Ἑρμείας πολὺν ἔφησεν αὐτὸν χρόνον ἐπίβουλον ὄντα καὶ προδότην τῆς βασιλείας διαλεληθέναι,
2 νῦν δὲ καλῶς ποιοῦντα φανερὸν ἐκ τῆς συμβουλῆς γεγονέναι, σπουδάζοντα μετ' ὀλίγων ἐγχειρίσαι τὸ
3 τοῦ βασιλέως σῶμα τοῖς ἀποστάταις. τότε μὲν οὖν οἷον ὑποθύψας τὴν διαβολὴν παρῆκε τὸν Ἐπιγένην,
4 πικρίαν ἄκαιρον μᾶλλον ἢ δυσμένειαν ἐπιφήνας· αὐτὸς δὲ κατὰ τὴν αὑτοῦ γνώμην τὴν μὲν ἐπὶ τὸν Μόλωνα στρατείαν, κατάφοβος ὢν τὸν κίνδυνον, ἐξέκλινε διὰ τὴν ἀπειρίαν τῶν πολεμικῶν, ἐπὶ δὲ τὸν Πτολεμαῖον ἐσπούδαζε στρατεύειν, ἀσφαλῆ τοῦτον εἶναι πεπεισμένος τὸν πόλεμον διὰ τὴν τοῦ προειρημένου
5 βασιλέως ῥᾳθυμίαν. τότε μὲν οὖν καταπληξάμενος τοὺς ἐν τῷ συνεδρίῳ πάντας ἐπὶ μὲν τὸν Μόλωνα στρατηγοὺς ἐξέπεμψε μετὰ δυνάμεως Ξένωνα καὶ Θεόδοτον τὸν ἡμιόλιον, τὸν δ' Ἀντίοχον παρώξυνε συνεχῶς, οἰόμενος δεῖν ἐπιβάλλειν τὰς χεῖρας τοῖς
6 κατὰ Κοίλην Συρίαν πράγμασι, μόνως οὕτως ὑπολαμ-

be present at the actual theater of events; for thus either Molon would not venture to disturb the peace, once the king presented himself before the eyes of the people with an adequate force, or if in spite of this he ventured to persist in his project, he would be very soon seized upon by the soldiers and delivered up to the king.

42. Before Epigenes had even finished his speech, Hermeias flew into a passion and exclaimed that for long Epigenes had been in secret a plotter and a traitor to the kingdom, but that now he had revealed his evil intentions by the advice he had offered, his design being to put the king's person undefended, except by a small force, at the mercy of the rebels. For the present Hermeias contented himself with thus laying the train of the slander and did not further molest Epigenes, having made a show of mistimed bad temper rather than of real hatred. The motives of the opinion he himself delivered were that he was disinclined owing to his lack of military experience to take the command in the campaign against Molon, as he dreaded the danger, while he was most anxious to take the field against Ptolemy, since he felt sure that the war there would be a safe one owing to that king's indifference.[64] On the present occasion he overawed the whole Council and appointing Xenon and Theodotus surnamed Hemiolius[65] to the command of the force sent against Molon, continued to work upon the king, advising him to seize on Coele-Syria, think-

64 P. clearly thinks of Philopator, having "forgotten for the moment that he is back in Euergetes' reign" (W. W. Tarn, *CAH* 7 [1928], 724 n. 1), as the scene belongs to 222. 65 "One and a half," *PP* 14826. The nickname has baffled scholars, until H. Müller found the solution: *Chiron* 35 (2005), 355–384.

βάνων, εἰ ταυταχόθεν τῷ νεανίσκῳ περισταίη πόλεμος, οὔτε τῶν πρότερον ἡμαρτημένων ὑφέξειν δίκας οὔτε τῆς παρούσης ἐξουσίας κωλυθήσεσθαι διὰ τὰς χρείας καὶ τοὺς ἀεὶ περιισταμένους ἀγῶνας τῷ βασι-
7 λεῖ καὶ κινδύνους. διὸ καὶ τὸ τελευταῖον ἐπιστολὴν πλάσας ὡς παρ᾽ Ἀχαιοῦ διαπεσταλμένην προσήνεγκε τῷ βασιλεῖ, διασαφοῦσαν ὅτι Πτολεμαῖος αὐτὸν παρακαλεῖ πραγμάτων ἀντιποιήσασθαι, καὶ φησι καὶ ναυσὶ καὶ χρήμασι χορηγήσειν πρὸς πάσας τὰς ἐπιβολάς, ἐὰν ἀναλάβῃ διάδημα καὶ φανερὸς γένηται
8 πᾶσιν ἀντιποιούμενος τῆς ἀρχῆς, ἣν τοῖς πράγμασιν ἔχειν αὐτὸν καὶ νῦν, τῆς δ᾽ ἐπιγραφῆς αὑτῷ φθονοῦντα τὸν ὑπὸ τῆς τύχης διδόμενον ἀποτρίβεσθαι στέφανον.

9 Ὁ μὲν οὖν βασιλεὺς πιστεύσας τοῖς γραφομένοις ἕτοιμος ἦν καὶ μετέωρος στρατεύειν ἐπὶ Κοίλην Συρίαν.

43. ὄντος δ᾽ αὐτοῦ κατὰ τοὺς καιροὺς τούτους περὶ Σελεύκειαν τὴν ἐπὶ τοῦ Ζεύγματος, παρῆν Διόγνητος ὁ ναύαρχος ἐκ Καππαδοκίας τῆς περὶ τὸν Εὔξεινον, ἄγων Λαοδίκην τὴν Μιθριδάτου τοῦ βασιλέως θυγατέρα, παρθένον οὖσαν, γυναῖκα τῷ βασιλεῖ κατωνο-
2 μασμένην. ὁ δὲ Μιθριδάτης εὔχετο μὲν ἀπόγονος εἶναι τῶν ἑπτὰ Περσῶν ἑνὸς τῶν ἐπανελομένων τὸν μάγον, διατετηρήκει δὲ τὴν δυναστείαν ἀπὸ προγόνων τὴν ἐξ ἀρχῆς αὐτοῖς διαδοθεῖσαν ὑπὸ Δαρείου παρὰ
3 τὸν Εὔξεινον πόντον. Ἀντίοχος δὲ προσδεξάμενος τὴν παρθένον μετὰ τῆς ἁρμοζούσης ἀπαντήσεως καὶ προ-

ing that thus only by involving the young prince in wars on every side could he secure immunity from punishment for his former malpractices and freedom in the continued exercise of his present authority, owing to the pressure of affairs and the constant struggles and perils that the king would have to face. Finally, in pursuit of this purpose he forged and brought to the king a letter supposed to have been sent by Achaeus setting forth that Ptolemy urged him to usurp the government, promising to help all his undertakings with ships and money, once he assumed the diadem and claimed in the sight of all that sovereignty which as a fact he now exercised, although scrupling to take the title and declining the crown which Fortune offered him.

The king quite taken in by this letter was ready and eager to invade Coele-Syria.

43. He was now near Seleucia,[66] the city at the crossing of the Euphrates, and there he was joined by Diognetus, the admiral from Cappadocia Pontica, bringing Laodice, the daughter of Mithridates, a virgin, the affianced bride of the king.[67] Mithridates claimed to be a descendant[68] of one of those seven Persians who had killed the Magus, and he had preserved in his family the kingdom on the Pontus originally granted to them by Darius. Antiochus received the maiden on her approach with all due pomp and at

66 See G. Cohen, *The Hellenistic Settlements in Syria, the Red Sea Basin, and North Africa* (Berkeley 2006), 190–196.

67 She was the king's cousin through her mother.

68 The genealogy is fictitious. The royal house sprang from Mithridates "the Founder," a Persian noble who seized the kingdom in 302.

στασίας εὐθέως ἐπετέλει τοὺς γάμους, μεγαλοπρεπῶς
4 καὶ βασιλικῶς χρώμενος ταῖς παρασκευαῖς. μετὰ δὲ
τὴν συντέλειαν τῶν γάμων καταβὰς εἰς Ἀντιόχειαν,
βασίλισσαν ἀποδείξας τὴν Λαοδίκην, λοιπὸν ἐγίνετο
περὶ τὴν τοῦ πολέμου παρασκευήν.

5 Κατὰ δὲ τοὺς καιροὺς τούτους Μόλων, ἑτοίμους
παρεσκευακὼς πρὸς πᾶν τοὺς ἐκ τῆς ἰδίας σατραπείας
ὄχλους διά τε τὰς ἐλπίδας τὰς ἐκ τῶν ὠφελειῶν καὶ
τοὺς φόβους, οὓς ἐνειργάσατο τοῖς ἡγεμόσιν ἀνατα-
τικὰς καὶ ψευδεῖς εἰσφέρων ἐπιστολὰς παρὰ τοῦ
6 βασιλέως, ἕτοιμον δὲ συναγωνιστὴν ἔχων τὸν ἀδελ-
φὸν Ἀλέξανδρον, ἠσφαλισμένος δὲ καὶ τὰ κατὰ τὰς
παρακειμένας σατραπείας διὰ τῆς τῶν προεστώτων
εὐνοίας καὶ δωροδοκίας, ἐξεστράτευσε μετὰ μεγάλης
7 δυνάμεως ἐπὶ τοὺς τοῦ βασιλέως στρατηγούς. οἱ δὲ
περὶ τὸν Ξένωνα καὶ Θεόδοτον καταπλαγέντες τὴν
8 ἔφοδον ἀνεχώρησαν εἰς τὰς πόλεις. ὁ δὲ Μόλων κύ-
ριος γενόμενος τῆς Ἀπολλωνιάτιδος χώρας εὐπορεῖτο
ταῖς χορηγίαις ὑπερβαλλόντως. ἦν δὲ φοβερὸς μὲν
καὶ πρὸ τοῦ διὰ τὸ μέγεθος τῆς δυναστείας.

44. τά τε γὰρ ἱπποφόρβια πάντα τὰ βασιλικὰ
Μήδοις ἐγκεχείρισται, σίτου τε καὶ θρεμμάτων πλῆ-
2 θος ἀναρίθμητον παρ᾽ αὐτοῖς ἐστι. περί γε μὴν τῆς
ὀχυρότητος καὶ τοῦ μεγέθους τῆς χώρας οὐδ᾽ ἂν εἰπεῖν
3 δύναιτ᾽ ἀξίως οὐδείς. ἡ γὰρ Μηδία κεῖται μὲν περὶ
μέσην τὴν Ἀσίαν, διαφέρει δὲ καὶ κατὰ τὸ μέγεθος
καὶ κατὰ τὴν εἰς ὕψος ἀνάτασιν πάντων τῶν κατὰ τὴν
4 Ἀσίαν τόπων, ὡς πρὸς μέρος θεωρουμένη. καὶ μὴν

once celebrated his nuptials with right royal magnificence. After the wedding was over he went down to Antioch,[69] where he proclaimed Laodice queen and henceforth busied himself with preparations for the war.

Meanwhile Molon, having worked upon the troops in his own satrapy till they were ready for anything, by the hopes of booty he held out and the fear which he instilled into their officers by producing forged letters from the king couched in threatening terms, having also a ready coadjutor in his brother Alexander, and having secured the support of the neighboring satrapies by gaining the favor of their governors with bribes, marched out with a large army against the king's generals. Xenon and Theodotus, terror-struck by his approach, withdrew into the towns, and Molon making himself master of the territory of Apollonia[70] was now abundantly furnished with supplies. Even previously he had been a formidable antagonist owing to the importance of the province over which he ruled.

44. For all the royal herds of horses are in charge of the Medes, and they possess vast quantities of corn and cattle. It is difficult indeed to speak in adequate terms of the strength and extent of the district. Media[71] lies in central Asia, and looked at as a whole, is superior in size and in the height of its mountain ranges to any other district in Asia.

69 The Seleucid capital on the Orontes, modern Antakya, Turkey.

70 East of the Tigris, in Sittacene. V. Tscherikower, *Die hellenistischen Städtegründungen von Alexander dem Grossen bis auf die Römerzeit* (Leipzig 1927), 97.

71 A short digression on the land, through 44.11.

ἐπίκειται τοῖς ἀλκιμωτάτοις καὶ μεγίστοις ἔθνεσι.
πρόκειται γὰρ αὐτῆς παρὰ μὲν τὴν ἕω καὶ τὰ πρὸς
ἀνατολὰς μέρη τὰ κατὰ τὴν ἔρημον πεδία τὴν μεταξὺ
5 κειμένην τῆς Περσίδος καὶ τῆς Παρθυαίας· ἐπίκειται
δὲ καὶ κρατεῖ τῶν καλουμένων Κασπίων πυλῶν,
συνάπτει δὲ τοῖς Ταπύρων ὄρεσιν, ἃ δὴ τῆς Ὑρκανίας
6 θαλάττης οὐ πολὺ διέστηκε. τοῖς δὲ πρὸς μεσημβρίαν
κλίμασι καθήκει πρός τε τὴν Μεσοποταμίαν καὶ τὴν
Ἀπολλωνιᾶτιν χώραν, παράκειται δὲ τῇ Περσίδι, προ-
7 βεβλημένη τὸ Ζάγρον ὄρος, ὃ τὴν μὲν ἀνάβασιν ἔχει
πρὸς ἑκατὸν στάδια, διαφορὰς δὲ καὶ συγκλείσεις
πλείους ἔχον ἐν αὑτῷ διέζευκται κοιλάσι, κατὰ δέ
τινας τόπους αὐλῶσιν, οὓς κατοικοῦσι Κοσσαῖοι καὶ
Κορβρῆναι καὶ Κάρχοι καὶ πλείω γένη βαρβάρων
ἕτερα, διαφέρειν δοκοῦντα πρὸς τὰς πολεμικὰς χρεί-
8 ας. τοῖς δὲ πρὸς τὰς δύσεις μέρεσι κειμένοις συνάπτει
τοῖς Σατραπείοις καλουμένοις· τούτοις δὲ συμβαίνει
μὴ πολὺ διεστάναι τῶν ἐθνῶν τῶν ἐπὶ τὸν Εὔξεινον
9 καθηκόντων πόντον. τὰ δ᾿ ἐπὶ τὰς ἄρκτους αὐτῆς
τετραμμένα μέρη περιέχεται μὲν Ἐλυμαίοις καὶ τοῖς
10 Ἀνιαράκαις, ἔτι δὲ Καδουσίοις καὶ Ματιανοῖς, ὑπέρ-
κειται δὲ τῶν συναπτόντων πρὸς τὴν Μαιῶτιν τοῦ
11 Πόντου μερῶν. αὐτὴ δὲ ἡ Μηδία διέζευκται πλείοσιν
ὄρεσιν ἀπὸ τῆς ἠοῦς ἕως πρὸς τὰς δύσεις, ὧν μεταξὺ
κεῖται πεδία πληθύοντα πόλεσι καὶ κώμαις.

45. κυριεύων δὲ ταύτης τῆς χώρας, βασιλικὴν ἐχού-
σης περίστασιν, καὶ πάλαι μὲν φοβερὸς ἦν, ὡς πρότε-
2 ρον εἶπα, διὰ τὴν ὑπεροχὴν τῆς δυναστείας· τότε δὲ

Again it overlooks the country of some of the bravest and largest tribes. For outside its eastern border it has the desert plain that separates Persia from Parthia; it overlooks and commands the so-called Caspian Gates, and reaches as far as the mountains of the Tapyri, which are not far distant from the Hyrcanian Sea.[72] Its southern portion extends as far as Mesopotamia and the territory of Apollonia and borders on Persia, from which it is protected by Mount Zagrus, a range which has an ascent of a hundred stades, and consisting as it does of different branches meeting at various points, contains in the intervals depressions and deep valleys inhabited by the Cossaei,[73] Corbrenae, Carchi and other barbarous tribes with a high reputation for their warlike qualities. On the western side it is bounded by the people of the Satrap,[74] which are not far distant from the tribes whose territories descend to the Euxine Sea. On the north it is surrounded by the Elymaeans, Aniaracae, Cadusii, and Matiani and overlooks those parts of the Pontus which join the Palus Maeotis.[75] Media itself has several mountain chains running across it from east to west between which lie plains full of towns and villages.

45. Molon therefore being master of this country, which might rank as a kingdom, was already, as I said sufficiently formidable owing to his superior power; but now

[72] The Caspian.

[73] Subdued by Alexander in 324/23. Their land is today's Luristan.

[74] The reference is to the satrap Atropates and his land, Media Atropatene, today Azerbaijan.

[75] The Sea of Azov.

καὶ τῶν τοῦ βασιλέως στρατηγῶν δοκούντων παρακεχωρηκέναι τῶν ὑπαίθρων αὐτῷ καὶ τῶν ἰδίων δυνάμεων ἐπηρμένων ταῖς ὁρμαῖς διὰ τὸ κατὰ λόγον σφίσι προχωρεῖν τὰς πρώτας ἐλπίδας, τελέως ἐδόκει φοβερὸς εἶναι καὶ ἀνυπόστατος πᾶσι τοῖς τὴν Ἀσίαν
3 κατοικοῦσι. διὸ τὸ μὲν πρῶτον ἐπεβάλετο διαβὰς τὸν
4 Τίγριν πολιορκεῖν τὴν Σελεύκειαν· κωλυθείσης δὲ τῆς διαβάσεως ὑπὸ Ζεύξιδος διὰ τὸ καταλαβέσθαι τὰ ποτάμια πλοῖα, τοῦτον τὸν τρόπον ἀναχωρήσας εἰς τὴν ἐν τῇ Κτησιφῶντι λεγομένῃ στρατοπεδείαν παρεσκεύαζε ταῖς δυνάμεσι τὰ πρὸς τὴν παραχειμασίαν.
5 Ὁ δὲ βασιλεὺς ἀκούσας τήν τε τοῦ Μόλωνος ἔφοδον καὶ τὴν τῶν ἰδίων στρατηγῶν ἀναχώρησιν αὐτὸς μὲν ἦν ἕτοιμος πάλιν ἐπὶ τὸν Μόλωνα στρατεύειν, ἀποστὰς τῆς ἐπὶ τὸν Πτολεμαῖον ὁρμῆς, καὶ μὴ προ-
6 ΐεσθαι τοὺς καιρούς· Ἑρμείας δέ, τηρῶν τὴν ἐξ ἀρχῆς πρόθεσιν ἐπὶ μὲν τὸν Μόλωνα Ξενοίταν τὸν Ἀχαιὸν ἐξέπεμψε στρατηγὸν αὐτοκράτορα μετὰ δυνάμεως, φήσας δεῖν πρὸς μὲν τοὺς ἀποστάτας στρατηγοῖς πολεμεῖν, πρὸς δὲ τοὺς βασιλεῖς αὐτὸν ποιεῖσθαι τὸν βασιλέα καὶ τὰς ἐπιβολὰς καὶ τοὺς ὑπὲρ τῶν ὅλων
7 ἀγῶνας, αὐτὸς δὲ διὰ τὴν ἡλικίαν ὑποχείριον ἔχων τὸν νεανίσκον προῆγε, καὶ συνήθροιζε τὰς δυνάμεις εἰς Ἀπάμειαν, ἐντεῦθεν δʼ ἀναζεύξας ἧκε πρὸς τὴν Λαο-
8 δίκειαν. ἀφʼ ἧς ποιησάμενος τὴν ὁρμὴν ὁ βασιλεὺς

---

[76] Son of Cynagus, Macedonian. For more than thirty years in the service of Antiochus III as general and administrator, he ap-

that the royal generals, as it seemed, had retired from the field before him, and that his own troops were in high spirits, owing to their expectation of success having been so far fulfilled, he seemed absolutely terrible and irresistible to all the inhabitants of Asia. He first of all, therefore, formed the project of crossing the Tigris and laying siege to Seleucia, but on being prevented from crossing by Zeuxis,[76] who had seized the river boats, he withdrew to his camp at Ctesiphon[77] and made preparations for quartering his troops there during the winter.

The king, on hearing of Molon's advance and the retreat of his own generals, was himself prepared to abandon the campaign against Ptolemy and take the field against Molon, thus not letting slip the time for action; but Hermeias, adhering to his original design, sent Xenoetas the Achaean against Molon with an army to take the chief command: saying that to fight against rebels was the business of generals, but that against kings the king himself should plan the operations and command in the decisive battles. As he had the young king wholly subject to his influence, he set out and began to assemble his forces at Apamea,[78] from which he proceeded to Laodicea.[79] From this town the king took the offensive with his whole

pears in numerous inscriptions, often as the right hand or deputy of the king, especially in the cities of Asia Minor. *RE* Zeuxis 381–385 (E. Olshausen); J. Ma, *Antiochos III and the cities of Western Asia Minor* (Oxford 1999), 123–130. Tataki (9.4).317, no. 1.

[77] Across the Tigris from Seleucia; it later became a residence of the Parthian king. [78] On the Orontes, an important military base of the Seleucids. G. Cohen (43.1), 94–101.

[79] Modern Lattakieh on the Mediterranean coast. Cohen (43.1), 191–196.

μετὰ πάσης τῆς στρατιᾶς, καὶ διελθὼν τὴν ἔρημον,
ἐνέβαλεν εἰς τὸν αὐλῶνα τὸν προσαγορευόμενον Μαρ-
9 σύαν, ὃς κεῖται μὲν μεταξὺ τῆς κατὰ τὸν Λίβανον καὶ
τὸν Ἀντιλίβανον παρωρείας, συνάγεται δ' εἰς στενὸν
10 ὑπὸ τῶν προειρημένων ὀρῶν. συμβαίνει δὲ καὶ τοῦτον
αὐτὸν τὸν τόπον, ᾗ στενώτατός ἐστι, διείργεσθαι
τενάγεσι καὶ λίμναις, ἐξ ὧν ὁ μυρεψικὸς κείρεται
κάλαμος.

46. ἐπίκειται δὲ τοῖς στενοῖς ἐκ μὲν θατέρου μέρους
Βρόχοι προσαγορευόμενόν τι χωρίον, ἐκ δὲ θατέρου
2 Γέρρα, στενὴν ἀπολείποντα πάροδον. ποιησάμενος δὲ
διὰ τοῦ προειρημένου τὴν πορείαν αὐλῶνος ἐπὶ πλεί-
ους ἡμέρας, καὶ προσαγαγόμενος τὰς παρακειμένας
3 πόλεις, παρῆν πρὸς τὰ Γέρρα. καταλαβὼν δὲ τὸν
Θεόδοτον τὸν Αἰτωλὸν προκατειληφότα τὰ Γέρρα καὶ
τοὺς Βρόχους, τὰ δὲ παρὰ τὴν λίμνην στενὰ διωχυρω-
μένον τάφροις καὶ χάραξι καὶ διειληφότα φυλακαῖς
4 εὐκαίροις, τὸ μὲν πρῶτον ἐπεβάλετο βιάζεσθαι, πλείω
δὲ πάσχων ἢ ποιῶν κακὰ διὰ τὴν ὀχυρότητα τῶν
τόπων καὶ διὰ τὸ μένειν ἔτι τὸν Θεόδοτον ἀκέραιον,
5 ἀπέστη τῆς ἐπιβολῆς. διὸ καὶ τοιαύτης οὔσης τῆς
περὶ τοὺς τόπους δυσχρηστίας, προσπεσόντος αὐτῷ
Ξενοίταν ἐπταικέναι τοῖς ὅλοις καὶ τὸν Μόλωνα πάν-
των τῶν ἄνω τόπων ἐπικρατεῖν, ἀφέμενος τούτων ὥρ-
μησε τοῖς οἰκείοις πράγμασι βοηθήσων.

6 Ὁ γὰρ Ξενοίτας ὁ στρατηγὸς ἀποσταλεὶς αὐτο-
κράτωρ, καθάπερ ἐπάνω προεῖπα, καὶ μείζονος ἐξου-
σίας ἢ κατὰ τὴν προσδοκίαν τυχών, ὑπεροπτικώτερον

army and crossing the desert entered the defile known as Marsyas, which lies between the chains of Libanus and Antilibanus and affords a narrow passage between the two. Just where it is narrowest it is broken by marshes and lakes from which the perfumed reed is cut,

46. and here it is commanded on the one side by a place called Brochi and on the other by Gerrha, the passage between being quite narrow. After marching through this defile for several days and reducing the towns in its neighborhood, Antiochus reached Gerrha. Finding that Theodotus the Aetolian[80] had occupied Gerrha and Brochi and had fortified the narrow passage by the lake with a trench and stockade, posting troops in suitable spots, he at first decided to force his way through, but as he suffered more loss than he inflicted owing to the strength of the position and the fact that Theodotus remained as staunch as ever, he desisted from the attempt. So that finding himself in this difficult position, when the news reached him that Xenoetas had suffered total defeat and that Molon was in possession of all the upper provinces he gave up this expedition and hastened to return to the relief of his own dominions.

For Xenoetas, when, as I stated above, he was appointed to independent command and found himself possessed of more authority than he had ever expected to

80 P. has already alluded in 40.1 to what he reports here.

μὲν ἐχρῆτο τοῖς αὑτοῦ φίλοις, θρασύτερον δὲ ταῖς
7 πρὸς τοὺς ἐχθροὺς ἐπιβολαῖς. οὐ μὴν ἀλλὰ καταζεύξας εἰς τὴν Σελεύκειαν, καὶ μεταπεμψάμενος Διογένην τὸν τῆς Σουσιανῆς ἔπαρχον καὶ Πυθιάδην τὸν τῆς Ἐρυθρᾶς θαλάττης, ἐξῆγε τὰς δυνάμεις, καὶ λαβὼν πρόβλημα τὸν Τίγριν ποταμὸν ἀντεστρατο-
8 πέδευσε τοῖς πολεμίοις. πλειόνων δὲ διακολυμβώντων πρὸς αὐτὸν ἀπὸ τῆς τοῦ Μόλωνος στρατοπεδείας, καὶ δηλούντων ὡς ἐὰν διαβῇ τὸν ποταμόν, ἅπαν ἀπονεύσει πρὸς αὐτὸν τὸ τοῦ Μόλωνος στρατόπεδον—τῷ μὲν γὰρ Μόλωνι φθονεῖν, τῷ δὲ βασιλεῖ τὸ πλῆθος εὔνουν ὑπάρχειν διαφερόντως—ἐπαρθεὶς τούτοις ὁ Ξενοίτας
9 ἐπεβάλετο διαβαίνειν τὸν Τίγριν. ὑποδείξας δὲ διότι μέλλει ζευγνύναι τὸν ποταμὸν κατά τινα νησίζοντα τόπον, τῶν μὲν πρὸς τοῦτο τὸ μέρος ἐπιτηδείων οὐδὲν ἡτοίμαζε, διὸ καὶ συνέβη καταφρονῆσαι τοὺς περὶ τὸν
10 Μόλωνα τῆς ὑποδεικνυμένης ἐπιβολῆς, τὰ δὲ πλοῖα συνήθροιζε καὶ κατήρτιζε καὶ πολλὴν ἐπιμέλειαν
11 ἐποιεῖτο περὶ τούτων. ἐπιλέξας δ' ἐκ παντὸς τοῦ στρατεύματος τοὺς εὐρωστοτάτους ἱππεῖς καὶ πεζούς, ἐπὶ τῆς παρεμβολῆς ἀπολιπὼν Ζεῦξιν καὶ Πυθιάδην παρῆλθε νυκτὸς ὡς ὀγδοήκοντα σταδίους ὑποκάτω τῆς
12 τοῦ Μόλωνος στρατοπεδείας, καὶ διακομίσας τοῖς πλοίοις τὴν δύναμιν ἀσφαλῶς νυκτὸς ἔτι κατεστρατοπέδευσε, λαβὼν εὐφυῆ τόπον, ᾧ συνέβαινε κατὰ μὲν τὸ πλεῖστον ὑπὸ τοῦ ποταμοῦ περιέχεσθαι, τὸ δὲ λοιπὸν ἕλεσιν ἠσφαλίσθαι καὶ τέλμασιν.

hold, began to treat his friends somewhat disdainfully and to be too audacious in his schemes against his enemies. Reaching Seleucia, however, and sending for Diogenes, the governor of Susiana, and Pythiades, the governor of the coasts of the Persian Gulf, he led out his forces and encamped opposite the enemy with the Tigris on his front. When numerous deserters swam over from Molon's camp and informed him that if he crossed the river, Molon's whole army would declare for him—for the soldiers were jealous of Molon and exceedingly well disposed to the king—Xenoetas, encouraged by this intelligence, decided to cross the Tigris. He first of all made a show of attempting to bridge the river at a place where it forms an island, but as he was not getting ready any of the material required for this purpose, Molon took little notice of the feint. Xenoetas, however, was all the time engaged in collecting and fitting out boats with all possible care. Selecting from his whole army the most courageous of the infantry and cavalry, he left Zeuxis and Pythiades in charge of the camp, and proceeded by night to a point about eighty stades below Molon's camp, where he took his forces safely across in the boats and encamped while it was still night on an advantageous position, the greater part of which was surrounded by the river and the rest protected by pools and marshes.

47. ὁ δὲ Μόλων συνεὶς τὸ γεγονὸς ἐξαπέστειλε τοὺς ἱππεῖς, ὡς κωλύσων τοὺς ἐπιδιαβαίνοντας ῥᾳδίως καὶ
2 συντρίψων τοὺς ἤδη διαβεβηκότας· οἳ καὶ συνεγγίσαντες τοῖς περὶ τὸν Ξενοίταν διὰ τὴν ἄγνοιαν τῶν τόπων οὐ προσεδέοντο τῶν πολεμίων, αὐτοὶ δ᾽ ὑφ᾽ αὑτῶν βαπτιζόμενοι καὶ καταδύνοντες ἐν τοῖς τέλμασιν ἄχρηστοι μὲν ἦσαν ἅπαντες, πολλοὶ δὲ καὶ
3 διεφθάρησαν αὐτῶν. ὁ δὲ Ξενοίτας, πεπεισμένος, ἐὰν πλησιάσῃ, μεταβαλεῖσθαι τὰς τοῦ Μόλωνος πρὸς
4 αὐτὸν δυνάμεις, προελθὼν παρὰ τὸν ποταμὸν καὶ συνεγγίσας παρεστρατοπέδευσε τοῖς ὑπεναντίοις. κατὰ δὲ τὸν καιρὸν τοῦτον ὁ Μόλων, εἴτε καὶ στρατηγήματος χάριν εἴτε καὶ διαπιστήσας ταῖς δυνάμεσι, μή τι συμβῇ τῶν ὑπὸ τοῦ Ξενοίτου προσδοκωμένων, ἀπολιπὼν ἐν τῷ χάρακι τὴν ἀποσκευὴν ἀνέζευξε νυκτός, καὶ προῆγε σύντονον ποιούμενος τὴν πορείαν
5 ὡς ἐπὶ Μηδίας. ὁ δὲ Ξενοίτας, ὑπολαβὼν πεφευγέναι τὸν Μόλωνα καταπεπληγμένον τὴν ἔφοδον αὐτοῦ καὶ διαπιστοῦντα ταῖς ἰδίαις αὑτοῦ δυνάμεσι, τὸ μὲν πρῶτον ἐπιστρατοπεδεύσας κατελάβετο τὴν τῶν πολεμίων παρεμβολήν, καὶ διεπεραίου πρὸς αὑτὸν τοὺς ἰδίους ἱππεῖς καὶ τὰς τούτων ἀποσκευὰς ἐκ τῆς Ζεύξιδος
6 παρεμβολῆς· μετὰ δὲ ταῦτα συναθροίσας παρεκάλει τοὺς πολλοὺς θαρρεῖν καὶ καλὰς ἐλπίδας ἔχειν ὑπὲρ
7 τῶν ὅλων, ὡς πεφευγότος τοῦ Μόλωνος. ταῦτα δ᾽ εἰπὼν ἐπιμελεῖσθαι παρήγγειλε καὶ θεραπεύειν αὑτοὺς ἅπασιν, ὡς ἐκ ποδὸς ἀκολουθήσων πρωῒ τοῖς ὑπεναντίοις.

47. Molon when he was aware of what had happened, sent off his cavalry thinking to prevent easily any further troops from crossing and to crush the force that had already crossed. On approaching Xenoetas' force, unfamiliar as they were with the country, they had no need of any effort on the part of the enemy, but plunging or sinking by the impetus of their own advance into the pools and swamps were all rendered useless, while not a few perished. Xenoetas, fully confident that on his approach Molon's troops would desert to him, advanced along the river bank and encamped next the enemy. But Molon now, either as a ruse, or from lack of confidence in his men and fear lest Xenoetas' expectations might be fulfilled, leaving his baggage in his camp, abandoned it under cover of night and marched hastily in the direction of Media. Xenoetas, supposing that Molon had taken to flight from fear of being attacked by him and from mistrust in his own troops, first encamped opposite and occupied the enemy's camp and next brought across from the camp of Zeuxis his own cavalry and their baggage. After this he called a meeting of his soldiers and exhorted them to be of good courage and hope for a happy issue of the war, as Molon had fled. When he had finished this address he ordered them all to attend to their wants and refresh themselves, as he intended to start at once next morning in pursuit.

48. οἱ δὲ πολλοὶ κατατεθαρρηκότες καὶ παντοδαπῆς ἐπειλημμένοι χορηγίας, ὥρμησαν πρὸς ἀπόλαυσιν καὶ μέθην καὶ τὴν ταῖς τοιαύταις ὁρμαῖς παρεπομένην
2 ῥᾳθυμίαν. ὁ δὲ Μόλων διανύσας ἱκανόν τινα τόπον καὶ δειπνοποιησάμενος παρῆν ἐξ ὑποστροφῆς, καὶ καταλαβὼν ἐρριμμένους καὶ μεθύοντας πάντας, προσέβα-
3 λε τῷ χάρακι τῶν πολεμίων ὑπὸ τὴν ἑωθινήν. οἱ δὲ περὶ τὸν Ξενοίταν ἐκπλαγέντες ἐπὶ τοῖς συμβαίνουσι διὰ τὸ παράδοξον, ἀδυνατοῦντες δὲ τοὺς πολλοὺς ἐγείρειν διὰ τὴν κατέχουσαν αὐτοὺς μέθην, αὐτοὶ μὲν ἀλόγως ὁρμήσαντες εἰς τοὺς πολεμίους διεφθάρησαν,
4 τῶν δὲ κοιμωμένων οἱ μὲν πλείους ἐν αὐταῖς ταῖς στιβάσι κατεκόπησαν, οἱ δὲ λοιποὶ ῥιπτοῦντες ἑαυτοὺς εἰς τὸν ποταμὸν ἐπειρῶντο διαβαίνειν πρὸς τὴν ἀντίπερα στρατοπεδείαν· οὐ μὴν ἀλλ᾿ οἱ πλείους καὶ
5 τούτων ἀπώλλυντο. καθόλου δὲ ποικίλη τις ἦν ἀκρισία περὶ τὰ στρατόπεδα καὶ κυδοιμός· πάντες γὰρ
6 ἐκπλαγεῖς καὶ περιδεεῖς ἦσαν, ἅμα δὲ καὶ τῆς ἀντίπερα παρεμβολῆς ὑπὸ τὴν ὄψιν οὔσης ἐν πάνυ βραχεῖ διαστήματι, τῆς μὲν τοῦ ποταμοῦ βίας καὶ δυσχρηστίας ἐξελανθάνοντο διὰ τὴν ἐπιθυμίαν τὴν πρὸς τὸ
7 σῴζεσθαι, κατὰ δὲ τὴν παράστασιν καὶ τὴν ὁρμὴν τὴν πρὸς τὴν σωτηρίαν ἐρρίπτουν ἑαυτοὺς εἰς τὸν ποταμόν, ἐνίεσαν δὲ καὶ τὰ ὑποζύγια σὺν ταῖς ἀπο-
8 σκευαῖς, ὡς τοῦ ποταμοῦ κατά τινα πρόνοιαν αὐτοῖς συνεργήσοντος καὶ διακομιοῦντος ἀσφαλῶς πρὸς τὴν
9 ἀντίπερα κειμένην στρατοπεδείαν. ἐξ ὧν συνέβαινε τραγικὴν καὶ παρηλλαγμένην φαίνεσθαι τοῦ ῥεύμα-

48. The soldiers, filled with confidence and with abundance of provisions at hand, fell to feasting and drinking and lapsed into the state of negligence consequent on such excess. But Molon, after proceeding for a considerable distance and giving his men their supper, returned and reappeared at the spot, where, finding all the enemy scattered about and drowned in wine, he fell upon the camp in the early dawn. Dismayed by the unexpected attack and unable to awake the soldiers owing to their drunken condition, Xenoetas dashed madly into the ranks of the foe and perished. Most of the sleeping soldiers were killed in their beds, while the rest threw themselves into the river and attempted to cross to the camp on the opposite bank, most of these, however, also losing their lives. The scene in the camp was altogether one of the most varied confusion and tumult. The men were all in the utmost dismay and terror, and the camp across the river being in sight at quite a short distance, in their longing to escape they forgot the dangerous force of the stream, and losing their wits and making a blind rush for safety threw themselves into the river and forced the baggage animals with their packs to take to the water also, as if the river would providentially help them and carry them across to the camp opposite. So that the picture presented by the stream was indeed tragic and ex-

τος τὴν φαντασίαν, ὡς ἂν ὁμοῦ τοῖς νηχομένοις φερο-
μένων ἵππων, ὑποζυγίων, ὅπλων, νεκρῶν, ἀποσκευῆς
10 παντοδαπῆς. Μόλων δὲ κυριεύσας τῆς τοῦ Ξενοίτου
παρεμβολῆς, καὶ μετὰ ταῦτα διαβὰς τὸν ποταμὸν
ἀσφαλῶς, ἅτε μηδενὸς κωλύοντος διὰ τὸ φυγεῖν τὴν
ἔφοδον αὐτοῦ καὶ τοὺς περὶ τὸν Ζεῦξιν, ἐγκρατὴς
11 γίνεται καὶ τῆς τούτου στρατοπεδείας. συντελεσάμε-
νος δὲ τὰ προειρημένα παρῆν μετὰ τοῦ στρατοπέδου
12 πρὸς τὴν Σελεύκειαν. παραλαβὼν δὲ καὶ ταύτην ἐξ
ἐφόδου διὰ τὸ πεφευγέναι τοὺς περὶ τὸν Ζεῦξιν, ἅμα δὲ
τούτοις τὸν Διομέδοντα τὸν ἐπιστάτην τῆς Σελευκείας,
λοιπὸν ἤδη προάγων ἀκονιτὶ κατεστρέφετο τὰς ἄνω
13 σατραπείας. γενόμενος δὲ κύριος τῆς τε Βαβυλωνίας
καὶ τῆς περὶ τὴν Ἐρυθρὰν θάλατταν ἧκε πρὸς Σοῦσα.
14 τὴν μὲν οὖν πόλιν ἐξ ἐφόδου καὶ ταύτην κατέσχε, τῇ
δὲ ἄκρᾳ προσβολὰς ποιούμενος οὐδὲν ἤνυε τῷ φθάσαι
Διογένην τὸν στρατηγὸν εἰς αὐτὴν παρεισπεσόντα.
15 διὸ καὶ ταύτης μὲν τῆς ἐπιβολῆς ἀπέστη, καταλιπὼν
δὲ τοὺς πολιορκήσοντας κατὰ τάχος ἀνέζευξε, καὶ
κατῆρε μετὰ τῆς δυνάμεως πάλιν εἰς Σελεύκειαν τὴν
16 ἐπὶ τῷ Τίγριδι. πολλὴν δὲ ποιησάμενος ἐπιμέλειαν
ἐνταῦθα τοῦ στρατοπέδου καὶ παρακαλέσας τὸ πλῆ-
θος ὥρμησε πρὸς τὰς ἑξῆς πράξεις, καὶ τὴν μὲν
Παραποταμίαν μέχρι πόλεως Εὐρώπου κατέσχε, τὴν
δὲ Μεσοποταμίαν ἕως Δούρων.

17 Ἀντίοχος δέ, τούτων αὐτῷ προσπεσόντων, ὡς ἐπ-
άνω προεῖπον, ἀπογνοὺς τὰς κατὰ Κοίλην Συρίαν

traordinary, horses, mules, arms and corpses, and every kind of baggage being swept down by the current together with the swimmers. Molon took possession of Xenoetas' camp and afterward crossing the river in safety, as he met with no opposition, Zeuxis having fled before his attack, took the camp of the latter also. After these successes he advanced with his army on Seleucia. He took it at the first assault, as Zeuxis and Diomedon, the governor[81] of the city, had abandoned it, and advancing now at his ease, reduced the upper Satrapies. After making himself master of Babylonia and the coasts of the Persian gulf he reached Susa. This city he also took at the first assault, but the assaults he made on the citadel were unsuccessful, as the general Diogenes had thrown himself into it before his arrival. Abandoning this attempt, he left a force to invest it and hurried back with the rest of his army to Seleucia on the Tigris. Here he carefully refreshed his troops and after addressing them started again to pursue his further projects, and occupied Parapotamia as far as the town of Europus and Mesopotamia as far as Dura.

Antiochus, on intelligence reaching him of these events,

[81] The Seleucid *epistates* is the representative of the king in many cities that are less free than those considered to be "allies" of the king. See Holleaux, *Ét.* 3.216–220.

ἐλπίδας ὥρμησε πρὸς ταύτας τὰς ἐπιβολάς. ἐν ᾧ
καιρῷ πάλιν ἀθροισθέντος τοῦ συνεδρίου,

49. καὶ κελεύσαντος λέγειν τοῦ βασιλέως ὑπὲρ τοῦ
πῶς δεῖ χρῆσθαι ταῖς ἐπὶ τὸν Μόλωνα παρασκευαῖς,
αὖτις Ἐπιγένους καταρξαμένου καὶ λέγοντος περὶ τῶν
2 ἐνεστώτων, ὡς ἔδει μὲν πάλαι μὴ μέλλειν κατὰ τὴν
αὐτοῦ συμβουλίαν πρὸ τοῦ τηλικαῦτα προτερήματα
λαβεῖν τοὺς ἐχθρούς, οὐ μὴν ἀλλὰ καὶ νῦν ἔτι
3 φάσκοντος δεῖν ἔχεσθαι τῶν πραγμάτων, πάλιν Ἑρ-
μείας ἀκρίτως καὶ προπετῶς ἐξοργισθεὶς ἤρξατο λοι-
4 δορεῖν τὸν εἰρημένον. ἅμα δὲ φορτικῶς μὲν αὐτὸν
ἐγκωμιάζων, ἀστόχους δὲ καὶ ψευδεῖς ποιούμενος κατ-
ηγορίας Ἐπιγένους, μαρτυρόμενος δὲ τὸν βασιλέα μὴ
παριδεῖν οὕτως ἀλόγως μηδ' ἀποστῆναι τῶν περὶ
5 Κοίλης Συρίας ἐλπίδων, προσέκοπτε μὲν τοῖς πολ-
λοῖς, ἐλύπει δὲ καὶ τὸν Ἀντίοχον, μόλις δὲ κατέπαυσε
τὴν ἀψιμαχίαν, πολλὴν ποιησαμένου τοῦ βασιλέως
6 σπουδὴν εἰς τὸ διαλύειν αὐτούς. δόξαντος δὲ τοῖς
πολλοῖς Ἐπιγένους ἀναγκαιότερα καὶ συμφορώτερα
λέγειν, ἐκυρώθη τὸ διαβούλιον στρατεύειν ἐπὶ τὸν
7 Μόλωνα καὶ τούτων ἔχεσθαι τῶν πράξεων. ταχὺ δὲ
συνυποκριθεὶς καὶ μεταπεσὼν Ἑρμείας, καὶ φήσας
δεῖν ἅπαντας τὸ κριθὲν ἀπροφασίστως <συμπράττειν,
οὗτος αὐτὸς> ἕτοιμος ἦν καὶ πολὺς πρὸς ταῖς παρα-
σκευαῖς.

50. Ἀθροισθεισῶν δὲ τῶν δυνάμεων εἰς Ἀπάμειαν,
καί τινος ἐγγενομένης στάσεως τοῖς πολλοῖς ὑπὲρ
2 τῶν προσοφειλομένων ὀψωνίων, λαβὼν ἐπτοημένον

abandoned, as I stated above, his designs on Coele-Syria and turned his whole attention to the field of action.

49. The council having once more met and the king having requested advice as to the measures to be taken against Molon, Epigenes was again the first to give his view of the situation, which was that, as he had advised, there should have been no initial delay allowing the enemy to gain such advantages, but that now as before he maintained his opinion that the king must take the matter in hand with vigor. Upon which Hermeias, flying for no reason into a violent passion, began to abuse him. By singing his own praises in the worst taste, bringing against Epigenes a number of false and random accusations and adjuring the king not to desist from his purpose and abandon his hope of conquering Coele-Syria for so slight a show of reason, he not only gave offense to most of the council, but displeased Antiochus himself, and it was with difficulty that he was persuaded to put an end to the altercation, the king having shown great anxiety to reconcile the two men. The general opinion being that the action recommended by Epigenes was most to the purpose and most advantageous, the plan was adopted to take the field against Molon and make this matter the whole concern. Upon this Hermeias, pretending that he had suddenly come round to the same opinion, said that it was the duty of everyone to give unhesitating support to this decision and showed himself very willing and active in making preparations for war.

50. When the army assembled at Apamea and a mutiny broke out among the soldiers on account of some arrears of

τὸν βασιλέα καὶ δεδιότα τὸ γεγονὸς κίνημα διὰ τὸν
καιρόν, ἐπηγγείλατο διαλύσειν πᾶσι τὰς σιταρχίας,
ἐὰν αὐτῷ συγχωρήσῃ μὴ στρατεύειν μετ' αὐτῶν τὸν
3 Ἐπιγένην· οὐ γὰρ οἷόν τ' εἶναι τῶν κατὰ λόγον οὐδὲν
πράττεσθαι κατὰ τὴν στρατείαν τηλικαύτης ἐν αὐτοῖς
4 ὀργῆς καὶ στάσεως ἐγγεγενημένης. ὁ δὲ βασιλεὺς
δυσχερῶς μὲν ἤκουσε καὶ περὶ παντὸς ἐποιεῖτο σπου-
δάζων διὰ τὴν ἐμπειρίαν τῶν πολεμικῶν συστρατεύειν
5 αὑτῷ τὸν Ἐπιγένην, περιεχόμενος δὲ καὶ προκατει-
λημμένος οἰκονομίαις καὶ φυλακαῖς καὶ θεραπείαις
ὑπὸ τῆς Ἑρμείου κακοηθείας οὐκ ἦν αὑτοῦ κύριος· διὸ
καὶ τοῖς παροῦσιν εἴκων συνεχώρησε τοῖς ἀξιου-
6 μένοις. τοῦ δ' Ἐπιγένους κατὰ τὸ προσταχθὲν ἀναχω-
ρήσαντος εἰς ἱμάτιον . . . . . . , οἱ μὲν οὖν ἐν τῷ
7 συνεδρίῳ κατεπλάγησαν τὸν φθόνον, αἱ δὲ δυνάμεις
τυχοῦσαι τῶν ἀξιουμένων ἐκ μεταβολῆς εὐνοϊκῶς δι-
έκειντο πρὸς τὸν αἴτιον τῆς τῶν ὀψωνίων διορθώσεως,
8 πλὴν τῶν Κυρρηστῶν· οὗτοι δ' ἐστασίασαν καὶ σχε-
δὸν εἰς ἑξακισχιλίους ὄντες τὸν ἀριθμὸν ἀπέστησαν,
καὶ πολλὰς δή τινας ἀηδίας ἐπὶ χρόνον ἱκανὸν παρ-
έσχον· τέλος δὲ μάχῃ κρατηθέντες ὑπό τινος τῶν τοῦ
βασιλέως στρατηγῶν οἱ μὲν πλεῖστοι διεφθάρησαν,
οἱ δὲ περιλειφθέντες παρέδοσαν ἑαυτοὺς εἰς τὴν τοῦ
9 βασιλέως πίστιν. ὁ δ' Ἑρμείας τοὺς μὲν φίλους διὰ
τὸν φόβον, τὰς δὲ δυνάμεις διὰ τὴν εὐχρηστίαν ὑφ'
ἑαυτὸν πεποιημένος, ἀναζεύξας προῆγε μετὰ τοῦ
10 βασιλέως. περὶ δὲ τὸν Ἐπιγένην πρᾶξιν συνεστήσατο
τοιαύτην, λαβὼν συνεργὸν τὸν ἀκροφύλακα τῆς Ἀπα-

pay that were owing to them, observing that the king was very nervous and alarmed at such a movement taking place at so critical a time, Hermeias engaged to discharge the whole sum due, if the king would consent that Epigenes should take no part in the campaign; as he said there would be no chance otherwise of anything being properly managed in the army in view of the bitterness of the quarrel between them. The king was displeased at this request, being anxious for Epigenes to accompany him on the campaign owing to his military capacity, but beset as he was and preoccupied through Hermeias' nefarious machinations by court etiquette and by a host of guards and attendants, he was not his own master, so that he gave way and acceded to the request. When Epigenes retired, as he was ordered, into civil life, the members of the council were intimidated by this consequence of Hermeias' jealousy, but the troops upon their demands being met experienced a revulsion of feeling and grew well disposed to the man who had procured payment of their pay. The Cyrrhestae,[82] however, were an exception, as they to the number of about six thousand mutinied and quitted their quarters, giving considerable trouble for some time; but finally they were defeated in a battle by one of the king's generals, most of them being killed and the rest surrendering at discretion. Hermeias, having thus subjected to his will the councillors by fear and the troops by doing them a service, left Apamea and advanced in company with the king. With the connivance of Alexis, the commandant of the citadel at Apamea, he now

[82] Soldiers, rather from the region (Cyrrestice) than from the city of Cyrrhus. For the city, named for the city in Macedonia of that name, see Cohen (43.1), 181–184.

11 μείας Ἄλεξιν. γράψας ὡς παρὰ Μόλωνος ἀπεσταλμένην ἐπιστολὴν πρὸς τὸν Ἐπιγένην, πείθει τινὰ τῶν ἐκείνου παίδων ἐλπίσι μεγάλαις ψυχαγωγήσας εἰσενέγκαντα πρὸς τὸν Ἐπιγένην καταμῖξαι τὴν ἐπιστο-
12 λὴν τοῖς ἐκείνου γράμμασιν. οὗ γενομένου παρῆν εὐθέως Ἄλεξις, καὶ διηρώτα τὸν Ἐπιγένην μή τινας
13 ἐπιστολὰς κεκόμισται παρὰ τοῦ Μόλωνος. τοῦ δ' ἀπειπομένου πικρῶς ἐρευνᾶν ᾔτει. ταχὺ δὲ παρεισελθὼν εὗρε τὴν ἐπιστολήν, ᾗ χρησάμενος ἀφορμῇ παρα-
14 χρῆμα τὸν Ἐπιγένην ἀπέκτεινεν. οὗ συμβάντος ὁ μὲν βασιλεὺς ἐπείσθη δικαίως ἀπολωλέναι τὸν Ἐπιγένην, οἱ δὲ περὶ τὴν αὐλὴν ὑπώπτευον μὲν τὸ γεγονός, ἦγον δὲ τὴν ἡσυχίαν διὰ τὸν φόβον.

51. Ἀντίοχος δὲ παραγενόμενος ἐπὶ τὸν Εὐφράτην καὶ προσαναλαβὼν τὴν δύναμιν αὖτις ἐξώρμα, καὶ διανύσας εἰς Ἀντιόχειαν τὴν ἐν Μυγδονίᾳ περὶ τροπὰς χειμερινὰς ἐπέμεινε, θέλων ἀποδέξασθαι τὴν ἐπι-
2 φορὰν καὶ τὴν ἀκμὴν τοῦ χειμῶνος. μείνας δὲ περὶ
3 τετταράκονθ' ἡμέρας προῆγεν εἰς Λίββαν. ἀποδοθέντος δ' ἐκεῖσε διαβουλίου ποίᾳ δεῖ προάγειν ἐπὶ τὸν Μόλωνα καὶ πῶς πόθεν κεχρῆσθαι ταῖς εἰς τὰς πορείας χορηγίαις—ἐτύγχανε γὰρ ὁ Μόλων ἐν τοῖς περὶ
4 Βαβυλῶνα τόποις ὑπάρχων—Ἑρμείᾳ μὲν ἐδόκει παρὰ τὸν Τίγριν ποιεῖσθαι τὴν πορείαν, προβαλλομένους τοῦτόν τε καὶ τὸν Λύκον ποταμὸν καὶ τὸν Κάπρον,
5 Ζεῦξις δὲ λαμβάνων πρὸ ὀφθαλμῶν τὴν ἀπώλειαν τὴν Ἐπιγένους τὰ μὲν ἠγωνία λέγειν τὸ φαινόμενον, τὰ δὲ προδήλου τῆς ἀγνοίας οὔσης τῆς κατὰ τὸν Ἑρμείαν

engaged in the following plot against Epigenes. Forging a letter supposing to have been sent by Molon to Epigenes, he seduced by promise of a large reward one of Epigenes' slaves and persuaded him to take it and mix it up with Epigenes' papers. This having been done, Alexis at once appeared and asked Epigenes if he had received any letters from Molon. Upon his denying it with some acerbity, Alexis demanded to search his house and on entering it very soon found the letter, and on this ground at once put Epigenes to death. The king was induced to believe that Epigenes had merited his fate, and the courtiers, though they had their suspicions, were afraid to utter them.

51. Antiochus, on reaching the Euphrates, gave his troops a rest and then resumed his march. Arriving at Antioch in Mygdonia[83] at about the winter solstice,[84] he remained there, wishing to wait until the extreme rigor of the winter should be over. After passing forty days there he went on to Libba, and a debate having been held concerning what was the best line of advance against Molon and whence supplies for the march should be obtained—Molon being now in the neighborhood of Babylon—Hermeias advised marching along the Tigris, so that their flank should be covered by this river and by the Lycus and Caprus. Zeuxis, having the fate of Epigenes before his eyes, was afraid of the consequences if he stated his own view, but nevertheless, as Hermeias was obviously wrong,

[83] Earlier and later known as Nisibis; Tscherikower (43.8), 89–90.

[84] Winter 222/21.

μόλις ἐθάρρησε συμβουλεύειν ὅτι διαβατέον εἴη τὸν
6 Τίγριν, ἀπολογιζόμενος τήν τε λοιπὴν δυσχέρειαν τῆς
παρὰ τὸν ποταμὸν πορείας καὶ διότι δέοι διανύσαντας
ἱκανοὺς τόπους, μετὰ ταῦτα διελθόντας ὁδὸν ἔρημον
ἡμερῶν ἕξ, παραγενέσθαι πρὸς τὴν Βασιλικὴν διώρυ-
7 χα καλουμένην· ἧς προκαταληφθείσης ὑπὸ τῶν πολε-
μίων ἀδύνατον μὲν γενέσθαι τὴν διάβασιν αὐτῆς,
ἐπισφαλῆ δὲ προφανῶς τὴν διὰ τῆς ἐρήμου πάλιν
ἀποχώρησιν, καὶ μάλιστα διὰ τὴν ἐσομένην ἔνδειαν
8 τῶν ἐπιτηδείων. ἐκ δὲ τοῦ διαβῆναι τὸν Τίγριν πρό-
δηλον μὲν ἀπεδείκνυε τὴν μετάνοιαν καὶ πρόσκλισιν
τῷ βασιλεῖ τῶν κατὰ τὴν Ἀπολλωνιᾶτιν χώραν ὄχλων
διὰ τὸ καὶ νῦν αὐτοὺς μὴ κατὰ προαίρεσιν, ἀνάγκῃ δὲ
9 καὶ φόβῳ ποιεῖν Μόλωνι τὸ προσταττόμενον, πρόδη-
λον δὲ τὴν δαψίλειαν τῶν ἐπιτηδείων τοῖς στρατοπέ-
10 δοις διὰ τὴν ἀρετὴν τῆς χώρας. τὸ δὲ μέγιστον,
ἀπέφαινε διακλεισθησόμενον τὸν Μόλωνα τῆς εἰς τὴν
Μηδίαν ἐπανόδου καὶ τῆς ἐξ ἐκείνων τῶν τόπων ἐπαρ-
11 κείας, ἐξ ὧν ἀναγκασθήσεσθαι διακινδυνεύειν αὐτόν,
ἢ μὴ θέλοντος τοῦτο ποιεῖν ἐκείνου μεταβαλεῖσθαι
τὰς δυνάμεις ταχέως πρὸς τὰς τοῦ βασιλέως ἐλπίδας.

52. κριθείσης δὲ τῆς τοῦ Ζεύξιδος γνώμης, παραυ-
τίκα διελόντες τὴν δύναμιν εἰς τρία μέρη κατὰ τριτ-
τοὺς τόπους τοῦ ποταμοῦ διεπεραίουν τὸ πλῆθος καὶ
2 τὰς ἀποσκευάς. μετὰ δὲ ταῦτα ποιησάμενοι τὴν πορεί-
αν ὡς ἐπὶ Δούρων ταύτης μὲν τῆς πόλεως ἔλυσαν ἐξ
ἐφόδου τὴν πολιορκίαν—ἐτύγχανε γὰρ ὑπό τινος τῶν
3 τοῦ Μόλωνος ἡγεμόνων πολιορκουμένη—χρησάμενοι

he plucked up courage to advise crossing the Tigris, giving as his reasons the general difficulty of the march along the river, and the fact that they would, after passing through a considerable extent of country, have to undertake a six-days' march through the desert before reaching the king's canal.[85] As this was held by the enemy, it would be impossible to cross, and a subsequent retreat through the desert would obviously be attended with great risk, especially as they would be badly off for provisions. If, on the contrary, they crossed the Tigris, he pointed out that the population of the Apolloniatis would evidently resume their allegiance and join the king, since it was not by their own choice but from necessity and fear that they now yielded obedience to Molon. It was also evident, he said, that the army would be plenteously furnished with provisions owing to the fertility of the country. But the most important consideration was that Molon's retreat to Media and his sources of supplies from that province would be cut off, and that therefore he would be obliged to give battle, or if he refused, his troops would soon go over to the king.

52. Zeuxis' advice was approved, and dividing the army into three parts they speedily crossed the river with their baggage at three different places, and marching on Dura,[86] which city was then besieged by one of Molon's generals, forced the enemy at their first assault to raise the siege. Ad-

[85] Waterway between the Euphrates and the Tigris; *RE* Naarmalcha 1441 (F. H. Weissbach). The emperor Julian passed it during his last campaign, Zos. 3.19, with the note of F. Paschoud, pp. 141–142 of his Budé edition.

[86] On the east bank of the Tigris; Tscherikower (43.8), 88 and n. 343.

δὲ κατὰ τὸ συνεχὲς ἐντεῦθεν ταῖς ἀναζυγαῖς ὀγδοαῖοι
τὸ καλούμενον Ὀρεικὸν ὑπερέβαλον καὶ κατῆραν εἰς
Ἀπολλωνίαν.
4 Μόλων δὲ κατὰ τοὺς αὐτοὺς καιροὺς πυθόμενος τὴν
τοῦ βασιλέως παρουσίαν, καὶ διαπιστῶν τοῖς περὶ
τὴν Σουσιανὴν καὶ Βαβυλωνίαν ὄχλοις διὰ τὸ προσ-
φάτως καὶ παραδόξως αὐτῶν ἐγκρατὴς γεγονέναι,
φοβούμενος δὲ καὶ τῆς εἰς Μηδίαν ἐπανόδου μὴ δια-
κλεισθῇ, διέγνω ζευγνύειν τὸν Τίγριν καὶ διαβιβάζειν
5 τὰς δυνάμεις, σπεύδων, εἰ δύναιτο, προκαταλαβέσθαι
τὴν τραχεῖαν τῆς Ἀπολλωνιάτιδος διὰ τὸ πιστεύειν τῷ
πλήθει τῶν σφενδονητῶν τῶν προσαγορευομένων
6 Κυρτίων. πράξας δὲ τὸ κριθὲν ταχεῖαν ἐποιεῖτο καὶ
7 σύντονον τὴν πορείαν. ἅμα δὲ τοῦ τε Μόλωνος συν-
άπτοντος τοῖς προειρημένοις τόποις καὶ τοῦ βασιλέως
ἐκ τῆς Ἀπολλωνίας ὁρμήσαντος μετὰ πάσης δυνάμε-
ως, συνέβη τοὺς ὑπ᾿ ἀμφοτέρων προαποσταλέντας
8 εὐζώνους ἅμα συμπεσεῖν ἐπί τινας ὑπερβολάς· οἳ τὸ
μὲν πρῶτον συνεπλέκοντο καὶ κατεπείραζον ἀλλήλων,
ἐν δὲ τῷ συνάψαι τὰς παρ᾿ ἀμφοῖν δυνάμεις ἀπέστη-
σαν. καὶ τότε μὲν ἀναχωρήσαντες εἰς τὰς ἰδίας παρεμ-
βολὰς ἐστρατοπέδευσαν τετταράκοντα σταδίους ἀπ᾿
9 ἀλλήλων διεστῶτες· τῆς δὲ νυκτὸς ἐπιγενομένης συλ-
λογισάμενος ὁ Μόλων ὡς ἐπισφαλὴς γίνεται καὶ δύσ-
χρηστος τοῖς ἀποστάταις πρὸς τοὺς βασιλεῖς ὁ μεθ᾿
ἡμέραν καὶ κατὰ πρόσωπον κίνδυνος, ἐπεβάλετο
10 νυκτὸς ἐγχειρεῖν τοῖς περὶ τὸν Ἀντίοχον. ἐπιλέξας δὲ
τοὺς ἐπιτηδειοτάτους καὶ τοὺς ἀκμαιοτάτους ἐκ παν-

vancing hence and marching continuously for eight days they crossed the mountain called Oreicum and arrived at Apollonia.

Meanwhile Molon had heard of the king's arrival, and mistrusting the population of Susiana and Babylonia, as his conquest of these provinces was so recent and sudden, fearing also that his return to Media might be cut off, he decided to bridge the Tigris and cross it with his army, being anxious if possible to gain the hilly part of the territory of Apollonia, as he relied on the numbers of his force of slingers known as Cyrtii. Having crossed the river he advanced marching rapidly and uninterruptedly. He was approaching the district in question at the very time that the king had left Apollonia with the whole of his army, and the light infantry of both, which had been sent on in advance, came into contact in crossing a certain range of hills. At first they engaged in a skirmish with each other, but on the main bodies coming up they separated. The armies now withdrew to their separate camps, which were distant from each other about forty stades, but when night set in Molon, reflecting that a direct attack by day on their king by rebels is hazardous and difficult, determined to attack Antiochus by night. Choosing the most competent and vigorous men

τὸς τοῦ στρατοπέδου περιῄει κατά τινας τόπους,
11 θέλων ἐξ ὑπερδεξίου ποιήσασθαι τὴν ἐπίθεσιν. γνοὺς δὲ κατὰ τὴν πορείαν δέκα νεανίσκους ἀθρόους ἀποκε-
12 χωρηκότας πρὸς τὸν Ἀντίοχον, ταύτης μὲν τῆς ἐπινοίας ἀπέστη, ταχὺ δ' ἐκ μεταβολῆς ποισάμενος τὴν ἀποχώρησιν καὶ παραγενόμενος εἰς τὸν ἑαυτοῦ χάρακα περὶ τὴν ἑωθινήν, πᾶν τὸ στρατόπεδον ἐνέπλησε
13 θορύβου καὶ ταραχῆς· δείσαντες γὰρ ἐκ τῶν ὕπνων οἱ κατὰ τὸν χάρακα διὰ τὴν τῶν προσιόντων ἔφοδον
14 μικροῦ δεῖν ἐξέπεσον ἐκ τῆς παρεμβολῆς. Μόλων μὲν οὖν, καθ' ὅσον ἐδύνατο, κατεπράϋνε τὴν γεγενημένην ἐν αὐτοῖς ταραχήν·

53. ὁ δὲ βασιλεὺς ἕτοιμος ὢν πρὸς τὸν κίνδυνον ἅμα τῷ φωτὶ τὴν δύναμιν ἐκίνει πᾶσαν ἐκ τοῦ χάρα-
2 κος. ἐπὶ μὲν οὖν τοῦ δεξιοῦ κέρως ἔταξε πρώτους τοὺς ξυστοφόρους ἱππεῖς, ἐπιστήσας Ἄρδυν, κεκριμένον
3 ἄνδρα περὶ τὰς πολεμικὰς πράξεις· τούτοις δὲ παρέθηκε τοὺς συμμαχικοὺς Κρῆτας, ὧν εἴχοντο Γαλάται Ῥιγόσαγες· παρὰ δὲ τούτους ἔθηκε τοὺς ἀπὸ τῆς Ἑλλάδος ξένους καὶ μισθοφόρους, οἷς ἑπόμενον παρ-
4 ενέβαλε τὸ τῆς φάλαγγος σύστημα. τὸ δ' εὐώνυμον κέρας ἀπέδωκε τοῖς Ἑταίροις προσαγορευομένοις, οὖσιν ἱππεῦσι. τὰ δὲ θηρία πρὸ τῆς δυνάμεως ἐν
5 διαστήμασι κατέστησε, δέκα τὸν ἀριθμὸν ὄντα. τὰ δ' ἐπιτάγματα τῶν πεζῶν καὶ τῶν ἱππέων ἐπὶ τὰ κέρατα μερίσας κυκλοῦν παρήγγειλε τοὺς πολεμίους, ἐπειδὰν
6 συμβάλωσι. μετὰ δὲ ταῦτα παρεκάλει τὰς δυνάμεις ἐπιπορευόμενος διὰ βραχέων τὰ πρέποντα τοῖς και-

in his whole army, he took them round in a certain direction, with the design of falling on the enemy from higher ground. But learning on his march that ten soldiers in a body had deserted to Antiochus, he abandoned this plan and retiring hastily appeared about daybreak at his own camp, where his arrival threw the whole army into confusion and panic; for the men there, started out of their sleep by the advancing force, were very nearly rushing out of the camp. Molon, however, quieted the panic as far as he could,

53. and at dawn the king, who was quite prepared for the battle, moved his whole army out of camp. On his right wing he posted first his lancers under the command of Ardys,[87] an officer of proven ability in the field, next them the Cretan allies and next them the Gallic Rhigosages.[88] After these he placed the mercenaries from Greece and last of all the phalanx. The left wing he assigned to the cavalry known as "Companions." His elephants, which were ten in number, he posted at certain intervals in front of the line. He distributed his reserves of infantry and cavalry between the two wings with orders to outflank the enemy as soon as the battle had begun. After this he passed along the line and addressed his troops in a few words suitable to

[87] See Holleaux, *Ét.* 3.183–193, and J. Ma (45.4), 82, n. 107.
[88] Galatian mercenaries like the Aegosages in 77.6.

ροῖς. καὶ τὸ μὲν εὐώνυμον κέρας Ἑρμείᾳ καὶ Ζεύξιδι
7 παρέδωκε, τὸ δὲ δεξιὸν αὐτὸς εἶχε. Μόλων δὲ δύσ-
χρηστον μὲν ἐποιήσατο τὴν ἐξαγωγήν, ταραχώδη δὲ
καὶ τὴν ἔκταξιν διὰ τὴν ἐν τῇ νυκτὶ προγεγενημένην
8 ἀλογίαν· οὐ μὴν ἀλλὰ τοὺς μὲν ἱππεῖς ἐφ᾽ ἑκάτερον
ἐμερίσατο κέρας, στοχαζόμενος τῆς τῶν ὑπεναντίων
παρατάξεως, τοὺς δὲ θυρεαφόρους καὶ Γαλάτας καὶ
καθόλου τὰ βαρέα τῶν ὅπλων εἰς τὸν μεταξὺ τόπον
9 ἔθηκε τῶν ἱππέων. ἔτι δὲ τοὺς τοξότας καὶ σφεν-
δονήτας καὶ συλλήβδην τὸ τοιοῦτο γένος ἐκτὸς τῶν
10 ἱππέων παρ᾽ ἑκάτερα παρενέβαλε, τὰ δὲ δρεπανηφόρα
τῶν ἁρμάτων προεβάλετο τῆς δυνάμεως ἐν διαστάσει.
11 καὶ τὸ μὲν εὐώνυμον κέρας Νεολάῳ παρέδωκε τἀδελ-
φῷ τὸ δὲ δεξιὸν αὐτὸς εἶχε.

54. μετὰ δὲ ταῦτα ποιησαμένων τῶν δυνάμεων τὴν
ἐπαγωγήν, τὸ μὲν δεξιὸν κέρας τοῦ Μόλωνος διετή-
ρησε τὴν πίστιν καὶ συνέβαλε τοῖς περὶ τὸν Ζεῦξιν
ἐρρωμένως, τὸ δ᾽ εὐώνυμον ἅμα τῷ συνιὸν εἰς ὄψιν
ἐλθεῖν τῷ βασιλεῖ μετεβάλετο πρὸς τοὺς πολεμίους·
2 οὗ γενομένου συνέβη τοὺς μὲν περὶ τὸν Μόλωνα
διατραπῆναι, τοὺς δὲ τοῦ βασιλέως ἐπιρρωσθῆναι
3 διπλασίως. ὁ δὲ Μόλων συννοήσας τὸ γεγονὸς καὶ
πανταχόθεν ἤδη κυκλούμενος, λαβὼν πρὸ ὀφθαλμῶν
τὰς ἐσομένας περὶ αὐτὸν αἰκίας, ἐὰν ὑποχείριος γένη-
ται καὶ ζωγρίᾳ ληφθῇ, προσήνεγκε τὰς χεῖρας ἑαυτῷ.
4 παραπλησίως δὲ καὶ πάντες οἱ κοινωνήσαντες τῆς
ἐπιβολῆς, φυγόντες εἰς τοὺς οἰκείους ἕκαστοι τόπους,
5 τὴν αὐτὴν ἐποιήσαντο τοῦ βίου καταστροφήν. ὁ δὲ

the occasion. He entrusted the left wing to Hermeias and Zeuxis and took command of the right wing himself. As for Molon, in consequence of the absurd panic that occurred during the night, it was with difficulty that he drew out his forces from camp, and there was much confusion in getting them into position. However, he divided his cavalry between his two wings, taking into consideration the enemy's disposition, and between the two bodies of cavalry he placed the scutati, the Gauls, and in general all his heavy-armed troops. His archers, slingers, and all such kind of troops he posted beyond the cavalry on either wing, and his scythed chariots at intervals in front of his line. He gave the command of his left wing to his brother Neolaus and took command of the right wing himself.

54. When the armies now advanced against each other, Molon's right wing remained faithful and vigorously engaged Zeuxis' force, but the left wing, as soon as they closed and came in sight of the king, went over to the enemy, upon which Molon's whole force lost heart, while the confidence of the king's army was redoubled. Molon, aware of what had happened and already surrounded on every side, haunted by the tortures he would suffer if he were taken alive, put an end to his life, and all who had taken any part in the plot escaped each to his home and

Νεόλαος, ἀποφυγὼν ἐκ τῆς μάχης, καὶ παραγενόμενος εἰς τὴν Περσίδα πρὸς Ἀλέξανδρον τὸν τοῦ Μόλωνος ἀδελφόν, τὴν μὲν μητέρα καὶ τὰ τοῦ Μόλωνος τέκνα κατέσφαξε, μετὰ δὲ τὸν τούτων θάνατον ἐπικατέσφαξεν αὑτόν, πείσας τὸ παραπλήσιον ποιῆ-
6 σαι καὶ τὸν Ἀλέξανδρον. ὁ δὲ βασιλεὺς διαρπάσας τὴν παρεμβολὴν τῶν πολεμίων, τὸ μὲν σῶμα τοῦ Μόλωνος ἀνασταυρῶσαι προσέταξε κατὰ τὸν ἐπιφα-
7 νέστατον τόπον τῆς Μηδίας. ὃ καὶ παραχρῆμα συνετέλεσαν οἱ πρὸς τούτοις τεταγμένοι· διακομίσαντες γὰρ εἰς τὴν Καλλωνῖτιν πρὸς αὐταῖς ἀνεσταύρωσαν
8 ταῖς εἰς τὸν Ζάγρον ἀναβολαῖς· μετὰ ταῦτα δὲ ταῖς δυνάμεσιν ἐπιτιμήσας διὰ πλειόνων καὶ δοὺς δεξιὰν συνέστησε τοὺς ἀποκομιοῦντας αὐτοὺς εἰς Μηδίαν
9 καὶ καταστησομένους τὰ κατὰ τὴν χώραν. αὐτὸς δὲ καταβὰς εἰς Σελεύκειαν καθίστατο τὰ κατὰ τὰς πέριξ σατραπείας, ἡμέρως χρώμενος πᾶσι καὶ νουνεχῶς.
10 Ἑρμείας δὲ τηρῶν τὴν αὐτοῦ προαίρεσιν ἐπέφερε μὲν αἰτίας τοῖς ἐν τῇ Σελευκείᾳ καὶ χιλίοις ἐζημίου ταλάντοις τὴν πόλιν, ἐφυγάδευε δὲ τοὺς καλουμένους Πελιγᾶνας, ἀκρωτηριάζων δὲ καὶ φονεύων καὶ στρεβλῶν
11 πολλοὺς διέφθειρε τῶν Σελευκέων. ἃ μόλις βασιλεύς, τὰ μὲν πείθων τὸν Ἑρμείαν, ἃ δὲ καὶ κατὰ τὴν αὑτοῦ γνώμην χειρίζων, τέλος ἐπράϋνε καὶ κατέστησε τὴν πόλιν, ἑκατὸν καὶ πεντήκοντα τάλαντα μόνον ἐπι-
12 τίμιον αὐτοὺς πραξάμενος τῆς ἀγνοίας. ταῦτα δὲ διοικήσας Διογένην μὲν στρατηγὸν ἀπέλιπε Μηδίας, Ἀπολλόδωρον δὲ τῆς Σουσιανῆς· Τύχωνα δὲ τὸν ἀρχι-

perished in a like manner. Neolaus, escaping from the battle to his brother Alexander in Persia, killed his mother and Molon's children and afterward himself, persuading Alexander to follow his example. The king after plundering the enemy's camp ordered Molon's body to be impaled in the most conspicuous place in Media. This sentence was at once executed by the officials charged with it, who took the body to the Callonitis and impaled it at the foot of the ascent to Mount Zagrus. After this Antiochus rebuked the rebel troops at some length, and then giving them his right hand in sign of pardon charged certain officers with the task of conducting them back to Media and setting affairs there in order. He himself went down to Seleucia and restored order to the neighboring satrapies, treating all offenders with mildness and wisdom. But Hermeias, keeping up his character for harshness, brought accusations against the people of Seleucia and fined the city a thousand talents; sent the magistrates called Peliganes[89] into exile and destroyed many of the Seleucians by mutilation, the sword, or the rack. It was with much difficulty that the king, by talking over Hermeias or by taking matters into his own hands, at length succeeded in quieting and pacifying the citizens, imposing a fine of only a hundred and fifty talents in punishment for their offense. After arranging these matters he left Diogenes in command of Media and Apollodorus of Susiana, and sent Tychon, the chief secre-

[89] P. Roussel long ago has shown that the reading must be so emended, as Peliganes occur in Hesychius, Πελιγᾶνες as *παρὰ Συρίοις οἱ βουλευταί* and as the city council in an inscription from Laodicea (45.7), now *I. Syrie* 1261, 22, where bibliography is cited. A new testimony from Dium in Macedonia: *SEG* 48.785.

γραμματέα τῆς δυνάμεως στρατηγὸν ἐπὶ τοὺς κατὰ
τὴν Ἐρυθρὰν θάλατταν τόπους ἐξαπέστειλε.
13 Τὰ μὲν οὖν κατὰ τὴν Μόλωνος ἀπόστασιν καὶ τὸ
διὰ ταῦτα γενόμενον κίνημα περὶ τὰς ἄνω σατραπείας
τοιαύτης ἔτυχε διορθώσεως καὶ καταστάσεως.

55. ὁ δὲ βασιλεὺς ἐπαρθεὶς τῷ γεγονότι προτερή-
ματι, καὶ βουλόμενος ἀναταθῆναι καὶ καταπλήξασθαι
τοὺς ὑπερκειμένους ταῖς ἑαυτοῦ σατραπείαις καὶ συν-
οροῦντας δυνάστας τῶν βαρβάρων, ἵνα μήτε συγ-
χορηγεῖν μήτε συμπολεμεῖν τολμῶσι τοῖς ἀποστά-
ταις αὐτοῦ γινομένοις, ἐπεβάλετο στρατεύειν ἐπ᾽
2 αὐτούς, καὶ πρῶτον ἐπὶ τὸν Ἀρταβαζάνην, ὃς ἐδόκει
βαρύτατος εἶναι καὶ πρακτικώτατος τῶν δυναστῶν,
δεσπόζειν δὲ καὶ τῶν Σατραπείων καλουμένων καὶ τῶν
3 τούτοις συντερμονούντων ἐθνῶν. Ἑρμείας δὲ κατὰ
τοὺς καιροὺς τούτους ἐδεδίει μὲν τὴν εἰς τοὺς ἄνω
τόπους στρατείαν διὰ τὸν κίνδυνον, ὠρέγετο δὲ κατὰ
τὴν ἐξ ἀρχῆς πρόθεσιν τῆς ἐπὶ τὸν Πτολεμαῖον στρα-
4 τείας· οὐ μὴν ἀλλὰ προσπεσόντος υἱὸν γεγονέναι τῷ
βασιλεῖ, νομίσας καὶ παθεῖν ἄν τι τὸν Ἀντίοχον ἐν
τοῖς ἄνω τόποις ὑπὸ τῶν βαρβάρων καὶ παραδοῦναι
καιροὺς αὑτῷ πρὸς ἐπαναίρεσιν, συγκατέθετο τῇ
5 στρατείᾳ, πεπεισμένος, ἐὰν ἐπανέληται τὸν Ἀντίοχον,
ἐπιτροπεύων τοῦ παιδίου κύριος ἔσεσθαι τῆς ἀρχῆς
6 αὐτός. κριθέντων δὲ τούτων ὑπερβαλόντες τὸν Ζάγρον
7 ἐνέβαλον εἰς τὴν Ἀρταβαζάνου χώραν, ἣ παράκειται
μὲν τῇ Μηδίᾳ, διειργούσης αὐτὴν τῆς ἀνὰ μέσον
κειμένης ὀρεινῆς, ὑπέρκειται δ᾽ αὐτῆς τινὰ μέρη τοῦ

tary of the army, to take the command of the Persian gulf province.

Thus were the rebellion of Molon and the consequent rising in the upper satrapies suppressed and quieted.

55. Elated by his success and wishing to overawe and intimidate the barbarous princes whose dominions bordered on and lay beyond his own provinces, so as to prevent their furnishing anyone who rebelled against him with supplies or armed assistance, the king decided to march against them and in the first place against Artabazanes,[90] who was considered the most important and energetic of these potentates, being master of the so-called satrapies and the tribes on their borders. But Hermeias at that time was afraid of an expedition into the interior owing to its danger and continued to yearn for the campaign against Ptolemy which he had originally planned. When, however, the news came that a son had been born to Antiochus, thinking that possibly in the interior Antiochus might meet with some misfortune at the hands of the barbarians and give him an opportunity of compassing his death, he gave his consent to the expedition, feeling sure that if he could put Antiochus out of the way he would be himself the child's guardian and master of the kingdom. The campaign once decided on, they crossed the Zagrus into the territory of Artabazanes which borders on Media, from which it is separated by the intervening chain of mountains.

[90] The ruler of Atropatene (see WC 574–575).

Πόντου κατὰ τοὺς ὑπὲρ τὸν Φᾶσιν τόπους, συνάπτει
8 δὲ πρὸς τὴν Ὑρκανίαν θάλατταν, ἔχει δὲ πλῆθος
ἀνδρῶν ἀλκίμων καὶ μᾶλλον ἱππέων, αὐτάρκης δὲ καὶ
ταῖς λοιπαῖς ἐστι ταῖς πρὸς τὸν πόλεμον παρασκευ-
9 αῖς. ταύτην δὲ συμβαίνει τὴν ἀρχὴν ἀπὸ Περσῶν ἔτι
διατηρεῖσθαι, παροραθείσης αὐτῆς ἐν τοῖς κατ᾽ Ἀλέξ-
10 ανδρον καιροῖς. ὁ δ᾽ Ἀρταβαζάνης καταπλαγεὶς τὴν
ἔφοδον τοῦ βασιλέως, καὶ μάλιστα διὰ τὴν ἡλικίαν,
τελέως γὰρ ἤδη γηραιὸς ἦν, εἴξας τοῖς παροῦσιν
ἐποιήσατο συνθήκας εὐδοκουμένας Ἀντιόχῳ.

56. Τούτων δὲ κυρωθέντων Ἀπολλοφάνης ὁ ἰατρός,
ἀγαπώμενος ὑπὸ τοῦ βασιλέως διαφερόντως, θεωρῶν
τὸν Ἑρμείαν οὐκέτι φέροντα κατὰ σχῆμα τὴν ἐξου-
σίαν, ἠγωνία μὲν καὶ περὶ τοῦ βασιλέως, τὸ δὲ πλεῖον
2 ὑπώπτευε καὶ κατάφοβος ἦν ὑπὲρ τῶν καθ᾽ αὑτόν. διὸ
λαβὼν καιρὸν προσφέρει τῷ βασιλεῖ λόγον, παρα-
καλῶν μὴ ῥᾳθυμεῖν μηδ᾽ ἀνυπονόητον εἶναι τῆς Ἑρ-
μείου τόλμης, μηδ᾽ ἕως τούτου περιμεῖναι μέχρις ἂν
οὗ τοῖς ὁμοίοις τἀδελφῷ παλαίῃ συμπτώμασιν.
3 ἀπέχειν δ᾽ οὐ μακρὰν αὐτὸν ἔφη τοῦ κινδύνου· διὸ
προσέχειν ἠξίου καὶ βοηθεῖν κατὰ σπουδὴν αὑτῷ τε
4 καὶ τοῖς φίλοις. τοῦ δ᾽ Ἀντιόχου πρὸς αὐτὸν ἀνθομο-
λογησαμένου διότι καὶ δυσαρεστεῖ καὶ φοβεῖται τὸν
Ἑρμείαν, ἐκείνῳ δὲ μεγάλην χάριν ἔχειν φήσαντος
ἐπὶ τῷ κηδεμονικῶς τετολμηκέναι περὶ τούτων εἰπεῖν
5 πρὸς αὐτόν, ὁ μὲν Ἀπολλοφάνης εὐθαρσὴς ἐγένετο τῷ
δοκεῖν μὴ διεψεῦσθαι τῆς αἱρέσεως καὶ διαλήψεως τῆς
6 τοῦ βασιλέως, ὁ δ᾽ Ἀντίοχος ἠξίου τὸν Ἀπολλοφάνην

Above it lies that part of Pontus which descends to the river Phasis. It reaches as far as the Caspian Sea and has a large and warlike population chiefly mounted, while its natural resources provide every kind of warlike material. The principality still remains under Persian rule, having been overlooked in the time of Alexander. Artabazanes, terror-struck at the king's attack, chiefly owing to his years as he was quite an old man, yielded to circumstances and made terms which satisfied Antiochus.

56. After the ratification of this treaty Apollophanes,[91] the king's physician and a great favorite of his, seeing that Hermeias no longer put any restraint on his arbitrary exercise of authority, became anxious for the king's safety and was still more suspicious and fearful on his own account. So when he found a suitable occasion he spoke to the king, entreating him not to neglect the matter or shut his eyes to Hermeias' unscrupulousness and wait until he found himself face to face with a disaster such as befell his brother. "And the danger," he said, "is not so very remote." He begged him therefore to give heed to it and lose no time in taking measures to save himself and his friends. Upon Antiochus confessing that he also disliked and suspected Hermeias, and assuring him that he was most grateful to him for having taken upon himself to speak to him on the subject with such affectionate regard, Apollophanes was much encouraged by finding that he had not misestimated the king's sentiment and opinion, while Antiochus begged

91 On his behalf the king wrote to Cos; Apollophanes himself made a dedication at Iulia Gordos in Lydia (*TAM* V 689). E. Samama, *Les Médecins dans le Monde Grec . . .* (Geneva 2003), nos. 133 and 233.

συνεπιλαβέσθαι μὴ μόνον τοῖς λόγοις, ἀλλὰ καὶ τοῖς
7 ἔργοις τῆς αὑτοῦ τε καὶ τῶν φίλων σωτηρίας. τοῦ δὲ
πρὸς πᾶν ἑτοίμως ἔχειν φήσαντος, συμφρονήσαντες
μετὰ ταῦτα καὶ προβαλόμενοι σκῆψιν ὡς σκοτωμάτων
τινῶν ἐπιπεπτωκότων τῷ βασιλεῖ, τὴν μὲν θεραπείαν
ἀπέλυσαν ἐπί τινας ἡμέρας καὶ τοὺς εἰθισμένους
8 παρευτακτεῖν, πρὸς δὲ τοὺς φίλους ἔλαβον ἐξουσίαν,
οἷς βούλοιντο, κατ᾽ ἰδίαν χρηματίζειν διὰ τὴν τῆς
9 ἐπισκέψεως πρόφασιν. ἐν ᾧ καιρῷ κατασκευασάμενοι
τοὺς ἐπιτηδείους πρὸς τὴν πρᾶξιν, πάντων ἑτοίμως
αὐτοῖς συνυπακουόντων διὰ τὸ πρὸς τὸν Ἑρμείαν
μῖσος, ἐγίνοντο πρὸς τὸ συντελεῖν τὴν ἐπιβολήν.
10 φασκόντων δὲ δεῖν τῶν ἰατρῶν ἅμα τῷ φωτὶ ποιεῖσθαι
τοὺς περιπάτους ὑπὸ τὸ ψῦχος τὸν Ἀντίοχον, ὁ μὲν
Ἑρμείας ἧκε πρὸς τὸν ταχθέντα καιρόν, ἅμα δὲ τούτῳ
11 καὶ τῶν φίλων οἱ συνειδότες τὴν πρᾶξιν, οἱ δὲ λοιποὶ
καθυστέρουν διὰ τὸ πολὺ παρηλλάχθαι τὴν ἔξοδον
12 τοῦ βασιλέως πρὸς τὸν εἰθισμένον καιρόν. διόπερ
ἀποσπάσαντες αὐτὸν ἀπὸ τῆς στρατοπεδείας εἴς τινα
τόπον ἔρημον, κἄπειτα μικρὸν ἀπονεύσαντος τοῦ βα-
13 σιλέως ὡς ἐπί τι τῶν ἀναγκαίων, ἐξεκέντησαν. Ἑρμεί-
ας μὲν οὖν τούτῳ τῷ τρόπῳ μετήλλαξε τὸν βίον,
οὐδεμίαν ὑποσχὼν τιμωρίαν ἀξίαν τῶν αὐτῷ πεπρα-
14 γμένων· ὁ δὲ βασιλεὺς ἀπολυθεὶς φόβου καὶ δυσχρη-
στίας πολλῆς ἐπανῆγε ποιούμενος τὴν πορείαν ὡς ἐπ᾽
οἴκου, πάντων τῶν κατὰ τὴν χώραν ἀποδεχομένων τάς
τε πράξεις αὐτοῦ καὶ τὰς ἐπιβολάς, καὶ μάλιστα κατὰ
τὴν δίοδον ἐπισημαινομένων τὴν Ἑρμείου μετάστα-

Apollophanes not to confine his help to words but to take practical steps to assure the safety of himself and his friends. Apollophanes said he was ready to do anything in the world, and after this they agreed on a plan. Pretending that the king was attacked by fits of dizziness, he and his physicians relieved of their functions for a few days his usual civil and military attendants, but they were themselves enabled to admit any of their friends to interviews under the pretence of medical attendance. During these days they prepared suitable persons for the work in hand, all readily complying owing to their detestation of Hermeias, and now they set themselves to execute their design. The doctors having ordered early walks in the cool of the morning for the king, Hermeias came at the appointed hour accompanied by those of the king's friends who were privy to the plot, the rest being behindhand as the king took the air at a far earlier hour than usual. So they drew Hermeias away from the camp till they reached a solitary spot and then upon the king's retiring for a short distance as if for some necessary occasion, they stabbed Hermeias with their poniards. So perished Hermeias, meeting with a punishment by no means adequate to his crimes.[92] Thus freed from a source of fear and constant embarrassment, the king set out on his march home, all in the country approving his actions and designs and bestowing during his progress the most hearty applause of all on the removal of

[92] Apelles with Philip V, Hermeias with Antiochus III, and Aristomenes with Ptolemy V (C. Habicht, *Hermes* 85 [1957], 501–504) were all powerful figures who for some time guided a young monarch, then were executed when that king came of age or into his own.

15 σιν. ἐν ᾧ καιρῷ καὶ κατὰ τὴν Ἀπάμειαν αἱ μὲν
γυναῖκες τὴν γυναῖκα τὴν Ἑρμείου κατέλευσαν, οἱ δὲ
παῖδες τοὺς υἱεῖς.

57. Ἀντίοχος δὲ παραγενόμενος εἰς τὴν οἰκείαν, καὶ
διαφεὶς τὰς δυνάμεις εἰς παραχειμασίαν, διεπέμπετο
2 πρὸς τὸν Ἀχαιόν, ἐγκαλῶν καὶ διαμαρτυρόμενος πρῶ-
τον μὲν ἐπὶ τῷ τετολμηκέναι διάδημα περιθέσθαι καὶ
βασιλέα χρηματίζειν, δεύτερον δὲ προλέγων ὡς οὐ
λανθάνει κοινοπραγῶν Πτολεμαίῳ καὶ καθόλου πλείω
3 τοῦ δέοντος κινούμενος. ὁ γὰρ Ἀχαιός, καθ' οὓς και-
ροὺς ἐπὶ τὸν Ἀρταβαζάνην ὁ βασιλεὺς ἐστράτευε,
4 πεισθεὶς καὶ παθεῖν ἄν τι τὸν Ἀντίοχον, καὶ μὴ
παθόντος ἐλπίσας διὰ τὸ μῆκος τῆς ἀποστάσεως
φθάσειν ἐμβαλὼν εἰς Συρίαν καὶ συνεργοῖς χρησάμε-
νος Κυρρησταῖς τοῖς ἀποστάταις γεγονόσι τοῦ βασι-
λέως ταχέως ἂν κρατῆσαι τῶν κατὰ τὴν βασιλείαν
πραγμάτων, ὥρμησε μετὰ πάσης τῆς δυνάμεως ἐκ
5 Λυδίας. παραγενόμενος δ' εἰς Λαοδίκειαν τὴν ἐν Φρυ-
γίᾳ διάδημά τε περιέθετο καὶ βασιλεὺς τότε πρῶτον
ἐτόλμησε χρηματίζειν καὶ γράφειν πρὸς τὰς πόλεις;
Γαρσυήριδος αὐτὸν τοῦ φυγάδος εἰς τοῦτο τὸ μέρος
6 μάλιστα προτρεψαμένου. προάγοντος δὲ κατὰ τὸ συν-
εχὲς αὐτοῦ, καὶ σχεδὸν ἤδη περὶ Λυκαονίαν ὄντος, αἱ
δυνάμεις ἐστασίασαν, δυσαρεστούμεναι τῷ δοκεῖν
γίνεσθαι τὴν στρατείαν ἐπὶ τὸν κατὰ φύσιν αὐτῶν ἐξ
7 ἀρχῆς ὑπάρχοντα βασιλέα. διόπερ Ἀχαιὸς συνεὶς τὴν
ἐν αὐτοῖς διατροπὴν τῆς μὲν προκειμένης ἐπιβολῆς
ἀπέστη, βουλόμενος δὲ πεισθῆναι τὰς δυνάμεις ὡς

Hermeias. The women in Apamea at this time stoned the wife of Hermeias to death and the boys did the like to his sons.

57. Antiochus, on arriving at home, dismissed his troops for the winter. He now sent to Achaeus[93] messages of remonstrance, protesting in the first place against his having ventured to assume the diadem and style himself king, and next informing him that it was no secret that he was acting in concert with Ptolemy and generally displaying an unwarranted activity. For Achaeus, while the king was absent on his expedition against Artabazanes, feeling sure that Antiochus would meet with some misfortune and even if this were not the case, hoping owing to the king's being so far away to invade Syria before his return and with the assistance of the Cyrrhestate, who were in revolt, to make himself master speedily of the whole kingdom, set out on his march from Lydia with a large army. On reaching Laodicea in Phrygia he assumed the diadem and for the first time ventured to take the title of king and use it in his letters to towns, taking this step chiefly at the instigation of the exile Garsyeris. He continued to advance and was nearly in Lycaonia when his troops mutinied, the cause of their dissatisfaction being that, as it now appeared, the expedition was against their original and natural king. Achaeus, therefore, when he was aware of their disaffection, abandoned his present enterprise and wishing to persuade the soldiers that from the outset he had had no

[93] This continues 4.46.3–12.

οὐδ᾽ ἐξ ἀρχῆς ἐπεβάλετο στρατεύειν εἰς Συρίαν, ἐπι-
8 στρέψας πορθεῖ τὴν Πισιδικήν, καὶ πολλὰς ὠφελείας παρασκευάσας τῷ στρατοπέδῳ, πάντας εὔνους αὐτῷ καὶ πεπιστευκότας ἔχων ἐπανῆλθε πάλιν εἰς τὴν οἰκείαν.

58. Ὁ δὲ βασιλεὺς σαφῶς ἕκαστα τούτων ἐπεγνωκώς, πρὸς μὲν τὸν Ἀχαιὸν διεπέμπετο συνεχῶς ἀνατεινόμενος, καθάπερ ἐπάνω προεῖπον, πρὸς δὲ ταῖς ἐπὶ
2 τὸν Πτολεμαῖον παρασκευαῖς ὅλος καὶ πᾶς ἦν. διὸ καὶ συναθροίσας εἰς Ἀπάμειαν τὰς δυνάμεις ὑπὸ τὴν ἐαρινὴν ὥραν, ἀνέδωκε τοῖς φίλοις διαβούλιον πῶς χρηστέον ἐστὶ ταῖς εἰς Κοίλην Συρίαν εἰσβολαῖς.
3 πολλῶν δ᾽ εἰς τοῦτο τὸ μέρος ῥηθέντων καὶ περὶ τῶν τόπων καὶ περὶ παρασκευῆς καὶ περὶ τῆς κατὰ τὴν ναυτικὴν δύναμιν συνεργείας, Ἀπολλοφάνης, ὑπὲρ οὗ καὶ πρότερον εἴπαμεν, τὸ γένος ὢν Σελευκεύς, ἐπέτεμε
4 πάσας τὰς προειρημένας γνώμας· ἔφη γὰρ εὔηθες εἶναι τὸ Κοίλης μὲν Συρίας ἐπιθυμεῖν καὶ στρατεύειν ἐπὶ ταύτην, Σελεύκειαν δὲ περιορᾶν ὑπὸ Πτολεμαίου κρατουμένην, ἀρχηγέτιν οὖσαν καὶ σχεδὸν ὡς εἰπεῖν
5 ἑστίαν ὑπάρχουσαν τῆς αὐτῶν δυναστείας. ἣν χωρὶς τῆς αἰσχύνης, ἣν περιποιεῖ νῦν τῇ βασιλείᾳ φρουρουμένη διὰ τῶν ἐν Αἰγύπτῳ βασιλέων, καὶ πρὸς πραγμάτων λόγον μεγίστας ἔχειν καὶ καλλίστας
6 ἀφορμάς. κρατουμένην μὲν γὰρ ὑπὸ τῶν ἐχθρῶν μέγιστον ἐμπόδιον εἶναι πρὸς πάσας αὐτοῖς τὰς ἐπιβολάς·
7 οὗ γὰρ ἂν ἐπινοήσωσιν ἀεὶ προβαίνειν, οὐκ ἐλάττονος δεῖσθαι προνοίας καὶ φυλακῆς αὐτοῖς τοὺς οἰκείους

intention of invading Syria, turned back and began to plunder Pisidia, and having thus provided his soldiers with plenty of booty and gained the goodwill and confidence of them all, returned to his own province.

58. The king, who was perfectly well informed about all these matters, continued, as I above stated, to remonstrate with Achaeus and at the same time devoted his whole attention to preparing for the war against Ptolemy. Accordingly, collecting his forces at Apamea in early spring, he summoned a council of his friends to advise as to the invasion of Coele-Syria. Many suggestions having been made in this respect about the nature of the country, about the preparations requisite and about the collaboration of the fleet, Apollophanes, a native of Seleucia,[94] of whom I have already spoken, cut short all these expressions of opinion. For, as he said, it was foolish to covet Coele-Syria and invade that country while permitting the occupation by Ptolemy of Seleucia which was the capital seat and, one might almost say, the sacred hearth of their empire. Apart from the disgrace inflicted on the kingdom by this city being garrisoned by the kings of Egypt, it was of first-class practical importance. "While held by the enemy" he said, "it is the greatest possible hindrance to all our enterprises; for in whatever direction we decide to advance, the precautions we have to take to protect our own country from

[94] S. in Pieria, north of the Orontes river, the port of Antioch. Cohen (43.1), 126–135. The city had fallen to Ptolemy III during the Third Syrian War, in 246.

τόπους διὰ τὸν ἀπὸ ταύτης φόβον τῆς ἐπὶ τοὺς πολε-
8 μίους παρασκευῆς. κρατηθεῖσάν γε μὴν οὐ μόνον ἔφη
δύνασθαι βεβαίως τηρεῖν τὴν οἰκείαν, ἀλλὰ καὶ πρὸς
τὰς ἄλλας ἐπινοίας καὶ προθέσεις καὶ κατὰ γῆν καὶ
κατὰ θάλατταν μεγάλα δύνασθαι συνεργεῖν διὰ τὴν
9 εὐκαιρίαν τοῦ τόπου. πεισθέντων δὲ πάντων τοῖς λεγο-
10 μένοις, ἔδοξε ταύτην πρώτην ἐξαιρεῖν τὴν πόλιν· συν-
έβαινε γὰρ Σελεύκειαν ἔτι τότε κατέχεσθαι φρουραῖς
ὑπὸ τῶν ἐξ Αἰγύπτου βασιλέων ἐκ τῶν κατὰ τὸν
11 Εὐεργέτην ἐπικληθέντα Πτολεμαῖον καιρῶν, ἐν οἷς
ἐκεῖνος διὰ τὰ Βερενίκης συμπτώματα καὶ τὴν ὑπὲρ
ἐκείνης ὀργὴν στρατεύσας εἰς τοὺς κατὰ Συρίαν τό-
πους ἐγκρατὴς ἐγένετο ταύτης τῆς πόλεως.

59. Οὐ μὴν ἀλλ᾽ Ἀντίοχος κριθέντων τούτων Διο-
γνήτῳ μὲν τῷ ναυάρχῳ παρήγγειλε πλεῖν ὡς ἐπὶ τῆς
Σελευκείας, αὐτὸς δ᾽ ἐκ τῆς Ἀπαμείας ὁρμήσας μετὰ
τῆς στρατιᾶς, καὶ περὶ πέντε σταδίους ἀποσχὼν τῆς
πόλεως, προσεστρατοπέδευσε κατὰ τὸν ἱππόδρομον.
2 Θεόδοτον δὲ τὸν ἡμιόλιον ἐξαπέστειλε μετὰ τῆς ἁρμο-
ζούσης δυνάμεως ἐπὶ τοὺς κατὰ Κοίλην Συρίαν τό-
πους, καταληψόμενον τὰ στενὰ καὶ προκαθησόμενον
3 ἅμα τῶν αὐτοῦ πραγμάτων. τὴν δὲ τῆς Σελευκείας
θέσιν καὶ τὴν τῶν πέριξ τόπων ἰδιότητα τοιαύτην
4 ἔχειν τὴν φύσιν συμβαίνει. κειμένης γὰρ αὐτῆς ἐπὶ
θαλάττῃ μεταξὺ Κιλικίας καὶ Φοινίκης, ὄρος ἐπίκειται
5 παμμέγεθες, ὃ καλοῦσι Κορυφαῖον· ᾧ πρὸς μὲν τὴν
ἀφ᾽ ἑσπέρας πλευρὰν προσκλύζει τὸ καταλῆγον τοῦ
πελάγους τοῦ μεταξὺ κειμένου Κύπρου καὶ Φοινίκης,

the menace of this place give us just as much trouble as our preparations for attacking the enemy. Once, however, it is in our hands, not only will it securely protect our own country, but owing to its advantageous situation it will be of the greatest possible service for all our projects and undertakings by land and sea alike." All were convinced by these arguments, and it was decided to capture this city in the first place. For Seleucia had been garrisoned by the kings of Egypt ever since the time of Ptolemy Euergetes, when that prince, owing to his indignation at the murder of Berenice, invaded Syria and seized on this town.[95]

59. As soon as this decision had been taken, Antiochus ordered his admiral Diognetus[96] to sail to Seleucia, while he himself, leaving Apamea with his army, came and encamped at the hippodrome about five stades from the town. He sent off Theodotus Hemiolius[97] with a sufficient force to Coele-Syria to occupy the narrow passage and protect him on that side. The situation of Seleucia and the nature of its surroundings are as follows. It lies on the sea between Cilicia and Phoenicia, and above it rises a very high mountain called Coryphaeum, washed on its western side by the extreme waters of the sea separating Cyprus from

95 Preserved is a lively description of these events in the report of a commander of Ptolemy III or of the king himself, *FGrH* 160.

96 Mentioned as admiral in 43.1.

97 See 42.5.

τοῖς δ᾽ ἀπὸ τῆς ἠοῦς μέρεσιν ὑπέρκειται τῆς Ἀντιο-
6 χέων καὶ Σελευκέων χώρας. ἐν δὲ τοῖς πρὸς μεσημ-
βρίαν αὐτοῦ κλίμασι τὴν Σελεύκειαν συμβαίνει κεῖ-
σθαι, διεζευγμένην φάραγγι κοίλῃ καὶ δυσβάτῳ,
καθήκουσαν μὲν καὶ περικλωμένην ὡς ἐπὶ θάλατταν,
κατὰ δὲ τὰ πλεῖστα μέρη κρημνοῖς καὶ πέτραις ἀπορ-
7 ρῶξι περιεχομένην. ὑπὸ δὲ τὴν ἐπὶ θάλατταν αὐτῆς
νεύουσαν πλευρὰν ἐν τοῖς ἐπιπέδοις τά τ᾽ ἐμπόρια καὶ
τὸ προάστειον κεῖται, διαφερόντως τετειχισμένον.
8 παραπλησίως δὲ καὶ τὸ σύμπαν τῆς πόλεως κύτος
τείχεσι πολυτελέσιν ἠσφάλισται, κεκόσμηται δὲ καὶ
ναοῖς καὶ ταῖς τῶν οἰκοδομημάτων κατασκευαῖς ἐκ-
9 πρεπῶς. πρόσβασιν δὲ μίαν ἔχει κατὰ τὴν ἀπὸ θαλάτ-
της πλευρὰν κλιμακωτὴν καὶ χειροποίητον, ἐγκλίμασι
10 καὶ σκαιώμασι πυκνοῖς καὶ συνεχέσι διειλημμένην. ὁ
δὲ καλούμενος Ὀρόντης ποταμὸς οὐ μακρὰν αὐτῆς
ποιεῖται τὰς ἐκβολάς, ὃς τὴν ἀρχὴν τοῦ ῥεύματος
λαμβάνων ἀπὸ τῶν κατὰ τὸν Λίβανον καὶ τὸν Ἀντι-
λίβανον τόπων, καὶ διανύσας τὸ καλούμενον Ἀμύκης
11 πεδίον, ἐπ᾽ αὐτὴν ἱκνεῖται τὴν Ἀντιόχειαν, δι᾽ ἧς
φερόμενος καὶ πάσας ὑποδεχόμενος τὰς ἀνθρωπείας
λύμας διὰ τὸ πλῆθος τοῦ ῥεύματος, τέλος οὐ μακρὰν
τῆς Σελευκείας ποιεῖται τὴν ἐκβολὴν εἰς τὸ προειρη-
μένον πέλαγος.

60. Ἀντίοχος δὲ τὸ μὲν πρῶτον διεπέμπετο πρὸς
τοὺς ἐπιστάτας τῆς πόλεως, προτείνων χρήματα καὶ
πλῆθος ἐλπίδων, ἐφ᾽ ᾧ παραλαβεῖν ἄνευ κινδύνου τὴν
2 Σελεύκειαν· ἀδυνατῶν δὲ πείθειν τοὺς ἐπὶ τῶν ὅλων

Phoenicia, but overlooking with its eastern slopes the territories of Antioch and Seleucia. Seleucia lies on its southern slope, separated from it by a deep and difficult ravine. The town descends in a series of broken terraces to the sea, and is surrounded on most sides by cliffs and precipitous rocks. On the level ground at the foot of the slope which descends toward the sea lies the business quarter and a suburb defended by very strong walls. The whole of the main city is similarly fortified by walls of very costly construction and is splendidly adorned with temples and other fine buildings. On the side looking to the sea it can only be approached by a flight of steps cut in the rock with frequent turns and twists all the way up. Not far from the town is the mouth of the river Orontes, which rising in the neighborhood of Libanus and Antilibanus and traversing what is known as the plain of Amyce, passes through Antioch carrying off all the sewage of that town by the force of its current and finally falling into the Cyprian Sea near Seleucia.

60. Antiochus first of all sent messages to those in charge of the town, offering them money and promising all kinds of rewards if he were put in possession of the place without fighting. But being unable to persuade the officers

ἐφεστῶτας ἔφθειρέ τινας τῶν κατὰ μέρος ἡγεμόνων, οἷς πιστεύσας ἡτοίμαζε τὴν δύναμιν, ὡς κατὰ μὲν τὸν ἀπὸ θαλάττης τόπον τοῖς ἀπὸ τοῦ ναυτικοῦ ποιησόμενος τὰς προσβολάς, κατὰ δὲ τὸν ἀπὸ τῆς ἠπείρου
3 τοῖς ἐκ τοῦ στρατοπέδου. διελὼν οὖν εἰς τρία μέρη τὴν δύναμιν, καὶ παρακαλέσας τὰ πρέποντα τῷ καιρῷ, καὶ δωρεὰς μεγάλας καὶ στεφάνους ἐπ᾽ ἀνδαραγαθίᾳ καὶ
4 τοῖς ἰδιώταις καὶ τοῖς ἡγεμόσι προκηρύξας, Ζεύξιδι μὲν καὶ τοῖς μετ᾽ αὐτοῦ παρέδωκε τοὺς κατὰ τὴν ἐπ᾽ Ἀντιόχειαν φέρουσαν πύλην τόπους, Ἑρμογένει δὲ τοὺς κατὰ τὸ Διοσκούριον, Ἄρδυϊ δὲ καὶ Διογνήτῳ τὰς κατὰ τὸ νεώριον καὶ τὸ προάστειον ἐπέτρεψε
5 προσβολάς, διὰ τὸ πρὸς τοὺς ἔνδοθεν αὐτῷ τοιαύτας τινὰς γεγονέναι συνθήκας ὡς ἐὰν κρατήσῃ τοῦ προαστείου μετὰ βίας, οὕτως ἐγχειρισθησομένης αὐτῷ
6 καὶ τῆς πόλεως. ἀποδοθέντος δὲ τοῦ συνθήματος πάντες ἅμα καὶ πανταχόθεν ἐνεργὸν ἐποιοῦντο καὶ βίαιον τὴν προσβολήν· τολμηρότατα μέντοι προσέβαλον οἱ περὶ τὸν Ἄρδυν καὶ Διόγνητον, διὰ τὸ τοὺς μὲν ἄλ-
7 λους τόπους, εἰ μὴ τετραποδητὶ τρόπον τινὰ προσπλεκόμενοι βιάζοιντο, τήν γε διὰ τῶν κλιμάκων προσβολὴν μὴ προσίεσθαι παράπαν, τὰ δὲ νεώρια καὶ τὸ προάστειον ἐπιδέχεσθαι τὴν προσφορὰν καὶ στάσιν
8 καὶ πρόσθεσιν τῶν κλιμάκων ἀσφαλῶς. διὸ τῶν μὲν ἀπὸ τοῦ ναυτικοῦ τοῖς νεωρίοις, τῶν δὲ περὶ τὸν Ἄρδυν τοῖς προαστείοις προσηρεικότων τὰς κλίμακας καὶ βιαζομένων εὐρώστως, τῶν δ᾽ ἐκ τῆς πόλεως οὐ δυναμένων τούτοις βοηθεῖν, διὰ τὸ κατὰ πάντα

in command, he corrupted some of their subordinates, and relying on their assistance he got his forces ready, intending to deliver the attack on the seaward side with the men of his fleet and on the land side with his army. He divided his forces into three parts, and after addressing them in terms suitable to the occasion, and promising both the private soldiers and officers great rewards and crowns for valor, he stationed Zeuxis and his division outside the gate leading to Antioch, Hermogenes was posted near the Dioscurium, and the task of attacking the port and suburb was entrusted to Ardys and Diognetus, since an agreement had been come to with the king's partisans within, that if he could take the suburb by storm, the town would be delivered up to him. On the signal being given, a vigorous and powerful assault was simultaneously delivered from all sides, but the men under Ardys and Diognetus attacked with the greatest dash, because, while at the other points an assault by scaling-ladders was altogether out of the question, unless the men could scramble up clinging more or less on all fours to the face of the cliff, yet ladders could safely be brought up and erected against the walls of the port and suburb. So when the men from the fleet set up their ladders and made a determined attack on the port, and the force under Ardys in like manner assaulted the suburb, and no help could come from the city, as all points

τόπον περιεστάναι τὸ δεινόν, ταχέως συνέβη τὸ προ-
9 άστειον ὑποχείριον γενέσθαι τοῖς περὶ τὸν Ἄρδυν. οὗ
κρατηθέντος εὐθέως οἱ διεφθαρμένοι τῶν κατὰ μέρος
ἡγεμόνων, προστρέχοντες πρὸς τὸν Λεόντιον τὸν ἐπὶ
τῶν ὅλων, ἐκπέμπειν ᾤοντο δεῖν καὶ τίθεσθαι τὰ πρὸς
10 Ἀντίοχον πρὶν ἢ κατὰ κράτος ἁλῶναι τὴν πόλιν. ὁ δὲ
Λεόντιος, ἀγνοῶν μὲν τὴν διαφθορὰν τῶν ἡγεμόνων,
καταπεπληγμένος δὲ τὴν διατροπὴν αὐτῶν, ἐξέπεμψε
τοὺς θησομένους τὰς πίστεις ὑπὲρ τῆς τῶν ἐν τῇ πόλει
πάντων ἀσφαλείας πρὸς τὸν Ἀντίοχον.

61. ὁ δὲ βασιλεὺς δεξάμενος τὴν ἔντευξιν συνεχώ-
ρησε δώσειν τοῖς ἐλευθέροις τὴν ἀσφάλειαν· οὗτοι δ'
2 ἦσαν εἰς ἑξακισχιλίους. παραλαβὼν δὲ τὴν πόλιν οὐ
μόνον ἐφείσατο τῶν ἐλευθέρων, ἀλλὰ καὶ τοὺς πεφευ-
γότας τῶν Σελευκέων καταγαγὼν τήν τε πολιτείαν
αὐτοῖς ἀπέδωκε καὶ τὰς οὐσίας· ἠσφαλίσατο δὲ φυλα-
καῖς τόν τε λιμένα καὶ τὴν ἄκραν.

3 Ἔτι δὲ περὶ ταῦτα διατρίβοντος αὐτοῦ, προσπε-
σόντων παρὰ Θεοδότου γραμμάτων, ἐν οἷς αὐτὸν
ἐκάλει κατὰ σπουδὴν ἐγχειρίζων τὰ κατὰ Κοίλην
Συρίαν, πολλῆς ἀπορίας ἦν καὶ δυσχρηστίας πλήρης
ὑπὲρ τοῦ τί πρακτέον καὶ πῶς χρηστέον ἐστὶ τοῖς
4 προσαγγελλομένοις. ὁ δὲ Θεόδοτος, ὢν τὸ γένος Αἰτω-
λὸς καὶ μεγάλας παρεσχημένος τῇ Πτολεμαίου βασι-
λείᾳ χρείας, καθάπερ ἐπάνω προεῖπον, ἐπὶ δὲ τούτοις
οὐχ οἷον χάριτος ἠξιωμένος, ἀλλὰ καὶ τῷ βίῳ κεκιν-
δυνευκὼς καθ' οὓς καιροὺς Ἀντίοχος ἐποιεῖτο τὴν ἐπὶ
5 Μόλωνα στρατείαν, τότε κατεγνωκὼς τοῦ βασιλέως

were threatened at once, the suburb very soon fell into the hands of Ardys. Once it was taken, the subordinate officers who had been corrupted rushed to the commander Leontius advising him to come to terms with Antiochus before the town had been stormed. Leontius, ignorant as he was of the treachery of his officers, but much alarmed by their loss of heart, sent out commissioners to Antiochus to treat for the safety of all in the city.

61. The king received them and agreed to spare the lives of all the free population, numbering about six thousand. When put in possession of the city he not only spared the free inhabitants, but brought home the Seleucian exiles and restored to them their civic rights and their property. He placed garrisons in the port and citadel.

On a letter reaching him while thus occupied from Theodotus,[98] inviting him to come at once to Coele-Syria, which he was ready to put in his hands, he was much embarrassed and much at a loss to know what to do and how to treat the communication. Theodotus, an Aetolian by birth, had, as I previously mentioned, rendered great services to Ptolemy's kingdom, but in return for them had not only received no thanks, but had been in danger of his life at the time of Antiochus' campaign against Molon. He now, be-

[98] This repeats and continues what was said in 40.1–3. The time is about August 219.

καὶ διηπιστηκὼς τοῖς περὶ τὴν αὐλήν, καταλαβόμενος
διὰ μὲν αὑτοῦ Πτολεμαΐδα, διὰ δὲ Παναιτώλου Τύρον,
6 ἐκάλει τὸν Ἀντίοχον μετὰ σπουδῆς. ὁ δὲ βασιλεὺς καὶ
τὰς ἐπὶ τὸν Ἀχαιὸν ἐπιβολὰς ὑπερθέμενος καὶ τἄλλα
πάντα πάρεργα ποιησάμενος ἀνέζευξε μετὰ τῆς δυνά-
7 μεως, ποιούμενος τὴν πορείαν ᾗ καὶ πρόσθεν. διελθὼν
δὲ τὸν ἐπικαλούμενον αὐλῶνα Μαρσύαν, κατεστρατο-
πέδευσε περὶ τὰ στενὰ τὰ κατὰ Γέρρα πρὸς τῇ μεταξὺ
8 κειμένῃ λίμνῃ. πυνθανόμενος δὲ Νικόλαον τὸν παρὰ
Πτολεμαίου στρατηγὸν προσκαθῆσθαι τῇ Πτολε-
μαΐδι πολιορκοῦντα τὸν Θεόδοτον, τὰ μὲν βαρέα τῶν
ὅπλων ἀπέλειπε, προστάξας τοῖς ἡγουμένοις πολιορ-
κεῖν τοὺς Βρόχους, τὸ κείμενον ἐπὶ τῆς λίμνης καὶ τῆς
παρόδου χωρίον, αὐτὸς δὲ τοὺς εὐζώνους ἀναλαβὼν
9 προῆγε, βουλόμενος λῦσαι τὴν πολιορκίαν. ὁ δὲ Νικό-
λαος πρότερον ἤδη πεπυσμένος τὴν τοῦ βασιλέως
παρουσίαν, αὐτὸς μὲν ἀνεχώρησε, τοὺς δὲ περὶ Λα-
γόραν τὸν Κρῆτα καὶ Δορυμένην τὸν Αἰτωλὸν ἐξ-
απέστειλε προκαταληψομένους τὰ στενὰ τὰ περὶ
10 Βηρυτόν· οἷς προσβαλὼν ὁ βασιλεὺς ἐξ ἐφόδου καὶ
τρεψάμενος ἐπεστρατοπέδευσε τοῖς στενοῖς.

62. προσδεξάμενος δὲ καὶ τὴν λοιπὴν δύναμιν ἐν-
ταῦθα, καὶ παρακαλέσας τὰ πρέποντα ταῖς προκειμέ-
ναις ἐπιβολαῖς, μετὰ ταῦτα προήγαγε μετὰ πάσης τῆς
δυνάμεως, εὐθαρσὴς καὶ μετέωρος ὢν πρὸς τὰς ὑπο-
2 γραφομένας ἐλπίδας. ἀπαντησάντων δὲ τῶν περὶ τὸν
Θεόδοτον καὶ Παναίτωλον αὐτῷ καὶ τῶν ἅμα τούτοις
φίλων, ἀποδεξάμενος τούτους φιλανθρώπως παρ-

ing disgusted with the king and mistrusting the courtiers, had himself seized on Ptolemais[99] and sent Panaetolus to seize on Tyre, and he urgently invited Antiochus to come. The king, putting off his expedition against Achaeus and treating all other matters as of secondary importance, advanced with his army, marching by the same route as on the former occasion. Passing through the defile called Marsyas, he encamped at the narrow passage near Gerra by the lake that lies in the middle. Learning that Ptolemy's general Nicolaus[100] was before Ptolemais besieging Theodotus there, he left his heavy-armed troops behind, giving the commanders orders to besiege Brochi, the place that lies on the lake and commands the passage, while he himself advanced accompanied by the light-armed troops, with the object of raising the siege of Ptolemais. But Nicolaus, who had heard of the king's arrival, left the neighborhood himself, but sent Lagoras the Cretan and Dorymenes the Aetolian to occupy the pass near Berytus. The king assaulted their position, put them to flight and encamped himself close to the pass.

62. There he waited until the arrival of the rest of his forces, and then after addressing his men in such terms as his designs required, advanced with the whole army, being now confident of success and eagerly anticipating the realization of his hopes. On Theodotus, Panaetolus, and their friends meeting him, he received them courteously

99 Cohen (43.1), 213–221.

100 He too later deserted to Antiochus, as did Lagoras (para. 9).

ἔλαβε τήν τε Τύρον καὶ Πτολεμαΐδα καὶ τὰς ἐν ταύταις παρασκευάς, ἐν αἷς ἦν καὶ πλοῖα τετταράκοντα·
3 τούτων κατάφρακτα μὲν εἴκοσι διαφέροντα ταῖς κατασκευαῖς, ἐν οἷς οὐδὲν ἔλαττον ἦν τετρήρους, τὰ δὲ λοιπὰ τριήρεις καὶ δίκροτα καὶ κέλητες. ταῦτα μὲν οὖν
4 Διογνήτῳ παρέδωκε τῷ ναυάρχῳ· προσπεσόντος δ' αὐτῷ τὸν μὲν Πτολεμαῖον εἰς Μέμφιν ἐξεληλυθέναι, τὰς δὲ δυνάμεις ἠθροῖσθαι πάσας εἰς Πηλούσιον καὶ τάς τε διώρυχας ἀναστομοῦν καὶ τὰ πότιμα τῶν ὑδάτων ἐμφράττειν, τῆς μὲν ἐπὶ τὸ Πηλούσιον ἐπιβολῆς
5 ἀπέστη, τὰς δὲ πόλεις ἐπιπορευόμενος ἐπειρᾶτο τὰς
6 μὲν βίᾳ, τὰς δὲ πειθοῖ, πρὸς αὑτὸν ἐπάγεσθαι. τῶν δὲ πόλεων αἱ μὲν ἐλαφραὶ καταπεπληγμέναι τὴν ἔφοδον αὐτοῦ προσετίθεντο· αἱ δὲ πιστεύουσαι ταῖς παρασκευαῖς καὶ ταῖς ὀχυρότησι τῶν τόπων ὑπέμενον· ἃς ἠναγκάζετο προσκαθεζόμενος πολιορκεῖν καὶ κατατρίβειν τοὺς χρόνους.

7 Οἱ δὲ περὶ τὸν Πτολεμαῖον τοῦ μὲν ἐκ χειρὸς βοηθεῖν τοῖς σφετέροις πράγμασιν, ὅπερ ἦν καθῆκον, οὕτως παρεσπονδημένοι προφανῶς, οὐδ' ἐπιβολὴν εἶχον
8 διὰ τὴν ἀδυναμίαν· ἐπὶ τοσοῦτον γὰρ αὐτοῖς ὠλιγώρητο πάντα τὰ κατὰ τὰς πολεμικὰς παρασκευάς.

63. λοιπὸν δὲ συνεδρεύσαντες οἱ περὶ τὸν Ἀγαθοκλέα καὶ Σωσίβιον, οἱ τότε προεστῶτες τῆς βασιλείας, ἐκ τῶν ἐνδεχομένων τὸ δυνατὸν ἔλαβον πρὸς τὸ
2 παρόν. ἐβουλεύσαντο γὰρ γίνεσθαι μὲν περὶ τὴν τοῦ πολέμου παρασκευήν, ἐν δὲ τῷ μεταξὺ διαπρεσβευόμενοι κατεκλύειν τὸν Ἀντίοχον, συνεργοῦντες κατὰ

and took possession of Tyre, Ptolemais, and the material of war in these places, including forty ships, twenty of them decked vessels admirably equipped, none smaller than a quadrireme, and the remainder triremes, biremes, and pinnaces. These he handed over to his admiral Diognetus, and on news reaching him that Ptolemy had come out to Memphis and that all his forces were collected at Pelusium,[101] where they were opening the sluices and filling up the wells of drinking water, he abandoned his project of attacking Pelusium, and visiting one city after another attempted to gain them either by force or by persuasion. The minor cities were alarmed by his approach and went over to him, but those which relied on their defensive resources and natural strength held out, and he was compelled to waste his time in sitting down before them and besieging them.

Ptolemy whose obvious duty it was to march to the help of his dominions, attacked as they had been in such flagrant defiance of treaties, was too weak to entertain any such project, so completely had all military preparations been neglected.

63. At length, however, Agathocles[102] and Sosibius, who were then the king's chief ministers, took counsel together and decided on the only course possible under present circumstances. For they resolved to occupy themselves with preparations for war, but in the meanwhile by negotiations to make Antiochus relax his activity, pretending to fortify

[101] The fortress at the frontier of Egypt, modern Tell Farama; *RE Pelusion* 407–415 (H. Kees).

[102] *PP* 114576.

τὴν ἔμφασιν τῇ προϋπαρχούσῃ περὶ αὐτὸν ὑπὲρ τοῦ
3 Πτολεμαίου διαλήψει· αὕτη δ' ἦν ὡς πολεμεῖν μὲν οὐκ
ἂν τολμήσαντος, διὰ λόγου δὲ καὶ τῶν φίλων διδάξον-
τος καὶ πείσοντος αὐτὸν ἀποστῆναι τῶν κατὰ Κοίλην
4 Συρίαν τόπων. κριθέντων δὲ τούτων οἱ περὶ τὸν Ἀγα-
θοκλέα καὶ Σωσίβιον ἐπὶ τοῦτο τὸ μέρος ταχθέντες
ἐξέπεμπον ἐπιμελῶς τὰς πρεσβείας πρὸς τὸν Ἀντί-
5 οχον. ἅμα δὲ διαπεμψάμενοι πρός τε Ῥοδίους καὶ
Βυζαντίους καὶ Κυζικηνούς, σὺν δὲ τούτοις Αἰτωλούς,
6 ἐπεσπάσαντο πρεσβείας ἐπὶ τὰς διαλύσεις, αἳ καὶ
παραγενόμεναι μεγάλας αὐτοῖς ἔδοσαν ἀφορμάς, δια-
πρεσβευόμεναι πρὸς ἀμφοτέρους τοὺς βασιλεῖς, εἰς
τὸ λαβεῖν ἀναστροφὴν καὶ χρόνον πρὸς τὰς τοῦ
7 πολέμου παρασκευάς. ταύταις τε δὴ κατὰ τὸ συνεχὲς
ἐχρημάτιζον ἐν τῇ Μέμφει προκαθήμενοι, παραπλη-
σίως δὲ καὶ τὰς παρὰ τῶν περὶ τὸν Ἀντίοχον ἀπεδέχον-
8 το, φιλανθρώπως ποιούενοι τὰς ἀπαντήσεις. ἀνεκα-
λοῦντο δὲ καὶ συνήθροιζον εἰς τὴν Ἀλεξάνδρειαν τοὺς
μισθοφόρους τοὺς ἐν ταῖς ἔξω πόλεσιν ὑπ' αὐτῶν
9 μισθοδοτουμένους. ἐξαπέστελλον δὲ καὶ ξενολόγους
καὶ παρεσκεύαζον τοῖς προϋπάρχουσι καὶ τοῖς παρα-
10 γινομένοις τὰς σιταρχίας. ὡσαύτως δὲ καὶ περὶ τὴν
λοιπὴν ἐγίνοντο παρασκευήν, ἀνὰ μέρος καὶ συνεχῶς
διατρέχοντες εἰς τὴν Ἀλεξάνδρειαν, ἵνα μηδὲν ἐλλίπῃ
11 τῶν χορηγιῶν πρὸς τὰς προκειμένας ἐπιβολάς. τὴν δὲ
περὶ τὰ ὅπλα κατασκευὴν καὶ τὴν τῶν ἀνδρῶν ἐκλο-
γὴν καὶ διαίρεσιν Ἐχεκράτει τῷ Θετταλῷ καὶ Φοξίδᾳ
12 τῷ Μελιταιεῖ περέδοσαν, ἅμα δὲ τούτοις Εὐρυλόχῳ τῷ

him in the opinion of Ptolemy he had all along entertained, which was that he would not venture to fight, but would by overtures and through his friends attempt to reason with him and persuade him to evacuate Coele-Syria. On arriving at this decision Agathocles and Sosibius, who were charged with the conduct of the matter, began to communicate with Antiochus, and dispatching embassies at the same time to Rhodes, Byzantium, Cyzicus, and Aetolia invited these states to send missions to further the negotiations. The arrival of these missions, which went backward and forward between the two kings, gave them ample facilities for gaining time to prosecute at leisure their warlike preparations. Establishing themselves at Memphis they continued to receive these missions as well as Antiochus' own envoys, replying to all in conciliatory terms. Meanwhile they recalled and assembled at Alexandria the mercenaries in their employment in foreign parts, sending out recruiting officers also and getting ready provisions for the troops they already had and for those they were raising. They also attended to all other preparations, paying constant visits to Alexandria by turns to see that none of the supplies required for their purpose were wanting. The task of providing arms, selecting the men and organizing them they entrusted to Echecrates the Thessalian[103] and Phoxidas of Melita, assisted by Eurylochus the Magnesian,

[103] Within Thessaly, the name is only attested in Pherae, the related name Echecratidas both in Pherae and Larisa (*LGPN* III B).

Μάγνητι καὶ Σωκράτει τῷ Βοιωτίῳ· σὺν οἷς ἦν καὶ
13 Κνωπίας Ἀλλαριώτης. εὐκαιρότατα γὰρ δὴ τούτων
ἐπελάβοντο τῶν ἀνδρῶν, οἵτινες ἔτι Δημητρίῳ καὶ
Ἀντιγόνῳ συστρατευόμενοι κατὰ ποσὸν ἔννοιαν εἶχον
τῆς ἀληθείας καὶ καθόλου τῆς ἐν τοῖς ὑπαίθροις
14 χρείας. οὗτοι δὲ παραλαβόντες τὸ πλῆθος ἐνδεχο-
μένως ἐχείριζον καὶ στρατιωτικῶς.

64. πρῶτον μὲν γὰρ κατὰ γένη καὶ καθ' ἡλικίαν
διελόντες ἀνέδοσαν ἑκάστοις τοὺς ἐπιτηδείους καθο-
πλισμούς, ὀλιγωρήσαντες τῶν πρότερον αὐτοῖς ὑπαρ-
2 χόντων· μετὰ δὲ ταῦτα συνέταξαν οἰκείως πρὸς τὴν
παροῦσαν χρείαν, λύσαντες τὰ συστήματα καὶ τὰς ἐκ
3 τῶν πρότερον ὀψωνιασμῶν καταγραφάς· ἑξῆς δὲ τού-
τοις ἐγύμναζον, συνήθεις ἑκάστους ποιοῦντες οὐ
μόνον τοῖς παραγγέλμασιν, ἀλλὰ καὶ ταῖς οἰκείαις
4 τῶν καθοπλισμῶν κινήσεσιν. ἐποιοῦντο δὲ καὶ συν-
αγωγὰς ἐπὶ τῶν ὅπλων καὶ παρακλήσεις, ἐν αἷς
μεγίστην παρείχοντο χρείαν Ἀνδρόμαχος Ἀσπένδιος
5 καὶ Πολυκράτης Ἀργεῖος, προσφάτως μὲν ἐκ τῆς
Ἑλλάδος διαβεβηκότες, συνήθεις δὲ ἀκμὴν ὄντες ταῖς
Ἑλληνικαῖς ὁρμαῖς καὶ ταῖς ἑκάστων ἐπινοίαις, πρὸς
δὲ τούτοις ἐπιφανεῖς ὑπάρχοντες ταῖς τε πατρίσι καὶ
6 τοῖς βίοις, Πολυκράτης δὲ καὶ μᾶλλον διά τε τὴν τῆς
οἰκίας ἀρχαιότητα καὶ διὰ τὴν Μνασιάδου τοῦ πατρὸς
7 δόξαν ἐκ τῆς ἀθλήσεως. οἳ καὶ κατ' ἰδίαν καὶ κοινῇ
παρακαλοῦντες ὁρμὴν καὶ προθυμίαν ἐνειργάσαντο
τοῖς ἀνθρώποις πρὸς τὸν μέλλοντα κίνδυνον.

Socrates the Boeotian, and Cnopias of Allaria. They were most well advised in availing themselves of the services of these men, who having served under Demetrius and Antigonus had some notion of the reality of war and of campaigning in general. Taking the troops in hand they got them into shape by correct military methods.

64. First of all they divided them according to their ages and nationalities, and provided them in each case with suitable arms and equipment, paying no attention to the manner in which they had previously been armed; in the next place they organized them as the necessities of the present situation required, breaking up the old regiments and abolishing the existing paymasters' lists, and having effected this, they drilled them, accustoming them not only to the word of command, but to the correct manipulation of their weapons. They also held frequent reviews and addressed the men, great services in this respect being rendered by Andromachus of Aspendus and Polycrates of Argos,[104] who had recently arrived from Greece and in whom the spirit of Hellenic martial ardor and fertility of resource was still fresh, while at the same time they were distinguished by their origin and by their wealth, and Polycrates more especially by the antiquity of his family and the reputation as an athlete of his father Mnasiades. These two officers, by addressing the men both in public and in private, inspired them with enthusiasm and eagerness for the coming battle.

[104] *PP* 2172 and 15065. WC 1.589; 3.204–205. Probably kin of Polycrateia of Argos, wife of Aratus the Younger, then of King Philip V, and mother of Perseus. Polycrates, his wife Zeuxo, and three daughters were all victorious in equestrian events at the Panathenaea.

65. εἶχον δὲ καὶ τὰς ἡγεμονίας ἕκαστοι τῶν προ-
ειρημένων ἀνδρῶν οἰκείας ταῖς ἰδίαις ἐμπειρίαις.
2 Εὐρύλοχος μὲν γὰρ ὁ Μάγνης ἡγεῖτο σχεδὸν ἀνδρῶν
τρισχιλίων τοῦ καλουμένου παρὰ τοῖς βασιλεῦσιν
ἀγήματος, Σωκράτης δ' ὁ Βοιώτιος πελταστὰς ὑφ'
3 αὑτὸν εἶχε δισχιλίους. ὁ δ' Ἀχαιὸς Φοξίδας καὶ
Πτολεμαῖος ὁ Θρασέου, σὺν δὲ τούτοις Ἀνδρόμαχος
[ὁ] Ἀσπένδιος, συνεγύμναζον μὲν ἐπὶ ταὐτὸ τὴν φά-
4 λαγγα καὶ τοὺς μισθοφόρους Ἕλληνας, ἡγοῦντο δὲ
τῆς μὲν φάλαγγος Ἀνδρόμαχος καὶ Πτολεμαῖος, τῶν
δὲ μισθοφόρων Φοξίδας, οὔσης τῆς μὲν φάλαγγος εἰς
δισμυρίους καὶ πεντακισχιλίους, τῶν δὲ μισθοφόρων
5 εἰς ὀκτακισχιλίους. τοὺς δ' ἱππεῖς τοὺς μὲν περὶ τὴν
αὐλήν, ὄντας εἰς ἑπτακοσίους, Πολυκράτης παρεσκεύ-
αζε καὶ τοὺς ἀπὸ Λιβύης, ἔτι δὲ καὶ τοὺς ἐγχωρίους·
καὶ τούτων αὐτὸς ἡγεῖτο πάντων, περὶ τρισχιλίους
6 ὄντων τὸν ἀριθμόν. τούς γε μὴν ἀπὸ τῆς Ἑλλάδος καὶ
πᾶν τὸ τῶν μισθοφόρων ἱππέων πλῆθος Ἐχεκράτης ὁ
Θετταλὸς διαφερόντως ἀσκήσας, ὄντας εἰς δισχιλί-
ους, μεγίστην ἐπ' αὐτοῦ τοῦ κινδύνου παρέσχετο χρεί-
7 αν. οὐδενὸς δ' ἧττον ἔσπευδε περὶ τοὺς ὑφ' αὑτὸν
ταττομένους Κνωπίας Ἀλλαριώτης, ἔχων τοὺς μὲν
πάντας Κρῆτας εἰς τρισχιλίους, αὐτῶν δὲ τούτων
χιλίους Νεόκρητας, ἐφ' ὧν ἐτετάχει Φίλωνα τὸν
8 Κνώσσιον. καθώπλισαν δὲ καὶ Λίβυας τρισχιλίους
εἰς τὸν Μακεδονικὸν τρόπον, ἐφ' ὧν ἦν Ἀμμώνιος ὁ

105 From Melitaia in Phthiotic Achaea.

65. All the men I have mentioned held commands suited to their particular attainments. Eurylochus of Magnesia commanded a body of about three thousand men known as the Royal Guard, Socrates the Boeotian had under him two thousand peltasts, Phoxidas the Achaean,[105] Ptolemy the son of Thraseas,[106] and Andromachus of Aspendus exercised together in the same place the phalanx and the Greek mercenaries, the phalanx twenty-five thousand strong being under the command of Andromachus and Ptolemy and the mercenaries, numbering eight thousand, under that of Phoxidas. Polycrates undertook the training of the cavalry of the guard, about seven hundred strong, and the Libyan and native Egyptian horse; all of whom, numbering about three thousand, were under his command. It was Echecrates the Thessalian who trained most admirably the cavalry from Greece and all the mercenary cavalry, two thousand in number, and thus rendered most signal service in the battle itself, and Cnopias of Allaria too was second to none in the attention he paid to the force under him composed of three thousand Cretans, one thousand being Neocretans[107] whom he placed under the command of Philo of Cnossus. They also armed in the Macedonian fashion three thousand Libyans under the command of Ammonius of Barce. The total native

106 "Origin unknown" according to WC 1.592. Recent documents revealed that he was (like Andromachus in 64.4) from Aspendus in Pamphylia: C. P. Jones-C. Habicht, *Phoenix* 43 (1989), 317–346, for the family 335–346. Members appear in high positions with the Ptolemies and, after Ptolemy's defection, with the Seleucids, for four or five generations.

107 3.1.

9 Βαρκαῖος. τὸ δὲ τῶν Αἰγυπτίων πλῆθος ἦν μὲν εἰς
10 δισμυρίους φαλαγγίτας, ὑπετάττετο δὲ Σωσιβίῳ. συν-
ήχθη δὲ καὶ Θρᾳκῶν καὶ Γαλατῶν πλῆθος, ἐκ μὲν τῶν
κατοίκων καὶ τῶν ἐπιγόνων εἰς τετρακισχιλίους, οἱ δὲ
προσφάτως ἐπισυναχθέντες ἦσαν εἰς δισχιλίους, ὧν
ἡγεῖτο Διονύσιος ὁ Θρᾷξ.
11 Ἡ μὲν οὖν Πτολεμαίῳ παρασκευαζομένη δύναμις
τῷ τε πλήθει καὶ ταῖς διαφοραῖς τοσαύτη καὶ τοιαύτη
τις ἦν·

66. Ἀντίοχος δὲ συνεσταμένος πολιορκίαν περὶ τὴν
καλουμένην πόλιν Δῶρα, καὶ περαίνειν οὐδὲν δυνάμε-
νος διά τε τὴν ὀχυρότητα τοῦ τόπου καὶ τὰς τῶν περὶ
2 τὸν Νικόλαον παραβοηθείας, συνάπτοντος ἤδη τοῦ
χειμῶνος, συνεχώρησε ταῖς παρὰ τοῦ Πτολεμαίου
πρεσβείαις ἀνοχάς τε ποιήσασθαι τετραμήνους καὶ
περὶ τῶν ὅλων εἰς πάντα συγκαταβήσεσθαι τὰ φιλάν-
3 θρωπα. ταῦτα δ᾽ ἔπραττε πλεῖστον μὲν ἀπέχων τῆς
ἀληθείας, σπεύδων δὲ μὴ πολὺν χρόνον ἀποσπᾶσθαι
τῶν οἰκείων τόπων, ἀλλ᾽ ἐν τῇ Σελευκείᾳ ποιήσασθαι
τὴν τῶν δυνάμεων παραχειμασίαν διὰ τὸ προφανῶς
τὸν Ἀχαιὸν ἐπιβουλεύειν μὲν τοῖς σφετέροις πράγμα-
σι, συνεργεῖν δὲ τοῖς περὶ τὸν Πτολεμαῖον ὁμολογου-
4 μένως. τούτων δὲ συγχωρηθέντων Ἀντίοχος τοὺς μὲν
πρεσβευτὰς ἐξέπεμψε, παραγγείλας διασαφεῖν αὐτῷ
τὴν ταχίστην τὰ δόξαντα τοῖς περὶ τὸν Πτολεμαῖον
5 καὶ συνάπτειν εἰς Σελεύκειαν· ἀπολιπὼν δὲ φυλακὰς
τὰς ἁρμοζούσας ἐν τοῖς τόποις, καὶ παραδοὺς Θεο-
δότῳ τὴν τῶν ὅλων ἐπιμέλειαν, ἐπανῆλθε· καὶ παρα-

Egyptian force consisted of about twenty thousand heavy-armed men, and was commanded by Sosibius, and they had also collected a force of Thracians and Gauls, about four thousand of them from among settlers in Egypt and their descendants, and two thousand lately raised elsewhere. These were commanded by Dionysius the Thracian.

Such were the numbers and nature of the army that Ptolemy was preparing.

66. Antiochus, who in the meanwhile had opened the siege of a town called Dura,[108] but made no progress with it owing to the strength of the tribes and the support given it by Nicolaus, now as winter was approaching agreed with Ptolemy's envoys to an armistice of four months, engaging to consent to a settlement of the whole dispute on the most lenient terms. This was however very far from being the truth, but he was anxious not to be kept long away from his own dominions, but to winter with his army in Seleucia, as Achaeus was evidently plotting against him and undisguisedly acting in concert with Ptolemy. This agreement having been made he dismissed the envoys, instructing them to meet him as soon as possible at Seleucia and communicate Ptolemy's decision to him. Leaving adequate garrisons in the district, and placing Theodotus in general charge of it, he took his departure, and on reaching

[108] As Reiske saw, this must be emended to Dora, which lies on the coast north of Caesarea. *RE* Palaestina (Suppl. 13), 321–454 (M. Avi-Yonah), on p. 355 and map p. 437.

γενόμενος εἰς τὴν Σελεύκειαν διαφῆκε τὰς δυνάμεις εἰς
6 παραχειμασίαν. καὶ τὸ λοιπὸν ἤδη τοῦ μὲν γυμνάζειν
τοὺς ὄχλους ὠλιγώρει, πεπεισμένος οὐ προσδεήσε-
σθαι τὰ πράγματα μάχης διὰ τὸ τινῶν μὲν μερῶν
Κοίλης Συρίας καὶ Φοινίκης ἤδη κυριεύειν, τοὺς δὲ
λοιποὺς ἐλπίζειν ἐξ ἑκόντων καὶ διὰ λόγου παραλή-
7 ψεσθαι, μὴ τολμώντων τὸ παράπαν τῶν περὶ τὸν
Πτολεμαῖον εἰς τὸν περὶ τῶν ὅλων συγκαταβαίνειν
8 κίνδυνον. ταύτην δὲ συνέβαινε τὴν διάληψιν καὶ τοὺς
πρεσβευτὰς ἔχειν διὰ τὸ τὰς ἐντεύξεις αὐτοῖς τὸν
Σωσίβιον ἐν τῇ Μέμφει προκαθήμενον φιλανθρώπους
9 ποιεῖσθαι, τῶν δὲ κατὰ τὴν Ἀλεξάνδρειαν παρασκευ-
ῶν μηδέποτε τοὺς διαπεμπομένους πρὸς τὸν Ἀντίοχον
ἐᾶν αὐτόπτας γενέσθαι.

67. Πλὴν καὶ τότε τῶν πρέσβεων ἀφικομένων οἱ
2 μὲν περὶ τὸν Σωσίβιον ἕτοιμοι πρὸς πᾶν, ὁ δ᾽ Ἀντί-
οχος μεγίστην ἐποιεῖτο σπουδὴν εἰς τὸ καθάπαξ καὶ
τοῖς ὅπλοις καὶ τοῖς δικαίοις ἐπὶ τῶν ἐντεύξεων κατα-
3 περιεῖναι τῶν ἐκ τῆς Ἀλεξανδρείας. ᾗ καὶ παρα-
γενομένων τῶν πρεσβευτῶν εἰς τὴν Σελεύκειαν, καὶ
συγκαταβαινόντων εἰς τοὺς κατὰ μέρος ὑπὲρ τῆς
διαλύσεως λόγους κατὰ τὰς ὑπὸ τῶν περὶ τὸν Σωσί-
4 βιον ἐντολάς, ὁ μὲν βασιλεὺς τὸ μὲν ἄρτι γεγονὸς
ἀτύχημα καὶ προφανὲς ἀδίκημα περὶ τῆς ἐνεστώσης
καταλήψεως τῶν περὶ Κοίλην Συρίαν τόπων οὐ δεινὸν
5 ἐνόμιζε κατὰ τὰς δικαιολογίας, τὸ δὲ πλεῖστον οὐδ᾽ ἐν
ἀδικήματι κατηριθμεῖτο τὴν πρᾶξιν, ὡς καθηκόντων
6 αὐτῷ τινων ἀντιπεποιημένος, τὴν δὲ πρώτην Ἀντι-

Seleucia dismissed his forces to their winter quarters and henceforward neglected to exercise his troops, feeling sure he would have no need to fight a battle, since he was already master of some portions of Coele-Syria and Phoenicia and expected to obtain possession of the rest by diplomacy and with the consent of Ptolemy, who would never dare to risk a general battle. This was the opinion held also by his envoys, as Sosibius, who was established at Memphis, always received them in a friendly manner, and never allowed the envoys he himself kept sending to Antiochus to be eyewitnesses of the preparations in Alexandria.

67. But, to resume, when on this occasion the ambassadors returned to Sosibius they found him prepared for any emergency, while the chief object of Antiochus was to prove himself in his interviews with embassies coming from Alexandria decidedly superior both in military strength and in the justice of his cause. So that when the envoys arrived at Seleucia, and as they had been instructed by Sosibius, consented to discuss in detail the terms of the proposed arrangement, the king in his arguments did not pretend to regard as a serious grievance the recent loss they had suffered by his obviously unjust occupation of Coele-Syria, and in fact did not on the whole reckon this act to have been an offense at all, since, as he maintained,[109] he had only tried to recover possession of what was his own property, the soundest and justest title to the possession of Coele-Syria, according to which it was not Ptolemy's but his own, being its original occupation

[109] The discussion about who had the rightful claim to Coele-Syria (67.5–11) was repeated in part during the Sixth Syrian War (P. 28.20.6–10).

γόνου τοῦ Μονοφθάλμου κατάληψιν καὶ τὴν Σελεύκου
δυναστείαν τῶν τόπων τούτων ἐκείνας ἔφη κυριωτάτας
εἶναι καὶ δικαιοτάτας κτήσεις, καθ' ἃς αὐτοῖς, οὐ
7 Πτολεμαίῳ, καθήκειν τὰ κατὰ Κοίλην Συρίαν· καὶ γὰρ
Πτολεμαῖον διαπολεμῆσαι πρὸς Ἀντίγονον οὐχ αὑτῷ,
Σελεύκῳ δὲ συγκατασκευάζοντα τὴν ἀρχὴν τῶν τόπων
8 τούτων. μάλιστα δὲ τὸ κοινὸν ἐπιέζει πάντων τῶν
βασιλέων συγχώρημα, καθ' οὓς καιροὺς Ἀντίγονον
νικήσαντες, καὶ βουλευόμενοι κατὰ προαίρεσιν ὁμόσε
πάντες, Κάσσανδρος Λυσίμαχος Σέλευκος, ἔκριναν
9 Σελεύκου τὴν ὅλην Συρίαν ὑπάρχειν. οἱ δὲ παρὰ τοῦ
Πτολεμαίου τἀναντία τούτων ἐπειρῶντο συνιστάνειν·
τό τε γὰρ παρὸν ηὖξον ἀδίκημα καὶ δεινὸν ἐποίουν τὸ
γεγονός, εἰς παρασπόνδημα τὴν Θεοδότου προδοσίαν
10 καὶ τὴν ἔφοδον ἀνάγοντες τὴν Ἀντιόχου, προεφέροντο
δὲ καὶ τὰς ἐπὶ Πτολεμαίου τοῦ Λάγου κτήσεις,
φάσκοντες ἐπὶ τούτῳ συμπολεμῆσαι Σελεύκῳ Πτολε-
μαῖον, ἐφ' ᾧ τὴν μὲν ὅλης τῆς Ἀσίας ἀρχὴν Σελεύκῳ
περιθεῖναι, τὰ δὲ κατὰ Κοίλην Συρίαν αὑτῷ κατακτή-
11 σασθαι καὶ Φοινίκην. ἐλέγετο μὲν οὖν ταῦτα καὶ
παραπλήσια τούτοις πλεονάκις ὑπ' ἀμφοτέρων κατὰ
τὰς διαπρεσβείας καὶ τὰς ἐντεύξεις, ἐπετελεῖτο δὲ τὸ
παράπαν οὐδὲν ἅτε τῆς δικαιολογίας γινομένης διὰ
τῶν κοινῶν φίλων, μεταξὺ δὲ μηδενὸς ὑπάρχοντος τοῦ
δυνησομένου παρακατασχεῖν καὶ κωλῦσαι τὴν τοῦ
12 δοκοῦντος ἀδικεῖν ὁρμήν. μάλιστα δὲ παρεῖχε δυσ-
χρηστίαν ἀμφοτέροις τὰ περὶ τὸν Ἀχαιόν· Πτολεμαῖ-
ος μὲν γὰρ ἐσπούδαζε περιλαβεῖν ταῖς συνθήκαις

by Antigonus Monophthalmus and the rule of Seleucus over the district. For Ptolemy, he said, had waged war on Antigonus in order to establish the sovereignty of Seleucus over Coele-Syria and not his own. But above all he urged the convention entered into by the kings after their victory over Antigonus, when all three of them, Cassander, Lysimachus, and Seleucus, after deliberating in common, decided that the whole of Syria should belong to Seleucus. Ptolemy's envoys attempted to maintain the opposite case. They magnified the wrong they were suffering and represented the grievance as most serious, treating the treachery of Theodotus and Antiochus' invasion as a distinct violation of their rights, adducing as evidence the occupation by Ptolemy, son of Lagus, and alleging that Ptolemy had aided Seleucus in the war under the stipulation, that while investing Seleucus with the sovereignty of the whole of Asia, he was to obtain Coele-Syria and Phoenicia for himself. These and similar arguments were repeated again and again by both parties in the course of the negotiations and conferences, but absolutely no result was arrived at, since the controversy was conducted by the common friends of both monarchs, and there was no one to interpose between them with the power of preventing and restraining any disposition that displayed itself to transgress the bounds of justice. The chief difficulty on both sides was the matter of Achaeus;[110] for Ptolemy wished him to be included in the

[110] If he was not a formal ally of Ptolemy, he was in any event an asset to his cause.

13 αὐτόν, Ἀντίοχος δὲ καθάπαξ οὐδὲ λόγον ἠνείχετο περὶ τούτων, δεινὸν ἡγούμενος τὸ καὶ τολμᾶν τὸν Πτολεμαῖον περιστέλλειν τοὺς ἀποστάτας καὶ μνήμην ποιεῖσθαι περί τινος τῶν τοιούτων.

68. Διόπερ ἐπεὶ πρεσβεύοντες μὲν ἅλις εἶχον ἀμφότεροι, πέρας δ' οὐδὲν ἐγίνετο περὶ τὰς συνθήκας, συνῆπτε δὲ τὰ τῆς ἐαρινῆς ὥρας, Ἀντίοχος μὲν συνῆγε τὰς δυνάμεις, ὡς εἰσβαλῶν καὶ κατὰ γῆν καὶ κατὰ θάλατταν καὶ καταστρεψόμενος τὰ καταλειπόμενα
2 μέρη τῶν ἐν Κοίλῃ Συρίᾳ πραγμάτων, οἱ δὲ περὶ τὸν Πτολεμαῖον ὁλοσχερέστερον ἐπιτρέψαντες τῷ Νικολάῳ χορηγίας τε παρεῖχον εἰς τοὺς κατὰ Γάζαν τόπους δαψιλεῖς καὶ δυνάμεις ἐξέπεμπον πεζικὰς καὶ
3 ναυτικάς, ὧν προσγενομένων εὐθαρσῶς ὁ Νικόλαος εἰς τὸν πόλεμον ἐνέβαινε, πρὸς πᾶν τὸ παραγγελλόμενον ἑτοίμως αὐτῷ συνεργοῦντος Περιγένους τοῦ
4 ναυάρχου· τοῦτον γὰρ ἐπὶ τῶν ναυτικῶν δυνάμεων ἐξαπέστειλαν οἱ περὶ τὸν Πτολεμαῖον, ἔχοντα καταφράκτους μὲν ναῦς τριάκοντα, φορτηγοὺς δὲ πλείους τῶν τετρακοσίων. Νικόλαος δὲ τὸ μὲν γένος ὑπῆρχεν
5 Αἰτωλός, τριβὴν δὲ καὶ τόλμαν ἐν τοῖς πολεμικοῖς οὐδενὸς εἶχεν ἐλάττω τῶν παρὰ Πτολεμαίῳ στρατευ-
6 ομένων. προκαταλαβόμενος δὲ μέρει μέν τινι τὰ κατὰ Πλάτανον στενά, τῇ δὲ λοιπῇ δυνάμει, μεθ' ἧς αὐτὸς ἦν, τὰ περὶ Πορφυρεῶνα πόλιν, ταύτῃ παρεφύλαττε τὴν εἰσβολὴν τοῦ βασιλέως, ὁμοῦ συνορμούσης αὐτῷ
7 καὶ τῆς ναυτικῆς δυνάμεως. Ἀντίοχος δὲ παρελθὼν εἰς Μάραθον, καὶ παραγενομένων πρὸς αὐτὸν Ἀραδίων

treaty, but Antiochus absolutely refused to listen to this, thinking it a scandalous thing that Ptolemy should venture to take rebels under his protection or even allude to such persons.

68. The consequence was that both sides grew weary of negotiating, and there was no prospect yet of a conclusion being reached, when, on the approach of spring, Antiochus collected his forces with the object of invading Coele-Syria both by land and sea and reducing the remainder of it. Ptolemy, entrusting the direction of the war entirely to Nicolaus, sent him abundant supplies to the neighborhood of Gaza, and dispatched fresh military and naval forces. Thus reinforced Nicolaus entered on the war in a spirit of confidence, all his requests being readily attended to by Perigenes, the admiral, whom Ptolemy had placed in command of the fleet, which consisted of thirty decked ships and more than four hundred transports. Nicolaus was by birth an Aetolian, and in military experience and martial courage was excelled by none of the officers in Ptolemy's service. He had occupied with part of his forces the pass of Platanus,[111] and with the rest, which he commanded in person, that near the town of Porphyreon, and here he awaited the king's attack, the fleet being anchored along shore to support him. On Antiochus reaching Marathus,[112] the people of Aradus[113] came to him asking for an

[111] *RE* Platanos 2338 (B. Spuler).

[112] *RE* Marathos 1431–1435 (E. Honigmann), at times part of the territory of Aradus.

[113] Island off the coast of Phoenice, with a famous sanctuary of Zeus at Baetocaeces. J.-P. Rey-Coquais, *Arados et sa Pérée* (Paris 1974); inscriptions: *I. Syrie*, vol. VII.

ὑπὲρ συμμαχίας, οὐ μόνον προσεδέξατο τὴν συμμα-
χίαν, ἀλλὰ καὶ τὴν διαφορὰν τὴν προϋπάρχουσαν
αὐτοῖς πρὸς ἀλλήλους κατέπαυσε, διαλύσας τοὺς ἐν
τῇ νήσῳ πρὸς τοὺς τὴν ἤπειρον κατοικοῦντας τῶν
8 Ἀραδίων. μετὰ δὲ ταῦτα ποιησάμενος τὴν εἰσβολὴν
κατὰ τὸ καλούμενον Θεοῦ πρόσωπον ἧκε πρὸς Βηρυ-
τόν, Βότρυν μὲν ἐν τῇ παρόδῳ καταλαβόμενος, Τρι-
9 ήρη δὲ καὶ Κάλαμον ἐμπρήσας. ἐντεῦθεν δὲ Νίκαρχον
μὲν καὶ Θεόδοτον προαπέστειλε, συντάξας προκατα-
λαβέσθαι τὰς δυσχωρίας περὶ τὸν Λύκον καλούμενον
ποταμόν· αὐτὸς δὲ τὴν δύναμιν ἀναλαβὼν προῆλθε
καὶ κατεστρατοπέδευσε περὶ τὸν Δαμούραν ποταμόν,
συμπαραπλέοντος ἅμα καὶ Διογνήτου τοῦ ναυάρχου.
10 παραλαβὼν δὲ πάλιν ἐντεῦθεν τούς τε περὶ τὸν Θεόδο-
τον καὶ Νίκαρχον τοὺς ἐκ τῆς δυνάμεως εὐζώνους,
ὥρμησε κατασκεψόμενος τὰς προκατεχομένας ὑπὸ
11 τῶν περὶ τὸν Νικόλαον δυσχωρίας. συνθεωρήσας δὲ
τὰς τῶν τόπων ἰδιότητας, τότε μὲν ἀνεχώρησε πρὸς
τὴν παρεμβολήν, κατὰ δὲ τὴν ἐπιοῦσαν ἡμέραν, κατα-
λιπὼν αὐτοῦ τὰ βαρέα τῶν ὅπλων καὶ Νίκαρχον ἐπὶ
τούτων, προῆγε μετὰ τῆς λοιπῆς δυνάμεως ἐπὶ τὴν
προκειμένην χρείαν.

69. Τῆς δὲ κατὰ τὸν Λίβανον παρωρείας κατὰ τοὺς
τόπους τούτους συγκλειούσης τὴν παραλίαν εἰς στε-
νὸν καὶ βραχὺν τόπον, συμβαίνει καὶ τοῦτον αὐτὸν
ῥάχει δυσβάτῳ καὶ τραχείᾳ διεζῶσθαι, στενὴν δὲ καὶ
δυσχερῆ παρ᾽ αὐτὴν τὴν θάλατταν ἀπολειπούσῃ
2 πάροδον, ἐφ᾽ ᾗ τότε Νικόλαος παρεμβεβληκώς, καὶ

alliance, and he not only granted this request, but put an end to their existing civil dissensions, by reconciling those on the island with those on the mainland. After this, he advanced by the promontory called Theoprosopon and reached Berytus, having occupied Botrys on his way and burnt Trieres and Calamus. From hence he sent on Nicarchus and Theodotus with orders to occupy the difficult passes near the river Lycus, and with his army advanced himself and encamped near the river Damuras,[114] his admiral Diognetus coasting along parallel to him. Thence once more taking with him the light-armed troops of his army which were under Theodotus and Nicarchus, he set out to reconnoiter the passes which Nicolaus had occupied. After noting the features of the ground he returned himself to the camp and next day, leaving behind under command of Nicarchus his heavy-armed troops, moved on with the rest of his army to attempt the passage.

69. At this part of the coast it is reduced by the slopes of Libanus to a small and narrow zone, and across this itself runs a steep and rocky ridge, leaving only a very narrow and difficult passage along the seashore. It was here that Nicolaus had posted himself, occupying some of the

114 Modern Nahr Damur, midway between Berytus and Sidon. *RE* Tamyras 2152–2153 (E. Honigmann).

τοὺς μὲν τῷ τῶν ἀνδρῶν πλήθει προκατειληφὼς
τόπους, τοὺς δὲ ταῖς χειροποιήτοις κατασκευαῖς
διησφαλισμένος, ῥᾳδίως ἐπέπειστο κωλύσειν τῆς
3 εἰσόδου τὸν Ἀντίοχον. ὁ δὲ βασιλεὺς διελὼν εἰς τρία
μέρη τὴν δύναμιν τὸ μὲν ἓν Θεοδότῳ παρέδωκε,
προστάξας συμπλέκεσθαι καὶ βιάζεσθαι παρ᾽ αὐτὴν
4 τὴν παρώρειαν τοῦ Λιβάνου, τὸ δ᾽ ἕτερον Μενεδήμῳ,
διὰ πλειόνων ἐντειλάμενος κατὰ μέσην πειράζειν τὴν
5 ῥάχιν· τὸ δὲ τρίτον πρὸς θάλατταν ἀπένειμε, Διοκλέα
τὸν στρατηγὸν τῆς Παραποταμίας ἡγεμόνα συστή-
6 σας. αὐτὸς δὲ μετὰ τῆς θεραπείας εἶχε τὸν μέσον
τόπον, πάντα βουλόμενος ἐποπτεύειν καὶ παντὶ τῷ
7 δεομένῳ παραβοηθεῖν. ἅμα δὲ τούτοις ἐξηρτυμένοι
παρενέβαλον εἰς ναυμαχίαν οἱ περὶ τὸν Διόγνητον καὶ
Περιγένην, συνάπτοντες κατὰ τὸ δυνατὸν τῇ γῇ καὶ
πειρώμενοι ποιεῖν ὡς ἂν εἰ μίαν ἐπιφάνειαν τῆς
8 πεζομαχίας καὶ ναυμαχίας. πάντων δὲ ποιησαμένων
ἀφ᾽ ἑνὸς σημείου καὶ παραγγέλματος ἑνὸς τὰς προσ-
βολάς, ἡ μὲν ναυμαχία πάρισον εἶχε τὸν κίνδυνον διὰ
τὸ καὶ τῷ πλήθει καὶ ταῖς παρασκευαῖς παραπλήσιον
9 εἶναι τὸ παρ᾽ ἀμφοῖν ναυτικόν, τῶν δὲ πεζῶν τὸ μὲν
πρῶτον ἐπεκράτουν οἱ τοῦ Νικολάου, συγχρώμενοι
ταῖς τῶν τόπων ὀχυρότησι, ταχὺ δὲ τῶν περὶ τὸν
Θεόδοτον ἐκβιασαμένων τοὺς ἐπὶ τῇ παρωρείᾳ, κἄπει-
τα ποιουμένων ἐξ ὑπερδεξίου τὴν ἔφοδον, τραπέντες οἱ
περὶ τὸν Νικόλαον ἔφευγον προτροπάδην ἅπαντες.
10 κατὰ δὲ τὴν φυγὴν ἔπεσον μὲν αὐτῶν εἰς δισχιλίους,
ζωγρίᾳ δ᾽ ἑάλωσαν οὐκ ἐλάττους τούτων· οἱ δὲ λοιποὶ

ground with a numerous force and securing other portions by artificial defenses, so that he felt sure of being able to prevent Antiochus from passing. The king, dividing his force into three parts, entrusted the one to Theodotus, ordering him to attack and force the line under the actual foot of Libanus; the second he placed under the command of Menedemus, giving him detailed orders to attempt the passage of the spur in the centre, while he assigned to the third body under the command of Diocles, the military governor of Parapotamia, the task of attacking along the seashore. He himself with his bodyguard took up a central position, wishing to command a view of the whole field and render assistance where required. At the same time the fleets under Diognetus and Perigenes prepared for a naval engagement approaching as near as possible to the shore, and attempting to make the battle at sea and on land present as it were a continuous front. Upon the word of command for the attack being given simultaneously all along the line, the battle by sea remained undecided, as the two fleets were equally matched in number and efficiency, while on land Nicolaus' forces at first had the upper hand, favored as they were by the strength of their position; but when Theodotus forced back the enemy at the foot of the mountain and then charged from higher ground, Nicolaus and his whole force turned and fled precipitately. About two thousand of them perished in the route, and an equal

11 πάντες ἀπεχώρησαν ἐπὶ Σιδῶνος. ὁ δὲ Περιγένης
ἐπικυδέστερος ὢν ταῖς ἐλπίσι κατὰ τὴν ναυμαχίαν,
συνθεωρήσας τὸ κατὰ τοὺς πεζοὺς ἐλάττωμα καὶ δια-
τραπεὶς, ἀσφαλῶς ἐποιήσατο τὴν ἀποχώρησιν εἰς
τοὺς αὐτοὺς τόπους.

70. Ἀντίοχος δὲ τὴν δύναμιν ἀναλαβὼν ἧκε καὶ
2 κατεστρατοπέδευσε πρὸς τῇ Σιδῶνι. τὸ μὲν οὖν κατα-
πειράζειν τῆς πόλεως ἀπέγνω διὰ τὴν προϋπάρχου-
σαν αὐτόθι δαψίλειαν τῆς χορηγίας καὶ τὸ πλῆθος
3 τῶν ἐνοικούντων καὶ συμπεφευγότων ἀνδρῶν· ἀναλα-
βὼν δὲ τὴν δύναμιν αὐτὸς μὲν ἐποιεῖτο τὴν πορείαν ὡς
ἐπὶ Φιλοτερίας, Διογνήτῳ δὲ συνέταξε τῷ ναυάρχῳ
4 πάλιν ἔχοντι τὰς ναῦς ἀποπλεῖν εἰς Τύρον. ἡ δὲ
Φιλοτερία κεῖται παρ᾽ αὐτὴν τὴν λίμνην εἰς ἣν ὁ
καλούμενος Ἰορδάνης ποταμὸς εἰσβάλλων ἐξίησι
πάλιν εἰς τὰ πεδία τὰ περὶ τὴν Σκυθῶν πόλιν προσ-
5 αγορευομένην. γενόμενος δὲ καθ᾽ ὁμολογίαν ἐγκρατὴς
ἀμφοτέρων τῶν προειρημένων πόλεων, εὐθαρσῶς
ἔσχε πρὸς τὰς μελλούσας ἐπιβολὰς διὰ τὸ τὴν ὑπο-
τεταγμένην χώραν ταῖς πόλεσι ταύταις ῥᾳδίως δύνα-
σθαι ταντὶ τῷ στρατοπέδῳ χορηγεῖν καὶ δαψιλῆ
παρασκευάζειν τὰ κατεπείγοντα πρὸς τὴν χρείαν.
6 ἀσφαλισάμενος δὲ φρουραῖς ταύτας ὑπερέβαλε τὴν
ὀρεινὴν καὶ παρῆν ἐπὶ Ἀταβύριον, ὃ κεῖται μὲν ἐπὶ

115 Vassal kingdom of the Achaemenids until Alexander the Great installed Abdalonymus as king (Berve, *Alexanderreich* 2.1, no. 1), the owner of the famous "Alexander sarcophagus." A son of his made a bilingual dedication, in Greek and Phoenician, to Aph-

number were taken prisoners, the rest retreating to Sidon. Perigenes, who had high hope of success in the sea battle, when he saw the defeat of the army, lost confidence and retired in safety to the same place.

70. Antiochus, with his army, came and encamped before Sidon.[115] He refrained from making any attempt on the town, owing to the abundance of supplies with which it was furnished and the numbers of its inhabitants and of the forces which had taken refuge in it, but taking his army, marched himself on Philoteria,[116] ordering the admiral Diognetus to sail on to Tyre with the fleet. Philoteria lies off the shore of the lake into which the river Jordan falls, and from which it issues again to traverse the plains round Scythopolis.[117] Having obtained possession of both the above cities, which came to terms with him, he felt confident in the success of his future operations, as the territory subject to them was easily capable of supplying his whole army with food, and of furnishing everything necessary for the expedition in abundance. Having secured both by garrisons, he crossed the mountainous country and reached Atabyrium,[118] which lies on a conical hill, the

rodite-Astarte on Cos: *SEG* 36.758; C. Habicht, *Chiron* 37 (2007), 125–127.

116 Probably founded by Ptolemy II Philadelphus and named in honor of his sister Philotera. Located at the Sea of Galilee. Cohen (43.1), 273–274.

117 On the right bank of the Jordan, modern Beth Shean. Cohen (43.1), 290–299. Documents of the royal chancellery have been found there. They date from the years around 200 and concern the estate of Ptolemy, son of Thraseas (65.3), *SEG* 29.1613 and 1808.

118 The Mount Tabor of the Old Testament.

λόφου μαστοειδοῦς, τὴν δὲ πρόσβασιν ἔχει πλεῖον ἢ
7 πεντεκαίδεκα σταδίων. χρησάμενος δὲ κατὰ τὸν και-
ρὸν τοῦτον ἐνέδρᾳ καὶ στρατηγήματι κατέσχε τὴν
8 πόλιν· προκαλεσάμενος γὰρ εἰς ἀκροβολισμὸν τοὺς
ἀπὸ τῆς πόλεως καὶ συγκαταβιβάσας ἐπὶ πολὺ τοὺς
προκινδυνεύοντας, κἄπειτα πάλιν ἐκ μεταβολῆς τῶν
φευγόντων καὶ διαναστάσεως τῶν ἐγκαθημένων συμ-
9 βαλών, πολλοὺς μὲν αὐτῶν ἀπέκτεινεν, τέλος δ᾽
ἐπακολουθήσας καὶ προκαταπληξάμενος ἐξ ἐφόδου
10 παρέλαβε καὶ ταύτην τὴν πόλιν. κατὰ δὲ τὸν καιρὸν
τοῦτον Κεραίας, εἷς τῶν· ὑπὸ Πτολεμαῖον ταττομένων
ὑπάρχων, ἀπέστη πρὸς αὐτόν· ᾧ χρησάμενος μεγα-
λοπρεπῶς πολλοὺς ἐμετεώρισε τῶν παρὰ τοῖς ἐναν-
11 τίοις ἡγεμόνων· Ἱππόλοχος γοῦν ὁ Θετταλὸς οὐ μετὰ
πολὺ τετρακοσίους ἱππεῖς ἧκεν ἔχων πρὸς αὐτὸν τῶν
12 ὑπὸ Πτολεμαῖον ταττομένων. ἀσφαλισάμενος δὲ καὶ
τὸ Ἀταβύριον ἀνέζευξε, καὶ προάγων παρέλαβε Πέλ-
λαν καὶ Καμοῦν καὶ Γεφροῦν.

71. τοιαύτης δὲ γενομένης τῆς εὐροίας, οἱ τὴν
παρακειμένην Ἀραβίαν κατοικοῦντες, παρακαλέσαν-
τες σφᾶς αὐτούς, ὁμοθυμαδὸν αὐτῷ προσέθεντο πάν-
2 τες. προσλαβὼν δὲ καὶ τὴν παρὰ τούτων ἐλπίδα καὶ
χορηγίαν προῆγε, καὶ κατασχὼν *** εἰς τὴν Γαλάτιν
*** γίνεται *** ἐγκρατὴς Ἀβίλων καὶ τῶν εἰς αὐτὰ
παραβεβοηθηκότων, ὧν ἡγεῖτο Νικίας, ἀναγκαῖος ὢν

119 The name is Pisidian; see L. Robert, *Études anatoliennes* (Paris 1937), 367.

ascent of which is more than fifteen stades. By an ambuscade and a stratagem employed during the ascent he managed to take this city too: for having provoked the garrison to sally out and skirmish, he enticed those of them who were in advance to follow his own retreating troops for a considerable distance down hill, and then turning the latter round and advancing, while those concealed issued from the ambuscade, he attacked the enemy and killed many of them; and finally following close on them and throwing them into panic took this city also by assault. At this time Ceraeas,[119] one of Ptolemy's officers, deserted to him, and by his distinguished treatment of him he turned the head of many of the enemy's commanders. It was not long indeed before Hippolochus the Thessalian[120] came to join him with four hundred horse who were in Ptolemy's service. After garrisoning Atabyrium also, he advanced and took Pella, Camus, and Gephrus.

71. The consequence of this series of successes was that the Arab tribes in the neighborhood, inciting each other to this step, unanimously adhered to him. Strengthened by the prospect of their help and by the supplies with which they furnished him, he advanced and occupying Galatis, made himself master also of Abila[121] and the force which had come to assist in its defense under the command of

[120] Within Thessaly, the name is only found in Pelasgiotis, viz. Larisa, Pherae, and Atrax. Larisa is the most likely home of this Hippolochus.

[121] The city of that name in the *Decapolis,* on the left bank of the Jordan. Cohen (43.1), 277–282 and map of Southern Syria at the end.

3 καὶ συγγενὴς Μεννέου. καταλειπομένων δ᾽ ἔτι τῶν Γαδάρων, ἃ δοκεῖ τῶν κατ᾽ ἐκείνους τοὺς τόπους ὀχυρότητι διαφέρειν, προσστρατοπεδεύσας αὐτοῖς καὶ συστησάμενος ἔργα ταχέως κατεπλήξατο καὶ παρ-
4 έλαβε τὴν πόλιν. μετὰ δὲ ταῦτα πυνθανόμενος εἰς τὰ Ῥαββατάμανα τῆς Ἀραβίας καὶ πλείους ἠθροισμένους τῶν πολεμίων πορθεῖν καὶ κατατρέχειν τὴν τῶν προσκεχωρηκότων Ἀράβων αὐτῷ χώραν, πάντ᾽ ἐν ἐλάττονι θέμενος ὥρμησε καὶ προσεστρατοπέδευσε τοῖς βουνοῖς, ἐφ᾽ ὧν κεῖσθαι συμβαίνει τὴν πόλιν.
5 περιελθὼν δὲ καὶ συνθεασάμενος τὸν λόφον κατὰ δύο τόπους μόνον ἔχοντα πρόσοδον, ταύτῃ προσέβαινε καὶ κατὰ τούτους συνίστατο τοὺς τόπους τὰς τῶν
6 μηχανημάτων κατασκευάς. ἀποδοὺς δὲ τὴν ἐπιμέλειαν τῶν ἔργων τῶν μὲν Νικάρχῳ, τῶν δὲ Θεοδότῳ, τὸ λοιπὸν αὐτὸς ἤδη κοινὸν αὑτὸν παρεσκεύαζε κατὰ τὴν ἐπιμέλειαν καὶ τὴν ἐπίσκεψιν τῆς ἑκατέρου περὶ ταῦτα
7 φιλοτιμίας. πολλὴν δὲ ποιουμένων σπουδὴν τῶν περὶ τὸν Θεόδοτον καὶ Νίκαρχον, καὶ συνεχῶς ἁμιλλωμένων πρὸς ἀλλήλους περὶ τοῦ πότερος αὐτῶν φθάσει καταβαλὼν τὸ προκείμενον τῶν ἔργων τεῖχος, ταχέως συνέβη καὶ παρὰ τὴν προσδοκίαν ἑκάτερον πεσεῖν τὸ
8 μέρος. οὗ συμβάντος ἐποιοῦντο καὶ νύκτωρ μὲν καὶ μεθ᾽ ἡμέραν προσβολὰς καὶ πᾶσαν προσέφερον βίαν,
9 οὐδένα παραλείποντες καιρόν. συνεχῶς δὲ καταπειράζοντες τῆς πόλεως οὐ μὴν ἤνυον τῆς ἐπιβολῆς οὐδὲν διὰ τὸ πλῆθος τῶν εἰς τὴν πόλιν συνδεδραμηκότων ἀνδρῶν, ἕως οὗ τῶν αἰχμαλώτων τινὸς ὑπο-

Nicias, a close friend and relative of Menneas. Gadara[122] still remained, a town considered to be the strongest in that district, and sitting down before it and bringing siege batteries to bear on it he very soon terrified it into submission. In the next place, hearing that a considerable force of the enemy was collected at Rabbatamana in Arabia[123] and was occupied in overrunning and pillaging the country of the Arabs who had joined him, he dismissed all other projects and starting off at once encamped under the hill on which the town lies. After making a circuit of the hill and observing that it was only accessible at two spots, he approached it there and chose those places for setting up his battering engines. Placing some of them in charge of Nicarchus and others under Theodotus, he devoted himself henceforth to directing and superintending their respective activities. Both Theodotus and Nicarchus displayed the greatest zeal, and there was continuous rivalry as to which would first cast down the wall in front of his machines; so that very shortly and before it was expected, the wall gave way in both places. After this they kept delivering assaults both by night and day, neglecting no opportunity and employing all their force. Notwithstanding these frequent attempts they met with no success owing to the strength of the force collected in the town, until a prisoner

[122] Also in the Decapolis, west of Abila. Cohen (43.1), 282–286.

[123] Modern Amman, the capital of Jordan.

δείξαντος τὸν ὑπόνομον, δι' οὗ κατέβαινον ἐπὶ τὴν
ὑδρείαν οἱ πολιορκούμενοι, τοῦτον ἀναρρήξαντες
ἐνέφραξαν ὕλῃ καὶ λίθοις καὶ παντὶ τῷ τοιούτῳ γένει.
10 τότε δὲ συνείξαντες οἱ κατὰ τὴν πόλιν διὰ τὴν ἀνυ-
11 δρίαν παρέδοσαν αὑτούς. οὗ γενομένου κυριεύσας τῶν
Ῥαββαταμάνων ἐπὶ μὲν τούτων ἀπέλιπε Νίκαρχον
μετὰ φυλακῆς τῆς ἁρμοζούσης· Ἱππόλοχον δὲ καὶ
Κεραίαν τοὺς ἀποστάντας μετὰ πεζῶν πεντακισχιλί-
ων ἐξαποστείλας ἐπὶ τοὺς κατὰ Σαμάρειαν τόπους, καὶ
συντάξας προκαθῆσθαι καὶ πᾶσι τὴν ἀσφάλειαν προ-
12 κετασκευάζειν τοῖς ὑπ' αὐτὸν ταττομένοις, ἀνέζευξε
μετὰ τῆς δυνάμεως ὡς ἐπὶ Πτολεμαΐδος, ἐκεῖ ποιεῖ-
σθαι διεγνωκὼς τὴν παραχειμασίαν.

72. Κατὰ δὲ τὴν αὐτὴν θερείαν Πεδνηλισσεῖς,
πολιορκούμενοι καὶ κινδυνεύοντες ὑπὸ Σελγέων, δι-
2 επέμψαντο περὶ βοηθείας πρὸς Ἀχαιόν. τοῦ δ' ἀσμέ-
νως ὑπακούσαντος, οὗτοι μὲν εὐθαρσῶς ὑπέμενον τὴν
πολιορκίαν, προσανέχοντες ταῖς ἐλπίσι τῆς βοηθείας,
3 ὁ δ' Ἀχαιός, προχειρισάμενος Γαρσύηριν μετὰ πεζῶν
ἑξακισχιλίων, ἱππέων δὲ πεντακοσίων, ἐξαπέστειλε
4 σπουδῇ παραβοηθήσοντα τοῖς Πεδνηλισσεῦσιν. οἱ δὲ
Σελγεῖς, συνέντες τὴν παρουσίαν τῆς βοηθείας, προ-
κατελάβοντο τὰ στενὰ τὰ περὶ τὴν καλουμένην Κλί-
μακα τῷ πλείονι μέρει τῆς ἑαυτῶν δυνάμεως, καὶ τὴν
μὲν εἰσβολὴν τὴν ἐπὶ Σάπορδα κατεῖχον, τὰς δὲ διό-
5 δους καὶ προσβάσεις πάσας ἔφθειρον. ὁ δὲ Γαρσύ-
ηρις, ἐμβαλὼν εἰς τὴν Μιλυάδα καὶ καταστρατο-
πεδεύσας περὶ τὴν καλουμένην Κρητῶν πόλιν, ἐπεὶ

revealed to them the position of the underground passage by which the besieged went down to draw water. This they burst into and filled it up with wood, stones, and all such kinds of things, upon which those in the city yielding owing to the want of water and surrendered. Having thus got possession of Rabbatamana, Antiochus left Nicarchus in it with an adequate garrison, and now sending the revolted leaders Hippolochus and Ceraeas with a force of five thousand foot to the district of Samaria,[124] with orders to protect the conquered territory and assure the safety of all the troops he had left in it, he returned with his army to Ptolemais, where he had decided to pass the winter.

72. During the same summer the people of Pednelissus,[125] being besieged by those of Selge[126] and in danger of capture, sent a message to Achaeus asking for help. Upon his readily agreeing, the Pednelissians henceforth sustained the siege with constancy, buoyed up by their hopes of succor, and Achaeus, appointing Garsyeris to command the expedition, dispatched him with six thousand foot and five hundred horse to their assistance. The Selgians, hearing of the approach of the force, occupied with the greater part of their own troops the pass at the place called the Ladder: holding the entrance to Saporda and destroying all the passages and approaches. Garsyeris, who entered Milyas and encamped near Cretopolis, when he heard that

[124] Cohen (43.1), 274–277.

[125] *RE* Pednelissos 43–45 (W. Ruge).

[126] In Pisidia: *RE Selge* 1257 (W. Ruge); D. Magie, *Roman Rule in Asia Minor*, Princeton, 1950, 264–265 and notes.

συνῄσθετο προκατεχομένων τῶν τόπων ἀδύνατον
οὖσαν τὴν εἰς τοὔμπροσθεν πορείαν, ἐπινοεῖ τινα
6 δόλον τοιοῦτον. ἀναζεύξας ἦγε πάλιν εἰς τοὐπίσω τὴν
πορείαν ὡς ἀπεγνωκὼς τὴν βοήθειαν διὰ τὸ προκατ-
7 έχεσθαι τοὺς τόπους. οἱ δὲ Σελγεῖς προχείρως πιστεύ-
σαντες, ὡς ἀπεγνωκότος βοηθεῖν Γαρσυήριδος, οἱ μὲν
εἰς τὸ στρατόπεδον ἀπεχώρησαν, οἱ δ' εἰς τὴν πόλιν
8 διὰ τὸ κατεπείγειν τὴν τοῦ σίτου κομιδήν. ὁ δὲ Γαρ-
σύηρις, ἐξ ἐπιστροφῆς ἐνεργὸν ποιησάμενος τὴν
πορείαν, ἧκε πρὸς τὰς ὑπερβολάς· καταλαβὼν δ' ἐρή-
μους, ταύτας μὲν ἠσφαλίσατο φυλακαῖς, Φάϋλλον ἐπὶ
9 πάντων ἐπιστήσας, αὐτὸς δὲ μετὰ τῆς στρατιᾶς εἰς
Πέργην κατάρας ἐντεῦθεν ἐποιεῖτο τὰς διαπρεσβείας
πρός τε τοὺς ἄλλους τοὺς τὴν Πισιδικὴν κατοικοῦντας
καὶ πρὸς τὴν Παμφυλίαν, ὑποδεικνύων μὲν τὸ τῶν
10 Σελγέων βάρος, παρακαλῶν δὲ πάντας πρὸς τὴν
Ἀχαιοῦ συμμαχίαν καὶ πρὸς τὴν βοήθειαν τοῖς
Πεδνηλισσεῦσιν.

73. οἱ δὲ Σελγεῖς κατὰ τὸν καιρὸν τοῦτον, στρατη-
γὸν ἐξαποστείλαντες μετὰ δυνάμεως, ἤλπισαν κατα-
πληξάμενοι ταῖς τῶν τόπων ἐμπειρίαις ἐκβαλεῖν τὸν
2 Φάϋλλον ἐκ τῶν ὀχυρωμάτων. οὐ καθικόμενοι δὲ τῆς
προθέσεως, ἀλλὰ πολλοὺς ἀποβαλόντες τῶν στρα-
τιωτῶν ἐν ταῖς προσβολαῖς, ταύτης μὲν τῆς ἐλπίδος
ἀπέστησαν, τῇ δὲ πολιορκίᾳ καὶ τοῖς ἔργοις οὐχ
3 ἧττον ἀλλὰ μᾶλλον ἢ πρὸ τοῦ προσεκαρτέρουν. τοῖς
δὲ περὶ Γαρσύηριν Ἐτεννεῖς μὲν οἱ τῆς Πισιδικῆς τὴν
ὑπὲρ Σίδης ὀρεινὴν κατοικοῦντες, ὀκτακισχιλίους

the pass had been occupied and that progress was therefore impossible, bethought himself of the following ruse. He broke up his camp, and began to march back, as if he despaired of being able to relieve Pednelissus owing to the occupation of the pass; upon which the Selgians, readily believing that Garsyeris had abandoned his attempt, retired some of them to their camp and others to their own city, as the harvest was near at hand. Garsyeris now faced round again, and by a forced march reached the pass, which he found abandoned; and having placed a garrison at it under the command of Phayllus, descended with his army to Perge,[127] and thence sent embassies to the other Pisidian cities and to Pamphylia, calling attention to the growing power of Selge and inviting them all to ally themselves with Achaeus and assist Pednelissus.

73. Meanwhile the Selgians had sent out a general with an army, and were in hopes of surprising Phayllus owing to their knowledge of the ground and driving him out of his entrenchments. But on meeting with no success and losing many of their men in the attack, they abandoned this design, continuing, however, to pursue their siege operations more obstinately even than before. The Etennes, who inhabit the highlands of Pisidia above Side, sent Garsyeris

[127] In Pamphylia. *RE* Perge 694–704 (W. Ruge). H. J. Colin, *Die Münzen von Perge in Pamphylien in hellenistischer Zeit* (Köln 1996).

4 ὁπλίτας ἔπεμψαν, Ἀσπένδιοι δὲ τοὺς ἡμίσεις· Σιδῆται
δὲ τὰ μὲν στοχαζόμενοι τῆς πρὸς Ἀντίοχον εὐνοίας,
τὸ δὲ πλεῖον διὰ τὸ πρὸς Ἀσπενδίους μῖσος, οὐ
5 μετέσχον τῆς βοηθείας. ὁ δὲ Γαρσύηρις ἀναλαβὼν
τάς τε τῶν βεβοηθηκότων καὶ τὰς ἰδίας δυνάμεις ἧκε
πρὸς τὴν Πεδνηλισσόν, πεπεισμένος ἐξ ἐφόδου λύ-
σειν τὴν πολιορκίαν· οὐ καταπληττομένων δὲ τῶν
Σελγέων, λαβὼν σύμμετρον ἀπόστημα κατεστρατο-
6 πέδευσε. τῶν δὲ Πεδνηλισσέων πιεζομένων ὑπὸ τῆς
ἐνδείας, ὁ Γαρσύηρις σπεύδων ποιεῖν τὰ δυνατά, δισ-
χιλίους ἑτοιμάσας ἄνδρας καὶ δοὺς ἑκάστῳ μέδιμνον
7 πυρῶν, νυκτὸς εἰς τὴν Πεδνηλισσὸν εἰσέπεμπε. τῶν δὲ
Σελγέων συνέντων τὸ γινόμενον καὶ παραβοηθησάν-
των, συνέβη τῶν μὲν ἀνδρῶν τῶν εἰσφερόντων κατα-
κοπῆναι τοὺς πλείστους, τοῦ δὲ σίτου παντὸς κυρι-
8 εῦσαι τοὺς Σελγεῖς. οἷς ἐπαρθέντες ἐνεχείρησαν οὐ
μόνον τὴν πόλιν, ἀλλὰ καὶ τοὺς περὶ τὸν Γαρσύηριν
πολιορκεῖν· ἔχουσι γὰρ δή τι τολμηρὸν ἀεὶ καὶ
9 παράβολον ἐν τοῖς πολεμίοις οἱ Σελγεῖς. δι᾽ ἃ καὶ τότε
καταλιπόντες φυλακὴν τὴν ἀναγκαίαν τοῦ χάρακος,
τοῖς λοιποῖς περιστάντες κατὰ πλείους τόπους ἅμα
προσέβαλον εὐθαρσῶς τῇ τῶν ὑπεναντίων παρεμ-
10 βολῇ. πανταχόθεν δὲ τοῦ κινδύνου παραδόξως περι-
εστῶτος, κατὰ δέ τινας τόπους καὶ τοῦ χάρακος ἤδη
διασπωμένου, θεωρῶν ὁ Γαρσύηρις τὸ συμβαῖνον καὶ
μοχθηρὰς ἐλπίδας ἔχων ὑπὲρ τῶν ὅλων, ἐξέπεμψε
11 τοὺς ἱππεῖς κατά τινα τόπον ἀφυλακτούμενον· οὓς
νομίσαντες οἱ Σελγεῖς καταπεπληγμένους καὶ δεδι-

eight thousand hoplites, and the people of Aspendus[128] half that number; but the people of Side,[129] partly from a wish to ingratiate themselves with Antiochus and partly owing to their hatred of the Aspendians, did not contribute to the relieving force. Garsyeris now, taking with him the reinforcements and his own army, came to Pednelissus, flattering himself that he would raise the siege at the first attack, but as the Selgians showed no signs of dismay he encamped at a certain distance away. As the Pednelissians were hard pressed by famine, Garsyeris, who was anxious to do all in his power to relieve them, got ready two thousand men, and giving each of them a medimnus of wheat, tried to send them in to Pednelissus by night. But the Selgians, getting intelligence of this, fell upon them, and most of the men carrying the corn were cut to pieces, the whole of the grain falling into the hands of the Selgians. Elated by this success they now undertook to storm not only the city, but the camp of Garsyeris; for the Selgians always show a bold and daredevil spirit in war. Leaving, therefore, behind only the forces that were necessary to guard their camp, with the rest they surrounded and attacked with great courage that of the enemy in several places simultaneously. Attacked unexpectedly on every side, and the stockade having been already forced in some places, Garsyeris, seeing the state of matters and with but slender hopes of victory, sent out his cavalry at a spot which had been left unguarded. The Selgians, thinking that these horsemen were panic-stricken and that they

128 In Pamphylia. *RE* Aspendos (Suppl. 12), 99–108 (Sh. Jameson).

129 Magie (72.1), 261–262 and notes.

όντας τὸ μέλλον ἀποχωρήσειν οὐ προσέσχον, ἀλλ'
12 ἁπλῶς ὠλιγώρησαν. οἱ δὲ περιιππεύσαντες καὶ γενό-
μενοι κατὰ νώτου τοῖς πολεμίοις ἐνέβαλον, καὶ προσ-
13 έφερον τὰς χεῖρας ἐρρωμένως. οὗ συμβαίνοντος ἀνα-
θαρρήσαντες οἱ τοῦ Γαρσυήριδος πεζοί, καίπερ ἤδη
τετραμμένοι, πάλιν ἐκ μεταβολῆς ἠμύνοντο τοὺς
14 εἰσπίπτοντας· ἐξ οὗ περιεχόμενοι πανταχόθεν οἱ Σελ-
15 γεῖς τέλος εἰς φυγὴν ὥρμησαν. ἅμα δὲ τούτοις οἱ
Πεδνηλισσεῖς ἐπιθέμενοι τοὺς ἐν τῷ χάρακι κατα-
16 λειφθέντας ἐξέβαλον. γενομένης δὲ τῆς φυγῆς ἐπὶ
πολὺν τόπον, ἔπεσον μὲν οὐκ ἐλάττους μυρίων, τῶν δὲ
λοιπῶν οἱ μὲν σύμμαχοι πάντες εἰς τὴν οἰκείαν, οἱ δὲ
Σελγεῖς διὰ τῆς ὀρεινῆς εἰς τὴν αὑτῶν πατρίδα κατ-
έφυγον.

74. Ὁ δὲ Γαρσύηρις ἀναζεύξας ἐκ ποδὸς εἵπετο
τοῖς φεύγουσιν, σπεύδων διελθεῖν τὰς δυσχωρίας καὶ
συνεγγίσαι τῇ πόλει πρὶν ἢ στῆναι καὶ βουλεύσα-
σθαί τι τοὺς πεφευγότας ὑπὲρ τῆς αὑτοῦ παρουσίας.
2 οὗτος μὲν οὖν ἧκε μετὰ τῆς δυνάμεως πρὸς τὴν πόλιν·
3 οἱ δὲ Σελγεῖς δυσελπιστοῦντες μὲν ἐπὶ τοῖς συμ-
μάχοις διὰ τὴν κοινὴν περιπέτειαν, ἐκπεπληγμένοι δὲ
ταῖς ψυχαῖς διὰ τὸ γεγονὸς ἀτύχημα, περίφοβοι
τελέως ἦσαν καὶ περὶ σφῶν αὐτῶν καὶ περὶ τῆς
4 πατρίδος. διὸ συνελθόντες εἰς ἐκκλησίαν ἐβουλεύ-
σαντο πρεσβευτὴν ἐκπέμπειν ἕνα τῶν πολιτῶν
Λόγβασιν, ὃς ἐγεγόνει μὲν ἐπὶ πολὺ συνήθης καὶ
ξένος Ἀντιόχου τοῦ μεταλλάξαντος τὸν βίον ἐπὶ
5 Θρᾴκης, δοθείσης δ' ἐν παρακαταθήκῃ καὶ Λαοδίκης

meant to retire for fear of the fate that threatened them, paid no attention to this move, but simply ignored them. But this body of cavalry, riding round the enemy and getting to his rear, delivered a vigorous onslaught, upon which Garsyeris' infantry, although already retreating, plucked up courage again and facing round defended themselves against their aggressors. The Selgians were thus surrounded on all sides, and finally took to flight, the Pednelissians at the same time attacking the camp and driving out the garrison that had been left in it. The pursuit continued for a great distance, and not less than ten thousand were killed, while of the rest the allies fled to their respective homes, and the Selgians across the hills to their own city.

74. Garsyeris at once broke up his camp and followed closely on the runaways, hoping to traverse the passes and approach the city before the fugitives could rally and resolve on any measures for meeting his approach. Upon his arriving with his army before the city, the Selgians, placing no reliance on their allies, who had suffered equally with themselves, and thoroughly dispirited by the disaster they had met with, fell into complete dismay for themselves and their country. Calling a public assembly, therefore, they decided to send out as commissioner one of their citizens named Logbasis,[130] who had often entertained and had been for long on terms of intimacy with that Antiochus[131] who lost his life in Thrace, and who, when Laodice,[132]

[130] A Pisidian name: L. Robert, *Noms indigènes dans l'Asie-Mineure Gréco-Romaine* (Paris 1963), 430–431.

[131] Brother and rival of King Seleucus II, surnamed *Hierax.*

[132] Wife of Achaeus, sister of Laodice, the wife of King Antiochus III.

αὐτῷ τῆς Ἀχαιοῦ γενομένης γυναικός, ἐτετρόφει ταύτην ὡς θυγατέρα καὶ διαφερόντως ἐπεφιλοστοργήκει
6 τὴν παρθένον. δι' ἃ νομίζοντες οἱ Σελγεῖς εὐφυέστατον ἔχειν πρεσβευτὴν πρὸς τὰ περιεστῶτα τοῦτον
7 ἐξαπέστειλαν· ὃς ποιησάμενος ἰδίᾳ τὴν ἔντευξιν πρὸς Γαρσύηριν, τοσοῦτο κατὰ τὴν προαίρεσιν ἀπέσχε τοῦ βοηθεῖν τῇ πατρίδι κατὰ τὸ δέον ὥστε τἀναντία παρεκάλει τὸν Γαρσύηριν σπουδῇ πέμπειν ἐπὶ τὸν Ἀχαι-
8 όν, ἀναδεχόμενος ἐγχειριεῖν αὐτοῖς τὴν πόλιν. ὁ μὲν οὖν Γαρσύηρις, δεξάμενος ἑτοίμως τὴν ἐλπίδα, πρὸς μὲν τὸν Ἀχαιὸν ἐξέπεμψε τοὺς ἐπισπασομένους καὶ
9 διασαφήσοντας περὶ τῶν ἐνεστώτων, πρὸς δὲ τοὺς Σελγεῖς ἀνοχὰς ποιησάμενος εἷλκε τὸν χρόνον τῶν συνθηκῶν, ἀεὶ ὑπὲρ τῶν κατὰ μέρος ἀντιλογίας καὶ σκήψεις εἰσφερόμενος χάριν τοῦ προσδέξασθαι μὲν τὸν Ἀχαιόν, δοῦναι δ' ἀναστροφὴν τῷ Λογβάσει πρὸς τὰς ἐντεύξεις καὶ παρασκευὰς τῆς ἐπιβολῆς.

75. Κατὰ δὲ τὸν καιρὸν τοῦτον πλεονάκις συμπορευομένων πρὸς ἀλλήλους εἰς σύλλογον, ἐγίνετό τις συνήθεια τῶν ἐκ τοῦ στρατοπέδου, παρεισιόντων πρὸς
2 τὰς σιταρχίας εἰς τὴν πόλιν. ὃ δὴ καὶ πολλοῖς καὶ πολλάκις ἤδη παραίτιον γέγονε τῆς ἀπωλείας. καί μοι δοκεῖ πάντων τῶν ζῴων εὐπαραλογιστότατον ὑπάρ-
3 χειν ἄνθρωπος, δοκοῦν εἶναι πανουργότοτον. πόσαι μὲν γὰρ παρεμβολαὶ καὶ φρούρια, πόσαι δὲ καὶ πηλί-
4 και πόλεις τούτῳ τῷ τρόπῳ παρεσπόνδηνται; καὶ τούτων οὕτω συνεχῶς καὶ προφανῶς πολλοῖς ἤδη συμβεβηκότων οὐκ οἶδ' ὅπως καινοί τινες αἰεὶ καὶ νέοι πρὸς

who afterward became the wife of Achaeus, was placed under his charge, had brought up the young lady as his own daughter and treated her with especial kindness. The Selgians sent him therefore, thinking that he was especially suited to undertake such a mission; but in a private interview with Garsyeris he was so far from showing a disposition to be helpful to his country, as was his duty, that on the other hand he begged Garsyeris to send for Achaeus at once, engaging to betray the city to them. Garsyeris, eagerly catching at the proposal, sent messengers to Achaeus inviting him to come and informing him of what was doing, while he made a truce with the Selgians and dragged on the negotiations, raising perpetual disputes and scruples on points of detail, so that Achaeus might have time to arrive and Logbasis full leisure to communicate with his friends and make preparations for the design.

75. During this time, as the two parties frequently met for discussion, it became a constant practice for those in the camp to enter the city for the purpose of purchasing provisions. This is a practice which has proved fatal to many on many occasions. And indeed it seems to me that man, who is supposed to be the most cunning of all animals, is in fact the most easily duped. For how many camps and fortresses, how many great cities have not been betrayed by this means? And though this has constantly happened in the sight of all men, yet somehow or other we

5 τὰς τοιαύτας ἀπάτας πεφύκαμεν. τούτου δ' αἴτιόν
ἐστιν ὅτι τὰς τῶν πρότερον ἐπταικότων ἐν ἑκάστοις
περιπετείας οὐ ποιούμεθα προχείρους, ἀλλὰ σίτου μὲν
καὶ χρημάτων πλῆθος, ἔτι δὲ τειχῶν καὶ βελῶν κατα-
σκευάς, μετὰ πολλῆς ταλαιπωρίας καὶ δαπάνης ἑτοι-
6 μαζόμεθα πρὸς τὰ παράδοξα τῶν συμβαινόντων, ὃ δ'
ἐστὶ ῥᾷστον μὲν τῶν ὄντων, μεγίστας δὲ παρέχεται
χρείας ἐν τοῖς ἐπισφαλέσι καιροῖς, τούτου πάντες
κατολιγωροῦμεν, καὶ ταῦτα δυνάμενοι μετ' εὐσχήμο-
νος ἀναπαύσεως ἅμα καὶ διαγωγῆς ἐκ τῆς ἱστορίας
καὶ πολυπραγμοσύνης περιποιεῖσθαι τὴν τοιαύτην
ἐμπειρίαν.

7 Πλὴν ὁ μὲν Ἀχαιὸς ἧκε πρὸς τὸν καιρόν, οἱ δὲ
Σελγεῖς συμμίξαντες αὐτῷ μεγάλας ἔσχον ἐλπίδας ὡς
8 ὁλοσχεροῦς τινος τευξόμενοι φιλανθρωπίας. ὁ δὲ
Λόγβασις ἐν τούτῳ τῷ καιρῷ κατὰ βραχὺ συνηθροι-
κὼς εἰς τὴν ἰδίαν οἰκίαν τῶν ἐκ τοῦ στρατοπέδου
παρεισιόντων στρατιωτῶν, συνεβούλευε τοῖς πολίταις
9 μὴ παρεῖναι τὸν καιρόν, ἀλλὰ πράττειν βλέποντας εἰς
τὴν ὑποδεικνυμένην φιλανθρωπίαν ὑπ' Ἀχαιοῦ, καὶ
τέλος ἐπιθεῖναι ταῖς συνθήκαις πανδημεὶ βουλευσα-
10 μένους ὑπὲρ τῶν ἐνεστώτων. ταχὺ δὲ συναθροισθεί-
σης τῆς ἐκκλησίας, οὗτοι μὲν ἐβουλεύοντο, καλέσαν-
τες καὶ τοὺς ἀπὸ τῶν φυλακείων ἅπαντας, ὡς τέλος
ἐπιθήσοντας τοῖς προκειμένοις·

76. ὁ δὲ Λόγβασις ἀποδοὺς τὸ σύνθημα τοῦ καιροῦ τοῖς ὑπεναντίοις ἡτοίμαζε τοὺς ἠθροισμένους κατὰ τὴν οἰκίαν, διεσκευάζετο δὲ καὶ καθωπλίζετο μετὰ τῶν

always remain novices and display all the candor of youth with regard to such tricks. The reason of this is that we have not ready to hand in our memories the various disasters that have overtaken others, but while we spare no pains and expense in laying in supplies of corn and money and in constructing walls and providing missiles to guard against surprises, we all completely neglect the very easiest precaution and that which is of the greatest service at a critical moment, although we can gain this experience from study of history and inquiry while enjoying honorable repose and procuring entertainment for our minds.

Achaeus, then, arrived at the time he was expected, and the Selgians on meeting him had great hopes of receiving the kindest treatment in every respect from him. Meanwhile Logbasis, who had gradually collected in his own house some of the soldiers from the camp who had entered the town, continued to advise the citizens, in view of the kindly feelings that Achaeus displayed, not to lose the opportunity but to take action and put a finish to the negotiations, holding a general assembly to discuss the situation. The meeting soon assembled and the discussion was proceeding, all those serving on guard having been summoned, so that the matter might be decided for good and all.

76. Meanwhile Logbasis had given the signal to the enemy that the moment had come, and was getting ready the soldiers collected in his house and arming himself and his

2 υἱῶν αὐτὸς ἅμα πρὸς τὸν κίνδυνον. τῶν δὲ πολεμίων ὁ
μὲν Ἀχαιὸς τοὺς [μὲν] ἡμίσεις ἔχων προέβαινε πρὸς
αὐτὴν τὴν πόλιν, ὁ δὲ Γαρσύηρις τοὺς ὑπολειπομένους
ἀναλαβὼν προῆγεν ὡς ἐπὶ τὸ Κεσβέδιον καλούμενον.
τοῦτο δ' ἐστὶ μὲν Διὸς ἱερόν, κεῖται δ' εὐφυῶς κατὰ τῆς
3 πόλεως· ἄκρας γὰρ λαμβάνει διάθεσιν. συνθεασα-
μένου δέ τινος κατὰ τύχην αἰπόλου τὸ συμβαῖνον καὶ
προσαγγείλαντος πρὸς τὴν ἐκκλησίαν, οἱ μὲν ἐπὶ τὸ
Κεσβέδιον ὥρμων μετὰ σπουδῆς, οἱ δ' ἐπὶ τὰ φυλα-
κεῖα, τὸ δὲ πλῆθος ὑπὸ τὸν θυμὸν ἐπὶ τὴν οἰκίαν τοῦ
4 Λογβάσιος. καταφανοῦς δὲ τῆς πράξεως γενομένης,
οἱ μὲν αὐτῶν ἐπὶ τὸ τέγος ἀναβάντες, οἱ δὲ ταῖς
αὐλείοις βιασάμενοι, τόν τε Λόγβασιν καὶ τοὺς υἱούς,
ἅμα δὲ καὶ τοὺς ἄλλους πάντας αὐτοῦ κατεφόνευσαν.
5 μετὰ δὲ ταῦτα κηρύξαντες τοῖς δούλοις ἐλευθερίαν καὶ
διελόντες σφᾶς αὐτοὺς ἐβοήθουν ἐπὶ τοὺς εὐκαίρους
6 τῶν τόπων. ὁ μὲν οὖν Γαρσύηρις ἰδὼν προκατεχό-
7 μενον τὸ Κεσβέδιον ἀπέστη τῆς προθέσεως· τοῦ δ'
Ἀχαιοῦ βιαζομένου πρὸς αὐτὰς τὰς πύλας ἐξελθόντες
οἱ Σελγεῖς ἑπτακοσίους μὲν κατέβαλον τῶν Μυσῶν,
8 τοὺς δὲ λοιποὺς ἀπέστησαν τῆς ὁρμῆς. μετὰ δὲ ταύ-
την τὴν πρᾶξιν ὁ μὲν Ἀχαιὸς καὶ Γαρσύηρις ἀνεχώ-
9 ρησαν εἰς τὴν αὑτῶν παρεμβολήν, οἱ δὲ Σελγεῖς,
δεδιότες μὲν τὰς ἐν αὑτοῖς στάσεις, δεδιότες δὲ καὶ τὴν
τῶν πολεμίων ἐπιστρατοπεδείαν, ἐξέπεμψαν μεθ' ἱκε-
τηριῶν τοὺς πρεσβυτέρους, καὶ σπονδὰς ποιησάμενοι
10 διελύσαντο τὸν πόλεμον ἐπὶ τούτοις, ἐφ' ᾧ παρα-
χρῆμα μὲν δοῦναι τετρακόσια τάλαντα καὶ τοὺς τῶν

sons for the coming fight. Achaeus with half of his forces was advancing on the city itself, and Garsyeris with the rest was approaching the so-called Cesbedium, which is a temple of Zeus and commands the city, being in the nature of a citadel. A certain goat-herd happened to notice the movement and brought the news to the assembly, upon which some of the citizens hastened to occupy the Cesbedium and others repaired to their posts, while the larger number in their anger made for Logbasis' house. The evidence of his treachery being now clear, some mounted the roof, and others, breaking in through the front gate, massacred Logbasis, his sons, and all the rest whom they found there. After this they proclaimed the freedom of their slaves, and dividing into separate parties, brought help at convenient points. Garsyeris, now, seeing that the Cesbedium was already occupied, abandoned his attempt, and on Achaeus trying to force an entrance through the gates, the Selgians made a sally, and after killing seven hundred of the Mysians, forced the remainder to give up the attack. After the action Achaeus and Garsyeris withdrew to their camp, and the Selgians, afraid of civil discord among themselves and also of a siege by the enemy, sent their elders out in the guise of suppliants, and making a truce, put an end to the war on the following terms. They were to pay at once four hundred talents and to give up the Pednelissian prisoners,

Πεδνηλισσέων αἰχμαλώτους, μετὰ δέ τινα χρόνον ἕτερα προσθεῖναι τριακόσια.

11 Σελγεῖς μὲν οὖν διὰ τὴν Λογβάσιος ἀσέβειαν τῇ πατρίδι κινδυνεύσαντες, διὰ τὴν σφετέραν εὐτολμίαν τήν τε πατρίδα διετήρησαν καὶ τὴν ἐλευθερίαν οὐ κατῄσχυναν καὶ τὴν ὑπάρχουσαν αὐτοῖς πρὸς Λακεδαιμονίους συγγένειαν·

77. Ἀχαιὸς δὲ ποιησάμενος ὑφ' ἑαυτὸν τὴν Μιλυάδα καὶ τὰ πλεῖστα μέρη τῆς Παμφυλίας ἀνέζευξε, καὶ παραγενόμενος εἰς Σάρδεις ἐπολέμει μὲν Ἀττάλῳ συνεχῶς, ἀνετείνετο δὲ Προυσίᾳ, πᾶσι δ' ἦν φοβερὸς καὶ βαρὺς τοῖς ἐπὶ τάδε τοῦ Ταύρου κατοικοῦσι.

2 Κατὰ δὲ τὸν καιρόν, καθ' ὃν Ἀχαιὸς ἐποιεῖτο τὴν ἐπὶ τοὺς Σελγεῖς στρατείαν, Ἄτταλος ἔχων τοὺς Αἰγοσάγας Γαλάτας ἐπεπορεύετο τὰς κατὰ τὴν Αἰολίδα πόλεις καὶ τὰς συνεχεῖς ταύταις, ὅσαι πρότερον
3 Ἀχαιῷ προσεκεχωρήκεισαν διὰ τὸν φόβον· ὧν αἱ μὲν πλείους ἐθελοντὴν αὐτῷ προσέθεντο καὶ μετὰ χάριτος,
4 ὀλίγαι δέ τινες τῆς βίας προσεδεήθησαν. ἦσαν δ' αἱ τότε μεταθέμεναι πρὸς αὐτὸν πρῶτον μὲν Κύμη καὶ Μυρίνα καὶ Φώκαια· μετὰ δὲ ταύτας Αἰγαιεῖς καὶ Τημνῖται προσεχώρησαν, καταπλαγέντες τὴν ἔφοδον·
5 ἧκον δὲ καὶ παρὰ Τηίων καὶ Κολοφωνίων πρέσβεις
6 ἐγχειρίζοντες σφᾶς αὐτοὺς καὶ τὰς πόλεις. προσδεξάμενος δὲ καὶ τούτους ἐπὶ ταῖς συνθήκαις αἷς καὶ τὸ πρότερον, καὶ λαβὼν ὁμήρους, ἐχρημάτισε τοῖς

and they engaged to pay a further sum of three hundred talents after a certain interval.

Thus the Selgians, after nearly losing their country owing to the impious treachery of Logbasis, preserved it by their own valor and disgraced neither their liberty nor their kinship with the Lacedaemonians.[133]

77. Achaeus, now, after subjecting Milyas and the greater part of Pamphylia, departed, and on reaching Sardis continued to make war on Attalus, began to menace Prusias, and made himself a serious object of dread to all the inhabitants on this side of the Taurus.

At the time when Achaeus was engaged in his expedition against Selge, Attalus with the Gaulish tribe of the Aegosagae[134] proceeded against the cities in Aeolis and on its borders, which had formerly[135] adhered to Achaeus out of fear. Most of them joined him willingly and gladly, but in some cases force was necessary. The ones which went over to his side on this occasion were firstly Cyme, <Myrina>,[136] and Phocaea, Aegae, and Temnus subsequently adhering to him in fear of his attack. The Teians[137] and Colophonians also sent embassies delivering up themselves and their cities. Accepting their adhesion on the same terms as formerly and taking hostages, he showed especial consid-

133 Selge's claim to a kinship with Sparta is a myth (Beloch, *Gr. Gesch.*, 1.2, 109).

134 See on 53.3. For Attalus' campaign in 218, see map in WC 1.602.

135 At the time when Achaeus was still loyal to King Antiochus.

136 See U. Wilcken, *RE* Attalus 2162.

137 *RE* Teos 539–580 (W. Ruge). Important documents in honor of Antiochus III, dating some fifteen years later, were published in 1969 by P. Herrmann; they are reprinted in Ma (45.4), 308–321.

παρὰ τῶν Σμυρναίων πρεσβευταῖς φιλανθρώπως διὰ τὸ μάλιστα τούτους τετηρηκέναι τὴν πρὸς αὐτὸν
7 πίστιν. προελθὼν δὲ κατὰ τὸ συνεχὲς καὶ διαβὰς τὸν Λύκον ποταμὸν προῆγεν ἐπὶ τὰς τῶν Μυσῶν κατοικίας, ἀπὸ δὲ τούτων γενόμενος ἧκε πρὸς Καρσέας.
8 καταπληξάμενος δὲ τούτους, ὁμοίως δὲ καὶ τοὺς τὰ Δίδυμα τείχη φυλάττοντας, παρέλαβε καὶ ταῦτα τὰ χωρία, Θεμιστοκλέους αὐτὰ παραδόντος, ὃς ἐτύγχανε στρατηγὸς ὑπ᾽ Ἀχαιοῦ καταλελειμμένος τῶν τόπων
9 τούτων. ὁρμήσας δὲ ἐντεῦθεν καὶ κατασύρας τὸ Ἀπίας πεδίον ὑπερέβαλε τὸ καλούμενον ὄρος Πελεκᾶντα καὶ κατέζευξε περὶ τὸν Μέγιστον ποταμόν.

78. Οὗ γενομένης ἐκλείψεως σελήνης, πάλαι δυσχερῶς φέροντες οἱ Γαλάται τὰς ἐν ταῖς πορείαις κακοπαθείας, ἅτε ποιούμενοι τὴν στρατείαν μετὰ γυναικῶν
2 καὶ τέκνων, ἑπομένων αὐτοῖς τούτων ἐν ταῖς ἁμάξαις, τότε σημειωσάμενοι τὸ γεγονὸς οὐκ ἂν ἔφασαν ἔτι
3 προελθεῖν εἰς τὸ πρόσθεν. ὁ δὲ βασιλεὺς Ἄτταλος, χρείαν μὲν ἐξ αὐτῶν οὐδεμίαν ὁλοσχερῆ κομιζόμενος, θεωρῶν δ᾽ ἀποσπωμένους ἐν ταῖς πορείαις καὶ καθ᾽ αὑτοὺς στρατοπεδεύοντας καὶ τὸ ὅλον ἀπειθοῦντας καὶ πεφρονηματισμένους, εἰς ἀμηχανίαν ἐνέπιπτεν οὐ
4 τὴν τυχοῦσαν· ἅμα μὲν γὰρ ἠγωνία μὴ πρὸς τὸν Ἀχαιὸν ἀπονεύσαντες συνεπίθωνται τοῖς αὐτοῦ πράγμασιν, ἅμα δ᾽ ὑφεωρᾶτο τὴν ἐξακολουθοῦσαν αὐτῷ φήμην, ἐὰν περιστήσας τοὺς στρατιώτας διαφθείρῃ πάντας τοὺς δοκοῦντας διὰ τῆς ἰδίας πίστεως

eration to the envoys from Smyrna, as this city had been most constant in its loyalty to him. Continuing his progress and crossing the river Lycus he advanced on the Mysian communities, and after having dealt with them reached Carseae. Overawing the people of this city and also the garrison of Didymateiche he took possession of these places likewise, when Themistocles,[138] the general left in charge of the district by Achaeus, surrendered them to him. Starting thence and laying waste the plain of Apia he crossed Mount Pelecas and encamped near the river Megistus.[139]

78. While he was here, an eclipse of the moon took place,[140] and the Gauls, who had all along been aggrieved by the hardships of the march—since they made the campaign accompanied by their wives and children, who followed them in wagons—considering this a bad omen, refused to advance further. King Attalus, to whom they rendered no service of vital importance, and who noticed that they detached themselves from the column on the march and encamped by themselves and were altogether most insubordinate and self-assertive, found himself in no little perplexity. On the one hand he feared lest they should desert to Achaeus and join him in attacking himself, and on the other he was apprehensive of the reputation he would gain if he ordered his soldiers to surround and destroy all these men who were thought to have crossed to

138 See Ma (45.4), 57.

139 *RE* Makestos 773 (W. Ruge).

140 On September 1, 218.

5 πεποιῆσθαι τὴν εἰς τὴν Ἀσίαν διάβασιν. διὸ τῆς
προειρημένης ἀφορμῆς λαβόμενος ἐπηγγείλατο κατὰ
μὲν τὸ παρὸν ἀποκαταστήσειν αὐτοὺς πρὸς τὴν
διάβασιν καὶ τόπον δώσειν εὐφυῆ πρὸς κατοικίαν,
μετὰ δὲ ταῦτα συμπράξειν εἰς ὁπόσ' ἂν αὐτὸν παρα-
καλῶσι τῶν δυνατῶν καὶ καλῶς ἐχόντων.

6 Ἄτταλος μὲν οὖν ἀποκαταστήσας τοὺς Αἰγοσάγας
εἰς τὸν Ἑλλήσποντον καὶ χρηματίσας φιλανθρώπως
Λαμψακηνοῖς, Ἀλαξανδρεῦσιν, Ἰλιεῦσι, διὰ τὸ τετη-
ρηκέναι τούτους τὴν πρὸς αὐτὸν πίστιν, ἀνεχώρησε
μετὰ τῆς δυνάμεως εἰς Πέργαμον·

79. Ἀντίοχος δὲ καὶ Πτολεμαῖος, τῆς ἐαρινῆς ὥρας
ἐνισταμένης, ἑτοίμας ἔχοντες τὰς παρασκευὰς ἐγί-
2 νοντο πρὸς τῷ διὰ μάχης κρίνειν τὴν ἔφοδον. οἱ μὲν
οὖν περὶ τὸν Πτολεμαῖον ὥρμησαν ἐκ τῆς Ἀλεξαν-
δρείας, ἔχοντες πεζῶν μὲν εἰς ἑπτὰ μυριάδας, ἱππεῖς
δὲ πεντακισχιλίους, ἐλέφαντας ἑβδομήκοντα τρεῖς·
3 Ἀντίοχος δὲ γνοὺς τὴν ἔφοδον αὐτῶν συνῆγε τὰς
δυνάμεις. ἦσαν δ' αὗται Δάαι μὲν καὶ Καρμάνιοι καὶ
Κίλικες εἰς τὸν τῶν εὐζώνων τρόπον καθωπλισμένοι
περὶ πεντακισχιλίους· τούτων δ' ἅμα τὴν ἐπιμέλειαν
4 εἶχε καὶ τὴν ἡγεμονίαν Βύττακος ὁ Μακεδών. ὑπὸ δὲ
Θεόδοτον τὸν Αἰτωλὸν τὸν ποιησάμενον τὴν προδο-
σίαν ἦσαν ἐκ πάσης ἐκλελεγμένοι τῆς βασιλείας,
καθωπλισμένοι δ' εἰς τὸν Μακεδονικὸν τρόπον, ἄνδρες

141 Attalus, in need of mercenaries for his war against Achaeus, had hired them away from some place in Europe. After

Asia[141] relying on pledges he had given them. Accordingly, availing himself of the pretext of this refusal, he promised for the present to take them back to the place where they had crossed and give them suitable land in which to settle and afterward to attend as far as lay in his power to all reasonable requests they made.

Attalus, then, after taking the Aegosagae back to the Hellespont and entering into friendly negotiations with the people of Lampsacus, Alexandria Troas, and Ilium, who had all remained loyal to him, returned with his army to Pergamum.

79. By the beginning of spring[142] Antiochus and Ptolemy had completed their preparations and were determined on deciding the fate of the Syrian expedition by a battle. Now Ptolemy started from Alexandria with an army of seventy thousand foot, five thousand horse, and seventy-three elephants, and Antiochus, on learning of his advance, concentrated his forces. These consisted firstly of Daae, Carmanians, and Cilicians, light-armed troops about five thousand in number organized and commanded by Byttacus[143] the Macedonian. Under Theodotus the Aetolian, who had played the traitor to Ptolemy, was a force of ten thousand selected from every part of the kingdom and armed in the Macedonian manner, most of them

he settled them, they became the terror of the Hellespontic region until their annihilation in 216, for which see n. on chapter 111.8.

142 Of 217.

143 The name has been discussed by O. Masson, *REG* 106 (1993), 165. He was probably the father of Democrates, a general of king Antiochus IV (*OGI* 254. Tataki [9.4], 296, no. 46).

5 μύριοι· τούτων οἱ πλείονες ἀργυράσπιδες. τὸ δὲ τῆς
φάλαγγος πλῆθος ἦν εἰς δυσμυρίους, ἧς ἡγεῖτο Νί-
6 καρχος καὶ Θεόδοτος ὁ καλούμενος ἡμιόλιος. πρὸς δὲ
τούτοις Ἀγριᾶνες καὶ Πέρσαι τοξόται καὶ σφενδο-
νῆται, δισχίλιοι. μετὰ δὲ τούτων χίλιοι Θρᾷκες, ὧν
7 ἡγεῖτο Μενέδημος Ἀλαβανδεύς. ὑπῆρχον δὲ καὶ Μή-
δων καὶ Κισσίων καὶ Καδουσίων καὶ Καρμανῶν οἱ
πάντες εἰς πεντακισχιλίους, οἷς ἀκούειν Ἀσπασιανοῦ
8 προσετέτακτο τοῦ Μήδου. Ἄραβες δὲ καί τινες τῶν
τούτοις προσχώρων ἦσαν μὲν εἰς μυρίους, ὑπετάτ-
9 τοντο δὲ Ζαβδιβήλῳ. τῶν δ᾽ ἀπὸ τῆς Ἑλλάδος μισθο-
φόρων ἡγεῖτο μὲν Ἱππόλοχος Θετταλός, ὑπῆρχον δὲ
10 τὸν ἀριθμὸν εἰς πεντακισχιλίους. Κρῆτας δὲ χιλίους
μὲν καὶ πεντακοσίους εἶχε τοὺς μετ᾽ Εὐρυλόχου, χιλί-
ους δὲ Νεόκρητας τοὺς ὑπὸ Ζέλυν τὸν Γορτύνιον
11 ταττομένους· οἷς ἅμα συνῆσαν ἀκοντισταὶ Λυδοὶ
πεντακόσιοι καὶ Κάρδακες οἱ μετὰ Λυσιμάχου τοῦ
12 Γαλάτου χίλιοι. τῶν δ᾽ ἱππέων ἦν τὸ πᾶν πλῆθος εἰς
ἑξακισχιλίους· εἶχε δὲ τῶν μὲν τετρακισχιλίων τὴν
ἡγεμονίαν Ἀντίπατρος ὁ τοῦ βασιλέως ἀδελφιδοῦς,
13 ἐπὶ δὲ τῶν λοιπῶν ἐτέτακτο Θεμίσων. καὶ τῆς μὲν
Ἀντιόχου δυνάμεως τὸ πλῆθος ἦν πεζοὶ μὲν ἑξακισμύ-
ριοι καὶ δισχίλιοι, σὺν δὲ τούτοις ἱππεῖς ἑξακισχίλιοι,
θηρία δὲ δυσὶ πλείω τῶν ἑκατόν.

80. Πτολεμαῖος δὲ ποιησάμενος τὴν πορείαν ἐπὶ

with silver shields. The phalanx was about twenty thousand strong and was under the command of Nicarchus and Theodotus surnamed Hemiolius. There were Agrianian and Persian bowmen and slingers to the number of two thousand, and with them a thousand Thracians, all under the command of Menedemus of Alabanda.[144] Aspasianus the Mede had under him a force of about five thousand Medes, Cissians, Cadusians, and Carmanians. The Arabs and neighboring tribes numbered about ten thousand and were commanded by Zabdibelus. Hippolochus the Thessalian commanded the mercenaries from Greece, five thousand in number. Antiochus had also fifteen hundred Cretans under Eurylochus and a thousand Neocretans under Zelys of Gortyna. With these were five hundred Lydian javelineers and a thousand Cardaces[145] under Lysimachus the Gaul. The cavalry numbered six thousand in all, four thousand of them being commanded by Antipater[146] the king's nephew and the rest by Themison.[147] The whole army of Antiochus consisted of sixty-two thousand foot, six thousand horse, and a hundred and two elephants.

80. Ptolemy, marching on Pelusium, made his first

144 The old name to which the city returned after 188; at the time of the events here described, the official name was "Antiochia of the Chrysaoriens": G. Cohen, *The Hellenistic Settlements in Europe, the Islands, and Asia Minor* (Berkeley 1995), 248–250. See also n. on 16.24.6.

145 They reappear in the early second century in the area of Telmessus in Lycia, where they may have been settled by Antiochus (*ClRh* 9, 1938, 190–208).

146 As Holleaux, *Ét.* 3.195–198, has shown, a nephew of Seleucus II rather than of Antiochus III.

147 He is different from the homonymous nephew of the king, cf. Ph. Gauthier, *Bull. ép.* 2005:392 (p. 519).

Πηλουσίου, τὸ μὲν πρῶτον ἐν ταύτῃ τῇ πόλει κατ-
2 έζευξε, προσαναλαβὼν δὲ τοὺς ἐφελκομένους καὶ
σιτομετρήσας τὴν δύναμιν ἐκίνει, καὶ προῆγε ποιού-
μενος τὴν πορείαν παρὰ τὸ Κάσιον καὶ τὰ Βάραθρα
3 καλούμενα διὰ τῆς ἀνύδρου. διανύσας δ' ἐπὶ τὸ προ-
κείμενον πεμπταῖος κατεστρατοπέδευσε πεντήκοντα
σταδίους ἀποσχὼν Ῥαφίας, ἣ κεῖται μετὰ Ῥινοκό-
λουρα πρώτη τῶν κατὰ Κοίλην Συρίαν πόλεων ὡς
4 πρὸς τὴν Αἴγυπτον. κατὰ δὲ τοὺς αὐτοὺς καιροὺς
Ἀντίοχος ἧκε τὴν δύναμιν ἔχων, παραγενόμενος δ' εἰς
Γάζαν καὶ προσαναλαβὼν ἐνταῦθα τὴν δύναμιν αὖθις
προῄει βάδην. καὶ παραλλάξας τὴν προειρημένην
πόλιν κατεστρατοπέδευσε νυκτός, ἀποσχὼν τῶν ὑπ-
5 εναντίων ὡς δέκα σταδίους. τὸ μὲν οὖν πρῶτον ἐν
τούτῳ τῷ διαστήματι γεγονότες ἀντεστρατοπέδευον
6 ἀλλήλοις· μετὰ δέ τινας ἡμέρας Ἀντίοχος, ἅμα τόπον
βουλόμενος εὐφυέστερον μεταλαβεῖν καὶ ταῖς δυνάμε-
σιν ἐμποιῆσαι θάρσος, προσεστρατοπέδευσε τοῖς
περὶ τὸν Πτολεμαῖον, ὥστε μὴ πλεῖον τῶν πέντε
7 σταδίων τοὺς χάρακας ἀπέχειν ἀλλήλων. ἐν ᾧ καιρῷ
περί τε τὰς ὑδρείας καὶ προνομὰς ἐγίνοντο συμπλοκαὶ
πλείους, ὁμοίως δὲ καὶ μεταξὺ τῶν στρατοπέδων
ἀκροβολισμοὶ συνίσταντο, ποτὲ μὲν ἱππέων, ποτὲ δὲ
καὶ πεζῶν.

81. Κατὰ δὲ τὸν καιρὸν τοῦτον Θεόδοτος Αἰτωλικῇ
μέν, οὐκ ἀνάνδρῳ δ' ἐπεβάλετο τόλμῃ καὶ πράξει.
2 συνειδὼς γὰρ ἐκ τῆς προγεγενημένης συμβιώσεως
τὴν τοῦ βασιλέως αἵρεσιν καὶ δίαιταν ποία τις ἦν,

halt at that city, and after picking up stragglers and serving out rations to his men moved on marching through the desert and skirting Mount Casius and the marshes called Barathra. Reaching the spot he was bound for on the fifth day he encamped at a distance of fifty stades from Raphia,[148] which is the first city of Coele-Syria on the Egyptian side after Rhinocolura. Antiochus was approaching at the same time with his army, and after reaching Gaza and resting his forces there, continued to advance slowly. Passing Raphia he encamped by night at a distance of ten stades from the enemy. At first the two armies continued to remain at this distance from each other, but after a few days Antiochus, with the object of finding a more suitable position for his camp and at the same time wishing to encourage his troops, encamped so near Ptolemy that the distance between the two camps was not more than five stades. Skirmishes were now frequent between the watering and foraging parties, and there was occasional interchange of missiles between the cavalry and even the infantry.

81. During this time Theodotus made a daring attempt, which, though characteristic of an Aetolian, showed no lack of courage. As from his former intimacy with Ptolemy

[148] Modern Rafah at the border of Egypt and Israel, north of Rhinocolura (El Arish).

εἰσπορεύεται τρίτος γενόμενος ὑπὸ τὴν ἑωθινὴν εἰς
3 τὸν τῶν πολεμίων χάρακα. κατὰ μὲν οὖν τὴν ὄψιν
ἄγνωστος ἦν διὰ τὸ σκότος, κατὰ δὲ τὴν ἐσθῆτα καὶ
τὴν ἄλλην περικοπὴν ἀνεπισήμαντος διὰ τὸ ποικίλην
4 εἶναι κἀκείνων τὴν δύναμιν. ἐστοχασμένος δ᾿ ἐν ταῖς
πρότερον ἡμέραις τῆς τοῦ βασιλέως σκηνῆς διὰ τὸ
παντελῶς σύνεγγυς γίνεσθαι τοὺς ἀκροβολισμούς,
ὥρμησε θρασέως ἐπ᾿ αὐτήν, καὶ τοὺς μὲν πρώτους
5 πάντας διελθὼν ἔλαθε, παραπεσὼν δ᾿ εἰς τὴν σκηνήν,
ἐν ᾗ χρηματίζειν εἰώθει καὶ δειπνεῖν ὁ βασιλεύς,
πάντα τόπον ἐρευνήσας τοῦ μὲν βασιλέως ἀπέτυχε
διὰ τὸ τὸν μὲν Πτολεμαῖον ἐκτὸς τῆς ἐπιφανοῦς καὶ
6 χρηματιστικῆς σκηνῆς ποιεῖσθαι τὴν ἀνάπαυσιν, δύο
δέ τινας τῶν αὐτοῦ κοιμωμένων τραυματίσας, καὶ τὸν
ἰατρὸν τοῦ βασιλέως Ἀνδρέαν ἀποκτείνας, ἀνεχώρησε
μετ᾿ ἀσφαλείας εἰς τὴν ἑαυτοῦ παρεμβολήν, βραχέα
7 θορυβηθεὶς ἤδη περὶ τὴν τοῦ χάρακος ἔκπτωσιν, τῇ
μὲν τόλμῃ συντετελεκὼς τὴν πρόθεσιν, τῇ δὲ προνοίᾳ
διεσφαλμένος διὰ τὸ μὴ καλῶς ἐξητακέναι ποῦ τὴν
ἀνάπαυσιν ὁ Πτολεμαῖος εἰώθει ποιεῖσθαι.

82. Οἱ δὲ βασιλεῖς πένθ᾿ ἡμέρας ἀντιστροπεδεύ-
σαντες ἀλλήλοις, ἔγνωσαν ἀμφότεροι διὰ μάχης κρί-
2 νειν τὰ πράγματα. καταρχομένων δὲ τῶν περὶ τὸν
Πτολεμαῖον κινεῖν τὴν δύναμιν ἐκ τοῦ χάρακος, εὐ-
θέως οἱ περὶ τὸν Ἀντίοχον ἀντεξῆγον. καὶ τὰς μὲν
φάλαγγας ἀμφότεροι καὶ τοὺς ἐπιλέκτους τοὺς εἰς τὸν
Μακεδονικὸν τρόπον καθωπλισμένους κατὰ πρόσω-
3 πον ἀλλήλων ἔταξαν, τὰ δὲ κέρατα Πτολεμαίῳ μὲν

he was familiar with his tastes and habits, he entered the camp at early dawn with two others. It was too dark for his face to be recognized, and there was nothing to attract attention in his dress and general appearance, as their army also was mixed. He had noticed on previous days the position of the king's tent, as the skirmishes had come up quite near to the camp, and making boldly for it, he passed all the first guards without being noticed and, bursting into the tent in which the king used to dine and transact business, searched everywhere. He failed indeed to find the king, who was in the habit of retiring to rest outside the principal and official tent, but after wounding two of those who slept there and killing the king's physician Andreas,[149] he returned in safety to his own camp, although slightly molested as he was leaving that of the enemy, and thus as far as daring went accomplished his enterprise, but was foiled only by his lack of foresight in omitting to ascertain exactly where the king was in the habit of sleeping.

82. The kings after remaining encamped opposite each other for five days both resolved to decide matters by a battle. The moment that Ptolemy began to move his army out of camp, Antiochus followed his example. Both of them placed the phalanxes and the picked troops armed in the Macedonian fashion confronting each other in the centre.

149 See H. von Staden, *Herophilus. The Art of Medicine in Early Alexandria* (Cambridge 1989), 472–477.

ἑκάτερα τουτονὶ συνίστατο τὸν τρόπον. Πολυκράτης
μὲν εἶχε μετὰ τῶν ὑφ᾿ ἑαυτὸν ἱππέων τὸ λαιὸν κέρας·
4 τούτου δὲ καὶ τῆς φάλαγγος μεταξὺ Κρῆτες ἦσαν
παρ᾿ αὐτοὺς τοὺς ἱππεῖς, ἑξῆς δὲ τούτοις τὸ βασιλικὸν
ἄγημα, μετὰ δὲ τούτους οἱ μετὰ Σωκράτους πελ-
τασταί, συνάπτοντες τοῖς Λίβυσι τοῖς εἰς τὸν Μακε-
5 δονικὸν τρόπον καθωπλισμένοις. ἐπὶ δὲ τοῦ δεξιοῦ
κέρως Ἐχεκράτης ἦν ὁ Θετταλός, ἔχων τοὺς ὑφ᾿ αὑτὸν
ἱππεῖς· παρὰ δὲ τοῦτον ἐκ τῶν εὐωνύμων. ἵσταντο
6 Γαλάται καὶ Θρᾷκες· ἑξῆς δὲ τούτοις Φοξίδας εἶχε
τοὺς ἀπὸ τῆς Ἑλλάδος μισθοφόρους, συνάπτοντας
7 τοῖς τῶν Αἰγυπτίων φαλαγγίταις. τῶν δὲ θηρίων τὰ
μὲν τετταράκοντα κατὰ τὸ λαιὸν ἦν, ἐφ᾿ οὗ Πτολε-
μαῖος αὐτὸς ἔμελλε ποιεῖσθαι τὸν κίνδυνον, τὰ δὲ
τριάκοντα καὶ τρία πρὸ τοῦ δεξιοῦ κέρατος ἐτέτακτο
8 κατ᾿ αὐτοὺς τοὺς μισθοφόρους ἱππεῖς. Ἀντίοχος δὲ
τοὺς μὲν ἑξήκοντα τῶν ἐλεφάντων, ἐφ᾿ ὧν ἦν Φίλιππος
ὁ σύντροφος αὐτοῦ, πρὸ τοῦ δεξιοῦ κέρατος προ-
έστησε, καθ᾿ ὃ ποιεῖσθαι τὸν κίνδυνον αὐτὸς ἔμελλε
9 πρὸς τοὺς περὶ τὸν Πτολεμαῖον· τούτων δὲ κατόπιν
δισχιλίους μὲν ἱππεῖς τοὺς ὑπ᾿ Ἀντίπατρον ταττο-
μένους ἐπέστησε, δισχιλίους δ᾿ ἐν ἐπικαμπίῳ παρενέ-
10 βαλε. παρὰ δὲ τοὺς ἱππεῖς ἐν μετώπῳ τοὺς Κρῆτας
ἔστησε· τούτοις δ᾿ ἑξῆς ἔταξε τοὺς ἀπὸ τῆς Ἑλλάδος
μισθοφόρους· μετὰ δὲ τούτων καὶ τῶν εἰς τὸν Μακε-
δονικὸν τρόπον καθωπλισμένων τοὺς μετὰ Βυττάκου
τοῦ Μακεδόνος ὄντας πεντακισχιλίους παρενέβαλε.
11 τῆς δ᾿ εὐωνύμου τάξεως ἐπ᾿ αὐτὸ μὲν τὸ κέρας ἔθηκε

Ptolemy's two wings were formed as follows. Polycrates with his cavalry held the extreme left wing, and between him and the phalanx stood first the Cretans (next to the cavalry), then the royal guard, then the peltasts under Socrates, these latter being next those Libyans who were armed in the Macedonian manner. On the extreme right wing was Echecrates with his cavalry, and on his left stood Gauls and Thracians, and next them was Phoxidas with his Greek mercenaries in immediate contact with the Egyptian phalanx. Of the elephants forty were posted on the left where Ptolemy himself was about to fight, and the remaining thirty-three in front of the mercenary cavalry on the right wing. Antiochus placed sixty of his elephants under the command of his foster brother[150] Philip in front of his right wing, where he was to fight in person against Ptolemy. Behind the elephants he posted two thousand horse under Antipater and two thousand more at an angle with them. Next the cavalry and facing the front, he placed the Cretans, then the mercenaries from Greece and together with these and those armed in the Macedonian fashion the five thousand under the command of Byttacus the Macedonian. On his extreme left wing he posted two thou-

[150] *Syntrophos* is more than just a title: it designates persons who have been brought up with the king and are therefore more or less his coevals. They are amply attested for the Seleucids, the Attalids, but also for Alexander the Great and Mithridates VI. I. Savalli-Lestrade, *Les philoi royaux dans l'Asie hellénistique* (Geneva 1998), passim. This Philip was in command of the phalanx a generation later in the battle of Magnesia (Livy 37.41.1).

δισχιλίους ἱππεῖς, ὧν ἡγεῖτο Θεμίσων, παρὰ δὲ τού-
τους Κάρδακας καὶ Λυδοὺς ἀκοντιστάς, ἑξῆς δὲ τού-
τοις τοὺς ὑπὸ Μενέδημον εὐζώνους, ὄντας εἰς τρισχι-
12 λίους, μετὰ δὲ τούτους Κισσίους καὶ Μήδους καὶ
Καρμανίους, παρὰ δὲ τούτους Ἄραβας ἅμα τοῖς
13 προσχώροις, συνάπτοντας τῇ φάλαγγι. τὰ δὲ κατά-
λοιπα τῶν θηρίων τοῦ λαιοῦ κέρατος προεβάλετο, τῶν
βασιλικῶν τινα γεγονότα παίδων ἐπιστήσας Μυ-
ΐσκον.

83. Τοῦτον δὲ τὸν τρόπον τῶν δυνάμεων ἐκτεταγμέ-
νων ἐπιπαρῄεσαν οἱ βασιλεῖς ἀμφότεροι κατὰ πρόσ-
ωπον τὰς αὑτῶν τάξεις παρακαλοῦντες ἅμα τοῖς ἡγε-
2 μόσι καὶ φίλοις. μεγίστας δ᾽ ἐν τοῖς φαλαγγίταις
ἐλπίδας ἔχοντες ἀμφότεροι πλείστην καὶ σπουδὴν καὶ
3 παράκλησιν ἐποιοῦντο περὶ ταύτας τὰς τάξεις, Πτολε-
μαίῳ μὲν Ἀνδρομάχου καὶ Σωσιβίου καὶ τῆς ἀδελφῆς
Ἀρσινόης, τῷ δὲ Θεοδότου καὶ Νικάρχου συμπαρα-
καλούντων διὰ τὸ παρ᾽ ἑκατέρῳ τούτους ἔχειν τὰς τῶν
4 φαλαγγιτῶν ἡγεμονίας. ἦν δὲ παραπλήσιος ὁ νοῦς
τῶν ὑπ᾽ ἑκατέρου παρακαλουμένων. ἴδιον μὲν γὰρ
ἔργον ἐπιφανὲς καὶ κατηξιωμένον προφέρεσθαι τοῖς
παρακαλουμένοις οὐδέτερος αὐτῶν εἶχε διὰ τὸ προσ-
5 φάτως παρειληφέναι τὰς ἀρχάς, τῆς δὲ τῶν προγόνων
δόξης καὶ τῶν ἐκείνοις πεπραγμένων ἀναμιμνήσκον-
τες φρόνημα καὶ θάρσος τοῖς φαλαγγίταις ἐπειρῶντο
6 παριστάναι. μάλιστα δὲ τὰς ἐξ αὐτῶν εἰς τὸ μέλλον
ἐλπίδας ἐπιδεικνύντες, καὶ κατ᾽ ἰδίαν τοὺς ἡγουμένους
καὶ κοινῇ πάντας τοὺς ἀγωνίζεσθαι μέλλοντας ἠξίουν

sand horse under the command of Themison,[151] next these the Cardacian and Lydian javelineers, then three thousand light-armed troops under Menedemus, after these the Cissians, Medes, and Carmanians, and finally, in contact with the phalanx, the Arabs and neighboring tribes. His remaining elephants he placed in front of his left wing under the command of Myïscus, one of the young men[152] who had been brought up at court.

83. The armies having been drawn up in this fashion, both the kings rode along the line accompanied by their officers and friends, and addressed their soldiers. As they relied chiefly on the phalanx, it was to these troops that they made the most earnest appeal, Ptolemy being supported by Andromachus, Sosibius and his sister Arsinoë and Antiochus by Theodotus and Nicarchus, these being the commanders of the phalanx on either side. The substance of the addresses was on both sides very similar. For neither king could cite any glorious and generally recognized achievement of his own, both of them having but recently come to the throne, so that it was by reminding the troops of the glorious deeds of their ancestors that they attempted to inspire them with spirit and courage. They laid the greatest stress, however, on the rewards which they might be expected to bestow in the future, and urged and exhorted both the leaders in particular and all those who were about to be engaged in general to bear themselves

151 See n. at 79.12.

152 The *basilikoi paides* are the royal pages; see Berve, *Alexanderreich* 1.37–39, and M. Hatzopoulos, *Cultes et rites de passage en Macédoine* (Athens 1994), 87–101, in the chapter "La guerre et la chasse."

καὶ παρεκάλουν ἀνδρωδῶς καὶ γενναίως χρήσασθαι
7 τῷ παρόντι κινδύνῳ. ταῦτα δὲ καὶ τούτοις παραπλήσια λέγοντες, τὰ μὲν δι᾽ αὐτῶν, τὰ δὲ καὶ διὰ τῶν ἑρμηνέων, παρίππευον.

84. Ἐπεὶ δὲ παριὼν ἧκε μετὰ τῆς ἀδελφῆς Πτολεμαῖος μὲν ἐπὶ τὸ πάσης τῆς σφετέρας παρατάξεως εὐώνυμον, Ἀντίοχος δὲ μετὰ τῆς βασιλικῆς ἴλης ἐπὶ τὸ δεξιόν, σημήναντες τὸ πολεμικὸν συνέβαλον πρῶ-
2 τον τοῖς θηρίοις. ὀλίγα μὲν οὖν τινα τῶν παρὰ Πτολεμαίου συνήρεισε τοῖς ἐναντίοις· ἐφ᾽ ὧν ἐποίουν ἀγῶνα καλὸν οἱ πυργομαχοῦντες, ἐκ χειρὸς ταῖς σαρίσαις διαδορατιζόμενοι καὶ τύπτοντες ἀλλήλους, ἔτι δὲ καλλίω τὰ θηρία, βιαιομαχοῦντα καὶ συμπίπτοντα κατὰ
3 πρόσωπον αὐτοῖς. ἔστι γὰρ ἡ τῶν ζῴων μάχη τοιαύτη τις. συμπλέξαντα καὶ παρεμβαλόντα τοὺς ὀδόντας εἰς ἀλλήλους ὠθεῖ τῇ βίᾳ, διερειδόμενα περὶ τῆς χώρας, ἕως ἂν κατακρατῆσαν τῇ δυνάμει θάτερον παρώσῃ
4 τὴν θατέρου προνομήν· ὅταν δ᾽ ἅπαξ ἐγκλῖναν πλάγιον λάβῃ, τιτρώσκει τοῖς ὀδοῦσι καθάπερ οἱ ταῦροι
5 τοῖς κέρασιν. τὰ δὲ πλεῖστα τῶν τοῦ Πτολεμαίου θηρίων ἀπεδειλία τὴν μάχην, ὅπερ ἔθος ἐστὶ ποιεῖν
6 τοῖς Λιβυκοῖς ἐλέφασι· τὴν γὰρ ὀσμὴν καὶ φωνὴν οὐ μένουσιν, ἀλλὰ καὶ καταπεπληγμένοι τὸ μέγεθος καὶ τὴν δύναμιν, ὥς γ᾽ ἐμοὶ δοκεῖ, φεύγουσιν εὐθέως ἐξ ἀποστήματος τοὺς Ἰνδικοὺς ἐλέφαντας· ὃ καὶ τότε
7 συνέβη γενέσθαι. τούτων δὲ διαταραχθέντων καὶ

---

153 The battle at Raphia (through 86.6) was fought on June 22,

therefore like gallant men in the coming battle. So with these or similar words spoken either by themselves or by their interpreters they rode along the line.

84. When Ptolemy and his sister after their progress had reached the extremity of his left wing and Antiochus with his horse guards had reached his extreme right, they gave the signal for battle and brought the elephants first into action.[153] A few only of Ptolemy's elephants ventured too close with those of the enemy, and now the men in the towers on the back of these beasts made a gallant fight of it, striking with their pikes at close quarters and wounding each other, while the elephants themselves fought still better, putting forth their whole strength and meeting forehead to forehead. The way in which these animals fight is as follows. With their tusks firmly interlocked they shove with all their might, each trying to force the other to give ground, until the one who proves strongest pushes aside the other's trunk, and then, when he has once made him turn and has him in the flank, he gores him with his tusks as a bull does with his horns. Most of Ptolemy's elephants, however, declined the combat, as is the habit of African elephants; for unable to stand the smell and the trumpeting of the Indian elephants, and terrified, I suppose, also by their great size and strength, they at once turn tail and take to flight before they get near them. This is what happened on the present occasion; and when Ptolemy's elephants

217. Additional evidence comes from a trilingual decree of a synod of priests at Memphis, dated November 15, 217. Three partial copies of the Greek version have survived from various locations; see H.-J. Thissen, *Studien zum Raphiadekret* (Meisenheim am Glan 1966).

πρὸς τὰς αὑτῶν τάξεις συνωθουμένων, τὸ μὲν ἄγημα τὸ τοῦ Πτολεμαίου πιεζόμενον ὑπὸ τῶν θηρίων
8 ἐνέκλινε, τοῖς δὲ περὶ τὸν Πολυκράτην καὶ τοῖς ὑπὸ τοῦτον ἱππεῦσι διατεταγμένοις οἱ περὶ τὸν Ἀντίοχον ὑπὲρ τὰ θηρία περικερῶντες καὶ προσπίπτοντες
9 ἐνέβαλον. ἅμα δὲ τούτοις, τῶν ἐλεφάντων ἐντός, οἱ περὶ τὴν φάλαγγα τῶν Ἑλλήνων μισθοφόροι προσπεσόντες τοὺς τοῦ Πτολεμαίου πελταστὰς ἐξέωσαν, προσυγκεχυκότων ἤδη καὶ τὰς τούτων τάξεις τῶν
10 θηρίων. τὸ μὲν οὖν εὐώνυμον τοῦ Πτολεμαίου τοῦτον τὸν τρόπον πιεζόμενον ἐνέκλινε πᾶν,

85. Ἐχεκράτης δ' ὁ τὸ δεξιὸν ἔχων κέρας τὸ μὲν πρῶτον ἐκαραδόκει τὴν τῶν προειρημένων κεράτων σύμπτωσιν, ἐπεὶ δὲ τὸν μὲν κονιορτὸν ἑώρα κατὰ τῶν ἰδίων φερόμενον, τὰ δὲ παρ' αὐτοῖς θηρία τὸ παράπαν
2 οὐδὲ προσιέναι τολμῶντα τοῖς ὑπεναντίοις, τῷ μὲν Φοξίδᾳ παρήγγειλε τοὺς ἀπὸ τῆς Ἑλλάδος ἔχοντι μισθοφόρους συμβαλεῖν τοῖς κατὰ πρόσωπον ἀντιτε-
3 ταγμένοις, αὐτὸς δ' ἐξαγαγὼν κατὰ κέρας τοὺς ἱππεῖς καὶ τοὺς ὑπὸ τὰ θηρία τεταγμένους τῆς μὲν ἐφόδου τῶν θηρίων ἐκτὸς ἐγεγόνει, τοὺς δὲ τῶν πολεμίων ἱππεῖς, οὓς μὲν ὑπεραίρων, οἷς δὲ κατὰ κέρας ἐμβάλ-
4 λων, ταχέως ἐτρέψατο. τὸ δὲ παραπλήσιον ὅ τε Φοξίδας καὶ πάντες οἱ περὶ αὐτὸν ἐποίησαν· προσπεσόντες γὰρ τοῖς Ἄραψι καὶ τοῖς Μήδοις ἠνάγκασαν ἀπο-
5 στραφέντας φεύγειν προτροπάδην. τὸ μὲν οὖν δεξιὸν τῶν περὶ τὸν Ἀντίοχον ἐνίκα, τὸ δ' εὐώνυμον ἡττᾶτο
6 τὸν προειρημένον τρόπον. αἱ δὲ φάλαγγες, ἀμφοτέρων

were thus thrown into confusion and driven back on their own lines, Ptolemy's guard gave way under the pressure of the animals. Meanwhile Antiochus and his cavalry riding past the flank of the elephants on the outside attacked Polycrates and the cavalry under his command, while at the same time on the other side of the elephants the Greek mercenaries next the phalanx fell upon Ptolemy's peltasts and drove them back, their ranks too having been already thrown into confusion by the elephants. Thus the whole of Ptolemy's left wing was hard pressed and in retreat.

85. Echecrates who commanded the right wing at first waited for the result of the engagement between the other wings, but when he saw the cloud of dust being carried in his direction, and their own elephants not even daring to approach those of the enemy, he ordered Phoxidas with the mercenaries from Greece to attack the hostile force in his front, while he himself with his cavalry and the division immediately behind the elephants moving off the field and round the enemy's flank, avoided the onset of the animals and speedily put to flight the cavalry of the enemy, charging them both in flank and rear. Phoxidas and his men met with the same success; for charging the Arabs and Medes they forced them to headlong flight. Antiochus' right wing then was victorious, while his left wing was being worsted in the manner I have described. Meanwhile the pha-

τῶν κεράτων αὐταῖς ἐψιλωμένων, ἔμενον ἀκέραιοι
κατὰ μέσον τὸ πεδίον, ἀμφηρίστους ἔχουσαι τὰς ὑπὲρ
7 τοῦ μέλλοντος ἐλπίδας. κατὰ δὲ τὸν καιρὸν τοῦτον
Ἀντίοχος μὲν ἐνηγωνίζετο τῷ κατὰ τὸ δεξιὸν κέρας
8 προτερήματι, Πτολεμαῖος δὲ τὴν ἀποχώρησιν ὑπὸ τὴν
φάλαγγα πεποιημένος τότε προελθὼν εἰς μέσον καὶ
φανεὶς ταῖς δυνάμεσι τοὺς μὲν ὑπεναντίους κατεπλή-
ξατο, τοῖς δὲ παρ᾽ αὑτοῦ μεγάλην ὁρμὴν ἐνειργάσατο
9 καὶ προθυμίαν. διὸ καὶ καταβαλόντες παραχρῆμα τὰς
σαρίσας οἱ περὶ τὸν Ἀνδρόμαχον καὶ Σωσίβιον
10 ἐπῆγον. οἱ μὲν οὖν ἐπίλεκτοι τῶν Συριακῶν βραχύν
τινα χρόνον ἀντέστησαν, οἵ τε μετὰ τοῦ Νικάρχου
11 ταχέως ἐγκλίναντες ὑπεχώρουν· ὁ δ᾽ Ἀντίοχος, ὡς ἂν
ἄπειρος καὶ νέος, ὑπολαμβάνων ἐκ τοῦ καθ᾽ ἑαυτὸν
μέρους καὶ τὰ λοιπὰ παραπλησίως αὑτῷ πάντα νικᾶν,
12 ἐπέκειτο τοῖς φεύγουσιν. ὀψὲ δέ ποτε τῶν πρεσβυ-
τέρων τινὸς ἐπιστήσαντος αὐτόν, καὶ δείξαντος φερό-
μενον τὸν κονιορτὸν ἀπὸ τῆς φάλαγγος ἐπὶ τὴν ἑαυ-
τῶν παρεμβολήν, τότε συννοήσας τὸ γινόμενον
ἀνατρέχειν ἐπειρᾶτο μετὰ τῆς βασιλικῆς <ἴλης> ἐπὶ
13 τὸν τῆς παρατάξεως τόπον. καταλαβὼν δὲ τοὺς παρ᾽
αὑτοῦ πάντας πεφευγότας, οὕτως ἐποιεῖτο τὴν ἀποχώ-
ρησιν εἰς τὴν Ῥαφίαν, τὸ μὲν καθ᾽ αὑτὸν μέρος
πεπεισμένος νικᾶν, διὰ δὲ τὴν τῶν ἄλλων ἀγεννίαν καὶ
δειλίαν ἐσφάλθαι νομίζων τοῖς ὅλοις.

86. Πτολεμαῖος δὲ διὰ μὲν τῆς φάλαγγος τὰ ὅλα διακρίνας, διὰ δὲ τῶν ἀπὸ τοῦ δεξιοῦ κέρατος ἱππέων καὶ μισθοφόρων πολλοὺς ἀποκτείνας κατὰ τὸ δίωγμα

lanxes stripped of both their wings remained intact in the middle of the plain, swayed alternately by hope and fear. Antiochus was still occupied in pursuing his advantage on the right wing, but Ptolemy having retired under shelter of the phalanx suddenly came forward and showing himself to his troops caused consternation among the enemy and inspired his own men with increased alacrity and spirit. Lowering their pikes, therefore, the phalanx under Andromachus and Sosibius advanced to the charge. For a short time the picked Syrian troops resisted, but those under Nicarchus quickly turned and fled. Antiochus all this time, being still young and inexperienced and supposing from his own success that his army was victorious in other parts of the field too, was following up the fugitives. But at length on one of his elder officers calling his attention to the fact that the cloud of dust was moving from the phalanx toward his own camp he realized what had happened, and attempted to return to the battlefield with his horse guards. But finding that his whole army had taken to flight, he retired to Raphia, in the confident belief that as far as it depended on himself he had won the battle, but had suffered this disaster owing to the base cowardice of the rest.

86. Ptolemy having thus obtained a decisive victory by his phalanx, and having killed many of the enemy in the pursuit by the hands of the cavalry and mercenaries of his

τῶν ὑπεναντίων, τότε μὲν ἀναχωρήσας ἐπὶ τῆς ὑπαρ-
2 χούσης ηὐλίσθη παρεμβολῆς. τῇ δ' ἐπαύριον τοὺς μὲν
ἰδίους νεκροὺς ἀνελόμενος καὶ θάψας, τοὺς δὲ τῶν
ἐναντίων σκυλεύσας, ἀνέζευξε καὶ προῆγε πρὸς τὴν
3 Ῥαφίαν. ὁ δ' Ἀντίοχος ἐκ τῆς φυγῆς ἐβούλετο μὲν
εὐθέως ἔξω στρατοπεδεύειν, συναθροίσας τοὺς ἐν τοῖς
συστήμασι πεφευγότας, τῶν δὲ πλείστων εἰς τὴν
πόλιν πεποιημένων τὴν ἀποχώρησιν ἠναγκάσθη καὶ
4 αὐτὸς εἰσελθεῖν. οὗτος μὲν οὖν ὑπὸ τὴν ἑωθινὴν
ἐξαγαγὼν τὸ σῳζόμενον μέρος τῆς δυνάμεως διέτεινε
πρὸς Γάζαν, κἀκεῖ καταστρατοπεδεύσας καὶ διαπεμ-
ψάμενος περὶ τῆς τῶν νεκρῶν ἀναιρέσεως, ἐκήδευσε
5 τοὺς τεθνεῶτας ὑποσπόνδους. ἦσαν δ' οἱ τετελευτη-
κότες τῶν παρ' Ἀντιόχου πεζοὶ μὲν οὐ πολὺ λείποντες
μυρίων, ἱππεῖς δὲ πλείους τριακοσίων· ζωγρίᾳ δ'
ἑάλωσαν ὑπὲρ τοὺς τετρακισχιλίους. ἐλέφαντες δὲ
6 τρεῖς μὲν παραχρῆμα, δύο δὲ ἐκ τῶν τραυμάτων ἀπ-
έθανον. τῶν δὲ παρὰ Πτολεμαίου πεζοὶ μὲν εἰς χιλίους
καὶ πεντακοσίους ἐτελεύτησαν, ἱππεῖς δὲ εἰς ἑπτα-
κοσίους· τῶν δ' ἐλεφάντων ἑκκαίδεκα μὲν ἀπέθανον,
ᾑρέθησαν δ' αὐτῶν οἱ πλείους.

7 Ἡ μὲν οὖν πρὸς Ῥαφίαν μάχη γενομένη τοῖς
βασιλεῦσι περὶ Κοίλης Συρίας τοῦτον ἀπετελέσθη
8 τὸν τρόπον· μετὰ δὲ τὴν τῶν νεκρῶν ἀναίρεσιν Ἀντί-
οχος μὲν ἐποιεῖτο τὴν ἀποχώρησιν εἰς τὴν οἰκείαν
μετὰ τῆς δυνάμεως, Πτολεμαῖος δὲ τήν τε Ῥαφίαν καὶ
τὰς ἄλλας πόλεις ἐξ ἐφόδου παρελάμβανε, πάντων
τῶν πολιτευμάτων ἁμιλλωμένων ὑπὲρ τοῦ φθάσαι

right wing, retired and spent the night in his former camp. Next day, after picking up and burying his own dead and despoiling those of the enemy, he broke up his camp and advanced on Raphia. Antiochus after his flight had wished to take up at once a position outside the town collecting those who had fled in groups; but as most of them had taken refuge in the city, he was compelled to enter it himself also. At daybreak he left for Gaza at the head of the surviving portion of his army, and encamping there sent a message asking for leave to collect his dead whom he buried under cover of this truce. His losses in killed alone had amounted to nearly ten thousand footmen and more than three hundred horsemen, while more than four thousand had been taken prisoners. Three of his elephants perished in the battle and two died of their wounds. Ptolemy had lost about fifteen hundred foot and seven hundred horse, killed; sixteen of his elephants were killed and most of them captured.[154]

Such was the result of the battle of Raphia fought by the kings for the possession of Coele-Syria. After paying the last honors to the dead Antiochus returned to his own kingdom with his army, and Ptolemy took without resistance Raphia and the other towns, each community endeavoring

[154] The losses of elephants seem to have been attributed, for whatever reason, to the wrong side (WC 1.615).

τοὺς πέλας περὶ τὴν ἀποκατάστασιν καὶ μετάθεσιν
9 τὴν πρὸς αὐτόν. ἴσως μὲν οὖν εἰώθασι πάντες περὶ
τοὺς τοιούτους καιροὺς ἁρμόζεσθαί πως ἀεὶ πρὸς τὸ
παρόν· μάλιστα δὲ τὸ κατ᾽ ἐκείνους τοὺς τόπους γένος
τῶν ἀνθρώπων εὐφυὲς καὶ πρόχειρον πρὸς τὰς ἐκ τοῦ
10 καιροῦ χάριτας. τότε δὲ καὶ τῆς εὐνοίας προκαθηγου-
μένης πρὸς τοὺς ἀπὸ τῆς Ἀλεξανδρείας βασιλεῖς
εἰκότως τοῦτο συνέβαινε γίνεσθαι· τῇ γὰρ οἰκίᾳ ταύτῃ
μᾶλλον ἀεί πως οἱ κατὰ Κοίλην Συρίαν ὄχλοι προσ-
11 κλίνουσι. διόπερ οὐκ ἀπέλειπον ὑπερβολὴν ἀρεσκεί-
ας, στεφάνοις καὶ θυσίαις καὶ βωμοῖς καὶ παντὶ τῷ
τοιούτῳ τρόπῳ τιμῶντες τὸν Πτολεμαῖον.

87. Ἀντίοχος δὲ παραγενόμενος εἰς τὴν ἐπώνυμον
αὐτοῦ πόλιν εὐθέως ἐξέπεμψε τοὺς περὶ τὸν Ἀντί-
πατρον τὸν ἀδελφιδοῦν καὶ Θεόδοτον τὸν ἡμιόλιον
πρεσβευτὰς πρὸς τὸν Πτολεμαῖον ὑπὲρ εἰρήνης καὶ
διαλύσεως, ἀγωνιῶν τὴν τῶν ὑπεναντίων ἔφοδον·
2 ἠπίστει μὲν γὰρ τοῖς ὄχλοις διὰ τὸ γεγονὸς ἐλάττωμα
περὶ αὐτόν, ἐφοβεῖτο δὲ τὸν Ἀχαιὸν μὴ συνεπίθηται
3 τοῖς καιροῖς. Πτολεμαῖος δὲ τούτων οὐδὲν συλλογιζό-
μενος, ἀλλ᾽ ἀσμενίζων ἐπὶ τῷ γεγονότι προτερήματι
διὰ τὸ παράδοξον καὶ συλλήβδην ἐπὶ τῷ Κοίλην
Συρίαν ἐκτῆσθαι παραδόξως, οὐκ ἀλλότριος ἦν τῆς
ἡσυχίας, ἀλλ᾽ ὑπὲρ τὸ δέον οἰκεῖος, ἑλκόμενος ὑπὸ τῆς
4 συνήθους ἐν τῷ βίῳ ῥᾳθυμίας καὶ καχεξίας. πλὴν
παραγενομένων τῶν περὶ τὸν Ἀντίπατρον, βραχέα

---

155 A dedication to Ptolemy by the priest of his cult was

to anticipate its neighbors in going over to him and resuming its allegiance. Possibly all men at such times are more or less disposed to adapt themselves to the needs of the hour, and the natives of these parts are naturally more prone than others to bestow their affections at the bidding of circumstances. But at this juncture it was only to be expected that they should act so, as their affection for the Egyptian kings was of no recent growth; for the peoples of Coele-Syria have always been more attached to that house than to the Seleucidae. So now there was no extravagance of adulation to which they did not proceed, honoring Ptolemy[155] with crowns, sacrifices, altars dedicated to him and every distinction of the king.

87. Antiochus, on reaching the town which bears his name, at once dispatched his nephew Antipater and Theodotus Hemiolius to treat with Ptolemy for peace, as he was seriously afraid of an invasion by the enemy. For he had no confidence in his own soldiers owing to his recent reverse, and he feared lest Achaeus should avail himself of the opportunity to attack him. Ptolemy took none of these matters into consideration, but delighted as he was at his recent unexpected success and generally at having surpassed his expectations by regaining possession of Coele-Syria, was not averse to peace, in fact rather too much inclined to it, being drawn toward it by his indolent and depraved habit of life. When, therefore, Antipater and his fellow

found at Jaffa (*SEG* 20.467). Ptolemy is called "the great king" (βασιλεὺς μέγας), and the date must be before his marriage to his sister Arsinoe, that is, during the few months between the battle and the decree from Memphis. E. Lupu, *SCI* 22 (2003), 193–195.

προσαναταθεὶς καὶ καταμεμψάμενος ἐπὶ τοῖς πεπρα-
γμένοις τὸν Ἀντίοχον, συνεχώρησε σπονδὰς ἐνιαυ-
5 σίους. καὶ τούτοις μὲν ἐπικυρώσοντα τὰς διαλύσεις
6 <συν>εξαπέστειλε Σωσίβιον, αὐτὸς δὲ διατρίψας ἐπὶ
τρεῖς μῆνας ἐν τοῖς κατὰ Συρίαν καὶ Φοινίκην τόποις
καὶ καταστησάμενος τὰς πόλεις, μετὰ ταῦτα κατα-
λιπὼν τὸν Ἀνδρόμαχον τὸν Ἀσπένδιον στρατηγὸν ἐπὶ
πάντων τῶν προειρημένων τόπων ἀνέζευξε μετὰ τῆς
7 ἀδελφῆς καὶ τῶν φίλων ἐπ᾿ Ἀλεξανδρείας, παράδοξον
τοῖς ἐν τῇ βασιλείᾳ πρὸς τὴν τοῦ λοιποῦ βίου προ-
8 αίρεσιν τέλος ἐπιτεθεικὼς τῷ πολέμῳ. Ἀντίοχος δὲ τὰ
περὶ τὰς σπονδὰς ἀσφαλισάμενος πρὸς τὸν Σωσί-
βιον, ἐγίνετο κατὰ τὴν ἐξ ἀρχῆς πρόθεσιν περὶ τὴν
ἐπὶ τὸν Ἀχαιὸν παρασκευήν.

88. Τὰ μὲν οὖν κατὰ τὴν Ἀσίαν ἐν τούτοις ἦν·
Ῥόδιοι δὲ κατὰ τοὺς προειρημένους καιροὺς ἐπειλημ-
μένοι τῆς ἀφορμῆς τῆς κατὰ τὸν σεισμὸν τὸν γενόμε-
νον παρ᾿ αὐτοῖς βραχεῖ χρόνῳ πρότερον, ἐν ᾧ συνέβη
τόν τε κολοσσὸν τὸν μέγαν πεσεῖν καὶ τὰ πλεῖστα τῶν
2 τειχῶν καὶ τῶν νεωρίων, οὕτως ἐχείριζον νουνεχῶς καὶ
πραγματικῶς τὸ γεγονὸς ὡς μὴ βλάβης, διορθώσεως
δὲ μᾶλλον, αὐτοῖς αἴτιον γενέσθαι τὸ σύμπτωμα.
3 τοσοῦτον ἄγνοια καὶ ῥᾳθυμία διαφέρει παρ᾿ ἀνθρώ-
ποις ἐπιμελείας καὶ φρονήσεως περί τε τοὺς κατ᾿ ἰδίαν
βίους καὶ τὰς κοινὰς πολιτείας, ὥστε τοῖς μὲν καὶ τὰς
ἐπιτυχίας βλάβην ἐπιφέρειν, τοῖς δὲ καὶ τὰς περι-
4 πετείας ἐπανορθώσεως γίνεσθαι παραιτίας. οἱ γοῦν
Ῥόδιοι τότε παρὰ τὸν χειρισμὸν τὸ μὲν σύμπτωμα

ambassador arrived, after a little bluster and some show of expostulation with Antiochus for his conduct, he granted a truce for a year. Sending back Sosibius with the ambassadors to ratify the treaty, he remained himself for three months in Syria and Phoenicia establishing order in the towns, and then, leaving Andromachus behind as military governor of the whole district, he returned with his sister and his friends to Alexandria, having brought the war to an end in a manner that astonished his subjects in view of his character in general. Antiochus after concluding the treaty with Sosibius occupied himself with his original project of operations against Achaeus.

88. Such was the state of matters in Asia. At about the time I have been speaking of, the Rhodians, availing themselves of the pretext of the earthquake[156] which had occurred a short time previously and which had cast down their great Colossus and most of the walls and arsenals, made such sound practical use of the incident that the disaster was a cause of improvement to them rather than of damage. So great is the difference both to individuals and to states between carefulness and wisdom on the one hand, and folly with negligence on the other, that in the latter case good fortune actually inflicts damage, while in the former disaster is the cause of profit. The Rhodians at least so dealt with the matter, that by laying stress on the great-

[156] This happened before the death of Seleucus II in 225, probably in 227. The reason why P. inserted it here is not clear, but the identification of Seleucus as the *father* of Antiochus proves that chapters 88–90 have their original place here, during Antiochus' reign. Rich commentary in Holleaux, *Ét.* 1.445–462.

ποιοῦντες μέγα καὶ δεινόν, αὐτοὶ δὲ σεμνῶς καὶ προσ-
τατικῶς κατὰ τὰς πρεσβείας χρώμενοι ταῖς ἐντεύξεσι
καὶ ταῖς κατὰ μέρος ὁμιλίαις, εἰς τοῦτ' ἤγαγον τὰς
πόλεις, καὶ μάλιστα τοὺς βασιλεῖς, ὥστε μὴ μόνον
λαμβάνειν δωρεὰς ὑπερβαλλούσας, ἀλλὰ καὶ χάριν
5 προσοφείλειν αὐτοῖς τοὺς διδόντας. Ἱέρων γὰρ καὶ
Γέλων οὐ μόνον ἔδωκαν ἑβδομήκοντα καὶ πέντ' ἀργυ-
ρίου τάλαντα πρὸς τὴν εἰς τὸ ἔλαιον τοῖς ἐν τῷ
γυμνασίῳ χορηγίαν, τὰ μὲν παραχρῆμα, τὰ δ' ἐν
χρόνῳ βραχεῖ παντελῶς, ἀλλὰ καὶ λέβητας ἀργυροῦς
6 καὶ βάσεις τούτων καί τινας ὑδρίας ἀνέθεσαν, πρὸς δὲ
τούτοις εἰς τὰς θυσίας δέκα τάλαντα καὶ τὴν ἐπαύ-
ξησιν τῶν πολιτῶν ἄλλα δέκα, χάριν τοῦ τὴν πᾶσαν
7 εἰς ἑκατὸν τάλαντα γενέσθαι δωρεάν. καὶ μὴν ἀτέλει-
αν τοῖς πρὸς αὐτοὺς πλοϊζομένοις ἔδοσαν καὶ πεντή-
8 κοντα καταπέλτας τριπήχεις. καὶ τελευταῖον τοσαῦτα
δόντες, ὡς προσοφείλοντες χάριν, ἔστησαν ἀνδριάν-
τας ἐν τῷ τῶν Ῥοδίων δείγματι, στεφανούμενον τὸν
δῆμον τῶν Ῥοδίων ὑπὸ τοῦ δήμου τοῦ Συρακοσίων.

89. ἐπηγγείλατο δὲ καὶ Πτολεμαῖος αὐτοῖς ἀργυ-
ρίου τάλαντα τριακόσια καὶ σίτου μυριάδας ἀρταβῶν
ἑκατόν, ξύλα δὲ ναυπηγήσιμα δέκα πεντήρων καὶ
δέκα τριήρων, πευκίνων τετραγώνων πήχεις ἐμ-
2 μέτρους τετρακισμυρίους, καὶ χαλκοῦ νομίσματος
3 τάλαντα χίλια, στυππίου τρισχίλι', ὀθονίων ἱστοὺς

ness of the calamity and its dreadful character and by conducting themselves at public audiences and in private intercourse with the greatest seriousness and dignity, they had such an effect on cities and especially on kings that not only did they receive most lavish gifts, but that the donors themselves felt that a favor was being conferred on them. For Hiero and Gelo not only gave seventy-five silver talents, partly at once and the rest very shortly afterward, to supply oil[157] in the gymnasium, but dedicated silver cauldrons with their bases and a certain number of water pitchers, and in addition to this granted ten talents for sacrifices and ten more to enrich the citizens, so as to bring the whole gift up to a hundred talents. They also relieved Rhodian ships trading to their ports from the payment of customs, and presented the city with fifty catapults three cubits long. And finally, after bestowing so many gifts, they erected, just as if they were still under an obligation, in the Deigma or Mart at Rhodes a group representing the People of Rhodes being crowned by the People of Syracuse.[158]

89. Ptolemy also promised them three hundred talents of silver, a million artabae of corn, timber for the construction of ten quinqueremes and ten triremes, forty thousand cubits (good measure) of squared deal planking, a thousand talents of coined bronze, three thousand talents of tow, three thousand pieces of sailcloth, three thousand tal-

[157] The sum is out of proportion to the purpose. Apparently, as Diod. Sic. 26.8 (based on P.) shows, a reference to the rebuilding of the fortifications has dropped out of the text.

[158] Such personifications and representations of them in art became common about this time: C. Habicht, *MdAI* (*A*) 105 (1990), 259–268.

τρισχιλίους, εἰς τὴν τοῦ κολοσσοῦ κατασκευὴν τάλαντα τρισχίλι', οἰκοδόμους ἑκατόν, ὑπουργοὺς τριακοσίους καὶ πεντήκοντα, καὶ τούτοις καθ' ἕκαστον
4 ἔτος εἰς ὀψώνιον τάλαντα δεκατέτταρα, πρὸς δὲ τούτοις εἰς τοὺς ἀγῶνας καὶ τὰς θυσίας ἀρτάβας σίτου μυρίας δισχιλίας, καὶ μὴν εἰς σιτομετρίαν δέκα
5 τριήρων ἀρτάβας δισμυρίας. καὶ τούτων ἔδωκε τὰ μὲν
6 πλεῖστα παραχρῆμα, τοῦ δ' ἀργυρίου παντὸς τὸ τρίτον μέρος. παραπλησίως Ἀντίγονος ξύλ' ἀφ' ἑκκαιδεκαπήχους ἕως ὀκταπήχους εἰς σφηκίσκων λόγον μύρια, στρωτῆρας ἑπταπήχεις πεντακισχιλίους, σιδήρου τάλαντα τρισχίλια, πίττης τάλαντα χίλι', ἄλλης ὠμῆς μετρητὰς χιλίους, ἀργυρίου πρὸς τούτοις ἑκατὸν
7 ἐπηγγείλατο τάλαντα, Χρυσηὶς δ' ἡ γυνὴ δέκα μὲν σίτου μυριάδας, τρισχίλια δὲ μολίβδου τάλαντα.
8 Σέλευκος δ' ὁ πατὴρ Ἀντιόχου χωρὶς μὲν ἀτέλειαν τοῖς εἰς τὴν αὑτοῦ βασιλείαν πλοϊζομένοις, χωρὶς δὲ πεντήρεις μὲν δέκα κατηρτισμένας, σίτου δ' εἴκοσι
9 μυριάδας, καὶ μὴν ξύλων καὶ ῥητίνης καὶ τριχὸς μυριάδας πηχῶν καὶ ταλάντων χιλιάδας.

90. παραπλήσια δὲ τούτοις Προυσίας καὶ Μιθριδάτης, ἔτι δ' οἱ κατὰ τὴν Ἀσίαν ὄντες δυνάσται τότε,
2 λέγω δὲ Λυσανίαν, Ὀλύμπιχον, Λιμναῖον. τάς γε μὴν πόλεις τὰς συνεπιλαμβανομένας αὐτοῖς κατὰ δύναμιν
3 οὐδ' ἂν ἐξαριθμήσαιτο ῥᾳδίως οὐδείς· ὥσθ' ὅταν μέν

159 These workmen were to stay for several years, rebuilding the city.

ents (of bronze?) for the restoration of the Colossus, a hundred master builders and three hundred and fifty masons, and fourteen talents per annum[159] for their pay, and besides all this, twelve thousand artabae of corn for the games and sacrifices and twenty thousand artabae to feed the crews of ten triremes. Most of these things and the third part of the money he gave them at once. Antigonus in like manner gave them ten thousand pieces of timber[160] ranging from eight to sixteen cubits in length to be used for roofs, five thousand beams of seven cubits long, three thousand talents of iron, a thousand talents of pitch, a thousand amphorae of raw pitch and a hundred talents of silver, while Chryseis[161] his wife gave them a hundred thousand medimni of corn and three thousand talents of lead. Seleucus, the father of Antiochus, besides exempting Rhodians trading to his dominions from custom duties, presented them with ten quinqueremes fully equipped, two hundred thousand medimni of corn, ten thousand cubits of timber and a thousand talents of hair and resin.

90. Similar gifts were made by Prusias[162] and Mithridates[163] as well as by the other Asiatic princelets[164] of the time, Lysanias, Olympichus, and Limnaeus. As for the towns which contributed, each according to its means, it would be difficult to enumerate them. So that when one

[160] While Macedonian timber was in much demand for shipbuilding and would have been expected here, R. Meiggs has shown (against Walbank) that roof timber is at stake: *Trees and Timber in the Ancient Mediterranean World* (Oxford 1982), 145.

[161] Wife of Demetrius II, mother of Philip V, later wife of Antigonus Doson. Her real name was Phthia.

[162] Prusias I of Bithynia.

[163] Mithridates II of Pontus.

τις εἰς τὸν χρόνον ἐμβλέψῃ καὶ τὴν ἀρχήν, ἀφ᾽ οὗ συμβαίνει τὴν πόλιν αὐτῶν συνῳκίσθαι, καὶ λίαν θαυμάζειν ὡς βραχεῖ χρόνῳ μεγάλην ἐπίδοσιν εἴληφε περί τε τοὺς κατ᾽ ἰδίαν βίους καὶ τὰ κοινὰ τῆς πόλεως·
4 *ὅταν δ᾽ εἰς τὴν εὐκαιρίαν τοῦ τόπου καὶ τὴν ἔξωθεν ἐπιφορὰν καὶ συμπλήρωσιν τῆς εὐδαιμονίας, μηκέτι θαυμάζειν, μικροῦ δ᾽ ἐλλείπειν δοκεῖν τοῦ καθήκοντος.*

5 Ταῦτα *μὲν οὖν εἰρήσθω μοι χάριν πρῶτον μὲν τῆς* Ῥοδίων *περὶ τὰ κοινὰ προστασίας—ἐπαίνου γάρ εἰσιν ἄξιοι καὶ ζήλου—δεύτερον δὲ τῆς τῶν νῦν βασιλέων μικροδοσίας καὶ τῆς τῶν ἐθνῶν καὶ πόλεων*
6 *μικροληψίας, ἵνα μήθ᾽ οἱ βασιλεῖς τέτταρα καὶ πέντε προϊέμενοι τάλαντα δοκῶσί τι ποιεῖν μέγα καὶ ζητῶσι τὴν αὐτὴν ὑπάρχειν αὐτοῖς εὔνοιαν καὶ τιμὴν παρὰ*
7 *τῶν* Ἑλλήνων, *ἣν οἱ πρὸ τοῦ βασιλεῖς εἶχον, αἵ τε πόλεις λαμβάνουσαι πρὸ ὀφθαλμῶν τὸ μέγεθος τῶν πρότερον δωρεῶν μὴ λανθάνωσιν ἐπὶ μικροῖς καὶ τοῖς τυχοῦσι νῦν τὰς μεγίστας καὶ καλλίστας προϊέμεναι*
8 *τιμάς, ἀλλὰ πειρῶνται τὸ κατ᾽ ἀξίαν ἑκάστοις τηρεῖν, ᾧ πλεῖστον διαφέρουσιν* Ἕλληνες *τῶν ἄλλων ἀνθρώπων.*

91. Ἄρτι *δὲ τῆς θερινῆς ὥρας ἐνισταμένης, καὶ στρατηγοῦντος* Ἀγήτα *μὲν τῶν* Αἰτωλῶν, Ἀράτου *δὲ*

[164] See J. Kobes (34.7), passim. Olympichus has become well known from documents discovered at Labraunda in Caria, first as a governor of Seleucus II, then as a fairly independent dynast (*I. Labraunda*, vol. 1). A new document in his honor: S. Isager, *EA* 41 (2008), 39–52.

looks at the date of the foundation of their city and its beginnings one is very much surprised at the rapid increase of public and private wealth which has taken place in so short a time; but when one considers its advantageous position and the large influx from abroad of all required to supplement its own resources, one is no longer surprised, but thinks that the wealth of Rhodes falls short rather of what it should be.

I have said so much on this subject to illustrate in the first place the dignity with which the Rhodians conduct their public finances—for in this respect they are worthy of all praise and imitation—and secondly the stinginess of the kings[165] of the present day and the meanness of our states and cities, so that a king who gives away four or five talents may not fancy he has done anything very great and expect the same honor and the same affection from the Greeks that former kings enjoyed; and secondly in order that cities, taking into consideration the value of the gifts formerly bestowed on them, may not now forget themselves so far as to lavish their greatest and most splendid distinctions for the sake of a few mean and paltry benefits, but may endeavor to maintain the principle of estimating everything at its true value—a principle peculiarly distinctive of the Greek nation.

91. In the early summer of the year[166] in which Agetas was strategus of the Aetolians and shortly after Aratus had

[165] The absence of Attalus I from the list of donors is striking, since it is difficult to imagine that he neglected to make a contribution; it may be that P. has an Attalid king of his own time in mind (see Holleaux, *Ét.* 458, n. 1).

[166] 217.

παρειληφότος τὴν τῶν Ἀχαιῶν στρατηγίαν—ἀπὸ γὰρ τούτων ἐποιησάμεθα τοῦ συμμαχικοῦ πολέμου τὴν ἐκτροπήν—Λυκοῦργος μὲν ὁ Σπαρτιάτης ἐπανῆκε
2 πάλιν ἐξ Αἰτωλίας· οἱ γὰρ ἔφοροι, ψευδῆ τὴν διαβολὴν εὑρόντες, δι' ἣν ἔφευγε, μετεπέμποντο καὶ μετ-
3 εκάλουν αὖθις τὸν Λυκοῦργον. οὗτος μὲν οὖν ἐτάττετο πρὸς Πυρρίαν τὸν Αἰτωλόν, ὃς ἐτύγχανε τότε παρὰ τοῖς Ἠλείοις στρατηγὸς ὤν, περὶ τῆς εἰς τὴν Μεσση-
4 νίαν εἰσβολῆς. Ἄρατος δὲ παρειλήφει τό τε ξενικὸν τὸ τῶν Ἀχαιῶν κατεφθαρμένον τάς τε πόλεις ὀλιγώρως διακειμένας πρὸς τὰς εἰς τοῦτο τὸ μέρος εἰσφορὰς διὰ τὸ τὸν πρὸ αὐτοῦ στρατηγὸν Ἐπήρατον, ὡς ἐπάνω προεῖπα, κακῶς καὶ ῥᾳθύμως κεχρῆσθαι τοῖς κοινοῖς
5 πράγμασιν. οὐ μὴν ἀλλὰ παρακαλέσας τοὺς Ἀχαιούς, καὶ λαβὼν δόγμα περὶ τούτων, ἐνεργὸς ἐγίνετο περὶ
6 τὴν τοῦ πολέμου παρασκευήν. ἦν δὲ τὰ δόξαντα τοῖς Ἀχαιοῖς ταῦτα· πεζοὺς μὲν τρέφειν μισθοφόρους ὀκτακισχιλίους, ἱππεῖς δὲ πεντακοσίους, τῶν δ' Ἀχαϊκῶν ἐπιλέκτους, πεζοὺς μὲν τρισχιλίους ἱππεῖς δὲ
7 τριακοσίους· εἶναι δὲ τούτων Μεγαλοπολίτας μὲν χαλκάσπιδας, πεζοὺς μὲν πεντακοσίους, ἱππεῖς δὲ
8 πεντήκοντα, καὶ τοὺς ἴσους Ἀργείων. ἔδοξε δὲ καὶ ναῦς πλεῖν τρεῖς μὲν περὶ τὴν Ἀκτὴν καὶ τὸν Ἀργολικὸν κόλπον, τρεῖς δὲ κατὰ Πάτρας καὶ Δύμην καὶ τὴν ταύτῃ θάλατταν.

92. Ἄρατος μὲν οὖν ταῦτ' ἔπραττε καὶ ταύτας
2 ἐξήρτυε τὰς παρασκευάς· ὁ δὲ Λυκοῦγος καὶ Πυρρίας διαπεμψάμενοι πρὸς ἀλλήλους, ἵνα ταῖς αὐταῖς ἡμέ-

entered on the same office in Achaea—that being the date at which I interrupted my narrative of the Social War—Lycurgus of Sparta came back from Aetolia; for the ephors, who had discovered that the charge on which he had been condemned to exile was false, sent to him and invited him to return. He began to make arrangements with Pyrrhias the Aetolian, who was then the strategus of the Eleans, for an invasion of Messenia. Aratus had found the mercenary forces of the Achaeans disaffected and the cities not at all disposed to tax themselves for the purpose of maintaining them, a state of matters due to the incompetent and careless manner in which his predecessor Eperatus had, as I mentioned above,[167] conducted the affairs of the League. However, he made an appeal to the Achaeans, and obtaining a decree on the subject, occupied himself actively with preparations for war. The substance of the decree was as follows. They were to keep up a mercenary force of eight thousand food and five hundred horse and a picked Achaean force of three thousand foot and three hundred horse, including five hundred foot and fifty horse from Megalopolis, all brazen shielded, and an equal number of Argives. They also decided to have three ships cruising off the Acte and in the Gulf of Argolis and three more in the neighborhood of Patrae and Dyme and in those seas.

92. Aratus, being thus occupied and engaged in these preparations, Lycurgus and Pyrrhias, after communicating with each other and arranging to start at the same time, ad-

[167] 30.6.

ραις ποιήσωνται τὴν ἔξοδον, προῆγον εἰς τὴν Μεσ-
3 σηνίαν. ὁ δὲ στρατηγὸς τῶν Ἀχαιῶν, συνεὶς τὴν
ἐπιβολὴν αὐτῶν, ἧκεν ἔχων τοὺς μισθοφόρους καὶ
τινας τῶν ἐπιλέκτων εἰς τὴν Μεγάλην πόλιν παραβοη-
4 θήσων τοῖς Μεσσηνίοις. Λυκοῦργος δ' ἐξορμήσας τὰς
μὲν Καλάμας, χωρίον τι τῶν Μεσσηνίων, προδοσίᾳ
κατέσχε, μετὰ δὲ ταῦτα προῆγε σπεύδων συμμῖξαι
5 τοῖς Αἰτωλοῖς. ὁ δὲ Πυρρίας παντελῶς ἐλαφρὸς ἐξελ-
θὼν ἐκ τῆς Ἤλιδος, καὶ κατὰ τὴν εἰσβολὴν τὴν εἰς
Μεσσηνίαν εὐθέως κωλυθεὶς ὑπὸ τῶν Κυπαρισσέων,
6 ἀνέστρεψε. διόπερ ὁ Λυκοῦργος, οὔτε συμμῖξαι δυνά-
μενος τοῖς περὶ τὸν Πυρρίαν οὔτ' αὐτὸς ἀξιόχρεως
ὑπάρχων, ἐπὶ βραχὺ προσβολὰς ποιησάμενος πρὸς
τὴν Ἀνδανίαν ἄπρακτος αὖθις εἰς τὴν Σπάρτην ἀπηλ-
7 λάγη. Ἄρατος δέ, διαπεσούσης τοῖς πολεμίοις τῆς
ἐπιβολῆς, τὸ κατὰ λόγον ποιῶν καὶ προνοούμενος τοῦ
μέλλοντος, συνετάξατο πρός τε Ταυρίωνα παρασκευ-
άζειν ἱππεῖς πεντήκοντα καὶ πεζοὺς πεντακοσίους καὶ
πρὸς Μεσσηνίους, ἵνα τοὺς ἴσους τούτοις ἱππεῖς καὶ
8 πεζοὺς ἐξαποστείλωσι, βουλόμενος τούτοις μὲν τοῖς
ἀνδράσι παραφυλάττεσθαι τήν τε τῶν Μεσσηνίων
9 χώραν καὶ Μεγαλοπολιτῶν καὶ Τεγεατῶν, ἔτι δὲ τῶν
Ἀργείων—αὗται γὰρ αἱ χῶραι, συντερμονοῦσαι τῇ
Λακωνικῇ πρόκεινται τῶν ἄλλων Πελοποννησίων
10 πρὸς τὸν ἀπὸ Λακεδαιμονίων πόλεμον—τοῖς δ' Ἀχα-
ϊκοῖς ἐπιλέκτοις καὶ μισθοφόροις τὰ πρὸς τὴν Ἠλείαν
καὶ τὴν Αἰτωλίαν ἐστραμμένα μέρη τῆς Ἀχαΐας
τηρεῖν.

vanced toward Messenia. The Achaean strategus, on getting word of their project, came to Megalopolis with the mercenaries and some of the picked Achaean force to help the Messenians. Lycurgus, moving out of Laconia, took by treachery Calamae, a strong place in Messenia, and then advanced with the object of joining the Aetolians. But Pyrrhias, who had left Elis with quite a slight force and who had at once met with a check at the hands of the people of Cyparissia as he was entering Messenia, returned. Lycurgus, therefore, as he neither could manage to join Pyrrhias nor was strong enough by himself, after delivering some feeble assaults on Andania,[168] returned to Sparta without having effected anything. Aratus, after the failure of the enemy's project, took a very proper step in view of future contingencies by arranging with Taurion and the Messenians respectively to get ready and dispatch fifty horse and five hundred foot, designing to use these troops for protecting Messenia and the territories of Megalopolis, Tegea, and Argos—these being the districts which border on Laconia and are more exposed than the rest of the Peloponnesus to an inroad from thence—and to guard the parts of Achaea turned toward Aetolia and Elis with his picked Achaean force and his mercenaries.

[168] Famous sanctuary in Messenia, close to the border with Arcadia, sometimes disputed between Messene and Megalopolis. A long and famous sacred law (*SIG* 736, cf. 735) regulates the order of the mysteries celebrated there. It is dated to the 55th year of an era which is not 92/91 but, as recently found dated inscriptions from Messene have shown, CE 24/25.

93. Ταῦτα δὲ ἁρμοσάμενος διέλυε τοὺς Μεγαλοπο-
2 λίτας πρὸς αὐτοὺς κατὰ τὸ τῶν Ἀχαιῶν δόγμα. συν-
έβαινε γὰρ τούτους προσφάτως ὑπὸ Κλεομένους
ἐπταικότας τῇ πατρίδι καὶ τὸ δὴ λεγόμενον ἐκ θεμε-
λίων ἐσφαλμένους πολλῶν μὲν ἐπιδεῖσθαι, πάντων δὲ
3 σπανίζειν· τοῖς μὲν γὰρ φρονήμασιν ἔμενον, ταῖς δὲ
χορηγίαις καὶ κοινῇ καὶ κατ' ἰδίαν πρὸς πᾶν ἀδυνάτως
4 εἶχον. διόπερ ἦν ἀμφισβητήσεως, φιλοτιμίας, ὀργῆς
τῆς ἐν ἀλλήλοις πάντα πλήρη· τοῦτο γὰρ δὴ φιλεῖ
γίνεσθαι καὶ περὶ <τὰ> κοινὰ πράγματα καὶ περὶ τοὺς
κατ' ἰδίαν βίους, ὅταν ἐλλίπωσιν αἱ χορηγίαι τὰς
5 ἑκάστων ἐπιβολάς. πρῶτον μὲν οὖν ἠμφισβήτουν
ὑπὲρ τοῦ τειχισμοῦ τῆς πόλεως, φάσκοντες οἱ μὲν
συνάγειν αὐτὴν δεῖν καὶ ποιεῖν τηλικαύτην ἡλίκην καὶ
τειχίζειν ἐπιβαλλόμενοι καθίξονται καὶ φυλάττειν
καιροῦ περιστάντος δυνήσονται· καὶ γὰρ νῦν παρὰ τὸ
6 μέγεθος αὐτῆς καὶ τὴν ἐρημίαν ἐσφάλθαι. πρὸς δὲ
τούτοις εἰσφέρειν ᾤοντο δεῖν τοὺς κτηματικοὺς τὸ
τρίτον μέρος τῆς γῆς εἰς τὴν τῶν προσλαμβανομένων
7 οἰκητόρων ἀναπλήρωσιν. οἱ δ' οὔτε τὴν πόλιν ἐλάττω
ποιεῖν ὑπέμενον οὔτε τὸ τρίτον τῶν κτήσεων εὐδόκουν
8 εἰσφέρειν μέρος. μάλιστά <τε> τῶν νόμων ὑπὸ Πρυ-
τάνιδος γεγραμμένων πρὸς ἀλλήλους ἐφιλονείκουν,
ὃν ἔδωκε μὲν αὐτοῖς νομοθέτην Ἀντίγονος, ἦν δὲ τῶν
ἐπιφανῶν ἀνδρῶν ἐκ τοῦ Περιπάτου καὶ ταύτης τῆς
9 αἱρέσεως. τοιαύτης δ' οὔσης τῆς ἀμφισβητήσεως

169 See for the fortifications of Megalopolis, F. G. Maier,

93. After having arranged this, he put an end to the intestine disputes of the Megalopolitans in accordance with the decree of the Achaeans. They had only recently been ejected from their city by Cleomenes, and as the saying goes, utterly uprooted, and consequently they were in absolute want of many things and were ill provided with everything. It is true that they retained their high spirit; but in every respect the shortage of their supplies both in public and private was a source of weakness to them. In consequence disputes, jealousies, and mutual hatred were rife among them, as usually happens both in public and private life when men have not sufficient means to give effect to their projects. The first matter of dispute was the fortification of the city,[169] some saying that it ought to be reduced to a size which would enable them to complete the wall if they undertook to build one and to defend it in time of danger. It was just its size, they said, and the sparseness of the inhabitants which had proved fatal to the town. The same party proposed that landowners should contribute the third part of their estates, for making up the number of additional citizens required. Their opponents neither approved of reducing the size of the city nor were disposed to contribute the third part of their property. The most serious controversy of all, however, was in regard to the laws framed for them by Prytanis,[170] an eminent member of the Peripatetic school, whom Antigonus had sent to them to draw up a code. Such being the matters in dispute, Aratus

Griechische Mauerbauinschriften 1 (Heidelberg 1959), 149–156, who, however, in discussing the disputed date for his no. 36, misses the reference to P.

170 For him and his career, M. Haake, *Der Philosoph in der Stadt* (Munich 2007), 89–99.

ποιησάμενος Ἄρατος τὴν ἐνδεχομένην ἐπιστροφὴν
10 κατέπαυσε τὴν φιλοτιμίαν αὐτῶν. ἐφ' οἷς δ' ἔληξαν
τῆς πρὸς ἀλλήλους διαφορᾶς, γράψαντες εἰς στήλην
παρὰ τὸν τῆς Ἑστίας ἀνέθεσαν βωμὸν ἐν Ὁμαρίῳ.

94. Μετὰ δὲ τὰς διαλύσεις ταύτας ἀναζεύξας αὐτὸς
μὲν ἧκε πρὸς τὴν τῶν Ἀχαιῶν σύνοδον, τοὺς δὲ
μισθοφόρους συνέτησε Λύκῳ τῷ Φαραιεῖ διὰ τὸ τοῦ-
τον ὑποστράτηγον εἶναι τότε τῆς συντελείας τῆς
2 Πατρικῆς. οἱ δ' Ἠλεῖοι δυσαρεστούμενοι τῷ Πυρρίᾳ,
πάλιν ἐπεσπάσαντο στρατηγὸν παρὰ τῶν Αἰτωλῶν
3 Εὐριπίδαν, ὃς τηρήσας τὴν τῶν Ἀχαιῶν σύνοδον, καὶ
παραλαβὼν ἱππεῖς μὲν ἑξήκοντα, πεζοὺς δὲ δισ-
χιλίους, ἐξώδευσε, καὶ διελθὼν διὰ τῆς Φαραϊκῆς
4 κατέδραμε τὴν χώραν ἕως τῆς Αἰγιάδος. περιελα-
σάμενος δὲ λείαν ἱκανὴν ἐποιεῖτο τὴν ἀποχώρησιν ὡς
5 ἐπὶ Λεόντιον. οἱ δὲ περὶ τὸν Λύκον συνέντες τὸ γεγο-
νὸς ἐβοήθουν κατὰ σπουδήν, συνάψαντες δὲ τοῖς
πολεμίοις καὶ συμμίξαντες ἐξ ἐφόδου κατέβαλον μὲν
6 αὐτῶν εἰς τετρακοσίους, ζωγρίᾳ δ' ἔλαβον εἰς δια-
κοσίους, ἐν οἷς ἦσαν ἐπιφανεῖς ἄνδρες Φυσσίας,
Ἀντάνωρ, Κλέαρχος, Ἀνδρόλοχος, Εὐανορίδας, Ἀρι-
στογείτων, Νικάσιππος, Ἀσπάσιος· τῶν δ' ὅπλων καὶ
7 τῆς ἀποσκευῆς ἐκυρίευσαν πάσης. κατὰ δὲ τοὺς
αὐτοὺς καιροὺς ὁ τῶν Ἀχαιῶν ναύαρχος ἐξοδεύσας εἰς

---

[171] Sanctuary of Zeus, originally at Helice, after the disappearance of this town in 373 (see n. on 2.41.7) transplanted to

exerted himself by every means in his power to reconcile the rival factions, and the terms on which they finally composed their difference were engraved on a stone and set up beside the altar of Hestia in the Homarium.[171]

94. After this settlement he left Megalopolis and went to take part in the Achaean Assembly, leaving the mercenaries under the command of Lycus of Pharae, who was then substrategus of the district of Patrae.[172] The Eleans, who were dissatisfied with Pyrrhias, now procured from the Aetolians the services of Euripidas, and he, waiting for the time when the Achaean Assembly met, took sixty horse and two thousand foot, and leaving Elis passed through the territory of Pharae and overran Achaea as far as that of Aegium. Having collected a considerable amount of booty, he was retreating toward Leontium, when Lycus, learning of the inroad, hastened to the rescue and encountering the enemy at once charged them and killed about four hundred, taking about two thousand prisoners,[173] among whom were the following men of rank:[174] Physsias, Antanor, Clearchus, Androlochus, Euanorides, Aristogeiton, Nicasippus, and Aspasius. He also captured all their arms and baggage. Just about the same time the Achaean naval commander made a landing at Molycria and came

Aegium. It included an altar of Hestia; *RE* Homarium 443–445 (F. Bölte).

172 See *RE* Patrai 2206 (E. Meyer) and WC 1.624–625.

173 The total of enemies killed or captured is higher than the total of their force given in para. 3.

174 The only one known is Euanorides, most likely the same as the Elean boy victorious at Olympia and Nemea in wrestling and whose statue Pausanias (6.8.1) saw at Olympia, where Euanorides dedicated a statue of his stepfather (*I. Ol.* 299).

Μολυκρίαν, ἧκεν ἔχων οὐ πολὺ λείποντα τῶν ἑκατὸν
8 σωμάτων. αὖτις δ᾽ ὑποστρέψας ἔπλευσε πρὸς Χάλ-
κειαν, τῶν δ᾽ ἐκβοηθησάντων ἐκυρίευσε δύο μακρῶν
πλοίων αὐτάνδρων· ἔλαβε δὲ καὶ κέλητα περὶ τὸ Ῥίον
9 Αἰτωλικὸν ὁμοῦ τῷ πληρώματι. συνδραμόντων δὲ τῶν
τε κατὰ γῆν καὶ τῶν κατὰ θάλατταν λαφύρων περὶ
τοὺς αὐτοὺς καιρούς, καὶ συναχθείσης ἀπὸ τούτων
προσόδου καὶ χορηγίας ἱκανῆς, ἐγένετο τοῖς τε στρα-
τιώταις θάρσος ὑπὲρ τῆς τῶν ὀψωνίων κομιδῆς ταῖς τε
πόλεσιν ἐλπὶς ὑπὲρ τοῦ μὴ βαρυνθήσεσθαι ταῖς εἰσ-
φοραῖς.

95. Ἅμα δὲ τοῖς προειρημένοις Σκερδιλαΐδας, νομί-
ζων ὑπὸ τοῦ βασιλέως ἀδικεῖσθαι διὰ τό τινα τῶν
χρημάτων ἐλλείπειν αὐτῷ τῶν κατὰ τὰς συντάξεις
ὁμολογηθέντων, ἃς ἐποιήσατο πρὸς Φίλιππον, ἐξαπέ-
στειλε λέμβους πεντεκαίδεκα, μετὰ δόλου ποιούμενος
2 τὴν ἐπιβολὴν τῆς κομιδῆς τῶν χρημάτων· οἳ καὶ
κατέπλευσαν εἰς Λευκάδα, πάντων αὐτοὺς ὡς φιλίους
προσδεχομένων διὰ τὴν γεγενημένην κοινοπραγίαν.
3 ἄλλο μὲν οὖν οὐκ ἔφθασαν οὐδὲν ἐργάσασθαι κακὸν
οὐδ᾽ ἐδυνήθησαν, Ἀγαθίνῳ δὲ καὶ Κασσάνδρῳ τοῖς
Κορινθίοις ἐπιπλέουσι ταῖς Ταυρίωνος ναυσὶ καὶ
συγκαθορμισθεῖσιν ὡς φίλοις μετὰ τεττάρων πλοίων,
παρασπονδήσαντες ἐπέθεντο, καὶ συλλαβόντες αὐ-
τούς τε καὶ τὰ πλοῖα πρὸς Σκερδιλαΐδαν ἀπέπεμψαν.
4 μετὰ δὲ ταῦτα ποιησάμενοι τὴν ἀναγωγὴν ἐκ τῆς
Λευκάδος καὶ πλεύσαντες ὡς ἐπὶ Μαλέας ἐλῄζοντο
καὶ κατῆγον τοὺς ἐμπόρους.

back with nearly a hundred captured slaves. Starting again he sailed to Chalceia, and on the enemy coming to the assistance of that town he captured two warships with their crews and afterward took with its crew a galley near Aetolian Rhium.[175] So that all this booty coming in from land and sea at the same time, with considerable benefit both to the exchequer and the commissariat, the soldiers felt confident that they would receive their pay and the cities that they would not be unduly burdened by war contributions.

95. Simultaneously with these events Scerdilaïdas, considering himself wronged by the king, as the sum due to him by the terms of their agreement[176] had not been paid in full, sent out fifteen galleys with the design of securing payment by trickery. They sailed to Leucas where they were received as friends by everyone, owing to their previous cooperation in the war. The only damage, however, that they managed to do here, was that when the Corinthians Agathinus and Cassander who were in command of Taurion's squadron anchored with four sail in the same harbor, regarding them as friends, they made a treacherous attack upon them, and capturing them together with the ships, sent them to Scerdilaïdas. After this they left Leucas, and sailing to Malea began to plunder and capture merchantmen.

175 Aetolian Rhium is Antirrhium.

176 P. refers to 4.29.7.

5 Ἤδη δὲ τοῦ θερισμοῦ συνάπτοντος, καὶ τῶν περὶ
τὸν Ταυρίωνα κατολιγωρούντων τῆς τῶν ἄρτι ῥηθει-
σῶν πόλεων προφυλακῆς, Ἄρατος μὲν ἔχων τοὺς
ἐπιλέκτους ἐφήδρευε τῇ τοῦ σίτου κομιδῇ περὶ τὴν
6 Ἀργείαν, Εὐριπίδας δὲ τοὺς Αἰτωλοὺς ἔχων ἐξώδευσε,
7 βουλόμενος κατασῦραι τὴν τῶν Τριταιέων χώραν. οἱ
δὲ περὶ Λύκον καὶ Δημόδοκον τὸν τῶν Ἀχαιῶν ἱππάρ-
χην συνέντες τὴν ἐκ τῆς Ἤλιδος τῶν Αἰτωλῶν ἔξοδον,
ἐπισυναγαγόντες τοὺς Δυμαίους καὶ τοὺς Πατρεῖς καὶ
Φαραιεῖς, σὺν δὲ τούτοις ἔχοντες τοὺς μισθοφόρους,
8 ἐνέβαλον εἰς τὴν Ἠλείαν. παραγενόμενοι δ' ἐπὶ τὸ
Φύξιον καλούμενον τοὺς μὲν εὐζώνους καὶ τοὺς ἱππεῖς
ἐφῆκαν εἰς τὴν καταδρομήν, τὰ δὲ βαρέα τῶν ὅπλων
9 ἔκρυψαν περὶ τὸν προειρημένον τόπον. ἐκβοηθησάν-
των δὲ πανδημεὶ τῶν Ἠλείων ἐπὶ τοὺς κατατρέχοντας
καὶ προσκειμένων τοῖς ἀποχωροῦσιν, ἐξαναστάντες οἱ
10 περὶ τὸν Λύκον ἐπέθεντο τοῖς προπεπτωκόσι. τῶν δ'
Ἠλείων οὐ δεξαμένων τὴν ὁρμήν, ἀλλ' ἐξ ἐπιφανείας
τραπέντων, ἀπέκτειναν μὲν αὐτῶν εἰς διακοσίους,
ζωγρίᾳ δ' ἔλαβον ὀγδοήκοντα, συνεκόμισαν δὲ καὶ
11 τὴν περιελαθεῖσαν λείαν ἀσφαλῶς. ἅμα δὲ τούτοις ὁ
ναύαρχος τῶν Ἀχαιῶν ποιησάμενος ἀποβάσεις πλεο-
νάκις εἴς τε τὴν Καλυδωνίαν καὶ Ναυπακτίαν τήν τε
χώραν κατέσυρε καὶ τὴν βοήθειαν αὐτῶν συνέτριψε
12 δίς. ἔλαβε δὲ καὶ Κλεόνικον τὸν Ναυπάκτιον, ὃς διὰ τὸ
πρόξενος ὑπάρχειν τῶν Ἀχαιῶν παραυτὰ μὲν οὐκ
ἐπράθη, μετὰ δέ τινα χρόνον ἀφείθη χωρὶς λύτρων.

96. Κατὰ δὲ τοὺς αὐτοὺς χρόνους Ἀγήτας ὁ τῶν

It was now nearly harvest time, and as Taurion had neglected the task of protecting the cities I mentioned, Aratus with his picked Achaean force remained to cover harvesting operations in Argolis, and in consequence Euripidas with his Aetolians crossed the frontier with the view of pillaging the territory of Tritaea. Lycus and Demodocus, the commander of the Achaean cavalry, on hearing of the advance of the Aetolians from Elis, collected the levies of Dyme, Patrae, and Pharae and with these troops and the mercenaries invaded Elis. Reaching the place called Phyxium, they sent out their light-armed infantry and their cavalry to overrun the country, placing their heavy-armed troops in ambush near this place. When the Eleans with their whole force arrived to defend the country from pillage and followed up the retreating marauders, Lycus issued from his ambuscade and fell upon the foremost of them. The Eleans did not await the charge, but turned and ran at once on the appearance of the enemy, who killed about two hundred of them and captured eighty, bringing in all the booty they had collected in safety. At about the same time the Achaean naval commander made repeated descents on the coast of Calydon and Naupactus, ravaging the country and twice routing the force sent to protect it. He also captured Cleonicus of Naupactus,[177] who since he was proxenus of the Achaeans, was not sold as a slave on the spot and was shortly afterward set at liberty without ransom.

96. At the same period Agetas, the Aetolian strategus,

[177] Mentioned again in 102.4 and 7 before, and in later books after his release.

Αἰτωλῶν στρατηγὸς συναγαγὼν πανδημεὶ τοὺς Αἰτωλοὺς ἐλεηλάτησε μὲν τὴν τῶν Ἀκαρνάνων χώραν, ἐπεπορεύθη δὲ πορθῶν πᾶσαν ἀδεῶς τὴν Ἤπειρον.
2 οὗτος μὲν οὖν ταῦτα πράξας ἐπανελθὼν διαφῆκε τοὺς
3 Αἰτωλοὺς ἐπὶ τὰς πόλεις. οἱ δ᾽ Ἀκαρνᾶνες ἀντεμβαλόντες εἰς τὴν Στρατικὴν καὶ πανικῷ περιπεσόντες αἰσχρῶς μέν, ἀβλαβῶς γε μὴν ἐπανῆλθον, οὐ τολμησάντων αὐτοὺς ἐπιδιῶξαι τῶν ἐκ τοῦ Στράτου διὰ τὸ νομίζειν ἐνέδρας ἕνεκα ποιεῖσθαι τὴν ἀποχώρησιν.

4 Ἐγένετο δὲ καὶ περὶ Φανοτεῖς παλιμπροδοσία τοιόνδε τινὰ τρόπον. Ἀλέξανδρος ὁ τεταγμένος ἐπὶ τῆς Φωκίδος ὑπὸ Φιλίππου συνεστήσατο πρᾶξιν ἐπὶ τοὺς Αἰτωλοὺς διά τινος Ἰάσονος, ὃς ἐτύγχανεν ὑπ᾽ αὐτοῦ
5 τεταγμένος ἐπὶ τῆς τῶν Φανοτέων πόλεως· ὃς διαπεμψάμενος πρὸς Ἀγήταν τὸν τῶν Αἰτωλῶν στρατηγὸν ὡμολόγησε τὴν ἄκραν αὐτοῖς παραδώσειν τὴν ἐν τοῖς Φανοτεῦσι, καὶ περὶ τούτων ὅρκους ἐποιήσατο
6 καὶ συνθήκας. παραγενομένης δὲ τῆς ταχθείσης ἡμέρας ὁ μὲν Ἀγήτας ἧκεν ἔχων τοὺς Αἰτωλοὺς νυκτὸς πρὸς τοὺς Φανοτεῖς, καὶ τοὺς μὲν λοιποὺς ἐν ἀποστήματι κρύψας ἔμεινε, τοὺς δ᾽ ἐπιτηδειοτάτους ἑκατὸν
7 ἐπιλέξας ἀπέστειλε πρὸς τὴν ἄκραν, ὁ δ᾽ Ἰάσων τὸν μὲν Ἀλέξανδρον ἕτοιμον εἶχε μετὰ στρατιωτῶν ἐν τῇ πόλει, τοὺς δὲ νεανίσκους παραλαβὼν κατὰ τοὺς ὅρ-
8 κους εἰσήγαγε πάντας εἰς τὴν ἀκρόπολιν. τῶν δὲ περὶ τὸν Ἀλέξανδρον εὐθέως ἐπεισπεσόντων οἱ μὲν ἐπίλεκτοι τῶν Αἰτωλῶν ἑάλωσαν, ὁ δ᾽ Ἀγήτας ἐπιγενομένης τῆς ἡμέρας συνεὶς τὸ γεγονὸς αὖτις ἐπανῆγε τὴν

with the whole Aetolian citizen force plundered Acarnania and overran the whole of Epirus, pillaging the country with impunity. After this performance he returned and dismissed the Aetolians to their several cities. The Acarnanians now made a counterattack on the territory of Stratus and being overtaken by panic, effected a retreat, which if not honorable was at least unaccompanied by loss, as the garrison of Stratus were afraid of pursuing them since they suspected their retreat was a ruse to lead them into an ambush.

The following instance of treachery countered by treachery also took place at Phanoteus.[178] Alexander, who had been appointed to the command in Phocis by Philip, made a plan for outwitting the Aetolians by the agency of a certain Jason whom he had placed in charge of Phanoteus. This Jason sent a message to Agetas the Aetolian strategus offering to betray the citadel of that town to him, and entered into an agreement to do so confirmed by oath. On the appointed day Agetas with his Aetolians came to Phanoteus under cover of night, and concealing the rest of his force at a certain distance sent on a picked body of a hundred to the citadel. Jason had Alexander ready in the city with some troops, and receiving these Aetolian soldiers he introduced them all into the citadel as he had sworn. Alexander now burst in at once with his men, and the hundred picked Aetolians were captured. Agetas, when day broke, perceived what had happened and with-

[178] Full discussion of this Phocian city (whose name is also given as Panopeus) in *RE* Panopeus 637–649 (E. Kirsten).

δύναμιν, οὐκ ἀνοικείῳ πράγματι περιπεπτωκὼς τοῖς πολλάκις ὑφ' αὑτοῦ πραττομένοις.

97. Κατὰ δὲ τοὺς αὐτοὺς καιροὺς Φίλιππος ὁ βασιλεὺς κατελάβετο Βυλάζωρα, μεγίστην οὖσαν πόλιν τῆς Παιονίας καὶ λίαν εὐκαίρως κειμένην πρὸς τὰς εἰσβολὰς τὰς ἀπὸ τῆς Δαρδανικῆς εἰς Μακεδονίαν, ὥστε διὰ τῆς πράξεως ταύτης σχεδὸν ἀπολελύσθαι
2 τοῦ φόβου τοῦ κατὰ Δαρδανίους· οὐ γὰρ ἔτι ῥᾴδιον ἦν αὐτοῖς ἐμβαλεῖν εἰς Μακεδονίαν κρατοῦντος Φιλίππου
3 τῶν εἰσόδων διὰ τῆς προειρημένης πόλεως. ἀσφαλισάμενος δὲ ταύτην Χρυσόγονον μὲν ἐξαπέστειλε κατὰ
4 σπουδὴν ἐπισυνάξοντα τοὺς ἄνω Μακεδόνας, αὐτὸς δὲ παραλαβὼν τοὺς ἐκ τῆς Βοττίας καὶ τῆς Ἀμφαξίτιδος ἧκεν ἔχων εἰς Ἔδεσσαν. προσδεξάμενος δ' ἐνταῦθα τοὺς μετὰ Χρυσογόνου Μακεδόνας ἐξώρμησε μετὰ πάσης τῆς δυνάμεως, καὶ παρῆν ἑκταῖος εἰς Λάρισαν.
5 κατὰ δὲ τὸ συνεχὲς ἐνεργῷ νυκτοπορίᾳ χρησάμενος ὑπὸ τὴν ἑωθινὴν ἧκε πρὸς Μελίτειαν, καὶ προσθεὶς τὰς κλιμακίδας τοῖς τείχεσι κατεπείραζε τῆς πόλεως.
6 τῷ μὲν οὖν αἰφνιδίῳ καὶ παραδόξῳ κατεπλήξατο τοὺς Μελιταιεῖς, ὥστε ῥᾳδίως ἂν κρατῆσαι τῆς πόλεως· τῷ δὲ παρὰ πολὺ γενέσθαι τὰς κλίμακας ἐλάττους τῆς χρείας διεψεύσθη τῆς πράξεως.

98. ἐν ᾧ δὴ γένει μάλιστα ἄν τις ἐπιτιμήσειε τοῖς
2 ἡγουμένοις. εἴτε γάρ τινες μηδεμίαν πρόνοιαν ποιησάμενοι μηδ' ἐκμετρησάμενοι τείχη, κρημνούς, ἕτερα τῶν τοιούτων, δι' ὧν ἐπιβάλλονται ποιεῖσθαι τὴν εἴσοδον, αὐτόθεν ἀσκέπτως παραγίνονται πόλιν καταλη-

drew his forces, having thus been the victim of a trick not dissimilar to many he had played on others.

97. At about the same time Philip occupied Bylazora, the largest town in Paeonia and very favorably situated as regards the pass from Dardania to Macedonia. So that by this conquest he very nearly freed himself from the fear of the Dardani, it being no longer easy for them to invade Macedonia, now that Philip commanded the passes by holding this city. After securing the place, he dispatched Chrysogonus with all speed to collect the levies of upper Macedonia and he himself with those of Bottia and Amphaxites arrived at Edessa. Here he was joined by the Macedonians under Chrysogonus, and setting forth with his whole army reached Larisa on the sixth day. Pushing on vigorously all night without stopping, he arrived before Melitea[179] at daybreak, and setting up his scaling-ladders, attempted to storm the town. He terrified the Meliteans so much by the suddenness and unexpectedness of the attack that he could easily have taken the town; but the attempt was foiled by the ladders being far too short for the purpose.

98. This is the sort of thing for which commanders deserve the severest censure. Who could indeed help blaming those who come up to a town with the expectation of taking it on the spur of the moment and without having given the matter the slightest thought, having made no preliminary examination, and no measurements of the

179 In Achaea Phthiotis; *RE* Μελίταια (this is the better attested form) 534–540 (F. Stählin). The city had fallen to the Aetolians before the middle of the third century.

3 ψόμενοι, τίς οὐκ ἂν τοῖς τοιούτοις ἐπιτιμήσειεν; εἴτ᾽
ἐκμετρησάμενοι τὸ καθ᾽ αὑτούς, κἄπειτα τὴν κατα-
σκευὴν τῶν κλιμάκων καὶ καθόλου τῶν τοιούτων ὀρ-
γάνων, ἃ μικρὰν ἔχοντα τὴν ἀσχολίαν ἐν μεγάλῳ
δίδωσι τὴν αὑτῶν πεῖραν, εἰκῇ καὶ τοῖς τυχοῦσιν
4 ἀνθρώποις ἐγχειρίζονσι, πῶς οὐκ ἄξιον ἐγκαλεῖν; οὐ
γάρ ἔστιν ἐπὶ τῶν τοιούτων πράξεων ἢ ποιῆσαί τι τῶν
5 δεόντων ἢ μηδὲν παθεῖν δεινόν, ἀλλ᾽ ἅμα ταῖς ἀπο-
τυχίαις ἕπεται βλάβη κατὰ πολλοὺς τρόπους, κατ᾽
αὐτὸν μὲν τὸν τοῦ πράττειν καιρὸν κίνδυνος περὶ τοὺς
ἀρίστους τῶν ἀνδρῶν, ἔτι δὲ μᾶλλον κατὰ τὰς ἀπο-
6 λύσεις, ὅταν ἅπαξ καταφρονηθῶσι. πολλὰ δὲ καὶ λίαν
τῶν τοιούτων ἐστὶ παραδείγματα· πλείους γὰρ ἂν
εὕροι τις τῶν ἀποτυγχανόντων ἐν ταῖς τοιαύταις ἐπι-
βολαῖς τοὺς μὲν ἀπολωλότας τοὺς δ᾽ εἰς τὸν ἔσχατον
παραγεγονότας κίνδυνον, τῶν ἀβλαβῶς ἀπολελυμέ-
7 νων. πρός γε μὴν τὸ μέλλον ὁμολογουμένως ἀπιστίας
καὶ μῖσος ἐξεργάζονται καθ᾽ αὑτῶν, ἔτι δὲ φυλακὴν
8 παραγγέλλουσι πᾶσιν· οὐ γὰρ μόνον τοῖς παθοῦσιν,
ἀλλὰ καὶ τοῖς συνεῖσι τὸ γεγονὸς τρόπον τινὰ παρ-
άγγελμα δίδοται προσέχειν αὑτοῖς καὶ φυλάττεσθαι.
9 διόπερ οὐδέποτε ταῖς τοιαύταις ἐπινοίαις εἰκῇ χρη-
10 στέον τοὺς ἐπὶ πραγμάτων ταττομένους. ὁ δὲ τρόπος
τῆς ἐκμετρήσεως καὶ κατασκευῆς τῶν τοιούτων εὐχε-
11 ρὴς καὶ ἀδιάπτωτος, ἐὰν λαμβάνηται μεθοδικῶς. νῦν
μὲν οὖν τὸ συνεχὲς τῆς διηγήσεως ἀποδοτέον· περὶ δὲ
τοῦ τοιούτου γένους πάλιν μεταλαβόντες ἁρμόζοντα
καιρὸν καὶ τόπον κατὰ τὴν πραγματείαν πειρασόμεθα

walls, precipices, and suchlike approaches by which they hope to gain entrance to it? And they are equally blameworthy if, after getting as accurate measurements as possible, they entrust at random to unskilled hands the construction of ladders and similar engines which require only a little pains in the making, but on their efficiency so much depends. For in such enterprises it is not a question of either succeeding or getting off without disaster, but failure here involves damage of various kinds; firstly in the action itself, where the bravest men are those most exposed to danger, and more especially in the retreat, when once they have incurred the contempt of the enemy. There are only too many examples of such consequences; for we find that there are many more instances of those who have failed in such attempts either perishing or being in extreme danger than of their getting away unhurt. Not only this, but by common consent they create distrust and hatred of themselves ever afterward and bid all men be on their guard against them, for it is as though a warning is thus issued not only to the victims but to all who hear of the attempt to look well to themselves and be on the alert. Commanders therefore should never enter upon such projects without due consideration and care. The method of taking measurements and constructing ladders and so forth is quite easy and infallible, if we proceed scientifically. I must now resume my narrative, but when I find a suitable occasion and place in the course of this work for dealing with the

συνυποδεικνύειν πῶς ἄν τις ἥκιστα περὶ τὰς τοιαύτας ἐπιβολὰς ἁμαρτάνοι.

99. Ὁ δὲ Φίλιππος διαψευσθεὶς τῆς πράξεως, καὶ
καταστρατοπεδεύσας περὶ τὸν Ἐνιπέα ποταμόν, συν-
ῆγε τὰς παρασκευὰς ἔκ τε τῆς Λαρίσης καὶ τῶν
ἄλλων πόλεων, ἃς ἐπεποίητο κατὰ χειμῶνα πρὸς τὴν
2 πολιορκίαν· ἡ γὰρ ὅλη πρόθεσις ἦν αὐτῷ τῆς στρα-
3 τείας ἐξελεῖν τὰς Φθιώτιδας καλουμένας Θήβας. ἡ δὲ
πόλις αὕτη κεῖται μὲν οὐ μακρὰν ἀπὸ τῆς θαλάττης,
ἀπέχουσα Λαρίσης ὡς τριακοσίους σταδίους, ἐπίκει-
ται δ᾿ εὐκαίρως τῇ τε Μαγνησίᾳ καὶ τῇ Θετταλίᾳ, καὶ
μάλιστα τῆς μὲν Μαγνησίας τῇ τῶν Δημητριέων
χώρᾳ, τῆς δὲ Θετταλίας τῇ τῶν Φαρσαλίων καὶ Φε-
4 ραίων. ἐξ ἧς καὶ τότε, κατεχόντων αὐτὴν τῶν Αἰτωλῶν
καὶ συνεχεῖς ποιουμένων τὰς ἐπιδρομάς, μεγάλα συν-
έβαινε βλάπτεσθαι τούς τε Δημητριεῖς καὶ τοὺς Φαρ-
5 σαλίους, ἔτι δὲ Λαρισαίους· πολλάκις γὰρ ἐποιοῦντο
τὰς καταδρομὰς ἕως ἐπὶ τὸ καλούμενον Ἀμυρικὸν
6 πεδίον. διόπερ ὁ Φίλιππος οὐκ ἐν μικρῷ τιθέμενος
μεγάλην ἐποιεῖτο σπουδὴν ὑπὲρ τοῦ κατὰ κράτος
7 ἐξελεῖν αὐτήν. συναχθέντων δὲ καταπελτῶν μὲν ἑκα-
τὸν πεντήκοντα πετροβολικῶν δ᾿ ὀργάνων πέντε καὶ
εἴκοσι, προσῆλθε ταῖς Θήβαις, καὶ διελὼν τὸ στρα-
τόπεδον εἰς τρία μέρη διέλαβε τοὺς πέριξ τόπους τῆς
8 πόλεως, καὶ τῷ μὲν ἑνὶ περὶ τὸ Σκόπιον ἐστρατο-
πέδευσε, τῷ δ᾿ ἄλλῳ περὶ τὸ καλούμενον Ἡλιοτρό-
πιον, τὸ δὲ τρίτον εἶχε κατὰ τὸ τῆς πόλεως ὑπερκείμε-
9 νον ὄρος, τὰ δὲ μεταξὺ τῶν στρατοπέδων τάφρῳ καὶ

subject again, I shall attempt to indicate the best means of avoiding mistakes in such undertakings.

99. Philip, foiled in this attempt, encamped near the river Enipeus, and brought up from Larisa and the other towns the siege material he had constructed during the winter, the chief objective of his whole campaign being the capture of Thebes in Phthiotis.[180] This city is situated at no great distance from the sea, about three hundred stades away from Larisa, and commands both Magnesia and Thessaly, especially the territories of Demetrias in Magnesia and of Pharsalus and Pherae in Thessaly. It was now held by the Aetolians who made constant incursions from it, inflicting serious damage[181] on the people of Demetrias, Pharsalus, and Larisa; for they frequently extended their inroads as far as the plain of the Amyrus. For this reason Philip regarded the matter as of no slight importance, and was most anxious to capture this city. Having got together a hundred and fifty catapults and twenty-five engines for throwing stones, he approached Thebes, and dividing his army into three parts, occupied the environs of the city, stationing one division at the Scopium, another at the place called the Heliotropium, and the third on the hill which overlooks the town. He

[180] Also in Achaea Phthiotis, near modern Nea Anchialos, *RE* Thebai 1582–1593 (F. Stählin). Around 265 the city had become Aetolian.

[181] The effects of these Aetolian raids were probably the reason that soon after the end of the war Philip wanted to have the citizen body of Larisa and Pharsalus strengthened by the admission of free Greeks from other towns (see n. on 4.83.1).

διπλῷ χάρακι διαλαβὼν ὠχυρώσατο, πρὸς δὲ καὶ
πύργοις ξυλίνοις ἠσφαλίσατο, κατὰ πλέθρον στήσας
10 αὐτοὺς μετὰ φυλακῆς τῆς ἀρκούσης. ἑξῆς δὲ τούτοις
τὰς παρασκευὰς ἀθροίσας ὁμοῦ πάσας ἤρξατο προσ-
άγειν τὰ μηχανήματα πρὸς τὴν ἄκραν.

100. Ἐπὶ μὲν οὖν ἡμέρας τρεῖς τὰς πρώτας οὐδὲν
ἠδύνατο προβιβάζειν τῶν ἔργων διὰ τὸ γενναίως καὶ
2 παραβόλως ἀμύνεσθαι τοὺς ἐκ τῆς πόλεως. ἐπειδὴ δὲ
διὰ τὴν συνέχειαν τῶν ἀκροβολισμῶν καὶ τὸ πλῆθος
τῶν βελῶν οἱ προκινδυνεύοντες τῶν ἐκ τῆς πόλεως οἱ
μὲν ἔπεσον, οἱ δὲ κατετραυματίσθησαν, τότε βρα-
χείας ἐνδόσεως γενομένης ἤρξαντο τῶν ὀρυγμάτων οἱ
3 Μακεδόνες. τῇ δὲ συνεχείᾳ, καίπερ ἀντιβαίνοντος τοῦ
4 χωρίου, μόλις ἐναταῖοι πρὸς τὸ τεῖχος ἐξίκοντο. μετὰ
δὲ ταῦτα ποιούμενοι τὴν ἐργασίαν ἐκ διαδοχῆς, ὥστε
μήθ' ἡμέρας μήτε νυκτὸς διαλείπειν, ἐν τρισὶν ἡμέ-
ραις δύο πλέθρα τοῦ τείχους ὑπώρυξαν καὶ διεστύλω-
5 σαν. τῶν δ' ἐρεισμάτων οὐ δυναμένων ὑποφέρειν τὸ
βάρος, ἀλλ' ἐνδόντων, πεσεῖν συνέβη τὸ τεῖχος πρὸ
6 τοῦ πῦρ ἐμβαλεῖν τοὺς Μακεδόνας. ἐνεργὸν δὲ ποιη-
σαμένων τὴν ἀνακάθαρσιν τοῦ πτώματος, καὶ παρα-
σκευασαμένων πρὸς τὴν εἴσοδον καὶ μελλόντων ἤδη
βιάζεσθαι, καταπλαγέντες παρέδοσαν οἱ Θηβαῖοι τὴν
7 πόλιν. ὁ δὲ Φίλιππος διὰ τῆς πράξεως ταύτης ἀσφα-
λισάμενος τὰ κατὰ τὴν Μαγνησίαν καὶ Θετταλίαν
ἀφείλετο τὰς μεγάλας ὠφελείας τῶν Αἰτωλῶν, ἀπεδεί-
ξατο δὲ καὶ ταῖς αὑτοῦ δυνάμεσιν ὅτι δικαίως ἐπανεί-
λετο τοὺς περὶ τὸν Λεόντιον, ἐθελοκακήσοντας πρότε-

fortified the intervals between the three camps by a trench and a double palisade, as well as by wooden towers, adequately manned at intervals of a hundred feet. After completing these lines, he collected all his material and began to bring his engines up to the citadel.

100. For the first three days he could not make any progress at all with his works owing to the reckless gallantry of the garrison's resistance. But when owing to the constant skirmishing and showers of missiles, some of the foremost defenders had fallen and others were wounded, the resistance was slightly relaxed, and the Macedonians began their mines. By unremitting exertion, notwithstanding the difficulties of the ground, they managed in nine days to reach the wall. After this they worked in relays without any interruption by night and day and in three days had undermined and underpinned two hundred feet of the wall. The props, however, could not support the weight, but gave way, so that the wall fell before the Macedonians had set fire to them. They rapidly cleared away the ruins and were ready to enter the city, in fact just on the point of delivering the assault, when the Thebans in terror surrendered the town. Philip, having by this achievement ensured the security of Magnesia and Thessaly, deprived the Aetolians of their chief source of plunder, and at the same time made it clear to his own forces that he was quite right in putting Leontius to death, the failure of the siege

8 ρον ἐν τῇ περὶ τοὺς Παλαιεῖς πολιορκίᾳ. γενόμενος δὲ
κύριος τῶν Θηβῶν τοὺς μὲν ὑπάρχοντας οἰκήτορας
ἐξηνδραποδίσατο, Μακεδόνας δ᾽ εἰσοικίσας Φιλίππου
τὴν πόλιν ἀντὶ Θηβῶν κατωνόμασεν.

9 Ἤδη δ᾽ αὐτοῦ συντετλεσμένου τὰ κατὰ τὰς Θήβας,
πάλιν ἧκον ὑπὲρ τῶν διαλύσεων παρά τε Χίων καὶ
Ῥοδίων καὶ Βυζαντίων πρέσβεις καὶ παρὰ Πτολε-
10 μαίου τοῦ βασιλέως· οἷς παραπλησίους ἀποκρίσεις
δοὺς ταῖς πρότερον, καὶ φήσας οὐκ ἀλλότριος εἶναι
διαλύσεως, ἔπεμψε κελεύσας αὐτοὺς πεῖραν λαμ-
11 βάνειν καὶ τῶν Αἰτωλῶν. αὐτὸς δὲ τῆς μὲν διαλύσεως
ὠλιγώρει, τοῦ δὲ πράττειν τι τῶν ἑξῆς ἀντείχετο.

101. Διόπερ ἀκούων τοὺς Σκερδιλαΐδου λέμβους
περὶ Μαλέαν ληίζεσθαι καὶ πᾶσι τοῖς ἐμπόροις ὡς
πολεμίοις χρῆσθαι, παρεσπονδηκέναι δὲ καὶ τῶν
2 ἰδίων τινὰ πλοίων ἐν Λευκάδι συνορμήσαντα, καταρ-
τίσας δώδεκα μὲν καταφράκτους ναῦς, ὀκτὼ δ᾽
ἀφράκτους, τριάκοντα δ᾽ ἡμιολίους, ἔπλει δι᾽ Εὐρίπου,
σπεύδων μὲν καταλαβεῖν καὶ τοὺς Ἰλλυριούς, καθ-
όλου δὲ μετέωρος ὢν ταῖς ἐπιβολαῖς ἐπὶ τὸν κατὰ τῶν
Αἰτωλῶν πόλεμον διὰ τὸ μηδέν πω συνεικέναι τῶν ἐν
3 Ἰταλίᾳ γεγονότων. συνέβαινε δέ, καθ᾽ οὓς καιροὺς
ἐπολιόρκει τὰς Θήβας Φίλιππος, ἡττῆσθαι Ῥωμαίους
ὑπ᾽ Ἀννίβου τῇ περὶ Τυρρηνίαν μάχῃ, τὴν δὲ φήμην
ὑπὲρ τῶν γεγονότων μηδέπω προσπεπτωκέναι τοῖς
4 Ἕλλησιν. ὁ δὲ Φίλιππος τῶν λέμβων ὑστερήσας καὶ
καθορμισθεὶς πρὸς Κεγχρεαῖς τὰς μὲν καταφράκτους
ναῦς ἐξαπέστειλε, συντάξας περὶ Μαλέαν ποιεῖσθαι

of Palus having been due to his treachery. Having thus gained possession of Thebes, he sold into slavery the existing inhabitants, and planting a Macedonian colony in the town, changed its name to Philippi.[182]

Just as he had settled affairs at Thebes further ambassadors arrived from Chios, Rhodes, and Byzantium and from King Ptolemy to mediate a peace. Giving them the same answer as on the previous occasion and telling them that he was by no means averse to peace, he sent them off enjoining them to approach the Aetolians also. He himself, however, paid no attention to the question of peace, but continued to prosecute operations.

101. Hearing, therefore, that the galleys of Scerdilaïdas were committing acts of piracy off Cape Malea and treating all merchants as enemies, and that he had treacherously seized some Macedonian ships which were anchored near him at Leucas, he manned twelve decked ships, eight undecked ones, and thirty *hemiolii*,[183] and sailed through the Euripus, being anxious to capture the Illyrians also, and altogether in high hopes of success in the war with the Aetolians, as he had hitherto had no news of what was going on in Italy. It was while Philip was besieging Thebes that the Romans were defeated by Hannibal in Etruria,[184] but the report of this event had not yet reached Greece. Philip missed the Illyrian galleys, and, anchoring off Cenchreae, sent off his decked ships with orders to sail round

[182] The king later also changed the name of Euromus in Caria to Philippi, once he became master of that city (*SEG* 36.973).

[183] Light and fast warships; see Robert, *OMS* 3.1377–1383, discussing an earlier study by Ch. Blinkenberg.

[184] At Lake Trasimene, in June 217.

τὸν πλοῦν ὡς ἐπ᾽ Αἰγίου καὶ Πατρῶν, τὰ δὲ λοιπὰ τῶν
πλοίων ὑπερισθμίσας ἐν Λεχαίῳ παρήγγελλε πᾶσιν
5 ὁρμεῖν. αὐτὸς δὲ κατὰ σπουδὴν ἧκε μετὰ φίλων ἐπὶ
6 τὴν τῶν Νεμέων πανήγυριν εἰς Ἄργος. ἄρτι δ᾽ αὐτοῦ
θεωμένου τὸν ἀγῶνα τὸν γυμνικόν, παρῆν ἐκ Μακε-
δονίας γραμματοφόρος διασαφῶν ὅτι λείπονται Ῥω-
μαῖοι μάχῃ μεγάλῃ καὶ κρατεῖ τῶν ὑπαίθρων Ἀννί-
7 βας. παραυτίκα μὲν οὖν Δημητρίῳ τῷ Φαρίῳ μόνῳ
τὴν ἐπιστολὴν ἐπέδειξε, σιωπᾶν παρακελευσάμενος·
8 ὃς καὶ λαβόμενος τῆς ἀφορμῆς ταύτης τὸν μὲν πρὸς
τοὺς Αἰτωλοὺς ᾤετο δεῖν τὴν ταχίστην ἀπορρῖψαι
πόλεμον, ἀντέχεσθαι δὲ τῶν κατὰ τὴν Ἰλλυρίδα πρα-
9 γμάτων ἠξίου καὶ τῆς εἰς Ἰταλίαν διαβάσεως. τὰ μὲν
γὰρ κατὰ τὴν Ἑλλάδα πάντα καὶ νῦν ἤδη ποιεῖν αὐτῷ
τὸ προσταττόμενον ἔφη καὶ μετὰ ταῦτα ποιήσειν,
Ἀχαιῶν μὲν ἐθελοντὴν εὐνοούντων, Αἰτωλῶν δὲ κατα-
πεπληγμένων ἐκ τῶν συμβεβηκότων αὐτοῖς κατὰ τὸν
10 ἐνεστῶτα πόλεμον· τὴν δ᾽ Ἰταλίαν ἔφη καὶ τὴν ἐκεῖ
διάβασιν ἀρχὴν εἶναι τῆς ὑπὲρ τῶν ὅλων ἐπιβολῆς,
ἣν οὐδενὶ καθήκειν μᾶλλον ἢ ᾽κείνῳ· τὸν δὲ καιρὸν
εἶναι νῦν, ἐπταικότων Ῥωμαίων.

102. τοιούτοις δὲ χρησάμενος λόγοις ταχέως παρ-
ώρμησε τὸν Φίλιππον, ὡς ἄν, οἶμαι, καὶ νέον βασιλέα
καὶ κατὰ τὰς πράξεις ἐπιτυχῆ καὶ καθόλου τολμηρὸν
εἶναι δοκοῦντα, πρὸς δὲ τούτοις ἐξ οἰκίας ὁρμώμενον
τοιαύτης, ἣ μάλιστά πως ἀεὶ τῆς τῶν ὅλων ἐλπίδος
ἐφίεται.

Cape Malea toward Aegium and Patrae: the rest of his vessels he dragged over the Isthmus,[185] ordering them all to anchor at Lechaeum; and himself with his friends hastened to Argos to be present at the celebration of the Nemean festival. A little after he had taken his place to witness the games a courier arrived from Macedonia bringing the intelligence that the Romans had been defeated in a great battle, and that Hannibal was master of the open country. The only man to whom he showed the letter at first, enjoining him to keep it to himself, was Demetrius of Pharos. Demetrius seized on this opportunity to advise him to get the Aetolian war off his shoulders as soon as possible, and to devote himself to the matters of Illyria and a subsequent expedition to Italy. The whole of Greece, he said, was even now and would be in the future subservient to him, the Achaeans being his partisans by inclination and the spirit of the Aetolians being cowed by what had happened during the war. An expedition, however, to Italy was the first step toward the conquest of the world, an enterprise which belonged to none more properly than to himself. And now was the time, after this disaster to the Roman arms.

102. By such words as these he soon aroused Philip's ambition, as I think was to be expected in the case of a king so young, who had achieved so much success, who had such a reputation for daring, and above all who came of a house which we may say had always[186] been inclined more than any other to covet universal dominion.

[185] See n. on 5.12.
[186] Not true historically.

2 Πλὴν ὅ γε Φίλιππος, ὡς εἶπον, τότε μὲν αὐτῷ τῷ
Δημητρίῳ τὰ προσπεπτωκότα διὰ τῆς ἐπιστολῆς ἐδή-
λωσε, μετὰ δὲ ταῦτα συνῆγε τοὺς φίλους καὶ διαβού-
λιον ἀνεδίδου περὶ τῆς πρὸς Αἰτωλοὺς διαλύσεως.
3 ὄντων δὲ καὶ τῶν περὶ τὸν Ἄρατον οὐκ ἀλλοτρίων
διεξαγωγῆς τῷ δοκεῖν ὑπερδεξίους ὄντας τῷ πολέμῳ
4 ποιεῖσθαι τὴν διάλυσιν, οὕτως ὁ βασιλεύς, οὐδὲ τοὺς
πρεσβευτὰς ἔτι προσδεξάμενος τοὺς κοινῇ πράττον-
τας τὰ περὶ τὰς διαλύσεις, παραχρῆμα Κλεόνικον μὲν
τὸν Ναυπάκτιον πρὸς τοὺς Αἰτωλοὺς διεπέμψατο—
5 κατέλαβε γὰρ ἔτι τοῦτον ἐκ τῆς αἰχμαλωσίας ἐπιμέ-
νοντα τὴν τῶν Ἀχαιῶν σύνοδον—αὐτὸς δὲ παραλα-
βὼν ἐκ Κορίνθου τὰς ναῦς καὶ τὴν πεζὴν δύναμιν ἧκεν
6 ἔχων εἰς Αἴγιον. καὶ προελθὼν ἐπὶ Λασιῶνα καὶ τὸν ἐν
τοῖς Περιππίοις πύργον παραλαβών, καὶ συνυποκρι-
θεὶς ὡς ἐμβαλῶν εἰς τὴν Ἠλείαν, τοῦ μὴ δοκεῖν λίαν
7 ἕτοιμος εἶναι πρὸς τὴν τοῦ πολέμου κατάλυσιν, μετὰ
ταῦτα δὶς ἢ τρὶς ἀνακάμψαντος τοῦ Κλεονίκου, δεομέ-
νων τῶν Αἰτωλῶν εἰς λόγους σφίσι συνελθεῖν ἐπήκου-
8 σε, καὶ πάντ᾽ ἀφεὶς τὰ τοῦ πολέμου πρὸς μὲν τὰς
συμμαχίδας πόλεις γραμματοφόρους ἐξαπέστειλε,
παρακαλῶν πέμπειν τοὺς συνεδρεύσοντας καὶ μεθ-
9 έξοντας τῆς ὑπὲρ τῶν διαλύσεων κοινολογίας, αὐτὸς
δὲ διαβὰς μετὰ τῆς δυνάμεως καὶ καταστρατοπε-
δεύσας περὶ Πάνορμον, ὃς ἔστι μὲν τῆς Πελοποννή-
σου λιμήν, κεῖται δὲ καταντικρὺ τῆς τῶν Ναυπακτίων
10 πόλεως, ἀνέμενε τοὺς τῶν συμμάχων συνέδρους. κατὰ
δὲ τὸν καιρὸν τοῦτον, καθ᾽ ὃν ἔδει συναθροίζεσθαι

Philip, then, as I said, communicated the news that reached him in the letter to Demetrius alone, and afterward summoned a council of his friends to discuss the question of peace with the Aetolians. Aratus also was not disinclined to negotiate, as he thought it an advantage to come to terms now the war was going in their favor; and so the king, without even waiting for the joint embassies which were acting in favor of peace, at once sent Cleonicus of Naupactus to the Aetolians—he had found him still awaiting the meeting of the Achaean Assembly in the matter of his captivity—and taking his ships and his land forces from Corinth, came with them to Aegium. Advancing to Lasion and seizing on the castle in Perippia he made a feint of invading Elis, so as not to seem too ready to put an end to the war, and afterward when Cleonicus had been backward and forward two or three times and the Aetolians begged him to meet them personally in conference, he consented to do so, and putting a stop to all hostilities sent couriers to the allied cities begging them to send representatives[187] to the council to take part in the negotiations. Crossing himself with his army and encamping at Panormus, which is a harbor in the Peloponnese lying exactly opposite Naupactus, he awaited the delegates of the allies. During the time when they were assembling he

187 The allies had to be consulted on matters of war and peace. Representatives of Thessaly in these negotiations are mentioned in *SIG* 543, lines 3–4 from September 217.

τοὺς προειρημένους, πλεύσας εἰς Ζάκυνθον δι' αὑτοῦ κατεστήσατο τὰ κατὰ τὴν νῆσον, καὶ παρῆν αὖθις ἀναπλέων.

103. Ἤδη δὲ καὶ τῶν συνέδρων ἠθροισμένων ἐξέπεμψε πρὸς τοὺς Αἰτωλοὺς Ἄρατον καὶ Ταυρίωνα καί
2 τινας τῶν ἡκόντων ἅμα τούτοις. οἳ καὶ συμμίξαντες τοῖς Αἰτωλοῖς πανδημεὶ συνηθροισμένοις ἐν Ναυπάκτῳ, βραχέα διαλεχθέντες καὶ θεωροῦντες αὐτῶν τὴν ὁρμὴν τὴν πρὸς τὰς διαλύσεις, ἔπλεον ἐξ ὑποστροφῆς πρὸς τὸν Φίλιππον χάριν τοῦ διασαφῆσαι
3 περὶ τούτων. οἱ δ' Αἰτωλοί, σπεύδοντες διαλύσασθαι τὸν πόλεμον, ἐξαπέστελλον ἅμα τούτοις πρέσβεις πρὸς τὸν Φίλιππον, ἀξιοῦντες παραγενέσθαι μετὰ τῆς δυνάμεως πρὸς σφᾶς, ἵνα τῆς κοινολογίας ἐκ χειρὸς γινομένης τύχῃ τὰ πράγματα τῆς ἁρμοζούσης διεξα-
4 γωγῆς. ὁ δὲ βασιλεὺς <παρ>ορμηθεὶς τοῖς παρακαλουμένοις διέπλευσε μετὰ τῆς δυνάμεως πρὸς τὰ λεγόμενα Κοῖλα τῆς Ναυπακτίας, ἃ τῆς πόλεως εἴ-
5 κοσι μάλιστα σταδίους ἀφέστηκε· στρατοπεδεύσας δὲ καὶ περιλαβὼν χάρακι τὰς νῆας καὶ τὴν παρεμβολήν,
6 ἔμενε προσανέχων τὸν καιρὸν τῆς ἐντεύξεως. οἱ δ' Αἰτωλοὶ χωρὶς τῶν ὅπλων ἧκον πανδημεί, καὶ διασχόντες ὡς δύο στάδια τῆς Φιλίππου παρεμβολῆς
7 διεπέμποντο καὶ διελέγοντο περὶ τῶν ἐνεστώτων. τὸ μὲν οὖν πρῶτον ὁ βασιλεὺς πάντας ἐξέπεμπε τοὺς ἥκοντας παρὰ τῶν συμμάχων, κελεύσας ἐπὶ τούτοις προτείνειν τὴν εἰρήνην τοῖς Αἰτωλοῖς, ὥστ' ἔχειν
8 ἀμφοτέρους ἃ νῦν ἔχουσι· δεξαμένων δὲ τῶν Αἰτωλῶν

sailed across to Zacynthus and personally set the affairs of that island in order, returning afterward to Panormus.

103. The delegates having now assembled, he sent to the Aetolians, Aratus, Taurion and some of those who had accompanied them. Meeting the Aetolians, who had assembled in full force at Naupactus, and after a short discussion observing how eager they were for peace, they sailed back to inform Philip of this. The Aetolians, who were most anxious to bring the war to an end, sent with them on their own part envoys to Philip, begging him to come and meet them with his army, so that they might be in close conference and arrive at a satisfactory solution of the questions at issue. The king deferred to their request, and sailed across with his army to the so-called "Hollows" of Naupactus, distant about twenty stades from the town. Encamping there he surrounded his ships and camp with a palisade, and waited there till the conference should begin. The Aetolians arrived in full force without their arms and establishing themselves at a distance of about two stades from Philip's camp, began to send messages and discuss matters. The king in the first instance sent all the delegates from the allies, enjoining them to propose to the Aetolians to make peace on the condition of both parties retaining what they then possessed. The Aetolians readily

ἑτοίμως, τὸ λοιπὸν ἤδη περὶ τῶν κατὰ μέρος συνεχεῖς
ἐγίνοντο διαποστολαὶ πρὸς ἀλλήλους, ὧν τὰς μὲν
πλείους παρήσομεν διὰ τὸ μηδὲν ἔχειν ἄξιον μνήμης,
9 τῆς δ' Ἀγελάου τοῦ Ναυπακτίου παραινέσεως ποιη-
σόμεθα μνήμην, ᾗ κατὰ τὴν πρώτην ἔντευξιν ἐχρή-
σατο πρός τε τὸν βασιλέα καὶ τοὺς παρόντας συμ-
μάχους.

104. ὃς ἔφη δεῖν μάλιστα μὲν μηδέποτε πολεμεῖν
τοὺς Ἕλληνας ἀλλήλοις, ἀλλὰ μεγάλην χάριν ἔχειν
τοῖς θεοῖς, εἰ λέγοντες ἓν καὶ ταὐτὸ πάντες καὶ συμ-
πλέκοντες τὰς χεῖρας, καθάπερ οἱ τοὺς ποταμοὺς
διαβαίνοντες, δύναιντο τὰς τῶν βαρβάρων ἐφόδους
ἀποτριβόμενοι συσσῴζειν σφᾶς αὐτοὺς καὶ τὰς πό-
2 λεις. οὐ μὴν ἀλλ' εἰ τὸ παράπαν τοῦτο μὴ δυνατόν,
κατά γε τὸ παρὸν ἠξίου συμφρονεῖν καὶ φυλάττεσθαι,
προϊδομένους τὸ βάρος τῶν στρατοπέδων καὶ τὸ μέγε-
3 θος τοῦ συνεστῶτος πρὸς ταῖς δύσεσι πολέμου· δῆλον
γὰρ εἶναι παντὶ τῷ καὶ μετρίως περὶ τὰ κοινὰ σπου-
δάζοντι καὶ νῦν, ὡς ἐάν τε Καρχηδόνιοι Ῥωμαίων ἐάν
τε Ῥωμαῖοι Καρχηδονίων περιγένωνται τῷ πολέμῳ,
διότι κατ' οὐδένα τρόπον εἰκός ἐστι τοὺς κρατήσαντας
ἐπὶ ταῖς Ἰταλιωτῶν καὶ Σικελιωτῶν μεῖναι δυναστεί-
αις, ἥξειν δὲ καὶ διατείνειν τὰς ἐπιβολὰς καὶ δυνάμεις
4 αὑτῶν πέρα τοῦ δέοντος. διόπερ ἠξίου πάντας μὲν
5 φυλάξασθαι τὸν καιρόν, μάλιστα δὲ Φίλιππον. εἶναι
δὲ φυλακήν, ἐὰν ἀφέμενος τοῦ καταφθείρειν τοὺς
Ἕλληνας καὶ ποιεῖν εὐχειρώτους τοῖς ἐπιβαλλομένοις

consented to these terms, and henceforth there was a constant interchange of communications on points of detail. Most of these I shall pass over as they had nothing worthy of mention in them, but I shall report the speech that Agelaus of Naupactus[188] made before the king and the allies at the first conference. It was as follows:

104. "It would be best of all if the Greeks never made war on each other, but regarded it as the highest favor in the gift of the gods could they speak ever with one heart and voice, and marching arm in arm like men fording a river, repel barbarian invaders and unite in preserving themselves and their cities. And if such a union is indeed unattainable as a whole, I would counsel you at the present moment at least to agree together and to take due precautions for your safety, in view of the vast armaments now in the field and the greatness of this war in the west. For it is now evident even to those of us who give but scanty attention to affairs of state, that whether the Carthaginians beat the Romans or the Romans the Carthaginians in this war, it is not in the least likely that the victors will be content with the sovereignty of Italy and Sicily, but they are sure to come here and extend their ambitions and their forces beyond the bounds of justice. Therefore I implore you all to secure yourselves against this danger, and I address myself especially to King Philip. For you, Sire, the best security is, instead of exhausting the Greeks and making them an easy prey to the invader, on the contrary to take thought for

[188] There has been much discussion on the question whether his speech is in substance authentic or fictitious (and perhaps invented by P.). See the studies quoted in Will 2.76 and C. Champion, *TAPA* 127 (1997), 111–128.

κατὰ τοὐναντίον ὡς ὑπὲρ ἰδίου σώματος βουλεύηται, καὶ καθόλου πάντων. τῶν τῆς Ἑλλάδος μερῶν ὡς
6 οἰκείων καὶ προσηκόντων αὐτῷ ποιῆται πρόνοιαν· τοῦτον γὰρ τὸν τρόπον χρωμένου τοῖς πράγμασι τοὺς μὲν Ἕλληνας εὔνους ὑπάρχειν αὐτῷ καὶ βεβαίους συναγωνιστὰς πρὸς τὰς ἐπιβολάς, τοὺς δ' ἔξωθεν ἧττον ἐπιβουλεύσειν αὐτοῦ τῇ δυναστείᾳ, καταπε-
7 πληγμένους τὴν τῶν Ἑλλήνων πρὸς αὐτὸν πίστιν. εἰ δὲ πραγμάτων ὀρέγεται, πρὸς τὰς δύσεις βλέπειν αὐτὸν ἠξίου καὶ τοῖς ἐν Ἰταλίᾳ συνεστῶσι πολέμοις προσέχειν τὸν νοῦν, ἵνα γενόμενος ἔφεδρος ἔμφρων πειραθῇ σὺν καιρῷ τῆς τῶν ὅλων ἀντιποιήσασθαι
8 δυναστείας. εἶναι δὲ τὸν ἐνεστῶτα καιρὸν οὐκ ἀλλό-
9 τριον τῆς ἐλπίδος ταύτης. τὰς δὲ πρὸς τοὺς Ἕλληνας διαφορὰς καὶ τοὺς πολέμους εἰς τὰς ἀναπαύσεις αὐτὸν ὑπερτίθεσθαι παρεκάλει, καὶ μάλιστα σπουδάζειν περὶ τούτου τοῦ μέρους, ἵν' ἔχῃ τὴν ἐξουσίαν, ὅταν βούληται, καὶ διαλύεσθαι καὶ πολεμεῖν πρὸς αὐτούς·
10 ὡς ἐὰν ἅπαξ τὰ προφαινόμενα νῦν ἀπὸ τῆς ἑσπέρας νέφη προσδέξηται τοῖς κατὰ τὴν Ἑλλάδα τόποις ἐπιστῆναι, καὶ λίαν ἀγωνιᾶν ἔφη μὴ τὰς ἀνοχὰς καὶ τοὺς πολέμους καὶ καθόλου τὰς παιδιάς, ἃς νῦν
11 παίζομεν πρὸς ἀλλήλους, ἐκκοπῆναι συμβῇ πάντων ἡμῶν ἐπὶ τοσοῦτον ὥστε κἂν εὔξασθαι τοῖς θεοῖς ὑπάρχειν ἡμῖν τὴν ἐξουσίαν ταύτην, καὶ πολεμεῖν ὅταν βουλώμεθα καὶ διαλύεσθαι πρὸς ἀλλήλους, καὶ καθόλου κυρίους εἶναι τῶν ἐν αὐτοῖς ἀμφισβητουμένων.

them as for your own body, and to attend to the safety of every province of Greece as if it were part and parcel of your own dominions. For if such be your policy the Greeks will bear you affection and render sure help to you in case of attack, while foreigners will be less disposed to plot against your throne, impressed as they will be by the loyalty of the Greeks to you. If you desire a field of action, turn to the west and keep your eyes on the war in Italy, so that, wisely biding your time, you may some day at the proper moment compete for the sovereignty of the world. And the present times are by no means such as to exclude any hope of the kind. But defer your differences with the Greeks and your wars here until you have repose enough for such matters, and give your whole attention now to the more urgent question, so that the power may still be yours of making war or peace with them at your pleasure. For if once you wait for these clouds that loom in the west[189] to settle on Greece, I very much fear lest we may all of us find these truces and wars and games at which we now play, so rudely interrupted that we shall be fain to pray to the gods to give us still the power of fighting with each other and making peace when we will, the power, in a word, of deciding our differences for ourselves."

189 The metaphor has become famous.

105. Ὁ μὲν οὖν Ἀγέλαος τοιαῦτα διαλεχθεὶς πάν-
τας μὲν παρώρμησε τοὺς συμμάχους πρὸς τὰς
διαλύσεις, μάλιστα δὲ τὸν Φίλιππον, οἰκείοις χρη-
σάμενος λόγοις πρὸς τὴν ὁρμὴν αὐτοῦ τὴν ἤδη προ-
κατεσκευασμένην ὑπὸ τῶν τοῦ Δημητρίου παραινέ-
2 σεων. διόπερ ἀνθομολογησάμενοι πρὸς σφᾶς ὑπὲρ
τῶν κατὰ μέρος, καὶ κυρώσαντες τὰς διαλύσεις, ἐχω-
ρίσθησαν, κατάγοντες εἰς τὰς οἰκείας ἕκαστοι πατρί-
δας εἰρήνην ἀντὶ πολέμου.
3 Ταῦτα δὲ πάντα συνέβη γενέσθαι κατὰ τὸν τρίτον
ἐνιαυτὸν τῆς ἑκατοστῆς καὶ τετταρακοστῆς ὀλυμπι-
άδος, λέγω δὲ τὴν τῶν Ῥωμαίων περὶ Τυρρηνίαν
μάχην καὶ τὴν Ἀντιόχου περὶ Κοίλην Συρίαν, ἔτι δὲ
τὰς Ἀχαιῶν καὶ Φιλίππου πρὸς Αἰτωλοὺς διαλύσεις.
4 Τὰς μὲν οὖν Ἑλληνικὰς καὶ τὰς Ἰταλικάς, ἔτι δὲ
τὰς Λιβυκὰς πράξεις, οὗτος ὁ καιρὸς καὶ τοῦτο τὸ
5 διαβούλιον συνέπλεξε πρῶτον· οὐ γὰρ ἔτι Φίλιππος
οὐδ᾽ οἱ τῶν Ἑλλήνων προεστῶτες ἄρχοντες πρὸς τὰς
κατὰ τὴν Ἑλλάδα πράξεις ποιούμενοι τὰς ἀναφορὰς
οὔτε τοὺς πολέμους οὔτε τὰς διαλύσεις ἐποιοῦντο πρὸς
ἀλλήλους, ἀλλ᾽ ἤδη πάντες πρὸς τοὺς ἐν Ἰταλίᾳ
6 σκοποὺς ἀπέβλεπον. ταχέως δὲ καὶ περὶ τοὺς νησι-
ώτας καὶ τοὺς τὴν Ἀσίαν κατοικοῦντας τὸ παρα-
7 πλήσιον συνέβη γενέσθαι· καὶ γὰρ οἱ Φιλίππῳ δυσ-
αρεστούμενοι καί τινες τῶν Ἀττάλῳ διαφερομένων
οὐκέτι πρὸς Ἀντίοχον καὶ Πτολεμαῖον οὐδὲ πρὸς
μεσημβρίαν καὶ τὰς ἀνατολὰς ἔνευον, ἀλλ᾽ ἐπὶ τὴν
ἑσπέραν ἀπὸ τούτων τῶν καιρῶν ἔβλεπον, καὶ τινὲς

105. Agelaus by this speech made all the allies disposed for peace and especially Philip, as the words in which he addressed him accorded well with his present inclination, Demetrius having previously prepared the ground by his advice. So that they came to an agreement on all the points of detail, and after ratifying the peace the conference broke up, each carrying back to his home peace instead of war.

All these events took place in the third year of the 140th Olympiad,—I mean the battle of the Romans in Etruria, that of Antiochus in Coele-Syria and the treaty[190] of the Achaeans and Philip with the Aetolians.

It was at this time and at this conference that the affairs of Greece, Italy, and Africa were first interwoven. For Philip and the leading statesmen of Greece ceased henceforth, in making war and peace with each other, to base their action on events in Greece, but the eyes of all were turned to the issues in Italy. And very soon[191] the same thing happened to the islanders and the inhabitants of Asia Minor. For those who had grievances against Philip and some of the adversaries of Attalus no longer turned to the south and east, to Antiochus and Ptolemy, but henceforth looked to the west, some sending embassies to Carthage

190 Probably August 217.

191 Not to be pressed; the earliest embassies from the islands or Asia Minor to Rome and the earliest from Rome to Greece happened not earlier than 201 and 200, respectively.

μὲν πρὸς Καρχηδονίους, οἱ δὲ πρὸς Ῥωμαίους ἐπρέ-
8 σβευον. ὁμοίως δὲ καὶ Ῥωμαῖοι πρὸς τοὺς Ἕλληνας,
δεδιότες τὴν τοῦ Φιλίππου τόλμαν, καὶ προορώμενοι
μὴ συνεπίθηται τοῖς τότε περιεστῶσιν αὐτοὺς καιροῖς.
9 ἡμεῖς δ᾽ ἐπειδὴ κατὰ τὴν ἐξ ἀρχῆς ὑπόσχεσιν σαφῶς,
οἶμαι, δεδείχαμεν πότε καὶ πῶς καὶ δι᾽ ἃς αἰτίας αἱ
κατὰ τὴν Ἑλλάδα πράξεις συνεπλάκησαν ταῖς Ἰταλι-
10 καῖς καὶ Λιβυκαῖς, λοιπὸν κατὰ τὸ συνεχὲς ποιη-
σάμενοι τὴν διήγησιν ὑπὲρ τῶν Ἑλληνικῶν ἕως εἰς
τοὺς καιρούς, ἐν οἷς Ῥωμαῖοι τὴν περὶ Κάνναν μάχην
ἡττήθησαν, ἐφ᾽ ἣν τῶν Ἰταλικῶν πράξεων τὴν κατα-
στροφὴν ἐποιησάμεθα, καὶ ταύτην τὴν βύβλον ἀφο-
ριοῦμεν, ἐξισώσαντες τοῖς προειρημένοις καιροῖς.

106. Ἀχαιοὶ μὲν οὖν ὡς θᾶττον ἀπέθεντο τὸν πόλε-
μον, στρατηγὸν αὐτῶν ἑλόμενοι Τιμόξενον, ἀναχωρή-
2 σαντες εἰς τὰ σφέτερα νόμιμα καὶ τὰς διαγωγάς, ἅμ᾽
Ἀχαιοῖς δ᾽ [καὶ] αἱ λοιπαὶ πόλεις αἱ κατὰ Πελοπόν-
νησον, ἀνεκτῶντο μὲν τοὺς ἰδίους <βίους>, ἐθεράπευον
δὲ τὴν χώραν, ἀνενεοῦντο δὲ τὰς πατρίους θυσίας καὶ
πανηγύρεις καὶ τἄλλα τὰ πρὸς τοὺς θεοὺς παρ᾽
3 ἑκάστοις ὑπάρχοντα νόμιμα. σχεδὸν γὰρ ὡς ἂν εἰ
λήθην συνέβαινε γεγονέναι παρὰ τοῖς πλείστοις περὶ
τὰ τοιαῦτα διὰ τὴν συνέχειαν τῶν προγεγονότων
4 πολέμων. οὐ γὰρ οἶδ᾽ ὅπως ἀεί ποτε Πελοποννήσιοι,
τῶν ἄλλων ἀνθρώπων οἰκειότατοι πρὸς τὸν ἥμερον καὶ
τὸν ἀνθρώπινον βίον <ἔχοντες>, ἥκιστα πάντων ἀπο-
λελαύκασιν αὐτοῦ κατά γε τοὺς ἀνώτερον χρόνους,
μᾶλλον δέ πως κατὰ τὸν Εὐριπίδην ἦσαν αἰεὶ πρασί-

and others to Rome, and the Romans also sending embassies to the Greeks, afraid as they were of Philip's venturesome character and guarding themselves against an attack by him now they were in difficulties. Now that I have, as I promised, shown, I think clearly, how, when, and for what reason Greek affairs became involved with those of Italy and Africa, I shall continue my narrative of Greek history up to the date of the battle at Cannae in which the Romans were defeated by the Carthaginians, the decisive event with which I broke off my account of the war in Italy and will thus bring this book to a close, not overstepping the above date.

106. As soon as the Achaeans had the war off their shoulders, electing Timoxenus as their strategus and resuming their normal customs and mode of life, they set themselves, like the rest of the Peloponnesian towns, to reestablishing their private fortunes, to repairing the damage done to their lands, and to reviving their traditional sacrifices and festivals and various local religious rites.[192] Such matters had indeed almost sunk into oblivion owing to the late uninterrupted state of war. For somehow or other the Peloponnesians, who are above all men disposed to a quiet and sociable life, have enjoyed less of it in former times at least than any other people, having been rather as Euripides expresses it "aye vexed with toil, their spears

[192] For this new drive toward religious life, see St. Dow, *Harv.Stud.* 48 (1937), 120–126, and C. Habicht, *Hist.* 44 (2006), 157.

5 μοχθοί τινες καὶ οὔποτε ἥσυχοι δορί. τοῦτο δέ μοι
δοκοῦσι πάσχειν εἰκότως· ἅπαντες γὰρ ἡγεμονικοὶ καὶ
φιλελεύθεροι ταῖς φύσεσι μάχονται συνεχῶς πρὸς
ἀλλήλους, ἀπαραχωρήτως διακείμενοι περὶ τῶν πρω-
τείων.

6 Ἀθηναῖοι δὲ τῶν ἐκ Μακεδονίας φόβων ἀπελέλυντο
7 καὶ τὴν ἐλευθερίαν ἔχειν ἐδόκουν ἤδη βεβαίως, χρώ-
μενοι δὲ προστάταις Εὐρυκλείδᾳ καὶ Μικίωνι τῶν μὲν
ἄλλων Ἑλληνικῶν πράξεων οὐδ᾽ ὁποίας μετεῖχον,
ἀκολουθοῦντες δὲ τῇ τῶν προεστώτων αἱρέσει καὶ ταῖς
τούτων ὁρμαῖς εἰς πάντας τοὺς βασιλεῖς ἐξεκέχυντο,
8 καὶ μάλιστα τούτων εἰς Πτολεμαῖον, καὶ πᾶν γένος
ὑπέμενον ψηφισμάτων καὶ κηρυγμάτων, βραχύν τινα
λόγον ποιούμενοι τοῦ καθήκοντος διὰ τὴν τῶν προ-
εστώτων ἀκρισίαν.

107. Πτολεμαίῳ γε μὴν εὐθέως ἀπὸ τούτων τῶν
καιρῶν συνέβαινε γίνεσθαι τὸν πρὸς τοὺς Αἰγυπτίους
2 πόλεμον. ὁ γὰρ προειρημένος βασιλεὺς καθοπλίσας
τοὺς Αἰγυπτίους ἐπὶ τὸν πρὸς Ἀντίοχον πόλεμον πρὸς
μὲν τὸ παρὸν ἐνδεχομένως ἐβουλεύσατο, τοῦ δὲ μέλ-
λοντος ἠστόχησε· φρονηματισθέντες γὰρ ἐκ τοῦ περὶ
3 Ῥαφίαν προτερήματος, οὐκέτι τὸ προσταττόμενον
οἷοί τ᾽ ἦσαν ὑπομένειν, ἀλλ᾽ ἐζήτουν ἡγεμόνα καὶ
πρόσωπον, ὡς ἱκανοὶ βοηθεῖν ὄντες αὑτοῖς. ὃ καὶ
τέλος ἐποίησαν οὐ μετὰ πολὺν χρόνον.

---

193 *TGrF* 998 Kannicht. The text is doubtful and has been variously emended; πρασίμοχθοι makes no sense.

194 P.'s criticism reflects Achaean disappointment with the pol-

never at rest."[193] It is only natural that this should be so, for as they are all naturally both ambitious of supremacy and fond of liberty, they are in a state of constant warfare, none being disposed to yield the first place to his neighbor.

The Athenians[194] were now delivered from the fear of Macedonia and regarded their liberty as securely established. Following the policy and inclinations of their leading statesmen Eurycleidas and Micion, they took no part in the affairs of the rest of Greece, but were profuse in their adulation of all the kings,[195] and chiefly of Ptolemy, consenting to every variety of decree and proclamation however humiliating, and paid little heed to decency in this respect owing to the lack of judgment of their leaders.

107. As for Ptolemy, his war against the Egyptians followed immediately on these events. This king, by arming the Egyptians for his war[196] against Antiochus, took a step which was of great service for the time, but which was a mistake as regards the future. For they, highly proud of their victory at Raphia, were no longer disposed to obey orders, but were on the lookout for a leader and figurehead, thinking themselves well able to maintain themselves as an independent power, an attempt in which they finally succeeded not long afterward.

icy of neutrality followed by the brothers Eurycleides and Micio; see C. Habicht, *Studien zur Geschichte Athens in hellenistischer Zeit* (Göttingen 1982), 93–98, and *Athens* (27.2), 188. For the family of the brothers, Habicht, *Studien*, 178–182, and *ZPE* 158 (2006), 159–163.

195 This is obvious for Ptolemy III and Attalus I. As for Philip V, P. may at best mean the Athenian refusal to grant asylum to Megaleas (27.2).

196 For the revolts of the Egyptians beginning after the battle of Raphia, see the bibliography in Will 2.43.

4 Ἀντίοχος δὲ μεγάλῃ παρασκευῇ χρησάμενος ἐν τῷ χειμῶνι, μετὰ ταῦτα τῆς θερείας ἐπιγενομένης ὑπερέβαλε τὸν Ταῦρον, καὶ συνθέμενος πρὸς Ἄτταλον τὸν βασιλέα κοινοπραγίαν ἐνίστατο τὸν πρὸς Ἀχαιὸν πόλεμον.

5 Αἰτωλοὶ δὲ παραυτὰ μὲν εὐδοκοῦντες τῇ γενομένῃ διαλύσει πρὸς τοὺς Ἀχαιούς, ὡς ἂν μὴ κατὰ γνώμην αὐτοῖς τοῦ πολέμου προκεχωρηκότος—διὸ καὶ στρατηγὸν Ἀγέλαον εἵλοντο τὸν Ναυπάκτιον, δοκοῦντα πλεῖστα συμβεβλῆσθαι πρὸς τὰς διαλύσεις—οὐδένα
6 χρόνον διαλιπόντες δυσηρέστουν καὶ κατεμέμφοντο τὸν Ἀγέλαον ὡς ὑποτετμημένον πάσας αὐτῶν τὰς ἔξωθεν ὠφελείας καὶ τὰς εἰς τὸ μέλλον ἐλπίδας, διὰ τὸ μὴ πρός τινάς, πρὸς πάντας δὲ τοὺς Ἕλληνας πεποι-
7 ῆσθαι τὴν εἰρήνην. ὁ δὲ προειρημένος ἀνὴρ ὑποφέρων τὴν προειρημένην τοιαύτην ἀλογίαν καὶ μέμψιν παρακατεῖχε τὰς ὁρμὰς αὐτῶν· διὸ καὶ καρτερεῖν οὗτοι μὲν ἠναγκάζοντο παρὰ φύσιν.

108. Ὁ δὲ βασιλεὺς Φίλιππος, ἀνακομισθεὶς κατὰ θάλατταν ἀπὸ τῶν διαλύσεων εἰς Μακεδονίαν, καὶ καταλαβὼν τὸν Σκερδιλαΐδαν ἐπὶ τῇ προφάσει τῶν προσοφειλομένων χρημάτων, πρὸς ἃ καὶ τὰ περὶ τὴν Λευκάδα πλοῖα παρεσπόνδησε, καὶ τότε τῆς μὲν Πελαγονίας πόλισμα διηρπακότα τὸ προσαγορευόμενον
2 Πισσαῖον, τῆς δὲ Δασσαρήτιδος προσηγμένον πόλεις, τὰς μὲν φόβῳ, τὰς δ' ἐπαγγελίαις, Ἀντιπάτρειαν, Χρυσονδύωνα, Γερτοῦντα, πολλὴν δὲ καὶ τῆς συν-
3 ορούσης τούτοις Μακεδονίας ἐπιδεδραμηκότα, παραυ-

Antiochus, after making preparations on a large scale during the winter, crossed the Taurus at the beginning of summer and, coming to an understanding with King Attalus, began the war against Achaeus.

The Aetolians were at first quite satisfied with the terms of their peace with the Achaeans, as the fortune of the war had been adverse to them—they had in fact elected Agelaus of Naupactus as their strategus because they thought he had contributed more than anyone else to the peace—but in less than no time they began to be dissatisfied and to blame Agelaus for having cut off all their sources of booty and destroyed their future prospects by making peace with all the Greeks[197] and not with certain states only. Agelaus, however, put up with these unreasonable complaints and kept them well in hand, so that they were obliged contrary to their nature to practice self-denial.

108. King Philip after the conclusion of peace returned by sea to Macedonia, where he found that Scerdilaïdas, on the identical pretence of moneys still due to him which he had used to seize treacherously the ships at Leucas, had now pillaged a town in Pelagonia called Pissaeum, had got into his hands by menaces[198] or by promises several cities of the Dassaretae, namely Antipatreia, Chrysondyon, and Gertus, and had made extensive inroads on the neighbor-

197 In fact, the members of the alliance of 224 (who called themselves "the Greeks").

198 The emendation of the corrupt word is due to G. F. Unger, *Philol.* 41 (1882), 536–537.

τίκα μὲν ὥρμησε μετὰ τῆς δυνάμεως ὡς ἀνακτήσα-
σθαι σπουδάζων τὰς ἀφεστηκυίας πόλεις, καθόλου δ'
4 ἔκρινε πολεμεῖν πρὸς τὸν Σκερδιλαΐδαν, νομίζων
ἀναγκαιότατον εἶναι παρευτρεπίσασθαι τὰ κατὰ τὴν
Ἰλλυρίδα πρός τε τὰς ἄλλας ἐπιβολὰς καὶ μάλιστα
5 πρὸς τὴς εἰς Ἰταλίαν διάβασιν. ὁ γὰρ Δημήτριος
οὕτως ἐξέκαιε τὴν ἐλπίδα καὶ τὴν ἐπιβολὴν τῷ βασι-
λεῖ ταύτην συνεχῶς, ὥστε κατὰ τοὺς ὕπνους τὸν
Φίλιππον ταῦτ' ὀνειρώττειν καὶ περὶ ταύτας εἶναι τὰς
6 πράξεις. ἐποίει δὲ ταῦτα Δημήτριος οὐ Φιλίππου
χάριν—τούτῳ μὲν γὰρ τρίτην ἴσως ἐν τούτοις ἔνεμε
μερίδα—μᾶλλον δὲ τῆς πρὸς Ῥωμαίους δυσμενείας,
τὸ δὲ πλεῖστον ἕνεκεν αὑτοῦ καὶ τῶν ἰδίων ἐλπίδων·
7 μόνως γὰρ οὕτως ἐπέπειστο τὴν ἐν τῷ Φάρῳ δυνα-
8 στείαν κατακτήσασθαι πάλιν. πλὴν ὅ γε Φίλιππος
στρατεύσας ἀνεκτήσατο μὲν τὰς προειρημένας πό-
λεις, καταλάβετο δὲ τῆς μὲν Δασσαρήτιδος Κρεώνιον
καὶ Γεροῦντα, τῶν δὲ περὶ τὴν Λυχνιδίαν λίμνην
Ἐγχελᾶνας, Κέρακα, Σατίωνα, Βοιούς, τῆς δὲ Καλοι-
κίνων χώρας Βαντίαν, ἔτι δὲ τῶν καλουμένων Πισαν-
9 τίνων Ὀργησσόν. ἐπιτελεσάμενος δὲ ταῦτα διαφῆκε
τὰς δυνάμεις εἰς παραχειμασίαν. ἦν δ' ὁ χειμὼν οὗτος
καθ' ὃν Ἀννίβας, πεπορθηκὼς τοὺς ἐπιρανεστάτους
τόπους τῆς Ἰταλίας ἔμελλε περὶ τὸ Γερούνιον τῆς
10 Δαυνίας ποιεῖσθαι τὴν παραχειμασίαν. Ῥωμαῖοι δὲ
τότε κατέστησαν στρατηγοὺς αὑτῶν Γάιον Τερέντιον
καὶ Λεύκιον Αἰμίλιον.

109. Φίλιππος δὲ κατὰ τὴν παραχειμασίαν ἀνα-

ing parts of Macedonia. He therefore set forth at once with his army to recover as soon as possible the revolted cities, and decided to make war all round on Scerdilaïdas, thinking it most essential for his other projects and for his contemplated crossing to Italy to arrange matters in Illyria to his satisfaction. For Demetrius continued to fire these hopes and ambitions of the king with such assiduity that Philip in his sleep dreamt of nothing else than this, and was full of his new projects. Demetrius did not do this out of consideration for Philip, whose cause was, I should say, only of third-rate importance to him in this matter, but actuated rather by his hostility to Rome and most of all for the sake of himself and his own prospects, as he was convinced that this was the only way by which he could recover his principality of Pharos. Philip, then, advancing with his army recovered the cities I mentioned, took Creonium and Gerus in the Dassaretis, Enchelanae, Cerax, Sation, and Boei in the region of Lake Lychnis, Bantia in the district of the Caloecini and Orgyssus in that of the Pisantini. After these operations he dismissed his troops to winter quarters. This was the winter in which Hannibal after devastating the wealthiest part of Italy was going into winter quarters at Gerunium[199] in Daunia, and the Romans then elected Gaius Terentius Varro and Lucius Aemilius Paulus to the consulate.

109. During the winter Philip took into consideration

199 A reference to 3.101.1.

λογιζόμενος ὅτι πρὸς τὰς ἐπιβολὰς αὐτοῦ χρεία πλοίων ἐστὶ καὶ τῆς κατὰ θάλατταν ὑπηρεσίας, καὶ
2 ταύτης οὐχ ὡς πρὸς ναυμαχίαν—τοῦτο μὲν γὰρ οὐδ' ἂν ἤλπισε δυνατὸς εἶναι, Ῥωμαίοις διαναυμαχεῖν—ἀλλὰ μᾶλλον ἕως τοῦ παρακομίζειν στρατιώτας καὶ θᾶττον διαίρειν οὗ πρόθοιτο καὶ παραδόξως ἐπιφαί-
3 νεσθαι τοῖς πολεμίοις· διόπερ ὑπολαβὼν ἀρίστην εἶναι πρὸς ταῦτα τὴν τῶν Ἰλλυριῶν ναυπηγίαν ἑκατὸν ἐπεβάλετο λέμβους κατασκευάζειν, σχεδὸν πρῶτος
4 τῶν ἐν Μακεδονίᾳ βασιλέων. καταρτίσας δὲ τούτους συνῆγε τὰς δυνάμεις ἀρχομένης θερείας, καὶ βραχέα προσασκήσας τοὺς Μακεδόνας ἐν ταῖς εἰρεσίαις
5 ἀνήχθη. κατὰ δὲ τὸν αὐτὸν καιρὸν Ἀντίοχος μὲν ὑπερεβάλε τὸν Ταῦρον, Φίλιππος δὲ ποιησάμενος τὸν πλοῦν δι' Εὐρίπου καὶ [τοῦ] περὶ Μαλέαν ἧκε πρὸς τοὺς περὶ Κεφαλληνίαν καὶ Λευκάδα τόπους, ἐν οἷς καθορμισθεὶς ἐκαραδόκει πολυπραγμονῶν τὸν τῶν Ῥωμαίων στόλον. πυνθανόμενος δὲ περὶ τὸ Λιλύβαιον
6 αὐτοὺς ὁρμεῖν, θαρρήσας ἀνήχθη, καὶ προῆγε ποιούμενος τὸν πλοῦν ὡς ἐπ' Ἀπολλωνίας.

110. ἤδη δὲ συνεγγίζοντος αὐτοῦ τοῖς περὶ τὸν Ἀῷον ποταμὸν τόποις, ὃς ῥεῖ παρὰ τὴν τῶν Ἀπολλωνιατῶν πόλιν, ἐμπίπτει πανικὸν παραπλήσιον τοῖς
2 γινομένοις ἐπὶ τῶν πεζικῶν στρατοπέδων. τῶν γὰρ ἐπὶ τῆς οὐραγίας πλεόντων τινὲς λέμβοι, καθορμισθέντες εἰς τὴν νῆσον, ἣ καλεῖται μὲν Σάσων, κεῖται δὲ κατὰ τὴν εἰσβολὴν τὴν εἰς τὸν Ἰόνιον πόρον, ἧκον ὑπὸ νύκτα πρὸς τὸν Φίλιππον, φάσκοντες συνωρμηκέναι

that for his enterprise he would require ships and crews to man them, not it is true with the idea of fighting at sea—for he never thought he would be capable of offering battle to the Roman fleet—but to transport his troops, land where he wished, and take the enemy by surprise. Therefore, as he thought the Illyrian shipwrights were the best, he decided to build a hundred galleys, being almost the first king of Macedonia who had taken such a step. Having equipped these fleets he collected his forces at the beginning of summer and, after training the Macedonians a little in rowing, set sail. It was just at the time that Antiochus crossed the Taurus, when Philip sailing through the Euripus and round Cape Malea reached the neighborhood of Cephallenia and Leucas, where he moored and awaited anxiously news of the Roman fleet. Hearing that they were lying off Lilybaeum, he was encouraged to put to sea again and advanced sailing toward Apollonia.

110. Just as he was approaching the mouth of the river Aoüs, which runs past Apollonia, his fleet was seized by a panic such as sometimes overtakes land forces. For some of the galleys in the rear, which had anchored off an island called Sason[200] lying at the entrance to the Ionian Sea, came in the night and informed Philip that some vessels which had crossed from the Sicilian Strait had anchored in

200 At the entrance to the bay of Valona.

3 τινὰς αὐτοῖς πλέοντας ἀπὸ πορθμοῦ, τούτους δ' ἀπαγ-
γέλλειν, ὅτι καταλείποιεν ἐν Ῥηγίῳ πεντήρεις Ῥω-
μαϊκὰς πλεούσας ἐπ' Ἀπολλωνίας καὶ πρὸς Σκερδι-
4 λαΐδαν. ὁ δὲ Φίλιππος, ὑπολαβὼν ὅσον οὔπω τὸν
στόλον ἐπ' αὐτὸν παρεῖναι, περίφοβος γενόμενος καὶ
ταχέως ἀνασπάσας τὰς ἀγκύρας αὖτις εἰς τοὐπίσω
5 παρήγγειλε πλεῖν. οὐδενὶ δὲ κόσμῳ ποιησάμενος τὴν
ἀναζυγὴν καὶ τὸν ἀνάπλουν δευτεραῖος εἰς Κεφαλ-
ληνίαν κατῆρε, συνεχῶς ἡμέραν καὶ νύκτα τὸν πλοῦν
6 ποιούμενος. βραχὺ δέ τι θαρρήσας ἐνταῦθα κατέμεινε,
ποιῶν ἔμφασιν ὡς ἐπί τινας τῶν ἐν Πελοποννήσῳ
7 πράξεων ἐπεστροφώς. συνέβη δὲ ψευδῶς γενέσθαι τὸν
8 ὅλον φόβον περὶ αὐτόν. ὁ γὰρ Σκερδιλαΐδας, ἀκούων
κατὰ χειμῶνα λέμβους ναυπηγεῖσθαι τὸν Φίλιππον
πλείους, καὶ προσδοκῶν αὐτοῦ τὴν κατὰ θάλατταν
παρουσίαν, διεπέμπετο πρὸς τοὺς Ῥωμαίους διασα-
9 φῶν ταῦτα καὶ παρακαλῶν βοηθεῖν, οἱ δὲ Ῥωμαῖοι
δεκαναΐαν ἀπὸ τοῦ περὶ τὸ Λιλύβαιον ἐξαπέστειλαν
στόλου, ταύτην τὴν περὶ τὸ Ῥήγιον ὀφθεῖσαν· ἣν
10 Φίλιππος εἰ μὴ πτοηθεὶς ἀλόγως ἔφυγεν, τῶν περὶ τὴν
Ἰλλυρίδα πράξεων μάλιστ' ἂν τότε καθίκετο διὰ τὸ
τοὺς Ῥωμαίους πάσαις ταῖς ἐπινοίαις καὶ παρασκευ-
αῖς περὶ τὸν Ἀννίβαν καὶ τὴν περὶ Κάνναν μάχην
γίνεσθαι, τῶν τε πλοίων ἐκ τοῦ κατὰ λόγον ἐγκρατὴς
11 ἂν ἐγεγόνει. νῦν δὲ διαταραχθεὶς ὑπὸ τῆς προσαγ-
γελίας ἀβλαβῆ μέν, οὐκ εὐσχήμονα δ' ἐποιήσατο τὴν
ἀναχώρησιν εἰς Μακεδονίαν.

111. Ἐπράχθη δέ τι κατὰ τούτους τοὺς χρόνους καὶ

the same roadstead and announced to them that they had left at Rhegium some Roman quinqueremes which were on their voyage to Apollonia to join Scerdilaïdas. Philip, in the belief that the Roman fleet would be upon him in less than no time, was seized by fear, and at once weighed anchor and gave orders to sail back. Quitting his anchorage and making the return voyage in thorough disorder he reached Cephallenia on the second day, travelling continuously by day and night. Plucking up a little courage he remained there pretending that he had returned to undertake some operations in the Peloponnese. As it turned out, the whole had been a false alarm. For Scerdilaïdas, hearing that Philip had been building a considerable number of galleys in the winter and expecting him to arrive by sea, sent to inform the Romans and beg for help, upon which the Romans sent a squadron of ten ships from their fleet at Lilybaeum, these being the ships that had been sighted off Rhegium. Had Philip not taken alarm so absurdly and fled before this squadron, now was the opportunity for him to make himself master of Illyria, the whole attention and all the resources of the Romans being concentrated on Hannibal and the situation connected with the battle of Cannae; and most probably the ships would have fallen into his hands also. But as it was the news upset him so much, that he made his way back to Macedonia without suffering any loss indeed but that of prestige.

111. At this same period Prusias also achieved some-

2 Προυσίᾳ μνήμης ἄξιον. τῶν γὰρ Γαλατῶν, οὓς διεβίβασεν ἐκ τῆς Εὐρώπης ὁ βασιλεὺς Ἄτταλος εἰς τὸν πρὸς Ἀχαιὸν πόλεμον διὰ τὴν ἐπ᾽ ἀνδρείᾳ δόξαν, τούτων χωρισθέντων τοῦ προειρημένου βασιλέως διὰ τὰς ἄρτι ῥηθείσας ὑποψίας καὶ πορθούντων μετὰ πολλῆς ἀσελγείας καὶ βίας τὰς ἐφ᾽ Ἑλλησπόντῳ πόλεις, τὸ δὲ τελευταῖον καὶ πολιορκεῖν τοὺς Ἰλιεῖς
3 ἐπιβαλομένων, ἐγένετο μέν τις οὐκ ἀγεννὴς περὶ ταῦτα πρᾶξις καὶ ὑπὸ τῶν τὴν Τρῳάδα κατοικούντων
4 Ἀλεξάνδρειαν· Θεμίστην γὰρ ἐξαποστείλαντες μετ᾽ ἀνδρῶν τετρακισχιλίων ἔλυσαν μὲν τὴν Ἰλιέων πολιορκίαν, ἐξέβαλον δ᾽ ἐκ πάσης τῆς Τρῳάδος τοὺς Γαλάτας, ἐμποδίζοντες ταῖς χορηγίαις καὶ διαλυμαι-
5 νόμενοι τὰς ἐπιβολὰς αὐτῶν. οἱ δὲ Γαλάται κατασχόντες τὴν Ἀρίσβαν καλουμένην ἐν τῇ τῶν Ἀβυδηνῶν χώρᾳ, λοιπὸν ἐπεβούλευον καὶ προσεπολέμουν ταῖς
6 περὶ τούτους τοὺς τόπους ἐκτισμέναις πόλεσιν. ἐφ᾽ οὓς στρατεύσας μετὰ δυνάμεως Προυσίας καὶ παραταξάμενος τοὺς μὲν ἄνδρας κατ᾽ αὐτὸν τὸν κίνδυνον ἐν χερῶν νόμῳ διέφθειρε, τὰ δὲ τέκνα σχεδὸν ἅπαντα καὶ τὰς γυναῖκας αὐτῶν ἐν τῇ παρεμβολῇ κατέσφαξε, τὴν δ᾽ ἀποσκευὴν ἐφῆκε διαρπάσαι τοῖς ἠγωνισμένοις.
7 πράξας δὲ ταῦτα μεγάλου μὲν ἀπέλυσε φόβου καὶ κινδύνου τὰς ἐφ᾽ Ἑλλησπόντου πόλεις, καλὸν δὲ παράδειγμα τοῖς ἐπιγινομένοις ἀπέλιπε τοῦ μὴ ῥᾳδίαν ποιεῖσθαι τοὺς ἐκ τῆς Εὐρώπης βαρβάρους τὴν εἰς τὴν Ἀσίαν διάβασιν.

8 Τὰ μὲν οὖν περὶ τὴν Ἑλλάδα καὶ τὴν Ἀσίαν ἐν

thing worthy of mention. On the occasion when the Gauls[201] whom King Attalus had brought over from Europe for his war against Achaeus owing to their reputation for valor, left this king because of the suspicions I mentioned above and began to pillage the towns near the Hellespont with gross licentiousness and violence, finally attempting to take Ilium, the inhabitants of Alexandria Troas showed considerable gallantry. Dispatching Themistes with four thousand men they raised the siege of Ilium and expelled the Gauls from the whole of the Troad, cutting off their supplies, and frustrating their designs. The Gauls now occupied Arisba[202] in the territory of Abydus and henceforth harassed the cities in the region either by secret plots or by open hostilities. Prusias,[203] therefore, led an army against them, and after destroying all the men in a pitched battle, put to death nearly all the women and children in their camp and allowed his soldiers who had taken part in the battle to plunder the baggage. By this exploit he freed the cities on the Hellespont from a serious menace and danger, and gave a good lesson to the barbarians from Europe in future not to be over ready to cross to Asia.

Such was the state of affairs in Greece and Asia. The

[201] The Aegosagae; P. continues his report of 77.2 and 78.1–5.
[202] In the Troad.
[203] Prusias I of Bithynia, see *RE* Prusias 1091 (C. Habicht).

τούτοις ἦν. τὰ δὲ κατὰ τὴν Ἰταλίαν τῆς περὶ Κάνναν
μάχης ἐπιτελεσθείσης τὰ πλεῖστα μετετίθετο πρὸς
τοὺς Καρχηδονίους, καθάπερ ἐν τοῖς πρὸ τούτων ἡμῖν
9 δεδήλωται. ἡμεῖς δὲ νῦν μὲν ἐπὶ τούτων τῶν καιρῶν
τῆς διηγήσεως λήξομεν, ἐπεὶ διεληλύθαμεν ἃς περι-
έσχε τῶν τε κατὰ τὴν Ἀσίαν καὶ τῶν Ἑλληνικῶν
πράξεων ἡ τετταρακοστὴ τῶν ὀλυμπιάδων πρὸς ταῖς
10 ἑκατόν· ἐν δὲ τῇ μετὰ ταῦτα βύβλῳ, βραχέα προσ-
αναμνήσαντες τῆς [ἐν ταύτῃ τῇ βύβλῳ] προκατα-
σκευῆς, ἐπὶ τὸν περὶ τῆς Ῥωμαίων πολιτείας λόγον
ἐπάνιμεν κατὰ τὴν ἐν ἀρχαῖς ὑπόσχεσιν.

greater part of Italy, as I mentioned in the last book, went over to the Carthaginians after the battle of Cannae. I choose this date for interrupting my narrative, having now described what took place in Asia and Greece during the 140th Olympiad. In the following book, after a brief recapitulation of my introductory narrative, I will proceed according to my promise to treat of the Roman Constitution.

FRAGMENTA LIBRI VI

I. EX PROOEMIO

2. Οὐκ ἀγνοῶ μὲν οὖν διότι τινὲς διαπορήσουσι
πῶς ἀφέμενοι τοῦ συνάπτειν καὶ προστιθέναι τὸ συν-
εχὲς τῆς διηγήσεως, εἰς τοῦτον ἀπεθέμεθα τὸν καιρὸν
τὸν ὑπὲρ τῆς προειρημένης πολιτείας ἀπολογισμόν·
2 ἐμοὶ δ' ὅτι μὲν ἦν ἐξ ἀρχῆς ἕν τι τῶν ἀναγκαίων καὶ
τοῦτο τὸ μέρος τῆς ὅλης προθέσεως, ἐν πολλοῖς οἶμαι
3 δῆλον αὐτὸ πεποιηκέναι, μάλιστα δ' ἐν τῇ καταβολῇ
καὶ προεκθέσει τῆς ἱστορίας, ἐν ᾗ τοῦτο κάλλιστον
ἔφαμεν, ἅμα δ' ὠφελιμώτατον εἶναι τῆς ἡμετέρας
ἐπιβολῆς τοῖς ἐντυγχάνουσι τῇ πραγματείᾳ τὸ γνῶ-
ναι καὶ μαθεῖν πῶς καὶ τίνι γένει πολιτείας ἐπικρατη-
θέντα σχεδὸν πάντα τὰ κατὰ τὴν οἰκουμένην ἐν οὐδ'
ὅλοις πεντήκοντα καὶ τρισὶν ἔτεσιν ὑπὸ μίαν ἀρχὴν
τὴν Ῥωμαίων ἔπεσεν, ὃ πρότερον οὐχ εὑρίσκεται
4 γεγονός. κεκριμένου δὲ τούτου καιρὸν οὐχ ἑώρων ἐπι-
τηδειότερον εἰς ἐπίστασιν καὶ δοκιμασίαν τῶν λέγε-
σθαι μελλόντων ὑπὲρ τῆς πολιτείας τοῦ νῦν ἐνεστῶ-
5 τος. καθάπερ <γὰρ> οἱ κατ' ἰδίαν ὑπὲρ τῶν φαύλων ἢ
τῶν σπουδαίων ἀνδρῶν ποιούμενοι τὰς διαλήψεις,
ἐπειδὰν ἀληθῶς πρόθωνται δο κιμάζειν, οὐκ ἐκ τῆς

FRAGMENTS OF BOOK VI[1]

I. FROM THE PREFACE

2. I am aware that some will wonder why I have deferred until the present occasion my account of the Roman constitution, thus being obliged to interrupt the due course of my narrative. Now, that I have always regarded this account as also one of the essential parts of my whole design, I have, I am sure, made evident in numerous passages and chiefly at the beginning and in the introduction to my history, where I said[2] that the best and most valuable result I aim at is that readers of my work may gain a knowledge how it was and by virtue of what peculiar political institutions that in less than fifty-three years nearly the whole world was overcome and fell under the single dominion of Rome, a thing the like of which had never happened before. Having made this my purpose, I found no occasion more suitable than the present for directing attention to the constitution and testing the truth of what I am about to say on the subject. For just as those who pronounce in private on the characters of bad or good men, do not, when they really resolve to put their opinion to the test,

[1] 1.1–1.9 are *testimonia,* extracts from other books: see WC 1.635–636. They are as follows: 1.1–3 = P.3.2.6; 1.4–5 = P.3.118.11–12; 1.6–7 = P.1.64.1–2; 1.8 = P.10.16.7; 1.9 = P.21.10.11.

[2] A reference to 1.1.5.

ἀπεριστάτου ῥᾳστώνης κατὰ τὸν βίον ποιοῦνται τὰς ἐπισκέψεις, ἀλλ' ἐκ τῶν ἐν ταῖς ἀτυχίαις περιπετειῶν
6 καὶ τῶν ἐν ταῖς ἐπιτυχίαις κατορθωμάτων, μόνον νομίζοντες εἶναι ταύτην ἀνδρὸς τελείου βάσανον τὸ τὰς ὁλοσχερεῖς μεταβολὰς τῆς τύχης μεγαλοψύχως δύνασθαι καὶ γενναίως ὑποφέρειν, τὸν αὐτὸν τρόπον χρὴ
7 θεωρεῖν καὶ πολιτείαν. διόπερ οὐχ ὁρῶν ποίαν ἄν τις ὀξυτέραν ἢ μείζονα λάβοι μεταβολὴν τῶν καθ' ἡμᾶς τῆς τότε[1] Ῥωμαίοις συμβάσης, εἰς τοῦτον ἀπεθέμην τὸν καιρὸν τὸν ὑπὲρ τῶν προειρημένων ἀπολογισμόν· γνοίη δ' ἄν τις τὸ μέγεθος τῆς μεταβολῆς ἐκ τούτων. [Exc. Vat. p. 369 Mai. 24. 4 Heys.]

8 Ὅτι τὸ ψυχαγωγοῦν ἅμα καὶ τὴν ὠφέλειαν ἐπιφέρον τοῖς φιλομαθοῦσι τοῦτ' ἔστιν ἡ τῶν αἰτιῶν
9 θεωρία καὶ τοῦ βελτίονος ἐν ἑκάστοις αἵρεσις. μεγίστην δ' αἰτίαν ἡγητέον ἐν ἅπαντι πράγματι καὶ πρὸς ἐπιτυχίαν καὶ τοὐναντίον τὴν τῆς πολιτείας σύστασιν·
10 ἐκ γάρ ταύτης ᾗπερ ἐκ πηγῆς οὐ μόνον ἀναφέρεσθαι συμβαίνει πάσας τὰς ἐπινοίας καὶ τὰς ἐπιβολὰς τῶν ἔργων, ἀλλὰ καὶ συντέλειαν λαμβάνειν. [Exc. Vat. p. 370 M. 24. 30 H.]

11 Ὅτι γὰρ' αδύνατον ἐν τῷ ψεύδει μόνον οὐδ' ἀπολογίαν ἐπιδέχεται τοῖς ἁμαρτάνουσιν.

II. DE VARIIS RERUM PUBLICARUM FORMIS

3. Τῶν μὲν γὰρ Ἑλληνικῶν πολιτευμάτων ὅσα πολλάκις μὲν ηὔξηται, πολλάκις δὲ τῆς εἰς τἀναντία

choose for investigation those periods of their life which they passed in composure and repose, but seasons when they were afflicted by adversity or blessed with success, deeming the sole test of a perfect man to be the power of bearing high-mindedly and bravely the most complete reverses of fortune, so it should be in our judgment of constitutions. Therefore, as I could not see any greater or more violent change in our own times than this which has happened to the Romans, I reserved my account of the constitution for the present occasion. One can recognize the degree of this change from the following.

What chiefly attracts and chiefly benefits students of history is just this—the study of causes and the consequent power of choosing what is best in each case. Now the chief cause of success or the reverse in all matters is the form of a state's constitution; for springing from this, as from a fountain head, all designs and plans of action not only originate, but reach their consummation.

Only the impossible does not provide any excuse for those who lie.

II. ON THE FORMS OF STATES

3. In the case of those Greek states which have often risen to greatness and have often experienced a complete

[1] τότε Kampe *Philol.* 2 (1847) et Pöschl, *Römischer Staat* (Berlin 1936), 58 n. 32: γε codd.

μεταβολῆς ὁλοσχερῶς πεῖραν εἴληφε, ῥᾳδίαν εἶναι συμβαίνει καὶ τὴν ὑπὲρ τῶν προγεγονότων ἐξήγησιν
2 καὶ τὴν ὑπὲρ τοῦ μέλλοντος ἀπόφασιν· τό τε γὰρ ἐξαγγεῖλαι τὰ γινωσκόμενα ῥᾴδιον, τό τε προειπεῖν ὑπὲρ τοῦ μέλλοντος στοχαζόμενον ἐκ τῶν ἤδη γεγονό-
3 των εὐμαρές. περὶ δὲ τῆς Ῥωμαίων οὐδ᾽ ὅλως εὐχερὲς οὔτε περὶ τῶν παρόντων ἐξηγήσασθαι διὰ τὴν ποικιλίαν τῆς πολιτείας, οὔτε περὶ τοῦ μέλλοντος προειπεῖν διὰ τὴν ἄγνοιαν τῶν προγεγονότων περὶ αὐτοὺς ἰδιω-
4 μάτων καὶ κοινῇ κατ᾽ ἰδίαν. διόπερ οὐ τῆς τυχούσης ἐπιστάσεως προσδεῖται καὶ θεωρίας, εἰ μέλλοι τις τὰ διαφέροντα καθαρίως ἐν αὐτῇ συνόψεσθαι.

5 Συμβαίνει δὴ τοὺς πλείστους τῶν βουλομένων διδασκαλικῶς ἡμῖν ὑποδεικνύειν περὶ τῶν τοιούτων τρία γένη λέγειν πολιτειῶν, ὧν τὸ μὲν καλοῦσι βασιλείαν, τὸ δ᾽ ἀριστοκρατίαν, τὸ δὲ τρίτον δημοκρατίαν.
6 δοκεῖ δέ μοι πάνυ τις εἰκότως ἂν ἐπαπορῆσαι πρὸς αὐτούς, πότερον ὡς μόνας ταύτας ἢ καὶ νὴ Δί᾽ ὡς ἀρίστας ἡμῖν εἰσηγοῦνται τῶν πολιτειῶν. κατ᾽ ἀμφό-
7 τερα γὰρ ἀγνοεῖν μοι δοκοῦσι. δῆλον γὰρ ὡς ἀρίστην μὲν ἡγητέον πολιτείαν τὴν ἐκ πάντων τῶν προειρη-
8 μένων ἰδιωμάτων συνεστῶσαν· τούτου γὰρ τοῦ μέρους οὐ λόγῳ μόνον, ἀλλ᾽ ἔργῳ πεῖραν εἰλήφαμεν, Λυκούργου συστήσαντος πρώτου κατὰ τοῦτον τὸν τρόπον τὸ
9 Λακεδαιμονίων πολίτευμα. καὶ μὴν οὐδ᾽ ὡς μόνας

---

[3] The distinction between aristocracy and democracy did not

change of fortune, it is an easy matter both to describe their past and to pronounce as to their future. For there is no difficulty in reporting the known facts, and it is not hard to foretell the future by inference from the past. But about the Roman state it is neither at all easy to explain the present situation owing to the complicated character of the constitution, nor to foretell the future owing to our ignorance of the peculiar features of public and private life at Rome in the past. Particular attention and study are therefore required if one wishes to attain a clear general view of the distinctive qualities of their constitution.

Most of those whose object it has been to instruct us methodically concerning such matters, distinguish three kinds[3] of constitutions, which they call kingship, aristocracy, and democracy. Now we should, I think, be quite justified in asking them to enlighten us as to whether they represent these three to be the sole varieties or rather to be the best; for in either case my opinion is that they are wrong. For it is evident that we must regard as the best constitution a combination[4] of all these three varieties, since we have had proof of this not only theoretically but by actual experience, Lycurgus having been the first to draw up a constitution—that of Sparta—on this principle. Nor on the other hand can we admit that these are the only

evolve before the fifth century. Plato (*Plt.* 291D and 302C) is one of those who mentions the three forms, but he also adds their corruptions. In P.'s own time an aristocracy was no longer a viable form of constitution.

[4] The "mixed constitution," for which see K. von Fritz, *The Theory of the Mixed Constitution in Antiquity: A Critical Analysis of Polybius' Political Ideas* (New York 1954).

ταύτας προσδεκτέον· καὶ γὰρ μοναρχικὰς καὶ τυραν-
νικὰς ἤδη τινὰς τεθεάμεθα πολιτείας, αἳ πλεῖστον
διαφέρουσαι βασιλείας παραπλήσιον ἔχειν τι ταύτῃ
10 δοκοῦσιν· ᾗ καὶ συμψεύδονται καὶ συγχρῶνται πάντες
οἱ μόναρχοι καθ᾽ ὅσον οἷοί τ᾽ εἰσὶ τῷ τῆς βασιλείας
11 ὀνόματι. καὶ μὴν ὀλιγαρχικὰ πολιτεύματα καὶ πλείω
γέγονε, δοκοῦντα παρόμοιον ἔχειν τι τοῖς ἀριστοκρα-
12 τικοῖς, ἃ πλεῖστον ὡς ἔπος εἰπεῖν διεστᾶσιν. ὁ δ᾽
αὐτὸς λόγος καὶ περὶ δημοκρατίας.

4. ὅτι δ᾽ ἀληθές ἐστι τὸ λεγόμενον ἐκ τούτων
2 συμφανές. οὔτε γὰρ πᾶσαν δήπου μοναρχίαν εὐθέως
βασιλείαν ῥητέον, ἀλλὰ μόνην τὴν ἐξ ἑκόντων συγ-
χωρουμένην καὶ τῇ γνώμῃ τὸ πλεῖον ἢ φόβῳ καὶ βίᾳ
3 κυβερνωμένην· οὐδὲ μὴν πᾶσαν ὀλιγαρχίαν ἀριστο-
κρατίαν νομιστέον, ἀλλὰ ταύτην, ἥτις ἂν κατ᾽ ἐκ-
λογὴν ὑπὸ τῶν δικαιοτάτων καὶ φρονιμωτάτων ἀν-
4 δρῶν βραβεύηται. παραπλησίως οὐδὲ δημοκρατίαν,
ἐν ᾗ πᾶν πλῆθος κύριόν ἐστι ποιεῖν ὅ τι ποτ᾽ ἂν αὐτὸ
5 βουληθῇ καὶ πρόθηται· παρὰ δ᾽ ᾧ πάτριόν ἐστι καὶ
σύνηθες θεοὺς σέβεσθαι, γονεῖς θεραπεύειν, πρεσβυ-
τέρους αἰδεῖσθαι, νόμοις πείθεσθαι, παρὰ τοῖς τοιού-
τοις συστήμασιν ὅταν τὸ τοῖς πλείοσι δόξαν νικᾷ,
6 τοῦτο καλεῖν <δεῖ> δημοκρατίαν. διὸ καὶ γένη μὲν ἓξ
εἶναι ῥητέον πολιτειῶν, τρία μὲν ἃ πάντες θρυλοῦσι
καὶ νῦν προείρηται, τρία δὲ τὰ τούτοις συμφυῆ, λέγω
7 δὲ μοναρχίαν, ὀλιγαρχίαν, ὀχλοκρατίαν. πρώτη μὲν
οὖν ἀκατασκεύως καὶ φυσικῶς συνίσταται μοναρχία,

three varieties; for we have witnessed monarchical and tyrannical governments, which while they differ very widely from kingship, yet bear a certain resemblance to it, this being the reason why monarchs in general falsely assume and use, as far as they can, the regal title. There have also been several oligarchical constitutions which seem to bear some likeness to aristocratic ones, though the divergence is, generally, as wide as possible. The same holds good about democracies.

4. The truth of what I say is evident from the following considerations. It is by no means every monarchy which we can call straight off a kingship, but only that which is voluntarily accepted by the subjects and where they are governed rather by an appeal to their reason than by fear and force. Nor again can we style every oligarchy an aristocracy, but only that where the government is in the hands of a selected body of the justest and wisest men. Similarly that is no true democracy in which the whole crowd of citizens is free to do whatever they wish or purpose, but when, in a community where it is traditional and customary to reverence the gods, to honor our parents, to respect our elders, and to obey the laws, the will of the greater number prevails, this is to be called a democracy. We should therefore assert that there are six kinds[5] of governments, the three above mentioned which are in everyone's mouth and the three which are naturally allied to them, I mean monarchy, oligarchy, and mob rule. Now the first[6] of these to come into being is monarchy, its growth being natural and

[5] P. adds the usual three vitiated forms of constitution.

[6] P. begins his discussion of *anacyclosis* (circulation) of the six constitutions. He regards this as a course dictated by nature.

ταύτῃ δ' ἕπεται καὶ ἐκ ταύτης γεννᾶται μετὰ κατα-
8 σκευῆς καὶ διορθώσεως βασιλεία. μεταβαλλούσης δὲ
ταύτης εἰς τὰ συμφυῆ κακά, λέγω δ' εἰς τυραννίδ',
αὖθις ἐκ τῆς τούτων καταλύσεως ἀριστοκρατία φύε-
9 ται. καὶ μὴν ταύτης εἰς ὀλιγαρχίαν ἐκτραπείσης κατὰ
φύσιν, τοῦ δὲ πλήθους ὀργῇ μετελθόντος τὰς τῶν
10 προεστώτων ἀδικίας, γεννᾶται δῆμος. ἐκ δὲ τῆς τού-
του πάλιν ὕβρεως καὶ παρανομίας ἀποπληροῦται σὺν
11 χρόνοις ὀχλοκρατία. γνοίη δ' ἄν τις σαφέστατα περὶ
τούτων ὡς ἀληθῶς ἐστιν οἷα δὴ νῦν εἶπον, ἐπὶ τὰς
ἑκάστων κατὰ φύσιν ἀρχὰς καὶ γενέσεις καὶ μετα-
12 βολὰς ἐπιστήσας. ὁ γὰρ συνιδὼν ἕκαστον αὐτῶν ὡς
φύεται, μόνος ἂν οὗτος δύναιτο συνιδεῖν καὶ τὴν
αὔξησιν καὶ τὴν ἀκμὴν καὶ τὴν μεταβολὴν ἑκάστων
καὶ τὸ τέλος, πότε καὶ πῶς καὶ ποῦ καταντήσει πάλιν·
13 μάλιστα δ' ἐπὶ τῆς Ῥωμαίων πολιτείας τοῦτον ἁρμό-
σειν τὸν τρόπον ὑπείληφα τῆς ἐξηγήσεως διὰ τὸ κατὰ
φύσιν αὐτὴν ἀπ' ἀρχῆς εἰληφέναι τήν τε σύστασιν
καὶ <τὴν> αὔξησιν.

5. Ἀκριβέστερον μὲν οὖν ἴσως ὁ περὶ τῆς κατὰ
φύσιν μεταβολῆς τῶν πολιτειῶν εἰς ἀλλήλας διευ-
κρινεῖται λόγος παρὰ Πλάτωνι καί τισιν ἑτέροις τῶν
φιλοσόφων· ποικίλος δ' ὢν καὶ διὰ πλειόνων λεγό-
2 μενος ὀλίγοις ἐφικτός ἐστιν. διόπερ ὅσον ἀνήκειν
ὑπολαμβάνομεν αὐτοῦ πρὸς τὴν πραγματικὴν ἱστο-
ρίαν καὶ τὴν κοινὴν ἐπίνοιαν, τοῦτο πειρασόμεθα
3 κεφαλαιωδῶς διελθεῖν· καὶ γὰρ ἂν ἐλλείπειν τι δόξῃ
διὰ τῆς καθολικῆς ἐμφάσεως, ὁ κατὰ μέρος λόγος τῶν

unaided; and next arises kingship derived from monarchy by the aid of art and by the correction of defects. Kingship changes into its vicious allied form, tyranny; and next, the abolishment of both gives birth to aristocracy. Aristocracy by its very nature degenerates into oligarchy; and when the commons inflamed by anger take vengeance on this government for its unjust rule, democracy comes into being; and in due course the license and lawlessness of this form of government produces mob rule to complete the series. The truth of what I have just said will be quite clear to anyone who pays due attention to such beginnings, origins, and changes as are in each case natural. For he alone who has seen how each form naturally arises and develops, will be able to see when, how, and where the growth, perfection, change, and end of each are likely to occur again. And it is to the Roman constitution above all that this method, I think, may be successfully applied, since from the outset its formation and growth have been due to natural causes.

5. Perhaps this theory of the natural transformations into each other of the different forms of government is more elaborately set forth by Plato and certain other philosophers; but as the arguments are subtle and are stated at great length, they are beyond the reach of all but a few. I therefore will attempt to give a short summary of the theory, as far as I consider it to apply to the actual history of facts and to appeal to the common intelligence of mankind. For if there appear to be certain omissions in my general exposition of it, the detailed discussion which follows

ἑξῆς ῥηθησομένων ἱκανὴν ἀνταπόδοσιν ποιήσει τῶν νῦν ἐπαπορηθέντων.

4 Ποίας οὖν ἀρχὰς λέγω καὶ πόθεν φημὶ φύεσθαι
5 τὰς πολιτείας πρῶτον; ὅταν ἢ διὰ κατακλυσμοὺς ἢ διὰ λοιμικὰς περιστάσεις ἢ δι' ἀφορίας καρπῶν ἢ δι' ἄλλας τοιαύτας αἰτίας φθορὰ γένηται τοῦ τῶν ἀνθρώπων γένους, οἵας ἤδη γεγονέναι παρειλήφαμεν καὶ
6 πάλιν πολλάκις ἔσεσθ' ὁ λόγος αἱρεῖ, τότε δὴ συμφθειρομένων πάντων τῶν ἐπιτηδευμάτων καὶ τεχνῶν, ὅταν ἐκ τῶν περιλειφθέντων οἷον εἰ σπερμάτων αὖθις αὐξηθῇ σὺν χρόνῳ πλῆθος ἀνθρώπων, τότε δήπου,
7 καθάπερ ἐπὶ τῶν ἄλλων ζῴων, καὶ ἐπὶ τούτων συναθροιζομένων—ὅπερ εἰκός, καὶ τούτους εἰς τὸ ὁμόφυλον συναγελάζεσθαι διὰ τὴν τῆς φύσεως ἀσθένειαν—ἀνάγκη τὸν τῇ σωματικῇ ῥώμῃ καὶ τῇ ψυχικῇ τόλμῃ διαφέροντα, τοῦτον ἡγεῖσθαι καὶ κρατεῖν,
8 καθάπερ καὶ ἐπὶ τῶν ἄλλων γενῶν ἀδοξοποιήτων ζῴων θεωρούμενον τοῦτο χρὴ φύσεως ἔργον ἀληθινώτατον νομίζειν, παρ' οἷς ὁμολογουμένως τοὺς ἰσχυροτάτους ὁρῶμεν ἡγουμένους, λέγω δὲ ταύρους, κά-
9 πρους, ἀλεκτρυόνας, τὰ τούτοις παραπλήσια. τὰς μὲν οὖν ἀρχὰς εἰκὸς τοιούτους εἶναι καὶ τοὺς τῶν ἀνθρώπων βίους, ζῳηδὸν συναθροιζομένων καὶ τοῖς ἀλκιμωτάτοις καὶ δυναμικωτάτοις ἑπομένων· οἷς ὅρος μέν ἐστι τῆς ἀρχῆς ἰσχύς, ὄνομα δ' ἂν εἴποι τις μοναρχίαν.

10 Ἐπειδὰν δὲ τοῖς συστήμασι διὰ τὸν χρόνον ὑπογένηται συντροφία καὶ συνήθεια, τοῦτ' ἀρχὴ βασι-

will afford the reader ample compensation for any difficulties now left unsolved.

What then are the beginnings I speak of and what is the first origin of political societies? When owing to floods, plagues, failure of crops or other such causes there occurs such a destruction of the human race as tradition tells us has more than once happened, and as we must believe all often happen again, all arts and crafts perishing at the same time, then in the course of time, when springing from the survivors as from seeds men have again increased in numbers and just like other animals form herds—it being a matter of course that they too should herd together with those of their kind owing to their natural weakness—it is a necessary consequence that the man who excels in bodily strength and in courage will lead and rule over the rest. We observe and should regard as a most genuine work of nature this very phenomenon in the case of the other animals which act purely by instinct and among whom the strongest are always indisputably the masters—I speak of bulls, boars, cocks, and the like. It is probable then that at the beginning men lived thus, herding together like animals and following the lead of the strongest and bravest, the ruler's strength being here the criterion of his real power and the name we should give this being monarchy.

But when in time feelings of sociability and companionship begin to grow in such gatherings of men, then king-

λείας φύεται, καὶ τότε πρώτως ἔννοια γίνεται τοῦ καλοῦ καὶ δικαίου τοῖς ἀνθρώποις, ὁμοίως δὲ καὶ τῶν ἐναντίων τούτοις.

6. ὁ δὲ τρόπος τῆς ἀρχῆς καὶ τῆς γενέσεως τῶν
2 εἰρημένων τοιόσδε. πάντων γὰρ πρὸς τὰς συνουσίας
ὁρμώντων κατὰ φύσιν, ἐκ δὲ τούτων παιδοποιίας ἀπο-
τελουμένης, ὁπότε τις τῶν ἐκτραφέντων εἰς ἡλικίαν
ἱκόμενος μὴ νέμοι χάριν μηδ᾽ ἀμύναι τούτοις οἷς
ἐκτρέφοιτ᾽, ἀλλά που τἀναντία κακῶς λέγειν ἢ δρᾶν
3 τούτους ἐγχειροίη, δῆλον ὡς δυσαρεστεῖν καὶ προσ-
κόπτειν εἰκὸς τοὺς συνόντας καὶ συνιδόντας τὴν γεγε-
νημένην ἐκ τῶν γεννησάντων ἐπιμέλειαν καὶ κακο-
πάθειαν περὶ τὰ τέκνα καὶ τὴν τούτων θεραπείαν καὶ
4 τροφήν. τοῦ γὰρ γένους τῶν ἀνθρώπων ταύτῃ δια-
φέροντος τῶν ἄλλων ζῴων, ᾗ μόνοις αὐτοῖς μέτεστι
νοῦ καὶ λογισμοῦ, φανερὸν ὡς οὐκ εἰκὸς παρατρέχειν
5 αὐτοὺς τὴν προειρημένην διαφοράν, καθάπερ ἐπὶ τῶν
ἄλλων ζῴων, ἀλλ᾽ ἐπισημαίνεσθαι τὸ γινόμενον καὶ
δυσαρεστεῖσθαι τοῖς παροῦσι, προορωμένους τὸ
μέλλον καὶ συλλογιζομένους ὅτι τὸ παραπλήσιον
6 ἑκάστοις αὐτῶν συγκυρήσει. καὶ μὴν ὅταν που πάλιν
ἅτερος ὑπὸ θατέρου τυχὼν ἐπικουρίας ἢ βοηθείας ἐν
τοῖς δεινοῖς μὴ νέμῃ τῷ σώσαντι χάριν, ἀλλά ποτε
καὶ βλάπτειν ἐγχειρῇ τοῦτον, φανερὸν ὡς εἰκὸς τῷ
τοιούτῳ δυσαρεστεῖσθαι καὶ προσκόπτειν τοὺς εἰδό-
τας, συναγανακτοῦντας μὲν τῷ πέλας, ἀναφέροντας δ᾽
7 ἐφ᾽ αὐτοὺς τὸ παραπλήσιον. ἐξ ὧν ὑπογίνεταί τις
ἔννοια παρ᾽ ἑκάστῳ τῆς τοῦ καθήκοντος δυνάμεως καὶ

ship has struck root; and the notions of goodness, justice, and their opposites begin to arise in men.

6.[7] The manner in which these notions come into being is as follows. Men being all naturally inclined to sexual intercourse, and the consequence of this being the birth of children, whenever one of those who have been reared does not on growing up show gratitude to those who reared him or defend them, but on the contrary takes to speaking ill of them or ill treating them, it is evident that he will displease and offend those who have been familiar with his parents and have witnessed the care and pains they spent on attending to and feeding their children. For seeing that men are distinguished from the other animals by possessing the faculty of reason, it is obviously improbable that such a difference of conduct should escape them, as it escapes the other animals: they will notice the thing and be displeased at what is going on, looking to the future and reflecting that they may all meet with the same treatment. Again when a man who has been helped or succored when in danger by another does not show gratitude to his preserver, but even goes to the length of attempting to do him injury, it is clear that those who become aware of it will naturally be displeased and offended by such conduct, sharing the resentment of their injured neighbor and imagining themselves in the same situation. From all this there arises in everyone a notion of the meaning and theory of

[7] Chapters 6–7: the origin and depravation of monarchy.

θεωρίας· ὅπερ ἐστὶν ἀρχὴ καὶ τέλος δικαιοσύνης.
8 ὁμοίως πάλιν ὅταν ἀμύνῃ μέν τις πρὸ πάντων ἐν τοῖς δεινοῖς, ὑφίστηται δὲ καὶ μένῃ τὰς ἐπιφορὰς τῶν ἀλκιμωτάτων ζῴων, εἰκὸς μὲν τὸν τοιοῦτον ὑπὸ τοῦ πλήθους ἐπισημασίας τυγχάνειν εὐνοϊκῆς καὶ προστατικῆς, τὸν δὲ τἀναντία τούτῳ πράττοντα καταγνώ-
9 σεως καὶ προσκοπῆς. ἐξ οὗ πάλιν εὔλογον ὑπογίνεσθαί τινα θεωρίαν παρὰ τοῖς πολλοῖς αἰσχροῦ καὶ καλοῦ καὶ τῆς τούτων πρὸς ἄλληλα διαφορᾶς, καὶ τὸ μὲν ζήλου καὶ μιμήσεως τυγχάνειν διὰ τὸ συμφέρον,
10 τὸ δὲ φυγῆς. ἐν οἷς ὅταν ὁ προεστὼς καὶ τὴν μεγίστην δύναμιν ἔχων ἀεὶ συνεπισχύῃ τοῖς προειρημένοις κατὰ τὰς τῶν πολλῶν διαλήψεις, καὶ δόξῃ τοῖς ὑποταττομένοις διανεμητικὸς εἶναι τοῦ κατ' ἀξίαν
11 ἑκάστοις, οὐκέτι τὴν βίαν δεδιότες, τῇ δὲ γνώμῃ τὸ πλεῖον εὐδοκοῦντες, ὑποτάττονται καὶ συσσῴζουσι τὴν ἀρχὴν αὐτοῦ, κἂν ὅλως ᾖ γηραιός, ὁμοθυμαδὸν ἐπαμύνοντες καὶ διαγωνιζόμενοι πρὸς τοὺς ἐπιβουλεύ-
12 οντας αὐτοῦ τῇ δυναστείᾳ. καὶ δὴ τῷ τοιούτῳ τρόπῳ βασιλεὺς ἐκ μονάρχου λανθάνει γενόμενος, ὅταν παρὰ τοῦ θυμοῦ καὶ τῆς ἰσχύος μεταλάβῃ τὴν ἡγεμονίαν ὁ λογισμός.

7. Αὕτη καλοῦ καὶ δικαίου πρώτη παρ' ἀνθρώποις κατὰ φύσιν ἔννοια καὶ τῶν ἐναντίων τούτοις, αὕτη
2 βασιλείας ἀληθινῆς ἀρχὴ καὶ γένεσις. οὐ γὰρ μόνον αὐτοῖς, ἀλλὰ καὶ τοῖς ἐκ τούτων <οἱ> πολλοὶ διαφυλάττουσι τὰς ἀρχάς, πεπεισμένοι τοὺς ἐκ τοιούτων γεγονότας καὶ τραφέντας ὑπὸ τοιούτοις παραπλη-

the power of duty, which is the beginning and end of justice. Similarly, again, when any man is foremost in defending his fellows from danger, and braves and awaits the onslaught of the most powerful beasts, it is natural that he should receive marks of favor and honor from the people, while the man who acts in the opposite manner will meet with reprobation and dislike. From this again some idea of what is base and what is noble and of what constitutes the difference is likely to arise among the people; and noble conduct will be admired and imitated because it is advantageous, while base conduct will be avoided. Now when in this situation the leading and most powerful man among the people always throws the weight of his authority on the side of the notions on such matters which generally prevail, and when in the opinion of his subjects he apportions rewards and penalties according to desert, they yield obedience to him no longer because they fear his force, but rather because they approve his good judgment; and they join in maintaining his rule even if he is quite enfeebled by age, defending him with one consent and battling against those who conspire to overthrow his rule. Thus by insensible degrees the monarch becomes a king, ferocity and force having yielded the supremacy to reason.

7. Thus is formed naturally among men the first notion of goodness and justice, and their opposites; this is the beginning and birth of true kingship. For the people maintain the supreme power not only in the hands of these men themselves, but in those of their descendants, from the conviction that those born from and reared by such

3 σίους ἕξειν καὶ τὰς προαιρέσεις. ἐὰν δέ ποτε τοῖς ἐγγόνοις δυσαρεστήσωσι, ποιοῦνται μετὰ ταῦτα τὴν αἵρεσιν τῶν ἀρχόντων καὶ βασιλέων οὐκέτι κατὰ τὰς σωματικὰς καὶ θυμικὰς δυνάμεις, ἀλλὰ κατὰ τὰς τῆς γνώμης καὶ τοῦ λογισμοῦ διαφοράς, πεῖραν εἰληφότες
4 ἐπ᾽ αὐτῶν τῶν ἔργων τῆς ἐξ ἀμφοῖν παραλλαγῆς. τὸ μὲν οὖν παλαιὸν ἐνεγήρασκον ταῖς βασιλείαις οἱ κριθέντες ἅπαξ καὶ τυχόντες τῆς ἐξουσίας ταύτης, τόπους τε διαφέροντας ὀχυρούμενοι καὶ τειχίζοντες καὶ χώραν κατακτώμενοι, τὸ μὲν τῆς ἀσφαλείας χάριν, τὸ δὲ τῆς δαψιλείας τῶν ἐπιτηδείων τοῖς ὑποτε-
5 ταγμένοις· ἅμα δὲ περὶ ταῦτα σπουδάζοντες ἐκτὸς ἦσαν πάσης διαβολῆς καὶ φθόνου διὰ τὸ μήτε περὶ τὴν ἐσθῆτα μεγάλας ποιεῖσθαι τὰς παραλλαγὰς μήτε περὶ τὴν βρῶσιν καὶ πόσιν, ἀλλὰ παραπλήσιον ἔχειν τὴν βιοτείαν τοῖς ἄλλοις, ὁμόσε ποιούμενοι τοῖς πολ-
6 λοῖς ἀεὶ τὴν δίαιταν. ἐπεὶ δ᾽ ἐκ διαδοχῆς καὶ κατὰ γένος τὰς ἀρχὰς παραλαμβάνοντες ἕτοιμα μὲν εἶχον ἤδη τὰ πρὸς τὴν ἀσφάλειαν, ἕτοιμα δὲ καὶ πλείω τῶν
7 ἱκανῶν τὰ πρὸς τὴν τροφήν, τότε δὴ ταῖς ἐπιθυμίαις ἑπόμενοι διὰ τὴν περιουσίαν ἐξάλλους μὲν ἐσθῆτας ὑπέλαβον δεῖν ἔχειν τοὺς ἡγουμένους τῶν ὑποταττομένων, ἐξάλλους δὲ καὶ ποικίλας τὰς περὶ τὴν τροφὴν ἀπολαύσεις καὶ παρασκευάς, ἀναντιρρήτους δὲ καὶ παρὰ τῶν μὴ προσηκόντων τὰς τῶν ἀφρο-
8 δισίων χρείας καὶ συνουσίας. ἐφ᾽ οἷς μὲν φθόνου γενομένου καὶ προσκοπῆς, ἐφ᾽ οἷς δὲ μίσους ἐκκαιομένου καὶ δυσμενικῆς ὀργῆς, ἐγένετο μὲν ἐκ τῆς

men will also have principles like to theirs. And if they ever are displeased with the descendants, they now choose their kings and rulers no longer for their bodily strength and brute courage, but for the excellency of their judgment and reasoning powers, as they have gained experience from actual facts of the difference between the one class of qualities and the other. In old times, then, those who had once been chosen to the royal office continued to hold it until they grew old, fortifying and enclosing fine strongholds with walls and acquiring lands, in the one case for the sake of the security of their subjects and in the other to provide them with abundance of the necessities of life. And while pursuing these aims, they were exempt from all vituperation or jealousy, as neither in their dress nor in their food and drink did they make any great distinction, but lived very much like everyone else, not keeping apart from the people. But when they received the office by hereditary succession and found their safety now provided for, and more than sufficient provision of food, they gave way to their appetites owing to this superabundance, and came to think that the rulers must be distinguished from their subjects by a peculiar dress, that there should be a peculiar luxury and variety in the dressing and serving of their viands, and that they should meet with no denial in the pursuit of their amours, however lawless. These habits having given rise in the one case to envy and offense and in the other to an outburst of hatred and passionate resent-

βασιλείας τυραννίς, ἀρχὴ δὲ καταλύσεως ἐγεννᾶτο
9 καὶ σύστασις ἐπιβουλῆς τοῖς ἡγουμένοις· ἣν οὐκ ἐκ
τῶν χειρίστων, ἀλλ' ἐκ τῶν γενναιοτάτων καὶ μεγα-
λοψυχοτάτων, ἔτι δὲ θαρραλεωτάτων ἀνδρῶν συν-
έβαινε γίνεσθαι διὰ τὸ τοὺς τοιούτους ἥκιστα δύνα-
σθαι φέρειν τὰς τῶν ἐφεστώτων ὕβρεις.

8. τοῦ δὲ πλήθους, ὅτε λάβοι προστάτας, συν-
επισχύοντος κατὰ τῶν ἡγουμένων διὰ τὰς προειρη-
μένας αἰτίας, τὸ μὲν τῆς βασιλείας καὶ μοναρχίας
εἶδος ἄρδην ἀνῃρεῖτο, τὸ δὲ τῆς ἀριστοκρατίας αὖθις
2 ἀρχὴν ἐλάμβανε καὶ γένεσιν. τοῖς γὰρ καταλύσασι
τοὺς μονάρχους οἷον εἰ χάριν ἐκ χειρὸς ἀποδιδόντες οἱ
πολλοὶ τούτοις ἐχρῶντο προστάταις καὶ τούτοις
3 ἐπέτρεπον περὶ σφῶν. οἱ δὲ τὸ μὲν πρῶτον ἀσμενί-
ζοντες τὴν ἐπιτροπὴν οὐδὲν προυργιαίτερον ἐποιοῦντο
τοῦ κοινῇ συμφέροντος, καὶ κηδεμονικῶς καὶ φυλακτι-
κῶς ἕκαστα χειρίζοντες καὶ τὰ κατ' ἰδίαν καὶ τὰ κοινὰ
4 τοῦ πλήθους. ὅτε δὲ διαδέξαιντο πάλιν παῖδες παρὰ
πατέρων τὴν τοιαύτην ἐξουσίαν, ἄπειροι μὲν ὄντες
κακῶν, ἄπειροι δὲ καθόλου πολιτικῆς ἰσότητος καὶ
παρρησίας, τεθραμμένοι δ' ἐξ ἀρχῆς ἐν ταῖς τῶν
5 πατέρων ἐξουσίαις καὶ προαγωγαῖς, ὁρμήσαντες οἱ
μὲν ἐπὶ πλεονεξίαν καὶ φιλαργυρίαν ἄδικον, οἱ δ' ἐπὶ
μέθας καὶ τὰς ἅμα ταύταις ἀπλήστους εὐωχίας, οἱ δ'
ἐπὶ τὰς τῶν γυναικῶν ὕβρεις καὶ παίδων ἁρπαγάς,
μετέστησαν μὲν τὴν ἀριστοκρατίαν εἰς ὀλιγαρχίαν,
6 ταχὺ δὲ κατεσκεύασαν ἐν τοῖς πλήθεσι πάλιν τὰ
παραπλήσια τοῖς ἄρτι ῥηθεῖσι· διὸ καὶ παραπλήσιον

ment, the kingship changed into a tyranny; the first steps toward its overthrow were taken by the subjects, and conspiracies began to be formed. These conspiracies were not the work of the worst men, but of the noblest, most high-spirited, and most courageous, because such men are least able to brook the insolence of princes.

8.[8] The people now having got leaders, would combine with them against the ruling powers for the reasons I stated above; kingship and monarchy would be utterly abolished, and in their place aristocracy would find its birth and its beginnings. For the commons, as if bound to pay at once their debt of gratitude to the abolishers of monarchy, would make them their leaders and entrust their destinies to them. At first these chiefs gladly assumed this charge and regarded nothing as of greater importance than the common interest, administering the private and public affairs of the people with paternal solicitude. But here again when children inherited this position of authority from their fathers, having no experience of misfortune and none at all of civil equality and liberty of speech, and having been brought up from the cradle amid the evidences of the power and high position of their fathers, they abandoned themselves some to greed of gain and unscrupulous moneymaking, others to indulgence in wine and the convivial excess which accompanies it, and others again to the violation of women and the rape of boys; and thus converting the aristocracy into an oligarchy aroused in the people feelings similar to those of which I just spoke,

[8] The origin and depravation of aristocracy.

συνέβαινε τὸ τέλος αὐτῶν γίνεσθαι τῆς καταστροφῆς τοῖς περὶ τοὺς τυράννους ἀτυχήμασιν.

9. ἐπειδὰν γάρ τις συνθεασάμενος τὸν φθόνον καὶ τὸ μῖσος κατ᾽ αὐτῶν τὸ παρὰ τοῖς πολίταις ὑπάρχον, κἄπειτα θαρρήσῃ λέγειν ἢ πράττειν τι κατὰ τῶν προεστώτων, πᾶν ἕτοιμον καὶ συνεργὸν λαμβάνει τὸ
2 πλῆθος. λοιπὸν οὓς μὲν φονεύσαντες, <οὓς δὲ φυγαδεύσαντες,> οὔτε βασιλέα προΐστασθαι τολμῶσιν, ἔτι δεδιότες τὴν τῶν πρότερον ἀδικίαν, οὔτε πλείοσιν ἐπιτρέπειν τὰ κοινὰ θαρροῦσι, παρὰ πόδας αὐτοῖς
3 οὔσης τῆς πρότερον ἀγνοίας, μόνης δὲ σφίσι καταλειπομένης ἐλπίδος ἀκεραίου τῆς ἐν αὑτοῖς ἐπὶ ταύτην καταφέρονται, καὶ τὴν μὲν πολιτείαν ἐξ ὀλιγαρχικῆς δημοκρατίαν ἐποίησαν, τὴν δὲ τῶν κοινῶν πρόνοιαν
4 καὶ πίστιν εἰς σφᾶς αὐτοὺς ἀνέλαβον. καὶ μέχρι μὲν ἂν ἔτι σῴζωνταί τινες τῶν ὑπεροχῆς καὶ δυναστείας πεῖραν εἰληφότων, ἀσμενίζοντες τῇ παρούσῃ καταστάσει περὶ πλείστου ποιοῦνται τὴν ἰσηγορίαν καὶ
5 τὴν παρρησίαν· ὅταν δ᾽ ἐπιγένωνται νέοι καὶ παισὶ παίδων πάλιν ἡ δημοκρατία παραδοθῇ, τότ᾽ οὐκέτι διὰ τὸ σύνηθες ἐν μεγάλῳ τιθέμενοι τὸ τῆς ἰσηγορίας καὶ παρρησίας ζητοῦσι πλέον ἔχειν τῶν πολλῶν· μάλιστα δ᾽ εἰς τοῦτ᾽ ἐμπίπτουσιν οἱ ταῖς οὐσίαις ὑπερέχοντες.
6 λοιπὸν ὅταν ὁρμήσωσιν ἐπὶ τὸ φιλαρχεῖν καὶ μὴ δύνωνται δι᾽ αὑτῶν καὶ διὰ τῆς ἰδίας ἀρετῆς τυγχάνειν τούτων, διαφθείρουσι τὰς οὐσίας, δελεάζοντες καὶ
7 λυμαινόμενοι τὰ πλήθη κατὰ πάντα τρόπον. ἐξ ὧν ὅταν ἅπαξ δωροδόκους καὶ δωροφάγους κατασκευ-

and in consequence met with the same disastrous end as the tyrant.

9.[9] For whenever anyone who has noticed the jealousy and hatred with which they are regarded by the citizens, has the courage to speak or act against the chiefs of the state he has the whole mass of the people ready to back him. Next, when they have either killed or banished the oligarchs, they no longer venture to set a king over them, as they still remember with terror the injustice they suffered from the former ones, nor can they entrust the government with confidence to a select few, with the evidence before them of their recent error in doing so. Thus the only hope still surviving unimpaired is in themselves, and to this they resort, making the state a democracy instead of an oligarchy and themselves assuming the responsibility for the conduct of affairs. Then as long as some of those survive who experienced the evils of oligarchical dominion, they are well pleased with the present form of government, and set a high value on equality and freedom of speech. But when a new generation arises and the democracy falls into the hands of the grandchildren of its founders, they have become so accustomed to freedom and equality that they no longer value them, and begin to aim at preeminence; and it is chiefly those of ample fortune who fall into this error. So when they begin to lust for power and cannot attain it through themselves or their own good qualities, they ruin their estates, tempting and corrupting the people in every possible way. And hence when by their foolish thirst for reputation they have cre-

[9] The origin and depravation of democracy, leading once again to monarchy.

άσωσι τοὺς πολλοὺς διὰ τὴν ἄφρονα δοξοφαγίαν, τότ'
ἤδη πάλιν τὸ μὲν τῆς δημοκρατίας καταλύεται, μεθ-
ίσταται δ' εἰς βίαν καὶ χειροκρατίαν ἡ δημοκρατία.
8 συνειθισμένον γὰρ τὸ πλῆθος ἐσθίειν τὰ ἀλλότρια καὶ
τὰς ἐλπίδας ἔχειν τοῦ ζῆν ἐπὶ τοῖς τῶν πέλας, ὅταν
λάβῃ προστάτην μεγαλόφρονα καὶ τολμηρόν, ἐκκλει-
9 όμενον δὲ διὰ πενίαν τῶν ἐν τῇ πολιτείᾳ τιμίων, τότε
δὴ χειροκρατίαν ἀποτελεῖ, καὶ τότε συναθροιζόμενον
ποιεῖ σφαγάς, φυγάς, γῆς ἀναδασμούς, ἕως ἂν ἀπο-
τεθηριωμένον πάλιν εὕρῃ δεσπότην καὶ μόναρχον.

10 Αὕτη πολιτειῶν ἀνακύκλωσις, αὕτη φύσεως οἰκο-
νομία, καθ' ἣν μεταβάλλει καὶ μεθίσταται καὶ πάλιν
11 εἰς αὑτὰ καταντᾷ τὰ κατὰ τὰς πολιτείας. ταῦτά τις
σαφῶς ἐπεγνωκὼς χρόνοις μὲν ἴσως διαμαρτήσεται
λέγων ὑπὲρ τοῦ μέλλοντος περὶ πολιτείας, τὸ δὲ ποῦ
τῆς αὐξήσεως ἕκαστόν ἐστιν ἢ τῆς φθορᾶς ἢ ποῦ
μεταστήσεται σπανίως ἂν διασφάλλοιτο, χωρὶς ὀρ-
12 γῆς ἢ φθόνου ποιούμενος τὴν ἀπόφασιν. καὶ μὴν περί
γε τῆς Ῥωμαίων πολιτείας κατὰ ταύτην τὴν ἐπίστα-
σιν μάλιστ' ἂν ἔλθοιμεν εἰς γνῶσιν καὶ τῆς συστά-
σεως καὶ τῆς αὐξήσεως καὶ τῆς ἀκμῆς, ὁμοίως δὲ καὶ
13 τῆς εἰς τοὔμπαλιν ἐσομένης ἐκ τούτων μεταβολῆς· εἰ
γάρ τινα καὶ ἑτέραν πολιτείαν, ὡς ἀρτίως εἶπα, καὶ
ταύτην συμβαίνει, κατὰ φύσιν ἀπ' ἀρχῆς ἔχουσαν
τὴν σύστασιν καὶ τὴν αὔξησιν, κατὰ φύσιν ἕξειν καὶ
14 τὴν εἰς τἀναντία μεταβολήν. σκοπεῖν δ' ἐξέσται διὰ
τῶν μετὰ ταῦτα ῥηθησομένων.

10. Νῦν δ' ἐπὶ βραχὺ ποιησόμεθα μνήμην ὑπὲρ τῆς

ated among the masses an appetite for gifts and the habit of receiving them, democracy in its turn is abolished and changes into a rule of force and violence. For the people, having grown accustomed to feed at the expense of others and to depend for their livelihood on the property of others, as soon as they find a leader who is enterprising but is excluded from the honors of office by his penury, institute the rule of violence; and now uniting their forces massacre, banish, and divide up the land, until they degenerate again into perfect savages and find once more a master and monarch.

Such is the cycle of political revolution, the course appointed by nature in which constitutions change, are transformed, and finally return to the point from which they started. Anyone who clearly perceives this may indeed in speaking of the future of any state be wrong in his estimate of the time the process will take, but if his judgment is not tainted by animosity or jealousy, he will very seldom be mistaken as to the stage of growth or decline it has reached, and as to the form into which it will change. And especially in the case of the Roman state will this method enable us to arrive at a knowledge of its formation, growth, and greatest perfection, and likewise of the change for the worse which is sure to follow. For, as I said, this state, more than any other, has been formed and has grown naturally, and will naturally undergo a change to its contrary.[10] The reader will be able to judge of the truth of this from the subsequent parts of this work.

10. At present I will give a brief account of the legisla-

[10] P. predicts that a decline of the Roman state is natural and inevitable.

Λυκούργου νομοθεσίας· ἔστι γὰρ οὐκ ἀνοίκειος ὁ
2 λόγος τῆς προθέσεως. ἐκεῖνος γὰρ ἕκαστα τῶν προειρημένων συννοήσας ἀναγκαίως καὶ φυσικῶς ἐπιτελούμενα καὶ συλλογισάμενος ὅτι πᾶν εἶδος πολιτείας ἁπλοῦν καὶ κατὰ μίαν συνεστηκὸς δύναμιν ἐπισφαλὲς γίνεται διὰ τὸ ταχέως εἰς τὴν οἰκείαν καὶ
3 φύσει παρεπομένην ἐκτρέπεσθαι κακίαν· καθάπερ γὰρ σιδήρῳ μὲν ἰός, ξύλοις δὲ θρῖπες καὶ τερηδόνες συμφυεῖς εἰσι λῦμαι, δι᾿ ὧν, κἂν πάσας τὰς ἔξωθεν
4 διαφύγωσι βλάβας, ὑπ᾿ αὐτῶν φθείρονται τῶν συγγενομένων, τὸν αὐτὸν τρόπον καὶ τῶν πολιτειῶν συγγεννᾶται κατὰ φύσιν ἑκάστῃ καὶ παρέπεταί τις κακία, βασιλείᾳ μὲν ὁ μοναρχικὸς λεγόμενος τρόπος,
5 ἀριστοκρατίᾳ δ᾿ ὁ τῆς ὀλιγαρχίας, δημοκρατίᾳ δ᾿ ὁ θηριώδης καὶ χειροκρατικός, εἰς οὓς οὐχ οἷόν τε μὴ οὐ πάντα τὰ προειρημένα σὺν χρόνῳ ποιεῖσθαι τὰς μετα-
6 στάσεις κατὰ τὸν ἄρτι λόγον. ἃ προϊδόμενος Λυκοῦργος οὐχ ἁπλῆν οὐδὲ μονοειδῆ συνεστήσατο τὴν πολιτείαν, ἀλλὰ πάσας ὁμοῦ συνήθροιζε τὰς ἀρετὰς καὶ
7 τὰς ἰδιότητας τῶν ἀρίστων πολιτευμάτων, ἵνα μηδὲν αὐξανόμενον ὑπὲρ τὸ δέον εἰς τὰς συμφυεῖς ἐκτρέπηται κακίας, ἀντισπωμένης δὲ τῆς ἑκάστου δυνάμεως ὑπ᾿ ἀλλήλων μηδαμοῦ νεύῃ μηδ᾿ ἐπὶ πολὺ καταρρέπῃ μηδὲν αὐτῶν, ἀλλ᾿ ἰσορροποῦν καὶ ζυγοστατούμενον ἐπὶ πολὺ διαμένῃ κατὰ τὸν τῆς ἀντιπα-
8 θείας[2] λόγον ἀεὶ τὸ πολίτευμα, τῆς μὲν βασιλείας

[2] Reiske: ἀντιπλοίας codd.

tion of Lycurgus,[11] a matter not alien to my present purpose. Lycurgus had perfectly well understood that all the above changes take place necessarily and naturally, and had taken into consideration that every variety of constitution which is simple and formed on one principle is precarious, as it is soon perverted into the corrupt form which is proper to it and naturally follows on it. For just as rust in the case of iron and woodworms and shipworms in the case of timber are inbred pests, and these substances, even though they escape all external injury, fall a prey to the evils engendered in them, so each constitution has a vice engendered in it and inseparable from it. In kingship it is despotism, in aristocracy oligarchy, and in democracy the savage rule of violence; and it is impossible, as I said above, that each of these should not in course of time change into this vicious form. Lycurgus, then, foreseeing this, did not make his constitution simple and uniform, but united in it all the good and distinctive features of the best governments, so that none of the principles should grow unduly and be perverted into its allied evil, but that, the force of each being neutralized by that of the others, neither of them should prevail and outbalance another, but that the constitution should remain for long thanks to the principle of reciprocity[12], kingship being guarded from arrogance by

[11] The traditional founder of the Spartan constitution: *OCD* Lycurgus (S. J. Hodkinson). The chapter is devoted to his constitution which is interpreted (10.6–11) as a mix of all the good features of the three "good" governments and as a kind of checks and balances.

[12] Following Reiske's emendation.

κωλυομένης ὑπερηφανεῖν διὰ τὸν ἀπὸ τοῦ δήμου
φόβον, δεδομένης καὶ τούτῳ μερίδος ἱκανῆς ἐν τῇ
9 πολιτείᾳ, τοῦ δὲ δήμου πάλιν μὴ θαρροῦντος κατα-
φρονεῖν τῶν βασιλέων διὰ τὸν ἀπὸ τῶν γερόντων
φόβον, οἳ κατ᾽ ἐκλογὴν ἀριστίνδην κεκριμένοι πάντες
10 ἔμελλον ἀεὶ τῷ δικαίῳ προσνέμειν ἑαυτούς, ὥστε τὴν
τῶν ἐλαττουμένων μερίδα διὰ τὸ τοῖς ἔθεσιν ἐμμένειν,
ταύτην ἀεὶ γίνεσθαι μείζω καὶ βαρυτέραν τῇ τῶν
11 γερόντων προσκλίσει καὶ ῥοπῇ. τοιγαροῦν οὕτως
συστησάμενος πλεῖστον ὧν ἡμεῖς ἴσμεν χρόνον δι-
εφύλαξε τοῖς Λακεδαιμονίοις τὴν ἐλευθερίαν.
12 Ἐκεῖνος μὲν οὖν λόγῳ τινὶ προϊδόμενος πόθεν
ἕκαστα καὶ πῶς πέφυκε συμβαίνειν, ἀβλαβῶς συν-
13 εστήσατο τὴν προειρημένην πολιτείαν· Ῥωμαῖοι δὲ τὸ
μὲν τέλος ταὐτὸ πεποίηνται τῆς ἐν τῇ πατρίδι κατα-
14 στάσεως, οὐ μὴν διὰ λόγου, διὰ δὲ πολλῶν ἀγώνων
καὶ πραγμάτων, ἐξ αὐτῆς ἀεὶ τῆς ἐν ταῖς περιπετείαις
ἐπιγνώσεως αἱρούμενοι τὸ βέλτιον, οὕτως ἦλθον ἐπὶ
ταὐτὸ μὲν Λυκούργῳ τέλος, κάλλιστον δὲ σύστημα
τῶν καθ᾽ ἡμᾶς πολιτειῶν. [Cod. Urb. fol. 60^{v}.]

III. EX ARCHAEOLOGIA ROMANA

11a1. Ὄνομα δὲ τῷ πολίσματι τίθενται Παλλάντιον ἐπὶ τῆς ἐν Ἀρκαδίᾳ σφῶν μητροπόλεως· . . . ὡς δέ τινες ἱστοροῦσιν, ὧν ἐστι καὶ Πολύβιος ὁ Μεγαλοπολίτης, ἐπί τινος μειρακίου Πάλλαντος αὐτόθι τελευτήσαντος· τοῦτον δὲ Ἡρακλέους εἶναι παῖδα καὶ

the fear of the commons, who were given a sufficient share in the government, and the commons on the other hand not venturing to treat the kings with contempt from fear of the elders, who being selected from the best citizens would be sure all of them to be always on the side of justice: so that that part of the state which was weakest owing to its subservience to traditional custom, acquired power and weight by the support and influence of the elders. The consequence was that by drawing up his constitution thus he preserved liberty at Sparta for a longer period than is recorded elsewhere.

Lycurgus then, foreseeing, by a process of reasoning, whence and how events naturally happen, constructed his constitution untaught by adversity, but the Romans while they have arrived at the same final result as regards their form of government, have not reached it by any process of reasoning, but by the discipline of many struggles and troubles, and always choosing the best by the light of the experience gained in disaster have thus reached the same result as Lycurgus and the best of all existing constitutions.

III. FROM THE ARCHAEOLOGY OF ROME

11a1. As some, including Polybius of Megalopolis, say, the Pallantium (the Palatine) got its name from a youth named Pallas who died there. They say that he was the son of Heracles and of Launa (Lavinia), the daughter of

Λαύνας τῆς Εὐάνδρου θυγατρός· χώσαντα δ' αὐτῷ τὸν μητροπάτορα τάφον ἐπὶ τῷ λόφῳ Παλλάντιον ἐπὶ τοῦ μειρακίου τὸν τόπον ὀνομάσαι. [Dionys. Hal. *A. R.* I, 31. 5 p. 83.]

11a2. Οὐ γὰρ ἠξίουν ὡς Πολύβιος ὁ Μεγαλοπολίτης τοσοῦτον μόνον εἰπεῖν, ὅτι κατὰ τὸ δεύτερον ἔτος τῆς ἑβδόμης ὀλυμπιάδος τὴν Ῥώμην ἐκτίσθαι πείθομαι, οὐδ' ἐπὶ τοῦ παρὰ τοῖς ἀρχιερεῦσι κειμένου πίνακος ἑνὸς καὶ μόνου τὴν πίστιν ἀβασάνιστον καταλιπεῖν . . . . [Idem *A. R.* I, 74 p. 188.]

11a3. Ἱστοροῦσι δὲ οἱ περὶ Ἀριστόδημον τὸν Ἠλεῖον ὡς ἀπὸ εἰκοστῆς καὶ ἑβδόμης ὀλυμπιάδος ἤρξαντο οἱ ἀθληταὶ ἀναγράφεσθαι, ὅσοι δηλαδὴ νικηφόροι· πρὸ τοῦ γὰρ οὐδεὶς ἀνεγράφη, ἀμελησάντων τῶν πρότερον· τῇ δὲ εἰκοστῇ ὀγδόῃ τὸ στάδιον νικῶν Κόροιβος Ἠλεῖος ἀνεγράφη πρῶτος· καὶ ἡ ὀλυμπιὰς αὕτη πρώτη ἐτάχθη, ἀφ' ἧς Ἕλληνες ἀριθμοῦσι τοὺς χρόνους· τὰ δ' αὐτὰ τῷ Ἀριστοδήμῳ καὶ Πολύβιος ἱστορεῖ. [Eusebius in Crameri Anecd. PAris. vol II p. 141, 17. Conf. Georgium Syncellum p. 195D–196C.]

11a4. Παρὰ Ῥωμαίοις δέ, ὥς φησι Πολύβιος ἐν τῇ ἕκτῃ, ἀπείρηται γυναιξὶ πίνειν οἶνον, τὸ δὲ καλούμενον πάσσον πίνουσιν. τοῦτο δὲ ποιεῖται μὲν ἐκ τῆς ἀσταφίδος καί ἐστι παραπλήσιος πινόμενος τῷ Αἰγοσθενεῖ τῷ γλυκεῖ καὶ Κρητικῷ· διὸ πρὸς τὸ κατεπεῖγον τοῦ δίψους χρῶνται αὐτῷ. λαθεῖν δ' ἐστὶν ἀδύνατον τὴν γυναῖκα πιοῦσαν οἶνον. πρῶτον μὲν γὰρ

Euander,[13] and that his mother's father made a tomb for him on the hill and called the place Pallantium after the young man's name.

11a2. For I did not think it right just to say, as Polybius of Megalopolis did, that Rome was founded[14] in the second year of the seventh Olympiad (751/50), nor to give unchecked credit only to the table preserved with the pontifices.

11a3. Aristodemus of Elis[15] reports that the names of the victorious athletes began to be recorded with Olympiad twenty-seven. Before that, none was recorded as the earlier people did not care. In the twenty-eighth Olympiad the name of Coroebus of Elis, the victor in the stadion, was inscribed as the first name, and this Olympiad was then determined as the first (776), and from it the Greeks count the years.

11a4. In Rome, as Polybius narrates in Book 6, the women are forbidden to drink wine, but they drink the so-called *passum.* This is made from raisins and tastes almost like the sweet wine from Aegosthenae and the one from Crete. They therefore drink it whenever they are thirsty. A woman drinking wine will always be detected. First, the

13 *RE* Euandros 839–842 (J. Escher).

14 See WC 1.665–669.

15 This author (*FGrH* 414) dated the first recorded Olympic victory, that of Coroebus, in 776, to the 27th Olympiad, giving therefore 884 as the year of the date of the first (unrecorded) contest, followed by 26 other unrecorded celebrations. He follows a tradition that made the Spartan lawgiver Lycurgus the founder of the games and thereby bridges the chronological gap to Coroebus.

οὐδ᾽ ἔχει οἴνου κυρείαν ἡ γυνή· πρὸς δὲ τούτοις φιλεῖν δεῖ τοὺς συγγενεῖς τοὺς ἑαυτῆς καὶ τοὺς τοῦ ἀνδρὸς ἕως ἐξανεψιῶν καὶ τοῦτο ποιεῖν καθ᾽ ἡμέραν, ὁπόταν ἴδῃ πρῶτον. λοιπὸν ἀδήλου τῆς ἐντυχίας οὔσης τίσιν ἀπαντήσει φυλάσσεται· τὸ γὰρ πρᾶγμα κἂν γεύσηται μόνον οὐ προσδεῖ διαβολῆς. [Athenaeus X, 56 p. 440e.]

11a5. Sic ille (Numa Pompilius) cum undequadraginta annos summa in pace concordiaque regnavisset (sequamur enim Polybium nostrum, quo nemo fuit in exquirendis temporibus diligentior) excessit e vita. [Cicero *Resp.* 2.27]

11a6. Ἔκτισε δὲ καὶ πόλιν Ὠστίαν ἐπὶ τοῦ Τιβέριδος. Πολύβιος ἕκτῳ. [Steph. Byz. s.v. Ὠστία.]

11a7. Ὅτι Λεύκιος ὁ Δημαράτου τοῦ Κορινθίου υἱὸς εἰς Ῥώμην ὥρμησε πιστεύων αὑτῷ τε καὶ τοῖς χρήμασι, πεπεισμένος οὐδενὸς ἔλαττον ἕξειν ἐν τῇ πολιτείᾳ [διά] τινας ἀφορμάς, ἔχων γυναῖκα χρησίμην τά τ᾽ ἄλλα καὶ πρὸς πᾶσαν ἐπιβολὴν πραγματικὴν εὐφυῆ συνεργόν. παραγενόμενος δ᾽ εἰς τὴν Ῥώμην καὶ τυχὼν τῆς πολιτείας, εὐθέως ἡρμόσατο πρὸς τὴν τοῦ βασιλέως ἀρέσκειαν. ταχὺ δὲ καὶ διὰ τὴν χορηγίαν καὶ διὰ τὴν τῆς φύσεως ἐπιδεξιότητα καὶ μάλιστα διὰ τὴν ἐκ παίδων ἀγωγήν, ἁρμόσας τῷ προεστῶτι μεγάλης ἀποδοχῆς ἔτυχε καὶ πίστεως παρ᾽ αὐτῷ. χρόνου δὲ προϊόντος εἰς τοῦτ᾽ ἦλθε παραδοχῆς ὥστε συνδιοικεῖν καὶ συγχειρίζειν τῷ Μαρκίῳ τὰ κατὰ τὴν βασιλείαν. ἐν δὲ τούτοις ἐπ᾽ ἀγαθῷ πᾶσι

woman has no key to the cellar; second, she has to kiss her and her husband's relatives down to the cousins and must do so every day when she first meets them. Since she does not know whom she will meet, she must be cautious, for even if she has drunk but a little, it will be obvious.

11a5. When this man (Numa Pompilius) had reigned for thirty-nine years in complete peace and concord (to follow our excellent Polybius whom nobody surpassed in being more careful in researching former times), he died.

11a6. He[16] founded the city of Ostia at the Tiber. Polybius in Book 6.

11a7. Lucius, the son of Demaratus of Corinth,[17] went to Rome trusting in himself and in his money, and convinced that he would gain as important a position as anyone, the more so since he had a wife useful in other respects and well prepared to be a most capable helper in every enterprise. Having arrived at Rome and obtained citizenship, he at once complied in obsequiousness to the king. Soon, because of his fortune and natural cleverness, but most of all because of the good education he had received in his youth, he gained great popularity and trust with the ruler. In the course of time he won so much approval that he came to share with Marcius the administration and the handling of the kingdom. As he was in these

16 As the tradition is unanimous in ascribing the foundation of the city to Ancus Marcius, P. will also have done so.

17 An old but false story that makes the Tarquinii come from Corinthus. The name "recalls the Etruscan hero Tarchon" (WC 1.673) and obviously the Etruscan city of Tarquinii. P. speaks here of Lucius Tarquinius Priscus, the "good" Tarquinius, father of Tarquinius Superbus, the "bad" one. RE Tarquinius 2348–2391 (F. Schachermeyr), esp. 2369–2380, no. 6 (Priscus).

γενόμενος καὶ συνεργῶν καὶ συγκατασκευάζων τοῖς δεομένοις ἀεί τι τῶν χρησίμων, ἅμα δὲ καὶ τῇ τοῦ βίου χορηγίᾳ μεγαλοψύχως εἰς τὸ δέον ἑκάστοτε καὶ σὺν καιρῷ χρώμενος, ἐν πολλοῖς μὲν ἀπετίθετο χάριν, ἐν πᾶσι δ' εὔνοιαν ἐνειργάσατο καὶ φήμην ἐπὶ καλοκἀγαθίᾳ καὶ τῆς βασιλείας ἔτυχεν. [Cod. Turon. fol. 109. Exc. Vales. p. 9. Confer Sudam λ 329.]

11a8. *Πρᾶγμα ποιῶν φρονίμου καὶ νουνεχοῦς ἀνδρός, τὸ γνῶναι κατὰ τὸν Ἡσίοδον ὅσῳ πλέον ἥμισυ παντός.* [Cod. Urbin. margo fol. 65.]

11a9. *τὸ γὰρ μανθάνειν ἀψευστεῖν πρὸς τοὺς θεοὺς ὑπόθυψίς ἐστι τῆς πρὸς ἀλλήλους ἀληθείας.* [Cod. Urbin. margo fol. 65.]

11a10. *Ἐν γὰρ τοῖς πλείστοις τῶν ἀνθρωπείων ἔργων οἱ μὲν κτησάμενοι πρὸς τὴν τήρησιν, οἱ δ' ἕτοιμα παραλαβόντες πρὸς τὴν ἀπώλειαν εὐφυεῖς εἰσιν.* [Cod. Urbin. margo fol. 66 et Exc. Vat. p. 371M.]

IV. FRAGMENTA INCERTAE SEDIS

11a11. *Ὅτι πάντα χρὴ τὰ τῆς ἀρετῆς ἔργα τοὺς καλῶς ἀσκοῦντας ἐκ παίδων ἀσκεῖν, μάλιστα δὲ τὴν ἀνδρείαν.* [Cod. Turon. fol. 109. Exc. Vales. p. 9.]

11a12. *Ὄλκιον, πόλις Τυρρηνίας· Πολύβιος ἕκτῳ.* [Stephan. Byz. v. *Ὄλκιον*.]

matters useful to all and helpful, as he joined those in need to get what was of use to them, and all the time liberally and in good time using his fortune for what was needed, he won the gratitude of many and gained the good will of all, renown for his goodness, and the kingdom." (Cod. Turon.)

11a8. In doing what a prudent and sensible man does: to recognize with Hesiod[18] how much more the half is than the whole.

11a9. Learning to be truthful toward the gods is an incentive to veracity in dealings with other people.

11a10. In most human affairs those who have acquired something are intent on keeping it, whereas those who have inherited are inclined to squander it.[19]

IV. TWO FRAGMENTS OF UNCERTAIN LOCATION

11a11. It is necessary that those seriously striving for personal excellence do so from their boyhood on, especially with regard to manliness.

11a12. Volci, a city of Etruria.[20] Polybius in Book 6.

[18] *Op.* 40. P. seems to refer to one of the kings; Tullus Hostilius and Romulus have been advocated by scholars as possible subjects.

[19] P. may have Tarquinius Superbus in mind (WC 1.673).

[20] Etruscan city northwest of Rome not far from the coast.

V. DE ROMANORUM REPUBLICA FLORENTE

11. Ὅτι ἀπὸ τῆς Ξέρξου διαβάσεως εἰς τὴν Ἑλλάδα **** καὶ τριάκοντα ἔτεσιν ὕστερον ἀπὸ τούτων τῶν καιρῶν ἀεὶ τῶν κατὰ μέρος προδιευκρινουμένων ἦν καὶ κάλλιστον καὶ τέλειον ἐν τοῖς Ἀννιβιακοῖς καιροῖς, ἀφ' ὧν ἡμεῖς εἰς ταῦτα τὴν ἐκτροπὴν ἐποι-
2 ησάμεθα. διὸ καὶ τὸν ὑπὲρ τῆς συστάσεως αὐτοῦ λόγον ἀποδεδωκότες πειρασόμεθα νῦν ἤδη διασαφεῖν ὁποῖόν τι κατ' ἐκείνους ὑπῆρχε τοὺς καιρούς, ἐν οἷς λειφθέντες τῇ περὶ Κάνναν μάχῃ τοῖς ὅλοις ἔπταισαν πράγμασιν.

3 Οὐκ ἀγνοῶ δὲ διότι τοῖς ἐξ αὐτῆς τῆς πολιτείας ὁρμωμένοις ἐλλιπεστέραν φανησόμεθα ποιεῖσθαι τὴν
4 ἐξήγησιν, ἔνια παραλιπόντες τῶν κατὰ μέρος· πᾶν γὰρ ἐπιγινώσκοντες καὶ παντὸς πεῖραν εἰληφότες διὰ τὴν ἐκ παίδων τοῖς ἔθεσι καὶ νομίμοις συντροφίαν οὐ τὸ λεγόμενον θαυμάσουσιν ἀλλὰ τὸ παραλειπόμενον
5 ἐπιζητήσουσιν, οὐδὲ κατὰ πρόθεσιν ὑπολήψονται τὸν γράφοντα παραλιπεῖν τὰς μικρὰς διαφοράς, ἀλλὰ κατ' ἄγνοιαν παρασιωπᾶν τὰς ἀρχὰς καὶ τὰ συν-
6 έχοντα τῶν πραγμάτων. καὶ ῥηθέντα μὲν οὐκ ἂν ἐθαύμαζον ὡς ὄντα μικρὰ καὶ πάρεργα, παραλειπό-

[21] See WC 1.674 for what would have stood in the *lacuna.* Some thirty years after Xerxes' crossing, that is, after the Decem-

V. ON THE ROMAN CONSTITUTION AT ITS PRIME

11. From the crossing of Xerxes to Greece[21] . . . and for thirty years after this period the political order continued to be steadily improving, and it was at its best and nearest to perfection at the time of the Hannibalic war, the period at which I interrupted my narrative to deal with it.[22] Therefore now that I have described its growth, I will explain what were the conditions at the time when by their defeat at Cannae the Romans were brought face to face with disaster.

I am quite aware that to those[23] who have been born and bred under the Roman Republic my account of it will seem somewhat imperfect owing to the omission of certain details. For as they have complete knowledge of it and practical acquaintance with all its parts, having been familiar with these customs and institutions from childhood, they will not be struck by the extent of the information I give but will demand in addition all I have omitted: they will not think that the author has purposely omitted small peculiarities, but that owing to ignorance he has been silent regarding the origins of many things and some points

virate in the middle of the 5th century, the process of steady improvement to the constitution began.

[22] Refers to 5.111.9–10.

[23] A clear indication that P. counts on Roman and Greek readers.

μενα δ' ἐπιζητοῦσιν ὡς ἀναγκαῖα, βουλόμενοι δοκεῖν
7 αὐτοὶ πλέον εἰδέναι τῶν συγγραφέων. δεῖ δὲ τὸν
ἀγαθὸν κριτὴν οὐκ ἐκ τῶν παραλειπομένων δοκιμά-
8 ζειν τοὺς γράφοντας, ἀλλ' ἐκ τῶν λεγομένων, κἂν μὲν
ἐν τούτοις τι λαμβάνῃ ψεῦδος, εἰδέναι διότι κἀκεῖνα
παραλείπεται δι' ἄγνοιαν, ἐὰν δὲ πᾶν τὸ λεγόμενον
ἀληθὲς ᾖ, συγχωρεῖν διότι κἀκεῖνα παρασιωπᾶται
κατὰ κρίσιν, οὐ κατ' ἄγνοιαν.

9 Ταῦτα μὲν οὖν εἰρήσθω μοι πρὸς τοὺς φιλοτι-
μότερον ἢ δικαιότερον ἐπιτιμῶντας τοῖς συγγραφεῦ-
σιν. [Exc. Vat. p. 372, M. 25. 30 H.]

10 Ὅτι πᾶν πρᾶγμα σὺν καιρῷ θεωρούμενον ὑγιεῖς
λαμβάνει καὶ τὰς συγκαταθέσεις καὶ τὰς ἐπιτιμήσεις·
μεταπεσόντος δὲ τούτου καὶ πρὸς τὰς ἄλλας περι-
στάσεις συγκρινόμενον οὐχ οἷον αἱρετόν, ἀλλ' οὐδ'
ἀνεκτὸν ἂν φανείη τὸ κράτιστα καὶ ἀληθινώτατα πολ-
λάκις ὑπὸ τῶν συγγραφέων εἰρημένον. [Ibid.]

11 Ἦν μὲν δὴ τρία μέρη τὰ κρατοῦντα τῆς πολιτείας,
ἅπερ εἶπα πρότερον ἅπαντα· οὕτως δὲ πάντα κατὰ
μέρος ἴσως καὶ πρεπόντως συνετέτακτο καὶ διῳκεῖτο
διὰ τούτων ὥστε μηδένα ποτ' ἂν εἰπεῖν δύνασθαι
βεβαίως μηδὲ τῶν ἐγχωρίων πότερ' ἀριστοκρατικὸν
τὸ πολίτευμα σύμπαν ἢ δημοκρατικὸν ἢ μοναρχικόν.
12 καὶ τοῦτ' εἰκὸς ἦν πάσχειν. ὅτε μὲν γὰρ εἰς τὴν τῶν
ὑπάτων ἀτενίσαιμεν ἐξουσίαν, τελείως μοναρχικὸν
ἐφαίνετ' εἶναι καὶ βασιλικόν, ὅτε δ' εἰς τὴν τῆς συγ-

of capital importance. Had I mentioned them, they would not have been impressed by my doing so, regarding them as small and trivial points, but as they are omitted they will demand their inclusion as if they were vital matters, through a desire themselves to appear better informed than the author. Now a good critic should not judge authors by what they omit, but by what they relate, and if he finds any falsehood in this, he may conclude that the omissions are due to ignorance; but if all the writer says is true, he should admit that he had been silent about these matters deliberately and not from ignorance.

These remarks are meant for those who find fault with authors in a caviling rather than just spirit. . . .

In so far as any view of a matter we form applies to the right occasion, so far expressions of approval or blame are sound. When circumstances change, and when applied to these changed conditions, the most excellent and true reflections of authors seem often not only not acceptable, but utterly offensive. . . .

The three kinds of government that I spoke of above[24] all shared in the control of the Roman state. And such fairness and propriety in all respects was shown in the use of these three elements for drawing up the constitution and in its subsequent administration that it was impossible even for a native to pronounce with certainty whether the whole system was aristocratic, democratic, or monarchical. This was indeed only natural. For if one fixed one's eyes on the power of the consuls, the constitution seemed completely monarchical and royal; if on that of the senate

[24] 3.5.

κλήτου, πάλιν ἀριστοκρατικόν· καὶ μὴν εἰ τὴν τῶν
πολλῶν ἐξουσίαν θεωροίη τις, ἐδόκει σαφῶς εἶναι
13 *δημοκρατικόν. ὧν δ᾽ ἕκαστον εἶδος μερῶν τῆς πολι-*
τείας ἐπεκράτει, καὶ τότε καὶ νῦν ἔτι πλὴν ὀλίγων
τινῶν ταῦτ᾽ ἐστίν.

12. *Οἱ μὲν γὰρ ὕπατοι πρὸ τοῦ μὲν ἐξάγειν τὰ*
στρατόπεδα παρόντες ἐν Ῥώμῃ πασῶν εἰσι κύριοι τῶν
2 *δημοσίων πράξεων. οἵ τε γὰρ ἄρχοντες οἱ λοιποὶ*
πάντες ὑποτάττονται καὶ πειθαρχοῦσι τούτοις πλὴν
τῶν δημάρχων, εἴς τε τὴν σύγκλητον οὗτοι τὰς
3 *πρεσβείας ἄγουσι. πρὸς δὲ τοῖς προειρημένοις οὗτοι*
τὰ κατεπείγοντα τῶν διαβουλίων ἀναδιδόασιν, οὗτοι
4 *τὸν ὅλον χειρισμὸν τῶν δογμάτων ἐπιτελοῦσι. καὶ*
μὴν ὅσα δεῖ διὰ τοῦ δήμου συντελεῖσθαι τῶν πρὸς τὰς
κοινὰς πράξεις ἀνηκόντων, τούτοις καθήκει φροντίζειν
καὶ συνάγειν τὰς ἐκκλησίας, τούτοις εἰσφέρειν τὰ
δόγματα, τούτοις βραβεύειν τὰ δοκοῦντα τοῖς πλεί-
5 *οσι. καὶ μὴν περὶ πολέμου κατασκευῆς καὶ καθόλου*
τῆς ἐν ὑπαίθροις οἰκονομίας σχεδὸν αὐτοκράτορα τὴν
6 *ἐξουσίαν ἔχουσι. καὶ γὰρ ἐπιτάττειν τοῖς συμμα-*
χικοῖς τὸ δοκοῦν, καὶ τοὺς χιλιάρχους καθιστάναι, καὶ
διαγράφειν τοὺς στρατιώτας, καὶ διαλέγειν τοὺς ἐπι-
7 *τηδείους τούτοις ἔξεστι. πρὸς δὲ τοῖς εἰρημένοις ζημι-*
ῶσαι τῶν ὑποταττομένων ἐν τοῖς ὑπαίθροις ὃν ἂν
8 *βουληθῶσι κύριοι καθεστᾶσιν. ἐξουσίαν δ᾽ ἔχουσι*
καὶ δαπανᾶν τῶν δημσίων ὅσα προθεῖντο, παρεπο-
μένου ταμίου καὶ πᾶν τὸ προσταχθὲν ἑτοίμως ποι-
9 *οῦντος. ὥστ᾽ εἰκότως εἰπεῖν ἄν, ὅτε τις εἰς ταύτην*

it seemed again to be aristocratic; and when one looked at the power of the masses, it seemed clearly to be a democracy. The parts of the state falling under the control of each element were and with a few modifications still are[25] as follows.

12. The consuls,[26] previous to leading out their legions, exercise authority in Rome over all public affairs, since all the other magistrates except the tribunes[27] are under them and bound to obey them, and it is they who introduce embassies to the senate. Besides this it is they who consult the senate on matters of urgency, they who carry out in detail the provisions of its decrees. Again as concerns all affairs of state administered by the people it is their duty to take these under their charge, to summon assemblies, to introduce measures, and to preside over the execution of the popular decrees. As for preparation for war and the general conduct of operations in the field, here their power is almost uncontrolled; for they are empowered to make what demands they choose on the allies, to appoint military tribunes, to levy soldiers and select those who are fittest for service. They also have the right of inflicting, when on active service, punishment on anyone under their command; and they are authorized to spend any sum they decide upon from the public funds, being accompanied by a quaestor who faithfully executes their instructions. So that if one looks at this part of the administration alone,

25 Only minor changes occurred between the time of Cannae and c. 150 when P. wrote.

26 Mommsen, *Staatsr.* 2.74–140.

27 The tribunes were not, strictly speaking, magistrates but advocates of the plebs: Mommsen (previous note), 2.272–330.

ἀποβλέψειε τὴν μερίδα, διότι μοναρχικὸν ἁπλῶς καὶ
10 βασιλικόν ἐστι τὸ πολίτευμα. εἰ δέ τινα τούτων ἢ τῶν
λέγεσθαι μελλόντων λήψεται μετάθεσιν ἢ κατὰ τὸ
παρὸν ἢ μετά τινα χρόνον, οὐδὲν ἂν εἴη πρὸς τὴν νῦν
ὑφ᾽ ἡμῶν λεγομένην ἀπόφασιν.

13. Καὶ μὴν ἡ σύγκλητος πρῶτον μὲν ἔχει τὴν τοῦ
ταμιείου κυρίαν. καὶ γὰρ τῆς εἰσόδου πάσης αὕτη
2 κρατεῖ καὶ τῆς ἐξόδου παραπλησίως. οὔτε γὰρ εἰς τὰς
κατὰ μέρος χρείας οὐδεμίαν ποιεῖν ἔξοδον οἱ ταμίαι
δύνανται χωρὶς τῶν τῆς συγκλήτου δογμάτων πλὴν
3 τὴν εἰς τοὺς ὑπάτους· τῆς τε παρὰ πολὺ τῶν ἄλλων
ὁλοσχερεστάτης καὶ μεγίστης δαπάνης, ἣν οἱ τιμηταὶ
ποιοῦσιν εἰς τὰς ἐπισκευὰς καὶ κατασκευὰς τῶν δημο-
σίων κατὰ πενταετηρίδα, ταύτης ἡ σύγκλητός ἐστι
κυρία, καὶ διὰ ταύτης γίνεται τὸ συγχώρημα τοῖς
4 τιμηταῖς. ὁμοίως ὅσα τῶν ἀδικημάτων τῶν κατ᾽ Ἰτα-
λίαν προσδεῖται δημοσίας ἐπισκέψεως, λέγω δ᾽ οἷον
προδοσίας συνωμοσίας, φαρμακείας, δολοφονίας, τῇ
5 συγκλήτῳ μέλει περὶ τούτων. πρὸς δὲ τούτοις, εἴ τις
ἰδιώτης ἢ πόλις τῶν κατὰ τὴν Ἰταλίαν διαλύσεως ἢ
<καὶ νὴ Δί᾽> ἐπιτιμήσεως ἢ βοηθείας ἢ φυλακῆς
προσδεῖται, τούτων πάντων ἐπιμελές ἐστι τῇ συγ-
6 κλήτῳ. καὶ μὴν εἰ τῶν ἐκτὸς Ἰταλίας πρός τινας
ἐξαποστέλλειν δέοι πρεσβείαν τιν᾽ ἢ διαλύσουσάν
τινας ἢ παρακαλέσουσαν ἢ καὶ νὴ Δί᾽ ἐπιτάξουσαν ἢ
παραληψομένην ἢ πόλεμον ἐπαγγέλλουσαν. αὕτη
7 ποιεῖται τὴν πρόνοιαν. ὁμοίως δὲ καὶ τῶν παραγενο-

one may reasonably pronounce the constitution to be a pure monarchy or kingship. I may remark that any changes in these matters or in others of which I am about to speak that may be made in present or future times do not in any way affect the truth of the views I here state.

13. To pass to the senate.[28] In the first place it has the control of the treasury, all revenue and expenditure being regulated by it. For with the exception of payments made to the consuls, the quaestors are not allowed to disburse for any particular object without a decree of the senate. And even the item of expenditure which is far heavier and more important than any other—the outlay every five years by the censors on public works, whether constructions or repairs—is under the control of the senate, which grants a credit to the censors for the purpose. Similarly crimes committed in Italy which require a public investigation, such as treason, conspiracy,[29] poisoning, and assassination, are under the jurisdiction of the senate. Also if any private person or community in Italy is in need of arbitration or indeed of formal censure or requires succor or protection, the senate attends to all such matters. It also occupies itself with the dispatch of all embassies sent to countries outside of Italy for the purpose either of settling differences, or of offering friendly advice, or indeed of imposing demands, or of receiving submission, or of declaring war; and in like manner with respect to embassies ar-

28 Mommsen (n. 26), 2.835–1251. *RE* Senatus and Senatus consultum 660–812 (O'Brien—Moore).

29 Notorious is the suppression of the cult of Bacchus in 186, for which there is Livy's report, 39.8–19, and the decree of the Senate, *SC de Bacchanalibus*, in Riccobono, *FIRA* 1, no. 30.

μένων εἰς Ῥώμην πρεσβειῶν ὡς δέον ἐστὶν ἑκάστοις
χρῆσθαι καὶ ὡς δέον ἀποκριθῆναι, πάντα ταῦτα χειρί-
ζεται διὰ τῆς συγκλήτου. πρὸς δὲ τὸν δῆμον καθάπαξ
8 οὐδέν ἐστι τῶν προειρημένων. ἐξ ὧν πάλιν ὁπότε τις
ἐπιδημήσαι μὴ παρόντος ὑπάτου, τελείως ἀριστοκρα-
9 τικὴ φαίνεθ᾽ ἡ πολιτεία. ὃ δὴ καὶ πολλοὶ τῶν Ἑλλή-
νων, ὁμοίως δὲ καὶ τῶν βασιλέων, πεπεισμένοι τυγ-
χάνουσι, διὰ τὸ τὰ σφῶν πράγματα σχεδὸν πάντα
τὴν σύγκλητον κυροῦν.

14. Ἐκ δὲ τούτων τίς οὐκ ἂν εἰκότως ἐπιζητήσειε
ποία καὶ τίς ποτ᾽ ἐστὶν ἡ τῷ δήμῳ καταλειπομένη
2 μερὶς ἐν τῷ πολιτεύματι, τῆς μὲν συγκλήτου τῶν κατὰ
μέρος ὧν εἰρήκαμεν κυρίας ὑπαρχούσης, τὸ δὲ μέγι-
στον, ὑπ᾽ αὐτῆς καὶ τῆς εἰσόδου καὶ τῆς ἐξόδου
χειριζομένης ἁπάσης, τῶν δὲ στρατηγῶν ὑπάτων
πάλιν αὐτοκράτορα μὲν ἐχόντων δύναμιν περὶ τὰς τοῦ
πολέμου παρασκευάς, αὐτοκράτορα δὲ τὴν ἐν τοῖς
3 ὑπαίθροις ἐξουσίαν; οὐ μὴν ἀλλὰ καταλείπεται μερὶς
4 καὶ τῷ δήμῳ, καὶ καταλείπεταί γε βαρυτάτη. τιμῆς
γάρ ἐστι καὶ τιμωρίας ἐν τῇ πολιτείᾳ μόνος ὁ δῆμος
κύριος, οἷς συνέχονται μόνοις καὶ δυναστεῖαι καὶ
πολιτεῖαι καὶ συλλήβδην πᾶς ὁ τῶν ἀνθρώπων βίος.
5 παρ᾽ οἷς γὰρ ἢ μὴ γινώσκεσθαι συμβαίνει τὴν τοι-
αύτην διαφορὰν ἢ γινωσκομένην χειρίζεσθαι κακῶς,
παρὰ τούτοις οὐδὲν οἷόν τε κατὰ λόγον διοικεῖσθαι
τῶν ὑφεστώτων· πῶς γὰρ εἰκὸς ἐν ἴσῃ τιμῇ [ὄντων]
6 τῶν ἀγαθῶν τοῖς κακοῖς; κρίνει μὲν οὖν ὁ δῆμος καὶ
διαφόρου πολλάκις, ὅταν ἀξιόχρεων ᾖ τὸ τίμημα τῆς

riving in Rome it decides what reception and what answer should be given to them. All these matters are in the hands of the senate, nor have the people anything whatever to do with them. So that again to one residing in Rome during the absence of the consuls the constitution appears to be entirely aristocratic; and this is the conviction of many Greek states and many of the kings, as the senate manages all business connected with them.

14. After this we are naturally inclined to ask what part in the constitution is left for the people,[30] considering that the senate controls all the particular matters I mentioned, and, what is most important, manages all matters of revenue and expenditure, and considering that the consuls again have uncontrolled authority as regards armaments and operations in the field. But nevertheless there is a part and a very important part left for the people. For it is the people which alone has the right to confer honors and inflict punishment, the only bonds by which kingdoms and states and in a word human society in general are held together. For where the distinction between these is overlooked or is observed but ill applied, no affairs can be properly administered. How indeed is this possible when good and evil men are held in equal estimation? It is by the people, then, in many cases that offenses punishable by a fine

[30] Mommsen (n. 26), 3.3–832. F. Millar, *The Crowd in Rome in the Late Republic* (Ann Arbor 1998).

ἀδικίας, καὶ μάλιστα τοὺς τὰς ἐπιφανεῖς ἐσχηκότας
7 ἀρχάς. θανάτου δὲ κρίνει μόνος. καὶ γίνεταί τι περὶ
ταύτην τὴν χρείαν παρ' αὐτοῖς ἄξιον ἐπαίνου καὶ
μνήμης. τοῖς γὰρ θανάτου κρινομένοις, ἐπὰν κατα-
δικάζωνται, δίδωσι τὴν ἐξουσίαν τὸ παρ' αὐτοῖς ἔθος
ἀπαλλάττεσθαι φανερῶς, κἂν ἔτι μία λείπηται φυλὴ
τῶν ἐπικυρουσῶν τὴν κρίσιν ἀψηφοφόρητος, ἑκούσιον
8 ἑαυτοῦ καταγνόντα φυγαδείαν. ἔστι δ' ἀσφάλεια τοῖς
φεύγουσιν ἔν τε τῇ Νεαπολιτῶν καὶ Πραινεστίνων, ἔτι
δὲ Τιβουρίνων πόλει, καὶ ταῖς ἄλλαις, πρὸς ἃς ἔχου-
9 σιν ὅρκια. καὶ μὴν τὰς ἀρχὰς ὁ δῆμος δίδωσι τοῖς
ἀξίοις· ὅπερ ἐστὶ κάλλιστον ἆθλον ἐν πολιτείᾳ
10 καλοκἀγαθίας. ἔχει δὲ τὴν κυρίαν καὶ περὶ τῆς τῶν
νόμων δοκιμασίας, καὶ τὸ μέγιστον, ὑπὲρ εἰρήνης
11 οὗτος βουλεύεται καὶ πολέμου. καὶ μὴν περὶ συμ-
μαχίας καὶ διαλύσεως καὶ συνθηκῶν οὗτός ἐστιν ὁ
βεβαιῶν ἕκαστα τούτων καὶ κύρια ποιῶν ἢ τοὐναν-
12 τίον. ὥστε πάλιν ἐκ τούτων εἰκότως ἄν τιν' εἰπεῖν ὅτι
μεγίστην ὁ δῆμος ἔχει μερίδα καὶ δημοκρατικόν ἐστι
τὸ πολίτευμα.

15. Τίνα μὲν οὖν τρόπον διῄρηται τὰ τῆς πολιτείας
εἰς ἕκαστον εἶδος εἴρηται· τίνα δὲ τρόπον ἀντι-
πράττειν βουληθέντα καὶ συνεργεῖν ἀλλήλοις πάλιν
2 ἕκαστα τῶν μερῶν δύναται νῦν ῥηθήσεται. ὁ μὲν γὰρ
ὕπατος, ἐπειδὰν τυχὼν τῆς προειρημένης ἐξουσίας

are tried when the penalty for an offense is considerable and especially when the accused have held the highest office; and they are the only court which may try on capital charges.[31] As regards the latter they have a practice which is praiseworthy and should be mentioned. Their usage allows those on trial for their lives, when in the process of being found guilty, liberty to depart openly, thus inflicting voluntary exile on themselves, if even only one of the tribes that pronounce the verdict has not yet voted. Such exiles enjoy safety in the territories of Naples, Praeneste, Tibur, and the other states with which they have a compact on this legal issue. Again it is the people who bestow office on the deserving, the noblest reward of virtue in a state; the people have the power of approving or rejecting laws, and what is most important of all, they deliberate on the question of war and peace.[32] Further in the case of alliances, terms of peace, and treaties, it is the people who ratify all these or the reverse. Thus here again one might plausibly say that the people's share in the government is the greatest, and that the constitution is a democratic one.

15. Having stated how political power is distributed among the different parts of the state, I will now explain how each of the three parts is enabled, if they wish, to counteract or cooperate with the others. The consul, when he leaves with his army invested with the powers I men-

31 Mommsen, *Strafr.*, 907.911–944. E. Levy, *Die römische Kapitalstrafe* (SB Heidelberg 1930–1931), no. 5 = Levy, *Kleine Schriften* 2 (Cologne 1963), 325–378.

32 In 200 a large majority of the people's assembly rejected the motion (*rogatio*) of the consul to declare war on Philip V of Macedon (Livy 31.6.3–4).

ὁρμήσῃ μετὰ τῆς δυνάμεως, δοκεῖ μὲν αὐτοκράτωρ
3 εἶναι πρὸς τὴν τῶν προκειμένων συντέλειαν, προσ-
δεῖται δὲ τοῦ δήμου καὶ τῆς συγκλήτου, καὶ χωρὶς
τούτων ἐπὶ τέλος ἄγειν τὰς πράξεις οὐχ ἱκανός ἐστι.
4 δῆλον γὰρ ὡς δεῖ μὲν ἐπιπέμπεσθαι τοῖς στρατο-
πέδοις ἀεὶ τὰς χορηγίας· ἄνευ δὲ τοῦ τῆς συγκλήτου
βουλήματος οὔτε σῖτος οὔθ' ἱματισμὸς οὔτ' ὀψώνια
5 δύναται χορηγεῖσθαι τοῖς στρατοπέδοις, ὥστ' ἀπρά-
κτους γίνεσθαι τὰς ἐπιβολὰς τῶν ἡγουμένων, ἐθελο-
κακεῖν καὶ κωλυσιεργεῖν προθεμένης τῆς συγκλήτου.
6 καὶ μὴν τό γ' ἐπιτελεῖς ἢ μὴ γίνεσθαι τὰς ἐπινοίας καὶ
προθέσεις τῶν στρατηγῶν ἐν τῇ συγκλήτῳ κεῖται· τοῦ
γὰρ ἐπαποστεῖλαι στρατηγὸν ἕτερον, ἐπειδὰν ἐνιαύ-
σιος διέλθῃ χρόνος, ἢ τὸν ὑπάρχοντα ποιεῖν ἐπίμονον,
7 ἔχει τὴν κυρίαν αὕτη. καὶ μὴν τὰς ἐπιτυχίας τῶν
ἡγουμένων ἐκτραγῳδῆσαι καὶ συναυξῆσαι καὶ πάλιν
ἀμαυρῶσαι καὶ ταπεινῶσαι τὸ συνέδριον ἔχει τὴν
8 δύναμιν· τοὺς γὰρ προσαγορευομένους παρ' αὐτοῖς
θριάμβους, δι' ὧν ὑπὸ τὴν ὄψιν ἄγεται τοῖς πολίταις
ὑπὸ τῶν στρατηγῶν ἡ τῶν κατειργασμένων πραγμά-
των ἐνάργεια, τούτους οὐ δύνανται χειρίζειν, ὡς πρέ-
πει, ποτὲ δὲ τὸ παράπαν οὐδὲ συντελεῖν, ἐὰν μὴ τὸ
συνέδριον συγκατάθηται καὶ δῷ τὴν εἰς ταῦτα δαπά-
9 νην. τοῦ γε μὴν δήμου στοχάζεσθαι καὶ λίαν αὐτοῖς
ἀναγκαῖόν ἐστι, κἂν ὅλως ἀπὸ τῆς οἰκείας τύχωσι
πολὺν τόπον ἀφεστῶτες· ὁ γὰρ τὰς διαλύσεις καὶ
συνθήκας ἀκύρους καὶ κυρίας ποιῶν, ὡς ἐπάνω προ-
10 εῖπον, οὗτός ἐστιν. τὸ δὲ μέγιστον ἀποτιθεμένους τὴν

tioned, appears indeed to have absolute authority in all matters necessary for carrying out his purpose; but in fact he requires the support of the people and the senate, and is not able to bring his operations to a conclusion without them. For it is obvious that the legions require constant supplies, and without the consent of the senate, neither corn, clothing, nor pay can be provided; so that the commander's plans come to nothing, if the senate chooses to be deliberately negligent and obstructive. It also depends on the senate whether or not a general can carry out completely his conceptions and designs, since it has the right of either superseding him when his year's term of office has expired or of retaining him in command. Again it is in its power to celebrate with pomp and to magnify the successes of a general and on the other hand to obscure and belittle them. For the processions they call triumphs,[33] in which the generals bring the actual spectacle of their achievements before the eyes of their fellow citizens, cannot be properly organized and sometimes even cannot be held at all, unless the senate consents and provides the requisite funds. As for the people it is most indispensable for the consuls to conciliate them, however far away from home they may be; but, as I said, it is the people who ratify or annul armistices and treaties, and what is most important on laying down office the consuls are obliged to ac-

33 The senate had no absolute power to refuse a triumph. *OCD* triumph 1554–1555 (E. Badian). M. Beard, *The Roman Triumph* (Cambridge, Mass., 2007); J.-L. Bastien, *Le triomphe romain et son utilisation politique à Rome aux trois derniers siècles de la République* (Rome 2007).

ἀρχὴν ἐν τούτῳ δεῖ τὰς εὐθύνας ὑπέχειν τῶν πεπρα-
11 γμένων. ὥστε κατὰ μηδένα τρόπον ἀσφαλὲς εἶναι τοῖς
στρατηγοῖς ὀλιγωρεῖν μήτε τῆς συγκλήτου μήτε τῆς
τοῦ πλήθους εὐνοίας.

16. Ἥ γε μὴν σύγκλητος πάλιν, ἡ τηλικαύτην
ἔχουσα δύναμιν, πρῶτον μὲν ἐν τοῖς κοινοῖς πράγμα-
σιν ἀναγκάζεται προσέχειν τοῖς πολλοῖς καὶ στο-
2 χάζεσθαι τοῦ δήμου, τὰς δ᾽ ὁλοσχερεστάτας καὶ μεγί-
στας ζητήσεις καὶ διορθώσεις τῶν ἁμαρτανομένων
κατὰ τῆς πολιτείας, οἷς θάνατος ἀκολουθεῖ τὸ πρόστι-
μον, οὐ δύναται συντελεῖν, ἂν μὴ συνεπικυρώσῃ τὸ
3 προβεβουλευμένον ὁ δῆμος. ὁμοίως δὲ καὶ περὶ τῶν
εἰς ταύτην ἀνηκόντων· ἐὰν γάρ τις εἰσφέρῃ νόμον, ἢ
τῆς ἐξουσίας ἀφαιρούμενός τι τῆς ὑπαρχούσης τῇ
συγκλήτῳ κατὰ τοὺς ἐθισμοὺς ἢ τὰς προεδρίας καὶ
τιμὰς καταλύων αὐτῶν ἢ καὶ νὴ Δία ποιῶν ἐλαττώ-
ματα περὶ τοὺς βίους. πάντων ὁ δῆμος γίνεται τῶν
4 τοιούτων καὶ θεῖναι καὶ μὴ κύριος. τὸ δὲ συνέχον, ἐὰν
εἷς ἐνίστηται τῶν δημάρχων, οὐχ οἷον ἐπὶ τέλος ἄγειν
τι δύναται τῶν διαβουλίων ἡ σύγκλητος, ἀλλ᾽ οὐδὲ
συνεδρεύειν ἢ συμπορεύεσθαι τὸ παράπαν—ὀφείλου-
5 σι δ᾽ ἀεὶ ποιεῖν οἱ δήμαρχοι τὸ δοκοῦν τῷ δήμῳ καὶ
μάλιστα στοχάζεσθαι τῆς τούτου βουλήσεως—διὸ
πάντων τῶν προειρημένων χάριν δέδιε τοὺς πολλοὺς
καὶ προσέχει τῷ δήμῳ τὸν νοῦν ἡ σύγκλητος.

17. Ὁμοίως γε μὴν πάλιν ὁ δῆμος ὑπόχρεώς ἐστι
τῇ συγκλήτῳ, καὶ στοχάζεσθαι ταύτης ὀφείλει καὶ
2 κοινῇ καὶ κατ᾽ ἰδίαν. πολλῶν γὰρ ἔργων ὄντων τῶν

count for their actions to the people, that in no respect is it safe for the consuls to neglect keeping in favor with both the senate and the people.

16. The senate again, which possesses such great power, is obliged in the first place to pay attention to the commons in public affairs and respect the wishes of the people, and it cannot carry out inquiries to the most grave and importance offenses against the state, punishable with death, and their correction, unless the senatus consultum is confirmed by the people. The same is the case in matters which directly affect the senate itself. For if anyone introduces a law meant to deprive the senate of some of its traditional authority, or to abolish the precedence and other distinctions of the senators or even to curtail them of their private fortunes, it is the people alone who have the power of passing or rejecting any such measure. And what is most important is that if a single one of the tribunes interposes,[34] the senate is unable to decide finally about any matter, and cannot even meet and hold sittings; and here it is to be observed that the tribunes are always obliged to act as the people decree and to pay every attention to their wishes. Therefore for all these reasons the senate is afraid of the masses and must pay due attention to the popular will.

17. Similarly, again, the people must be submissive to the senate and respect its members both in public and in

[34] The right of veto; *OCD intercessio* 760 (A. D. E. Lewis). P. is not correct in stating that the tribunes had become the executive organ of the *plebs*.

ἐκδιδομένων ὑπὸ τῶν τιμητῶν διὰ πάσης Ἰταλίας εἰς
τὰς ἐπισκευὰς καὶ κατασκευὰς τῶν δημοσίων, ἅ τις
οὐκ ἂν ἐξαριθμήσαιτο ῥᾳδίως, πολλῶν δὲ ποταμῶν,
λιμένων, κηπίων, μετάλλων, χώρας, συλλήβδην ὅσα
3 πέπτωκεν ὑπὸ τὴν Ῥωμαίων δυναστείαν, πάντα χειρί-
ζεσθαι συμβαίνει τὰ προειρημένα διὰ τοῦ πλήθους,
καὶ σχεδὸν ὡς ἔπος εἰπεῖν πάντας ἐνδεδέσθαι ταῖς
4 ὠναῖς καὶ ταῖς ἐργασίαις ταῖς ἐκ τούτων· οἱ μὲν γὰρ
ἀγοράζουσι παρὰ τῶν τιμητῶν αὐτοὶ τὰς ἐκδόσεις, οἱ
δὲ κοινωνοῦσι τούτοις, οἱ δ᾽ ἐγγυῶνται τοὺς ἠγορα-
κότας, οἱ δὲ τὰς οὐσίας διδόασι περὶ τούτων εἰς τὸ
5 δημόσιον. ἔχει δὲ περὶ πάντων τῶν προειρημένων τὴν
κυρίαν τὸ συνέδριον· καὶ γὰρ χρόνον <δύναται> δοῦ-
ναι καὶ συμπτώματος γενομένου κουφίσαι καὶ τὸ
παράπαν ἀδυνάτου τινὸς συμβάντος ἀπολῦσαι τῆς
6 ἐργωνίας. καὶ πολλά δή τιν᾽ ἐστίν, ἐν οἷς καὶ βλάπτει
μεγάλα καὶ πάλιν ὠφελεῖ τοὺς τὰ δημόσια χειρί-
ζοντας ἡ σύγκλητος· ἡ γὰρ ἀναφορὰ τῶν προειρη-
7 μένων γίνεται πρὸς ταύτην. τὸ δὲ μέγιστον, ἐκ ταύτης
ἀποδίδονται κριταὶ τῶν πλείστων καὶ τῶν δημοσίων
καὶ τῶν ἰδιωτικῶν συναλλαγμάτων, ὅσα μέγεθος ἔχει
8 τῶν ἐγκλημάτων. διὸ πάντες εἰς τὴν ταύτης πίστιν
ἐνδεδεμένοι, καὶ δεδιότες τὸ τῆς χρείας ἄδηλον, εὐλα-
βῶς ἔχουσι πρὸς τὰς ἐνστάσεις καὶ τὰς ἀντιπράξεις
9 τῶν τῆς συγκλήτου βουλημάτων. ὁμοίως δὲ καὶ πρὸς
τὰς τῶν ὑπάτων ἐπιβολὰς δυσχερῶς ἀντιπράττουσι
διὰ τὸ κατ᾽ ἰδίαν καὶ κοινῇ πάντας ἐν τοῖς ὑπαίθροις
ὑπὸ τὴν ἐκείνων πίπτειν ἐξουσίαν.

private. Through the whole of Italy a vast number of contracts, which it would not be easy to enumerate, are given out by the censors[35] for the construction and repair of public buildings, and besides this there are many things which are farmed, such as navigable rivers, harbors, gardens, mines, lands, in fact everything that forms part of the Roman dominion. Now all these matters are undertaken by the people, and one may almost say that everyone is interested in these contracts and profits from them. For certain people are the actual purchasers from the censors of the contracts, others are the partners of these first, others stand surety for them, others pledge their own fortunes to the state for this purpose. Now in all these matters the senate is supreme. It can grant extension of time; it can relieve the contractor if any accident occurs; and if the work proves to be absolutely impossible to carry out it can liberate him from his contract. There are in fact many ways in which the senate can either benefit or injure those who manage public property, as all these matters are referred to it. What is even more important is that the judges in most civil trials, whether public or private, are appointed from its members, where the action involves large interests. So that all citizens being bound to the Senate by ties securing their protection, uncertain and afraid that they may need their help, are very shy of obstructing or resisting its decision. Similarly everyone is reluctant to oppose the projects of the consuls as all are generally and individually under their authority when in the field.

35 *OCD* censor 307–308 (P. S. Derow).

18. Τοιαύτης δ' οὔσης τῆς ἑκάστου τῶν μερῶν
δυνάμεως εἰς τὸ καὶ βλάπτειν καὶ συνεργεῖν ἀλλή-
λοις, πρὸς πάσας συμβαίνει τὰς περιστάσεις δεόντως
ἔχειν τὴν ἁρμογὴν αὐτῶν, ὥστε μὴ οἷόν τ' εἶναι
2 ταύτης εὑρεῖν ἀμείνω πολιτείας σύστασιν. ὅταν μὲν
γάρ τις ἔξωθεν κοινὸς φόβος ἐπιστὰς ἀναγκάσῃ
σφᾶς συμφρονεῖν καὶ συνεργεῖν ἀλλήλοις, τηλικαύ-
την καὶ τοιαύτην συμβαίνει γίνεσθαι τὴν δύναμιν τοῦ
3 πολιτεύματος ὥστε μήτε παραλείπεσθαι τῶν δεόντων
μηδέν, ἅτε περὶ τὸ προσπεσὸν ἀεὶ πάντων ὁμοῦ ταῖς
ἐπινοίαις ἁμιλλωμένων, μήτε τὸ κριθὲν ὑστερεῖν τοῦ
καιροῦ, κοινῇ καὶ κατ' ἰδίαν ἑκάστου συνεργοῦντος
4 πρὸς τὴν τοῦ προκειμένου συντέλειαν. διόπερ ἀνυπό-
στατον συμβαίνει γίνεσθαι καὶ παντὸς ἐφικνεῖσθαι
5 τοῦ κριθέντος τὴν ἰδιότητα τοῦ πολιτεύματος. ὅταν γε
μὴν πάλιν ἀπολυθέντες τῶν ἐκτὸς φόβων ἐνδιατρί-
βωσι ταῖς εὐτυχίαις καὶ περιουσίαις ταῖς ἐκ τῶν
κατορθωμάτων, ἀπολαύοντες τῆς εὐδαιμονίας, καὶ
ὑποκολακευόμενοι καὶ ῥᾳθυμοῦντες τρέπωνται πρὸς
6 ὕβριν καὶ πρὸς ὑπερηφανίαν, ὃ δὴ φιλεῖ γίνεσθαι,
τότε καὶ μάλιστα συνιδεῖν ἔστιν αὐτὸ παρ' αὑτοῦ
7 ποριζόμενον τὸ πολίτευμα τὴν βοήθειαν. ἐπειδὰν γὰρ
ἐξοιδοῦν τι τῶν μερῶν φιλονεικῇ καὶ πλέον τοῦ δέον-
τος ἐπικρατῇ, δῆλον ὡς οὐδενὸς αὐτοτελοῦς ὄντος
κατὰ τὸν ἄρτι λόγον, ἀντισπᾶσθαι δὲ καὶ παρα-
ποδίζεσθαι δυναμένης τῆς ἑκάστου προθέσεως ὑπ'
ἀλλήλων, οὐδὲν ἐξοιδεῖ τῶν μερῶν οὐδ' ὑπερφρονεῖ.
8 πάντα γὰρ ἐμμένει τοῖς ὑποκειμένοις τὰ μὲν κωλυ-

18. Such being the power that each part has of hampering the others or cooperating with them, their union is adequate to all emergencies, so that it is impossible to find a better political system than this. For whenever the menace of some common danger from abroad compels them to act in concord and support each other, so great does the strength of the state become, that nothing which is requisite can be neglected, as all are zealously competing in revising means of meeting the need of the hour, nor can any decision arrived at fail to be executed promptly, as all are cooperating both in public and in private to the accomplishment of the task they have set themselves; and consequently this peculiar term of constitution possesses an irresistible power of attaining every object upon which it is resolved. When again they are freed from external menace, and reap the harvest of good fortune and affluence which is the result of their success, and in the enjoyment of this prosperity are corrupted by flattery and idleness and wax insolent and overbearing, as indeed happens often enough, it is then especially that we see the state providing itself a remedy for the evil from which it suffers. For when one part having grown out of proportion to the others aims at supremacy and tends to become too predominant, it is evident that, as for the reasons above given none of the three is absolute, but the purpose of the one can be counterworked and thwarted by the others, none of them will excessively outgrow the others or treat them with contempt. All in fact remains in statu quo, on the one hand, because any aggressive impulse is sure to be checked and

όμενα τῆς ὁρμῆς, τὰ δ' ἐξ ἀρχῆς δεδιότα τὴν ἐκ τοῦ πέλας ἐπίστασιν. [Cod. Urb. fol. 66.]

VI. DE MILITIA ROMANA

19. Ἐπειδὰν ἀποδείξωσι τοὺς ὑπάτους, μετὰ ταῦτα χιλιάρχους καθιστᾶσι, τετταρασκαίδεκα μὲν ἐκ τῶν πέντ' ἐνιαυσίους ἐχόντων ἤδη στρατείας, δέκα δ'
2 ἄλλους σὺν τούτοις ἐκ τῶν δέκα. τῶν λοιπῶν τοὺς μὲν ἱππεῖς δέκα, τοὺς δὲ πεζοὺς ἓξ καὶ <δέκα> δεῖ στρατείας τελεῖν κατ' ἀνάγκην ἐν τοῖς τετταράκοντα καὶ ἓξ ἔτεσιν ἀπὸ γενεᾶς πλὴν τῶν ὑπὸ τὰς τετρακοσίας
3 δραχμὰς τετιμημένων· τούτους δὲ παριᾶσι πάντας εἰς τὴν ναυτικὴν χρείαν. ἐὰν δέ ποτε κατεπείγῃ τὰ τῆς περιστάσεως, ὀφείλουσιν οἱ πεζοὶ στρατεύειν εἴκοσι
4 στρατείας ἐνιαυσίους. πολιτικὴν δὲ λαβεῖν ἀρχὴν οὐκ ἔξεστιν οὐδενὶ πρότερον, ἐὰν μὴ δέκα στρατείας ἐνι-
5 αυσίους ᾖ τετελεκώς. ἐὰν δὲ μέλλωσι ποιεῖσθαι τὴν καταγραφὴν τῶν στρατιωτῶν οἱ τὰς ὑπάτους ἔχοντες ἀρχάς, προλέγουσιν ἐν τῷ δήμῳ τὴν ἡμέραν, ἐν ᾗ δεήσει παραγενέσθαι τοὺς ἐν ταῖς ἡλικίαις Ῥωμαίους
6 ἅπαντας. ποιοῦσι δὲ τοῦτο καθ' ἕκαστον ἐνιαυτόν. τῆς δ' ἡμέρας ἐπελθούσης καὶ τῶν στρατευσίμων παραγενομένων εἰς τὴν Ῥώμην, καὶ μετὰ ταῦθ' ἁθροισθέν-
7 των εἰς τὸ Καπετώλιον, διεῖλον σφᾶς αὐτοὺς οἱ νεώτεροι τῶν χιλιάρχων, καθάπερ ἂν ὑπὸ τοῦ δήμου κατασταθῶσιν ἢ τῶν στρατηγῶν, εἰς τέτταρα μέρη διὰ τὸ τέτταρα παρ' αὐτοῖς στρατόπεδα τὴν ὁλοσχερῆ

from the outset each estate stands in dread of being interfered with by the others. . . .

VI. THE ROMAN MILITARY SYSTEM

19. After electing the consuls, they appoint military tribunes,[36] fourteen from those who have seen five years' service and ten from those who have seen ten. As for the rest, a cavalry soldier must serve for ten years in all and an infantry soldier for sixteen years before reaching the age of forty-six,[37] with the exception of those whose census is under four hundred drachmae,[38] all of whom are employed in naval service. In case of pressing danger twenty years' service is demanded from the infantry. No one is eligible for any political office before he has completed ten years' service. The consuls, if they are about to enroll soldiers, announce at a meeting of the popular assembly the day on which all Roman citizens of military age must present themselves, and this they do annually. On the appointed day, when those liable to service arrive in Rome, and assemble on the Capitol, the junior tribunes divide themselves into four groups, according to the order in which they have been appointed by the people or the consuls, since the main and original division of their forces is into

36 Chapters 19–26 describe the organization of the army; details can be found in WC and in G. Veith, "Die Römer," in J. Kromayer—G. Veith, *Heerwesen und Kriegführung der Griechen und Römer* (Munich 1928), 251–469.

37 Men could be called to arms from age seventeen to forty-six.

38 The Roman equivalent is four thousand asses, considerably less than in earlier times and an indication of some proletarization of the army.

8 καὶ πρώτην διαίρεσιν τῶν δυνάμεων ποιεῖσθαι. καὶ τοὺς μὲν πρώτους κατασταθέντας τέτταρας εἰς τὸ πρῶτον καλούμενον στρατόπεδον ἔνειμαν, τοὺς δ' ἑξῆς τρεῖς εἰς τὸ δεύτερον, τοὺς δ' ἑπομένους τούτοις τέτταρας εἰς τὸ τρίτον, τρεῖς δὲ τοὺς τελευταίους εἰς τὸ
9 τέταρτον. τῶν δὲ πρεσβυτέρων δύο μὲν τοὺς πρώτους εἰς τὸ πρῶτον, τρεῖς δὲ τοὺς δευτέρους εἰς τὸ δεύτερον τιθέασι στρατόπεδον, δύο δὲ τοὺς ἑξῆς εἰς τὸ τρίτον, τρεῖς δὲ τοὺς τελευταίους εἰς τὸ τέταρτον [τῶν πρεσβυτέρων].

20. γενομένης δὲ τῆς διαιρέσεως καὶ καταστάσεως
2 τῶν χιλιάρχων τοιαύτης ὥστε πάντα τὰ στρατόπεδα τοὺς ἴσους ἔχειν ἄρχοντας, μετὰ ταῦτα καθίσαντες χωρὶς ἀλλήλων κατὰ στρατόπεδον κληροῦσι τὰς φυλὰς κατὰ μίαν καὶ προσκαλοῦνται τὴν ἀεὶ λαχοῦσαν.
3 ἐκ δὲ ταύτης ἐκλέγουσι τῶν νεανίσκων τέτταρας ἐπιεικῶς τοὺς παραπλησίους ταῖς ἡλικίαις καὶ ταῖς
4 ἕξεσι. προσαχθέντων δὲ τούτων λαμβάνουσι πρῶτοι τὴν ἐκλογὴν οἱ τοῦ πρώτου στρατοπέδου, δεύτεροι δ' οἱ τοῦ δευτέρου, τρίτοι δ' οἱ τοῦ τρίτου, τελευταῖοι δ' οἱ
5 τοῦ τετάρτου. πάλιν δ' ἄλλων τεττάρων προσαχθέντων λαμβάνουσι πρῶτοι τὴν αἵρεσιν οἱ τοῦ δευτέρου στρατοπέδου καὶ ἑξῆς οὕτως, τελευταῖοι δ' οἱ τοῦ
6 πρώτου. μετὰ δὲ ταῦτα πάλιν ἄλλων τεττάρων προσαχθέντων πρῶτοι λαμβάνουσιν οἱ τοῦ τρίτου στρατο-
7 πέδου, τελευταῖοι δ' οἱ τοῦ δευτέρου. [καὶ] αἰεὶ κατὰ λόγον οὕτως ἐκ περιόδου τῆς ἐκλογῆς γινομένης παραπλησίους συμβαίνει λαμβάνεσθαι τοὺς ἄνδρας

four legions. The four tribunes first nominated are appointed to the first legion, the next three to the second, the following four to the third, and the last three to the fourth. Of the senior tribunes the first two are appointed to the first legion, the next three to the second, the next two to the third, and the three last to the fourth.

20. The division and appointment of the tribunes having thus been so made that each legion has the same number of officers, those of each legion take their seats apart, and they draw lots for the tribes, and summon them singly in the order of the lottery. From each tribe they first of all select four lads of more or less the same age and physique. When these are brought forward the officers of the first legion have first choice, those of the second second choice, those of the third third, and those of the fourth last. Another batch of four is now brought forward, and this time the officers of the second legion have first choice and so on, those of the first choosing last. A third batch having been brought forward the tribunes of the third legion choose first, and those of the second last. By thus continuing to give each legion first choice in turn, each gets men of the

8 εἰς ἕκαστον τῶν στρατοπέδων. ὅταν δ᾽ ἐκλέξωσι τὸ
προκείμενον πλῆθος—τοῦτο δ᾽ ἔστιν ὁτὲ μὲν εἰς ἕκα-
στον στρατόπεδον πεζοὶ τετρακισχίλιοι καὶ διακό-
σιοι, ποτὲ δὲ πεντακισχίλιοι, ἐπειδὰν μείζων τις αὐ-
9 τοῖς προφαίνηται κίνδυνος—μετὰ ταῦτα τοὺς ἱππεῖς
τὸ μὲν παλαιὸν ὑστέρους εἰώθεσαν δοκιμάζειν ἐπὶ τοῖς
τετρακισχιλίοις διακοσίοις, νῦν δὲ προτέρους, πλου-
τίνδην αὐτῶν γεγενημένης ὑπὸ τοῦ τιμητοῦ τῆς ἐκλο-
γῆς· καὶ ποιοῦσι τριακοσίους εἰς ἕκαστον στρατό-
πεδον.

21. Ἐπιτελεσθείσης δὲ τῆς καταγραφῆς τὸν προει-
ρημένον τρόπον, ἁθροίσαντες τοὺς ἐπιλεγμένους οἱ
προσήκοντες τῶν χιλιάρχων καθ᾽ ἕκαστον στρατό-
πεδον, καὶ λαβόντες ἐκ πάντων ἕνα τὸν ἐπιτηδειό-
2 τατον, ἐξορκίζουσιν ἦ μὴν πειθαρχήσειν καὶ ποιήσειν
τὸ προσταττόμενον ὑπὸ τῶν ἀρχόντων κατὰ δύναμιν.
3 οἱ δὲ λοιποὶ πάντες ὀμνύουσι καθ᾽ ἕνα προπορευ-
όμενοι, τοῦτ᾽ αὐτὸ δηλοῦντες ὅτι ποιήσουσι πάντα
καθάπερ ὁ πρῶτος.

4 Κατὰ δὲ τοὺς αὐτοὺς καιροὺς οἱ τὰς ὑπάτους ἀρχὰς
ἔχοντες παραγγέλλουσι τοῖς ἄρχουσι τοῖς ἀπὸ τῶν
συμμαχίδων πόλεων τῶν ἐκ τῆς Ἰταλίας, ἐξ ὧν ἂν
βούλωνται συστρατεύειν τοὺς συμμάχους, διασα-
φοῦντες τὸ πλῆθος καὶ τὴν ἡμέραν καὶ τὸν τόπον, εἰς
5 ὃν δεήσει παρεῖναι τοὺς κεκριμένους. αἱ δὲ πόλεις
παραπλησίαν ποιησάμεναι τῇ προειρημένῃ τὴν ἐκλο-
γὴν καὶ τὸν ὅρκον ἐκπέμπουσιν, ἄρχοντα συστήσα-
σαι καὶ μισθοδότην.

same standard. When they have chosen the number determined on—that is when the strength of each legion is brought up to four thousand two hundred, or in times of exceptional danger to five thousand—the old system was to choose the cavalry after the four thousand two hundred infantry, but they now choose them first, the censor selecting them according to their wealth; and three hundred are assigned to each legion.

21. The enrollment having been completed in this manner, those of the tribunes in each legion on whom this duty falls collect the newly enrolled soldiers, and picking out of the whole body a single man whom they think the most suitable make him take the oath that he will obey his officers and execute their orders as far as is in his power. Then the others come forward and each in his turn takes his oath simply that he will do the same as the first man.

At the same time the consuls send their orders to the magistrates in the allied cities in Italy which they wish to contribute troops, stating the numbers required and the day and place at which the men selected must present themselves. The cities, choosing the men and administering the oath in the manner above described, send them off, appointing a commander and a paymaster.

6 Οἱ δ' ἐν τῇ Ῥώμῃ χιλίαρχοι μετὰ τὸν ἐξορκισμὸν
παραγγείλαντες ἡμέραν ἑκάστῳ στρατοπέδῳ καὶ τό-
πον, εἰς ὃν δεήσει παρεῖναι χωρὶς τῶν ὅπλων, τότε μὲν
7 ἀφῆκαν. παραγενομένων δ' εἰς τὴν ταχθεῖσαν ἡμέραν
διαλέγουσι τῶν ἀνδρῶν τοὺς μὲν νεωτάτους καὶ πενι-
χροτάτους εἰς τοὺς γροσφομάχους, τοὺς δ' ἑξῆς τού-
τοις εἰς τοὺς ἀστάτους καλουμένους, τοὺς δ' ἀκμαι-
οτάτους ταῖς ἡλικίαις εἰς τοὺς πρίγκιπας, τοὺς δὲ
8 πρεσβυτάτους εἰς τοὺς τριαρίους. αὗται γάρ εἰσι καὶ
τοσαῦται διαφοραὶ παρὰ Ῥωμαίοις καὶ τῶν ὀνομα-
σιῶν καὶ τῶν ἡλικιῶν, ἔτι δὲ τῶν καθοπλισμῶν ἐν
9 ἑκάστῳ στρατοπέδῳ. διαιροῦσι δ' αὐτοὺς τὸν τρόπον
τοῦτον ὥστ' εἶναι τοὺς μὲν πρεσβυτάτους καὶ τρια-
ρίους προσαγορευομένους ἑξακοσίους, τοὺς δὲ πρίγ-
κιπας χιλίους καὶ διακοσίους, ἴσους δὲ τούτοις τοὺς
ἀστάτους, τοὺς δὲ λοιποὺς καὶ νεωτάτους γροσφο-
10 φόρους. ἐὰν δὲ πλείους τῶν τετρακισχιλίων ὦσι, κατὰ
λόγον ποιοῦνται τὴν διαίρεσιν πλὴν τῶν τριαρίων.
τούτους αἰεὶ τοὺς ἴσους.

22. Καὶ τοῖς μὲν νεωτάτοις παρήγγειλαν μάχαιραν
2 φορεῖν καὶ γρόσφους καὶ πάρμην. ἡ δὲ πάρμη καὶ
δύναμιν ἔχει τῇ κατασκευῇ καὶ μέγεθος ἀρκοῦν πρὸς
ἀσφάλειαν· περιφερὴς γὰρ οὖσα τῷ σχήματι τρί-
3 πεδον ἔχει τὴν διάμετρον. προσεπικοσμεῖται δὲ καὶ
λιτῷ περικεφαλαίῳ· ποτὲ δὲ λυκείαν ἤ τι τῶν τοιούτων
ἐπιτίθεται, σκέπης ἅμα καὶ σημείου χάριν, ἵνα τοῖς
κατὰ μέρος ἡγεμόσι προκινδυνεύοντες ἐρρωμένως καὶ
4 μὴ διάδηλοι γίνωνται. τὸ δὲ τῶν γρόσφων βέλος ἔχει

The tribunes in Rome, after administering the oath, fix for each legion a day and place at which the men are to present themselves without arms and then dismiss them. When they come to the rendezvous, they choose the youngest and poorest to form the *velites;* the next to them are made *hastati;* those in the prime of life *principes;*[39] and the oldest of all *triarii,* these being the names among the Romans of the four classes in each legion district in age and equipment. They divide them so that the senior men known as *triarii* number six hundred, and *principes* twelve hundred, the *hastati* twelve hundred, the rest, consisting of the youngest, being *velites*. If the legion consists of more than four thousand men, they divide accordingly, except as regards the *triarii,* the number of whom is always the same.

22. The youngest soldiers or *velites* are ordered to carry a sword, javelins, and a target (*parma*). The target is strongly made and sufficiently large to afford protection, being circular and measuring three feet in diameter. They also wear a plain helmet, and sometimes cover it with a wolf's skin or something similar both to protect and to act as a distinguishing mark by which their officers can recognize them and judge if they fight pluckily or not. The

[39] Originally the soldiers in the front line, then changing their place with the *hastati.*

τῷ μὲν μήκει τὸ ξύλον ὡς ἐπίπαν δίπηχυ, τῷ δὲ πάχει δακτυλιαῖον, τὸ δὲ κέντρον σπιθαμιαῖον, κατὰ τοσοῦτον ἐπὶ λεπτὸν ἐξεληλασμένον καὶ συνωξυσμένον ὥστε κατ᾽ ἀνάγκην εὐθέως ἀπὸ τῆς πρώτης ἐμβολῆς κάμπτεσθαι καὶ μὴ δύνασθαι τοὺς πολεμίους ἀντιβάλλειν· εἰ δὲ μή, κοινὸν γίνεται τὸ βέλος.

23. Τοῖς γε μὴν δευτέροις μὲν κατὰ τὴν ἡλικίαν, ἀστάτοις δὲ προσαγορευομένοις, παρήγγειλαν φέρειν
2 πανοπλίαν. ἔστι δ᾽ ἡ Ῥωμαϊκὴ πανοπλία πρῶτον μὲν θυρεός—οὗ τὸ μὲν πλάτος ἐστὶ τῆς κυρτῆς ἐπιφανείας
3 πένθ᾽ ἡμιποδίων, τὸ δὲ μῆκος ποδῶν τεττάρων, τὸ δ᾽ ἐπ᾽ ἴτυος <πάχος> ἔτι καὶ παλαιστιαῖον—ἐκ διπλοῦ σανιδώματος ταυροκόλλῃ πεπηγώς, ὀθονίῳ, μετὰ δὲ ταῦτα μοσχείῳ δέρματι περιείληται τὴν ἐκτὸς ἐπι-
4 φάνειαν. ἔχει δὲ περὶ τὴν ἴτυν ἐκ τῶν ἄνωθεν καὶ κάτωθεν μερῶν σιδηροῦν σιάλωμα, δι᾽ οὗ τάς τε καταφορὰς τῶν μαχαιρῶν ἀσφαλίζεται καὶ τὰς πρὸς τὴν
5 γῆν ἐξερείσεις. προσήρμοσται δ᾽ αὐτῷ καὶ σιδηρᾶ κόγχος, ἣ τὰς ὁλοσχερεῖς ἀποστέγει πληγὰς λίθων
6 καὶ σαρισῶν καὶ καθόλου βιαίων βελῶν. ἅμα δὲ τῷ θυρεῷ μάχαιρα· ταύτην δὲ περὶ τὸν δεξιὸν φέρει
7 μηρόν, καλοῦσι δ᾽ αὐτὴν Ἰβηρικήν. ἔχει δ᾽ αὕτη κέντημα διάφορον καὶ καταφορὰν ἐξ ἀμφοῖν τοῖν μεροῖν βίαιον διὰ τὸ τὸν ὀβελίσκον αὐτῆς ἰσχυρὸν
8 καὶ μόνιμον εἶναι. πρὸς δὲ τούτοις ὑσσοὶ δύο καὶ
9 περικεφαλαία χαλκῆ καὶ προκνημίς. τῶν δ᾽ ὑσσῶν εἰσιν οἱ μὲν παχεῖς, οἱ δὲ λεπτοί. τῶν δὲ στερεωτέρων οἱ μὲν στρογγύλοι παλαιστιαίαν ἔχουσι τὴν διά-

wooden shaft of the javelin measures about two cubits in length and is about a finger's breadth in thickness; its head is a span long hammered out to such a fine edge that is it necessarily bent by the first impact, and the enemy is unable to return it. If this were not so, the missile would be available for both sides.

23. The next in seniority called *hastati* are ordered to wear a complete panoply. The Roman panoply consists firstly of a shield (*scutum*), the convex surface of which measures two and a half feet in width and four feet in length, the thickness at the rim being a palm's breadth. It is made of two planks glued together, the outer surface being then covered first with canvas and then with calfskin. Its upper and lower rims are strengthened by an iron edging which protects it from descending blows and from injury when rested on the ground. It also has an iron boss (*umbo*) fixed to it which turns aside the more formidable blows of stones, pikes, and heavy missiles in general. Besides the shield they also carry a sword, hanging on the right thigh and called a Spanish sword. This is excellent for thrusting, and both of its edges cut effectually, as the blade is very strong and firm. In addition they have two *pila*, a brass helmet, and greaves. The *pila* are of two sorts—stout and fine. Of the stout ones some are round and a palm's breadth

μετρον, οἱ δὲ τετράγωνοι τὴν πλευράν. οἵ γε μὴν
λεπτοὶ σιβυνίοις ἐοίκασι συμμέτροις, οὓς φοροῦσι
10 μετὰ τῶν προειρημένων. ἁπάντων δὲ τούτων τοῦ ξύλου
τὸ μῆκός ἐστιν ὡς τρεῖς πήχεις. προσήρμοσται δ'
ἑκάστοις βέλος σιδηροῦν ἀγκιστρωτόν, ἴσον ἔχον τὸ
11 μῆκος τοῖς ξύλοις· οὗ τὴν ἔνδεσιν καὶ τὴν χρείαν
οὕτως ἀσφαλίζονται βεβαίως, ἕως μέσων τῶν ξύλων
ἐνδιδέντες καὶ πυκναῖς ταῖς λαβίσι καταπερονῶντες,
ὥστε πρότερον ἢ τὸν δεσμὸν ἐν ταῖς χρείαις ἀναχαλα-
σθῆναι τὸν σίδηρον θραύεσθαι, καίπερ ὄντα τὸ πάχος
ἐν τῷ πυθμένι καὶ τῇ πρὸς τὸ ξύλον συναφῇ τριῶν
ἡμιδακτυλίων· ἐπὶ τοσοῦτον καὶ τοιαύτην πρόνοιαν
12 ποιοῦνται τῆς ἐνδέσεως. ἐπὶ δὲ πᾶσι τούτοις προσεπι-
κοσμοῦνται πτερίνῳ στεφάνῳ καὶ πτεροῖς φοινικοῖς ἢ
13 μέλασιν ὀρθοῖς τρισίν, ὡς πηχυαίοις τὸ μέγεθος, ὧν
προστεθέντων κατὰ κορυφὴν ἅμα τοῖς ἄλλοις ὅπλοις
ὁ μὲν ἀνὴρ φαίνεται διπλάσιος ἑαυτοῦ κατὰ τὸ μέγε-
θος, ἡ δ' ὄψις καλὴ καὶ καταπληκτικὴ τοῖς ἐναντίοις.
14 οἱ μὲν οὖν πολλοὶ προσλαβόντες χάλκωμα σπιθαμι-
αῖον πάντῃ πάντως, ὃ προστίθενται μὲν πρὸ τῶν
στέρνων, καλοῦσι δὲ καρδιοφύλακα, τελείαν ἔχουσι
15 τὴν καθόπλισιν· οἱ δ' ὑπὲρ τὰς μυρίας τιμώμενοι
δραχμὰς ἀντὶ τοῦ καρδιοφύλακος σὺν τοῖς ἄλλοις
16 ἁλυσιδωτοὺς περιτίθενται θώρακας. ὁ δ' αὐτὸς τρόπος
τῆς καθοπλίσεώς ἐστι καὶ περὶ τοὺς πρίγκιπας καὶ
τριαρίους, πλὴν ἀντὶ τῶν ὑσσῶν οἱ τριάριοι δόρατα
φοροῦσιν.

24. Ἐξ ἑκάστου δὲ τῶν προειρημένων γενῶν πλὴν

in diameter and others are a palm square. The fine *pila,* which they carry in addition to the stout ones, are like moderate-sized hunting spears, the length of the haft in all cases being about three cubits. Each is fitted with a barbed iron head of the same length as the haft. This they attach so securely to the haft, carrying the attachment halfway up the latter and fixing it with numerous rivets, that in action the iron will break sooner than become detached, although its thickness at the bottom where it comes in contact with the wood is a finger's breadth and a half; such great care do they take about attaching it firmly. Finally they wear as an ornament a circle of feathers with three upright purple or black feathers about a cubit in height, the addition of which on the head surmounting their other arms is to make every man look twice his real height, and to give him a fine appearance, such as will strike terror into the enemy. The common soldiers wear in addition a breastplate of brass a span square, which they place in front of the heart and call the heart protector (*pectorale*), this completing their armor; but those who are rated above ten thousand drachmas wear instead of this a coat of chain mail (*lorica*). The *principes* and *triarii* are armed in the same manner except that instead of the pila the *triarii* carry long spears (*hastae*).

24. From each of the classes except the youngest they

τῶν νεωτάτων ἐξέλεξαν ταξιάρχους ἀριστίνδην δέκα. μετὰ δὲ τούτους ἑτέραν ἐκλογὴν ἄλλων δέκα ποιοῦν-
2 ται. καὶ τούτους μὲν ἅπαντας προσηγόρευσαν ταξιάρχους, ὧν ὁ πρῶτος αἱρεθεὶς καὶ συνεδρίου κοινωνεῖ· προσεκλέγονται δ᾽ οὗτοι πάλιν αὐτοὶ τοὺς ἴσους οὐρα-
3 γούς. ἑξῆς δὲ τούτοις μετὰ τῶν ταξιάρχων διεῖλον τὰς ἡλικίας, ἑκάστην εἰς δέκα μέρη, πλὴν τῶν γροσφομάχων· καὶ προσένειμαν ἑκάστῳ μέρει τῶν ἐκλεχθέν-
4 των ἀνδρῶν δύ᾽ ἡγεμόνας καὶ δύ᾽ οὐραγούς. τῶν δὲ γροσφομάχων τοὺς ἐπιβάλλοντας κατὰ τὸ πλῆθος ἴσους ἐπὶ πάντα τὰ μέρη διένειμαν. καὶ τὸ μὲν μέρος ἕκαστον ἐκάλεσαν καὶ τάγμα καὶ σπεῖραν καὶ σημαίαν, τοὺς δ᾽ ἡγεμόνας κεντυρίωνας καὶ ταξιάρχους.
6 οὗτοι δὲ καθ᾽ ἑκάστην σπεῖραν ἐκ τῶν καταλειπομένων ἐξέλεξαν αὐτοὶ δύο τοὺς ἀκμαιοτάτους καὶ γενναι-
7 οτάτους ἄνδρας σημαιαφόρους. δύο δὲ καθ᾽ ἕκαστον τάγμα ποιοῦσιν ἡγεμόνας εἰκότως· ἀδήλου γὰρ ὄντος καὶ τοῦ ποιῆσαι καὶ τοῦ παθεῖν τι τὸν ἡγεμόνα, τῆς πολεμικῆς χρείας οὐκ ἐπιδεχομένης πρόφασιν, οὐδέποτε βούλονται τὴν σπεῖραν χωρὶς ἡγεμόνος εἶναι καὶ
8 προστάτου. παρόντων μὲν οὖν ἀμφοτέρων ὁ μὲν πρῶτος αἱρεθεὶς ἡγεῖται τοῦ δεξιοῦ μέρους τῆς σπείρας, ὁ δὲ δεύτερος τῶν εὐωνύμων ἀνδρῶν τῆς σημαίας ἔχει τὴν ἡγεμονίαν· μὴ παρόντων δ᾽ ὁ καταλειπόμενος
9 ἡγεῖται πάντων. βούλονται δ᾽ εἶναι τοὺς ταξιάρχους οὐχ οὕτως θρασεῖς καὶ φιλοκινδύνους ὡς ἡγεμονικοὺς καὶ στασίμους καὶ βαθεῖς μᾶλλον ταῖς ψυχαῖς, οὐδ᾽ ἐξ ἀκεραίου προσπίπτειν ἢ κατάρχεσθαι τῆς μάχης,

elect ten centurions according to merit, and then they elect a second ten. All these are called centurions, and the first man elected has a seat in the military council. The centurions then appoint an equal number of rearguard officers (*optiones*). Next, in conjunction with the centurions, they divide each class into ten companies, except the *velites,* and assign to each company two centurions and two *optiones* from among the elected officers. The *velites* are divided equally among all the companies; these companies are called *ordines* or *manipuli* or *signa,* and their officers are called centurions or *ordinum ductores.* Finally these officers appoint from the ranks two of the finest and bravest men to be standard-bearers (*signiferi*) in each maniple. It is natural that they should appoint two commanders for each maniple; for it being uncertain what may be the conduct of an officer or what may happen to him, and affairs of war not admitting of pretexts and excuses, they wish the maniple never to be without a leader and chief. When both centurions are on the spot, the first elected commands the right half of the maniple and the second the left, but if both are not present the one who is commands the whole. They wish the centurions not so much to be venturesome and daredevil as to be natural leaders, of a steady and sedate spirit. They do not desire them so much to be men who will initiate attacks and open the battle, but men who will hold their ground when

ἐπικρατουμένους δὲ καὶ πιεζομένους ὑπομένειν καὶ ἀποθνήσκειν ὑπὲρ τῆς χώρας.

25. Παραπλησίως δὲ καὶ τοὺς ἱππεῖς εἰς ἴλας δέκα διεῖλον, ἐξ ἑκάστης δὲ τρεῖς προκρίνουσιν ἰλάρχας,
2 οὗτοι δ' αὐτοὶ τρεῖς προσέλαβον οὐραγούς. ὁ μὲν οὖν πρῶτος αἱρεθεὶς ἰλάρχης ἡγεῖται τῆς ἴλης, οἱ δὲ δύο δεκαδάρχων ἔχουσι τάξιν, καλοῦνται δὲ πάντες δεκουρίωνες. μὴ παρόντος δὲ τοῦ πρώτου πάλιν ὁ δεύτερος
3 ἰλάρχου λαμβάνει τάξιν. ὁ δὲ καθοπλισμὸς τῶν ἱππέων νῦν μέν ἐστι παραπλήσιος τῷ τῶν Ἑλλήνων· τὸ δὲ παλαιὸν πρῶτον θώρακας οὐκ εἶχον, ἀλλ' ἐν περι-
4 ζώμασιν ἐκινδύνευον, ἐξ οὗ πρὸς μὲν τὸ καταβαίνειν καὶ ταχέως ἀναπηδᾶν ἐπὶ τοὺς ἵππους ἑτοίμως διέκειντο καὶ πρακτικῶς, πρὸς δὲ τὰς συμπλοκὰς
5 ἐπισφαλῶς εἶχον διὰ τὸ γυμνοὶ κινδυνεύειν. τὰ δὲ δόρατα κατὰ δύο τρόπους ἄπρακτ' ἦν αὐτοῖς, καθ' ἃ μὲν ᾗ λεπτὰ καὶ κλαδαρὰ ποιοῦντες οὔτε τοῦ προτεθέντος ἠδύναντο σκοποῦ στοχάζεσθαι, πρό τοῦ τε τὴν ἐπιδορατίδα πρός τι προσερεῖσαι, κραδαινόμενα δι' αὐτῆς τῆς ἵππων κινήσεως τὰ πλεῖστα συνετρί-
6 βετο· πρὸς δὲ τούτοις ἄνευ σαυρωτήρων κατασκευάζοντες μιᾷ τῇ πρώτῃ διὰ τῆς ἐπιδορατίδος ἐχρῶντο πληγῇ, μετὰ δὲ ταῦτα κλασθέντων λοιπὸν ἦν ἄπρακτ'
7 αὐτοῖς καὶ μάταια. τόν γε μὴν θυρεὸν εἶχον ἐκ βοείου δέρματος, τοῖς ὀμφαλωτοῖς ποπάνοις παραπλήσιον τοῖς ἐπὶ τὰς θυσίας ἐπιτιθεμένοις· οἷς οὔτε πρὸς τὰς ἐπιβολὰς ἦν χρῆσθαι διὰ τὸ μὴ στάσιν ἔχειν, ὑπό τε τῶν ὄμβρων ἀποδερματούμενοι καὶ μυδῶντες δύσχρη-

worsted and hard-pressed and be ready to die at their posts.

25. In like manner they divide the cavalry into ten squadrons (*turmae*) and from each they select three officers (*decuriones*), who themselves appoint three rear-rank officers (*optiones*). The first commander chosen commands the whole squadron, and the two others have the rank of *decuriones*, all three bearing this title. If the first of them should not be present, the second takes command of the squadron. The cavalry are now armed like that of Greece, but in old time they had no cuirasses but fought in light undergarments, the result of which was that they were able to dismount and mount again at once with great dexterity and facility, but were exposed to great danger in close combat, as they were nearly naked. Their lances too were unserviceable in two respects. In the first place they made them so slender and pliant that it was impossible to take a steady aim, and before the head stuck in anything, the shaking due to the mere motion of the horse caused most of them to break. Next, as they did not fit the butt ends with spikes, they could only deliver the first stroke with the point and after this if they broke they were of no further service. Their buckler was made of ox hide, somewhat similar in shape to the round bossed cakes used at sacrifices. They were not of any use against attacks, as they were not firm enough; and when the leather covering peeled off and rotted owing to the rain, unserviceable

στοι καὶ πρότερον ἦσαν καὶ νῦν ἔτι γίνονται παν-
8 τελῶς. διόπερ ἀδοκίμου τῆς χρείας οὔσης, ταχέως
9 μετέλαβον τὴν Ἑλληνικὴν κατασκευὴν τῶν ὅπλων, ἐν
ᾗ τῶν μὲν δοράτων τὴν πρώτην εὐθέως τῆς ἐπιδορα-
τίδος πληγὴν εὔστοχον ἅμα καὶ πρακτικὴν γίνεσθαι
συμβαίνει, διὰ τὴν κατασκευὴν ἀτρεμοῦς καὶ στα-
σίμου τοῦ δόρατος ὑπάρχοντος, ὁμοίως δὲ καὶ τὴν ἐκ
μεταλήψεως τοῦ σαυρωτῆρος χρείαν μόνιμον καὶ βί-
10 αιον. ὁ δ᾽ αὐτὸς λόγος καὶ περὶ τῶν θυρεῶν· καὶ γὰρ
πρὸς τὰς ἐπιβολὰς καὶ πρὸς τὰς ἐπιθέσεις ἑστηκυῖαν
11 καὶ τεταγμένην ἔχουσι τὴν χρείαν. ἃ συνιδόντες ἐμι-
μήσαντο ταχέως· ἀγαθοὶ γάρ, εἴ καί τινες ἕτεροι,
μεταλαβεῖν ἔθη καὶ ζηλῶσαι τὸ βέλτιον καὶ Ῥωμαῖοι.

26. Τοιαύτην δὲ ποιησάμενοι τὴν διαίρεσιν οἱ χιλί-
αρχοι, καὶ ταῦτα παραγγείλαντες περὶ τῶν ὅπλων,
τότε μὲν ἀπέλυσαν τοὺς ἄνδρας εἰς τὴν οἰκείαν· παρα-
2 γενομένης δὲ τῆς ἡμέρας, εἰς ἣν ὤμοσαν ἀθροισθῆναι
πάντες ὁμοίως εἰς τὸν ἀποδειχθέντα τόπον ὑπὸ τῶν
3 ὑπάτων—τάττει δ᾽ ὡς ἐπίπαν ἑκάτερος χωρὶς τὸν
τόπον τοῖς αὑτοῦ στρατοπέδοις· ἑκατέρῳ γὰρ δίδοται
τὸ μέρος τῶν συμμάχων καὶ δύο τῶν Ῥωμαϊκῶν
4 στρατοπέδων—παραγίνονται δὲ πάντες ἀδιαπτώτως
οἱ καταγραφέντες, ὡς ἂν μηδεμιᾶς ἄλλης συγχωρου-
μένης προφάσεως τοῖς ἐξορκισθεῖσι πλὴν ὀρνιθείας
5 καὶ τῶν ἀδυνάτων. ἀθροισθέντων δὲ καὶ τῶν συμ-
μάχων ὁμοῦ τοῖς Ῥωμαίοις, τὴν μὲν οἰκονομίαν καὶ
τὸν χειρισμὸν ποιοῦνται τούτων αὐτῶν οἱ καθεστα-
μένοι μὲν ὑπὸ τῶν ὑπάτων ἄρχοντες, προσαγορευ-

as they were before, they now became entirely so. Since therefore their arms did not stand the test of experience, they soon took to making them in the Greek fashion, which ensures that the first stroke of the lance head shall be both well aimed and telling, since the lance is so constructed as to be steady and strong, and also that it may continue to be effectively used by reversing it and striking with the spike at the butt end. And the same applies to the Greek shields, which being of solid and firm texture do good service against both missiles from a distance and from attack at close quarters. The Romans, when they noticed this, soon learned to copy the Greek arms; for they are as good as any others in adopting new fashions and instituting what is better.[40]

26. The tribunes having thus organized the troops and ordered them to arm themselves in this manner, dismiss them to their homes. When the day comes on which they have all sworn to attend at the place appointed by the consuls—each consul as a rule appointing a separate rendezvous for his own troops, since each has received his share of the allies and two Roman legions—none of those on the roll ever fail to appear, no excuse at all being admitted except adverse omens or absolute impossibility.[41] The allies having now assembled also at the same places as the Romans, their organization and command are undertaken by the officers appointed by the consuls known as *praefecti*

[40] A good example is their imitations of the captured Punic ship in 1.20.15 and 1.59.8 (with 1.47.10) during the First Punic War.

[41] L. Cincius in his *De re militari,* quoted by Gell. 16.4.3–4, lists the exceptions; see *RE* Cincius no. 3, 2555–2556 (G. Wissowa).

6 όμενοι δὲ πραίφεκτοι, δώδεκα τὸν ἀριθμὸν ὄντες. οἳ πρῶτον μὲν τοῖς ὑπάτοις τοὺς ἐπιτηδειοτάτους πρὸς τὴν ἀληθινὴν χρείαν ἐκ πάντων τῶν παραγεγονότων συμμάχων ἱππεῖς καὶ πεζοὺς ἐκλέγουσι, τοὺς καλουμένους ἐκτραορδιναρίους, ὃ μεθερμηνευόμενον ἐπι-
7 λέκτους δηλοῖ. τὸ δὲ πλῆθος γίνεται τὸ πᾶν τῶν συμμάχων, τὸ μὲν τῶν πεζῶν πάρισον τοῖς Ῥωμαϊκοῖς στρατοπέδοις ὡς τὸ πολύ, τὸ δὲ τῶν ἱππέων
8 τριπλάσιον· ἐκ δὲ τούτων λαμβάνουσι τῶν μὲν ἱππέων εἰς τοὺς ἐπιλέκτους ἐπιεικῶς τὸ τρίτον μέρος, τῶν δὲ
9 πεζῶν τὸ πέμπτον. τοὺς δὲ λοιποὺς διεῖλον εἰς δύο μέρη, καὶ καλοῦσι τὸ μὲν δεξιόν, τὸ δ᾽ εὐώνυμον κέρας.

10 Τούτων δ᾽ εὐτρεπῶν γενομένων παραλαβόντες οἱ χιλίαρχοι τοὺς Ῥωμαίους ὁμοῦ καὶ τοὺς συμμάχους κατεστρατοπέδευσαν, ἑνὸς ὑπάρχοντος παρ᾽ αὐτοῖς
11 θεωρήματος ἁπλοῦ περὶ τὰς παρεμβολάς, ᾧ χρῶνται πρὸς πάντα καιρὸν καὶ τόπον. διὸ καὶ δοκεῖ μοι πρέπειν τῷ καιρῷ πειραθῆναι, καθ᾽ ὅσον οἷόν τε τῷ λόγῳ, τοὺς ἀκούοντας εἰς ἔννοιαν ἀγαγεῖν τοῦ κατὰ τὰς πορείας καὶ στρατοπεδείας καὶ παρατάξεις χει-
12 ρισμοῦ τῶν δυνάμεων. τίς γὰρ οὕτως ἐστὶν ἀπεοικὼς πρὸς τὰ καλὰ καὶ σπουδαῖα τῶν ἔργων, ὃς οὐκ ἂν βουληθείη μικρὸν ἐπιμελέστερον ἐπιστῆσαι περὶ τῶν τοιούτων, ὑπὲρ ὧν ἅπαξ ἀκούσας ἐπιστήμων ἔσται πράγματος ἑνὸς τῶν ἀξίων λόγου καὶ γνώσεως;

27. Ἔστι δὴ τὸ γένος αὐτῶν τῆς στρατοπεδείας τοιόνδε. τοῦ κριθέντος αἰεὶ τόπου πρὸς στρατοπεδείαν,

sociorum and twelve in number. They first of all select for the consuls from the whole force of allies assembled the horsemen and footmen most fitted for actual service, these being known as *extra-ordinarii,* that is, when translated, "select." The total number of allied infantry is usually equal to that of the Romans, while the cavalry are three times as many. Of these they assign about a third of the cavalry and a fifth of the infantry to the picked corps; the rest they divide into two bodies, one known as the right wing and the other as the left.

When these arrangements have been made, the tribunes take both the Romans and allies and pitch their camp, one simple plan of camp being adopted at all times and in all places. I think, therefore, it will be in place here to attempt, as far as words can do so, to convey to my readers a notion of the disposition of the forces when on the march, when encamped, and when in action. For who is so averse to all noble and excellent performance as not to be inclined to take a little extra trouble to understand matters like this, of which when he has once read he will be well informed about one of those things really worth studying and worth knowing?

27. The manner in which they form their camp[42] is as follows. When the site for the camp has been chosen,

42 Chapters 27–42 describe the Roman camp; see plan in WC 1.710, based on Fabricius.

τούτου τὸν ἐπιτηδειότατον εἰς σύνοψιν ἅμα καὶ
παραγγελίαν ἡ τοῦ στρατηγοῦ σκηνὴ καταλαμβάνει.
2 τεθείσης δὲ τῆς σημαίας, οὗ μέλλουσι πηγνύναι
ταύτην, ἀπομετρεῖται πέριξ τῆς σημαίας τετράγωνος
τόπος, ὥστε πάσας τὰς πλευρὰς ἑκατὸν ἀπέχειν
πόδας τῆς σημαίας, τὸ δ' ἐμβαδὸν γίνεσθαι τετρά-
3 πλεθρον. τούτου δὲ τοῦ σχήματος αἰεὶ παρὰ μίαν
ἐπιφάνειαν καὶ πλευράν, ἥτις ἂν ἐπιτηδειοτάτη φανῇ
πρός τε τὰς ὑδρείας καὶ προνομάς, παραβάλλεται τὰ
4 Ῥωμαϊκὰ στρατόπεδα τὸν τρόπον τοῦτον. ἓξ ὑπαρ-
χόντων χιλιάρχων ἐν ἑκάστῳ στρατοπέδῳ κατὰ τὸν
ἄρτι λόγον, δυεῖν δὲ στρατοπέδων ὄντων τῶν Ῥωμα-
ϊκῶν ἀεὶ μεθ' ἑκατέρου τῶν ὑπάτων, φανερὸν ὅτι
δώδεκα χιλιάρχους ἀνάγκη συστρατεύειν ἑκατέρῳ
5 τῶν ὑπάτων. τιθέασι δὴ τὰς τούτων σκηνὰς ἐπὶ μίαν
εὐθεῖαν ἁπάσας, ἥτις ἐστὶ παράλληλος τῇ τοῦ τετρα-
γώνου προκριθείσῃ πλευρᾷ, πεντήκοντα δ' ἀπέχει
πόδας ἀπ' αὐτῆς, <ἵν' ᾖ τοῖς> ἵπποις, ἅμα δ' ὑπο-
ζυγίοις καὶ τῇ λοιπῇ τῶν χιλιάρχων ἀποσκευῇ τόπος.
6 αἱ δὲ σκηναὶ τοῦ προειρημένου σχήματος εἰς τοὔμ-
παλιν ἀπεστραμμέναι πήγνυνται πρὸς τὴν ἐκτὸς ἐπι-
φάνειαν, ἣ νοείσθω καὶ καλείσθω δὲ καθάπαξ ἡμῖν ἀεὶ
7 τοῦ παντὸς σχήματος κατὰ πρόσωπον. ἀφεστᾶσι δ'
ἀλλήλων μὲν ἴσον αἱ τῶν χιλιάρχων σκηναί, τοσ-
οῦτον δὲ τόπον ὥστε παρ' ὅλον τὸ πλάτος ἀεὶ τῶν
Ῥωμαϊκῶν στρατοπέδων παρήκειν.

28. Ἀπομετρηθέντων δὲ πάλιν ἑκατὸν ποδῶν εἰς τὸ πρόσθεν κατὰ πάσας τὰς σκηνάς, λοιπὸν ἀπὸ τῆς

the position in it giving the best general view and most suitable for issuing orders is assigned to the general's tent (*praetorium*). Fixing an ensign on the spot where they are about to pitch it, they measure off round this ensign a square plot of ground each side of which is one hundred feet distant, so that the total area measures four plethra. Along one side of this square in the direction which seems to give the greatest facilities for watering and foraging, the Roman legions are disposed as follows. As I have said, there are six tribunes in each legion; and since each consul has always two Roman legions with him, it is evident that there are twelve tribunes in the army of each. They place then the tents of these all in one line parallel to the side of the square selected and fifty feet distant from it, to give room for the horses, mules, and baggage of the tribunes. These tents are pitched with their backs turned to the *praetorium* and facing the outer side of the camp, a direction of which I will always speak as "the front." The tents of the tribunes are at an equal distance from each other, and at such a distance that they extend along the whole breadth of the space occupied by the legions.

28. They now measure a hundred feet from the front of all these tents, and starting from the line drawn at this dis-

τοῦτο τὸ πλάτος ὁριζούσης εὐθείας, ἥτις γίνεται παράλληλος ταῖς τῶν χιλιάρχων σκηναῖς, ἀπὸ ταύτης ἄρχονται ποιεῖσθαι τὰς τῶν στρατοπέδων παρεμβολάς, χειρίζοντες τὸν τρόπον τοῦτον. διχοτομήσαντες
2 τὴν προειρημένην εὐθεῖαν, ἀπὸ τούτου τοῦ σημείου πρὸς ὀρθὰς τῇ γραμμῇ τοὺς ἱππεῖς ἀντίους αὑτοῖς ἑκατέρου τοῦ στρατοπέδου παρεμβάλλουσι, πεντήκοντα διέχοντας πόδας ἀλλήλων, μέσην ποιοῦντες τὴν
3 τομὴν τοῦ διαστήματος. ἔστι δ᾽ ἥ τε τῶν ἱππέων καὶ τῶν πεζῶν σκηνοποιία παραπλήσιος· γίνεται γὰρ τὸ ὅλον σχῆμα καὶ τῆς σημαίας καὶ τῶν οὐλαμῶν
4 τετράγωνον. τοῦτο δὲ βλέπει μὲν εἰς τὰς διόδους, ἔχει δὲ τὸ μὲν μῆκος ὡρισμένον τὸ παρὰ τὴν δίοδον—ἔστι γὰρ ἑκατὸν ποδῶν—ὡς δ᾽ ἐπὶ τὸ πολὺ καὶ τὸ βάθος
5 ἴσον πειρῶνται ποιεῖν πλὴν τῶν συμμάχων. ὅταν δὲ τοῖς μείζοσι στρατοπέδοις χρῶνται, τὸ κατὰ λόγον καὶ τῷ μήκει καὶ τῷ βάθει προστιθέασι.

29. Γενομένης δὲ τῆς τῶν ἱππέων παρεμβολῆς κατὰ μέσας τὰς τῶν χιλιάρχων σκηνὰς οἷον εἰ ῥύμης τινὸς ἐπικαρσίου πρὸς τὴν ἄρτι ῥηθεῖσαν εὐθεῖαν καὶ τὸν
2 πρὸ τῶν χιλιάρχων τόπον—τῷ γὰρ ὄντι ῥύμαις παραπλήσιον ἀποτελεῖται τὸ τῶν διόδων σχῆμα πασῶν, ὡς ἂν ἐξ ἑκατέρου τοῦ μέρους αἷς μὲν ταγμάτων, αἷς δ᾽
3 οὐλαμῶν ἐπὶ τὸ μῆκος παρεμβεβληκότων—πλὴν τοῖς προειρημένοις ἱππεῦσι κατόπιν τοὺς ἐξ ἀμφοτέρων τῶν στρατοπέδων τριαρίους, κατ᾽ οὐλαμὸν ἑκάστην σημαίαν, ἐν ὁμοίῳ σχήματι τιθέασι, συμψαυόντων μὲν τῶν σχημάτων ἀλλήλοις, βλεπόντων δ᾽ ἔμπαλιν

tance parallel to the tents of the tribunes they begin to encamp the legions, managing matters as follows. Bisecting the above line, they start from this spot and along a line drawn at right angles to the first, they encamp the cavalry of each legion facing each other and separated by a distance of fifty feet, the last-mentioned line being exactly halfway between them. The manner of encamping the cavalry and the infantry is very similar, the whole space occupied by the maniples and squadrons being a square. This square faces one of the streets or *viae* and is of a fixed length of one hundred feet, and they usually try to make the depth the same except in the case of the allies. When they employ the larger legions they add proportionately to the length and depth.

29. The cavalry camp is thus something like a street running down from the middle of the tribunes' tents and at right angles to the line along which these tents are placed and to the space in front of them, the whole system of *viae* being in fact like a number of streets, as either companies of infantry or troops of horse are encamped facing each other all along each. Behind the cavalry, then, they place the *triarii* of both legions in a similar arrangement, a company next each troop, but with no space between, and

4 πρὸς τὰς ἐναντίας τοῖς ἱππεῦσιν ἐπιφανείας, ἥμισυ ποιοῦντες τὸ βάθος τοῦ μήκους ἑκάστης σημαίας τῷ καὶ κατὰ τὸ πλῆθος ἡμίσεις ὡς ἐπίπαν εἶναι τούτους
5 τῶν ἄλλων μερῶν. διότιπερ ἀνίσων ὄντων πολλάκις τῶν ἀνδρῶν ἰσάζειν ἀεὶ συμβαίνει πάντα τὰ μέρη
6 κατὰ τὸ μῆκος διὰ τὴν τοῦ βάθους διαφοράν. αὖθις δὲ πεντήκοντα πόδας ἀφ᾽ ἑκατέρων τούτων ἀποστήσαντες, ἀντίους παρεμβάλλουσι τοῖς τριαρίοις τοὺς πρίγ-
7 κιπας. νευόντων δὲ καὶ τούτων εἰς τὰ προειρημένα διαστήματα δύ᾽ αὗται πάλιν ἀποτελοῦνται ῥῦμαι, τὰς μὲν ἀρχὰς ἀπὸ τῆς αὐτῆς εὐθείας λαμβάνουσαι καὶ τὰς εἰσβολάς, ὁμοίως τοῖς ἱππεῦσιν, ἐκ τοῦ πρὸ τῶν χιλιάρχων ἑκατομπέδου διαστήματος, λήγουσαι δὲ πρὸς τὴν καταντικρὺ τῶν χιλιάρχων πλευρὰν τοῦ χάρακος, ἣν ἐξ ἀρχῆς ὑπεθέμεθα κατὰ πρόσωπον
8 εἶναι τοῦ παντὸς σχήματος. μετὰ δὲ τοὺς πρίγκιπας, ὄπισθεν τούτων ὁμοίως ἔμπαλιν βλέποντα, συμψαύοντα δὲ τὰ σχήματα τιθέντες, τοὺς ἁστάτους παρεμ-
9 βάλλουσι. δέκα δὲ σημαίας ἐχόντων ἁπάντων τῶν μερῶν κατὰ τὴν ἐξ ἀρχῆς διαίρεσιν, πάσας ἴσας συμβαίνει γίνεσθαι τὰς ῥύμας καὶ κατὰ τὸ μῆκος καὶ τὰς ἀποτομὰς ἰσάζειν αὐτῶν τὰς πρὸς τῇ κατὰ τὸ πρόσωπον πλευρᾷ τοῦ χάρακος· πρὸς ἣν καὶ τὰς τελευταίας σημαίας ἐπιστρέφοντες στρατοπεδεύουσιν.

30. Ἀπὸ τῶν ἁστάτων πεντήκοντα πάλιν διαλείποντες πόδας τοὺς τῶν συμμάχων ἱππεῖς ἀντίους παρεμβάλλουσι τούτοις, ποιούμενοι τὴν ἀρχὴν ἀπὸ
2 τῆς αὐτῆς εὐθείας καὶ λήγοντες ἐπὶ τὴν αὐτήν. ἔστι δὲ

facing in the contrary direction to the cavalry. They make the depth of each company half its length, because as a rule the *triarii* number only half the strength of the other classes. So that the maniples being often of unequal strength, the length of the encampments is always the same owing to the difference in depth. Next at a distance of fifty feet on each side they place the *principes* facing the *triarii*, and as they are turned toward the intervening space, two more streets are formed, both starting from the same base as that of the cavalry, i.e., the hundred-foot space in front of the tribunes' tents, and both issuing on the side of the camp which is opposite to the tribunes' tents and which we decided to call the front of the whole. After the *principes*, and again back-to-back against them, with no interval they encamp the *hastati*. As each class by virtue of the original division consists of ten maniples, the streets are all equal in length, and they all break off on the front side of the camp in a straight line, the last maniples being here so placed as to face to the front.

30. At a distance again of fifty feet from the *hastati*, and facing them, they encamp the allied cavalry, starting from the same line and ending on the same line. As I stated

τὸ πλῆθος τῶν συμμάχων, ὡς ἐπάνω προεῖπα, τὸ μὲν τῶν πεζῶν πάρισον τοῖς Ῥωμαϊκοῖς στρατοπέδοις, λεῖπον τοῖς ἐπιλέκτοις, τὸ δὲ τῶν ἱππέων διπλάσιον, ἀφῃρημένου καὶ τούτων τοῦ τρίτου μέρους εἰς τοὺς
3 ἐπιλέκτους. διὸ καὶ τὸ βάθος αὔξοντες τούτοις πρὸς λόγον ἐν τοῖς στρατοπεδευτικοῖς σχήμασι, πειρῶνται κατὰ τὸ μῆκος ἐξισοῦν τοῖς τῶν Ῥωμαίων στρατο-
4 πέδοις. ἀποτελεσθεισῶν δὲ τῶν ἁπασῶν πέντε διόδων, αὖθις εἰς τοὔμπαλιν ἀπεστραμμένας ὁμοίως τοῖς ἱππεῦσι τιθέασι τὰς τῶν συμμαχικῶν πεζῶν σημαίας, αὔξοντες τὸ βάθος πρὸς λόγον, βλεπούσας δὲ πρὸς τὸν χάρακα καὶ πρὸς τὰς ἐκ τῶν πλαγίων ἐπιφανείας
5 ἑκατέρας. καθ' ἑκάστην δὲ σημαίαν τὰς πρώτας ἀφ' ἑκατέρου τοῦ μέρους σκηνὰς οἱ ταξίαρχοι λαμβάνουσιν. ἅμα δὲ τὸν προειρημένον τρόπον παρεμβάλλοντες καθ' ἕκαστον μέρος τὸν ἕκτον οὐλαμὸν ἀπὸ τοῦ πέμπτου πεντήκοντα πόδας ἀφιστᾶσι, παραπλησίως
6 δὲ καὶ τὰς τῶν πεζῶν τάξεις, ὥστε γίνεσθαι καὶ ταύτην ἄλλην διὰ μέσων τῶν στρατοπέδων δίοδον, ἐπικάρσιον μὲν πρὸν τὰς ῥύμας, παράλληλον δὲ ταῖς τῶν χιλιάρχων σκηναῖς, ἣν καλοῦσι πέμπτην διὰ τὸ παρὰ τὰ πέμπτα τάγματα παρήκειν.

31. Ὁ δ' ὑπὸ τὰς τῶν χιλιάρχων σκηνὰς ὄπισθεν τόπος ὑποπεπτωκώς, ἐξ ἑκατέρου δὲ τοῦ μέρους τῆς τοῦ στρατηγίου περιστάσεως παρακείμενος, ὁ μὲν εἰς ἀγορὰν γίνεται τόπος, ὁ δ' ἕτερος τῷ τε ταμιείῳ καὶ
2 ταῖς ἅμα τούτῳ χορηγίαις. ἀπὸ δὲ τῆς ἐφ' ἑκάτερα τελευταίας τῶν χιλιάρχων σκηνῆς κατόπιν οἷον ἐπι-

above, the number of the allied infantry is the same as that of the Roman legions, but from these the *extraordinarii* must be deducted; while that of the cavalry is double after deducting the third who serve as *extraordinarii.* In forming the camp, therefore, they proportionately increase the depth of the space assigned to the allied cavalry, in the endeavor to make it equal in length to that of the Roman legions. These five streets having been completed, they place the maniples of the allied infantry, increasing the depth in proportion to their numbers; with their faces turned away from the cavalry and facing the agger and both the outer sides of the camp. In each maniple the first tent at either end is occupied by the centurions. In laying the whole camp out in this manner they always leave a space of fifty feet between the fifth troop and the sixth, and similarly with the companies of foot, so that another passage traversing the whole camp is formed, at right angles to the streets, and parallel to the line of the tribunes' tents. This they called *quintana,* as it runs along the fifth troops and companies.

31. The spaces behind the tents of the tribunes to the right and left of the area around the *praetorium*, are used in the one case for the market and in the other for the office of the quaestor and the supplies of which he is in charge. Behind the last tent of the tribunes on either side,

κάμπιον ἔχοντες τάξιν πρὸς τὰς σκηνάς, οἱ τῶν ἐπιλέκτων ἱππέων ἀπόλεκτοι καί τινες τῶν ἐθελοντὴν στρατευομένων τῇ τῶν ὑπάτων χάριτι, πάντες οὗτοι στρατοπεδεύουσι παρὰ τὰς ἐκ τῶν πλαγίων τοῦ χάρακος ἐπιφανείας, βλέποντες οἱ μὲν ἐπὶ τὰς τοῦ ταμιείου παρασκευάς, οἱ δ᾽ ἐκ θατέρου μέρους εἰς τὴν ἀγοράν.
3 ὡς δ᾽ ἐπὶ τὸ πολὺ συμβαίνει τούτοις μὴ μόνον στρατοπεδεύειν σύνεγγυς τῶν ὑπάτων, ἀλλὰ καὶ κατὰ τὰς πορείας καὶ κατὰ τὰς ἄλλας χρείας περὶ τὸν ὕπατον καὶ τὸν ταμίαν ποιεῖσθαι τὴν ἐπιμέλειαν καὶ τὴν ὅλην
4 διατριβήν. ἀντίκεινται δὲ τούτοις ἐπὶ τὸν χάρακα βλέποντες οἱ τὴν παραπλήσιον χρείαν παρεχόμενοι
5 πεζοὶ τοῖς προειρημένοις ἱππεῦσιν. ἑξῆς δὲ τούτοις δίοδος ἀπολείπεται πλάτος ποδῶν ἑκατόν, παράλληλος μὲν ταῖς τῶν χιλιάρχων σκηναῖς, ἐπὶ θάτερα δὲ τῆς ἀγορᾶς καὶ στρατηγίου καὶ ταμιείου παρατείνουσα παρὰ πάντα τὰ προειρημένα μέρη τοῦ χάρα-
6 κος. παρὰ δὲ τὴν ἀνωτέρω πλευρὰν ταύτης οἱ τῶν συμμάχων ἱππεῖς ἐπίλεκτοι στρατοπεδεύουσι, βλέποντες ἐπί τε τὴν ἀγορὰν ἅμα καὶ τὸ στρατήγιον καὶ
7 τὸ ταμιεῖον. κατὰ μέσην δὲ τὴν τούτων τῶν ἱππέων παρεμβολὴν καὶ κατ᾽ αὐτὴν τὴν τοῦ στρατηγίου περίστασιν δίοδος ἀπολείπεται πεντήκοντα ποδῶν, φέρουσα μὲν ἐπὶ τὴν ὄπισθε πλευρὰν τῆς στρατοπεδείας, τῇ δὲ τάξει πρὸς ὀρθὰς κειμένη τῇ προειρημένῃ πλατείᾳ.
8 τοῖς δ᾽ ἱππεῦσι τούτοις ἀντίτυποι τίθενται πάλιν οἱ τῶν συμμάχων ἐπίλεκτοι πεζοί, βλέποντες πρὸς τὸν χάρακα καὶ τὴν ὄπισθεν ἐπιφάνειαν τῆς ὅλης στρατο-

and more or less at right angles to these tents, are the quarters of the cavalry picked out from the *extraordinarii,* and a certain number of volunteers serving to oblige the consuls. These are all encamped parallel to the two sides of the camp, and facing in the one case the quaestors' depot and in the other the market. As a rule these troops are not only thus encamped near the consuls but on the march and on other occasions are in constant attendance on the consul and quaestor. Back to back with them, and looking toward the agger are the select infantry who perform the same service as the cavalry just described. Beyond these an empty space is left a hundred feet broad, parallel to the tents of the tribunes, on the other side of the market, *praetorium* and *quaestorium,* running alongside all of this part of the camp and on its further side the rest of the *equites extraordinarii* are encamped facing the market, *praetorium* and *quaestorium.* In the middle of this cavalry camp and exactly opposite the *praetorium* a passage, fifty feet wide, is left leading to the rear side of the camp and running at right angles to the broad passage behind the *praetorium.* Back to back with these cavalry and fronting the agger and the rearward face of the whole camp are placed the rest of the *pedites extraordinarii.* Finally the

9 πεδείας. τὸ δ᾽ ἀπολειπόμενον ἐξ ἑκατέρου τοῦ μέρους
τούτων κένωμα παρὰ τὰς ἐκ τῶν πλαγίων πλευρὰς
δίδοται τοῖς ἀλλοφύλοις καὶ τοῖς ἐκ τοῦ καιροῦ προσ-
γινομένοις συμμάχοις.
10 Τούτων δ᾽ οὕτως ἐχόντων τὸ μὲν σύμπαν σχῆμα
γίνεται τῆς στρατοπεδείας τετράγωνον ἰσόπλευρον,
τὰ δὲ κατὰ μέρος ἤδη τῆς τε ῥυμοτομίας ἐν αὐτῇ καὶ
τῆς ἄλλης οἰκονομίας πόλει παραπλησίαν ἔχει τὴν
11 διάθεσιν. τὸν δὲ χάρακα τῶν σκηνῶν ἀφιστᾶσι κατὰ
πάσας τὰς ἐπιφανείας διακοσίους πόδας. τοῦτο δὲ τὸ
κένωμα πολλὰς καὶ δοκίμους αὐτοῖς παρέχεται χρεί-
12 ας. πρός τε γὰρ τὰς εἰσαγωγὰς καὶ τὰς ἐξαγωγὰς τῶν
στρατοπέδων εὐφυῶς ἔχει καὶ δεόντως· ἕκαστοι γὰρ
κατὰ τὰς ἑαυτῶν ῥύμας εἰς τοῦτο τὸ κένωμα ποιοῦνται
τὴν ἔξοδον, ἀλλ᾽ οὐκ εἰς μίαν συμπίπτοντες ἀνατρέ-
13 πουσι καὶ συμπατοῦσιν ἀλλήλους· τάς τε τῶν παρ-
εισαγομένων θρεμμάτων καὶ τὰς ἐκ τῶν πολεμίων
λείας εἰς τοῦτο παράγοντες ἀσφαλῶς τηροῦσι τὰς
14 νύκτας. τὸ δὲ μέγιστον, ἐν ταῖς ἐπιθέσεσι ταῖς νυκτε-
ριναῖς οὔτε πῦρ οὔτε βέλος ἐξικνεῖται πρὸς αὐτοὺς
πλὴν τελείως ὀλίγων· γίνεται δὲ καὶ ταῦτα σχεδὸν
ἀβλαβῆ διά τε τὸ μέγεθος τῆς ἀποστάσεως καὶ διὰ
τὴν τῶν σκηνῶν περίστασιν.

32. Δεδομένου δὲ τοῦ πλήθους καὶ τῶν πεζῶν καὶ τῶν ἱππέων καθ᾽ ἑκατέραν τὴν πρόθεσιν, ἄν τε τετρακισχιλίους ἄν τε πεντακισχιλίους εἰς ἕκαστον στρατόπεδον ποιῶσι, παραπλησίως δὲ καὶ τῶν σημαιῶν τοῦ τε βάθους καὶ τοῦ μήκους καὶ τοῦ πλήθους δεδο-

spaces remaining empty to right and left next the agger on each side of the camp are assigned to foreign troops or to any allies who chance to come in.

The whole camp thus forms a square, and the way in which the streets are laid out and its general arrangement give it the appearance of a town. The agger is on all sides at a distance of two hundred feet from the tents, and this empty space is of important service in several respects. To begin with it provides the proper facilities for marching the troops in and out, seeing that they all march out into this space by their own streets and thus do not come into one street in a mass and throw down or hustle each other. Again it is here that they collect the cattle brought into camp and all booty taken from the enemy, and keep them safe during the night. But the most important thing of all is that in night attacks neither fire can reach them nor missiles except a very few, which are almost harmless owing to the distance and the space in front of the tents.

32. Given the numbers of cavalry and infantry, whether four thousand or five thousand, in each legion, and given likewise the depth, length, and number of the troops and

μένου, πρὸς δὲ τούτοις τῶν κατὰ τὰς διόδους καὶ
πλατείας διαστημάτων, ὁμοίως δὲ καὶ τῶν ἄλλων
2 ἁπάντων δεδομένων, συμβαίνει τοῖς βουλομένοις
συνεφιστάνειν <νοεῖν> καὶ τοῦ χωρίου τὸ μέγεθος καὶ
3 τὴν ὅλην περίμετρον τῆς παρεμβολῆς. ἐὰν δέ ποτε
πλεονάζῃ τὸ τῶν συμμάχων πλῆθος, ἢ τῶν ἐξ ἀρχῆς
συστρατευομένων ἢ τῶν ἐκ τοῦ καιροῦ προσγινο-
4 μένων, τοῖς μὲν ἐκ τοῦ καιροῦ πρὸς τοῖς προειρημένοις
καὶ τοὺς παρὰ τὸ στρατήγιον ἀναπληροῦσι τόπους,
τὴν ἀγορὰν καὶ τὸ ταμιεῖον συναγαγόντες εἰς αὐτὸν
5 τὸν κατεπείγοντα πρὸς τὴν χρείαν τόπον· τοῖς δ᾽ ἐξ
ἀρχῆς συνεκπορευομένοις, ἐὰν ᾖ πλῆθος ἱκανώτερον,
ῥύμην μίαν ἐξ ἑκατέρου τοῦ μέρους τῶν Ῥωμαϊκῶν
στρατοπέδων πρὸς ταῖς ὑπαρχούσαις παρὰ τὰς ἐκ
τῶν πλαγίων ἐπιφανείας παρατιθέασι.
6 Πάντων δὲ τῶν τεττάρων στρατοπέδων καὶ τῶν
ὑπάτων ἀμφοτέρων εἰς ἕνα χάρακα συναθροισθέντων,
οὐδὲν ἕτερον δεῖ νοεῖν πλὴν δύο στρατιὰς κατὰ τὸν
ἄρτι λόγον παρεμβεβλημένας ἀντεστραμμένας αὑταῖς
συνηρμόσθαι, συναπτούσας κατὰ τὰς τῶν ἐπιλέκτων
ἑκατέρου τοῦ στρατοπέδου παρεμβολάς, οὓς ἐποιοῦ-
μεν εἰς τὴν ὀπίσω βλέποντας ἐπιφάνειαν τῆς ὅλης
7 παρεμβολῆς, ὅτε δὴ συμβαίνει γίνεσθαι τὸ μὲν σχῆ-
μα παράμηκες, τὸ δὲ χωρίον διπλάσιον τοῦ πρόσθεν,
8 τὴν δὲ περίμετρον ἡμιόλιον. ὅταν μὲν οὖν συμβαίνῃ
τοὺς ὑπάτους ἀμφοτέρους ὁμοῦ στρατοπεδεύειν, οὕτως
ἀεὶ χρῶνται ταῖς στρατοπεδείαις· ὅταν δὲ χωρίς,

companies, the dimensions of the passages and open spaces and all other details, anyone who gives his mind to it can calculate the area and total circumference of the camp.[43] If there ever happen to be an extra number of allies, either of those originally forming part of the army or of others who have joined on a special occasion, accommodation is provided for the latter in the neighborhood of the *praetorium*, the market and *quaestorium* being reduced to the minimum size which meets pressing requirements, while for the former, if the excess is considerable, they add two streets, one at each side of the encampment of the Roman legions.

Whenever the two consuls with all their four legions[44] are united in one camp, we have only to imagine two camps like the above placed in juxtaposition back to back, the junction being formed at the encampments of the *extraordinarii* infantry of each camp whom we described as being stationed facing the rearward agger of the camp. The shape of the camp is now oblong, its area double what it was and its circumference half as much again. Whenever both consuls encamp together they adopt this arrangement; but when the two encamp apart the only differ-

[43] See the plan in WC 1.710.

[44] This is the camp with two consular armies.

τἄλλα μὲν ὡσαύτως, τὴν δ' ἀγορὰν καὶ τὸ ταμιεῖον καὶ τὸ στρατήγιον μέσον τιθέασι τῶν δυεῖν στρατοπέδων.

33. Μετὰ δὲ τὴν στρατοπεδείαν συναθροισθέντες οἱ χιλίαρχοι τοὺς ἐκ τοῦ στρατοπέδου πάντας ἐλευθέρους ὁμοῦ καὶ δούλους ὁρκίζουσι, καθ' ἕνα ποιούμενοι
2 τὸν ὁρκισμόν. ὁ δ' ὅρκος ἐστὶ μηδὲν ἐκ τῆς παρεμβολῆς κλέψειν, ἀλλὰ κἂν εὕρῃ τι, τοῦτ' ἀνοίσειν ἐπὶ τοὺς
3 χιλιάρχους. ἑξῆς δὲ τούτοις διέταξαν τὰς σημαίας ἐξ ἑκάστου στρατοπέδου τῶν πριγκίπων καὶ τῶν ἁστάτων, δύο μὲν εἰς τὴν ἐπιμέλειαν τοῦ τόπου τοῦ πρὸ τῶν
4 χιλιάρχων· τὴν γὰρ διατριβὴν ἐν ταῖς καθημερείαις οἱ πλεῖστοι τῶν Ῥωμαίων ἐν ταύτῃ ποιοῦνται τῇ πλατείᾳ· διόπερ ἀεὶ σπουδάζουσι περὶ ταύτης, ὡς
5 ῥαίνηται καὶ καλλύνηται σφίσιν ἐπιμελῶς. τῶν δὲ λοιπῶν ὀκτωκαίδεκα τρεῖς ἕκαστος τῶν χιλιάρχων διαλαγχάνει· τοσαῦται γάρ εἰσι τῶν ἁστάτων καὶ πριγκίπων ἐν ἑκάστῳ στρατοπέδῳ σημαῖαι κατὰ τὴν
6 ἄρτι ῥηθεῖσαν διαίρεσιν, χιλίαρχοι δ' ἕξ. τῶν δὲ τριῶν σημαιῶν ἀνὰ μέρος ἑκάστη τῷ χιλιάρχῳ λειτουργεῖ λειτουργίαν τοιαύτην. ἐπειδὰν καταστρατοπεδεύσωσι, τὴν σκηνὴν ἱστᾶσιν οὗτοι καὶ τὸν περὶ τὴν σκηνὴν τόπον ἠδάφισαν. κἄν τι περιφράξαι δέῃ τῶν
7 σκευῶν ἀσφαλείας χάριν, οὗτοι φροντίζουσι. διδόασι δὲ καὶ φυλακεῖα δύο—τὸ δὲ φυλακεῖόν ἐστιν ἐκ τεττάρων ἀνδρῶν—ὧν οἱ μὲν πρὸ τῆς σκηνῆς, οἱ δὲ κατόπιν παρὰ τοὺς ἵππους ποιοῦνται τὴν φυλακήν.
8 οὐσῶν δὲ σημαιῶν ἑκάστῳ χιλιάρχῳ τριῶν, ἐν ἑκάστῃ

ence is that the market, *quaestorium*, and *praetorium* are placed between the two legions.

33. After forming the camp the tribunes meet and administer an oath, man by man, to all in the camp, whether freemen or slaves. Each man swears to steal nothing from the camp and even if he finds anything to bring it to the tribunes. They next issue their orders to the maniples of the *hastati* and *principes* of each legion, entrusting to two maniples the care of the ground in front of the tents of the tribunes; for this ground is the general resort of the soldiers in the daytime, and so they see to its being swept and watered with great care. Three of the remaining eighteen maniples are now assigned by lot to each tribune, this being the number of maniples of *principes* and *hastati* in each legion, and there being six tribunes. Each of these three maniples in turn attends on the tribune, the services they render him being such as the following. When they encamp they pitch his tent for him and level the ground round it; and it is their duty to fence round any of his baggage that may require protection. They also supply two guards for him (a guard consists of four men), of which the one is stationed in front of the tent and the other behind it next the horses. As each tribune has three maniples at his

δὲ τούτων ἀνδρῶν ὑπαρχόντων ὑπὲρ τοὺς ἑκατὸν
9 χωρὶς τῶν τριαρίων καὶ γροσφομάχων—οὗτοι γὰρ οὐ
λειτουργοῦσι—τὸ μὲν ἔργον γίνεται κοῦφον διὰ τὸ
παρὰ τετάρτην ἡμέραν ἑκάστῃ σημαίᾳ καθήκειν τὴν
λειτουργίαν, τοῖς δὲ χιλιάρχοις ἅμα μὲν τὸ τῆς εὐχρη-
στίας ἀναγκαῖον, ἅμα δὲ τὸ τῆς τιμῆς διὰ τῶν προ-
10 ειρημένων ἀποτελεῖται σεμνὸν καὶ προστατικόν. αἱ δὲ
τῶν τριαρίων σημαῖαι τῆς μὲν τῶν χιλιάρχων παρα-
λύονται λειτουργίας, εἰς δὲ τοὺς τῶν ἱππέων οὐλαμοὺς
ἑκάστη σημαία καθ᾽ ἡμέραν δίδωσι φυλακεῖον ἀεὶ τῷ
11 γειτνιῶντι κατόπιν τῶν οὐλαμῶν· οἵτινες τηροῦσι μὲν
καὶ τἄλλα, μάλιστα δὲ τοὺς ἵππους, ἵνα μήτ᾽ ἐμπλε-
κόμενοι τοῖς δέμασι βλάπτωνται πρὸς χρείαν μήτε
λυόμενοι καὶ προσπίπτοντες ἄλλοις ἵπποις ταραχὰς
12 καὶ θορύβους ἐμποιῶσι τῷ στρατοπέδῳ. μία δ᾽ ἐξ
ἁπασῶν καθ᾽ ἡμέραν σημαία ἀνὰ μέρος τῷ στρατηγῷ
παρακοιτεῖ· ἥτις ἅμα μὲν ἀσφάλειαν παρασκευάζει τῷ
στρατηγῷ πρὸς τὰς ἐπιβουλάς, ἅμα δὲ κοσμεῖ τὸ
πρόσχημα τῆς ἀρχῆς.

34. Τῆς δὲ ταφρείας καὶ χαρακοποιίας δύο μὲν
ἐπιβάλλουσι πλευραὶ τοῖς συμμάχοις, παρ᾽ ἃς καὶ
στρατοπεδεύει τὸ κέρας αὐτῶν ἑκάτερον, δύο δὲ τοῖς
2 Ῥωμαίοις, ἑκατέρῳ τῷ στρατοπέδῳ μία. διαιρεθείσης
δὲ τῆς πλευρᾶς ἑκάστης κατὰ σημαίαν, τὴν μὲν κατὰ
μέρος ἐπιμέλειαν οἱ ταξίαρχοι ποιοῦνται παρεστῶτες,
τὴν δὲ καθόλου δοκιμασίαν τῆς πλευρᾶς δύο τῶν
3 χιλιάρχων. ὁμοίως δὲ καὶ τὴν λοιπὴν τὴν κατὰ τὸ
στρατόπεδον ἐπιμέλειαν οὗτοι ποιοῦνται· κατὰ δύο

service, and there are more than a hundred men in each maniple, not counting the *triarii* and *velites* who are not liable to this service, the task is a light one, as each maniple has to serve only every third day; and when the necessary comfort of the tribune is well attended to by this means, the dignity due to his rank is also amply maintained. The maniples of *triarii* are exempt from this attendance on the tribune; but each maniple supplies a guard every day to the squadron of horse close behind it. This guard, besides keeping a general look out, watches especially over the horses to prevent them from getting entangled in their tethers and suffering injuries that would incapacitate them, or from getting loose and causing confusion and disturbance in the camp by running against other horses. Finally each maniple in its turn mounts guard each day round the consul's tent to protect him from plots and at the same time to add splendor to the dignity of his office.

34. As regards the entrenchment and stockading of the camp, the task falls upon the allies concerning those two sides along which their two wings are quartered, the other two sides being assigned to the Romans, one to each legion. Each side having been divided into sections, one for each maniple, the centurions stand by and superintend the details, while two of the tribunes exercise a general supervision over the work on each side; and it is these latter officers who superintend all other work connected with the

γὰρ σφᾶς αὐτοὺς διελόντες ἀνὰ μέρος τῆς ἑκμήνου
τὴν δίμηνον ἄρχουσι, καὶ πάσης οἱ λαχόντες τῆς ἐν
4 τοῖς ὑπαίθροις προΐστανται χρείας. ὁ δ' αὐτὸς τρόπος
τῆς ἀρχῆς ἐστι καὶ τῶν πραιφέκτων περὶ τοὺς συμ-
5 μάχους. οἱ δ' ἱππεῖς καὶ ταξίαρχοι πάντες ἅμα τῷ
φωτὶ παραγίνονται πρὸς τὰς τῶν χιλιάρχων σκηνάς,
6 οἱ δὲ χιλίαρχοι πρὸς τὸν ὕπατον. κἀκεῖνος μὲν τὸ
κατεπεῖγον ἀεὶ παραγγέλλει τοῖς χιλιάρχοις, οἱ δὲ
χιλίαρχοι τοῖς ἱππεῦσι καὶ ταξιάρχοις, οὗτοι δὲ τοῖς
πολλοῖς, ὅταν ἑκάστων ὁ καιρὸς ᾖ.

7 Τὴν δὲ τοῦ νυκτερινοῦ συνθήματος παράδοσιν
8 ἀσφαλίζονται τὸν τρόπον τοῦτον. καθ' ἕκαστον γένος
καὶ τῶν ἱππέων καὶ τῶν πεζῶν ἐκ τῆς δεκάτης ση-
μαίας καὶ τελευταίας στρατοπεδευούσης κατὰ τὰς
ῥύμας, ἐκ τούτων εἷς ἑκάστης ἀνὴρ λαμβάνεται κατ'
ἐκλογήν, ὃς τῶν μὲν κατὰ τὰς φυλακὰς λειτουργιῶν
ἀπολύεται, παραγίνεται δὲ καθ' ἡμέραν δύνοντος
ἡλίου πρὸς τὴν τοῦ χιλιάρχου σκημήν, καὶ λαβὼν τὸ
σύνθημα—τοῦτο δ' ἐστὶ πλατεῖον ἐπιγεγραμμένον—
9 ἀπαλλάττεται πάλιν. ἀναχωρήσας δ' ἐπὶ τὴν αὑτοῦ
σημαίαν τό τε ξυλήφιον παρέδωκε καὶ τὸ σύνθημα
μετὰ μαρτύρων τῷ τῆς ἐχομένης σημαίας ἡγεμόνι,
10 παραπλησίως δὲ πάλιν οὗτος τῷ τῆς ἐχομένης. τὸ δ'
ὅμοιον ἑξῆς ποιοῦσι πάντες, ἕως ἂν ἐπὶ τὰς πρώτας
καὶ σύνεγγυς τοῖς χιλιάρχοις στρατοπεδευούσας ση-
μαίας ἐξικνῆται. τούτους δὲ δεῖ τὸ πλατεῖον ἔτι φωτὸς
11 ὄντος ἀναφέρειν πρὸς τοὺς χιλιάρχους. κἂν μὲν
ἀνενεχθῇ πάντα τὰ δοθέντα, γινώσκει διότι δέδοται τὸ

camp. They divide themselves into pairs, and each pair is on duty in turn for two months out of six, supervising all field operations. The prefects of the allies divide their duties on the same system. Every day at dawn the cavalry officers and centurions attend at the tents of the tribunes, and the tribunes proceed to that of the consul. He gives the necessary orders to the tribunes, and they pass them on to the cavalry officers and centurions, who convey them to the soldiers when the proper time comes.

The way in which they secure the passing round of the watchword for the night is as follows: from the tenth unit of each class of infantry and cavalry, the unit which is encamped at the lower end of the street, a man is chosen who is relieved from guard duty, and he attends every day at sunset at the tent of the tribune, and receiving from him the watchword—that is a wooden tablet with the word inscribed on it—takes his leave, and on returning to his quarters passes on the watchword and tablet before witnesses to the commander of the next maniple, who in turn passes it to the one next him. All do the same until it reaches the first maniples, those encamped near the tents of the tribunes. These latter are obliged to deliver the tablet to the tribunes before dark. So that if all those issued are returned, the tribune knows that the watchword has been given to all the maniples, and has passed through all on its

12 *σύνθημα πᾶσι καὶ διὰ πάντων εἰς αὐτὸν ἥκει· ἐάν δ'*
ἐλλείπῃ τι, παρὰ πόδας ζητεῖ τὸ γεγονός, εἰδὼς ἐκ τῆς
ἐπιγραφῆς ἐκ ποίου μέρους οὐχ ἥκει τὸ πλατεῖον. οὗ
δ' ἂν εὑρεθῇ τὸ κώλυμα, τυγχάνει τῆς καθηκούσης
ζημίας.

35. Τὰ *δὲ περὶ τὰς νυκτερινὰς φυλακὰς οὕτως*
2 *οἰκονομεῖται παρ' αὐτοῖς. τὸν μὲν στρατηγὸν καὶ τὴν*
τούτου σκηνὴν ἡ παρακοιτοῦσα σημαία φυλάττει, τὰς
δὲ τῶν χιλιάρχων καὶ τοὺς τῶν ἱππέων οὐλαμοὺς οἱ
διατεταγμένοι κατὰ τὸν ἄρτι λόγον ἐξ ἑκάστης ση-
3 *μαίας. ὁμοίως δὲ καὶ παρ' ἕκαστον τάγμα πάντες ἐξ*
ἑαυτῶν τιθέασι φυλακήν· τὰς δὲ λοιπὰς ὁ στρατηγὸς
4 *ἀποτάττει. γίνονται δ' ὡς ἐπίπαν τρεῖς φυλακαὶ παρὰ*
τὸν ταμίαν, καὶ παρ' ἕκαστον τῶν πρεσβευτῶν καὶ
5 *συμβούλων δύο. τὴν δ' ἐκτὸς ἐπιφάνειαν οἱ γροσφο-*
μάχοι πληροῦσι, παρ' ὅλον καθ' ἡμέραν τὸν χάρακα
παρακοιτοῦντες—αὕτη γὰρ ἐπιτέτακται τούτοις ἡ
λειτουργία—ἐπί <*τε*> *τῶν εἰσόδων ἀνὰ δέκα ποιοῦνται*
6 *τούτων αὐτῶν τὰς προκοιτίας. τῶν δ' εἰς τὰς φυλακὰς*
ἀποταχθέντων ἀφ' ἑκάστου φυλακείου τὸν τὴν πρώ-
την μέλλοντα τηρεῖν εἷς ἐξ ἑκάστης σημαίας οὐραγὸς
7 *ἄγει πρὸς τὸν χιλίαρχον ἑσπέρας· ὁ δὲ δίδωσι τούτοις*
πᾶσι ξυλήφια κατὰ φυλακήν, βραχέα τελέως, ἔχοντα
χαρακτῆρα. λαβόντες δ' οὗτοι μὲν ἐπὶ τοὺς ἀποδε-
δειγμένους ἀπαλλάττονται τόπους.

8 Ἡ *δὲ τῆς ἐφοδείας πίστις εἰς τοὺς ἱππεῖς ἀνα-*
τίθεται. δεῖ γὰρ τὸν πρῶτον ἰλάρχην καθ' ἕκαστον
στρατόπεδον ἑνὶ τῶν οὐραγῶν τῶν αὑτοῦ παραγγεῖλαι

way back to him. If any one of them is missing, he makes inquiry at once, as he knows by the marks from what quarter the tablet has not returned, and whoever is responsible for the stoppage meets with the punishment he merits.

35. They manage the night guards thus: The maniple on duty there guards the consul and his tent, while the tents of the tribunes and the troops of horse are guarded by the men appointed from each maniple in the manner I explained above. Each separate body likewise appoints a guard of its own men for itself. The remaining guards are appointed by the Consul; and there are generally three pickets at the *quaestorium* and two at the tents of each of the legates and members of the council. The whole outer face of the camp is guarded by the *velites,* who are posted every day along the *vallum*—this being the special duty assigned to them—and ten of them are on guard at each entrance. Of those appointed to picket duty, the man in each maniple who is to take the first watch is brought to the tribune in the evening by one of the *optiones* of his company. The tribune gives them all little tablets, one for each station, quite small, with a sign written on them and on receiving this they leave for the posts assigned to them.

The duty of going the rounds is entrusted to the cavalry. The first *decurio* in each legion must give orders early in the morning to one of his *optiones* to send notice before

πρῷ παράγγελμα τοιοῦτον, ἵνα τέτταρσιν οὗτος ἐμφα-
νίσῃ νεανίσκοις τῶν ἐκ τῆς ἰδίας ἴλης πρὸ ἀρίστου
9 τοῖς μέλλουσιν ἐφοδεύειν. μετὰ δὲ ταῦτα τῷ τῆς ἐχο-
μένης ἴλης ἡγεμόνι δεῖ τὸν αὐτὸν ἀφ' ἑσπέρας παραγ-
γεῖλαι διότι τούτῳ καθήκει τὰ περὶ τῆς ἐφοδείας
10 φροντίζειν εἰς τὴν αὔριον. τοῦτον δ' ἀκούσαντα παρα-
πλησίως ταὐτὰ δεῖ ποιεῖν τοῖς προειρημένοις εἰς τὴν
11 ἐπιοῦσαν ἡμέραν· ὁμοίως δὲ καὶ τοὺς ἑξῆς. οἱ δὲ
προκριθέντες ὑπὸ τῶν οὐραγῶν ἐκ τῆς πρώτης ἴλης
τέτταρες, ἐπειδὰν διαλάχωσι τὰς φυλακάς, πορεύον-
ται πρὸς τὸν χιλίαρχον, καὶ γραφὴν λαμβάνουσι
12 πόσου καὶ πόσας ἐφοδεῦσαι δεῖ φυλακάς. μετὰ δὲ
ταῦτα παρακοιτοῦσιν οἱ τέτταρες παρὰ τὴν πρώτην
σημαίαν τῶν τριαρίων· ὁ γὰρ ταύτης ταξίαρχος τὴν
ἐπιμέλειαν ποιεῖται τοῦ κατὰ φυλακὴν βουκανᾶν.

36. συνάψαντος δὲ τοῦ καιροῦ τὴν πρώτην ἐφοδεύει
φυλακὴν ὁ ταύτην λαχών, ἔχων μεθ' αὑτοῦ μάρτυρας
2 τῶν φίλων. ἐπιπορεύεται δὲ τοὺς ῥηθέντας τόπους, οὐ
μόνον τοὺς περὶ τὸν χάρακα καὶ τὰς εἰσόδους, ἀλλὰ
καὶ τοὺς κατὰ σημαίαν ἅπαντας καὶ τοὺς κατ' οὐλα-
3 μόν· κἂν μὲν εὕρῃ τοὺς φυλάττοντας τὴν πρώτην
ἐγρηγορότας, λαμβάνει παρὰ τούτων τὸ κάρφος· ἐὰν
δ' εὕρῃ κοιμώμενον ἢ λελοιπότα τινὰ τὸν τόπον, ἐπι-
4 μαρτυράμενος τοὺς σύνεγγυς ἀπαλλάττεται. τὸ δὲ
παραπλήσιον γίνεται καὶ ὑπὸ τῶν τὰς ἑξῆς φυλακὰς
5 ἐφοδευόντων. τὴν δ' ἐπιμέλειαν τοῦ κατὰ φυλακὴν
βουκανᾶν, ὡς ἀρτίως εἶπον, ἵνα σύμφωνον ᾖ τοῖς
ἐφοδεύουσι πρὸς τοὺς φυλάττοντας, οἱ τῆς πρώτης

breakfast to four lads of his own squadron who will be required to go the rounds. The same man must also give notice in the evening to the *decurio* of the next squadron that he must make arrangements for going the rounds on the following day. This praefect, on receiving the notice, must take precisely the same steps on the next day; and so on through all the squadrons. The four men chosen by the *optiones* from the first squadron, after drawing lots for their respective watches, go to the tribune and get written orders from him stating what stations they are to visit and at what time. After that all four of them go and station themselves next the first maniple of the *triarii,* for it is the duty of the centurion of this maniple to have a bugle sounded at the beginning of each watch.

36. When the appropriate time comes, the man to whom the first watch fell by lot makes his rounds accompanied by some friends as witnesses. He visits the posts mentioned in his orders, not only those near the *vallum* and the gates, but the pickets also of the infantry maniples and cavalry squadrons. If he finds the guards of the first watch awake he receives their *tessera,* but if he finds that anyone is asleep or has left his post, he calls those with him to witness the fact, and proceeds on his rounds. Those who go the rounds in the succeeding watches act in a similar manner. As I said, the charge of sounding a bugle at the beginning of each watch, so that those going the rounds may visit the different stations at the right time, falls on the centuri-

σημαίας τῶν τριαρίων ἐξ ἑκατέρου τοῦ στρατοπέδου ταξίαρχοι καθ᾽ ἡμέραν ποιοῦνται.

6 Τῶν δ᾽ ἐφόδων ἕκαστος ἅμα τῷ φωτὶ πρὸς τὸν χιλίαρχον ἀναφέρει τὸ σύνθημα. κἂν μὲν ᾖ πάντα δεδομένα, χωρὶς ἐγκλήματος ἀπαλλάττονται πάλιν·
7 ἂν δέ τις ἐλάττω φέρῃ τοῦ πλήθους τῶν φυλακείων, ζητοῦσιν ἐκ τοῦ χαρακτῆρος ποῖον ἐκ τῶν φυλακείων
8 λέλοιπε. τούτου δὲ γνωσθέντος καθεῖ τὸν ταξίαρχον· οὗτος δ᾽ ἄγει τοὺς ἀποταχθέντας εἰς τὴν φυλακήν·
9 οὗτοι δὲ συγκρίνονται πρὸς τὸν ἔφοδον. ἐὰν μὲν οὖν ἐν τοῖς φύλαξιν ᾖ τὸ κακόν, εὐθέως δῆλός ἐστιν ὁ τὴν ἐφοδείαν ἔχων ἐπιμαρτυράμενος τοὺς σύνεγγυς· ὀφείλει γὰρ τοῦτο ποιεῖν· ἐὰν δὲ μηδὲν ᾖ τοιοῦτο γεγονός, εἰς τὸν ἔφοδον ἀναχωρεῖ τοὔγκλημα.

37. καθίσαντος δὲ παραχρῆμα συνεδρίου τῶν χιλιάρχων κρίνεται, κἂν καταδικασθῇ, ξυλοκοπεῖται. τὸ
2 δὲ τῆς ξυλοκοπίας ἐστὶ τοιοῦτον. λαβὼν ξύλον ὁ χιλίαρχος τούτῳ τοῦ κατακριθέντος οἷον ἥψατο μό-
3 νον, οὗ γενομένου πάντες οἱ τοῦ στρατοπέδου τύπτοντες τοῖς ξύλοις καὶ τοῖς λίθοις τοὺς μὲν πλείστους ἐν
4 αὐτῇ τῇ στρατοπεδείᾳ καταβάλλουσι, τοῖς δ᾽ ἐκπεσ<εῖν δυν>αμένοις οὐδ᾽ ὣς ὑπάρχει σωτηρία· πῶς γάρ; οἷς οὔτ᾽ εἰς τὴν πατρίδα τὴν ἑαυτῶν ἐπανελθεῖν ἔξεστιν οὔτε τῶν ἀναγκαίων οὐδεὶς ἂν οἰκίᾳ τολμήσειε δέξασθαι τὸν τοιοῦτον. διὸ τελείως οἱ περιπεσόντες
5 ἅπαξ τοιαύτῃ συμφορᾷ καταφθείρονται. τὸ δ᾽ αὐτὸ πάσχειν ὀφείλει τοῖς προειρημένοις ὅ τ᾽ οὐραγὸς καὶ [ὁ] τῆς ἴλης ἡγεμών, ἐὰν μὴ παραγγείλωσιν, ὁ μὲν

ons of the first maniple of the *triarii* in each legion, who take it by turns for a day.

Each of the men who have gone the rounds brings back the *tesserae* at daybreak to the tribune. If they deliver them all they are suffered to depart without question; but if one of them delivers fewer than the number of stations visited, they find out from examining the signs on the *tesserae* which station is missing, and on ascertaining this the tribune calls the centurion of the maniple and he brings before him the men who were on picket duty, and they are confronted with the patrol. If the fault is that of the picket, the patrol makes matters clear at once by calling the men who had accompanied him, for he is bound to do this; but if nothing of the kind has happened, the fault rests on him.

37. A court-martial composed of all the tribunes at once meets to try him, and if he is found guilty he is punished by the bastinado (*fustuarium*).[45] This is inflicted as follows: The tribune takes a cudgel and just touches the condemned man with it, after which all in the camp beat or stone him, in most cases dispatching him in the camp itself. But even those who manage to escape are not saved thereby: impossible! for they are not allowed to return to their homes, and none of the family would dare to receive such a man in his house. So that those who have once fallen into this misfortune are utterly ruined. The same punishment is inflicted on the *optio* and on the *decurio* of the squadron, if they do not give the proper orders at the right

[45] See 3.76.12 n.

τοῖς ἐφόδοις, ὁ δὲ τῷ τῆς ἐχομένης ἴλης ἡγεμόνι, τὸ
6 δέον ἐν τῷ καθήκοντι καιρῷ. διόπερ οὕτως ἰσχυρᾶς
οὔσης καὶ ἀπαραιτήτου τῆς τιμωρίας ἀδιάπτωτα γίνε-
ται παρ' αὐτοῖς τὰ κατὰ τὰς νυκτερινὰς φυλακάς.
7 Δεῖ δὲ προσέχειν τοὺς μὲν στρατιώτας τοῖς χιλιάρ-
8 χοις, τούτους δ' ἔτι τοῖς ὑπάτοις. κύριος δ' ἐστὶ καὶ
ζημιῶν ὁ χιλίαρχος καὶ ἐνεχυράζων καὶ μαστιγῶν,
9 τοὺς δὲ συμμάχους οἱ πραίφεκτοι. ξυλοκοπεῖται δὲ καὶ
<πᾶς> ὁ κλέψας τι τῶν ἐκ τοῦ στρατοπέδου, καὶ μὴν ὁ
μαρτυρήσας ψευδῆ παραπλησίως, κἂν τις τῶν ἐν
ἀκμῇ παραχρησάμενος εὑρεθῇ τῷ σώματι, πρὸς δὲ
10 τούτοις ὁ τρὶς περὶ τῆς αὐτῆς αἰτίας ζημιωθείς. ταῦτα
μὲν οὖν ὡς ἀδικήματα κολάζουσιν· εἰς δ' ἀνανδρίαν
τιθέασι καὶ στρατιωτικὴν αἰσχύνην τὰ τοιαῦτα τῶν
ἐγκλημάτων, ἐάν τινες ψευδῆ περὶ αὑτῶν ἀνδραγαθίαν
ἀπαγγείλωσι τοῖς χιλιάρχοις ἕνεκεν τοῦ τιμὰς λα-
11 βεῖν, ὁμοίως ἄν τινες εἰς ἐφεδρείαν ταχθέντες φόβου
χάριν λίπωσι τὸν δοθέντα τόπον, παραπλησίως ἐάν
τις ἀπορρίψῃ τι τῶν ὅπλων κατ' αὐτὸν τὸν κίνδυνον
12 διὰ φόβον. διὸ καί τινες μὲν ἐν ταῖς ἐφεδρείαις προ-
δήλως ἀπόλλυνται, πολλαπλασίων αὐτοῖς ἐπιγινομέ-
νων οὐ θέλοντες λιπεῖν τὴν τάξιν, δεδιότες τὴν οἰκείαν
13 τιμωρίαν· ἔνιοι δὲ κατ' αὐτὸν τὸν κίνδυνον ἐκβαλόντες
θυρεὸν ἢ μάχαιραν ἤ τι τῶν ἄλλων ὅπλων παραλόγως
ῥίπτουσιν ἑαυτοὺς εἰς τοὺς πολεμίους, ἢ κυριεύειν
ἐλπίζοντες ὧν ἀπέβαλον ἢ παθόντες τι τὴν πρόδηλον
αἰσχύνην διαφεύξεσθαι καὶ τὴν τῶν οἰκείων ὕβριν.

38. Ἐὰν δέ ποτε ταὐτὰ ταῦτα περὶ πλείους συμβῇ

time to the patrols and the *decurio* of the next squadron. Thus, owing to the extreme severity and inevitableness of the penalty, the night watches of the Roman army are most scrupulously kept.

While the soldiers are subject to the tribunes, the latter are subject to the consuls. A tribune, and in the case of the allies a praefect, has the right of inflicting fines, of distraining on goods, and of punishing by flogging. The bastinado is also inflicted on those who steal anything from the camp; on those who give false evidence; on young men who are caught in homosexual acts;[46] and finally on anyone who has been punished thrice for the same fault. Those are the offenses which are punished as crimes, the following being treated as unmanly acts and disgraceful in a soldier—when a man boasts falsely to the tribune of his valor in the field in order to gain distinction; when any men who have been placed in a covering force leave the station assigned to them from fear; likewise when anyone throws away from fear any of his arms on the actual battle. Therefore the men in covering forces often face certain death, refusing to leave their ranks even when vastly outnumbered, owing to dread of the punishment they would meet with; and again in the battle men who have lost a shield or sword or any other arm often throw themselves into the midst of the enemy, hoping either to recover the lost object or to escape by death from inevitable disgrace and the taunts of their relations.

38. If the same thing ever happens to large bodies,

[46] See Mommsen, *Strafr.* 703 n. 2.

γενέσθαι καὶ σημαίας τινὰς ὁλοσχερῶς πιεσθείσας λιπεῖν τοὺς τόπους, τὸ μὲν ἅπαντας ξυλοκοπεῖν ἢ φονεύειν ἀποδοκιμάζουσι, λύσιν δὲ τοῦ πράγματος εὑρίσκονται συμφέρουσαν ἅμα καὶ καταπληκτικήν.
2 συναθροίσας γὰρ τὸ στρατόπεδον ὁ χιλίαρχος καὶ προαγαγὼν εἰς <μέσον> τοὺς λελοιπότας, κατηγορεῖ πικρῶς, καὶ τὸ τέλος ποτὲ μὲν πέντε, ποτὲ δ' ὀκτώ, ποτὲ δ' εἴκοσι, τὸ δ' ὅλον πρὸς τὸ πλῆθος αἰεὶ στοχαζόμενος, ὥστε δέκατον μάλιστα γίνεσθαι τῶν ἡμαρτηκότων, τοσούτους ἐκ πάντων κληροῦται τῶν
3 ἀποδεδειλιακότων, καὶ τοὺς μὲν λαχόντας ξυλοκοπεῖ κατὰ τὸν ἄρτι ῥηθέντα λόγον ἀπαραιτήτως, τοῖς δὲ λοιποῖς τὸ μέτρημα κριθὰς δοὺς ἀντὶ πυρῶν ἔξω κελεύει τοῦ χάρακος καὶ τῆς ἀσφαλείας ποιεῖσθαι τὴν
4 παρεμβολήν. λοιπὸν τοῦ μὲν κινδύνου καὶ φόβου τοῦ κατὰ τὸν κλῆρον ἐπ' ἴσον ἐπικρεμαμένου πᾶσιν, ὡς ἂν ἀδήλου τοῦ συμπτώματος ὑπάρχοντος, τοῦ δὲ παραδειγματισμοῦ <τοῦ> κατὰ τὴν κριθοφαγίαν ὁμοίως συμβαίνοντος περὶ πάντας, τὸ δυνατὸν ἐκ τῶν ἐθισμῶν εἴληπται καὶ πρὸς κατάπληξιν καὶ διόρθωσιν τῶν συμπτωμάτων.

39. Καλῶς δὲ καὶ τοὺς νέους ἐκκαλοῦνται πρὸς τὸ
2 κινδυνεύειν. ἐπειδὰν γὰρ γένηταί τις χρεία καί τινες αὐτῶν ἀνδραγαθήσωσι, συναγαγὼν ὁ στρατηγὸς ἐκκλησίαν τοῦ στρατοπέδου, καὶ παραστησάμενος τοὺς δόξαντάς τι πεπραχέναι διαφέρον, πρῶτον μὲν ἐγκώμιον ὑπὲρ ἑκάστου λέγει περί τε τῆς ἀνδραγαθίας, κἂν τι κατὰ τὸν βίον αὐτοῖς ἄλλο συνυπάρχῃ τῆς ἐπ'

and if entire maniples desert their posts when exceedingly hard pressed, the officers refrain from inflicting the bastinado or the death penalty on all, but find a solution[47] of the difficulty which is both salutary and terror-striking. The tribune assembles the legion, and brings up those guilty of leaving the ranks, reproaches them sharply, and finally chooses by lot sometimes five, sometimes eight, sometimes twenty of the offenders, so adjusting the number thus chosen that they form as near as possible the tenth part of those guilty of cowardice. Those on whom the lot falls are bastinadoed mercilessly in the manner above described; the rest receive rations of barley instead of wheat and are ordered to encamp outside the camp on an unprotected spot. As therefore the danger and dread of drawing the fatal lot affects all equally, as it is uncertain on whom it will fall; and as the public disgrace of receiving barley rations falls on all alike, this practice is that best calculated both to inspire fear and to correct the mischief.

39. They also have an admirable method of encouraging the young soldiers to face danger. After a battle in which some of them have distinguished themselves, the general calls an assembly of the troops, and bringing forward those whom he considers to have displayed conspicuous valor, first of all speaks in laudatory terms of the courageous deeds of each and of anything else in their pre-

[47] The *decimatio,* by which every tenth man of the guilty unit, who drew the lot, underwent the *fustuarium.* Examples are mainly known from the later days of the Roman republic, in the armies of Caesar, M. Antonius, and Octavian, among others.

3 ἀγαθῷ μνήμης ἄξιον, μετὰ δὲ ταῦτα τῷ μὲν τρώσαντι
πολέμιον γαῖσον δωρεῖται, τῷ δὲ καταβαλόντι καὶ
σκυλεύσαντι, τῷ μὲν πεζῷ φιάλην, τῷ δ' ἱππεῖ φάλαρ',
4 ἐξ ἀρχῆς δὲ γαῖσον μόνον. τυγχάνει δὲ τούτων οὐκ
ἐὰν ἐν παρατάξει τις ἢ πόλεως καταλήψει τρώσῃ τινὰς
ἢ σκυλεύσῃ τῶν πολεμίων, ἀλλ' ἐὰν ἐν ἀκροβολι-
σμοῖς ἤ τισιν ἄλλοις τοιούτοις καιροῖς, ἐν οἷς μηδε-
μιᾶς ἀνάγκης οὔσης κατ' ἄνδρα κινδυνεύειν αὐτοί
τινες ἑκουσίως καὶ κατὰ προαίρεσιν αὑτοὺς εἰς τοῦτο
5 διδόασι. τοῖς δὲ πόλεως καταλαμβανομένης πρώτοις
ἐπὶ τὸ τεῖχος ἀναβᾶσι χρυσοῦν δίδωσι στέφανον.
6 ὁμοίως δὲ καὶ τοὺς ὑπερασπίσαντας καὶ σώσαντάς
τινας τῶν πολιτῶν ἢ συμμάχων ὅ τε στρατηγὸς ἐπι-
σημαίνεται δώροις, οἵ τε χιλίαρχοι τοὺς σωθέντας,
ἐὰν μὲν ἑκόντες ποιήσ<ωσ>ιν, εἰ δὲ μή, κρίναντες
7 συναναγκάζουσι τὸν σώσαντα στεφανοῦν. σέβεται δὲ
τοῦτον καὶ παρ' ὅλον τὸν βίον ὁ σωθεὶς ὡς πατέρα,
8 καὶ πάντα δεῖ τούτῳ ποιεῖν αὐτὸν ὡς τῷ γονεῖ. ἐκ δὲ
τῆς τοιαύτης παρορμήσεως οὐ μόνον τοὺς ἀκούοντας
καὶ παρόντας ἐκκαλοῦνται πρὸς τὴν ἐν τοῖς κινδύνοις
ἅμιλλαν καὶ ζῆλον, ἀλλὰ καὶ τοὺς ἐν οἴκῳ μένοντας·
9 οἱ γὰρ τυχόντες τῶν τοιούτων δωρεῶν χωρὶς τῆς ἐν
τοῖς στρατοπέδοις εὐκλείας καὶ τῆς ἐν οἴκῳ παρα-
χρῆμα φήμης καὶ μετὰ τὴν ἐπάνοδον τὴν εἰς τὴν
πατρίδα τάς τε πομπὰς ἐπισήμως πομπεύουσι διὰ τὸ
μόνοις ἐξεῖναι περιτίθεσθαι κόσμον τοῖς ὑπὸ τῶν
10 στρατηγῶν ἐπ' ἀνδραγαθίᾳ τετιμημένοις, ἔν τε ταῖς
οἰκίαις κατὰ τοὺς ἐπιφανεστάτους τόπους τιθέασι τὰ

vious conduct which deserves commendation, and afterward distributes the following rewards. To the man who has wounded an enemy, a spear; to him who has slain and stripped an enemy, a cup if he be in the infantry and horse trappings if in the cavalry, although the gift here was originally only a spear. These gifts are not made to men who have wounded or stripped an enemy in a regular battle or at the storming of a city, but to those who during skirmishes or in similar circumstances, where there is no necessity for engaging in single combat, have voluntarily and deliberately thrown themselves into the danger. To the first man to mount the wall at the assault on a city, he gives a crown of gold.[48] So also those who have shielded and saved any of the citizens or allies receive honorary gifts from the consul, and the men they saved crown their preservers,[49] if not of their own free will under compulsion from the tribunes who judge the case. The man thus preserved also reverences his preserver as a father all through his life, and must treat him in every way like a parent. By such incentives they excite to emulation and rivalry in the field not only the men who are present and listen to their words, but those who remain at home also. For the recipients of such gifts, quite apart from becoming famous in the army and famous too for the time at their homes, are especially distinguished in religious processions after their return, as no one is allowed to wear decorations except those on whom these honors for bravery have been conferred by the consuls; and in their houses they hang up the spoils they won in the most conspicuous places, looking upon

[48] The *corona muralis*.

[49] With the *corona civica*.

σκῦλα, σημεῖα ποιούμενοι καὶ μαρτύρια τῆς ἑαυτῶν
11 ἀρετῆς. τοιαύτης δ' ἐπιμελείας οὔσης καὶ σπουδῆς
περί τε τὰς τιμὰς καὶ τιμωρίας τὰς ἐν τοῖς στρατοπέδοις, εἰκότως καὶ τὰ τέλη τῶν πολεμικῶν πράξεων ἐπιτυχῆ καὶ λαμπρὰ γίνεται δι' αὐτῶν.

12 Ὀψώνιον δ' οἱ μὲν πεζοὶ λαμβάνουσι τῆς ἡμέρας
δύ' ὀβολούς, οἱ δὲ ταξίαρχοι διπλοῦν, οἱ δ' ἱππεῖς
13 δραχμήν. σιτομετροῦνται δ' οἱ μὲν πεζοὶ πυρῶν Ἀττικοῦ μεδίμνου δύο μέρη μάλιστά πως, οἱ δ' ἱππεῖς κριθῶν μὲν ἑπτὰ μεδίμνους εἰς τὸν μῆνα, πυρῶν δὲ
14 δύο, τῶν δὲ συμμάχων οἱ μὲν πεζοὶ τὸ ἴσον, οἱ δ'
ἱππεῖς πυρῶν μὲν μέδιμνον ἕνα καὶ τρίτον μέρος,
15 κριθῶν δὲ πέντε. δίδοται δὲ τοῖς μὲν συμμάχοις τοῦτ'
ἐν δωρεᾷ· τοῖς δὲ Ῥωμαίοις τοῦ τε σίτου καὶ τῆς ἐσθῆτος, κἄν τινος ὅπλου προσδεηθῶσι, πάντων τούτων ὁ ταμίας τὴν τεταγμένην τιμὴν ἐκ τῶν ὀψωνίων ὑπολογίζεται.

40. Τὰς δ' ἐκ τῆς παρεμβολῆς ἀναστρατοπεδείας
2 ποιοῦνται τὸν τρόπον τοῦτον. ὅταν τὸ πρῶτον σημήνῃ,
καταλύουσι τὰς σκηνὰς καὶ συντιθέασι τὰ φορτία πάντες· οὔτε δὲ καθελεῖν ἔξεστιν οὔτ' ἀναστῆσαι πρότερον οὐδένα τῆς τῶν χιλιάρχων καὶ τοῦ στρατηγοῦ
3 σκηνῆς. ὅταν δὲ τὸ δεύτερον, ἀνατιθέασι τὰ σκευοφόρα τοῖς ὑποζυγίοις. ἐπὰν δὲ τὸ τρίτον σημήνῃ, προάγειν δεῖ τοὺς πρώτους καὶ κινεῖν τὴν ὅλην παρεμ-
4 βολήν. εἰς μὲν οὖν τὴν πρωτοπορείαν ὡς ἐπίπαν
τάττουσι τοὺς ἐπιλέκτους· τούτοις δὲ τὸ τῶν συμμάχων δεξιὸν ἐπιβάλλει κέρας· ἑξῆς δὲ τούτοις ἕπεται

them as tokens and evidences of their valor. Considering all this attention given to the matter of punishments and rewards in the army and the importance attached to both, no wonder that the wars in which the Romans engage end so successfully and brilliantly.

As pay the foot soldier receives two obols a day,[50] a centurion twice as much, and a cavalry soldier a drachma. The allowance of corn to a foot soldier is about two-thirds of an Attic medimnus a month, a cavalry soldier receives seven medimni of barley and two of wheat. Of the allies the infantry receive the same, the cavalry one and one-third medimnus of wheat and five of barley, these rations being a free gift to the allies; but in the case of the Romans the quaestor deducts from their pay the price fixed for their corn and clothes and any additional arm they require.

40. The following is their manner of breaking up camp. Immediately upon the signal being given they take down the tents and every one packs up. No tent, however, may be either taken down or set up before those of the tribunes and consul. On the second signal they load the pack animals, and on the third the leaders of the column must advance and the whole camp must start to move. They usually place the *extraordinarii* at the head of the column. Next comes the right wing of the allies and behind them

[50] For pay and allowances (12–15) see WC 1.722; much is uncertain.

5 τὰ τῶν προειρημένων ὑποζύγια. τῇ δὲ τούτων πορείᾳ
τὸ πρῶτον τῶν Ῥωμαϊκῶν ἀκολουθεῖ στρατόπεδον,
6 ἔχον ὄπισθεν τὴν ἰδίαν ἀποσκευήν. <κἄπειτα> κατα-
κολουθεῖ τὸ δεύτερον στρατόπεδον, ἑπομένων αὐτῷ
τῶν ἰδίων ὑποζυγίων καὶ τῆς τῶν συμμάχων ἀπο-
σκευῆς τῶν ἐπὶ τῆς οὐραγίας τεταγμένων· τελευταῖον
γὰρ ἐν τῇ πορείᾳ τάττεται τὸ τῶν συμμάχων εὐώνυμον
7 κέρας. οἱ δ᾽ ἱππεῖς ποτὲ μὲν ἀπουραγοῦσι τοῖς αὐτῶν
ἕκαστοι μέρεσι, ποτὲ δὲ παρὰ τὰ ὑποζύγια πλάγιοι
παραπορεύονται, συνέχοντες ταῦτα καὶ τὴν ἀσφάλει-
8 αν τούτοις παρασκευάζοντες. προσδοκίας δ᾽ οὔσης
κατὰ τὴν οὐραγίαν τὰ μὲν ἄλλα παρ᾽ αὐτοῖς τὸν αὐτὸν
ἔχει τρόπον, αὐτοὶ δ᾽ οἱ τῶν συμμάχων ἐπίλεκτοι τὴν
οὐραγίαν ἀντὶ τῆς πρωτοπορείας μεταλαμβάνουσι.
9 παρὰ δὲ μίαν ἡμέραν τὰ μὲν ἡγεῖται τῶν στρατο-
πέδων καὶ κεράτων, τὰ δ᾽ αὐτὰ πάλιν ἕπεται ταῦτα
κατόπιν, ἵνα τῆς περὶ τὰς ὑδρείας καὶ σιτολογίας
ἀκεραιότητος πάντες ἐπ᾽ ἴσον κοινωνῶσι, μεταλαμ-
βάνοντες ἀεὶ τὴν ἐπὶ τῆς πρωτοπορείας ἐναλλὰξ
10 τάξιν. χρῶνται δὲ καὶ ἑτέρῳ γένει πορείας ἐν τοῖς
ἐπισφαλέσι τῶν καιρῶν, ἐὰν ἀναπεπταμένους ἔχωσι
11 τόπους ἄγουσι γὰρ τριφαλαγγίαν παράλληλον τῶν
ἁστάτων καὶ πριγκίπων καὶ τριαρίων, τάττοντες τὰ
τῶν ἡγουμένων σημαιῶν ὑποζύγια πρὸ πάντων, ἐπὶ δὲ
ταῖς πρώταις σημαίαις τὰ τῶν δευτέρων, ἐπὶ δὲ ταῖς
δευτέραις τὰ τῶν τρίτων, καὶ κατὰ λόγον οὕτως ἐναλ-
12 λὰξ ἀεὶ τιθέντες τὰ ὑποζύγια ταῖς σημαίαις. οὕτω δὲ
συντάξαντες τὴν πορείαν, ἐπειδὰν προσπίπτῃ τι τῶν

their pack animals. The first Roman legion marches next with its baggage behind it and it is followed by the second legion, which has behind it both its own pack animals and also the baggage of the allies who bring up the rear; for the left wing of the allies forms the extreme rear of the column on the march. The cavalry sometimes marches in the rear of the respective bodies to which it belongs and sometimes on the flanks of the pack train, keeping the animals together and affording them protection. When an attack is expected from the rear, the same order is maintained, but the allied *extraordinarii*, not any other portion of the allies, march in the rear instead of the van. Of the two legions and wings each takes the front or rear position on alternate days, so that by this change of order all may equally share the advantage of a fresh water supply and fresh foraging ground. They have also another kind of marching order at times of danger when they have open ground enough. For in this case the *hastati*, *principes*, and *triarii* form three parallel columns, the pack trains of the leading maniples being placed in front of all, those of the second maniples behind the leading maniples, those of the third behind the second and so on, with the baggage trains always interposed between the bodies of troops. With this order of march when the column is threatened, they face now to

δεινῶν, ποτὲ μὲν παρ' ἀσπίδα κλίναντες, ποτὲ δ' ἐπὶ δόρυ, προάγουσι τὰς σημαίας ἐκ τῶν ὑποζυγίων πρὸς
13 τὴν τῶν πολεμίων ἐπιφάνειαν. λοιπὸν ἐν βραχεῖ χρόνῳ καὶ μιᾷ κινήσει τὸ μὲν τῶν ὁπλιτῶν σύστημα λαμβάνει παρατάξεως διάθεσιν, ἐὰν μή ποτε προσ-
14 εξελίξαι δέῃ τοὺς ἀστάτους, τὸ δὲ τῶν ὑποζυγίων καὶ τῶν παρεπομένων τούτοις πλῆθος, ὑπὸ τοὺς παρατεταγμένους ὑπεσταλκός, ἔχει τὴν καθήκουσαν χώραν πρὸς τὸν κίνδυνον.

41. Ὅταν δὲ κατὰ τὰς πορείας ἐγγίζωσι στρατοπεδεύειν, προπορεύονται χιλίαρχος καὶ τῶν ταξιάρχων οἱ πρὸς τοῦτο τὸ μέρος ἀεὶ προχειρισθέντες,
2 οἵτινες ἐπειδὰν συνθεάσωνται τὸν ὅλον τόπον, οὗ δεῖ στρατοπεδεύειν, ἐν αὐτῷ τούτῳ πρῶτον μὲν διέλαβον τὴν τοῦ στρατηγοῦ σκηνὴν οὗ δεήσει θεῖναι κατὰ τὸν ἄρτι λόγον, καὶ παρὰ ποίαν ἐπιφάνειαν καὶ πλευρὰν τῆς περὶ τὴν σκηνὴν περιστάσεως παρεμβαλεῖν τὰ
3 στρατόπεδα· τούτων δὲ προκριθέντων διαμετροῦνται τὴν περίστασιν τῆς σκηνῆς, μετὰ δὲ ταῦτα τὴν εὐθεῖαν, ἐφ' ἧς αἱ σκηναὶ τίθενται τῶν χιλιάρχων, ἑξῆς δὲ τὴν ταύτης παράλληλον, ἀφ' ἧς ἄρχεται τὰ στρα-
4 τόπεδα παρεμβάλλειν. ὁμοίως δὲ καὶ τὰ ἐπὶ θάτερα μέρη τῆς σκηνῆς κατεμετρήσαντο γραμμαῖς, περὶ ὧν
5 ὑπεδείξαμεν ἄρτι διὰ πλειόνων κατὰ μέρος. γενομένων δὲ τούτων ἐν βραχεῖ χρόνῳ διὰ τὸ ῥᾳδίαν εἶναι τὴν καταμέτρησιν, ὡς ἁπάντων ὡρισμένων καὶ συνήθων
6 ὄντων διαστημάτων, μετὰ δὲ ταῦτα σημαίαν ἔπηξαν μίαν μὲν καὶ πρώτην, ἐν ᾧ δεῖ τόπῳ τίθεσθαι τὴν τοῦ

the left now to the right, and getting clear of the baggage confront the enemy from whatever side he appears. So that very rapidly, and by one movement the infantry is placed in order of battle (except perhaps that the *hastati* may have to wheel round the others), and the crowd of baggage animals and their attendants are in their proper place in the battle, being covered by the line of troops.

41. When the army on the march is near the place of encampment, one of the tribunes and those centurions who are specially charged with this duty go on in advance, and after surveying the whole ground on which the camp is to be formed, first of all determine from the considerations I mentioned above where the consul's tent should be placed and on which front of the space round this tent the legions should encamp. When they have decided on this, they measure out first the area of the *praetorium*, next the straight line along which the tents of the tribunes are erected and next the line parallel to this, starting from which the troops form their encampment. In the same way they draw lines on the other side of the *praetorium*, the arrangement of which I described above in detail and at some length. All this is done in a very short time, as the marking out is a quite easy matter, all the distances being fixed and familiar; and they now plant flags, one on the spot

στρατηγοῦ σκηνήν, δευτέραν δὲ τὴν ἐπὶ τῆς προκριθείσης πλευρᾶς, τρίτην ἐπὶ μέσης τῆς γραμμῆς ἐφ᾽ ἧς οἱ χιλίαρχοι σκηνοῦσι, τετάρτην, παρ᾽ ἣν τίθενται τὰ
7 στρατόπεδα. καὶ ταύτας μὲν ποιοῦσι φοινικιᾶς, τὴν δὲ τοῦ στρατηγοῦ λευκήν. τὰ δ᾽ ἐπὶ θάτερα ποτὲ μὲν ψιλὰ δόρατα πηγνύουσι, ποτὲ δὲ σημαίας ἐκ τῶν ἄλλων
8 χρωμάτων. γενομένων δὲ τούτων ἑξῆς τὰς ῥύμας διεμέτρησαν καὶ δόρατα κατέπηξαν ἐφ᾽ ἑκάστης ῥύμης.
9 ἐξ ὧν εἰκότως, ὅταν ἐγγίσῃ τὰ στρατόπεδα κατὰ τὰς πορείας καὶ γένητ᾽ εὐσύνοπτος ὁ τόπος τῆς παρεμβολῆς, εὐθέως ἅπαντα γίνεται πᾶσι γνώριμα, τεκμαιρομένοις καὶ συλλογιζομένοις ἀπὸ τῆς τοῦ στρατηγοῦ
10 σημαίας. λοιπὸν ἑκάστου σαφῶς γινώσκοντος ἐν ποίᾳ ῥύμῃ καὶ ποίῳ τόπῳ τῆς ῥύμης σκηνοῖ διὰ τὸ πάντας ἀεὶ τὸν αὐτὸν ἐπέχειν τῆς στρατοπεδείας, γίνεταί τι παραπλήσιον, οἷον ὅταν εἰς πόλιν εἰσίῃ στρατόπεδον
11 ἐγχώριον. καὶ γὰρ ἐκεῖ διακλίναντες ἀπὸ τῶν πυλῶν εὐθέως ἕκαστοι προάγουσι καὶ παραγίνονται πρὸς τὰς ἰδίας οἰκήσεις ἀδιαπτώτως, διὰ τὸ καθόλου καὶ κατὰ μέρος γινώσκειν ποῦ τῆς πόλεώς ἐστιν αὐτοῖς ἡ
12 κατάλυσις. τὸ δὲ παραπλήσιον τούτοις καὶ περὶ τὰς Ῥωμαϊκὰς συμβαίνει στρατοπεδείας.

42. Ἧι δοκοῦσι Ῥωμαῖοι καταδιώκοντες τὴν ἐν τούτοις εὐχέρειαν τὴν ἐναντίαν ὁδὸν πορεύεσθαι τοῖς
2 Ἕλλησι κατὰ τοῦτο τὸ μέρος. οἱ μὲν γὰρ Ἕλληνες ἐν τῷ στρατοπεδεύειν ἡγοῦνται κυριώτατον τὸ κατακολουθεῖν ταῖς ἐξ αὐτῶν τῶν τόπων ὀχυρότησιν, ἅμα μὲν ἐκκλίνοντες τὴν περὶ τὰς ταφρείας ταλαιπωρίαν,

intended for the consul's tent, another on that side of it they have chosen for the camp, a third in the middle of the line on which the tribune's tents will stand, and a fourth on the other parallel line along which the legions will encamp. These latter flags are crimson, but the consul's is white. On the ground on the other side of the *praetorium* they plant either simple spears or flags of other colors. After this they go on to lay out the streets and plant spears in each street. Consequently it is obvious that when the legions march up and get a good view of the site for the camp, all the parts of it are known at once to everyone, as they have only to reckon from the position of the consul's flag. So that, as everyone knows exactly in which street and in what part of the street his tent will be, since all invariably occupy the same place in the camp, the encamping somewhat resembles the return of an army to its native city. For then they break up at the gate and everyone goes straight on from there and reaches his own house without fail, as he knows both the quarter and the exact spot where his residence is situated. It is very much the same thing in a Roman camp.

42. The Romans by thus studying convenience in this matter pursue, it seems to me, a course diametrically opposite to that usual among the Greeks. The Greeks in encamping think it of primary importance to adapt the camp to the natural advantages of the ground, first because they shirk the labor of entrenching, and next because they think

ἅμα δὲ νομίζοντες οὐχ ὁμοίας εἶναι τὰς χειροποιήτους
ἀσφαλείας ταῖς ἐξ αὐτῆς τῆς φύσεως ἐπὶ τῶν τόπων
3 ὑπαρχούσαις ὀχυρότησι. διὸ καὶ κατά τε τὴν τῆς ὅλης
παρεμβολῆς θέσιν πᾶν ἀναγκάζονται σχῆμα μετα-
λαμβάνειν, ἑπόμενοι τοῖς τόποις, τά τε μέρη μεταλ-
λάττειν ἄλλοτε πρὸς ἄλλους καὶ <ἀ>καταλλήλους
4 τόπους· ἐξ ὧν ἄστατον ὑπάρχειν συμβαίνει καὶ τὸν
κατ᾽ ἰδίαν καὶ τὸν κατὰ μέρος ἑκάστῳ τόπον τῆς
5 στρατοπεδείας. Ῥωμαῖοι δὲ τὴν περὶ τὰς τάφρους
ταλαιπωρίαν καὶ τἄλλα τὰ παρεπόμενα τούτοις ὑπο-
μένειν αἱροῦνται χάριν τῆς εὐχερείας καὶ τοῦ γνώ-
ριμον καὶ μίαν ἔχειν καὶ τὴν αὐτὴν αἰεὶ παρεμβολήν.
6 Τὰ μὲν οὖν ὁλοσχερέστερα μέρη τῆς περὶ τὰ
στρατόπεδα θεωρίας, καὶ μάλιστα περὶ τὰς παρεμ-
βολάς, ταῦτ᾽ ἔστιν. [Cod. Urb.]

VII. REIPUBLICAE ROMANAE CUM ALIIS COLLATIO

43. Σχεδὸν δὴ πάντες οἱ συγγραφεῖς περὶ τούτων
ἡμῖν τῶν πολιτευμάτων παραδεδώκασι τὴν ἐπ᾽ ἀρετῇ
φήμην, περί τε τοῦ Λακαδαιμονίων καὶ Κρητῶν καὶ
Μαντινέων, ἔτι δὲ Καρχηδονίων· ἔνιοι δὲ καὶ περὶ τῆς
Ἀθηναίων καὶ Θηβαίων πολιτείας πεποίηνται μνή-
2 μην. ἐγὼ δὲ ταύτας μὲν ἐῶ, τὴν γὰρ Ἀθηναίων καὶ
Θηβαίων οὐ πάνυ τι πολλοῦ προσδεῖσθαι πέπεισμαι
λόγου διὰ τὸ μήτε τὰς αὐξήσεις ἐσχηκέναι κατὰ
λόγον μήτε τὰς ἀκμὰς ἐπιμόνους, μήτε τὰς μεταβολὰς

artificial defenses are not equal in value to the fortifications which nature provides unaided on the spot. So that as regards the plan of the camp as a whole they are obliged to adopt all kinds of shapes to suit the nature of the ground, and they often have to shift the parts of the army to unsuitable situations, the consequence being that everyone is quite uncertain whereabouts his own position and the details of the camp are. The Romans on the contrary prefer to submit to the fatigue of entrenching and other defensive work for the sake of the convenience of having a single type of camp which never varies and is familiar to all.

Such are the most important facts about the Roman armies and especially about the method of encampment. . . .[51]

VII. THE ROMAN REPUBLIC COMPARED WITH OTHERS

43. One may say that nearly all authors[52] have handed down to us the reputation for excellence enjoyed by the constitutions of Sparta, Crete, Mantinea, and Carthage. Some make mention also of those of Athens[53] and Thebes. I leave these last two aside; for I am myself convinced that the constitutions of Athens and Thebes need not be dealt with at length, considering that these states neither grew by a normal process, nor did they remain for long in their most flourishing state, nor were the changes they under-

51 The words τὰ μὲν indicate that something thereafter (introduced by τὰ δέ) is missing.

52 Chapters 43–56, being a comparison of the Roman State with others, include assessments of earlier authors.

53 Its splendor was not lasting and P. will leave it aside.

3 ἐνηλλαχέναι μετρίως, ἀλλ' ὥσπερ ἐκ προσπαίου τινὸς
τύχης σὺν καιρῷ λάμψαντας, τὸ δὴ λεγόμενον, ἔτι
δοκοῦντας ἀκμὴν καὶ μέλλοντας εὐτυχεῖν, τῆς ἐναν-
4 τίας πεῖραν εἰληφέναι μεταβολῆς. Θηβαῖοι μὲν γὰρ
τῇ Λακεδαιμονίων ἀγνοίᾳ καὶ τῷ τῶν συμμάχων πρὸς
αὐτοὺς μίσει συνεπιθέμενοι, διὰ τὴν ἑνὸς ἀνδρὸς ἀρε-
τὴν ἢ καὶ δευτέρου, τῶν τὰ προειρημένα συνιδόντων,
περιεποιήσαντο παρὰ τοῖς Ἕλλησι τὴν ἐπ' ἀρετῇ
5 φήμην. ὅτι γὰρ οὐχ ἡ τῆς πολιτείας σύστασις αἰτία
τότ' ἐγένετο Θηβαίοις τῶν εὐτυχημάτων, ἀλλ' ἡ τῶν
προεστώτων ἀνδρῶν ἀρετή, παρὰ πόδας ἡ τύχη τοῦτο
6 πᾶσιν ἐποίησε δῆλον· καὶ γὰρ συνηυξήθη καὶ συν-
ήκμασε καὶ συγκατελύθη τὰ Θηβαίων ἔργα τῷ τ'
7 Ἐπαμινώνδου καὶ τῷ Πελοπίδου βίῳ προφανῶς. ἐξ ὧν
οὐ τὴν πολιτείαν αἰτίαν, ἀλλὰ τοὺς ἄνδρας ἡγητέον
τῆς τότε γενομένης περὶ τὴν Θηβαίων πόλιν ἐπιφα-
νείας.

44. τὸ δὲ παραπλήσιον καὶ περὶ τῆς Ἀθηναίων
2 πολιτείας διαληπτέον. καὶ γὰρ αὕτη πλεονάκις μὲν
ἴσως, ἐκφανέστατα δὲ τῇ Θεμιστοκλέους ἀρετῇ συν-
ανθήσασα ταχέως τῆς ἐναντίας μεταβολῆς ἔλαβε
3 πεῖραν διὰ τὴν ἀνωμαλίαν τῆς φύσεως. ἀεὶ γάρ ποτε
τὸν τῶν Ἀθηναίων δῆμον παραπλήσιον εἶναι συμβαί-
4 νει τοῖς ἀδεσπότοις σκάφεσι. καὶ γὰρ ἐπ' ἐκείνων,
ὅταν μὲν ἢ διὰ πελαγῶν φόβον ἢ διὰ περίστασιν
χειμῶνος ὁρμὴ παραστῇ τοῖς ἐπιβάταις συμφρονεῖν

went of a measured fashion; but after a sudden effulgence, the work of chance and circumstance, as the saying goes, while still apparently prosperous and with every prospect of a bright future, they experienced a complete reverse of fortune. For the Thebans,[54] striking at the Lacedaemonians through their mistaken policy and the hatred their allies bore them, owing to the admirable qualities of one or at most two men, who had detected these weaknesses, gained in Greece a reputation for superiority. Indeed, that the successes of the Thebans at that time were due not to the form of their constitution, but to the high qualities of their leading men, was made manifest to all by Fortune immediately afterward. For the success of Thebes grew, attained its height, and ceased with the lives of Epaminondas and Pelopidas; and therefore we must regard the temporary splendor of that state as due not to its constitution, but to its men.

44. We must hold very much the same opinion about the Athenian constitution. For Athens also, though she perhaps enjoyed more frequent periods of success, after her most glorious one of all which was coeval with the excellent administration of Themistocles,[55] rapidly experienced a complete reverse of fortune owing to the inconstancy of her nature. For the Athenian populace always more or less resembles a ship without a master. In such a ship when fear of the billows or the danger of a storm induces the mariners to be sensible and to attend to the or-

[54] For a time (371–362) the superior force in Greece due to the qualities of Epaminondas and Pelopidas, not to those of Thebes' constitution.

[55] It is worthy of note that he, not Pericles, is singled out for praise.

καὶ προσέχειν τὸν νοῦν τῷ κυβερνήτῃ, γίνεται τὸ δέον
5 ἐξ αὐτῶν διαφερόντως· ὅταν δὲ θαρρήσαντες ἄρξων-
ται καταφρονεῖν τῶν προεστώτων καὶ στασιάζειν
6 πρὸς ἀλλήλους διὰ τὸ μηκέτι δοκεῖν πᾶσι ταὐτά, τότε
δὴ τῶν μὲν ἔτι πλεῖν προαιρουμένων, τῶν δὲ κατε-
πειγόντων ὁρμίζειν τὸν κυβερνήτην, καὶ τῶν μὲν ἐκ-
σειόντων τοὺς κάλους, τῶν δ᾽ ἐπιλαμβανομένων καὶ
στέλλεσθαι παρακελευομένων, αἰσχρὰ μὲν πρόσοψις
γίνεται τοῖς ἔξωθεν θεωμένοις διὰ τὴν ἐν ἀλλήλοις
διαφορὰν καὶ στάσιν, ἐπισφαλὴς δ᾽ ἡ διάθεσις τοῖς
7 μετασχοῦσι καὶ κοινωνήσασι τοῦ πλοῦ· διὸ καὶ πολ-
λάκις διαφυγόντες τὰ μέγιστα πελάγη καὶ τοὺς ἐπι-
φανεστάτους χειμῶνας ἐν τοῖς λιμέσι καὶ πρὸς τῇ γῇ
8 ναυαγοῦσιν. ὃ δὴ καὶ τῇ τῶν Ἀθηναίων πολιτείᾳ
πλεονάκις ἤδη συμβέβηκε· διωσαμένη γὰρ ἐνίοτε τὰς
μεγίστας καὶ δεινοτάτας περιστάσεις διά τε τὴν τοῦ
δήμου καὶ τὴν τῶν προεστώτων ἀρετὴν ἐν ταῖς ἀπερι-
στάτοις ῥᾳστώναις εἰκῇ πως καὶ ἀλόγως ἐνίοτε σφάλ-
9 λεται. διὸ καὶ περὶ μὲν ταύτης τε καὶ τῆς τῶν Θηβαίων
οὐδὲν δεῖ πλείω λέγειν, ἐν αἷς ὄχλος χειρίζει τὰ ὅλα
κατὰ τὴν ἰδίαν ὁρμήν, ὁ μὲν ὀξύτητι καὶ πικρίᾳ
διαφέρων, ὁ δὲ βίᾳ καὶ θυμῷ συμπεπαιδευμένος.

45. Ἐπὶ δὲ τὴν Κρηταιῶν μεταβάντας ἄξιον ἐπι-
στῆσαι κατὰ δύο τρόπους πῶς οἱ λογιώτατοι τῶν
ἀρχαίων συγγραφέων, Ἔφορος, Ξενοφῶν, Καλλισθέ-

56 In Athens and Thebes the constitution is time and again superseded by the emotions of the people.

ders of the skipper, they do their duty admirably. But when they grow overconfident and begin to entertain contempt for their superiors and to quarrel with each other, as they are no longer all of the same way of thinking, then with some of them determined to continue the voyage, and others putting pressure on the steersman to anchor, with some letting out the sheets and others preventing them and ordering the sails to be taken in, not only does the spectacle strike anyone who watches it as disgraceful owing to their disagreement and contention, but the position of affairs is a source of actual danger to the rest of those on board; so that often after escaping from the perils of the widest seas and fiercest storms they are shipwrecked in harbor and when close to the shore. This is what has more than once befallen the Athenian state. After having averted the greatest and most terrible dangers owing to the high qualities of the people and their leaders, it has come to grief at times by sheer heedlessness and unreasonableness in seasons of unclouded tranquillity. Therefore I need say no more about this constitution or that of Thebes,[56] states in which everything is managed by the uncurbed impulse of a mob in the one case exceptionally headstrong and ill-tempered and in the other brought up in an atmosphere of violence and passion.

45. To pass to the constitution of Crete,[57] two points here demand our attention. How was it that the most learned of the ancient writers—Ephorus, Xenophon, Cal-

[57] P. takes issue with the statements of previous writers that the constitution of Crete is the same as that of Sparta (45–46) and worthy of praise (47).

νης, Πλάτων, πρῶτον μὲν ὁμοίαν εἶναί φασι καὶ τὴν
αὐτὴν τῇ Λακεδαιμονίων, δεύτερον δ' ἐπαινετὴν ὑπάρ-
2 χουσαν ἀποφαίνουσιν· ὧν οὐδέτερον ἀληθὲς εἶναί μοι
3 δοκεῖ. σκοπεῖν δ' ἐκ τούτων πάρεστι. καὶ πρῶτον ὑπὲρ
τῆς ἀνομοιότητος διέξιμεν. τῆς μὲν δὴ Λακεδαιμονίων
πολιτείας ἴδιον εἶναί φασι πρῶτον μὲν τὰ περὶ τὰς
ἐγγαίους κτήσεις, ὧν οὐδενὶ μέτεστι πλεῖον, ἀλλὰ
4 πάντας τοὺς πολίτας ἴσον ἔχειν δεῖ τῆς πολιτικῆς
χώρας, δεύτερον τὰ περὶ τὴν τοῦ διαφόρου κτῆσιν, ἧς
εἰς τέλος ἀδοκίμου παρ' αὐτοῖς ὑπαρχούσης ἄρδην ἐκ
τῆς πολιτείας ἀνῃρῆσθαι συμβαίνει τὴν περὶ τὸ πλεῖ-
5 ον καὶ τοὔλαττον φιλοτιμίαν. τρίτον παρὰ Λακεδαι-
μονίοις οἱ μὲν βασιλεῖς ἀΐδιον ἔχουσι τὴν ἀρχήν, οἱ
δὲ προσαγορευόμενοι γέροντες διὰ βίου, δι' ὧν καὶ
μεθ' ὧν πάντα χειρίζεται τὰ κατὰ τὴν πολιτείαν.

46. παρὰ δὲ Κρηταιεῦσι πάντα τούτοις ὑπάρχει
τἀναντία· τήν τε γὰρ χώραν κατὰ δύναμιν αὐτοῖς
2 ἐφιᾶσιν οἱ νόμοι, τὸ δὴ λεγόμενον, εἰς ἄπειρον
κτᾶσθαι, τό τε διάφορον ἐκτετίμηται παρ' αὐτοῖς ἐπὶ
τοσοῦτον ὥστε μὴ μόνον ἀναγκαίαν, ἀλλὰ καὶ καλ-
3 λίστην εἶναι δοκεῖν τὴν τούτου κτῆσιν. καθόλου θ' ὁ
περὶ τὴν αἰσχροκέρδειαν καὶ πλεονεξίαν τρόπος
οὕτως ἐπιχωριάζει παρ' αὐτοῖς ὥστε παρὰ μόνοις
Κρηταιεῦσι τῶν ἁπάντων ἀνθρώπων μηδὲν αἰσχρὸν
4 νομίζεσθαι κέρδος. καὶ μὴν τὰ κατὰ τὰς ἀρχὰς ἐπέ-
τεια παρ' αὐτοῖς ἐστι καὶ δημοκρατικὴν ἔχει διάθεσιν.
5 ὥστε πολλάκις διαπορεῖν πῶς ἡμῖν περὶ τῶν τὴν
ἐναντίαν φύσιν ἐχόντων ὡς οἰκείων καὶ συγγενῶν

listhenes, and Plato—state in the first place that it is one and the same with that of Lacedaemon and in the second place pronounce it worthy of commendation? In my own opinion neither of these assertions is true. Whether or not I am right the following observations will show. And first as to its dissimilarity with the constitution of Sparta. The peculiar features of the Spartan state are, they say, first the land laws by which no citizen may own more than another, but all must possess an equal share of the public land; secondly their view of moneymaking; for, money being esteemed of no value at all among them, the jealous contention due to the possession of more or less is utterly done away with; and thirdly the fact that of the magistrates by whom or by whose cooperation the whole administration is conducted, the kings hold a permanent office and the members of the Gerousia are elected for life.

46. In all these respects the Cretan practice is exactly the opposite. Their laws go as far as possible in letting them acquire land to the extent of their power, as the saying is, and money is held in such high honor among them that its acquisition is not only regarded as necessary, but as most honorable. So much in fact do sordid love of gain and lust for wealth prevail among them, that the Cretans are the only people in the world in whose eyes no gain is disgraceful. Again their magistracies are annual and elected on a democratic system. So that it often causes surprise how these authors proclaim to us, that two political systems the nature of which is so opposed, are allied and akin to each

6 ὄντων ἀλλήλοις ἐξηγγέλκασι. καὶ χωρὶς τοῦ παρα-
βλέπειν τὰς τηλικαύτας διαφορὰς καὶ πολὺν δή τινα
λόγον ἐν ἐπιμέτρῳ διατίθενται, φάσκοντες τὸν Λυ-
κοῦργον μόνον τῶν γεγονότων τὰ συνέχοντα τεθεωρη-
7 κέναι· δυεῖν γὰρ ὄντων, δι᾽ ὧν σῴζεται πολίτευμα πᾶν,
τῆς πρὸς τοὺς πολεμίους ἀνδρείας καὶ τῆς πρὸς σφᾶς
αὐτοὺς ὁμονοίας, ἀνῃρηκότα τὴν πλεονεξίαν ἅμα
ταύτῃ συνανῃρηκέναι πᾶσαν ἐμφύλιον διαφορὰν καὶ
8 στάσιν· ᾗ καὶ Λακεδαιμονίους, ἐκτὸς ὄντας τῶν κακῶν
τούτων, κάλλιστα τῶν Ἑλλήνων τὰ πρὸς σφᾶς αὐτοὺς
9 πολιτεύεσθαι καὶ συμφρονεῖν ταὐτά. ταῦτα δ᾽ ἀποφη-
νάμενοι, καὶ θεωροῦντες ἐκ παραθέσεως Κρηταιεῖς διὰ
τὴν ἔμφυτον σφίσι πλεονεξίαν ἐν πλείσταις ἰδίᾳ
<καὶ> κατὰ κοινὸν στάσεσι καὶ φόνοις καὶ πολέμοις
ἐμφυλίοις ἀναστρεφομένους, οὐδὲν οἴονται πρὸς σφᾶς
εἶναι, θαρροῦσι δὲ λέγειν ὡς ὁμοίων ὄντων τῶν πολι-
10 τευμάτων. ὁ δ᾽ Ἔφορος χωρὶς τῶν ὀνομάτων καὶ ταῖς
λέξεσι κέχρηται ταῖς αὐταῖς, ὑπὲρ ἑκατέρας ποιού-
μενος τῆς πολιτείας ἐξήγησιν, ὥστ᾽, εἴ τις μὴ τοῖς
κυρίοις ὀνόμασι προσέχοι, κατὰ μηδένα τρόπον ἂν
δύνασθαι διαγνῶναι περὶ ὁποτέρας ποιεῖται τὴν διή-
γησιν.

11 Ἧι μὲν οὖν μοι δοκοῦσι διαφέρειν ἀλλήλων, ταῦτ᾽
ἔστιν· ᾗ δὲ πάλιν οὔτ᾽ ἐπαινετὴν οὔτε ζηλωτὴν ἡγού-
μεθ᾽ εἶναι τὴν Κρητικὴν πολιτείαν, νῦν ἤδη διέξιμεν.

47. ἐγὼ γὰρ οἶμαι δύ᾽ ἀρχὰς εἶναι πάσης πολι-
τείας, δι᾽ ὧν αἱρετὰς ἢ φευκτὰς συμβαίνει γίνεσθαι
τάς τε δυνάμεις αὐτῶν καὶ τὰς συστάσεις· αὗται δ᾽

other. Besides overlooking such differences, these writers go out of their way to give us their general views, saying that Lycurgus was the only man who ever saw the points of vital importance for good government. For, there being two things to which a state owes its preservation, bravery against the enemy and concord among the citizens, Lycurgus by doing away with the lust for wealth did away also with all civil discord and broils. In consequence of which the Lacedaemonians, being free from these evils, excel all the Greeks in the conduct of their internal affairs and in their spirit of union. After asserting this, although they witness that the Cretans, on the other hand, owing to their ingrained lust of wealth are involved in constant broils both public and private, and in murders and civil wars, they regard this as immaterial, and have the audacity to say that the two political systems are similar. Ephorus actually, apart from the names, uses the same phrases in explaining the nature of the two states; so that if one did not attend to the proper names it would be impossible to tell of which he is speaking.

Such are the points in which I consider these two political systems to differ, and I will now give my reasons for not regarding that of Crete as worthy of praise or imitation.

47. In my opinion there are two fundamental things in every state, by virtue of which its true quality and form is either desirable or the reverse. I mean customs and laws.

2 εἰσὶν ἔθη καὶ νόμοι· <ὧν> τὰ μὲν αἱρετὰ τούς τε κατ'
ἰδίαν βίους τῶν ἀνθρώπων ὁσίους ἀποτελεῖ καὶ σώ-
φρονας τό τε κοινὸν ἦθος τῆς πόλεως ἥμερον ἀπερ-
3 γάζεται καὶ δίκαιον, τὰ δὲ φευκτὰ τοὐναντίον. ὥσπερ
οὖν, ὅταν τοὺς ἐθισμοὺς καὶ νόμους κατίδωμεν παρά
τισι σπουδαίους ὑπάρχοντας, θαρροῦντες ἀποφαινό-
μεθα καὶ τοὺς ἄνδρας ἐκ τούτων ἔσεσθαι καὶ τὴν
4 τούτων πολιτείαν σπουδαίαν, οὕτως, ὅταν τούς τε κατ'
ἰδίαν βίους τινῶν πλεονεκτικοὺς τάς τε κοινὰς πράξεις
ἀδίκους θεωρήσωμεν, δῆλον ὡς εἰκὸς λέγειν καὶ τοὺς
νόμους καὶ τὰ κατὰ μέρος ἤθη καὶ τὴν ὅλην πολιτείαν
5 αὐτῶν εἶναι φαύλην. καὶ μὴν οὔτε κατ' ἰδίαν ἤθη
δολιώτερα Κρηταιέων εὕροι τις ἂν πλὴν τελείως ὀλί-
6 γων οὔτε κατὰ κοινὸν ἐπιβολὰς ἀδικωτέρας. διόπερ
οὔθ' ὁμοίαν αὐτὴν ἡγούμενοι τῇ Λακεδαιμονίων οὔτε
μὴν ἄλλως αἱρετὴν οὔτε ζηλωτὴν ἀποδοκιμάζομεν ἐκ
τῆς προειρημένης συγκρίσεως.

7 Καὶ μὴν οὐδὲ τὴν Πλάτωνος πολιτείαν δίκαιον
παρεισαγαγεῖν, ἐπειδὴ καὶ ταύτην τινὲς τῶν φιλο-
8 σόφων ἐξυμνοῦσιν. ὥσπερ γὰρ οὐδὲ τῶν τεχνιτῶν ἢ
τῶν ἀθλητῶν τούς γε μὴ νενεμημένους ἢ σεσω-
μασκηκότας παρίεμεν εἰς τοὺς ἀθλητικοὺς ἀγῶνας,
οὕτως οὐδὲ ταύτην χρὴ παρεισαγαγεῖν εἰς τὴν τῶν
πρωτείων ἅμιλλαν, ἐὰν μὴ πρότερον ἐπιδείξηταί τι
9 τῶν ἑαυτῆς ἔργων ἀληθινῶς. μέχρι δὲ τοῦ νῦν παρα-
πλήσιος ἂν ὁ περὶ αὐτῆς φανείη λόγος, ἀγομένης εἰς
σύγκρισιν πρὸς τὴν Σπαρτιατῶν καὶ Ῥωμαίων καὶ
Καρχηδονίων πολιτείαν, ὡς ἂν εἰ τῶν ἀγαλμάτων τις

What is desirable in these makes men's private lives righteous and well ordered and the general character of the state gentle and just, while what is to be avoided has the opposite effect. So just as when we observe the laws and customs of a people to be good, we have no hesitation in pronouncing that the citizens and the state will consequently be good also, thus when we notice that they are covetous in their private lives and that their public actions are unjust, we are plainly justified in saying that their laws, their particular customs, and their state as a whole are bad. Now it would be impossible to find except in some rare instances personal conduct more treacherous or a public policy more unjust than in Crete. Holding then the Cretan constitution to be neither similar to that of Sparta and in any way deserving of praise and imitation, I dismiss it from the comparison which I have proposed to make.

Nor again is it fair to introduce Plato's republic which also is much belauded by some philosophers. And just as we do not admit to contests artists and athletes who are not registered or trained, so we have no right to admit this constitution to the competition for the prize of merit, unless it first give an exhibition of its actual working. As to the present it would be just the same thing to discuss it with a view to comparison with the constitutions of Sparta, Rome, and Carthage, as to take the statue and compare it with living

ἓν προθέμενος τοῦτο συγκρίνοι τοῖς ζῶσι καὶ πεπνυ-
10 μένοις ἀνδράσι. καὶ γὰρ ἂν ὅλως ἐπαινετὸν ὑπάρχῃ
κατὰ τὴν τέχνην, τήν γε σύγκρισιν τῶν ἀψύχων τοῖς
ἐμψύχοις ἐνδεῆ καὶ τελείως ἀπεμφαίνουσαν εἰκὸς
προσπίπτειν τοῖς θεωμένοις.

48. Διόπερ ἀφέμενοι τούτων ἐπὶ τὴν Λακωνικὴν
2 ἐπάνιμεν πολιτείαν. δοκεῖ δή μοι Λυκοῦργος πρὸς μὲν
τὸ σφίσιν ὁμονοεῖν τοὺς πολίτας καὶ πρὸς τὸ τὴν
Λακωνικὴν τηρεῖν ἀσφαλῶς, ἔτι δὲ τὴν ἐλευθερίαν
διαφυλάττειν τῇ Σπάρτῃ βεβαίως, οὕτως νενομοθετη-
κέναι καὶ προνενοῆσθαι καλῶς ὥστε θειοτέραν τὴν
3 ἐπίνοιαν ἢ κατ᾽ ἄνθρωπον αὐτοῦ νομίζειν. ἡ μὲν γὰρ
περὶ τὰς κτήσεις ἰσότης καὶ περὶ τὴν δίαιταν ἀφέλεια
καὶ κοινότης σώφρονας μὲν ἔμελλε τοὺς κατ᾽ ἰδίαν
βίους παρασκευάζειν, ἀστασίαστον δὲ τὴν κοινὴν
παρέξεσθαι πολιτείαν, ἡ δὲ πρὸς τοὺς πόνους καὶ
πρὸς τὰ δεινὰ τῶν ἔργων ἄσκησις ἀλκίμους καὶ γεν-
4 ναίους ἀποτελέσειν ἄνδρας. ἑκατέρων δὲ τούτων ὁμοῦ
συνδραμόντων εἰς μίαν ψυχὴν ἢ πόλιν, ἀνδρείας καὶ
σωφροσύνης, οὔτ᾽ ἐξ αὐτῶν φῦναι κακίαν εὐμαρὲς
5 οὔθ᾽ ὑπὸ τῶν πέλας χειρωθῆναι ῥᾴδιον. διόπερ οὕτως
καὶ διὰ τούτων συστησάμενος τὴν πολιτείαν, βεβαίαν
μὲν τῇ συμπάσῃ Λακωνικῇ παρεσκεύασε τὴν ἀσφά-
λειαν, πολυχρόνιον δὲ τοῖς Σπαρτιάταις αὐτοῖς ἀπ-
6 έλιπε τὴν ἐλευθερίαν. πρὸς μέντοι γε τὴν τῶν πέλας
κατάκτησιν καὶ πρὸς ἡγεμονίαν καὶ καθόλου πρὸς
πραγμάτων ἀμφισβήτησιν οὔτ᾽ ἐν τοῖς κατὰ μέρος

and breathing . For even if the workmanship of the statue were together praiseworthy, the comparison of a lifeless being with a living being would strike spectators as entirely imperfect and incongruous.

48. Dismissing, therefore, these constitutions, we will return to that of Sparta.[58] To me it seems that as far as regards the maintenance of concord among the citizens, the security of the Laconian territory and the preservation of the freedom of Sparta, the legislation of Lycurgus and the foresight he exhibited were so admirable that one is forced to regard his institutions as of divine rather than human origin. For the equal division of landed property and the simple and common diet were calculated to produce temperance in the private lives of the citizens and to secure the commonwealth as a whole from civil strife, as was the training in the endurance of hardships and dangers to form brave and valorous men. Now when both these virtues, fortitude and temperance, are combined in one soul or in one city, evil will not readily originate within such men or such peoples, nor will they be easily overmastered by their neighbors. By constructing, therefore, his constitution in this manner and out of these elements, Lycurgus secured the absolute safety of the whole territory of Laconia, and left to the Spartans themselves a lasting heritage of freedom. But as regards the annexation of neighboring territories, supremacy in Greece, and, generally speaking, an ambitious policy, he seems to me to have made absolutely

[58] The description of the Spartan constitution (chapters 48–50) mixes praise and criticism, the latter based on the statement that Sparta's ambition exceeded her means (50.3–4). Her constitution is therefore inferior to Rome's (50.5–6).

οὔτ᾽ ἐν τοῖς ὅλοις δοκεῖ μοι προνοηθῆναι καθάπαξ
7 οὐδέν. λοιπὸν ἦ<ν> τοιαύτην τινὰ παρεισαγαγεῖν [δεῖ]
τοῖς πολίταις ἀνάγκην ἢ πρόθεσιν, δι᾽ ἧς ὥσπερ καὶ
περὶ τοὺς κατ᾽ ἰδίαν βίους αὐτάρκεις αὐτοὺς παρ-
εσκεύασε καὶ λιτούς, οὕτως καὶ τὸ κοινὸν ἔθος τῆς
8 πόλεως αὔταρκες ἔμελλε γίνεσθαι καὶ σῶφρον. νῦν δ᾽
ἀφιλοτιμοτάτους καὶ νουνεχεστάτους ποιήσας περί τε
τοὺς ἰδίους βίους, καὶ τὰ τῆς σφετέρας πόλεως νό-
μιμα, πρὸς τοὺς ἄλλους Ἕλληνας φιλοτιμοτάτους καὶ
φιλαρχοτάτους καὶ πλεονεκτικωτάτους ἀπέλιπε.

49. Τοῦτο μὲν γὰρ τίς οὐκ οἶδε διότι πρῶτοι σχεδὸν
τῶν Ἑλλήνων ἐπιθυμήσαντες τῆς τῶν ἀστυγειτόνων
χώρας διὰ πλεονεξίαν ἐπ᾽ ἐξανδραποδισμῷ Μεσση-
2 νίοις πόλεμον ἐξήνεγκαν; τοῦτο δὲ τίς οὐχ ἱστόρηκεν
ὡς διὰ φιλονεικίαν ἐνόρκους σφᾶς ἐποίησαν μὴ
πρόσθεν λύσειν τὴν πολιορκίαν πρὶν ἢ κατὰ κράτος
3 ἑλεῖν τὴν Μεσσήνην; καὶ μὴν τοῦτο γνώριμον ὑπάρχει
πᾶσιν, ὡς διὰ τὴν ἐν τοῖς Ἕλλησι φιλαρχίαν, οὓς
ἐνίκησαν μαχόμενοι, τούτοις αὖτις ὑπέμειναν ποιεῖν
4 τὸ προσταττόμενον. ἐπιπορευομένους μὲν γὰρ τοὺς
Πέρσας ἐνίκων διαγωνιζόμενοι περὶ τῆς τῶν Ἑλλήνων
5 ἐλευθερίας· ἐπανελθοῦσι δὲ καὶ φυγοῦσι προὔδωκαν
ἐκδότους τὰς Ἑλληνίδας πόλεις κατὰ τὴν ἐπ᾽ Ἀνταλ-
κίδου γενομένην εἰρήνην χάριν τοῦ χρημάτων εὐπο-
6 ρῆσαι πρὸς τὴν κατὰ τῶν Ἑλλήνων δυναστείαν, ὅτε
δὴ καὶ τὸ τῆς νομοθεσίας ἐλλιπὲς συνώφθη παρ᾽
7 αὐτοῖς. ἕως μὲν γὰρ τῆς τῶν ἀστυγειτόνων, ἔτι δὲ τῆς

no provision for such contingencies, either in particular enactments or in the general constitution of the state. What he left undone, therefore, was to bring to bear on the citizens some force or principle by which, just as he had made them simple and contented in their private lives, he might make the spirit of the city as a whole likewise contented and moderate. But now, while he made them most unambitious and sensible people as regards their private lives and the institutions of their city, he left them most ambitious, domineering, and aggressive toward the rest of the Greeks.

49. For who is not aware that they were almost the first of the Greeks to cast longing eyes on the territory of their neighbors, making war on the Messenians[59] out of covetousness and for the purpose of enslaving them? And is it not narrated by all historians how out of sheer obstinacy they bound themselves by an oath not to desist from the siege before they had taken Messene? It is no less universally known that owing to their desire of domination in Greece they were obliged to execute the behests of the very people they had conquered in battle. For they conquered the Persians when they invaded Greece, fighting for her freedom; but when the invaders had withdrawn and fled they betrayed the Greek cities to them by the peace of Antalcidas,[60] in order to procure money for establishing their sovereignty over the Greeks; and here a conspicuous defect in their constitution revealed itself. For as long as they aspired to rule over their neighbors or over

[59] The wars of the later eighth century are described at length by Pausanias, Book 4 (largely legendary).

[60] Of 387; see 1.6.2 and 4.27.5.

Πελοποννησίων αὐτῶν ἀρχῆς ἐφίεντο, συνεξεποιοῦντο ταῖς ἐκ τῆς Λακωνικῆς αὐτῆς ἐπαρκείαις καὶ χορηγίαις, προχείρους μὲν ἔχοντες τὰς τῶν ἐπιτηδείων παρασκευάς, ταχείας δὲ ποιούμενοι τὰς εἰς τὴν οἰκείαν
8 ἐπανόδους καὶ παρακομιδάς. ἐπεὶ δὲ στόλους μὲν ἐπεβάλλοντο κατὰ θάλατταν ἐκπέμπειν, στρατεύειν δὲ πεζικοῖς στρατοπέδοις ἔξω Πελοποννήσου, δῆλον ὡς οὔτε τὸ νόμισμα τὸ σιδηροῦν οὔθ᾽ ἡ τῶν ἐπετείων καρπῶν ἀλλαγὴ πρὸς τὰ λείποντα τῆς χρείας ἔμελλεν αὐτοῖς ἐξαρκεῖν κατὰ τὴν Λυκούργου νομοθεσίαν·
9 προσεδεῖτο γὰρ τὰ πράγματα κοινοῦ νομίσματος καὶ
10 ξενικῆς παρασκευῆς. ὅθεν ἠναγκάσθησαν ἐπὶ θύρας μὲν πορεύεσθαι τὰς Περσῶν, φόρους δὲ τοῖς νησιώταις ἐπιτάττειν, ἀργυρολογεῖν δὲ πάντας τοὺς Ἕλληνας, γνόντες ὡς οὐχ οἷόν τε κατὰ τὴν Λυκούργου νομοθεσίαν οὐχ ὅτι τῆς τῶν Ἑλλήνων ἡγεμονίας, ἀλλ᾽ οὐδὲ πραγμάτων ἀντιποιεῖσθαι τὸ παράπαν.

50. Τίνος οὖν χάριν εἰς ταῦτα παρεξέβην; ἵνα γένηται δι᾽ αὐτῶν τῶν πραγμάτων συμφανὲς ὅτι πρὸς μὲν τὸ τὰ σφέτερα βεβαίως διαφυλάττειν καὶ πρὸς τὸ τὴν ἐλευθερίαν τηρεῖν αὐτάρκης ἐστὶν ἡ Λυκούργου
2 νομοθεσία, καὶ τοῖς γε τοῦτο τὸ τέλος ἀποδεχομένοις τῆς πολιτείας συγχωρητέον ὡς οὔτ᾽ ἔστιν οὔτε γέγονεν οὐδὲν αἱρετώτερον τοῦ Λακωνικοῦ καταστήματος
3 καὶ συντάγματος. εἰ δέ τις μειζόνων ἐφίεται, κἀκείνου κάλλιον καὶ σεμνότερον εἶναι νομίζει τὸ πολλῶν μὲν ἡγεῖσθαι, πολλῶν δ᾽ ἐπικρατεῖν καὶ δεσπόζειν, πάντας δ᾽ εἰς αὐτὸν ἀποβλέπειν καὶ νεύειν πρὸς αὐτόν,

the Peloponnesians alone, they found the supplies and resources furnished by Laconia itself adequate, as they had all they required ready to hand, quickly returning home and conveying supplies. But once they began to undertake naval expeditions and to make military campaigns outside the Peloponnese, it was evident that neither their iron currency nor the exchange of their crops for commodities which they lacked, as permitted by the legislation of Lycurgus, would suffice for their needs, since these enterprises demanded a currency in universal circulation and supplies drawn from abroad; and so they were compelled to be beggars from the Persians, to impose tribute on the islanders, and to exact contributions from all the Greeks, as they recognized that under the legislation of Lycurgus it was impossible to aspire, I will not say to supremacy in Greece, but to any position of influence.

50. But what is the purpose of this digression? It is to show from the actual evidence of facts, that for the purpose of remaining in secure possession of their own territory and maintaining their freedom the legislation of Lycurgus is amply sufficient, and to those who maintain this to be the object of political constitutions we must admit that there is not and never was any system or constitution superior to that of Lycurgus. But if anyone is ambitious of greater things, and esteems it finer and more glorious than that to be the leader of many men and to rule and lord it over many and have the eyes of all the world turned to him, it must be admitted that from this

4 τῇδέ πῃ συγχωρητέον τὸ μὲν Λακωνικὸν ἐνδεὲς εἶναι
πολίτευμα, τὸ δὲ Ῥωμαίων διαφέρειν καὶ δυναμικω-
5 τέραν ἔχειν τὴν σύστασιν. δῆλον δὲ τοῦτ᾽ ἐξ αὐτῶν
γέγονε τῶν πραγμάτων. Λακεδαιμόνιοι μὲν γὰρ ὁρμή-
σαντες ἐπὶ τὸ κατακτᾶσθαι τὴν τῶν Ἑλλήνων ἡγεμο-
νίαν, ταχέως ἐκινδύνευσαν καὶ περὶ τῆς σφετέρας
6 ἐλευθερίας· Ῥωμαῖοι δὲ τῆς Ἰταλιωτῶν αὐτῶν ἐπιλα-
βόμενοι δυναστείας, ἐν ὀλίγῳ χρόνῳ πᾶσαν ὑφ᾽ ἑαυ-
τοὺς ἐποιήσαντο τὴν οἰκουμένην, οὐ μικρὰ πρὸς τὸ
καθικέσθαι τῆς πράξεως ταύτης συμβαλλομένης αὐ-
τοῖς τῆς εὐπορίας καὶ τῆς ἑτοιμότητος τῆς κατὰ τὰς
χορηγίας.

51. Τὸ δὲ Καρχηδονίων πολίτευμα τὸ μὲν ἀνέκαθέν
μοι δοκεῖ καλῶς κατά γε τὰς ὁλοσχερεῖς διαφορὰς
2 συνεστάσθαι. καὶ γὰρ βασιλεῖς ἦσαν παρ᾽ αὐτοῖς,
καὶ τὸ γερόντιον εἶχε τὴν ἀριστοκρατικὴν ἐξουσίαν,
καὶ τὸ πλῆθος ἦν κύριον τῶν καθηκόντων αὐτῷ· καθ-
όλου δὲ τὴν τῶν ὅλων ἁρμογὴν εἶχε παραπλησίαν τῇ
3 Ῥωμαίων καὶ Λακεδαιμονίων. κατά γε μὴν τοὺς και-
ροὺς τούτους, καθ᾽ οὓς εἰς τὸν Ἀννιβιακὸν ἐνέβαινε
πόλεμον, χεῖρον ἦν τὸ Καρχηδονίων, ἄμεινον δὲ τὸ
4 Ῥωμαίων. ἐπειδὴ γὰρ παντὸς καὶ σώματος καὶ πολι-
τείας καὶ πράξεώς ἐστί τις αὔξησις κατὰ φύσιν, μετὰ
δὲ ταύτην ἀκμή, κἄπειτα φθίσις, κράτιστα δ᾽ αὐτῶν
ἐστι πάντα τὰ κατὰ τὴν ἀκμήν, παρὰ τοῦτο καὶ τότε
5 διέφερεν ἀλλήλων τὰ πολιτεύματα. καθ᾽ ὅσον γὰρ ἡ
Καρχηδονίων πρότερον ἴσχυε καὶ πρότερον εὐτύχει
τῆς Ῥωμαίων, κατὰ τοσοῦτον ἡ μὲν Καρχηδὼν ἤδη

point of view the Laconian constitution is defective, while that of Rome is superior and more effective, as is indeed evident from the actual course of events. For when the Lacedaemonians endeavored to obtain supremacy in Greece, they very soon ran the risk of losing their own liberty; whereas the Romans, who had aimed merely at the subjection of Italy, in a short time brought the whole world under their sway, the abundance of supplies they had at their command conducing in no small measure to this result.

51. The constitution of Carthage[61] seems to me to have been originally well contrived as regards its most distinctive points. For there were kings, and the house of Elders was an aristocratic force, and the people were supreme in matters proper to them, the entire frame of the state much resembling that of Rome and Sparta. But at the time when they entered on the Hannibalic War, the Carthaginian constitution had degenerated, and that of Rome was better. For as every body or state or action has its natural periods first of growth, then of prime, and finally of decay, and as everything in them is at its best when they are in their prime, it was for this reason that the difference between the two states manifested itself at this time. For by as much as the power and prosperity of Carthage had been earlier than that of Rome, by so much had Carthage already be-

[61] Chapters 51–56. The Carthaginian state being older than Rome's, its constitution had reached its prime earlier and had already begun to decline when the Hannibalic war began, whereas Rome's had just peaked.

τότε παρήκμαζεν, ἡ δὲ Ῥώμη μάλιστα τότ' εἶχε τὴν
6 ἀκμὴν κατά γε τὴν τῆς πολιτείας σύστασιν. διὸ καὶ
τὴν πλείστην δύναμιν ἐν τοῖς διαβουλίοις παρὰ μὲν
Καρχηδονίοις ὁ δῆμος ἤδη μετειλήφει, παρὰ δὲ Ῥω-
7 μαίοις ἀκμὴν εἶχεν ἡ σύγκλητος. ὅθεν παρ' οἷς μὲν
τῶν πολλῶν βουλευομένων, παρ' οἷς δὲ τῶν ἀρίστων,
κατίσχυε τὰ Ῥωμαίων διαβούλια περὶ τὰς κοινὰς
8 πράξεις. ᾗ καὶ πταίσαντες τοῖς ὅλοις τῷ βουλεύεσθαι
καλῶς τέλος ἐπεκράτησαν τῷ πολέμῳ τῶν Καρχη-
δονίων.

52. Τά γε μὴν κατὰ μέρος, οἷον εὐθέως τὰ πρὸς τὰς
πολεμικὰς χρείας, τὸ μὲν πρὸς τὰς κατὰ θάλατταν,
ὅπερ εἰκός, ἄμεινον ἀσκοῦσι καὶ παρασκευάζονται
Καρχηδόνιοι διὰ τὸ καὶ πάτριον αὐτοῖς ὑπάρχειν ἐκ
παλαιοῦ τὴν ἐμπειρίαν ταύτην καὶ θαλαττουργεῖν
2 μάλιστα πάντων ἀνθρώπων, τὸ δὲ περὶ τὰς πεζικὰς
χρείας πολὺ δή τι Ῥωμαῖοι πρὸς τὸ βέλτιον ἀσκοῦσι
3 Καρχηδονίων. οἱ μὲν γὰρ τὴν ὅλην περὶ τοῦτο ποιοῦν-
ται σπουδήν, Καρχηδόνιοι δὲ τῶν μὲν πεζικῶν εἰς
τέλος ὀλιγωροῦσι, τῶν δ' ἱππικῶν βραχεῖάν τινα ποι-
4 οῦνται πρόνοιαν. αἴτιον δὲ τούτων ἐστὶν ὅτι ξενικαῖς
καὶ μισθοφόροις χρῶνται δυνάμεσι, Ῥωμαῖοι δ' ἐγ-
5 χωρίοις καὶ πολιτικαῖς. ᾗ καὶ περὶ τοῦτο τὸ μέρος
ταύτην τὴν πολιτείαν ἀποδεκτέον ἐκείνης μᾶλλον· ἡ
μὲν γὰρ ἐν ταῖς τῶν μισθοφόρων εὐψυχίαις ἔχει τὰς

---

62 This sentence sounds as if written after the turmoil connected with Tib. Gracchus had begun, that is, after 133; it would

gun to decline; while Rome was exactly at her prime, as far at least as her system of government was concerned. Consequently the multitude[62] at Carthage had already acquired the chief voice in deliberations; while at Rome the senate still retained this; and hence, as in one case the masses deliberated and in the other the most eminent men, the Roman decisions on public affairs were superior, so that although they met with complete disaster,[63] they were finally by the wisdom of their counsels victorious over the Carthaginians in the war.

52. But to pass to differences of detail, such as, to begin with, the conduct of war, the Carthaginians naturally are superior at sea both in efficiency and equipment, because seamanship has long been their national craft, and they busy themselves with the sea more than any other people; but as regards military service on land the Romans are much more efficient. They indeed devote their whole energies to this matter, whereas the Carthaginians entirely neglect their infantry, though they do pay some slight attention to their cavalry. The reason of this is that the troops they employ are foreign and mercenary, whereas those of the Romans are natives of the soil and citizens. So that in this respect also we must pronounce the political system of Rome to be superior to that of Carthage, the Carthaginians continuing to depend for the maintenance of their free-

then be a later addition to the book. A different view e.g., in WC 1.636: "There is nothing in it (the book) which points to a date later than 150 for its composition."

63 At Cannae, the event that made P. write this book devoted to the constitution of Rome.

ἐλπίδας ἀεὶ τῆς ἐλευθερίας, ἡ δὲ Ῥωμαίων ἐν ταῖς
σφετέραις ἀρεταῖς καὶ ταῖς τῶν συμμάχων ἐπαρ-
6 κείαις. διὸ κἄν ποτε πταίσωσι κατὰ τὰς ἀρχάς, Ῥω-
μαῖοι μὲν ἀναμάχονται τοῖς ὅλοις, Καρχηδόνιοι δὲ
7 τοὐναντίον. <ἐκεῖνοι γὰρ> ὑπὲρ πατρίδος ἀγωνιζό-
μενοι καὶ τέκνων οὐδέποτε δύνανται λῆξαι τῆς ὀργῆς,
ἀλλὰ μένουσι ψυχομαχοῦντες, ἕως ἂν περιγένωνται
8 τῶν ἐχθρῶν. διὸ καὶ περὶ τὰς ναυτικὰς δυνάμεις πολύ
τι λειπόμενοι Ῥωμαῖοι κατὰ τὴν ἐμπειρίαν, ὡς προ-
εῖπον ἐπάνω, τοῖς ὅλοις ἐπικρατοῦσι διὰ τὰς τῶν
9 ἀνδρῶν ἀρετάς· καίπερ γὰρ οὐ μικρὰ συμβαλλομένης
εἰς τοὺς κατὰ θάλατταν κινδύνους τῆς ναυτικῆς χρεί-
ας, ὅμως ἡ τῶν ἐπιβατῶν εὐψυχία πλείστην παρέχεται
10 ῥοπὴν εἰς τὸ νικᾶν. διαφέρουσι μὲν οὖν καὶ φύσει
πάντες Ἰταλιῶται Φοινίκων καὶ Λιβύων τῇ τε σωμα-
τικῇ ῥώμῃ καὶ ταῖς ψυχικαῖς τόλμαις· μεγάλην δὲ καὶ
διὰ τῶν ἐθισμῶν πρὸς τοῦτο τὸ μέρος ποιοῦνται τῶν
11 νέων παρόρμησιν. ἓν δὲ ῥηθὲν ἱκανὸν ἔσται σημεῖον
τῆς τοῦ πολιτεύματος σπουδῆς, ἣν ποιεῖ<ται> περὶ τὸ
τοιούτους ἀποτελεῖν ἄνδρας ὥστε πᾶν ὑπομένειν
χάριν τοῦ τυχεῖν ἐν τῇ πατρίδι τῆς ἐπ᾽ ἀρετῇ φήμης.

53. Ὅταν γὰρ μεταλλάξῃ τις παρ᾽ αὐτοῖς τῶν
ἐπιφανῶν ἀνδρῶν, συντελουμένης τῆς ἐκφορᾶς κομί-
ζεται μετὰ τοῦ λοιποῦ κόσμου πρὸς τοὺς καλουμένους
ἐμβόλους εἰς τὴν ἀγορὰν ποτὲ μὲν ἑστὼς ἐναργής,
2 σπανίως δὲ κατακεκλιμένος. πέριξ δὲ παντὸς τοῦ
δήμου στάντος, ἀναβὰς ἐπὶ τοὺς ἐμβόλους, ἂν μὲν
υἱὸς ἐν ἡλικίᾳ καταλείπηται καὶ τύχῃ παρών, οὗτος, εἰ

dom on the courage of a mercenary force but the Romans on their own valor and on the aid of their allies. Consequently even if they happen to be worsted at the outset, the Romans redeem defeat by final success, while it is the contrary with the Carthaginians. For the Romans, fighting as they are for their country and their children, never can abate their fury but continue to throw their whole hearts into the struggle until they get the better of their enemies. It follows that though the Romans are, as I said, much less skilled in naval matters, they are completely successful at sea owing to the gallantry of their men; for although skill in seamanship is of no small importance in naval battles, it is chiefly the courage of the marines that turns the scale in favor of victory. Now not only do Italians in general naturally excel Phoenicians and Africans in bodily strength and personal courage, but by their institutions also they do much to foster a spirit of bravery in the young men. A single instance will suffice to indicate the pains taken by the state to turn out men who will be ready to endure everything in order to gain a reputation in their country for valor.

53. Whenever any illustrious man dies, he is carried at his funeral into the forum to the so-called rostra,[64] sometimes conspicuous in an upright posture and more rarely reclined. Here with all the people standing round, a grown-up son, if he has left one who happens to be pres-

[64] The speaker's platform, close to the forum, in 338 adorned with the prows (*rostra*) of the ships captured from Antium. Honorary monuments were there exhibited. *RE* Rednerbühne 450–461 (K. Schneider).

δὲ μή, τῶν ἄλλων εἴ τις ἀπὸ γένους ὑπάρχει, λέγει περὶ τοῦ τετελευτηκότος τὰς ἀρετὰς καὶ τὰς ἐπιτετευ-
3 γμένας ἐν τῷ ζῆν πράξεις. δι' ὧν συμβαίνει τοὺς πολλοὺς ἀναμιμνησκομένους καὶ λαμβάνοντας ὑπὸ τὴν ὄψιν τὰ γεγονότα, μὴ μόνον τοὺς κεκοινωνηκότας τῶν ἔργων, ἀλλὰ καὶ τοὺς ἐκτός, ἐπὶ τοσοῦτον γίνεσθαι συμπαθεῖς ὥστε μὴ τῶν κηδευόντων ἴδιον, ἀλλὰ
4 κοινὸν τοῦ δήμου φαίνεσθαι τὸ σύμπτωμα. μετὰ δὲ ταῦτα θάψαντες καὶ ποιήσαντες τὰ νομιζόμενα τιθέασι τὴν εἰκόνα τοῦ μεταλλάξαντος εἰς τὸν ἐπιφανέστατον τόπον τῆς οἰκίας, ξύλινα ναΐδια περι-
5 τιθέντες. ἡ δ' εἰκών ἐστι πρόσωπον εἰς ὁμοιότητα διαφερόντως ἐξειργασμένον καὶ κατὰ τὴν πλάσιν καὶ
6 κατὰ τὴν ὑπογραφήν. ταύτας δὴ τὰς εἰκόνας ἔν τε ταῖς δημοτελέσι θυσίαις ἀνοίγοντες κοσμοῦσι φιλοτίμως, ἐπάν τε τῶν οἰκείων μεταλλάξῃ τις ἐπιφανής, ἄγουσιν εἰς τὴν ἐκφοράν, περιτιθέντες ὡς ὁμοιοτάτοις εἶναι δοκοῦσι κατά τε τὸ μέγεθος καὶ τὴν ἄλλην περικοπήν.
7 οὗτοι δὲ προσαναλαμβάνουσιν ἐσθῆτας, ἐὰν μὲν ὕπατος ᾖ στρατηγὸς ᾖ γεγονώς, περιπορφύρους, ἐὰν δὲ τιμητής, πορφυρᾶς, ἐὰν δὲ καὶ τεθριαμβευκὼς ἤ τι
8 τοιοῦτον κατειργασμένος, διαχρύσους. αὐτοὶ μὲν οὖν ἐφ' ἁρμάτων οὗτοι πορεύονται, ῥάβδοι δὲ καὶ πελέκεις καὶ τἄλλα τὰ ταῖς ἀρχαῖς εἰωθότα συμπαρακεῖσθαι προηγεῖται κατὰ τὴν ἀξίαν ἑκάστῳ τῆς γεγενημένης

---

65 The speech is called *laudatio funebris.* Extant examples are one from the triumviral period (D. Flach, *Die sogenannte*

ent, or if not some other relative mounts the rostra and discourses[65] on the virtues and successful achievements of the dead during his lifetime. As a consequence the multitude and not only those who had a part in these achievements, but those also who had none, when the facts are recalled to their minds and brought before their eyes, are moved to such sympathy that the loss seems to be not confined to the mourners, but a public one affecting the whole people. Next after the interment and the performance of the usual ceremonies, they place the image of the departed in the most conspicuous position in the house, enclosed in a wooden shrine. This image is a mask[66] reproducing him with remarkable fidelity both in its modeling and complexion of the deceased. On the occasion of public sacrifices they display these images, and decorate them with much care, and when any distinguished member of the family dies they take them to the funeral, putting them on men who seem to them to bear the closest resemblance to the original in stature and carriage. These representatives wear togas,[67] with a purple border if the deceased was a consul or praetor, whole purple if he was a censor, and embroidered with gold if he had celebrated a triumph or achieved anything similar. They all ride in chariots preceded by the fasces, axes, and other insignia by which the different magistrates are wont to be accompanied accord-

Laudatio Turiae [Darmstadt 1991]), and one that Augustus spoke for Agrippa (W. Ameling, *Chiron* 24 [1994], 1–28).

66 H. Flower, *Ancestor Masks and Aristocratic Power in Roman Culture* (Oxford 1996).

67 P. mentions here the *toga praetexta, t. purpurea,* and *t. picta. OCD* toga 1533 (H. Granger-Taylor).

κατὰ τὸν βίον ἐν τῇ πολιτείᾳ προαγωγῆς, ὅταν δ᾽ ἐπὶ
9 τοὺς ἐμβόλους ἔλθωσι, καθέζονται πάντες ἑξῆς ἐπὶ
δίφρων ἐλεφαντίνων. οὗ κάλλιον οὐκ εὐμαρὲς ἰδεῖν
10 θέαμα νέῳ φιλοδόξῳ καὶ φιλαγάθῳ· τὸ γὰρ τὰς τῶν
ἐπ᾽ ἀρετῇ δεδοξασμένων ἀνδρῶν εἰκόνας ἰδεῖν ὁμοῦ
πάσας οἷον εἰ ζώσας καὶ πεπνυμένας τίν᾽ οὐκ ἂν
παραστῆσαι; τί δ᾽ ἂν κάλλιον θέαμα τούτου φανείη;

54. πλὴν ὅ γε λέγων ὑπὲρ τοῦ θάπτεσθαι μέλ-
λοντος, ἐπὰν διέλθῃ τὸν περὶ τούτου λόγον, ἄρχεται
τῶν ἄλλων ἀπὸ τοῦ προγενεστάτου τῶν παρόντων, καὶ
2 λέγει τὰς ἐπιτυχίας ἑκάστου καὶ τὰς πράξεις. ἐξ ὧν
καινοποιουμένης ἀεὶ τῶν ἀγαθῶν ἀνδρῶν τῆς ἐπ᾽
ἀρετῇ φήμης ἀθανατίζεται μὲν ἡ τῶν καλόν τι δια-
πραξαμένων εὔκλεια, γνώριμος δὲ τοῖς πολλοῖς καὶ
παραδόσιμος τοῖς ἐπιγινομένοις ἡ τῶν εὐεργετησάν-
3 των τὴν πατρίδα γίνεται δόξα. τὸ δὲ μέγιστον, οἱ νέοι
παρορμῶνται πρὸς τὸ πᾶν ὑπομένειν ὑπὲρ τῶν κοινῶν
πραγμάτων χάριν τοῦ τυχεῖν τῆς συνακολουθούσης
4 τοῖς ἀγαθοῖς τῶν ἀνδρῶν εὐκλείας. πίστιν δ᾽ ἔχει τὸ
λεγόμενον ἐκ τούτων. πολλοὶ μὲν γὰρ ἐμονομάχησαν
ἑκουσίως Ῥωμαίων ὑπὲρ τῆς τῶν ὅλων κρίσεως, οὐκ
ὀλίγοι δὲ προδήλους εἵλοντο θανάτους, τινὲς μὲν ἐν
πολέμῳ τῆς τῶν ἄλλων ἕνεκεν σωτηρίας, τινὲς δ᾽ ἐν
εἰρήνῃ χάριν τῆς τῶν κοινῶν πραγμάτων ἀσφαλείας.
5 καὶ μὴν ἀρχὰς ἔχοντες ἔνιοι τοὺς ἰδίους υἱοὺς παρὰ
πᾶν ἔθος ἢ νόμον ἀπέκτειναν, περὶ πλείονος ποιού-
μενοι τὸ τῆς πατρίδος συμφέρον τῆς κατὰ φύσιν
οἰκειότητος πρὸς τοὺς ἀναγκαιστάτους.

ing to the respective dignity of the honors held by each during his life; and when they arrive at the rostra they all seat themselves in a row on ivory chairs. There could not easily be a more ennobling spectacle for a young man who aspires to fame and virtue. For who would not be inspired by the sight of the images of men renowned for their excellence, all together and as if alive and breathing? What spectacle could be more glorious than this?

54. Besides, he who makes the oration over the man about to be buried, when he has finished speaking of him recounts the successes and exploits of the rest whose images are present, beginning from the most ancient. By this means, by this constant renewal of the good report of brave men, the celebrity of those who performed noble deeds is rendered immortal, while at the same time the fame of those who did good service to their country becomes known to the people and a heritage for future generations. But the most important result is that young men are thus inspired to endure every suffering for the public welfare in the hope of winning the glory that attends on brave men. What I say is confirmed by the following facts. For many Romans have voluntarily engaged in single combat in order to decide a battle, not a few have faced certain death, some in war to save the lives of the rest, and others in peace to save the republic. Some even when in office have put their own sons[68] to death contrary to every law or custom, setting a higher value on the interest of their country than on the ties of nature that bound them to their nearest and dearest.

68 Several (legendary) cases are recorded in the early books of Livy.

6 Πολλὰ μὲν οὖν τοιαῦτα καὶ περὶ πολλῶν ἱστορεῖται παρὰ Ῥωμαίοις· ἓν δ᾽ ἀρκοῦν ἔσται πρὸς τὸ παρὸν ἐπ᾽ ὀνόματος ῥηθὲν ὑποδείγματος καὶ πίστεως ἕνεκεν.

55. Κόκλην γὰρ λέγεται τὸν Ὡράτιον ἐπικληθέντα, διαγωνιζόμενον πρὸς δύο τῶν ὑπεναντίων ἐπὶ τῷ καταντικρὺ τῆς γεφύρας πέρατι τῆς ἐπὶ τοῦ Τιβέριδος, ἣ κεῖται πρὸ τῆς πόλεως, ἐπεὶ πλῆθος ἐπιφερόμενον εἶδε τῶν βοηθούντων τοῖς πολεμίοις, δείσαντα μὴ βιασάμενοι παραπέσωσιν εἰς τὴν πόλιν, βοᾶν ἐπιστραφέντα τοῖς κατόπιν ὡς τάχος ἀναχωρήσαντας διασπᾶν
2 τὴν γέφυραν. τῶν δὲ πειθαρχησάντων, ἕως μὲν οὗτοι διέσπων, ὑπέμενε τραυμάτων πλῆθος ἀναδεχόμενος καὶ διακατέσχε τὴν ἐπιφορὰν τῶν ἐχθρῶν, οὐχ οὕτως τὴν δύναμιν ὡς τὴν ὑπόστασιν αὐτοῦ καὶ τόλμαν
3 καταπεπληγμένων τῶν ὑπεναντίων· διασπασθείσης δὲ τῆς γεφύρας, οἱ μὲν πολέμιοι τῆς ὁρμῆς ἐκωλύθησαν, ὁ δὲ Κόκλης ῥίψας ἑαυτὸν εἰς τὸν ποταμὸν ἐν τοῖς ὅπλοις κατὰ προαίρεσιν μετήλλαξε τὸν βίον, περὶ πλείονος ποιησάμενος τὴν τῆς πατρίδος ἀσφάλειαν καὶ τὴν ἐσομένην μετὰ ταῦτα περὶ αὐτὸν εὔκλειαν τῆς
4 παρούσης ζωῆς καὶ τοῦ καταλειπομένου βίου. τοιαύτη τις, ὡς ἔοικε, διὰ τῶν παρ᾽ αὐτοῖς ἐθισμῶν ἐγγεννᾶται τοῖς νέοις ὁρμὴ καὶ φιλοτιμία πρὸς τὰ καλὰ τῶν ἔργων.

56. Καὶ μὴν τὰ περὶ τοὺς χρηματισμοὺς ἔθη καὶ νόμιμα βελτίω παρὰ Ῥωμαίοις ἐστὶν ἢ παρὰ Καρ-
2 χηδονίοις· παρ᾽ οἷς μὲν γὰρ οὐδὲν αἰσχρὸν τῶν ἀνηκόντων πρὸς κέρδος, παρ᾽ οἷς δ᾽ οὐδὲν αἴσχιον τοῦ

Many such stories about many men are related in Roman history, but one told of a certain person will suffice for the present as an example and as a confirmation of what I say.

55. It is narrated that when Horatius Cocles[69] was engaged in combat with two of the enemy at the far end of the bridge over the Tiber that lies in the front of the town, he saw large reinforcements coming up to help the enemy, and fearing lest they should force the passage and get into the town, he turned round and called to those behind him to retire and cut the bridge with all speed. His order was obeyed, and while they were cutting the bridge, he stood to his ground receiving many wounds, and arrested the attack of the enemy who were less astonished at his physical strength than at his endurance and courage. The bridge once cut, the enemy were prevented from attacking; and Cocles, plunging into the river in full amour as he was, deliberately sacrificed his life, regarding the safety of his country and the glory which in future would attach to his name as of more importance than his present existence and the years of life which remained to him. Such, if I am not wrong, is the eager emulation of achieving noble deeds engendered in the Roman youth by their institutions.

56. Again, the laws and customs relating to the acquisition of wealth[70] are better in Rome than at Carthage. At Carthage nothing which results in profit is regarded as disgraceful; at Rome nothing is considered more so than

69 P.'s is the earliest version of this famous story. In Livy (2.10) the hero survives by swimming.

70 This discussion has little to do with the constitution of the two states.

δωροδοκεῖσθαι καὶ τοῦ πλεονεκτεῖν ἀπὸ τῶν μὴ καθη-
3 κόντων· καθ' ὅσον γὰρ ἐν καλῷ τίθενται τὸν ἀπὸ τοῦ
κρατίστου χρηματισμόν, κατὰ τοσοῦτο πάλιν ἐν ὀνεί-
δει ποιοῦνται τὴν ἐκ τῶν ἀπειρημένων πλεονεξίαν.
4 σημεῖον δὲ τοῦτο· παρὰ μὲν Καρχηδονίοις δῶρα φανε-
ρῶς διδόντες λαμβάνουσι τὰς ἀρχάς, παρὰ δὲ Ῥωμαί-
5 οις θάνατός ἐστι περὶ τοῦτο πρόστιμον. ὅθεν τῶν
ἄθλων τῆς ἀρετῆς ἐναντίων τιθεμένων παρ' ἀμφοῖν,
εἰκὸς ἀνόμοιον εἶναι καὶ τὴν παρασκευὴν ἑκατέρων
πρὸς ταῦτα.

6 Μεγίστην δέ μοι δοκεῖ διαφορὰν ἔχειν τὸ Ῥω-
μαίων πολίτευμα πρὸς βέλτιον ἐν τῇ περὶ θεῶν δια-
7 λήψει. καί μοι δοκεῖ τὸ παρὰ τοῖς ἄλλοις ἀνθρώποις
ὀνειδιζόμενον, τοῦτο συνέχειν τὰ Ῥωμαίων πράγμα-
8 τα, λέγω δὲ τὴν δεισιδαιμονίαν· ἐπὶ τοσοῦτον γὰρ
ἐκτετραγῴδηται καὶ παρεισῆκται τοῦτο τὸ μέρος παρ'
αὐτοῖς εἴς τε τοὺς κατ' ἰδίαν βίους καὶ τὰ κοινὰ τῆς
πόλεως ὥστε μὴ καταλιπεῖν ὑπερβολήν. ὃ καὶ δόξειεν
9 ἂν πολλοῖς εἶναι θαυμάσιον. ἐμοί γε μὴν δοκοῦσι τοῦ
10 πλήθους χάριν τοῦτο πεποιηκέναι. εἰ μὲν γὰρ ἦν
σοφῶν ἀνδρῶν πολίτευμα συναγαγεῖν, ἴσως οὐδὲν ἦν
11 ἀναγκαῖος ὁ τοιοῦτος τρόπος· ἐπεὶ δὲ πᾶν πλῆθός
ἐστιν ἐλαφρὸν καὶ πλῆρες ἐπιθυμιῶν παρανόμων, ὀρ-
γῆς ἀλόγου, θυμοῦ βιαίου, λείπεται τοῖς ἀδήλοις
φόβοις καὶ τῇ τοιαύτῃ τραγῳδίᾳ τὰ πλήθη συνέχειν.
12 διόπερ οἱ παλαιοὶ δοκοῦσί μοι τὰς περὶ θεῶν ἐννοίας
καὶ τὰς ὑπὲρ τῶν ἐν ᾅδου διαλήψεις οὐκ εἰκῇ καὶ ὡς
ἔτυχεν εἰς τὰ πλήθη παρεισαγαγεῖν, πολὺ δὲ μᾶλλον

to accept bribes and seek gain from improper channels. For no less strong than their approval of moneymaking by respectable means is their condemnation of unscrupulous gain from forbidden sources. A proof of this is that at Carthage candidates for office practice open bribery, whereas at Rome death is the penalty for it.[71] Therefore as the rewards offered to merit are the opposite in the two cases, it is natural that the steps taken to gain them should also be dissimilar.

But the quality in which the Roman commonwealth is most distinctly superior is in my opinion the nature of their religious convictions. I believe that it is the very thing which among other peoples is an object of reproach, I mean superstition,[72] which maintains the cohesion of the Roman State. These matters are clothed in such pomp and introduced to such an extent into their public and private life that nothing could exceed it, a fact which will surprise many. My own opinion at least is that they have adopted this course for the sake of the common people. It is a course which perhaps would not have been necessary had it been possible to form a state composed of wise men, but as every multitude is fickle, full of lawless desires, unreasoned passion, and violent anger, the multitude must be held in by invisible terrors and suchlike pageantry. For this reason I think, not that the ancients acted rashly and at haphazard in introducing among the people notions concerning the gods and beliefs in the terrors of hell, but that

[71] For P.'s statement that death was the penalty for those found guilty of buying votes (*ambitus*), there is no other evidence; *OCD* ambitus 70–71 (A. W. Lintott).

[72] P. finds merit in the use of superstition; it helps discipline the people, an idea foreign to the Greeks.

13 οἱ νῦν εἰκῇ καὶ ἀλόγως ἐκβάλλειν αὐτά. τοιγαροῦν
χωρὶς τῶν ἄλλων οἱ τὰ κοινὰ χειρίζοντες παρὰ μὲν
τοῖς Ἕλλησιν, ἐὰν ταλάντου μόνον πιστευθῶσιν,
ἀντιγραφεῖς ἔχοντες δέκα καὶ σφραγῖδας τοσαύτας
καὶ μάρτυρας διπλασίους οὐ δύνανται τηρεῖν τὴν
14 πίστιν· παρὰ δὲ Ῥωμαίοις κατά τε τὰς ἀρχὰς καὶ
πρεσβείας πολύ τι πλῆθος χρημάτων χειρίζοντες δι᾽
αὐτῆς τῆς κατὰ τὸν ὅρκον πίστεως τηροῦσι τὸ καθῆ-
15 κον. καὶ παρὰ μὲν τοῖς ἄλλοις σπάνιόν ἐστιν εὑρεῖν
ἀπεχόμενον ἄνδρα τῶν δημοσίων καὶ καθαρεύοντα
περὶ ταῦτα· παρὰ δὲ τοῖς Ῥωμαίοις σπάνιόν ἐστι τὸ
λαβεῖν τινα πεφωραμένον ἐπὶ τοιαύτῃ πράξει. [Cod.
Urb. habet haec cum antecedentibus arcte cohaerentia.]

VIII. CONCLUSIO DISPUTATIONIS DE ROMANORUM REPUBLICA

57. Ὅτι μὲν οὖν πᾶσι τοῖς οὖσιν ὑπόκειται φθορὰ
καὶ μεταβολὴ σχεδὸν οὐ προσδεῖ λόγων· ἱκανὴ γὰρ ἡ
τῆς φύσεως ἀνάγκη παραστῆσαι τὴν τοιαύτην πίστιν.
2 δυεῖν δὲ τρόπων ὄντων, καθ᾽ οὓς φθείρεσθαι πέφυκε
πᾶν γένος πολιτείας, τοῦ μὲν ἔξωθεν, τοῦ δ᾽ ἐν αὐτοῖς
φυομένου, τὸν μὲν ἐκτὸς ἄστατον ἔχειν συμβαίνει τὴν
3 θεωρίαν, τὸν δ᾽ ἐξ αὐτῶν τεταγμένην. τί μὲν δὴ πρῶ-
τον φύεται γένος πολιτείας καὶ τί δεύτερον, καὶ πῶς
4 εἰς ἄλληλα μεταπίπτουσιν, εἴρηται πρόσθεν ἡμῖν,
ὥστε τοὺς δυναμένους τὰς ἀρχὰς τῷ τέλει συνάπτειν
τῆς ἐνεστώσης ὑποθέσεως κἂν αὐτοὺς ἤδη προειπεῖν

the moderns are most rash and foolish in banishing such beliefs. The consequence is that among the Greeks, apart from other things, members of the government, if they are entrusted with no more than a talent, though they have ten copyists and as many seals and twice as many witnesses, cannot keep their faith; whereas among the Romans those who as magistrates and legates are dealing with large sums of money maintain correct conduct just because they have pledged their faith by oath. Whereas elsewhere it is a rare thing to find a man who keeps his hands off public money, and whose record is clean in this respect, among the Romans one rarely comes across a man who has been detected in such conduct. . . .

VIII. CONCLUSION OF THE TREATISE ON THE ROMAN REPUBLIC

57. That all existing things are subject to decay and change is a truth that scarcely needs proof; for the course of nature is sufficient to force this conviction on us. There being two agencies by which every kind of state is liable to decay, the one external and the other a growth of the state itself, we can lay down no fixed rule about the former, but the latter is a regular process. I have already stated what kind of state is the first to come into being, and what the next, and how the one is transformed into the other; so that those who are capable of connecting the opening propositions of this inquiry with its conclusion will now be able to foretell the future unaided. And what will happen is, I

5 ὑπὲρ τοῦ μέλλοντος. ἔστι δ', ὡς ἐγῷμαι, δῆλον. ὅταν
γὰρ πολλοὺς καὶ μεγάλους κινδύνους διωσαμένη
πολιτεία μετὰ ταῦτα εἰς ὑπεροχὴν καὶ δυναστείαν
ἀδήριτον ἀφίκηται, φανερὸν ὡς εἰσοικιζομένης εἰς
αὐτὴν ἐπὶ πολὺ τῆς εὐδαιμονίας συμβαίνει τοὺς μὲν
βίους γίνεσθαι πολυτελεστέρους, τοὺς δ' ἄνδρας
φιλονεικοτέρους τοῦ δέοντος περί τε τὰς ἀρχὰς καὶ
6 τὰς ἄλλας ἐπιβολάς. ὧν προβαινόντων ἐπὶ πλέον
ἄρξει μὲν τῆς ἐπὶ τὸ χεῖρον μεταβολῆς ἡ φιλαρχία
καὶ τὸ τῆς ἀδοξίας ὄνειδος, πρὸς δὲ τούτοις ἡ περὶ
7 τοὺς βίους ἀλαζονεία καὶ πολυτέλεια, λήψεται δὲ τὴν
ἐπιγραφὴν τῆς μεταβολῆς ὁ δῆμος, ὅταν ὑφ' ὧν μὲν
ἀδικεῖσθαι δόξῃ διὰ τὴν πλεονεξίαν, ὑφ' ὧν δὲ χαυ-
8 νωθῇ κολακευόμενος διὰ τὴν φιλαρχίαν. τότε γὰρ
ἐξοργισθεὶς καὶ θυμῷ πάντα βουλευόμενος οὐκέτι
θελήσει πειθαρχεῖν οὐδ' ἴσον ἔχειν τοῖς προεστῶσιν,
9 ἀλλὰ πᾶν καὶ τὸ πλεῖστον αὐτός. οὗ γενομένου τῶν
μὲν ὀνομάτων τὸ κάλλιστον ἡ πολιτεία μεταλήψεται,
τὴν ἐλευθερίαν καὶ δημοκρατίαν, τῶν δὲ πραγμάτων
τὸ χείριστον, τὴν ὀχλοκρατίαν.

10 Ἡμεῖς δ' ἐπειδὴ τήν τε σύστασιν καὶ τὴν αὔξησιν
τῆς πολιτείας, ἔτι δὲ τὴν ἀκμὴν καὶ τὴν διάθεσιν,
πρὸς δὲ τούτοις τὴν διαφορὰν πρὸς τὰς ἄλλας τοῦ τε
χείρονος ἐν αὐτῇ καὶ βελτίονος διεληλύθαμεν, τὸν μὲν
περὶ τῆς πολιτείας λόγον ὧδέ πῃ καταστρέφομεν.

58. Τῶν δὲ συναπτόντων μερῶν τῆς ἱστορίας τοῖς καιροῖς, ἀφ' ὧν παρεξέβημεν, παραλαβόντες ἐπὶ βραχὺ μιᾶς πράξεως ποιησόμεθα κεφαλαιώδη μνήμην,

think, evident. When a state has weathered many great perils and subsequently attains to supremacy and uncontested sovereignty, it is evident that under the influence of long established prosperity, life becomes more extravagant and the citizens more fierce in their rivalry regarding office and other objects than they ought to be. As these defects go on increasing, the beginning of the change for the worse will be due to love of office and the disgrace entailed by obscurity, as well as to extravagance and purse-proud display; and for this change the populace will be responsible when on the one hand they think they have a grievance against certain people who have shown themselves grasping, and when, on the other hand, they are puffed up by the flattery of others who aspire to office. For now, stirred to fury and swayed by passion in all their counsels, they will no longer consent to obey or even to be the equals of the ruling caste, but will demand the lion's share for themselves. When this happens, the state will change its name to the finest sounding of all, freedom and democracy, but will change its nature to the worst thing of all, mob rule.

Having dealt with the origin and growth of the Roman Republic, and with its prime and its present condition, and also with the differences for better or worse between it and others, I may now close this discourse more or less so.

58. But, drawing now upon the period immediately subsequent to the date at which I abandoned my narrative to enter on this digression, I will make brief and sum-

ἵνα μὴ τῷ λόγῳ μόνον ἀλλὰ καὶ τοῖς πράγμασιν, ὥσπερ ἀγαθοῦ τεχνίτου δεῖγμα τῶν ἔργων ἕν τι προενεγκάμενοι, φανερὰν ποιήσωμεν τῆς πολιτείας τὴν ἀκμὴν καὶ δύναμιν, οἵα τις ἦν κατ᾽ ἐκείνους τοὺς
2 χρόνους. Ἀννίβας γὰρ ἐπειδὴ τῇ περὶ Κάνναν μάχῃ περιγενόμενος Ῥωμαίων ἐγκρατὴς ἐγένετο τῶν τὸν χάρακα φυλαττόντων ὀκτακισχιλίων, ζωγρήσας ἅπαντας συνεχώρησε διαπέμπεσθαι σφίσι πρὸς τοὺς
3 ἐν οἴκῳ περὶ λύτρων καὶ σωτηρίας. τῶν δὲ προχειρισαμένων δέκα τοὺς ἐπιφανεστάτους, ὁρκίσας ἦ μὴν
4 ἐπανήξειν πρὸς αὐτόν, ἐξέπεμψε τούτους. εἷς δὲ τῶν προχειρισθέντων ἐκπορευόμενος ἐκ τοῦ χάρακος ἤδη, καί τι φήσας ἐπιλελῆσθαι, πάλιν ἀνέκαμψε, καὶ λαβὼν τὸ καταλειφθὲν αὖθις ἀπελύετο, νομίζων διὰ τῆς ἀναχωρήσεως τετηρηκέναι τὴν πίστιν καὶ λελυκέναι
5 τὸν ὅρκον. ὧν παραγενομένων εἰς τὴν Ῥώμην, καὶ δεομένων καὶ παρακαλούντων τὴν σύγκλητον μὴ φθονῆσαι τοῖς ἑαλωκόσι τῆς σωτηρίας, ἀλλ᾽ ἐᾶσαι τρεῖς μνᾶς ἕκαστον καταβαλόντα σωθῆναι πρὸς τοὺς ἀναγκαίους· τοῦτο γὰρ συγχωρεῖν ἔφασαν τὸν Ἀννίβαν·
6 εἶναι δ᾽ ἀξίους σωτηρίας αὐτούς· οὔτε γὰρ ἀποδεδειλιακέναι κατὰ τὴν μάχην οὔτ᾽ ἀνάξιον οὐδὲν πεποιηκέναι τῆς Ῥώμης, ἀλλ᾽ ἀπολειφθέντας τὸν χάρακα τηρεῖν, πάντων ἀπολομένων τῶν ἄλλων ἐν τῇ μάχῃ τῷ καιρῷ περιληφθέντας ὑποχειρίους γενέσθαι τοῖς
7 πολεμίοις. Ῥωμαῖοι δὲ μεγάλοις κατὰ τὰς μάχας περιπεπτωκότες ἐλαττώμασι, πάντων δ᾽ ὡς ἔπος εἰπεῖν ἐστερημένοι τότε τῶν συμμάχων, ὅσον οὔπω δὲ προσ-

mary mention of one occurrence; so that, as if exhibiting a single specimen of a good artist's work, I may make manifest not by words only but by actual fact the perfection and strength of principle of the Republic such as it then was. Hannibal, when, after his victory over the Romans at Cannae, the eight thousand[73] who garrisoned the camp fell into his hands, after making them all prisoners, allowed them to send a deputation to those at home on the subject of their ransom and release. Upon their naming ten of their most distinguished members, he sent them off after making them swear that they would return to him. One of those nominated just as he was going out of the camp said he had forgotten something and went back, and after recovering the thing he had left behind again took his departure, thinking that by his return he had kept his faith and absolved himself of his oath. Upon their arrival in Rome they begged and entreated the senate not to grudge the prisoners their release, but to allow each of them to pay three minae and return to his people; for Hannibal, they said, had made this concession. The men deserved to be released, for they had neither been guilty of cowardice in the battle nor had they done anything unworthy of Rome; but having been left behind to guard the camp, they had, when all the rest had perished in the battle, been forced to yield to circumstances and surrender to the enemy. But the Romans, thought they had met with severe reverses in the war, and had now, roughly speaking, lost all their allies and were in momentary expectation of Rome itself being

[73] 3.117.8 and 11.

δοκῶντες τὸν περὶ τῆς πατρίδος αὐτοῖς ἐκφέρεσθαι
8 κίνδυνον, διακούσαντες τῶν λεγομένων οὔτε τοῦ πρέ-
ποντος αὐτοῖς εἴξαντες ταῖς συμφοραῖς ὠλιγώρησαν
οὔτε τῶν δεόντων οὐδὲν τοῖς λογισμοῖς παρεῖδον,
9 ἀλλὰ συνιδόντες τὴν Ἀννίβου πρόθεσιν, ὅτι βούλεται
διὰ τῆς πράξεως ταύτης ἅμα μὲν εὐπορῆσαι χρη-
μάτων, ἅμα δε τὸ φιλότιμον ἐν ταῖς μάχαις ἐξελέσθαι
τῶν ἀντιταττομένων, ὑποδείξας ὅτι τοῖς ἡττημένοις
10 ὅμως ἐλπὶς ἀπολείπεται σωτηρίας, τοσοῦτ᾽ ἀπέσχον
τοῦ ποιῆσαί τι τῶν ἀξιουμένων ὥστ᾽ οὔτε τὸν τῶν
οἰκείων ἔλεον οὔτε τὰς ἐκ τῶν ἀνδρῶν ἐσομένας χρεί-
11 ας ἐποιήσαντο περὶ πλείονος, ἀλλὰ τοὺς μὲν Ἀννίβου
λογισμοὺς καὶ τὰς ἐν τούτοις ἐλπίδας ἀπέδειξαν
κενάς, ἀπειπάμενοι τὴν διαλύτρωσιν τῶν ἀνδρῶν, τοῖς
δὲ παρ᾽ αὑτῶν ἐνομοθέτησαν ἢ νικᾶν μαχομένους ἢ
θνήσκειν, ὡς ἄλλης οὐδεμιᾶς ἐλπίδος ὑπαρχούσης εἰς
12 σωτηρίαν αὐτοῖς ἡττωμένοις. διὸ καὶ ταῦτα προθέμε-
νοι τοὺς μὲν ἐννέα τῶν πρεσβευτῶν ἐθελοντὴν κατὰ
τὸν ὅρκον ἀναχωροῦντας ἐξέπεμψαν, τὸν δὲ σοφι-
σάμενον πρὸς τὸ λῦσαι τὸν ὅρκον δήσαντες ἀποκατ-
13 έστησαν πρὸς τοὺς πολεμίους, ὥστε τὸν Ἀννίβαν μὴ
τοσοῦτον χαρῆναι νικήσαντα τῇ μάχῃ Ῥωμαίους ὡς
συντριβῆναι καταπλαγέντα τὸ στάσιμον καὶ τὸ μεγα-
λόψυχον τῶν ἀνδρῶν ἐν τοῖς διαβουλίοις.) [Cod. Urb.
fol. 94v.]

59. Καὶ τόπος δέ τις οὕτω καλεῖται Ῥύγχος περὶ Στράτον τῆς Αἰτωλίας, ὥς φησι Πολύβιος ἐν ϛ ἱστοριῶν. [Athenaeus III, 48 p. 95 d.]

placed in peril, after listening to this plea, neither disregarded their dignity under the pressure of calamity, nor neglected to take into consideration every proper step; but seeing that Hannibal's object in acting thus was both to obtain funds and to deprive the troops opposed to him of their high spirit, by showing that, even if defeated, they might hope for safety, they were so far from acceding to this request, that they did not allow their pity for their kinsmen, or the consideration of the service the men would render them, to prevail, but defeated Hannibal's calculations and the hopes he had based on them by refusing to ransom the men, and at the same time imposed by law on their own troops the duty of either conquering or dying on the field, as there was no hope of safety for them if defeated. Therefore after coming to this decision they dismissed the nine delegates who returned of their own free will, as bound by their oath, while as for the man who had thought to free himself from the oath by a ruse they put him in irons and returned him to the enemy; so that Hannibal's joy at his victory in the battle was not so great as his dejection, when he saw with amazement how steadfast and high-spirited were the Romans in their deliberations.

59. But a place is also called thus, Rhynchus[74] (the trunk), close to Aetolian Stratus, as Polybius says in Book 6.

[74] No such place is known. As it is said to be Aetolian, the number "Book 6" is probably corrupt; Book 11 seems likely, as the area in question is treated there.

FRAGMENTA LIBRI VII

I. RES ITALIAE

1. Πολύβιος δ' ἐν τῇ ἑβδόμῃ "Καπυησίους τοὺς ἐν Καμπανίᾳ διὰ τὴν ἀρετὴν τῆς γῆς πλοῦτον περιβαλομένους ἐξοκεῖλαι εἰς τρυφὴν καὶ πολυτέλειαν, ὑπερβαλλομένους τὴν περὶ Κρότωνα καὶ Σύβαριν παρα-
2 δεδομένην φήμην. οὐ δυνάμενοι οὖν, φησί, φέρειν τὴν παροῦσαν εὐδαιμονίαν ἐκάλουν τὸν Ἀννίβαν. διόπερ
3 ὑπὸ Ῥωμαίων ἀνήκεστα δεινὰ ἔπαθον. Πετηλῖνοι δὲ τηρήσαντες τὴν πρὸς Ῥωμαίους πίστιν εἰς τοσοῦτον καρτερίας ἦλθον πολιορκούμενοι ὑπ' Ἀννίβα ὥστε μετὰ τὸ πάντα μὲν τὰ κατὰ τὴν πόλιν δέρματα καταφαγεῖν, ἁπάντων δὲ τῶν κατὰ τὴν πόλιν δένδρων τοὺς φλοιοὺς καὶ τοὺς ἁπαλοὺς πτόρθους ἀναλῶσαι, καὶ ἕνδεκα μῆνας ὑπομείναντες τὴν πολιορκίαν, οὐδενὸς βοηθοῦντος, συνευδοκούντων Ῥωμαίων παρέδοσαν ἑαυτούς." [Athenaeus xii. 36, p. 528 a.]

4 Ἡ δὲ Καπύη μεταθεμένη πρὸς τοὺς Καρχηδονίους τῷ βάρει συνεπεσπάσατο καὶ τὰς ἄλλας πόλεις. [Suidas s.v. Καπύη.]

---

[1] The city, famous for its luxury, was destroyed by Croton

FRAGMENTS OF BOOK VII

I. AFFAIRS OF ITALY

Capua and Petelia

1. Polybius in his seventh book says that the people of Capua in Campania, having acquired great wealth owing to the fertility of their soil, fell into habits of luxury and extravagance surpassing even the reports handed down to us concerning Croton and Sybaris.[1] Being unable, then, to support the burden of their prosperity they called in Hannibal, and for this received from the Romans a chastisement which utterly ruined them. But the people of Petelia[2] who remained loyal to Rome suffered such privation, when besieged by Hannibal,[3] that after eating all the leather in the city and consuming the bark and tender shoots of all the trees in it, having now endured the siege for eleven months without being relieved, they surrendered with the approval of the Romans. [From Athenaeus xii. 538 a.]

When Capua defected to the Carthaginians, its weight swept along the other cities.[4] [Suidas s.v. Καπύη.]

in 510 (Hdt. 5.44–45), with repercussions felt at Ionian Miletus (ibid. 6.21). [2] In Bruttium.

[3] In fact, by one of his commanders, Hanno or Himilco.

[4] However, the bigger ones like Nola and Neapolis held out.

II. RES SICILIAE

2. Ὅτι μετὰ τὴν ἐπιβουλὴν τὴν κατὰ Ἱερωνύμου
τοῦ βασιλέως Συρακοσίων, ἐκχωρήσαντος τοῦ Θρά-
σωνος, οἱ περὶ τὸν Ζώιππον καὶ Ἀδρανόδωρον πείθου-
σι τὸν Ἱερώνυμον εὐθέως πρεσβευτὰς πρὸς τὸν Ἀννί-
2 βαν πέμψαι. προχειρισάμενος δὲ Πολύκλειτον <τὸν>
Κυρηναῖον καὶ Φιλόδημον τὸν Ἀργεῖον, τούτους μὲν
εἰς Ἰταλίαν ἀπέστειλε, δοὺς ἐντολὰς λαλεῖν ὑπὲρ
κοινοπραγίας τοῖς Καρχηδονίοις, ἅμα δὲ καὶ τοὺς
3 ἀδελφοὺς εἰς Ἀλεξάνδρειαν ἀπέπεμψεν. Ἀννίβας δὲ
τοὺς περὶ Πολύκλειτον καὶ Φιλόδμηον ἀποδεξάμενος
φιλανθρώπως, καὶ πολλὰς ἐλπίδας ὑπογράψας τῷ
μειρακίῳ [Ἱερωνύμῳ], σπουδῇ πάλιν ἀπέπεμψε τοὺς
πρέσβεις, σὺν δὲ τούτοις Ἀννίβαν τὸν Καρχηδόνιον,
ὄντα τότε τριήραρχον, καὶ τοὺς Συρακοσίους Ἱππο-
κράτην καὶ τὸν ἀδελφὸν αὐτοῦ τὸν νεώτερον Ἐπικύ-
4 δην. συνέβαινε δὲ τούτους τοὺς ἄνδρας καὶ πλείω
χρόνον ἤδη στρατεύεσθαι μετ᾽ Ἀννίβου, πολιτευο-
μένους παρὰ Καρχηδονίοις διὰ τὸ φεύγειν αὐτῶν τὸν
πάππον ἐκ Συρακουσῶν δόξαντα προσενηνοχέναι τὰς
5 χεῖρας ἑνὶ τῶν Ἀγαθοκλέους υἱῶν Ἀγαθάρχῳ. παρα-
γενομένων δὲ τούτων εἰς τὰς Συρακούσας, καὶ τῶν μὲν
περὶ Πολύκλειτον ἀποπρεσβευσάντων, τοῦ δὲ Καρχη-
δονίου διαλεχθέντος κατὰ τὰς ὑπ᾽ Ἀννίβου δεδομένας
ἐντολάς, εὐθέως ἕτοιμος ἦν κοινωνεῖν Καρχηδονίοις
6 τῶν πραγμάτων· καὶ τόν τε παραγεγονότα πρὸς αὐτὸν
Ἀννίβαν ἔφη δεῖν πορεύεσθαι κατὰ τάχος εἰς τὴν

II. AFFAIRS OF SICILY

Hieronymus of Syracuse

2. After the plot against King Hieronymus[5] of Syracuse, Thraso having been removed, Zoïppus and Adranodorus persuaded Hieronymus to send an embassy at once to Hannibal. Appointing Polycleitus of Cyrene and Philodemus of Argos he dispatched them to Italy with orders to discuss a joint plan of action with the Carthaginians. At the same time he sent his brothers to Alexandria. Hannibal gave a courteous reception to Polycleitus and Philodemus, held out many hopes to the youthful king, and sent the ambassadors back without delay accompanied by the Carthaginian Hannibal, who was then commander of the triremes, and the Syracusans, Hippocrates and his younger brother Epicydes. These two brothers[6] had been serving for some time under Hannibal, having adopted Carthage as their country, since their grandfather had been exiled because he was thought to have assassinated Agatharchus,[7] one of the sons of Agathocles. On their arrival at Syracuse Polycleitus and his colleague having presented their report, and the Carthaginian having spoken as Hannibal had directed, the king at once showed a disposition to side with the Carthaginians. He said that this Hannibal who had come to him must proceed at once to Carthage, and he

[5] After the death of King Hiero in 215, his grandson Hieronymus, at the age of fifteen, succeeded him. His guardians steered him to a course favoring Hannibal.

[6] For their careers, see *RE* Hippokrates 1779–1780 (Th. Lenschau).

[7] The murder had taken place in 307 on African soil.

Καρχηδόνα, καὶ παρ᾽ αὐτοῦ συμπέμπειν ἐπηγγείλατο
τοὺς διαλεχθησομένους τοῖς Καρχηδονίοις.

3. Κατὰ δὲ τὸν καιρὸν τοῦτον ὁ τεταγμένος ἐπὶ
Λιλυβαίου στρατηγὸς τῶν Ῥωμαίων <ταῦτα πυνθανό-
μενος ἔπεμψε πρὸς Ἱερώνυμον πρέσβεις τοὺς ἀνανεω-
σομένους τὰς πρὸς τοὺς προγόνους αὐτοῦ συντεθει-
2 μένας συνθήκας. ὁ δ᾽ Ἱερώνυμος> ἔτ᾽ ἐγγὺς ἐπόντων
τῶν πρεσβευτῶν [εἴτ᾽ ἐν μισειόντων] τῶν Καρχηδο-
νίων, ἔφη συλλυπεῖσθαι τοῖς Ῥωμαίοις ὅτι κακοὶ
κακῶς ἐν ταῖς κατὰ τὴν Ἰταλίαν μάχαις ἀπολώλασιν
3 ὑπὸ Καρχηδονίων. τῶν δὲ καταπλαγέντων τὴν ἀστο-
χίαν, ὅμως δὲ προσπυθομένων τίς λέγει ταῦτα περὶ
αὐτῶν, ἔδειξε τοὺς Καρχηδονίους παρόντας, καὶ τού-
τους ἐκέλευσε διελέγχειν, εἴ τι τυγχάνουσι ψευδόμε-
4 νοι. τῶν δὲ φησάντων οὐ πάτριον εἶναι σφίσι πιστεύ-
ειν τοῖς πολεμίοις, παρακαλούντων δὲ μηδὲν ποιεῖν
παρὰ τὰς συνθήκας, ὅτι τοῦτο καὶ δίκαιόν ἐστι καὶ
συμφέρον αὐτῷ μάλιστ᾽ ἐκείνῳ, περὶ μὲν τούτων ἔφη
5 βουλευσάμενος αὐτοῖς πάλιν διασαφήσειν, ἤρετο δὲ
πῶς πρὸ τῆς τελευτῆς τοῦ πάππου πλεύσαντες ἕως τοῦ
6 Παχύνου πεντήκοντα ναυσὶ πάλιν ἀνακάμψαιεν. συμ-
βεβήκει δὲ Ῥωμαίους βραχεῖ χρόνῳ πρότερον ἀκού-
σαντας Ἱέρωνα μετηλλαχέναι, καὶ διαγωνιάσαντας
μή τι νεωτερίσωσιν ἐν ταῖς Συρακούσαις καταφρονή-
σαντες τῆς τοῦ καταλελειμμένου παιδὸς ἡλικίας, πε-
ποιῆσθαι τὸν ἐπίπλουν, πυθομένους δὲ τὸν Ἱέρωνα
7 ζῆν αὖθις εἰς τὸ Λιλύβαιον ἀναδραμεῖν. διὸ καὶ τότε
παρομολογούντων πεποιῆσθαι μὲν τὸν ἐπίπλουν, θέ-

promised to send envoys himself to discuss matters with the Carthaginians.

3. At the same time the Roman praetor in command at Lilybaeum, on learning of these proceedings, sent envoys to Hieronymus to renew the treaty[8] made with his ancestors. Hieronymus, with the envoys from Carthage still present, said he sympathized with the Romans for having been wiped out by the Carthaginians in the battles in Italy, and when the ambassadors, though amazed at his tactlessness, nevertheless inquired who said this about them, he pointed to the Carthaginians there present and bade them refute them if the story was false. When they said that it was not the habit of their countrymen to accept the word of their enemies, and begged him not to do anything contrary to the treaty—for that would be both just and the best thing for himself—he said he would consider the question and inform them later; but he asked[9] them why before his grandfather's death they had sailed as far as Pachynum with fifty ships and then gone back again. For as a fact the Romans, a short time before this, hearing that Hiero had died, and fearful lest people in Syracuse, despising the tender years of the heir he had left, should change the government, had made this cruise, but on hearing that Hiero was still alive had returned to Lilybaeum. Now, therefore, they confessed that they had made the cruise wishing to protect

[8] 1.16.9, the treaty with Hiero. For the plural (ancestors), see WC 2.33. The treaty is mentioned again in 5.1.

[9] The question seems to imply the reproach that the Roman action had violated the sovereignty of the realm.

λοντας ἐφεδρεῦσαι τῇ νεότητι τῇ ᾿κείνου καὶ συνδιαφυλάξαι τὴν ἀρχὴν αὐτῷ, προσπεσόντος δὲ ζῆν τὸν
8 πάππον, ἀποπλεῦσαι πάλιν, ῥηθέντων δὲ τούτων, πάλιν ὑπολαβὸν τὸ μειράκιον "ἐάσατε τοίνυν" ἔφη "κἀμὲ νῦν, ἄνδρες Ῥωμαῖοι, διαφυλάξαι τὴν ἀρχήν, παλινδρομήσαντα πρὸς τὰς Καρχηδονίων ἐλπίδας."
9 οἱ δὲ Ῥωμαῖοι συνέντες τὴν ὁρμὴν αὐτοῦ, τότε μὲν κατασιωπήσαντες ἐπανῆλθον, καὶ διεσάφουν τὰ λεγόμενα τῷ πέμψαντι, τὸ δὲ λοιπὸν ἤδη προσεῖχον καὶ παρεφύλαττον ὡς πολέμιον.

4. Ἱερώνυμος δὲ προχειρισάμενος Ἀγάθαρχον καὶ Ὀνησιγένη καὶ Ἱπποσθένη πέμπει μετ᾿ Ἀννίβου πρὸς Καρχηδονίους, δοὺς ἐντολὰς ἐπὶ τοῖσδε ποιεῖσθαι τὰς
2 συνθήκας, ἐφ᾿ ᾧ Καρχηδονίους βοηθεῖν καὶ πεζικαῖς καὶ ναυτικαῖς δυνάμεσι, καὶ συνεκβαλόντας Ῥωμαίους ἐκ Σικελίας οὕτως διελέσθαι τὰ κατὰ τὴν νῆσον ὥστε τῆς ἑκατέρων ἐπαρχίας ὅρον εἶναι τὸν Ἱμέραν ποταμόν, ὃς μάλιστά πως δίχα διαιρεῖ τὴν ὅλην
3 Σικελίαν. οὗτοι μὲν οὖν ἀφικόμενοι πρὸς Καρχηδονίους διελέγοντο περὶ τούτων καὶ ταῦτ᾿ ἔπραττον, εἰς πᾶν ἑτοίμως συγκαταβαινόντων τῶν Καρχηδο-
4 νίων· οἱ δὲ περὶ τὸν Ἱπποκράτην, λαμβάνοντες εἰς τὰς χεῖρας τὸ μειράκιον τὰς μὲν ἀρχὰς ἐψυχαγώγουν, ἐξηγούμενοι τὰς ἐν Ἰταλίᾳ πορείας Ἀννίβου καὶ
5 παρατάξεις καὶ μάχας, μετὰ δὲ ταῦτα φάσκοντες μηδενὶ καθήκειν μᾶλλον τὴν ἁπάντων Σικελιωτῶν ἀρχὴν ὡς ἐκείνῳ, πρῶτον μὲν διὰ τὸ τῆς Πύρρου θυγατρὸς υἱὸν εἶναι Νηρηίδος, ὃν μόνον κατὰ προ-

him owing to his youth and assist him in maintaining his rule, but on receiving news that his grandfather was alive had sailed away again. Upon their saying this, the young man answered: "Allow me too, Romans, to maintain my rule by turning round and steering for the expectations I have from Carthage." The Romans, understanding what his bias was, held their peace for the time, and returning reported what had been said to the praetor who had sent them. Henceforth they continued to keep an eye on the king and to be on their guard against him as an enemy.

4. Hieronymus, appointing Agatharchus, Onesigenes, and Hipposthenes, sent them to Carthage with Hannibal, their orders being to make a treaty on the following terms: the Carthaginians were to assist him with land and sea forces, and after expelling the Romans from Sicily they were to divide the island so that the frontier of their respective provinces should be the river Himeras, which very nearly bisects Sicily. On their arrival in Carthage they discussed this matter and pursued the negotiations, the Carthaginians showing on all points a most accommodating spirit. But Hippocrates and his brother,[10] in confidential intercourse with Hieronymus, at first captivated him by giving him glowing accounts of Hannibal's march in Italy, tactics, and battles, and then went on to tell him that no one had a better right than himself to rule over the whole of Sicily, in the first place because he was the son of Nereis,[11] the daughter of Pyrrhus, the only man whom all

[10] The brothers now no longer act as Hannibal's agents but are pursuing personal goals in Sicily.

[11] Wife of Hiero's son Gelo (who died before his father). It is disputed whether she was in fact Pyrrhus' daughter or (rather) the daughter of his grandson Pyrrhus II.

αἵρεσιν καὶ κατ' εὔνοιαν Σικελιῶται πάντες εὐδόκησαν σφῶν αὐτῶν ἡγεμόν' εἶναι καὶ βασιλέα, δεύτερον δὲ
6 *κατὰ τὴν Ἱέρωνος τοῦ πάππου δυναστείαν. καὶ τέλος ἐπὶ τοσοῦτον ἐξωμίλησαν τὸ μειράκιον ὥστε καθόλου μηδενὶ προσέχειν τῶν ἄλλων διὰ τὸ καὶ φύσει μὲν ἀκατάστατον ὑπάρχειν, ἔτι δὲ μᾶλλον ὑπ' ἐκείνων τότε*
7 *μετεωρισθέν· ἀκμὴν τῶν περὶ Ἀγάθαρχον ἐν τῇ Καρχηδόνι τὰ προειρημένα διαπραττομένων, ἐπιπέμπει πρεσβευτάς, τὴν μὲν τῆς Σικελίας ἀρχὴν φάσκων αὐτῷ καθήκειν ἅπασαν, ἀξιῶν δὲ Καρχηδονίους μὲν βοηθεῖν περὶ Σικελίας, αὐτὸς δὲ Καρχηδονίοις ὑπισχνούμενος ἐπαρκεῖν εἰς τὰς κατὰ τὴν Ἰταλίαν*
8 *πράξεις. τὴν μὲν οὖν ὅλην ἀκαταστασίαν καὶ μανίαν καλῶς συνθεώμενοι Καρχηδόνιοι τοῦ μειρακίου, νομίζοντες δὲ κατὰ πολλοὺς τρόπους συμφέρειν σφίσι τὸ μὴ προέσθαι τὰ κατὰ τὴν Σικελίαν, ἐκείνῳ μὲν ἅπαντα*
9 *συγκατένευον, αὐτοὶ δὲ καὶ πρότερον ἤδη παρασκευασάμενοι ναῦς καὶ στρατιώτας, ἐγίνοντο πρὸς τὸ διαβιβάζειν τὰς δυνάμεις εἰς τὴν Σικελίαν.*

5. *οἱ δὲ Ῥωμαῖοι ταῦτα πυνθανόμενοι πάλιν ἔπεμψαν πρὸς αὐτὸν πρέσβεις, διαμαρτυρόμενοι μὴ παραβαίνειν τὰς πρὸς τοὺς προγόνους αὐτοῦ τεθειμένας*
2 *συνθήκας. ὑπὲρ ὧν Ἱερώνυμος ἀθροίσας τὸ συνέδριον*
3 *ἀνέδωκε διαβούλιον τί δεῖ ποιεῖν. οἱ μὲν οὖν ἐγχώριοι τὴν ἡσυχίαν ἦγον, δεδιότες τὴν τοῦ προεστῶτος ἀκρισίαν· Ἀριστόμαχος δ' ὁ Κορίνθιος καὶ Δάμιππος ὁ Λακεδαιμόνιος καὶ Αὐτόνους ὁ Θετταλὸς ἠξίουν ἐμμέ-*
4 *νειν ταῖς πρὸς Ῥωμαίους συνθήκαις. Ἀδρανόδωρος δὲ*

the Sicilians had accepted as their leader and king[12] deliberately and out of affection, and secondly, as the heir of the sovereignty of his grandfather Hiero. Finally, they so far talked over the young man that he paid no heed at all to anyone else, being naturally of an unstable character and being now rendered much more featherbrained by their influence. So while Agatharchus and his colleagues were still negotiating at Carthage in the above sense, he sent off other envoys, affirming that the sovereignty of the whole of Sicily was his by right, demanding that the Carthaginians should help him to recover Sicily and promising to assist them in their Italian campaign. The Carthaginians, though they now clearly perceived in its full extent the fickleness and mental derangement of the young man, still thought it was in many ways against their interests to abandon Sicilian affairs, and therefore agreed to everything he asked,[13] and having previously got ready ships and troops they prepared to send their forces across to Sicily.

5. The Romans, on learning of this, sent envoys again to him protesting against his violating their treaty with his forefathers. Hieronymus summoning his council consulted them as to what he was to do. The native members kept silent, as they were afraid of the prince's lack of judgment; but Aristomachus of Corinth, Damippus of Lacedaemon, and Autonous of Thessaly expressed themselves in favor of abiding by the treaty with Rome.

[12] Pyrrhus was in Sicily from 278 to 276 but hardly universally acknowledged as king.

[13] For the treaty see *StV* 529.

μόνος οὐκ ἔφη δεῖν παριέναι τὸν καιρόν· εἶναι δὲ τὸν
ἐνεστῶτα μόνον ἐν ᾧ κατακτήσασθαι δυνατόν ἐστι
5 τὴν τῆς Σικελίας ἀρχήν. τοῦ δὲ ταῦτ' εἰπόντος, ἤρετο
<τοὺς περὶ> τὸν Ἱπποκράτην ποίας μετέχουσι γνώ-
μης. τῶν δὲ φησάντων τῆς Ἀδρανοδώρου, πέρας εἶχε
τὸ διαβούλιον. καὶ τὰ μὲν τοῦ πολέμου τοῦ πρὸς
6 Ῥωμαίους ἐκεκύρωτο τὸν τρόπον τοῦτον· βουλόμενος
δὲ μὴ σκαιῶς δοκεῖν ἀποκρίνεσθαι τοῖς πρεσβευταῖς,
εἰς τηλικαύτην ἀστοχίαν ἐνέπεσε δι' ἧς τοῖς Ῥωμαίοις
οὐ μόνον δυσαρεστήσειν, ἀλλὰ καὶ προσκόπτειν
7 ἔμελλε προφανῶς. ἔφη γὰρ ἐμμενεῖν ἐν ταῖς συνθή-
καις, ἐὰν αὐτῷ πρῶτον μὲν τὸ χρυσίον ἀποδῶσι πᾶν, ὃ
παρ' Ἱέρωνος ἔλαβον τοῦ πάππου, δεύτερον δὲ τὸν
σῖτον ἐκ παντὸς ἀποκαταστήσωσι τοῦ χρόνου καὶ τὰς
ἄλλας δωρεάς, ἃς εἶχον παρ' ἐκείνου, τὸ δὲ τρίτον
ὁμολογήσωσι τὴν ἐντὸς Ἱμέρα ποταμοῦ χώραν καὶ
8 πόλεις εἶναι Συρακοσίων. οἱ μὲν οὖν πρεσβευταὶ καὶ
τὸ συνέδριον ἐπὶ τούτοις ἐχωρίσθησαν· οἱ δὲ περὶ τὸν
Ἱερώνυμον ἀπὸ τούτων τῶν καιρῶν ἐνήργουν τὰ τοῦ
πολέμου, καὶ τάς τε δυνάμεις ἤθροιζον καὶ καθώπλι-
ζον τάς τε λοιπὰς χορηγίας ἡτοίμαζον. [Exc. De legat.
p. 1.]

6. Ἡ γὰρ τῶν Λεοντίνων πόλις τῷ μὲν ὅλῳ κλίματι
2 τέτραπται πρὸς τὰς ἄρκτους, ἔστι δὲ διὰ μέσης αὐτῆς
αὐλὼν ἐπίπεδος, ἐν ᾧ συμβαίνει τάς τε τῶν ἀρχείων
καὶ δικαστηρίων κατασκευὰς καὶ καθόλου τὴν ἀγορὰν
3 ὑπάρχειν. τοῦ δ' αὐλῶνος παρ' ἑκατέραν τὴν πλευρὰν
παρήκει λόφος, ἔχων ἀπορρῶγα συνεχῆ· τὰ δ' ἐπί-

Adranodorus was alone in saying that the opportunity should not be let slip, as this was the only chance of acquiring the sovereignty of Sicily. Upon his saying this the king asked Hippocrates and his brother what their opinion was, and when they said, "The same as Adranodorus," the council came to a close. Such was the way in which the war against Rome was decided on. But wishing not to appear to give a maladroit reply to the envoys, he blundered so fatally, that he made it certain that he would not only forfeit the good graces of the Romans but would give them most serious offense. He said he would adhere to the treaty if they repaid to him all the gold they had received from his grandfather Hiero; next if they returned the corn and other gifts they had had from him during the whole of his reign; and thirdly, if they would acknowledge that all the country and towns east of the river Himeras belonged to Syracuse. It was on these terms that the envoys and the council parted. Hieronymus from this time onward made active preparations for war, collecting and arming his forces and getting his other supplies ready. . . .

6. The city of Leontini[14] in its general direction is turned to the north. Through the middle of it runs a level valley in which stand the government offices, the law courts, and the agora in general. On each side of this valley runs a ridge precipitous from end to end, the flat ground

[14] *OCD* Leontini 844 (A. G. Woodhead).

πεδα τῶν λόφων τούτων ὑπὲρ τὰς ὀφρῦς οἰκιῶν ἐστι
4 πλήρη καὶ ναῶν. δύο δ᾽ ἔχει πυλῶνας ἡ πόλις, ὧν ὁ
μὲν ἐπὶ τοῦ πρὸς μεσημβρίαν πέρατός ἐστιν οὗ προ-
εῖπον αὐλῶνος, φέρων ἐπὶ Συρακούσας, ὁ δ᾽ ἕτερος ἐπὶ
τοῦ πρὸς ἄρκτους, ἄγων ἐπὶ τὰ Λεοντῖνα καλούμενα
5 πεδία καὶ τὴν γεωργήσιμον χώραν. ὑπὸ δὲ τὴν μίαν
ἀπορρῶγα, τὴν πρὸς τὰς δύσεις, παραρρεῖ ποταμός,
6 ὃν καλοῦσι Λίσσον. τούτῳ δὲ κεῖνται παράλληλοι καὶ
πλείους ὑπ᾽ αὐτὸν τὸν κρημνὸν οἰκίαι συνεχεῖς, ὧν
μεταξὺ καὶ τοῦ ποταμοῦ συμβαίνει τὴν προειρημένην
ὁδὸν ὑπάρχειν. [Cod. Urb. fol. 96.]

7. Ὅτι τινὲς τῶν λογογράφων τῶν ὑπὲρ τῆς κατα-
στροφῆς τοῦ Ἱερωνύμου γεγραφότων πολύν τινα
πεποίηνται λόγον καὶ πολλήν τινα διατέθεινται τερα-
τείαν, ἐξηγούμενοι μὲν τὰ πρὸ τῆς ἀρχῆς αὐτοῖς
γενόμενα σημεῖα καὶ τὰς ἀτυχίας τὰς Συρακοσίων,
2 τραγῳδοῦντες δὲ τὴν ὠμότητα τῶν τρόπων καὶ τὴν
ἀσέβειαν τῶν πράξεων, ἐπὶ δὲ πᾶσι τὸ παράλογον καὶ
τὸ δεινὸν τῶν περὶ τὴν καταστροφὴν αὐτοῦ συμ-
βάντων, ὥστε μήτε Φάλαριν μήτ᾽ Ἀπολλόδωρον μήτ᾽
ἄλλον μηδένα γεγονέναι τύραννον ἐκείνου πικρότερον.
3 καί<τοι> παῖς παραλαβὼν τὴν ἀρχήν, εἶτα μῆνας οὐ
πλείους τριῶν καὶ δέκα βιώσας μετήλλαξε τὸν βίον.
4 κατὰ δὲ τὸν χρόνον τοῦτον ἕνα μέν τινα καὶ δεύτερον
ἐστρεβλῶσθαι καί τινας τῶν φίλων καὶ τῶν ἄλλων
Συρακοσίων ἀπεκτάνθαι δυνατόν, ὑπερβολὴν δὲ γεγο-
νέναι παρανομίας καὶ παρηλλαγμένην ἀσέβειαν οὐκ
5 εἰκός. καὶ τῷ μὲν τρόπῳ διαφερόντως εἰκαῖον αὐτὸν

above the brows of these ridges being covered with houses and temples. The town has two gates, one at the southern end of the above-mentioned valley leading toward Syracuse, and the other at its northern end leading to, the so-called Leontine plain and the arable land. Under the one ridge, that on the western side, runs a river called the Lissus, and parallel to it just under the cliff stands a row of houses between which and the river is the road I mentioned. . . .

7. Some of the historians who have described the fall of Hieronymus[15] have done so at great length and introduced much of the marvelous, telling of the prodigies that occurred before his reign and the misfortunes of the Syracusans, and describing in tragic colors the cruelty of his character and the impiety of his actions, and finally the strange and terrible nature of the circumstances attending his death, so that neither Phalaris nor Apollodorus[16] nor any other tyrant would seem to have been more savage than he. And yet he was quite a boy when he succeeded to power, and lived only thirteen months after. In this space of time it is possible that one or two men may have been tortured, and some of his friends and of the other Syracusans put to death, but it is hardly probable that there was any excess of unlawful violence or any extraordinary impiety. One must admit that his character was exceed-

[15] This digression will have followed the report of his death in Leontini. He fell victim to a conspiracy early in 214, after a reign of only thirteen months.

[16] The former was tyrant of Acragas in the sixth century, the latter of Cassandrea in the early third, both notorious for their cruelty.

γεγονέναι καὶ παράνομον φατέον, οὐ μὴν εἴς γε σύγκρισιν ἀκτέον οὐδενὶ τῶν προειρημένων τυράννων.
6 ἀλλά μοι δοκοῦσιν οἱ τὰς ἐπὶ μέρους γράφοντες πράξεις, ἐπειδὰν ὑποθέσεις εὐπεριλήπτους ὑποστήσωνται καὶ στενάς, πτωχεύοντες πραγμάτων ἀναγκάζεσθαι τὰ μικρὰ μεγάλα ποιεῖν καὶ περὶ τῶν μηδὲ μνήμης ἀξίων πολλούς τινας διατίθεσθαι λόγους. ἔνιοι δὲ καὶ δι᾽ ἀκρισίαν εἰς τὸ παραπλήσιον τούτοις ἐμπίπτουσιν.
7 ὅσῳ γὰρ ἄν τις εὐλογώτερον καὶ περὶ ταῦτα τὸν ἀναπληροῦντα τὰς βύβλους καὶ τὸν ἐπιμετροῦντα λόγον τῆς διηγήσεως εἰς Ἱέρωνα καὶ Γέλωνα διά-
8 θοιτο, παρεὶς Ἱερώνυμον. καὶ γὰρ τοῖς φιληκόοις ἡδίων οὗτος καὶ τοῖς φιλομαθοῦσι τῷ παντὶ χρησιμώτερος.

8. Ἱέρων μὲν γὰρ πρῶτον μὲν δι᾽ αὑτοῦ κατεκτήσατο τὴν Συρακοσίων καὶ τῶν συμμάχων ἀρχήν, οὐ πλοῦτον, οὐ δόξαν, οὐχ ἕτερον οὐδὲν ἐκ τῆς τύχης
2 ἕτοιμον παραλαβών. καὶ μὴν οὐκ ἀποκτείνας, οὐ φυγαδεύσας, οὐ λυπήσας οὐδένα τῶν πολιτῶν, δι᾽
3 αὑτοῦ βασιλεὺς κατέστη τῶν Συρακοσίων, ὃ πάντων ἐστὶ παραδοξότατον, ἔτι δὲ τὸ μὴ μόνον κτήσασθαι τὴν ἀρχὴν οὕτως, ἀλλὰ καὶ διαφυλάξαι τὸν αὐτὸν
4 τρόπον. ἔτη γὰρ πεντήκοντα καὶ τέτταρα βασιλεύσας διετήρησε μὲν τῇ πατρίδι τὴν εἰρήνην, διεφύλαξε δ᾽ αὑτῷ τὴν ἀρχὴν ἀνεπιβούλευτον, διέφυγε δὲ τὸν ταῖς
5 ὑπεροχαῖς παρεπόμενον φθόνον· ὅς γε πολλάκις ἐπιβαλόμενος ἀποθέσθαι τὴν δυναστείαν ἐκωλύθη κατὰ
6 κοινὸν ὑπὸ τῶν πολιτῶν. εὐεργετικώτατος δὲ καὶ φιλο-

ingly capricious and violent; but he is not at all to be compared with either of these tyrants. The fact, as it seems to me, is that those who write narratives of particular events, when they have to deal with a subject which is circumscribed and narrow, are compelled for lack of facts to make small things great and to devote much space to matters really not worthy of record. There are some also who fall into a similar error through lack of judgment. How much more justifiable indeed it would be for a writer to devote those pages of narrative which serve to fill up his book to overflowing to Hiero and Gelo, making no mention at all of Hieronymus? This would be both more agreeable to the casual reader[17] and more useful to the student.

8. For Hiero[18] in the first place acquired the sovereignty of Syracuse and her allies by his own merit, having found ready provided for him by fortune neither wealth, fame, nor anything else. And, what is more, he made himself king of Syracuse unaided, without killing, exiling, or injuring a single citizen, which indeed is the most remarkable thing of all; and not only did he acquire his sovereignty so, but maintained it in the same manner. For during a reign of fifty-four years he kept his country at peace and his own power undisturbed by plots, and he kept clear of that envy which is wont to wait on superiority. Actually on several occasions when he wished to lay down his authority, he was prevented from doing so by the common action of the citizens. And having conferred great benefits

17 Who reads for pleasure, not for instruction.

18 Hiero II, first general, thereafter king of Syracuse. See n. on 1.8.3.

δοξότατος γενόμενος εἰς τοὺς Ἕλληνας μεγάλην μὲν αὑτῷ δόξαν, οὐ μικρὰν δὲ Συρακοσίοις εὔνοιαν παρὰ
7 πᾶσιν ἀπέλιπε. καὶ μὴν ἐν περιουσίᾳ καὶ τρυφῇ καὶ δαψιλείᾳ πλείστῃ διαγενόμενος ἔτη μὲν ἐβίωσε πλείω τῶν ἐνενήκοντα, διεφύλαξε δὲ τὰς αἰσθήσεις ἁπάσας, διετήρησε δὲ πάντα καὶ τὰ μέρη τοῦ σώματος ἀβλα-
8 βῆ. τοῦτο δέ μοι δοκεῖ σημεῖον οὐ μικρόν, ἀλλὰ παμμέγεθες εἶναί βίου σώφρονος. [Exc. Peir. p. 9.]
9 Ὅτι Γέλων πλείω τῶν πεντήκοντα βιώσας ἐτῶν σκοπὸν προέθηκε κάλλιστον ἐν τῷ ζῆν, τὸ πειθαρχεῖν τῷ γεννήσαντι, καὶ μήτε πλοῦτον μήτε βασιλείας μέγεθος μήτ᾽ ἄλλο περὶ πλείονος ποιήσασθαι μηδὲν τῆς πρὸς τοὺς γονεῖς εὐνοίας καὶ πίστεως. [Exc. Peir. p. 13.]

III. RES GRAECIAE

9. Ὅρκος, ὃν ἔθετο Ἀννίβας ὁ στρατηγός, Μάγωνος, Μύρκανος, Βαρμόκαρος, καὶ πάντες γερουσιασταὶ Καρχηδονίων οἱ μετ᾽ αὐτοῦ καὶ πάντες Καρχηδόνιοι στρατευόμενοι μετ᾽ αὐτοῦ πρὸς Ξενοφάνη Κλεομάχου Ἀθηναῖον πρεσβευτήν, ὃν ἀπέστειλε πρὸς ἡμᾶς Φίλιππος ὁ βασιλεὺς Δημητρίου ὑπὲρ αὑτοῦ καὶ Μακεδόνων καὶ τῶν συμμάχων.

---

19 Hiero's son and the father of King Hieronymus.

20 A Phoenician document, Hannibal's oath (1–17), translated into Greek. It dates from 215 and fell with Xenophanes, Philip's envoy, into Roman hands when he returned from Carthage. The

on the Greeks, and studied to win their high opinion, he left behind him a great personal reputation and a legacy of universal goodwill to the Syracusans. Further, although he lived constantly in the midst of affluence, luxury, and most lavish expenditure, he survived till over ninety, and retained all his faculties, as well as keeping every part of his body sound, which seems to me to testify in no slight measure, indeed very strongly, to his having led a temperate life.

Gelo,[19] who lived till over fifty, set before himself in his life the most admirable object, that is to obey his father, and not to esteem either wealth or royal power or anything else as of higher value than affection and loyalty to his parents.

III. AFFAIRS OF GREECE

Treaty between Hannibal and King Philip of Macedon

9. This is a sworn treaty[20] made between us, Hannibal the general, Mago, Myrcan, Barmocar, and all other Carthaginian senators present with him, and all Carthaginians serving under him, on the one side, and Xenophanes the Athenian,[21] son of Cleomachus, the envoy whom King Philip, son of Demetrius, sent to us on behalf of himself, the Macedonians and allies, on the other side.

copious bibliography is listed in *StV* 528 and discussed in WC 2.42–56. The Semitisms and the Semitic elements are discussed in two studies by E. Bickerman, *TAPA* 75 (1944), 77–102, and *AJPh* 73 (1952), 1–23.

[21] Not known otherwise.

2 Ἐναντίον Διὸς καὶ Ἥρας καὶ Ἀπόλλωνος, ἐναντίον δαίμονος Καρχηδονίων καὶ Ἡρακλέους καὶ Ἰολάου, ἐναντίον Ἄρεως, Τρίτωνος, Ποσειδῶνος, ἐναντίον θεῶν τῶν συστρατευομένων καὶ Ἡλίου καὶ Σελήνης καὶ Γῆς, ἐναντίον ποταμῶν καὶ λιμνῶν καὶ ὑδάτων,
3 ἐναντίον πάντων θεῶν ὅσοι κατέχουσι Καρχηδόνα, ἐναντίον θεῶν πάντων ὅσοι Μακεδονίαν καὶ τὴν ἄλλην Ἑλλάδα κατέχουσιν, ἐναντίον θεῶν πάντων τῶν κατὰ στρατείαν, ὅσοι τινὲς ἐφεστήκασιν ἐπὶ τοῦδε τοῦ
4 ὅρκου. Ἀννίβας ὁ στρατηγὸς εἶπε καὶ πάντες Καρχηδονίων γερουσιασταὶ οἱ μετ᾽ αὐτοῦ καὶ πάντες Καρχηδόνιοι <οἱ> στρατευόμενοι μετ᾽ αὐτοῦ, ὃ ἂν δοκῇ ὑμῖν καὶ ἡμῖν, τὸν ὅρκον τοῦτον θέσθαι περὶ φιλίας καὶ εὐνοίας καλῆς, φίλους καὶ οἰκείους καὶ ἀδελφούς,
5 ἐφ᾽ ᾧτ᾽ εἶναι σῳζομένους ὑπὸ βασιλέως Φιλίππου καὶ Μακεδόνων καὶ ὑπὸ τῶν ἄλλων Ἑλλήνων, ὅσοι εἰσὶν αὐτῶν σύμμαχοι, κυρίους Καρχηδονίους καὶ Ἀννίβαν τὸν στρατηγὸν καὶ τοὺς μετ᾽ αὐτοῦ καὶ τοὺς Καρχηδονίων ὑπάρχους, ὅσοι τοῖς αὐτοῖς νόμοις χρῶνται, καὶ Ἰτυκαίους, καὶ ὅσαι πόλεις καὶ ἔθνη Καρχηδονίων ὑπήκοα, καὶ τοὺς στρατιώτας καὶ τοὺς συμμάχους,
6 καὶ πάσας πόλεις καὶ ἔθνη, πρὸς ἅ ἐστιν ἡμῖν ἥ τε φιλία τῶν ἐν Ἰταλίᾳ καὶ Κελτίᾳ καὶ ἐν τῇ Λιγυστίνῃ, καὶ πρὸς οὕστινας ἡμῖν ἂν γένηται φιλία καὶ συμμα-
7 χία ἐν ταύτῃ τῇ χώρᾳ. ἔσται δὲ καὶ Φίλιππος ὁ βασιλεὺς καὶ Μακεδόνες καὶ τῶν ἄλλων Ἑλλήνων οἱ σύμμαχοι, σῳζόμενοι καὶ φυλαττόμενοι ὑπὸ Καρχηδονίων τῶν συστρατευομένων καὶ ὑπὸ Ἰτυκαίων καὶ

In the presence of Zeus, Hera, and Apollo: in the presence of the Genius of Carthage, of Heracles, and Iolaus: in the presence of Ares, Triton, and Poseidon: in the presence of the gods who battle for us and of the Sun, Moon, and Earth; in the presence of Rivers, Lakes, and Waters: in the presence of all the gods who possess Carthage: in the presence of all the gods who possess Macedonia and the rest of Greece: in the presence of all the gods of the army who preside over this oath. Thus saith Hannibal the general, and all the Carthaginian senators with him, and all Carthaginians serving with him, that as seemeth good to you and to us, so should we bind ourselves by oath in friendship and goodwill to be even as friends, kinsmen, and brothers, on these conditions. (1) That King Philip and the Macedonians and the rest of the Greeks who are their allies shall protect the Carthaginians, the supreme lords,[22] and Hannibal their general, and those with him, and all under the dominion of Carthage who live under the same laws; likewise the people of Utica and all cities and peoples that are subject to Carthage, and our soldiers and allies and cities and peoples in Italy, Gaul, and Liguria, with whom we are in alliance or with whomsoever in this country we may hereafter enter into alliance. (2) King Philip and the Macedonians and such of the Greeks as are their allies shall be protected and guarded by the Carthaginians who are serving with us, by the people of Utica and by all cities

[22] The meaning of *κυρίους Καρχηδονίους* is much disputed; see WC 2.53. It may just mean "citizens of Carthage" (so U. Kahrstedt, *NGG* 1923, 99).

ὑπὸ πασῶν πόλεων καὶ ἐθνῶν ὅσα ἐστὶ Καρχηδονίοις
ὑπήκοα, καὶ συμμάχων καὶ στρατιωτῶν, καὶ ὑπὸ
πάντων ἐθνῶν καὶ πόλεων ὅσα ἐστὶν ἐν Ἰταλίᾳ καὶ
Κελτίᾳ καὶ Λιγυστίνῃ, καὶ ὑπὸ τῶν ἄλλων, ὅσοι ἂν
γένωνται σύμμαχοι ἐν τοῖς κατ᾽ Ἰταλίαν τόποις τού-
8 τοις. οὐκ ἐπιβουλεύσομεν ἀλλήλοις οὐδὲ λόχῳ χρησό-
μεθα ἐπ᾽ ἀλλήλοις, μετὰ πάσης δὲ προθυμίας καὶ
εὐνοίας ἄνευ δόλου καὶ ἐπιβουλῆς ἐσόμεθα πολέμιοι
τοῖς πρὸς Καρχηδονίους πολεμοῦσι χωρὶς βασιλέων
καὶ πόλεων καὶ ἐθνῶν, πρὸς οὓς ἡμῖν εἰσιν ὅρκοι καὶ
9 φιλίαι. ἐσόμεθα δὲ καὶ ἡμεῖς πολέμιοι τοῖς πολεμοῦσι
πρὸς βασιλέα Φίλιππον χωρὶς βασιλέων καὶ πόλεων
καὶ ἐθνῶν, πρὸς οὓς ἡμῖν εἰσιν ὅρκοι καὶ φιλίαι.
10 ἔσεσθε δὲ καὶ ἡμῖν <σύμμαχοι> πρὸς τὸν πόλεμον, ὅς
ἐστιν ἡμῖν πρὸς Ῥωμαίους, ἕως ἂν ἡμῖν καὶ ὑμῖν οἱ
11 θεοὶ διδῶσι τὴν εὐημερίαν. βοηθήσετε δὲ ἡμῖν, ὡς ἂν
12 χρεία ᾖ καὶ ὡς ἂν συμφωνήσωμεν. ποιησάντων δὲ τῶν
θεῶν εὐημερίαν ἡμῖν κατὰ τὸν πόλεμον τὴν πρὸς
Ῥωμαίους καὶ τοὺς συμμάχους αὐτῶν, ἂν ἀξιῶσι
Ῥωμαῖοι συντίθεσθαι περὶ φιλίας, συνθησόμεθα,
13 ὥστ᾽ εἶναι πρὸς ὑμᾶς τὴν αὐτὴν φιλίαν, ἐφ᾽ ᾧτε μὴ
ἐξεῖναι αὐτοῖς ἄρασθαι πρὸς ὑμᾶς μηδέποτε πόλεμον,
μηδ᾽ εἶναι Ῥωμαίους κυρίους Κερκυραίων μηδ᾽ Ἀπολ-
λωνιατῶν καὶ Ἐπιδαμνίων μηδὲ Φάρου μηδὲ Διμάλης
14 καὶ Παρθίνων μηδ᾽ Ἀτιντανίας. ἀποδώσουσι δὲ καὶ
Δημητρίῳ τῷ Φαρίῳ τοὺς οἰκείους πάντας, οἵ εἰσιν ἐν
15 τῷ κοινῷ τῶν Ῥωμαίων. ἐὰν δὲ αἵρωνται Ῥωμαῖοι

and peoples that are subject to Carthage, by our allies and soldiers and by all peoples and cities in Italy, Gaul, and Liguria, who are our allies, and by such others as may hereafter become our allies in Italy and the adjacent regions. (3) We will enter into no plot against each other, nor lie in ambush for each other, but with all zeal and good fellowship, without deceit or secret design, we will be enemies of such as war against the Carthaginians, always excepting the kings, cities, and peoples with which we have sworn treaties of alliance. (4) And we, too, will be the enemies of such as war against King Philip, always excepting the kings, cities, and peoples with which we have sworn treaties of alliance. (5) You will be our allies in the war in which we are engaged with the Romans until the gods vouchsafe the victory to us and to you, and you will give us such help as we have need of or as we agree upon. (6) As soon as the gods have given us the victory in the war against the Romans and their allies, if the Romans ask us to come to terms of peace, we will make such a peace as will comprise you too,[23] and on the following conditions: that the Romans may never make war upon you; that the Romans shall no longer be masters of Corcyra, Apollonia, Epidamnus, Pharos, Dimale, Parthini, or Atintania:[24] and that they shall return to Demetrius of Pharos all his friends who are in the dominions of Rome. (7) If ever the Romans make

[23] If Philip's oath included a corresponding provision, as is almost certain, the king violated it when he concluded peace with Rome in 206.

[24] This is the clearest indication of what Philip's goals were: to have the Romans withdraw from those parts of Illyria which they controlled after 229/28, the First Illyrian War.

πρὸς ὑμᾶς πόλεμον ἢ πρὸς ἡμᾶς, βοηθήσομεν ἀλλήλοις εἰς τὸν πόλεμον, καθὼς ἂν ἑκατέροις ᾖ χρεία.
16 ὁμοίως δὲ καὶ ἐάν τινες ἄλλοι χωρὶς βασιλέων καὶ πόλεων καὶ ἐθνῶν, πρὸς ἃ ἡμῖν εἰσιν ὅρκοι καὶ φιλίαι.
17 ἐὰν δὲ δοκῇ ἡμῖν ἀφελεῖν ἢ προσθεῖναι πρὸς τόνδε τὸν ὅρκον, ἀφελοῦμεν ἢ προσθήσομεν ὡς ἂν ἡμῖν δοκῇ ἀμφοτέροις. [Cod. Urb. fol. 96v.]

10. Οὔσης δημοκρατίας παρὰ τοῖς Μεσσηνίοις, καὶ τῶν μὲν ἀξιολόγων ἀνδρῶν πεφυγαδευμένων, τῶν δὲ κατακεκληρουχημένων τὰς τούτων οὐσίας ἐπικρατούντων τῆς πολιτείας, δυσχερῶς ὑπέφερον τὴν τούτων ἰσηγορίαν οἱ μένοντες τῶν ἀρχαίων πολιτῶν.
2 Ὅτι Γόργος ὁ Μεσσήνιος οὐδενὸς ἦν δεύτερος Μεσσηνίων πλούτῳ καὶ γένει, διὰ δὲ τὴν ἄθλησιν κατὰ τὴν ἀκμὴν πάντων ἐνδοξότατος ἐγεγόνει τῶν
3 περὶ τοὺς γυμνικοὺς ἀγῶνας φιλοστεφανούντων. καὶ γὰρ κατὰ τὴν ἐπιφάνειαν καὶ κατὰ τὴν τοῦ λοιποῦ βίου προστασίαν, ἔτι δὲ κατὰ τὸ πλῆθος τῶν στε-
4 φάνων, οὐδενὸς ἐλείπετο τῶν καθ' αὑτόν. καὶ μὴν ὅτε καταλύσας τὴν ἄθλησιν ἐπὶ τὸ πολιτεύεσθαι καὶ τὸ πράττειν τὰ τῆς πατρίδος ὥρμησε, καὶ περὶ τοῦτο τὸ μέρος οὐκ ἐλάττω δόξαν ἐξεφέρετο τῆς πρότερον
5 ὑπαρχούσης αὐτῷ, πλεῖστον μὲν ἀπέχειν δοκῶν τῆς τοῖς ἀθληταῖς παρεπομένης ἀναγωγίας, πρακτικώτα-

[25] A democratic revolution, supported by Philip, had happened at Messene. See P. Fröhlich, in C. Grandjean (ed.), *Le Peloponnèse d'Épaminondas à Hadrien* (Bordeaux 2008), 207–208.

war on you or on us, we will help each other in the war as may be required on either side. (8) In like manner if any others do so, excepting always kings, cities, and peoples with whom we have sworn treaties of alliance. (9) If we decide to withdraw any clauses from this treaty or to add any we will withdraw such clauses or add them as we both may agree. . . .

Messene and Philip V.

10. Democracy[25] being established at Messene, the principal men having been banished and the government being in the hands of those to whom their property had been allotted, those of the old citizens who remained found it difficult to brook the equality which these men had assumed. . . .

Gorgus of Messene[26] was second to none at Messene in wealth and birth, and by his athletic achievements in the season of his prime had become the most famous of all competitors in gymnastic contests. Indeed in personal beauty, in general dignity of bearing, and in the number of the prizes he had won he was inferior to none of his contemporaries. And when he had given up athletics and taken to politics and the service of his country, he gained in this sphere a reputation in no way beneath his former one, being very far removed from that boorishness which is apt

[26] An Olympic victor (see n. on 5.5.4) who had tried to gain Philip's help against the Spartans in 218 and now appears as the head of the new government.

τος δὲ καὶ νουνεχέστατος εἶναι νομιζόμενος περὶ τὴν πολιτείαν. [Exc. Peir. p. 13. Suidas *s.v.* Γόργος.]

11. Ἐγὼ δὲ κατὰ τὸ παρὸν ἐπιστήσας τὴν διήγησιν
(12) βραχέα βούλομαι διαλεχθῆναι περὶ Φιλίππου, διὰ τὸ ταύτην τὴν ἀρχὴν γενέσθαι τῆς εἰς τοὔμπαλιν μεταβολῆς αὐτοῦ καὶ τῆς ἐπὶ χεῖρον ὁρμῆς καὶ μεταθέ-
2 σεως. δοκεῖ γάρ μοι τοῖς καὶ κατὰ βραχὺ βουλομένοις τῶν πραγματικῶν ἀνδρῶν περιποιεῖσθαι τὴν ἐκ τῆς ἱστορίας διόρθωσιν ἐναργέστατον εἶναι τοῦτο παρά-
3 δειγμα. καὶ γὰρ διὰ τὸ τῆς ἀρχῆς ἐπιφανὲς καὶ διὰ τὸ τῆς φύσεως λαμπρὸν ἐκφανεστάτας συμβαίνει καὶ γνωριμωτάτας γεγονέναι πᾶσι τοῖς Ἕλλησι τὰς εἰς ἑκάτερον τὸ μέρος ὁρμὰς τοῦ βασιλέως τούτου, παραπλησίως δὲ καὶ τὰ συνεξακολουθήσαντα ταῖς ὁρμαῖς
4 ἑκατέραις ἐκ παραθέσεως. ὅτι μὲν οὖν αὐτῷ μετὰ τὸ παραλαβεῖν τὴν βασιλείαν τά τε κατὰ Θετταλίαν καὶ Μακεδονίαν καὶ συλλήβδην τὰ κατὰ τὴν ἰδίαν ἀρχὴν οὕτως ὑπετέτακτο καὶ συνέκλινε ταῖς εὐνοίαις ὡς οὐδενὶ τῶν πρότερον βασιλέων, καίτοι νέῳ ὄντι παραλαβόντι τὴν Μακεδόνων δυναστείαν, εὐχερὲς καταμα-
5 θεῖν ἐκ τούτων. συνεχέστατα γὰρ αὐτοῦ περισπασθέντος ἐκ Μακεδονίας διὰ τὸν πρὸς Αἰτωλοὺς καὶ Λακεδαιμονίους πόλεμον, οὐχ οἷον ἐστασίασέ τι τῶν προειρημένων ἐθνῶν, ἀλλ᾽ οὐδὲ τῶν περιοικούντων ἐτόλμησε βαρβάρων οὐδεὶς ἅψασθαι τῆς Μακεδονίας.
6 καὶ μὴν περὶ τῆς Ἀλεξάνδρου καὶ Χρυσογόνου καὶ τῶν ἄλλων φίλων εὐνοίας καὶ προθυμίας εἰς αὐτὸν
7 οὐδ᾽ ἂν εἰπεῖν τις δύναιτ᾽ ἀξίως. τὴν δὲ Πελοπον-

to characterize athletes and being looked upon as a most able and levelheaded politician. . . .

11. Interrupting my narrative here, I wish to say a few words about Philip, because this was the beginning of the revolution in his character[27] and his notable change for the worse. For this seems to me a very striking example for such men of action as wish in however small a measure to correct their standard of conduct by the study of history. For both owing to the splendor of his position and the brilliancy of his genius the good and evil impulses of this prince were very conspicuous and very widely known throughout Greece; and so were the practical consequences of his good and evil impulses as compared with each other. That after he succeeded to the throne, Thessaly, Macedonia, and all his hereditary dominions were more submissive and more attached to him than to any king before him, although he had come to the throne at such an early age, it is easy to see from the following facts. Although he was frequently called away from Macedonia owing to the war against the Aetolians and Lacedaemonians, not only did none of these peoples revolt, but none of the barbarous tribes on his frontier ventured to touch Macedonia. Again it would be impossible to speak in adequate terms of the affection and devotion to him of Alexander, Chrysogonus[28] and his other friends. Nor can one overstate the benefits[29] he conferred in a short space of time on the Peloponnesians, Boeotians,

[27] P. is following up on what he has announced in 4.77.4.

[28] See notes at 2.66.5 and 5.9.4, respectively.

[29] Details in WC 2.58.

νησίων καὶ Βοιωτῶν, *ἅμα δὲ τούτοις* Ἠπειρωτῶν, Ἀκαρνάνων, . . . *ὅσων ἑκάστοις ἀγαθῶν ἐν βραχεῖ*
8 *χρόνῳ παραίτιος ἐγένετο. καθόλου γε μήν, εἰ δεῖ μικρὸν ὑπερβολικώτερον εἰπεῖν, οἰκειότατ᾽ ἂν οἶμαι περὶ* Φιλίππου *τοῦτο ῥηθῆναι, διότι κοινός τις οἷον ἐρώμενος ἐγένετο τῶν* Ἑλλήνων *διὰ τὸ τῆς αἱρέσεως*
9 *εὐεργετικόν. ἐκφανέστατον δὲ καὶ μέγιστον δεῖγμα περὶ τοῦ τί δύναται προαίρεσις καλοκἀγαθικὴ καὶ πίστις, τὸ πάντας* Κρηταιεῖς *συμφρονήσαντας καὶ τῆς αὐτῆς μετασχόντας συμμαχίας ἕνα προστάτην ἑλέσθαι τῆς νήσου* Φίλιππον, *καὶ ταῦτα συντελεσθῆναι χωρὶς ὅπλων καὶ κινδύνων, ὃ πρότερον οὐ*
10 *ῥᾳδίως ἂν εὕροι τις γεγονός. ἀπὸ τοίνυν τῶν κατὰ* Μεσσηνίους *ἐπιτελεσθέντων ἅπαντα τὴν ἐναντίαν ἐλάμβανε διάθεσιν αὐτῷ· καὶ τοῦτο συνέβαινε κατὰ*
11 *λόγον· τραπεὶς γὰρ ἐπὶ τὴν ἀντικειμένην προαίρεσιν τῇ πρόσθεν, καὶ ταύτῃ προστιθεὶς ἀεὶ τἀκόλουθον, ἔμελλε καὶ τὰς τῶν ἄλλων διαλήψεις περὶ αὐτοῦ τρέψειν εἰς τἀναντία καὶ ταῖς τῶν πραγμάτων συντελείαις*
12 *ἐγκυρήσειν ἐναντίαις ἢ πρότερον. ὃ καὶ συνέβη γενέσθαι. δῆλον δὲ τοῦτ᾽ ἔσται τοῖς προσέχουσιν ἐπιμελῶς διὰ τῶν ἑξῆς ῥηθησομένων πράξεων.* [Exc. Peir. p. 13.]

12. *Ὅτι* Φιλίππου *τοῦ βασιλέως* Μακεδόνων *τὴν*
(11) *τῶν* Μεσσηνίων *ἀκρόπολιν κατασχεῖν βουλομένου, καὶ φήσαντος βούλεσθαι πρὸς τοὺς προεστῶτας τῆς πόλεως θεάσασθαι τὴν ἀκρόπολιν καὶ θῦσαι τῷ* Διί, *ἀναβάντος μετὰ τῆς θεραπείας καὶ θύοντος, μετὰ*

Epirots, and Acarnanians. In fact, as a whole, if one may use a somewhat extravagant phrase, one might say most aptly of Philip that he was the darling of the whole of Greece owing to his beneficent policy. A most conspicuous and striking proof of the value of honorable principles and good faith is that all the Cretans[30] united and entering into one confederacy elected Philip president of the whole island, this being accomplished without any appeal to arms or violence, a thing of which it would be difficult to find a previous instance. But after his attack on Messene all underwent a total change, and this was only to be expected. For as he totally changed his principles and constantly pressed the consequences of this farther, it was inevitable that he should totally reverse also other men's opinion of him, and that he should meet with totally different results in his undertakings. This indeed was the fact; and events I am now about to relate will render it quite evident to those who follow them with care.

12. When Philip, king of Macedon, wished to seize on the citadel of Messene, he told the magistrates of that city that he wished to visit the citadel and sacrifice to Zeus.[31] He went up with his suite and sacrificed, and when, as is

[30] Somewhat exaggerated; see the comments of A. Chaniotis, *Die Verträge zwischen kretischen Poleis in der hellenistischen Zeit* (Stuttgart 1996), 441, n. 76.

[31] Zeus Ithomatas, on the summit of Mount Ithome.

ταῦτα κατὰ τὸν ἐθισμὸν ἐκ τῶν τυθέντων ἱερείων προσενεχθέντων αὐτῷ τῶν σπλάγχνων, δεξάμενος εἰς τὰς χεῖρας καὶ βραχὺ διακλίνας, ἤρετο προτείνων τοῖς περὶ τὸν Ἄρατον "τί δοκεῖ τὰ ἱερὰ σημαίνειν,
2 πότερον ἐκχωρεῖν τῆς ἄκρας ἢ κρατεῖν αὐτῆς." ὁ μὲν οὖν Δημήτριος αὐτόθεν ἐκ τοῦ προβεβηκότος "εἰ μὲν μάντεως φρένας ἔχεις" ἔφη "ἐκχωρεῖν τὴν ταχίστην· εἰ δὲ βασιλέως πραγματικοῦ, τηρεῖν αὐτήν, ἵνα μὴ
3 νῦν ἀφεὶς ζητῇς ἕτερον ἐπιτηδειότερον καιρόν· οὕτως γὰρ ἑκατέρων τῶν κεράτων κρατῶν μόνως ἂν ὑποχείριον ἔχοις τὸν βοῦν," αἰνιττόμενος τὰ μὲν κέρατα τὸν Ἰθωμάταν καὶ τὸν Ἀκροκόρινθον, τὴν δὲ Πελο-
4 πόννησον τὸν βοῦν. ὁ δὲ Φίλιππος ἐπιστρέψας πρὸς τὸν Ἄρατον "σὺ δὲ ταὐτὰ συμβουλεύεις;" ἔφη. τοῦ δ'
5 ἐπισχόντος, αὐτὸ λέγειν ἠξίου τὸ φαινόμενον. ὁ δὲ διαπορήσας "εἰ μὲν χωρίς" ἔφη "τοῦ παρασπονδῆσαι Μεσσηνίους δύνῃ κρατεῖν τοῦ τόπου τούτου, συμβου-
6 λεύω κρατεῖν· εἰ δὲ τοῦτον καταλαβὼν φρουρᾷ, πάσας ἀπολλύναι μέλλεις τὰς ἀκροπόλεις καὶ τὴν φρουράν, ᾗ παρέλαβες παρ' Ἀντιγόνου φρουρουμένους τοὺς
7 συμμάχους," λέγων τὴν πίστιν, "σκόπει μὴ καὶ νῦν κρεῖττον ᾖ τοὺς ἄνδρας ἐξαγαγόντα τὴν πίστιν αὐτοῦ καταλιπεῖν, καὶ ταύτῃ φρουρεῖν τοὺς Μεσσηνίους,
8 ὁμοίως δὲ καὶ τοὺς λοιποὺς συμμάχους." ὁ Φίλιππος κατὰ μὲν τὴν ἰδίαν ὁρμὴν ἕτοιμος ἦν παρασπονδεῖν, ὡς ἐκ τῶν ὕστερον πραχθέντων ἐγένετο καταφανής,
9 ἐπιτετιμημένος δὲ μικρῷ μὲν πρότερον ὑπὸ τοῦ νεωτέρου πικρῶς ἐπὶ τῇ τῶν ἀνδρῶν ἀπωλείᾳ, τότε δὲ

the custom, the entrails of the slaughtered victim were offered him he received them in his hands and stepping a little aside, held them out to Aratus and those with him and asked, "What does the sacrifice signify? To withdraw from the citadel or remain in possession of it?" Demetrius said on the spur of the moment: "If you have the mind of a diviner, it bids you withdraw at once, but if you have the mind of a vigorous king it tells you to keep it, so that you may not after losing this opportunity seek in vain for another more favorable one. For it is only by holding both his horns[32] that you can keep the ox under," meaning by the horns Mount Ithome and the Acrocorinthus and by the ox the Peloponnese. Philip then turned to Aratus and said, "Is your advice the same?" When Aratus made no answer, he asked him to say exactly what he thought. After some hesitation he spoke as follows. "If without breaking faith with the Messenians you can keep this place, I advise you to keep it But if by seizing and garrisoning it you are sure to lose all other citadels and the garrison by which you found the allies guarded when Antigonus handed them down to you"—meaning by this good faith—"consider if it will not be better now to withdraw your men and leave good faith here guarding with it the Messenians as well as the other allies." Philip's personal inclination was to play false, as he showed by his subsequent conduct; but as he had been severely censured a short time previously by the younger Aratus for killing the men,[33] and as the elder Aratus spoke

[32] He means Acrocorinthus and Mount Ithome, the ox being the Peloponnese. See Plu. *Arat.* 50, derived from the full text of P.

[33] They lost their lives in the democratic uprising the previous day (13.b); see Plu. *Arat.* 49.5.

μετὰ παρρησίας ἅμα καὶ μετ᾽ ἀξιώσεως λέγοντος τοῦ πρεσβυτέρου καὶ δεομένου μὴ παρακοῦσαι τῶν λεγο-
10 *μένων, ἐνετράπη. καὶ λαβόμενος αὐτοῦ τῆς δεξιᾶς "ἄγωμεν τοίνυν" ἔφη "πάλιν τὴν αὐτὴν ὁδόν."* [Cod. Urb. fol. 98r. Exc. Vat. p. 372 M. 26. 2 H.]

13. Ὅτι ὁ Ἄρατος, *θεωρῶν τὸν Φίλιππον ὁμολογουμένως τόν τε πρὸς Ῥωμαίους ἀναλαμβάνοντα πόλεμον καὶ κατὰ τὴν πρὸς τοὺς συμμάχους αἵρεσιν ὁλοσχερῶς ἠλλοιωμένον, πολλὰς εἰσενεγκάμενος ἀπορίας καὶ σκήψεις μόλις ἀπετρέψατο τὸν Φίλιππον.*
2 *ἡμεῖς δέ, τοῦ κατὰ τὴν πέμπτην βύβλον ἡμῖν ἐν ἐπαγγελίᾳ καὶ φάσει μόνον εἰρημένου νῦν δι᾽ αὐτῶν τῶν πραγμάτων τὴν πίστιν εἰληφότος, βουλόμεθα προσαναμνῆσαι τοὺς συνεφιστάνοντας τῇ πραγματείᾳ, πρὸς τὸ μηδεμίαν τῶν ἀποφάσεων ἀναπόδεικτον*
3 *μηδ᾽ ἀμφισβητουμένην καταλιπεῖν. καθ᾽ ὃν γὰρ καιρὸν ἐξηγούμενοι τὸν Αἰτωλικὸν πόλεμον ἐπὶ τοῦτο τὸ μέρος τῆς διηγήσεως ἐπέστημεν, ἐν ᾧ Φίλιππον ἔφαμεν τὰς ἐν Θέρμῳ στοὰς καὶ τὰ λοιπὰ τῶν ἀναθημάτων θυμικώτερον καταφθεῖραι, καὶ δεῖν τούτων τὴν αἰτίαν οὐχ οὕτως ἐπὶ τὸν βασιλέα διὰ τὴν ἡλικίαν ὡς*
4 *ἐπὶ τοὺς συνόντας αὐτῷ φίλους ἀναφέρειν, τότε περὶ μὲν Ἀράτου τὸν βίον ἐφήσαμεν ἀπολογεῖσθαι τὸ μηδὲν ἂν ποιῆσαι μοχθηρόν, Δημητρίου δὲ τοῦ Φα-*
5 *ρίου τὴν τοιαύτην εἶναι προαίρεσιν. δῆλον δὲ τοῦτο ποιήσειν ἐπηγγειλάμεθα διὰ τῶν ἑξῆς ῥηθησομένων, εἰς τοῦτον ὑπερθέμενοι τὸν καιρὸν τὴν πίστιν τῆς*
6 *προρρηθείσης ἀποφάσεως, ἐν ᾧ παρὰ μίαν ἡμέραν*

now with freedom and authority, and begged him not to turn a deaf ear to his advice, he felt ashamed, and taking him by the hand said, "Let us go back by the way we came."

13. Aratus seeing that Philip was avowedly entering on hostilities with Rome and had entirely changed his sentiment toward the allies, with difficulty dissuaded him by urging on him a number of difficulties and pleas. Now that actual facts have confirmed a statement I made in my fifth book,[34] which was there a mere unsupported pronouncement, I wish to recall it to the memory of those who have followed this history, so as to leave none of my statements without proof or disputable. When in describing the Aetolian war I reached that part of my narrative in which I said[35] that Philip was too savage in his destruction of the porticoes and other votive offerings at Thermus, and that we should not owing to his youth at the time lay the blame so much on the king himself as on the friends he associated with, I then stated that Aratus' conduct throughout his life vindicated him from the suspicion of having acted so wickedly, but that the character of Demetrius of Pharos was of just such a kind. I then promised to make this clear from what I would afterward relate, and I reserved the proof of the above assertion for this occasion, when, as I just stated in my account of his treatment of the Messenians, all ow-

[34] 5.12.7–8.
[35] 5.11.4.

Δημητρίου μὲν παρόντος, ὡς ἀρτίως ὑπὲρ τῶν κατὰ Μεσσηνίους ὑπεδείξαμεν, Ἀράτου δὲ καθυστερήσαντος, ἤρξατο Φίλιππος ἅπτεσθαι τῶν μεγίστων ἀσεβη-
7 μάτων. καὶ καθάπερ ἂν ἐγγευσάμενος αἵματος ἀνθρωπείου καὶ τοῦ φονεύειν καὶ παρασπονδεῖν τοὺς συμμάχους, οὐ λύκος ἐξ ἀνθρώπου κατὰ τὸν Ἀρκαδικὸν μῦθον, ὥς φησιν ὁ Πλάτων, ἀλλὰ τύραννος ἐκ
8 βασιλέως ἀπέβη πικρός. τούτου δ' ἐναργέστερον ἔτι δεῖγμα τῆς ἑκατέρου γνώμης τὸ περὶ τῆς ἄκρας συμβούλευμα πρὸς τὸ μηδὲ περὶ τῶν κατ' Αἰτωλοὺς διαπορεῖν.

14. ὧν ὁμολογουμένων εὐμαρὲς ἤδη συλλογίσασθαι τὴν διαφορὰν τῆς ἑκατέρου προαιρέσεως.
2 καθάπερ γὰρ νῦν Φίλιππος πεισθεὶς Ἀράτῳ διεφύλαξε τὴν πρὸς Μεσσηνίους πίστιν ἐν τοῖς κατὰ τὴν ἄκραν, καὶ μεγάλῳ, τὸ δὴ λεγόμενον, ἕλκει τῷ προγεγονότι περὶ τὰς σφαγὰς μικρὸν ἴαμα προσέθηκεν,
3 οὕτως ἐν τοῖς κατ' Αἰτωλοὺς Δημητρίῳ κατακολουθήσας ἠσέβει μὲν εἰς τοὺς θεούς, τὰ καθιερωμένα τῶν ἀναθημάτων διαφθείρων, ἡμάρτανε δὲ περὶ τοὺς ἀνθρώπους, ὑπερβαίνων τοὺς τοῦ πολέμου νόμους, ἠστόχει δὲ τῆς σφετέρας προαιρέσεως, ἀπαραίτητον καὶ πικρὸν ἑαυτὸν ἀποδεικνύων ἐχθρὸν τοῖς διαφερο-
4 μένοις. ὁ δ' αὐτὸς λόγος καὶ περὶ τῶν κατὰ Κρήτην· καὶ γὰρ ἐπ' ἐκείνων Ἀράτῳ μὲν καθηγεμόνι χρησάμενος περὶ τῶν ὅλων, οὐχ οἷον ἀδικήσας, ἀλλ' οὐδὲ λυπήσας οὐδένα τῶν κατὰ τὴν νῆσον, ἅπαντας μὲν εἶχε τοὺς Κρηταιεῖς ὑποχειρίους, ἅπαντας δὲ τοὺς

ing to a difference of one day—Demetrius having arrived and Aratus being too late—Philip committed the first of his great crimes. Henceforth, as if he had had a taste of human blood and of the slaughter and betrayal of his allies, he did not change from a man into a wolf, as in the Arcadian tale cited by Plato,[36] but he changed from a king into a cruel tyrant. And a still more striking proof of the sentiment of each is this advice that they respectively gave about the citadel of Messene; so that there is not a shadow of doubt left about the Aetolian matter.

14. If we once accept this, it is easy to make up our minds about the extent to which their principles differed. For just as Philip on this occasion took the advice of Aratus and kept his faith to the Messenians regarding their citadel, and, as the saying is, did a little to heal the terrible wound inflicted by his massacres, so in Aetolia by following the advice of Demetrius he was not only guilty of impiety to the gods by destroying the offerings consecrated to them, but he sinned against men by transgressing the laws of war,[37] and acted contrary to his own purposes by showing himself the implacable and cruel foe of his adversaries. The same holds for his conduct in Crete. There, too, as long as he was guided by Aratus in his general policy, not only was he not guilty of injustice to any of the islanders, but he did not give the least offense to any; so that he had all the Cretans at his service, and by the strictness of

36 Pl. *R.* 8.565D, the story of a man changed into a wolf on the Arcadian wolf mountain (Mt. Lykaion).

37 P. repeats his phrase from 5.11.3.

Ἕλληνας εἰς τὴν πρὸς αὐτὸν εὔνοιαν ἐπήγετο διὰ τὴν
5 σεμνότητα τῆς προαιρέσεως. οὕτω πάλιν ἐπακολουθήσας Δημητρίῳ καὶ παραίτιος γενόμενος Μεσσηνίοις τῶν ἄρτι ῥηθέντων ἀτυχημάτων, ἅμα τὴν παρὰ τοῖς συμμάχοις εὔνοιαν καὶ τὴν παρὰ τοῖς ἄλλοις
6 Ἕλλησιν ἀπέβαλε πίστιν. τηλικαύτην τοῖς νέοις βασιλεῦσι ῥοπὴν ἔχει καὶ πρὸς ἀτυχίαν καὶ πρὸς ἐπανόρθωσιν τῆς ἀρχῆς ἡ τῶν παρεπομένων φίλων ἐκλογὴ καὶ κρίσις, ὑπὲρ ἧς οἱ πλείους οὐκ οἶδ' ὅπως ῥᾳθυμοῦντες οὐδὲ τὴν ἐλαχίστην ποιοῦνται πρόνοιαν. [Exc. Peir. p. 17 et inde a 327. 20: ὅτι μεγάλην τοῖς νέοις β. Vat. p. 373 M. 26, 24 H.]

14b. Ἐκπέμπουσι τῶν Κρητῶν τινας ὡς ἐπὶ ληστείαν, δόντες ἐπιστολὴν διεσκευασμένην. [Suidas δ 958 Adler.]

14c. Μασύλιοι, Λιβυκὸν ἔθνος· Πολύβιος ἐν τῷ ἑβδόμῳ Μασυλεῖς αὐτούς φησι [Steph. Byz. p. 436, 20.]

14d. Λέγεται ἀρσενικῶς, ὡς Πολύβιος ἑβδόμῳ· οἱ δὲ τὸν Ὠρικὸν κατοικοῦντες, οἳ καὶ πρῶτοι κεῖνται περὶ τὴν εἰσβολὴν [τὴν add. Eustath.] πρὸς τὸν Ἀδρίαν ἐκ δεξιῶν εἰσπλέοντι [Steph. Byz. p. 709, 19.]

IV. RES ASIAE

15. Περὶ δὲ τὰς Σάρδεις ἄπαυστοι καὶ συνεχεῖς ἀκροβολισμοὶ συνίσταντο καὶ κίνδυνοι καὶ νύκτωρ καὶ μεθ' ἡμέραν, πᾶν γένος ἐνέδρας, ἀντενέδρας, ἐπι-

his principles attracted the affection of all the Greeks. Again by letting himself be guided by Demetrius and inflicting on the Messenians the disasters I described above, he lost both the affection of his allies and the confidence of the other Greeks. Of such decisive importance for young kings, as leading either to misfortune or to the firm establishment of their kingdom, is the judicious choice of the friends who attend on them, a matter to which most of them, with a sort of indifference, devote no care at all. . . .

14b. They[38] sent out several Cretans, as if for a robbery, and gave them a forged letter.

14c. Masylioi, a Libyan people. Polybius in his seventh book calls them Masyleis.[39]

14d. Oricus[40] is a masculinum, as Polybius says in Book 7. The inhabitants of Oricus are the first at the entrance to the Adria on the right side of those entering.

IV. AFFAIRS OF ASIA

Antiochus and Achaeus

15. Round Sardis there was a constant succession of skirmishes and battles both by night and day, the soldiers devising against each other every species of ambush, 216–215 B.C.

[38] From Livy 24.31.6, it appears that Hippocrates (in Greek probably οἱ περὶ Ἱπποκράτην) tried by the letter to discredit the Syracusan authorities as pro-Roman. This fragment may have its correct place after 8.2.3.

[39] P. calls them Massaisylioi in 3.33.15. Massinissa was their king.

[40] Modern Palaeocastro. The fragment belongs to Philip's campaign of 214, for which see F. W. Walbank, *Philip V of Macedon* (Cambridge 1940), ch. 3.

θέσεως ἐξευρισκόντων τῶν στρατιωτῶν κατ' ἀλλήλων·
περὶ ὧν γράφειν τὰ κατὰ μέρος οὐ μόνον ἀνωφελὲς
2 ἀλλὰ καὶ μακρὸν ἂν εἴη τελέως. τὸ δὲ πέρας, ἤδη τῆς
πολιορκίας δεύτερον ἔτος ἐνεστώσης, Λαγόρας ὁ
Κρής, τριβὴν ἔχων ἐν τοῖς πολεμικοῖς ἱκανήν, καὶ
συνεωρακὼς ὅτι συμβαίνει τὰς ὀχυρωτάτας πόλεις ὡς
ἐπὶ τὸ πολὺ ῥᾷστα γίνεσθαι τοῖς πολεμίοις ὑποχει-
ρίους διὰ τὴν ὀλιγωρίαν τῶν ἐνοικούντων, ὅταν
πιστεύσαντες ταῖς ὀχυρότησι ταῖς φυσικαῖς ἢ χειρο-
3 ποιήτοις ἀφυλακτῶσι καὶ ῥᾳθυμῶσι τὸ παράπαν, καὶ
τούτων αὐτῶν ἐπεγνωκὼς διότι συμβαίνει τὰς ἁλώ-
σεις γίνεσθαι κατὰ τοὺς ὀχυρωτάτους τόπους καὶ
4 δοκοῦντας ὑπὸ τῶν ἐναντίων ἀπηλπίσθαι, καὶ τότε
θεωρῶν κατὰ τὴν προϋπάρχουσαν δόξαν περὶ τῆς τῶν
Σάρδεων ὀχυρότητος ἅπαντας ἀπεγνωκότας ὡς διὰ
τοιαύτης πράξεως κυριεύσειν αὐτῆς, μίαν δὲ ταύτην
ἔχοντας ἐλπίδα τοῦ διὰ τῆς ἐνδείας κρατήσειν τῆς
5 πόλεως, τοσούτῳ μᾶλλον προσεῖχε καὶ πάντα τρόπον
ἠρεύνα, σπεύδων ἀφορμῆς τινος ἐπιλαβέσθαι τοι-
6 αύτης. συνθεωρήσας δὲ τὸ κατὰ τὸν καλούμενον Πρί-
ονα τεῖχος ἀφυλακτούμενον—οὗτος δ' ἔστι τόπος ὁ
συνάπτων τὴν ἄκραν καὶ τὴν πόλιν—ἐγίνετο περὶ τὴν
7 ἐλπίδα καὶ τὴν ἐπίνοιαν ταύτην. τὴν μὲν οὖν τῶν
φυλαττόντων ῥᾳθυμίαν ἐκ τοιούτου τινὸς σημείου
8 συν<έβη> θεωρῆσαι. τοῦ τόπου κρημνώδους ὑπάρχον-
τος διαφερόντως, καὶ φάραγγος ὑποκειμένης, εἰς ἣν
ῥιπτεῖσθαι συνέβαινε τοὺς ἐκ τῆς πόλεως νεκροὺς καὶ
τὰς τῶν ἵππων καὶ τὰς τῶν ὑποζυγίων τῶν ἀποθνη-

counter-ambush, and attack: to describe which in detail would not only be useless, but would be altogether tedious. At last after the siege had lasted more than one year,[41] Lagoras the Cretan[42] intervened. He had considerable military experience, and had observed that as a rule the strongest cities are those which most easily fall into the hands of the enemy owing to the negligence of their inhabitants when, relying on the natural and artificial strength of a place, they omit to keep guard and become generally remiss. He had also noticed that these very cities are usually captured at their very strongest points where the enemy are supposed to regard attack as hopeless. At present he saw that owing to the prevailing notion of the extreme strength of Sardis, every one despaired of taking it by any such *coup de main,* and that their only hope was to subdue it by famine; and this made him pay all the more attention to the matter and seek out every possible means in his eagerness to get hold of some such favorable opportunity. Observing that the wall along the so-called Saw—which connects the citadel with the town—was unguarded, he began to entertain schemes and hopes of availing himself of this. He had discovered the remissness of the guard here from the following circumstance. The place is exceedingly precipitous and beneath it there is a ravine into which they used to throw the corpses from the city and the entrails of the horses and mules that died, so that a

[41] The siege began in early 215, the actions described date to spring 214.

[42] In 219 he was in the service of Ptolemy IV and, like his superior Nicolaus, fighting against Antiochus III. Both men were among those who later deserted to him.

σκόντων κοιλίας, εἰς τοῦτον αἰεὶ τὸ τῶν γυπῶν καὶ τῶν
9 ἄλλων ὀρνέων πλῆθος ἠθροίζετο. συνθεωρήσας οὖν ὁ
προειρημένος ἀνήρ, ὅτε πληρωθείη τὰ ζῷα, τὰς ἀνα-
παύσεις ἐπὶ τῶν κρημνῶν καὶ τοῦ τείχους ποιούμενα
συνεχῶς, ἔγνω διότι κατ᾽ ἀνάγκην ἀφυλακτεῖται τὸ
10 τεῖχος καὶ γίνεται τὸν πλεῖστον χρόνον ἔρημον. λοι-
πὸν ἐπιμελῶς τὴν νύκτα προσπορευόμενος ἐξήταζε
11 τὰς προσβάσεις καὶ θέσεις τῶν κλιμάκων. εὑρίσκων
δὲ κατά τινα τόπον καὶ καθ᾽ ἕνα τῶν κρημνῶν δυνατὴν
οὖσαν, προσφέρει τῷ βασιλεῖ τὸν περὶ τούτων λόγον.

16. τοῦ δὲ δεξαμένου τὴν ἐλπίδα καὶ παρακαλέσαν-
τος τὸν Λαγόραν ἐπιτελεῖν τὴν πρᾶξιν, αὐτὸς μὲν
2 ὑπισχνεῖτο τὰ δυνατὰ ποιήσειν, ἠξίου δὲ τὸν βασιλέα
Θεόδοτον αὐτῷ τὸν Αἰτωλὸν καὶ Διονύσιον τὸν ἡγε-
μόνα τῶν ὑπασπιστῶν παρακελεύσαντα συστῆσαι
συνεπιδοῦναι σφᾶς καὶ κοινωνῆσαι τῆς ἐπιβολῆς, διὰ
τὸ δοκεῖν ἑκάτερον ἱκανὴν δύναμιν ἔχειν καὶ τόλμαν
3 πρὸς τὴν ἐπινοουμένην πρᾶξιν. τοῦ δὲ βασιλέως
παραχρῆμα ποιήσαντος τὸ παρακαλούμενον, συμ-
φρονήσαντες οἱ προειρημένοι καὶ κοινωσάμενοι περὶ
πάντων ἑαυτοῖς ἐτήρουν νύκτα τὸ περὶ τὴν ἑωθινὴν
4 μέρος ἔχουσαν ἀσέληνον. λαβόντες δὲ τοιαύτην, ἐν ᾗ
πράττειν ἔμελλον ἡμέρᾳ, τῇ πρότερον ὀψίας δείλης
ἐπέλεξαν ἐκ παντὸς τοῦ στρατοπέδου πεντεκαίδεκα
τοὺς εὐρωστοτάτους ἄνδρας καὶ τοῖς σώμασι καὶ ταῖς
ψυχαῖς, οἵτινες ἔμελλον ἅμα μὲν προσοίσειν τὰς κλί-
μακας, ἅμα δὲ συναναβήσεσθαι καὶ μεθέξειν αὐτοῖς
5 τῆς τόλμης. μετὰ δὲ τούτους ἄλλους ἐπελέξαντο

quantity of vultures and other birds used to collect here. Lagoras, then, seeing that when the birds had eaten their fill they used constantly to rest on the cliffs and on the wall, knew for a certainty that the wall was not guarded and was usually deserted. He now proceeded to visit the ground at night and note carefully at what places ladders could be brought up and placed against the wall. Having found that this was possible at a certain part of the cliff, he approached the king on the subject.

16. The king welcomed the proposal, and begged Lagoras to put his design in execution, upon which the latter promised to do the best he could himself, but begged the king to appeal for him to Theodotus the Aetolian[43] and Dionysius the captain of the bodyguard and beg them to be his associates and take part in the enterprise, both of them being in his opinion men of such ability and courage as the undertaking required. The king at once did as he was requested, and these three officers having come to an agreement and discussed all the details, waited for a night in which there would be no moon toward morning. When such a night came, late in the evening of the day before that on which they were to take action they chose from the whole army fifteen men distinguished by their physical strength and courage, whose duty it would be to bring up the ladders and afterward mount the wall together with themselves and take part in the hazardous attempt. They next chose thirty others who were to lie in ambush at a cer-

[43] See 5.40 for his desertion of Ptolemy; 5.81 shows him as a daredevil.

τριάκοντα τοὺς ἐν ἀποστήματι συνεφεδρεύσοντας, ἵν' ἐπειδὰν ὑπερβάντες αὐτοὶ πρὸς τὴν παρακειμένην παραγένωνται πύλην, οὗτοι μὲν ἔξωθεν προσπεσόντες πειρῶνται διακόπτειν τοὺς στροφεῖς καὶ τὸ ζύγωμα τῶν πυλῶν, αὐτοὶ δὲ τὸν μοχλὸν ἔνδοθεν καὶ τὰς
6 βαλανάγρας, δισχιλίους δὲ τοὺς κατόπιν ἀκολουθήσοντας τούτοις, οὓς συνεισπεσόντας ἔδει καταλαβέσθαι τὴν τοῦ θεάτρου στεφάνην, εὐφυῶς κειμένην πρός τε τοὺς ἐκ τῆς ἄκρας καὶ πρὸς τοὺς ἐκ τῆς
7 πόλεως. τοῦ δὲ μὴ γενέσθαι μηδεμίαν ὑποψίαν τῆς ἀληθείας διὰ τὴν ἐπιλογὴν τῶν ἀνδρῶν, διέδωκε λόγον ὡς τοὺς Αἰτωλοὺς μέλλοντας εἰσπίπτειν διά τινος φάραγγος εἰς τὴν πόλιν, καὶ δέον ἐνεργῶς τούτους παραφυλάξαι πρὸς τὸ μηνυθέν.

17. Ἑτοίμων δὲ πάντων αὐτοῖς γενομένων, ἅμα τῷ κρυφθῆναι τὴν σελήνην λάθρᾳ πρὸς τοὺς κρημνοὺς οἱ περὶ τὸν Λαγόραν ἀφικόμενοι μετὰ τῶν κλιμάκων ὑπέστειλαν ἑαυτοὺς ὑπό τινα προπεπτωκυῖαν ὀφρύν.
2 ἐπιγενομένης δὲ τῆς ἡμέρας, καὶ τῶν μὲν φυλάκων ἀπολυομένων ἀπὸ τοῦ τόπου τούτου, τοῦ δὲ βασιλέως κατὰ τὸν ἐθισμὸν τοὺς μὲν εἰς τὰς ἐφεδρείας ἐκπέμποντος, τοὺς δὲ πολλοὺς εἰς τὸν ἱππόδρομον ἐξαγαγόντος καὶ παρατάττοντος, τὸ μὲν πρῶτον ἀνύποπτον
3 ἦν πᾶσι τὸ γενόμενον. προστεθεισῶν δὲ δυεῖν κλιμάκων, καὶ δι' ἧς μὲν Διονυσίου, δι' ἧς δὲ Λαγόρα πρῶτον πορευομένων, ἐγίνετο ταραχὴ καὶ κίνημα περὶ
4 τὸ στρατόπεδον. συνέβαινε γὰρ τοῖς μὲν ἐκ τῆς πόλεως καὶ τοῖς περὶ τὸν Ἀχαιὸν ἐκ τῆς ἄκρας ἀδήλους

tain distance, so that when they themselves had crossed the wall and reached the nearest gate, these men should fall upon the gate from outside and attempt to cut through the hinges and bar of the gate, while they themselves cut from within the bar on that side and the bolt pins. These were to be followed by a select force of two thousand men, who were to march in through the gate and occupy the upper edge of the theater, a position favorably situated for attacking the garrisons of both the citadel and the city. In order that no suspicion of the truth should arise from the selection of these men, he had caused it to be reported that the Aetolians[44] were about to throw themselves into the city through a certain ravine, and that, acting on this information, energetic measures had to be taken to prevent them.

17. Every preparation having been made, as soon as the moon set, Lagoras and his party came stealthily up to the foot of the cliff with their scaling ladders and concealed themselves under a projecting rock. At daybreak, as the watch was withdrawing from this spot, and the king, as was his custom, was engaged in sending some troops to the outposts and in marching the main body out to the hippodrome and there drawing them up in battle order, at first no one had any inkling of what was occurring. But when two ladders were set up and Dionysius was the first to mount the one and Lagoras the other, there was a great excitement and commotion in the army. It so happened that the assailants could not be seen by those in the town or from the citadel by Achaeus owing to the projecting

[44] Mercenaries hired to assist Achaeus but still outside the city; Holleaux, *Ét.* 3.125–139.

εἶναι τοὺς προσβαίνοντας διὰ τῆς προπεπτωκυίας ἐπὶ τὸν κρημνὸν ὀφρύος· τοῖς δ᾽ ἐκ τοῦ στρατοπέδου σύνοπτος ἦν ἡ τόλμα τῶν ἀναβαινόντων καὶ παρα-
5 βαλλομένων. διόπερ οἱ μὲν ἐκπεπληγμένοι τὸ παράδοξον, οἱ δὲ προορώμενοι καὶ δεδιότες τὸ συμβησόμενον, ἀχανεῖς ἅμα δὲ περιχαρεῖς ὄντες, ἕστασαν.
6 ὅθεν ὁ βασιλεύς, θεωρῶν τὸ περὶ τὴν ὅλην παρεμβολὴν κίνημα, καὶ βουλόμενος ἀποσπᾶν ἀπὸ τοῦ προκειμένου τούς τε παρ᾽ αὑτοῦ καὶ τοὺς ἐκ τῆς πόλεως, προῆγε τὴν δύναμιν καὶ προσέβαλε πρὸς τὰς ἐπὶ θάτερα πύλας κειμένας, Περσίδας δὲ προσαγορευ-
7 ομένας. Ἀχαιὸς δέ, συνθεωρῶν ἐκ τῆς ἄκρας τὸ περὶ τοὺς ὑπεναντίους κίνημα παρηλλαγμένον τῆς συνηθείας, ἐπὶ πολὺ διηπορεῖτο δυσχρηστούμενος καὶ
8 συννοῆσαι τὸ γινόμενον οὐδαμῶς δυνάμενος. πλὴν ὅμως ἐξαπέστειλε τοὺς ἀπαντήσοντας εἰς τὴν πύλην· ὧν διὰ στενῆς καὶ κρημνώδους ποιουμένων τὴν κατάβασιν βραδεῖαν συνέβαινε γίνεσθαι τὴν ἐπικουρίαν.
9 ὁ δ᾽ ἐπὶ τῆς πόλεως τεταγμένος Ἀρίβαζος ἀκάκως ὥρμησε πρὸς τὰς πύλας, αἷς ἑώρα προσβάλλοντα τὸν Ἀντίοχον, καὶ τοὺς μὲν ἐπὶ τὸ τεῖχος ἀνεβίβαζε, τοὺς δὲ διὰ τῆς πύλης ἀφιεὶς εἴργειν τοὺς συνεγγίζοντας καὶ συμπλέκεσθαι παρεκελεύετο τοῖς πολεμίοις.

18. Κατὰ δὲ τὸν καιρὸν τοῦτον οἱ περὶ τὸν Λαγόραν καὶ Θεόδοτον καὶ Διονύσιον ὑπερβάντες τοὺς κρη-
2 μνοὺς ἧκον ἐπὶ τὴν ὑποκειμένην πύλην. καὶ τινὲς μὲν αὐτῶν διεμάχοντο πρὸς τοὺς ἀπαντῶντας, οἱ δὲ διέκοπτον τοὺς μοχλούς. ἅμα δὲ τούτοις προσπεσόντες

brow of the rock; but the venturesome and perilous ascent was made in full view of Antiochus' army; so that either from astonishment and surprise or from apprehension and fear of the result all stood breathless but at the same time overjoyed. The king, therefore, noticing this excitement throughout the camp and wishing to divert the attention both of his own forces and of the besieged from his attempt, advanced his army and made an attack on the gate at the other side of the town, known as the Persian gate. Achaeus, observing from the citadel the unusual movement of the enemy, was for long quite at a loss, being entirely puzzled and unable to understand what was going on. However, he sent off to meet them at the gate a force which was too late to assist, as they had to descend by a narrow and precipitous path. Aribazus,[45] the commander of the town, advanced unsuspectingly to the gate which he saw Antiochus was attacking, and making some of his men mount the wall sent the rest out through the gate, with orders to engage the enemy and check his advance.

18. Simultaneously Lagoras, Theodotus, and Dionysius had crossed the precipitous ridge and reached the gate beneath it. While some of them engaged the enemy they encountered, the rest were cutting the bar, while those

45 An Iranian; see M. Launey, *Recherches sur les armées hellénistiques* 2 (Paris 1950), 567–568.

ἔξωθεν οἱ τεταγμένοι πρὸς τοῦτο τὸ μέρος τὸ παρα-
3 πλήσιον ἐποίουν. ταχὺ δὲ τῶν πυλῶν ἀνοιχθεισῶν,
εἰσελθόντες οἱ δισχίλιοι κατελάβοντο τὴν τοῦ θεά-
4 τρου στεφάνην. οὗ γινομένου πάντες ὥρμησαν ἀπὸ
τῶν τειχῶν καὶ τῆς Περσίδος προσαγορευομένης πύ-
λης, ἐφ' ἣν πρότερον ἐβοήθησαν οἱ περὶ τὸν Ἀρίβα-
ζον, σπεύδοντες παρεγγυᾶν ἐπὶ τοὺς εἰσπεπτωκότας.
5 τούτου δὲ συμβαίνοντος, κατὰ τὴν ἀποχώρησιν ἀν-
εῳγμένης τῆς πύλης, συνεισέπεσόν τινες τῶν παρὰ
6 τοῦ βασιλέως, ἑπόμενοι τοῖς ὑποχωροῦσιν. ὧν κρα-
τησάντων τῆς πύλης, ἤδη τούτοις κατὰ τὸ συνεχὲς οἱ
μὲν εἰσέπιπτον, οἱ δὲ τὰς παρακειμένας διέκοπτον
7 πύλας. οἱ δὲ περὶ τὸν Ἀρίβαζον καὶ πάντες οἱ κατὰ
τὴν πόλιν ἐπὶ βραχὺ διαγωνισάμενοι πρὸς τοὺς εἰσ-
8 εληλυθότας ὥρμησαν φεύγειν πρὸς τὴν ἄκραν. οὗ
συμβάντος οἱ μὲν περὶ τὸν Θεόδοτον καὶ Λαγόραν
ἔμενον ἐπὶ τῶν κατὰ τὸ θέατρον τόπων, νουνεχῶς καὶ
πραγματικῶς ἐφεδρεύοντες τοῖς ὅλοις, ἡ δὲ λοιπὴ
δύναμις εἰσπεσοῦσα πανταχόθεν ἅμα κατειλήφει τὴν
9 πόλιν. καὶ τὸ λοιπὸν ἤδη, τῶν μὲν φονευόντων τοὺς
ἐντυγχάνοντας, τῶν δὲ τὰς οἰκήσεις ἐμπιπρώντων,
ἄλλων δὲ πρὸς τὰς ἁρπαγὰς καὶ τὰς ὠφελείας ὡρμη-
κότων, ἐγίνετο παντελὴς ἡ τῆς πόλεως καταφθορὰ καὶ
10 διαρπαγή. καὶ Σάρδεων μὲν τοῦτον τὸν τρόπον ἐγέ-
νετο κύριος Ἀντίοχος. [Cod. Urb. fol. 98v med.]

outside to whom this task had been assigned had come up to the gate and were similarly employed. The gate was soon opened and the two thousand entered and occupied the upper edge of the theater, upon which all the men hurried back from the walls and from the Persian gate, where Aribazus had previously sent them to resist the enemy, all eager to pass the word to fall upon those who had entered the city. But as, upon this taking place, the gate was opened for their retreat, some of the king's men who were following close upon the retiring force got in together with them, and as soon as they had made themselves masters of the gate, others from behind continued to pour in, while others again were breaking open the neighboring gates. Aribazus and all the garrison of the town, after a short struggle with the invaders, fled in haste to the citadel, and upon this, while Theodotus and Lagoras remained in the neighborhood of the theater, showing sound practical sense in thus holding themselves in reserve during the whole operation, the rest of the army pouring in from all sides took possession of the city.[46] Henceforth some of them massacring all they met, others setting fire to the houses and others dispersing themselves to pillage and loot, the destruction and sack of Sardis was complete. It was in this manner that Antiochus made himself master of Sardis. . . .

46 Two gates having been forced, the town fell to the attackers.

FRAGMENTA LIBRI VIII

I. RES ITALIAE

38β1. Ἄγκαρα, πόλις Ἰταλίας. τὸ ἐθνικὸν Ἀγκαράτης, ὡς Πολύβιος ὀγδόῃ. [Steph. Byz. p. 15, 7.]

38β2. Λοιπὸν τοῖς ἀδήλοις ἐλπίσι προσανέχων διὰ τὸ πρόδηλον τῆς τιμωρίας πᾶν ἔκρινεν ὑπομένειν. [Exc. Vat. p. 374 M. 26, 27 H.]

35. Ὅτι Τιβέριος ὁ Ῥωμαίων στρατηγὸς λόχῳ
(1, 2) ἐνεδρευθεὶς καὶ γενναίως ὑποστὰς σὺν τοῖς περὶ αὐτὸν τὸν βίον κατέστρεψεν. περὶ δὲ τῶν τοιούτων περιπετειῶν, πότερα χρὴ τοῖς πάσχουσιν ἐπιτιμᾶν ἢ συγγνώμην ἔχειν, καθόλου μὲν οὐκ ἀσφαλὲς ἀποφήνασθαι διὰ τὸ καὶ πλείους τὰ κατὰ λόγον πάντα πράξαντας, ὅμως ὑποχειρίους γεγονέναι τοῖς ἑτοίμως τὰ παρ᾽ ἀνθρώποις ὡρισμένα δίκαια παραβαίνουσιν·
2 οὐ μὴν οὐδ᾽ αὐτόθεν ἀποστατέον τῆς ἀποφάσεως ἀργῶς, ἀλλὰ βλέποντα πρὸς τοὺς καιροὺς καὶ τὰς περιστάσεις οἷς μὲν ἐπιτιμητέον τῶν ἡγεμόνων, οἷς δὲ συγγνώμην δοτέον. ἔσται δὲ τὸ λεγόμενον δῆλον ἐκ τούτων.

---

[1] The order of the excerpts and fragments is disputed and different in B-W and Hultsch. Here the order as reconstructed by

FRAGMENTS OF BOOK VIII[1]

I. AFFAIRS OF ITALY

38b1. Ankara,[2] a city of Italy, the ethnic is Ankarates, Polybius in Book 8.

38b2. Clinging to uncertain hopes, since on the other hand the punishment was certain, he[3] decided to endure everything.

35. Tiberius,[4] the Roman proconsul, fell into an ambush and after a gallant resistance perished with all who accompanied him. Regarding such accidents it is by no means safe to pronounce whether the sufferers are to be blamed or pardoned, because many who have taken all reasonable precautions have notwithstanding fallen victims to enemies who did not scruple to violate the established laws of mankind. Nevertheless we should not out of indolence at once abandon the attempt to reach a decision of this point, but keeping in view the times and circumstances of each case censure certain generals and acquit others. What I mean will be clear from the following instances.

212 B.C.

[1] WC 2.5 is followed: 38b / 35–36 / 3a / 1–2 / VII 14 b / 3–7. 8–14. 15–21. 24–34. 37. 22–23.

[2] "No Italian town of this name is known; hence the context seems beyond recapture" (WC 2.115).

[3] The reference seems to be to Achaeus.

[4] Tib. Sempronius Gracchus. He died in 212 in an ambush, *MRR* 1.269.

3 Ἀρχίδαμος ὁ τῶν Λακεδαιμονίων βασιλεὺς ὑπιδόμενος τὴν Κλεομένους φιλαρχίαν ἔφυγεν ἐκ τῆς Σπάρτης, μετ᾽ οὐ πολὺ δὲ πάλιν πεισθεὶς ἐνεχείρισεν
4 αὑτὸν τῷ προειρημένῳ. τοιγαροῦν ἅμα τῆς ἀρχῆς καὶ τοῦ βίου στερηθεὶς οὐδ᾽ ἀπολογίαν αὑτῷ κατέλιπε
5 πρὸς τοὺς ἐπιγινομένους· τῆς γὰρ ὑποθέσεως τῆς αὐτῆς μενούσης, τῆς δὲ Κλεομένους φιλαρχίας καὶ δυναστείας ἐπηυξημένης, ὁ τούτοις ἐγχειρίσας αὑτὸν οὓς φυγὼν πρότερον ἔτυχε παραδόξως τῆς σωτηρίας, πῶς οὐκ εὐλόγως ἔμελλε τοῖς προειρημένοις ἐγκυ-
6 ρήσειν; καὶ μὴν Πελοπίδας ὁ Θηβαῖος, εἰδὼς τὴν Ἀλεξάνδρου τοῦ τυράννου παρανομίαν καὶ σαφῶς γινώσκων ὅτι πᾶς τύραννος πολεμιωτάτους αὑτῷ νομίζει τοὺς τῆς ἐλευθερίας προεστῶτας, αὐτὸς οὐ μόνον τῆς Θηβαίων ἀλλὰ καὶ τῆς τῶν Ἑλλήνων δημοκρα-
7 τίας ἔπειθεν Ἐπαμινώνδαν προεστάναι, καὶ παρὼν εἰς Θετταλίαν πολέμιος ἐπὶ καταλύσει τῆς Ἀλεξάνδρου μοναρχίας πρεσβεύειν πρὸς τοῦτον ὑπέμεινε δεύτερον.
8 τοιγαροῦν γενόμενος ὑποχείριος τοῖς ἐχθροῖς ἔβλαψε μὲν Θηβαίους μεγάλα, κατέλυσε δὲ τὴν αὑτῷ προγεγενημένην δόξαν, εἰκῇ καὶ ἀκρίτως πιστεύσας οἷς ἥκιστ᾽ ἐχρῆν.

9 Παραπλήσια δὲ τούτοις καὶ Γνάϊος ὁ Ῥωμαίων στρατηγὸς ἔπαθε κατὰ τὸν Σικελικὸν πόλεμον, ἀλόγως αὑτὸν ἐγχειρίσας τοῖς πολεμίοις· ὁμοίως δὲ καὶ πλείους ἕτεροι.

---

[5] P. has told the story in 5.37.

Archidamus,[5] the king of Sparta, fearful of the ambition of Cleomenes, went into exile; but a short time afterward was induced to put himself into the power of Cleomenes. Consequently he lost both his throne and his life, leaving nothing to be said in his defense to posterity. For the situation being still the same and Cleomenes having become even more ambitious and powerful, we cannot but confess that in surrendering to the very man from whom he had formerly saved himself almost miraculously by flight, he deserved the fate he met with. Again, Pelopidas of Thebes,[6] though acquainted with the unprincipled character of Alexander, tyrant of Pherae, and well aware that every tyrant regards as his chief enemies the champions of liberty, after prevailing on Epaminondas to espouse the cause of democracy not only at Thebes but throughout Greece, and after himself appearing in Thessaly with a hostile force for the purpose of overthrowing the despotism of Alexander, actually ventured a second time to go on a mission to this very tyrant. The consequence was that by falling into the hands of his enemies he both inflicted great damage on Thebes and destroyed his previous reputation by rashly and ill-advisedly reposing confidence where it was utterly misplaced.

226 B.C.

363 B.C.

A similar misfortune befell the Roman consul Gnaeus Cornelius Scipio[7] in the first Punic War, when he ill-advisedly surrendered to the enemy. I could mention more than one other case.

260 B.C.

[6] He was, together with Epaminondas, the outstanding statesman of Thebes in the early fourth century. Plutarch wrote his *Life;* Pelopidas died in 354 in a battle against Alexander, tyrant of Pherae. *RE* Pelopidas 375–380 (G. Reincke).

[7] P. recorded this more fully in 1.21.4–7.

(2) 36. Διὸ καὶ τοῖς μὲν ἀσκέπτως ἑαυτοὺς ἐγχειρί-
ζουσι τοῖς ὑπεναντίοις ἐπιτιμητέον, τοῖς δὲ τὴν ἐν-
2 δεχομένην πρόνοιαν ποιουμένοις οὐκ ἐγκλητέον· τὸ
μὲν γὰρ μηδενὶ πιστεύειν εἰς τέλος ἄπρακτον, τὸ δὲ
λαβόντα τὰς ἐνδεχομένας πίστεις πράττειν τὸ κατὰ
3 λόγον ἀνεπιτίμητον. εἰσὶ δ᾽ ἐνδεχόμεναι πίστεις ὅρ-
κοι, τέκνα, γυναῖκες, τὸ μέγιστον ὁ προγεγονὼς βίος.
4 ᾗ καὶ τὸ διὰ τῶν τοιούτων ἀλογηθῆναι καὶ περιπεσεῖν
οὐ τῶν πασχόντων, ἀλλὰ τῶν πραξάντων ἐστὶν ἔγ-
5 κλημα. διὸ καὶ μάλιστα μὲν τοιαύτας ζητεῖν πίστεις
<δεῖ>, δι᾽ ὧν ὁ πιστευθεὶς οὐ δυνήσεται τὴν πίστιν
6 ἀθετεῖν. ἐπεὶ δὲ σπάνιον εὑρεῖν ἐστι τὸ τοιοῦτο, δεύ-
τερος ἂν εἴη πλοῦς τὸ τῶν κατὰ λόγον φροντίζειν, ἵν᾽
ἄν του καὶ σφαλλώμεθα, τῆς παρὰ τοῖς ἐκτὸς συγ-
7 γνώμης μὴ διαμαρτάνωμεν. ὃ καὶ περὶ πλείους μὲν δὴ
γεγένηται τῶν πρότερον· ἐναργέστατον δ᾽ ἔσται καὶ
τοῖς καιροῖς ἔγγιστον τοῖς ὑπὲρ ὧν ὁ νῦν δὴ λόγος
8 ἐνέστηκε τὸ κατ᾽ Ἀχαιὸν συμβάν. ὃς οὐδὲν τῶν ἐν-
δεχομένων πρὸς εὐλάβειαν καὶ πρὸς ἀσφάλειαν
παραλιπών, ἀλλ᾽ ὑπὲρ ἁπάντων προνοηθείς, ἐφ᾽ ὅσον
ἀνθρωπίνῃ γνώμῃ δυνατὸν ἦν, ὅμως ἐγένετο τοῖς
9 ἐχθροῖς ὑποχείριος. τό γε μὴν συμβὰν ἔλεον μὲν τῷ
παθόντι καὶ συγγνώμην ἀπειργάσατο παρὰ τοῖς
ἐκτός, διαβολὴν δὲ καὶ μῖσος τοῖς πράξασιν.

36. While, therefore, we must censure those who incautiously put themselves in the power of the enemy, we should not blame those who take all possible precautions. For it is absolutely impracticable to place trust in no one, and we cannot find fault with anyone for acting by the dictates of reason after receiving adequate pledges, such pledges being oaths, wives and children held as hostages, and above all the past life of the person in question; thus to be betrayed and ruined by such means carries no reproach to the sufferer but only to the author of the deed. The safest course of all therefore is to seek for such pledges as will render it impossible for the man in whom we trust to break his word, but as these can rarely be obtained, the second best course is to take reasonable precautions, so that if our expectations are deceived, we may at least not fail to be condoned by public opinion. This has been the case with many victims of treachery in former times, but the most conspicuous instance and that nearest in date to the time of which I am now speaking will be that of Achaeus,[8] who though he had taken every possible step to guard against treachery and ensure his safety, foreseeing and providing against every contingency as far as it was possible for human intelligence to do so, yet fell into the power of his enemy. The event created a general feeling of pity and pardon for the victim, while his betrayers were universally condemned and detested.

[8] His betrayal, despite all possible precautions, is the most egregious case.

II. RES SICILIAE

3a. Οὕτως οἱ πλείους τῶν ἀνθρώπων τὸ κουφότατον ἥκιστα φέρειν δύνανται, λέγω δὲ τὴν σιωπήν. [Cod. urb. fol. 102 med. margo.]

(3) 1. Οὐκ ἀλλότριον εἶναί μοι δοκεῖ τῆς ὅλης ἡμῶν
ἐπιβολῆς καὶ τῆς ἐν ἀρχαῖς προθέσεως συνεπιστῆσαι
τοὺς ἀκούοντας ἐπὶ τὸ μεγαλεῖον τῶν πράξεων καὶ τὸ
φιλότιμον τῆς ἑκατέρου τοῦ πολιτεύματος προαιρέ-
2 σεως, λέγω δὲ τοῦ Ῥωμαίων καὶ Καρχηδονίων. τίς
γὰρ οὐκ ἂν ἐπισημήναιτο πῶς τηλικοῦτον μὲν πόλε-
μον συνεσταμένοι περὶ τῶν κατὰ τὴν Ἰταλίαν πρα-
γμάτων, οὐκ ἐλάττω δὲ τούτου περὶ τῶν κατὰ τὴν
Ἰβηρίαν, ἀκμὴν δὲ περὶ τούτων ἀδήλους μὲν ἔχοντες
ἐπ' ἴσον ἀμφότεροι τὰς ὑπὲρ τοῦ μέλλοντος ἐλπίδας,
ἐφαμίλλους δὲ τοὺς κατὰ τὸ παρὸν ἐνεστῶτας κιν-
3 δύνους, ὅμως οὐκ ἠρκοῦντο ταῖς προκειμέναις ἐπιβο-
λαῖς, ἀλλὰ καὶ περὶ Σαρδόνος καὶ Σικελίας ἠμφισβή-
τουν· . . . . καὶ πάντα περιελάμβανον, οὐ μόνον
ταῖς ἐλπίσιν, ἀλλὰ καὶ ταῖς χορηγίαις καὶ ταῖς παρα-
4 σκευαῖς; ὃ καὶ μάλιστ' ἄν τις εἰς τὸ κατὰ μέρος
ἐμβλέψας θαυμάσειε. δύο μὲν γὰρ Ῥωμαίοις κατὰ τὴν
Ἰταλίαν μετὰ τῶν ὑπάτων ἐντελῆ προεκάθητο στρατό-
πεδα, δύο δὲ κατὰ τὴν Ἰβηρίαν, ὧν τὸ μὲν πεζὸν
5 Γναΐος εἶχε, τὸ δὲ ναυτικὸν Πόπλιος. οἰκείως δὲ ταῦτα
6 συνέβαινε γίνεσθαι καὶ παρὰ Καρχηδονίοις. καὶ μὴν

II. AFFAIRS OF SICILY

The Siege of Syracuse

3a. Thus can most people least bear of all what is the easiest thing, I mean silence.[9]

1. It appears to me not to be foreign to my general purpose and original plan to call the attention of my readers to the vast scope of operations of the two states Rome and Carthage, and the diligence with which they pursued their purposes. For who can help admiring the way in which, although they had on their hands such a serious war for the possession of Italy, and another no less serious for the possession of Spain, and though they were in each case both of them quite uncertain as to their prospects of success and in an equally perilous position, they were yet by no means content with the undertakings on which they were thus engaged, but disputed likewise the possession of Sardinia and Sicily, not only entertaining hopes of conquest all the world over, but laying in supplies and making preparations for the purpose? It is indeed when we come to look into the details that our admiration is fully aroused. The Romans had two complete armies for the defense of Italy under the two consuls and two others in Spain, the land forces there being commanded by Gnaeus Cornelius Scipio[10] and the fleet by Publius Cornelius Scipio;[11] and of course the same was the case with the Carthaginians. But besides this a Ro-

[9] This seems to be a comment on the end of the Syracusan Adranodorus (see 7.2.1), who brought it upon himself by his indiscretion concerning a conspiracy; see Livy 24.4.2–4.

[10] *RE* Cornelius no. 345, 1491–1492 (W. Henze).

[11] *RE* Cornelius no. 330, 1434–1437 (W. Henze).

τοῖς κατὰ τὴν Ἑλλάδα τόποις ἐφώρμει καὶ ταῖς ἐπι-
βολαῖς τοῦ Φιλίππου στόλος, ἐφ᾽ οὗ τὸ μὲν πρῶτον
Μάρκος Οὐαλέριος, μετὰ δὲ ταῦτα Πόπλιος ἐπέπλει
7 Σουλπίκιος. ἅμα δὲ τούτοις Ἄππιος μὲν ἑκατὸν πεντη-
ρικοῖς σκάφεσι, Μάρκος δὲ Κλαύδιος πεζικὰς ἔχων
8 δυνάμεις, ἐφήδρευε τοῖς κατὰ τὴν Σικελίαν. τὸ δ᾽ αὐτὸ
τοῦτ᾽ Ἀμίλκας ἐποίει παρὰ Καρχηδονίοις.

(4) 2. Δι᾽ ὧν ὑπολαμβάνω τὸ πολλάκις ἐν ἀρχαῖς ἡμῖν
τῆς πραγματείας εἰρημένον νῦν δι᾽ αὐτῶν τῶν ἔργων
2 ἀληθινὴν λαμβάνειν πίστιν. τοῦτο δ᾽ ἦν ὡς οὐχ οἷόν
τε διὰ τῶν τὰς κατὰ μέρος ἱστορίας γραφόντων συν-
3 θεάσασθαι τὴν τῶν ὅλων οἰκονομίαν. πῶς γὰρ ἐνδέχε-
ται ψιλῶς αὐτὰς καθ᾽ αὑτὰς ἀναγνόντα τὰς Σικελικὰς
ἢ τὰς Ἰβηρικὰς πράξεις, γνῶναι καὶ μαθεῖν ἢ τὸ
μέγεθος τῶν γεγονότων ἢ τὸ συνέχον, τίνι τρόπῳ καὶ
τίνι γένει πολιτείας τὸ παραδοξότατον καθ᾽ ἡμᾶς
4 ἔργον ἡ τύχη συνετέλεσε; τοῦτο δ᾽ ἔστι τὸ πάντα τὰ
γνωριζόμενα μέρη τῆς οἰκουμένης ὑπὸ μίαν ἀρχὴν
καὶ δυναστείαν ἀγαγεῖν, ὃ πρότερον οὐχ εὑρίσκεται
5 γεγονός. πῶς μὲν γὰρ εἷλον Συρακούσας Ῥωμαῖοι καὶ
πῶς Ἰβηρίαν κατέσχον, οὐκ ἀδύνατον καὶ διὰ τῶν
6 κατὰ μέρος ἐπὶ ποσὸν γνῶναι συντάξεων· πῶς δὲ τῆς
ἁπάντων ἡγεμονίας καθίκοντο, καὶ τί πρὸς τὰς ὁλο-
σχερεῖς αὐτοῖς ἐπιβολὰς τῶν κατὰ μέρος ἀντέπραξε,
καὶ τί πάλιν καὶ κατὰ τίνας καιροὺς συνήργησε,

man fleet lay off the coast of Greece to observe the movements of Philip, commanded first by Marcus Valerius[12] and later by Publius Sulpicius,[13] while at the same time Appius[14] with a hundred quinqueremes and Marcus Claudius Marcellus[15] with a land force protected their interests in Sicily, Hamilcar doing the same on the part of the Carthaginians.

2. I consider that a statement I often made at the outset of this work thus receives confirmation from actual facts, I mean my assertion that it is impossible to get from writers who deal with particular episodes a general view of the whole process of history.[16] For how by the bare reading of events in Sicily or in Spain can we hope to learn and understand either the magnitude of the occurrences or the thing of greatest moment, what means and what form of government Fortune[17] has employed to accomplish the most surprising feat she has performed in our times, that is, to bring all the known parts of the world under one rule and dominion, a thing absolutely without precedent? For how the Romans took Syracuse and how they occupied Spain may possibly be learned from the perusal of such particular histories; but how they attained to universal empire and what particular circumstances obstructed their grand design, or again how and at what time circumstances contributed to

12 *RE* Valerius no. 211, 45–49 (H. Volkmann).

13 *RE* Sulpicius no. 64, 801–808 (F. Münzer).

14 *RE* Claudius no. 293, 2846–2847 (F. Münzer).

15 *RE* Claudius no. 220, 2738–2755. Plutarch wrote his *Life*.

16 P. again emphasizes the superiority of universal over partial history; see 1.4.3.

17 P. again stresses the decisive role of Fortuna (Τύχη); see 1.4.1.

δυσχερὲς καταλαβεῖν ἄνευ τῆς καθόλου τῶν πράξεων
7 ἱστορίας. οὐ μὴν τὸ μέγεθος τῶν ἔργων οὐδὲ τὴν τοῦ πολιτεύματος δύναμιν εὐμαρὲς κατανοῆσαι διὰ τὰς
8 αὐτὰς αἰτίας. τὸ γὰρ ἀντιποιήσασθαι Ῥωμαίους Ἰβηρίας ἢ πάλιν Σικελίας, καὶ στρατεῦσαι πεζικαῖς καὶ ναυτικαῖς δυνάμεσιν, αὐτὸ καθ' αὑτὸ λεγόμενον οὐκ
9 ἂν εἴη θαυμαστόν. ἅμα δὲ τούτων συμβαινόντων καὶ πολλαπλασίων ἄλλων κατὰ τὸν αὐτὸν καιρὸν ἐπιτελουμένων ἐκ τῆς αὐτῆς ἀρχῆς καὶ πολιτείας, καὶ θεωρουμένων ὁμοῦ τούτοις τῶν κατὰ τὴν ἰδίαν χώραν ὑπαρχουσῶν περιστάσεων καὶ πολέμων περὶ τοὺς
10 ἅπαντα τὰ προειρημένα χειρίζοντας, οὕτως ἂν εἴη μόνως σαφῆ τὰ γεγονότα καὶ θαυμαστὰ καὶ μάλιστ'
11 ἂν οὕτως τυγχάνοι τῆς ἁρμοζούσης ἐπιστάσεως. ταῦτα μὲν οὖν ἡμῖν εἰρήσθω πρὸς τοὺς ὑπολαμβάνοντας διὰ τῆς τῶν κατὰ μέρος συντάξεως ἐμπειρίαν ποιήσασθαι τῆς καθολικῆς καὶ κοινῆς ἱστορίας. [Cod. Urb. fol. 102v.]

(5) 3. Ὅτε δὴ τὰς Συρακούσας Ἐπικύδης τε καὶ Ἱπποκράτης κατέλαβον, ἑαυτούς τε καὶ τοὺς ἄλλους τῶν πολιτῶν τῆς Ῥωμαίων φιλίας ἀλλοτριώσαντες, οἱ Ῥωμαῖοι προσπεπτωκυίας αὐτοῖς ἤδη καὶ τῆς Ἱερωνύμου τοῦ Συρακοσίων τυράννου καταστροφῆς Ἄππιον Κλαύδιον ἀντιστράτηγον καταστήσαντες αὐτῷ μὲν τὴν πεζὴν συνέστησαν δύναμιν, τὸν δὲ νηΐτην
2 αὐτοῖς στόλον ἐπετρόπευσε Μάρκος Κλαύδιος. οὗτοι μὲν δὴ τὴν στρατοπεδείαν ἐβάλοντο μικρὸν ἀποσχόντες τῆς πόλεως, τὰς δὲ προσβολὰς ἔκριναν

its execution is difficult to discern without a general history. Nor for the same reason is it easy otherwise to perceive the greatness of their achievements and the value of their system of polity. It would not be surprising in itself that the Romans had designs on Spain and Sicily and made military and naval expeditions to these two countries; but when we realize how at the same time that these projects and countless others were being carried out by the government of a single state, this same people who had all this on their hands were exposed in their own country to wars and other perils, then only will the events appear in their just light and really call forth admiration, and only thus are they likely to obtain the attention they deserve. So much for those who suppose that by a study of separate histories they will become familiar with the general history of the world as a whole.

VII.14b. *See Book 7 and n. 1, above.* 215–214 B.C.

3. At the time that Epicydes and Hippocrates[18] seized on Syracuse, alienating themselves and the rest of the citizens from the friendship of Rome, the Romans, who had already heard of the fate of Hieronymus, tyrant of Syracuse, appointed Appius Claudius as propraetor, entrusting him with the command of the land forces, while they put their fleet under that of Marcus Claudius Marcellus. These commanders took up a position not far from the city, and decided to attack it with their land forces in the neighbor-

[18] Leading Syracusan politicians after the assassination of Hieronymus.

ποιεῖσθαι τῇ μὲν πεζῇ δυνάμει κατὰ τοὺς ἀπὸ τῶν
Ἑξαπύλων τόπους, τῇ δὲ ναυτικῇ τῆς Ἀχραδίνης
κατὰ τὴν Σκυτικὴν προσαγορευομένην στοάν, καθ᾽ ἣν
ἐπ᾽ αὐτῆς κεῖται τῆς κρηπῖδος τὸ τεῖχος παρὰ θάλατ-
3 ταν. ἑτοιμασάμενοι δὲ γέρρα καὶ βέλη καὶ τἆλλα τὰ
πρὸς τὴν πολιορκίαν, ἐν ἡμέραις πέντε διὰ τὴν πολυ-
χειρίαν ἤλπισαν καταταχήσειν τῇ παρασκευῇ τοὺς
ὑπεναντίους, οὐ λογισάμενοι τὴν Ἀρχιμήδους δύνα-
μιν, οὐδὲ προϊδόμενοι διότι μία ψυχὴ τῆς ἁπάσης ἐστὶ
πολυχειρίας ἐν ἐνίοις καιροῖς ἀνυστικωτέρα. πλὴν
τότε δι᾽ αὐτῶν ἔγνωσαν τῶν ἔργων τὸ λεγόμενον.
4 οὔσης γὰρ ὀχυρᾶς τῆς πόλεως διὰ τὸ κεῖσθαι κύκλῳ
τὸ τεῖχος ἐπὶ τόπων ὑπερδεξίων καὶ προκειμένης
ὀφρύος, πρὸς ἣν καὶ μηδενὸς κωλύοντος οὐκ ἂν εὐμα-
ρῶς τις δύναιτο πελάσαι πλὴν κατά τινας τόπους
5 ὡρισμένους, τοιαύτην ἡτοίμασε παρασκευὴν ὁ προ-
ειρημένος ἀνὴρ ἐντὸς τῆς πόλεως, ὁμοίως δὲ καὶ πρὸς
τοὺς κατὰ θάλατταν ἐπιπορευομένους, ὥστε μηδὲν ἐκ
τοῦ καιροῦ <δεῖν> ἀσχολεῖσθαι τοὺς ἀμυνομένους,
πρὸς πᾶν δὲ τὸ γινόμενον ὑπὸ τῶν ἐναντίων ἐξ ἑτοίμου
6 ποιεῖσθαι τὴν ἀπάντησιν. πλὴν ὁ μὲν Ἄππιος ἔχων
γέρρα καὶ κλίμακας ἐνεχείρει προσφέρειν ταῦτα τῷ
συνάπτοντι τείχει τοῖς Ἑξαπύλοις ἀπὸ τῶν ἀνατολῶν.
(6) 4. Ὁ δὲ Μάρκος ἑξήκοντα σκάφεσι πεντηρικοῖς
ἐποιεῖτο τὸν ἐπίπλουν ἐπὶ τὴν Ἀχραδίνην, ὧν ἕκαστον
πλῆρες ἦν ἀνδρῶν ἐχόντων τόξα καὶ σφενδόνας καὶ

---

19 For the topography of Syracuse see K. Fabricius, *Das antike Syrakus* (Leipzig 1932). For its fortifications see A. W. Lawrence,

hood of the Hexapyli,[19] and with their fleet at the Stoa Scytice in Achradina, where the wall reaches down to the very edge of the sea. Having got ready their blindages, missiles, and other siege material, they were in high hopes owing to their large numbers that in five days their works would be much more advanced than those of the enemy, but in this they did not reckon with the ability of Archimedes,[20] or foresee that in some cases the genius of one man accomplishes much more than any number of hands. However, now they learned the truth of this saying by experience. The strength of Syracuse lies in the fact that the wall extends in a circle along a chain of hills with overhanging brows, which are, except in a limited number of places, by no means easy of approach even with no one to hinder it. Archimedes now made such extensive preparations within the city—as well as against those attacking by sea[21]—that there would be no chance of the defenders being employed in meeting emergencies, but that every move of the enemy could be replied to instantly by a counter move. Appius, however, with his blindages, and ladders attempted to use these for attacking the portion of the wall which abuts on the Hexapylus to the east.

4. Meanwhile Marcellus was attacking Achradina from the sea with sixty quinqueremes, each of which was full of men armed with bows, slings, and javelins, meant to re-

"Archimedes and the Designs of the Euryalus Fort," *JHS* 66 (1946), 99–107, with illustrations, and the same, *Greek Aims in Fortification* (Oxford 1979), index p. 481, s. v. Syracuse.

[20] The famous mathematician and inventor, a native of Syracuse, intimate of King Hiero II. *OCD* Archimedes 146–147 (G. J. Toomer).

[21] See WC 2.17.

γρόσφους, δι᾽ ὧν ἔμελλον τοὺς ἀπὸ τῶν ἐπάλξεων
2 μαχομένους ἀναστέλλειν. ἅμα δὲ τούτοις ὀκτὼ πεντή-
ρεσι, παραλελυμέναις τοὺς ταρσούς, ταῖς μὲν τοὺς
δεξιούς, ταῖς δὲ τοὺς εὐωνύμους, καὶ συνεζευγμέναις
πρὸς ἀλλήλας σύνδυο κατὰ τοὺς ἐψιλωμένους τοί-
χους, προσῆγον πρὸς τὸ τεῖχος διὰ τῆς τῶν ἐκτὸς
3 τοίχων εἰρεσίας τὰς λεγομένας σαμβύκας. τὸ δὲ γένος
τῆς κατασκευῆς τῶν εἰρημένων ὀργάνων ἐστὶ τοιοῦτο.
4 κλίμακα τῷ πλάτει τετράπεδον ἑτοιμάσαντες, ὥστ᾽ ἐξ
ἀποβάσεως ἰσοϋψῆ γενέσθαι τῷ τείχει, ταύτης ἑκα-
τέραν τὴν πλευρὰν δρυφακτώσαντες καὶ σκεπάσαντες
ὑπερπετέσι θωρακίοις, ἔθηκαν πλαγίαν ἐπὶ τοὺς συμ-
ψαύοντας τοίχους τῶν συνεζευγμένων νεῶν, πολὺ προ-
5 πίπτουσαν τῶν ἐμβόλων. πρὸς δὲ τοῖς ἱστοῖς ἐκ τῶν
6 ἄνω μερῶν τροχιλίαι προσήρτηντο σὺν κάλοις. λοι-
πὸν ὅταν ἐγγίσωσι τῆς χρείας, ἐνδεδεμένων τῶν
κάλων εἰς τὴν κορυφὴν τῆς κλίμακος, ἕλκουσι διὰ τῶν
τροχιλιῶν τούτους ἑστῶτες ἐν ταῖς πρύμναις· ἕτεροι δὲ
παραπλησίως ἐν ταῖς πρῴραις ἐξερείδοντες ταῖς
ἀντηρίσιν ἀσφαλίζονται τὴν ἄρσιν τοῦ μηχανήματος.
7 κἄπειτα διὰ τῆς εἰρεσίας τῆς ἀφ᾽ ἑκατέρου τῶν ἐκτὸς
ταρσῶν ἐγγίσαντες τῇ γῇ τὰς ναῦς, πειράζουσι
προσερείδειν τῷ τείχει τὸ προειρημένον ὄργανον. ἐπὶ
8 δὲ τῆς κλίμακος ἄκρας ὑπάρχει πέτευρον ἠσφαλισμέ-
νον γέρροις τὰς τρεῖς ἐπιφανείας, ἐφ᾽ οὗ τέτταρες
ἄνδρες ἐπιβεβηκότες ἀγωνίζονται, διαμαχόμενοι πρὸς
τοὺς εἴργοντας ἀπὸ τῶν ἐπάλξεων τὴν πρόσθεσιν τῆς
9 σαμβύκης. ἐπὰν δὲ προσερείσαντες ὑπερδέξιοι γένων-

pulse those fighting from the battlements. He had also eight quinqueremes from which the oars had been removed, the starboard oars from some and the larboard ones from others. These were lashed together two and two, on their dismantled sides, and pulling with the oars on their outer sides they brought up to the wall the so-called "sambucae."[22] These engines are constructed as follows. A ladder was made four feet broad and of a height equal to that of the wall when planted at the proper distance. Each side was furnished with a breastwork, and it was covered in by a screen at a considerable height. It was then laid flat upon those sides of the ships which were in contact and protruding a considerable distance beyond the prow. At the top of the masts there are pulleys with ropes, and when they are about to use it, with the ropes attached to the top of the ladder, men standing at the stern pull them by means of the pulleys, while others stand on the prow, and supporting the engine with props, assure its being safely raised. After this the rowers on both the outer sides of the ships bring them close to shore, and they now endeavor to set the engine I have described up against the wall. At the summit of the ladder there is a platform protected on three sides by wicker screens, on which four men mount and face the enemy resisting the efforts of those who from the battlements try to prevent the sambuca from being set up against the wall. As soon as they have set it up and are on a

[22] A musical instrument resembling a harp; the word is here used metaphorically for a boarding bridge. J. G. Landels, "Ship-Shape and Sambuca-Fashion," *JHS* 86 (1966), 69–77.

ται τοῦ τείχους, οὗτοι μὲν τὰ πλάγια τῶν γέρρων
παραλύσαντες ἐξ ἑκατέρου τοῦ μέρους ἐπιβαίνουσιν
10 ἐπὶ τὰς ἐπάλξεις ἢ τοὺς πύργους. οἱ δὲ λοιποὶ διὰ τῆς
σαμβύκης ἕπονται τούτοις, ἀσφαλῶς τοῖς κάλοις βε-
11 βηκυίας τῆς κλίμακος εἰς ἀμφοτέρας τὰς ναῦς. εἰκό-
τως δὲ τὸ κατασκεύασμα τῆς προσηγορίας τέτευχε
ταύτης· ἐπειδὰν γὰρ ἐξαρθῇ, γίνεται τὸ σχῆμα τῆς
νεὼς ταύτης καὶ τῆς κλίμακος ἑνοποιηθὲν παραπλή-
σιον σαμβύκῃ.

(7) 5. Πλὴν οὗτοι μὲν τὸν τρόπον τοῦτον διηρμοσμένοι
2 προσάγειν διενοοῦντο τοῖς πύργοις· ὁ δὲ προειρη-
μένος ἀνήρ, παρεσκευασμένος ὄργανα πρὸς ἅπαν
ἐμβελὲς διάστημα, πόρρωθεν μὲν ἐπιπλέοντας τοῖς
εὐτονωτέροις καὶ μείζοσι λιθοβόλοις καὶ βέλεσι τι-
3 τρώσκων εἰς ἀπορίαν ἐνέβαλε καὶ δυσχρηστίαν, ὅτε
δὲ ταῦθ' ὑπερπετῆ γίνοιτο, τοῖς ἐλάττοσι κατὰ λόγον
ἀεὶ πρὸς τὸ παρὸν ἀπόστημα χρώμενος εἰς τοιαύτην
ἤγαγε διατροπὴν ὥστε καθόλου κωλύειν αὐτῶν τὴν
4 ὁρμὴν καὶ τὸν ἐπίπλουν, ἕως ὁ Μάρκος δυσθετούμενος
ἠναγκάσθη λάθρᾳ νυκτὸς ἔτι ποιήσασθαι τὴν παρ-
5 αγωγήν. γενομένων δ' αὐτῶν ἐντὸς βέλους πρὸς τῇ
γῇ, πάλιν ἑτέραν ἡτοιμάκει παρασκευὴν πρὸς τοὺς
6 ἀπομαχομένους ἐκ τῶν πλοίων. ἕως ἀνδρομήκους
ὕψους κατεπύκνωσε τρήμασι τὸ τεῖχος ὡς παλαιστι-
αίοις τὸ μέγεθος κατὰ τὴν ἐκτὸς ἐπιφάνειαν· οἷς
τοξότας καὶ σκορπίδια παραστήσας ἐντὸς τοῦ τεί-
χους, καὶ βάλλων διὰ τούτων, ἀχρήστους ἐποίει τοὺς
7 ἐπιβάτας. ἐξ οὗ καὶ μακρὰν ἀφεστῶτας καὶ σύνεγγυς

higher level than the wall, these men pull down the wicker screens on each side of the platform and mount the battlements or towers, while the rest follow them through the sambuca which is held firm by the ropes attached to both ships. The construction was appropriately called a sambuca, for when it is raised the shape of the ship and ladder together is just like the musical instrument.

5. Such were the contrivances with which the Romans intended to attack the towers. But Archimedes, who had prepared engines constructed to carry to any distance within missile range, so damaged the assailants at long range, as they sailed up, with his larger and more forceful stone throwers and catapults as to throw them into much difficulty and distress; and as soon as these engines shot too high he continued using smaller and smaller ones as the range became shorter, and, finally, so thoroughly shook their courage that he put a complete stop to their onset and advance, until Marcellus was so hard put to it that he was compelled to bring up his ships secretly while it was still night. But when they were close in shore and too near to be struck by the mangonels Archimedes had hit upon another contrivance for attacking the men who were fighting from the decks. He had pierced in the wall at short distances a series of loopholes of the height of a man and of about a palm's breadth on the outer side. Stationing archers and "small scorpions"[23] opposite these inside the wall and shooting through them, he disabled the soldiers. So that he not only made the efforts of the enemy inef-

[23] A certain kind of engine for the discharge of missiles was so named.

ὄντας τοὺς πολεμίους οὐ μόνον ἀπράκτους παρεσκεύ-
αζε πρὸς τὰς ἰδίας ἐπιβολάς, ἀλλὰ καὶ διέφθειρε τοὺς
8 πλείστους αὐτῶν. ὅτε δὲ τὰς σαμβύκας ἐγχειρήσαιεν
ἐξαίρειν, ὄργανα παρ᾽ ὅλον τὸ τεῖχος ἡτοιμάκει, τὸν
μὲν λοιπὸν χρόνον ἀφανῆ, κατὰ δὲ τὸν τῆς χρείας
καιρὸν ἐκ τῶν ἔσω μερῶν ὑπὲρ τοῦ τείχους ἀνιστά-
μενα καὶ προπίπτοντα πολὺ τῆς ἐπάλξεως ταῖς κεραί-
9 αις· ὧν τινὰ μὲν ἐβάσταζε λίθους οὐκ ἐλάττους δέκα
10 ταλάντων, τινὰ δὲ σηκώματα μολίβδινα. λοιπὸν ὅτε
συνεγγίζοιεν αἱ σαμβῦκαι, τότε περιαγόμεναι καρχη-
σίῳ πρὸς τὸ δέον αἱ κεραῖαι διά τινος σχαστηρίας
11 ἠφίεσαν εἰς τὸ κατασκεύασμα τὸν λίθον· ἐξ οὗ συν-
έβαινε μὴ μόνον αὐτὸ συνθραύεσθαι τοὔργανον, ἀλλὰ
καὶ τὴν ναῦν καὶ τοὺς ἐν αὐτῇ κινδυνεύειν ὁλοσχερῶς.
(8) 6. τινά τε τῶν μηχανημάτων πάλιν ἐπὶ τοὺς ἐφορ-
μῶντας καὶ προβεβλημένους γέρρα καὶ διὰ τούτων
ἠσφαλισμένους πρὸς τὸ μηδὲν πάσχειν ὑπὸ τῶν διὰ
τοῦ τείχους φερομένων βελῶν, ἠφίει μὲν καὶ λίθους
συμμέτρους πρὸς τὸ φεύγειν ἐκ τῆς πρῴρας τοὺς
2 ἀγωνιζομένους, ἅμα δὲ καὶ καθίει χεῖρα σιδηρᾶν ἐξ
ἁλύσεως δεδεμένην, ᾗ δραξάμενος ὁ τὴν κεραίαν οἰα-
κίζων ὅθεν ἐπιλάβοιτο τῆς πρῴρας, κατῆγε τὴν
3 πτέρναν τῆς μηχανῆς ἐντὸς τοῦ τείχους. ὅτε δὲ κου-
φίζων τὴν πρῷραν ὀρθὸν ποιήσειε τὸ σκάφος ἐπὶ
πρύμναν, τὰς μὲν πτέρνας τῶν ὀργάνων εἰς ἀκίνητον
καθῆπτε, τὴν δὲ χεῖρα καὶ τὴν ἅλυσιν ἐκ τῆς μηχανῆς
4 ἐξέρραινε διά τινος σχαστηρίας. οὗ γινομένου τινὰ
μὲν τῶν πλοίων πλάγια κατέπιπτε, τινὰ δὲ καὶ κατ-

fective whether they were at a distance or close at hand, but destroyed the greater number of them. And when they tried to raise the sambucae he had engines ready all along the wall, which while invisible at other times, reared themselves when required from inside above the wall, their beams projecting far beyond the battlements, some of them carrying stones weighing as much as ten talents and others large lumps of lead. Whenever the sambucae approached these beams were swung round on a universal joint, and by means of a release mechanism dropped the stones on the sambuca, the consequence being that not only was the engine smashed, but the ship and those on board were in the utmost peril.

6. There were some machines again which were directed against parties advancing under the cover of blinds and thus protected from injury by missiles shot through the wall. These machines, on the one hand, discharged stones large enough to chase the assailants from the prow, and at the same time let down an iron hand attached to a chain with which the man who piloted the beam would clutch at the ship, and when he had got hold of her by the prow, would press down the opposite end of the machine which was inside the wall. Then when he had thus by lifting up the ship's prow made her stand upright on her stern, he made fast the opposite end of the machine, and by means of a rope and pulley let the chain and hand suddenly drop from it. The result was that some of the vessels fell on their sides, some entirely capsized, while the greater num-

εστρέφετο, τὰ δὲ πλεῖστα τῆς πρώρρας ἀφ᾽ ὕψους
ῥιφθείσης βαπτιζόμενα πλήρη θαλάττης ἐγίνετο καὶ
5 ταραχῆς. Μάρκος δὲ δυσχρηστούμενος ἐπὶ τοῖς ἀπαν-
τωμένοις ὑπ᾽ Ἀρχιμήδους, καὶ θεωρῶν μετὰ βλάβης
καὶ χλευασμοῦ τοὺς ἔνδον ἀποτριβομένους αὐτοῦ τὰς
6 ἐπιβολάς, δυσχερῶς μὲν ἔφερε τὸ συμβαῖνον, ὅμως δ᾽
ἐπισκώπτων τὰς αὑτοῦ πράξεις ἔφη ταῖς μὲν ναυσὶν
αὐτοῦ κυαθίζειν ἐκ θαλάττης Ἀρχιμήδη, τὰς δὲ σαμ-
βύκας ῥαπιζομένας ὥσπερ ἐκσπόνδους μετ᾽ αἰσχύνης
ἐκπεπτωκέναι.

7 Καὶ τῆς μὲν κατὰ θάλατταν πολιορκίας τοιοῦτον
ἀπέβη τὸ τέλος.

(9) 7. οἱ δὲ περὶ τὸν Ἄππιον εἰς παραπλησίους ἐμ-
2 πεσόντες δυσχερείας ἀπέστησαν τῆς ἐπιβολῆς. ἔτι
μὲν γὰρ ὄντες ἐν ἀποστήματι τοῖς τε πετροβόλοις καὶ
καταπέλταις τυπτόμενοι διεφθείροντο, διὰ τὸ θαυ-
μάσιον εἶναι τὴν τῶν βελῶν κατασκευὴν καὶ κατὰ τὸ
πλῆθος καὶ κατὰ τὴν ἐνέργειαν, ὡς ἂν Ἱέρωνος μὲν
χορηγοῦ γεγονότος, ἀρχιτέκτονος δὲ καὶ δημιουργοῦ
3 τῶν ἐπινοημάτων Ἀρχιμήδους. συνεγγίζοντές γε μὴν
πρὸς τὴν πόλιν οἱ μὲν ταῖς διὰ τοῦ τείχους τοξότισιν,
ὡς ἐπάνω προεῖπον, κακούμενοι συνεχῶς εἴργοντο τῆς
προσόδου· οἱ δὲ μετὰ τῶν γέρρων βιαζόμενοι ταῖς τῶν
κατὰ κορυφὴν λίθων καὶ δοκῶν ἐμβολαῖς διεφθεί-
4 ροντο. οὐκ ὀλίγα δὲ καὶ ταῖς χερσὶ ταῖς ἐκ τῶν
μηχανῶν ἐκακοποίουν, ὡς καὶ πρότερον εἶπα· σὺν
αὐτοῖς γὰρ τοῖς ὅπλοις τοὺς ἄνδρας ἐξαιροῦντες ἐρ-
5 ρίπτουν. τὸ δὲ πέρας, ἀναχωρήσαντες εἰς τὴν παρεμ-

ber, when their prows were thus dropped from a height, went under water and filled, throwing all into confusion. Marcellus was hard put to it by the resourcefulness of Archimedes, and seeing that the garrison thus baffled his attacks not only with much loss to himself but with derision he was deeply vexed, but still made fun of his own performances, saying, "Archimedes uses my ships to ladle seawater into his wine cups, but my sambuca band is flogged out of the banquet in disgrace."

Such was the result of the siege from the sea.

7. And Appius, too, found himself in similar difficulties and abandoned his attempt. For his men while at a distance were mowed down by the shots from the *balistae* and catapults, the supply of artillery and ammunition being admirable both as regards quantity and force, as indeed was to be expected where Hiero had furnished the means and Archimedes had designed and constructed the various contrivances. And when they did get near the wall they were so severely punished by the continuous volleys of arrows from the loopholes of which I spoke above that their advance was checked or, if they attacked under the cover of mantelets, they were destroyed by the stones and beams dropped upon their heads. The besieged also inflicted no little damage by the above-mentioned hands hanging from cranes, for they lifted up men, armor, and all, and then let them drop. At last Appius retired to his camp and called a

βολὴν καὶ συνεδρεύσαντες μετὰ τῶν χιλιάρχων οἱ
περὶ τὸν Ἄππιον, ὁμοθυμαδὸν ἐβουλεύσαντο πάσης
ἐλπίδος πεῖραν λαμβάνειν πλὴν τοῦ διὰ πολιορκίας
6 ἑλεῖν τὰς Συρακούσας, ὡς καὶ τέλος ἐποίησαν· ὀκτὼ
γὰρ μῆνας τῇ πόλει προσκαθεζόμενοι τῶν μὲν ἄλλων
στρατηγημάτων ἢ τολμημάτων οὐδενὸς ἀπέστησαν,
τοῦ δὲ πολιορκεῖν οὐδέποτε πεῖραν ἔτι λαβεῖν ἐθάρρη-
7 σαν. οὕτως εἷς ἀνὴρ καὶ μία ψυχὴ δεόντως ἡρμοσμένη
πρὸς ἔνια τῶν πραγμάτων μέγα τι χρῆμα φαίνεται
8 γίνεσθαι καὶ θαυμάσιον. ἐκεῖνοι γοῦν τηλικαύτας
δυνάμεις ἔχοντες καὶ κατὰ γῆν καὶ κατὰ θάλατταν, εἰ
μὲν ἀφέλοι τις πρεσβύτην ἕνα Συρακοσίων, παρα-
9 χρῆμα τῆς πόλεως κυριεύσειν ἤλπιζον, τούτου δὲ
συμπαρόντος οὐκ ἐθάρρουν οὐδ᾽ ἐπιβαλέσθαι κατά γε
τοῦτον τὸν τρόπον, καθ᾽ ὃν ἀμύνασθαι δυνατὸς ἦν
10 Ἀρχιμήδης. οὐ μὴν ἀλλὰ νομίσαντες μάλιστ᾽ ἂν ὑπὸ
τῆς τῶν ἀναγκαίων ἐνδείας διὰ τὸ πλῆθος τοὺς ἔνδον
ὑποχειρίους σφίσι γενέσθαι, ταύτης ἀντείχοντο τῆς
ἐλπίδος· καὶ ταῖς μὲν ναυσὶ τὰς κατὰ θάλατταν ἐπι-
κουρίας αὐτῶν ἐκώλυον, τῷ δὲ πεζῷ στρατεύματι τὰς
11 κατὰ γῆν. βουλόμενοι δὲ μὴ ποιεῖν ἄπρακτον τὸν
χρόνον, ἐν ᾧ προσεδρεύουσι ταῖς Συρακούσαις, ἀλλ᾽
ἅμα τι καὶ τῶν ἐκτὸς χρησίμων κατασκευάζεσθαι,
διεῖλον οἱ στρατηγοὶ σφᾶς αὐτοὺς καὶ τὴν δύναμιν,
12 ὥστε τὸν μὲν Ἄππιον ἔχοντα δύο μέρη προσκαθῆ-
σθαι τοῖς ἐν τῇ πόλει, τὸ δὲ τρίτον ἀναλαβόντα
Μάρκον ἐπιπορεύεσθαι τοὺς τὰ Καρχηδονίων αἱρου-
μένους κατὰ τὴν Σικελίαν.

council of his military tribunes, at which it was unanimously decided to resort to any means rather than attempt to take Syracuse by storm. And to this resolution they adhered; for during their eight months' investment of the city, while leaving no stratagem or daring design untried, they never once ventured again upon an assault. Such a great and marvelous thing does the genius of one man show itself to be when properly applied to certain matters. The Romans at least, strong as they were both by sea and land, had every hope of capturing the town at once if one old man[24] of Syracuse were removed; but as long as he was present, they did not venture even to attempt to attack in that fashion in which the ability of Archimedes could be used in the defense. On the contrary, thinking that owing to the large population of the town the best way to reduce it was by famine, they placed their hope in this, cutting off supplies from the sea by their fleet and those from the land by their army. Wishing not to spend in idleness the time during which they besieged Syracuse, but to attain some useful results outside, the commanders divided themselves and their forces, so that Appius with two-thirds of the army invested the town while Marcus took the other third and made raids on the parts of Sicily which favored the Carthaginians.

[24] Archimedes was about seventy-two at the time.

III. RES GRAECIAE

8. Ὅτι Φίλιππος παραγενόμενος εἰς τὴν Μεσσήνην
(10) ἔφθειρε τὴν χώραν δυσμενικῶς, θυμῷ τὸ πλεῖον ἢ
2 λογισμῷ χρώμενος· ἤλπιζε γάρ, ὡς ἐμοὶ δοκεῖ, βλά-
πτων συνεχῶς οὐδέποτ᾽ ἀγανακτήσειν οὐδὲ μισήσειν
αὐτὸν τοὺς κακῶς πάσχοντας.
3 Προήχθην δὲ καὶ νῦν καὶ διὰ τῆς προτέρας βύβλου
σαφέστερον ἐξηγήσασθαι περὶ τούτων οὐ μόνον διὰ
τὰς πρότερον ἡμῖν εἰρημένας αἰτίας, ἀλλὰ καὶ διὰ τὸ
τῶν συγγραφέων τοὺς μὲν ὅλως παραλελοιπέναι τὰ
4 κατὰ τοὺς Μεσσηνίους, τοὺς δὲ καθόλου διὰ τὴν πρὸς
τοὺς μονάρχους εὔνοιαν ἢ τἀναντία φόβον οὐχ οἷον ἐν
ἁμαρτίᾳ γεγονέναι τὴν εἰς τοὺς Μεσσηνίους ἀσέβειαν
Φιλίππου καὶ παρανομίαν, ἀλλὰ τοὐναντίον ἐν ἐπαίνῳ
5 καὶ κατορθώματι τὰ πεπραγμένα διασαφεῖν ἡμῖν. οὐ
μόνον δὲ περὶ Μεσσηνίους τοῦτο πεποιηκότας ἰδεῖν
ἔστι τοὺς γράφοντας τοῦ Φιλίππου τὰς πράξεις, ἀλλὰ
6 καὶ περὶ τῶν ἄλλων παραπλησίως. ἐξ ὧν ἱστορίας μὲν
οὐδαμῶς ἔχειν αὐτοῖς συμβαίνει διάθεσιν τὰς συν-
7 τάξεις, ἐγκωμίου δὲ μᾶλλον. ἐγὼ δ᾽ οὔτε λοιδορεῖν
ψευδῶς φημι δεῖν τοὺς μονάρχους οὔτ᾽ ἐγκωμιάζειν, ὃ
πολλοῖς ἤδη συμβέβηκε, τὸν ἀκόλουθον δὲ τοῖς προ-
γεγραμμένοις ἀεὶ καὶ τὸν πρέποντα ταῖς ἑκάστων
8 προαιρέσεσι λόγον ἐφαρμόζειν. ἀλλ᾽ ἴσως τοῦτ᾽ εἰπεῖν
μὲν εὐμαρές, πρᾶξαι δὲ καὶ λίαν δυσχερὲς διὰ τὸ
πολλὰς καὶ ποικίλας εἶναι διαθέσεις καὶ περιστάσεις,

III. AFFAIRS OF GREECE, PHILIP, AND MESSENIA

8. Upon arriving at Messene Philip proceeded to devastate[25] the country like an enemy acting from passion rather than from reason. For he expected, apparently, that while he continued to inflict injuries, the sufferers would never feel any resentment or hatred toward him.

What induced me to give a more explicit account of these matters in this and the previous book, was, in addition to the reasons I above stated, the fact that while some authors[26] have left the occurrences in Messenia unnoticed others, owing either to their regard for the kings or their fear of them, have explained to us unreservedly, that not only did the outrages committed by Philip against the Messenians in defiance of divine or human law deserve no censure, but that on the contrary all his acts were to be regarded as praiseworthy achievements. It is not only with regard to the Messenians that we find the historians of Philip's life to be thus biased but in other cases, the result being that their works much more resemble panegyrics than histories. My own opinion is that we should neither revile nor extol kings falsely, as has so often been done, but always give an account of them consistent with our previous statements and in accord with the character of each. It may be said that it is easy enough to say this but exceedingly difficult to do it, because there are so many and various conditions and circumstances in life, yielding to

[25] In 213; see Plu. *Arat.* 51.2.

[26] In this digression P. censors writers who either out of sympathy with the king or in fear of him, praised all of Philip's acts. For names see WC 1.30.

αἷς εἴκοντες ἄνθρωποι κατὰ τὸν βίον οὔτε λέγειν οὔτε
9 γράφειν δύνανται τὸ φαινόμενον. ὧν χάριν τισὶ μὲν
αὐτῶν συγγνώμην δοτέον, ἐνίοις γε μὴν οὐ δοτέον.
9. Μάλιστα δ' ἄν τις ἐπιτιμήσειε περὶ τοῦτο τὸ
(11) μέρος Θεοπόμπῳ, ὅς γ' ἐν ἀρχῇ τῆς Φιλίππου συν-
τάξεως δι' αὐτὸ μάλιστα παρορμηθῆναι φήσας πρὸς
τὴν ἐπιβολὴν τῆς πραγματείας διὰ τὸ μηδέποτε τὴν
Εὐρώπην ἐνηνοχέναι τοιοῦτον ἄνδρα παράπαν οἷον
2 τὸν Ἀμύντου Φίλιππον, μετὰ ταῦτα παρὰ πόδας, ἔν τε
τῷ προοιμίῳ καὶ παρ' ὅλην δὲ τὴν ἱστορίαν, ἀκρα-
τέστατον μὲν αὐτὸν ἀποδείκνυσι πρὸς γυναῖκας, ὥστε
καὶ τὸν ἴδιον οἶκον ἐσφαλκέναι τὸ καθ' αὑτὸν διὰ τὴν
3 πρὸς τοῦτο τὸ μέρος ὁρμὴν καὶ προστασίαν, ἀδικώτα-
τον δὲ καὶ κακοπραγμονέστατον περὶ τὰς τῶν φίλων
καὶ συμμάχων κατασκευάς, πλείστας δὲ πόλεις ἐξην-
δραποδισμένον καὶ πεπραξικοπηκότα μετὰ δόλου καὶ
4 βίας, ἐκπαθῆ δὲ γεγονότα καὶ πρὸς τὰς ἀκρατο-
ποσίας, ὥστε καὶ μεθ' ἡμέραν πλεονάκις μεθύοντα
5 καταφανῆ γενέσθαι τοῖς φίλοις. εἰ δέ τις ἀναγνῶναι
βουληθείη τὴν ἀρχὴν τῆς ἐνάτης καὶ τετταρακοστῆς
αὐτῷ βύβλου, παντάπασιν ἂν θαυμάσαι τὴν ἀτοπίαν
τοῦ συγγραφέως, ὅς γε χωρὶς τῶν ἄλλων τετόλμηκε
καὶ ταῦτα λέγειν· αὐταῖς γὰρ λέξεσιν, αἷς ἐκεῖνος
6 κέχρηται, κατατετάχαμεν· "εἰ γάρ τις ἦν ἐν τοῖς Ἕλ-
λησιν ἢ τοῖς βαρβάροις" φησί "λάσταυρος ἢ θρασὺς
τὸν τρόπον, οὗτοι πάντες εἰς Μακεδονίαν ἁθροιζό-
μενοι πρὸς Φίλιππον ἑταῖροι τοῦ βασιλέως προσηγο-

which men are prevented from uttering or writing their real opinions. Bearing this in mind we must pardon some of these writers, but others we should not.

9. In this respect Theopompus[27] is one of the writers who is most to blame. At the outset of his history of Philip, son of Amyntas, he states that what chiefly induced him to undertake this work was that Europe had never produced such a man before as this Philip; and yet immediately afterward in his preface and throughout the book he shows him to have been first so incontinent about women, that as far as in him lay he ruined his own home by his passionate and ostentatious addiction to this kind of thing; next a most wicked and mischievous man in his schemes for forming friendships and alliances; thirdly, one who had enslaved and betrayed a large number of cities by force or fraud; and lastly, one so addicted to strong drink that he was frequently seen by his friends manifestly drunk in broad daylight. Anyone who chooses to read the beginning of his forty-ninth book will be amazed at the extravagance of this writer. Apart from other things, he has ventured to write as follows. I set down the passage in his own words:[28] "Philip's court in Macedonia was the gathering place of all the most debauched and brazen-faced characters in Greece or abroad, who were there styled the king's com-

[27] Historian from Chius, one of the continuators of Thucydides in his *Hellenic Histories* that went to 394 and were then abandoned in favor of his *Philippica,* in 58 books. The remains of his works are printed and discussed in *FGrH* 115. See M. Flower, *Theopompus of Chios: History and Rhetoric in the Fourth Century B.C.* (Oxford 1994).

[28] The following quotation (6–13) is *FGrH* 115 F 225.

7 ρεύοντο. καθόλου γὰρ ὁ Φίλιππος τοὺς μὲν κοσμίους
τοῖς ἤθεσι καὶ τῶν ἰδίων βίων ἐπιμελουμένους ἀπ-
εδοκίμαζε, τοὺς δὲ πολυτελεῖς καὶ ζῶντας ἐν μέθαις
8 καὶ κύβοις ἐτίμα καὶ προῆγε. τοιγαροῦν οὐ μόνον
ταῦτ᾽ ἔχειν αὐτοὺς παρεσκεύαζεν, ἀλλὰ καὶ τῆς ἄλλης
9 ἀδικίας καὶ βδελυρίας ἀθλητὰς ἐποίησε. τί γὰρ τῶν
αἰσχρῶν ἢ δεινῶν αὐτοῖς οὐ προσῆν; ἢ τί τῶν καλῶν
καὶ σπουδαίων οὐκ ἀπῆν; ὧν οἱ μὲν ξυρόμενοι καὶ
λεαινόμενοι διετέλουν ἄνδρες ὄντες, οἱ δ᾽ ἀλλήλοις
10 ἐτόλμων ἐπανίστασθαι πώγωνας ἔχουσι. καὶ περι-
ήγοντο μὲν δύο καὶ τρεῖς τοὺς ἑταιρευομένους, αὐτοὶ
δὲ τὰς αὐτὰς ἐκείνοις χρήσεις ἑτέροις παρείχοντο.
11 ὅθεν καὶ δικαίως ἄν τις αὐτοὺς οὐχ ἑταίρους, ἀλλ᾽
ἑταίρας ὑπελάμβανεν [εἶναι] οὐδὲ στρατιώτας, ἀλλὰ
12 χαμαιτύπους προσηγόρευσεν· ἀνδροφόνοι γὰρ τὴν
13 φύσιν ὄντες ἀνδρόπορνοι τὸν τρόπον ἦσαν. ἁπλῶς δ᾽
εἰπεῖν, ἵνα παύσωμαι" φησί "μακρολογῶν, ἄλλως τε
καὶ τοσούτων μοι πραγμάτων ἐπικεχυμένων, ἡγοῦμαι
τοιαῦτα θηρία γεγονέναι καὶ τοιούτους τὸν τρόπον
τοὺς φίλους καὶ τοὺς ἑταίρους Φιλίππου προσαγορευ-
θέντας οἵους οὔτε τοὺς Κενταύρους τοὺς τὸ Πήλιον
κατασχόντας οὔτε τοὺς Λαιστρυγόνας τοὺς τὸ Λεον-
τίνων πεδίον οἰκήσαντας οὔτ᾽ ἄλλους οὐδ᾽ ὁποίους."

10. Ταύτην δὲ τήν τε πικρίαν καὶ τὴν ἀθυρογλωτ-
(12) 2 τίαν τοῦ συγγραφέως τίς οὐκ ἂν ἀποδοκιμάσειεν; οὐ

---

29 For the *hetairoi* see Berve, *Alexanderreich,* 1, 30–37, and

panions.[29] For Philip in general showed no favor to men of good repute who were careful of their property, but those he honored and promoted were spendthrifts who passed their time drinking and gambling. In consequence he not only encouraged them in their vices, but made them past masters in every kind of wickedness and lewdness. Was there anything indeed disgraceful and shocking that they did not practice, and was there anything good and creditable that they did not leave undone? Some of them used to shave their bodies and make them smooth although they were men, and others actually practiced lewdness with each other though bearded. While carrying about two or three minions with them they served others in the same capacity, so that we would be justified in calling them not courtiers but courtesans and not soldiers but strumpets. For being by nature manslayers they became by their practices man-whores. In a word," he continues, "not to be prolix, and especially as I am beset by such a deluge of other matters, my opinion is that those who were called Philip's friends and companions were worse brutes and of a more beastly disposition than the Centaurs[30] who established themselves on Pelion, or those Laestrygones[31] who dwelt in the plain of Leontini, or any other monsters."

10. Everyone must disapprove of such bitter feeling and lack of restraint on the part of this writer. For not only

M. Hatzopoulos, *Macedonian Institutions under the Kings*, 1 (Athens 1996), 334–336 and 435–436.

[30] Half man and half horse. Their fight with the Lapiths at the wedding of Pelops and Hippodameia is depicted on the west pediment of the Temple of Zeus at Olympia.

[31] Man-eating giants; Hom., *Od.* 10.77–132.

*γὰρ μόνον ὅτι μαχόμενα λέγει πρὸς τὴν αὑτοῦ πρό-
θεσιν ἄξιός ἐστιν ἐπιτιμήσεως, ἀλλὰ καὶ διότι κατ-
έψευσται τοῦ τε βασιλέως καὶ τῶν φίλων, καὶ μάλιστα
3 διότι τὸ ψεῦδος αἰσχρῶς καὶ ἀπρεπῶς διατέθειται. εἰ
γὰρ περὶ Σαρδαναπάλλου τις ἢ τῶν ἐκείνου συμ-
βιωτῶν ἐποιεῖτο τοὺς λόγους, μόλις ἂν ἐθάρρησε τῇ
κακορρημοσύνῃ ταύτῃ χρήσασθαι· οὗ τὴν ἐν τῷ βίῳ
προαίρεσιν καὶ τὴν ἀσέλγειαν διὰ τῆς ἐπιγραφῆς τῆς
4 ἐπὶ τοῦ τάφου τεκμαιρόμεθα. λέγει γὰρ ἡ [ἐπι]γραφή,*

*ταῦτ᾽ ἔχω ὅσσ᾽ ἔφαγον καὶ ἐφύβρισα καὶ μετ᾽ ἔρωτος
τέρπν᾽ ἔπαθον.*

5 *Περὶ δὲ Φιλίππου καὶ τῶν ἐκείνου φίλων εὐλαβη-
θείη τις ἂν οὐχ οἷον εἰς μαλακίαν καὶ ἀνανδρίαν, ἔτι
δ᾽ ἀναισχυντίαν λέγειν, ἀλλὰ τοὐναντίον μήποτ᾽ ἐγ-
κωμιάζειν ἐπιβαλλόμενος οὐ δυνηθῇ καταξίως εἰπεῖν
τῆς ἀνδρείας καὶ φιλοπονίας καὶ συλλήβδην τῆς
6 ἀρετῆς τῶν προειρημένων ἀνδρῶν· οἵ γε προφανῶς
ταῖς σφετέραις φιλοπονίαις καὶ τόλμαις ἐξ ἐλαχίστης
μὲν βασιλείας ἐνδοξοτάτην καὶ μεγίστην <τὴν> Μα-
7 κεδόνων ἀρχὴν κατεσκεύασαν· χωρὶς δὲ τῶν ἐπὶ Φι-
λίππου πράξεων αἱ μετὰ τὸν ἐκείνου θάνατον ἐπιτελε-
σθεῖσαι μετ᾽ Ἀλεξάνδρου πᾶσιν ὁμολογουμένην τὴν
8 ἐπ᾽ ἀρετῇ φήμην παραδεδώκασι περὶ αὐτῶν. μεγάλην
γὰρ ἴσως μερίδα θετέον τῷ προεστῶτι τῶν ὅλων
Ἀλεξάνδρῳ, καίπερ ὄντι νέῳ παντελῶς, οὐκ ἐλάττω
9 μέντοι γε τοῖς συνεργοῖς καὶ φίλοις, οἳ πολλαῖς μὲν*

does he deserve blame for using language which contradicts his statement of the object he had in writing, but for falsely accusing the king and his friends, and especially for making this false accusation in coarse and unbecoming terms. If he had been writing of Sardanapalus[32] or one of his companions he would hardly have dared to use such foul language; and we all know the principles and the debauched character of that king from the epigram on his tomb:

> Mine are they yet
> the meats I ate,
> my wanton sport above,
> the joy of love.

But in speaking of Philip and his friends not only would one hesitate to accuse them of cowardice, effeminacy, and shamelessness to boot, but on the contrary if one set oneself the task of singing their praises one could scarcely find terms adequate to characterize the bravery, industry, and in general the virtue of these men who indisputably by their energy and daring raised Macedonia from the rank of a petty kingdom to that of the greatest and most glorious monarchy in the world. Quite apart from what was accomplished during Philip's lifetime, the success achieved after Philip's death under Alexander indisputably established in the eyes of all their reputations for valor. While we should perhaps give Alexander, as commander-in-chief, the credit for much, notwithstanding his extreme youth, we should assign no less to his cooperators and friends, who defeated

[32] Assyrian king of Nineveh, infamous for his luxurious effeminate life. The epitaph has its own history.

καὶ παραδόξοις μάχαις ἐνίκησαν τοὺς ὑπεναντίους,
παλλοὺς δὲ καὶ παραβόλους ὑπέμειναν πόνους καὶ
κινδύνους καὶ ταλαιπωρίας, πλείστης δὲ περιουσίας
κυριεύσαντες καὶ πρὸς ἁπάσας τὰς ἐπιθυμίας πλεί-
στης εὐπορήσαντες ἀπολαύσεως, οὔτε κατὰ τὴν σω-
ματικὴν δύναμιν οὐδέποτε διὰ ταῦτ' ἠλαττώθησαν,
οὔτε κατὰ τὰς ψυχικὰς ὁρμὰς οὐδὲν ἄδικον οὐδ' ἀσελ-
10 γὲς ἐπετήδευσαν, ἅπαντες δ', ὡς ἔπος εἰπεῖν, βασι-
λικοὶ καὶ ταῖς μεγαλοψυχίαις καὶ ταῖς σωφροσύναις
καὶ ταῖς τόλμαις ἀπέβησαν, Φιλίππῳ καὶ μετ' Ἀλεξ-
άνδρῳ συμβιώσαντες. ὧν οὐδὲν ἂν δέοι μνημονεύειν
11 ἐπ' ὀνόματος. μετὰ δὲ τὸν Ἀλεξάνδρου θάνατον οὕτω
περὶ τῶν πλείστων μερῶν τῆς οἰκουμένης ἀμφισβη-
τήσαντες παραδόσιμον ἐποίησαν τὴν ἑαυτῶν δόξαν ἐν
12 πλείστοις ὑπομνήμασιν ὥστε τὴν μὲν Τιμαίου τοῦ
συγγραφέως πικρίαν, ᾗ κέχρηται κατ' Ἀγαθοκλέους
τοῦ Σικελίας δυνάστου, καίπερ ἀνυπέρβλητον εἶναι
δοκοῦσαν, ὅμως λόγον ἔχειν—ὡς γὰρ κατ' ἐχθροῦ καὶ
πονηροῦ καὶ τυράννου διατίθεται τὴν κατηγορίαν—
τὴν δὲ Θεοπόμπου μηδ' ὑπὸ λόγον πίπτειν.

11. προθέμενος γὰρ ὡς περὶ βασιλέως εὐφυεστάτου
(13) πρὸς ἀρετὴν γεγονότος οὐκ ἔστι τῶν αἰσχρῶν καὶ
2 δεινῶν ὃ παραλέλοιπε. λοιπὸν ἢ περὶ τὴν ἀρχὴν καὶ
προέκθεσιν τῆς πραγματείας ἀνάγκη ψεύστην καὶ
κόλακα φαίνεσθαι τὸν ἱστοριογράφον, ἢ περὶ τὰς
κατὰ μέρος ἀποφάσεις ἀνόητον καὶ μειρακιώδη τελεί-
ως, εἰ διὰ τῆς ἀλόγου καὶ ἐπικλήτου λοιδορίας ὑπ-
έλαβε πιστότερος μὲν αὐτὸς φανήσεσθαι, παραδοχῆς

the enemy in many marvelous battles, exposed themselves often to extraordinary toil, danger, and hardship, and after possessing themselves of vast wealth and unbounded resources for satisfying every desire, neither suffered in a single case any impairment of their physical powers, nor even to gratify their passion were guilty of malpractices and licentiousness; but all of them, one may say, proved themselves indeed to be kingly men by virtue of their magnanimity, self-restraint, and courage, as long as they lived with Philip and afterward with Alexander. It is unnecessary to mention anyone by name. And after the death of Alexander, when they disputed the empire of the greater part of the world, they left a record so glorious in numerous histories that while we may allow that Timaeus' bitter invective against Agathocles,[33] the ruler of Sicily, however unmeasured it may seem, is justified—for he is accusing him as an enemy, a bad man, and a tyrant—that of Theopompus does not deserve serious consideration.

11. For after announcing that he was going to write about a king richly endowed by nature with every quality that makes for virtue, he charges him with everything that is shameful and atrocious. So that either this author must be a liar and a flatterer in the prefatory remarks at the outset of his history, or he is entirely foolish and childish in his assertions about particulars, imagining that by senseless

[33] For Timaeus see 1.5.1–5; for his invective against Agathocles see *FGrH* 566 F 124 a-d. P. is more severe on Timaeus in 12.15.10 and 15.35.2.

δὲ μᾶλλον ἀξιωθήσεσθαι τὰς ἐγκωμιαστικὰς ἀπο-
φάσεις αὐτοῦ περὶ Φιλίππου.

3 Καὶ μὴν οὐδὲ περὶ τὰς ὁλοσχερεῖς διαλήψεις οὐδεὶς
ἂν εὐδοκήσειε τῷ προειρημένῳ συγγραφεῖ· ὅς γ᾽ ἐπι-
βαλόμενος γράφειν τὰς Ἑλληνικὰς πράξεις ἀφ᾽ ὧν
Θουκυδίδης ἀπέλιπε, καὶ συνεγγίσας τοῖς Λευκτρι-
κοῖς καιροῖς καὶ τοῖς ἐπιφανεστάτοις τῶν Ἑλληνικῶν
ἔργων, τὴν μὲν Ἑλλάδα μεταξὺ καὶ τὰς ταύτης ἐπι-
βολὰς ἀπέρριψε, μεταλαβὼν δὲ τὴν ὑπόθεσιν τὰς
4 Φιλίππου πράξεις προὔθετο γράφειν. καίτοι γε πολλῷ
σεμνότερον ἦν καὶ δικαιότερον ἐν τῇ περὶ τῆς Ἑλ-
λάδος ὑποθέσει τὰ πεπραγμένα Φιλίππῳ συμπεριλα-
5 βεῖν ἤπερ ἐν τῇ Φιλίππου τὰ τῆς Ἑλλάδος. οὐδὲ γὰρ
προκαταληφθεὶς ὑπὸ βασιλικῆς δυναστείας, καὶ τυ-
χὼν ἐξουσίας, οὐδεὶς ἂν ἐπέσχε σὺν καιρῷ ποιή-
σασθαι μετάβασιν ἐπὶ τὸ τῆς Ἑλλάδος ὄνομα καὶ
πρόσωπον· ἀπὸ δὲ ταύτης ἀρξάμενος καὶ προβὰς
ἐπὶ ποσὸν οὐδ᾽ ὅλως οὐδεὶς ἂν ἠλλάξατο μονάρχου
6 πρόσχημα καὶ βίον, ἀκεραίῳ χρώμενος γνώμῃ. καὶ τί
δήποτ᾽ ἦν τὸ τὰς τηλικαύτας ἐναντιώσεις βιασάμενον
παριδεῖν Θεόπομπον; εἰ μὴ νὴ Δί᾽ ὅτι ἐκείνης μὲν τῆς
ὑποθέσεως τέλος ἦν τὸ καλόν, τῆς δὲ κατὰ Φίλιππον
7 τὸ συμφέρον. οὐ μὴν ἀλλὰ πρὸς μὲν ταύτην τὴν
ἁμαρτίαν, καθὸ μετέβαλε τὴν ὑπόθεσιν, ἴσως ἂν εἶχέ
8 τι λέγειν, εἴ τις αὐτὸν ἤρετο περὶ τούτων· πρὸς δὲ τὴν
κατὰ τῶν φίλων αἰσχρολογίαν οὐκ ἂν οἶμαι δυνηθῆ-
ναι λόγον αὐτὸν ἀποδοῦναι, συγχωρῆσαι δὲ διότι
πολύ τι παρέπεσε τοῦ καθήκοντος.

and far-fetched abuse he will insure his own credit and gain acceptance for his laudatory estimate of Philip.

Again, no one could approve of the general scheme[34] of this writer. Having set himself the task of writing the history of Greece from the point at which Thucydides leaves off, just when he was approaching the battle of Leuctra[35] and the most brilliant period of Greek history, he abandoned Greece and her efforts, and changing his plan decided to write the history of Philip. Surely it would have been much more dignified and fairer to include Philip's achievements in the history of Greece than to include the history of Greece in that of Philip. For not even a man preoccupied by his devotion to royalty would, if he had the power and had found a suitable occasion, have hesitated to transfer the leading part and title of his work to Greece; and no one in his sound senses who had begun to write the history of Greece and had made some progress in it would have exchanged this for the more pompous biography of a king. What can it have been which forced Theopompus to overlook such flagrant inconsistencies, if it were not that in writing the one history his motive was an honorable one, in writing that of Philip to further his own interests? Possibly indeed as regards this error in changing the scheme of his work he might have found something to say for himself, if anyone had questioned him, but as for the foul language he uses about Philip's friends I think he would hardly have been able to defend himself, but would have admitted that he sinned gravely against propriety . . .

34 Theopompus is criticized for abandoning Greece in favor of royal affairs.

35 Theopompus stopped in fact much earlier than 371, in 394.

12. Φίλιππος δὲ τοὺς μὲν Μεσσηνίους πολεμίους
(14) γεγονότας οὐδὲν ἄξιον ἠδυνήθη λόγου βλάψαι, καί-
περ ἐπιβαλόμενος κακοποιεῖν αὐτῶν τὴν χώραν, εἰς δὲ
τοὺς ἀναγκαιοτάτους τῶν φίλων τὴν μεγίστην ἀσέλ-
2 γειαν ἐναπεδείξατο. τὸν γὰρ πρεσβύτερον Ἄρατον,
δυσαρεστηθέντα τοῖς ὑπ᾿ αὐτοῦ πεπραγμένοις ἐν τῇ
Μεσσήνῃ, μετ᾿ οὐ πολὺ μετὰ Ταυρίωνος τοῦ χειρίζον-
τος αὐτῷ τὰ κατὰ Πελοπόννησον ἐπανείλατο φαρ-
3 μάκῳ. παραυτίκα μὲν οὖν ἠγνοεῖτο παρὰ τοῖς ἐκτὸς τὸ
γεγονός· καὶ γὰρ ἦν ἡ δύναμις οὐ τῶν παρ᾿ αὐτὸν τὸν
καιρὸν ἀπολλυουσῶν, ἀλλὰ χρόνον ἔχουσα καὶ
4 διάθεσιν ἐργαζομένη· τόν γε μὴν Ἄρατον αὐτὸν οὐκ
5 ἐλάνθανε τὸ κακόν. ἐγένετο δὲ δῆλον ἐκ τούτων· ἅπαν-
τας γὰρ ἐπικρυπτόμενος τοὺς ἄλλους, πρὸς ἕνα τῶν
ὑπηρετῶν Κεφάλωνα διὰ τὴν συνήθειαν οὐκ ἔστεξε
τὸν λόγον, ἀλλ᾿ ἐπιμελῶς αὐτῷ κατὰ τὴν ἀρρωστίαν
τοῦ προειρημένου συμπαρόντος καί τι τῶν πρὸς τῷ
τοίχῳ πτυσμάτων ἐπισημηναμένου δίαιμον ὑπάρχον,
εἶπε "ταῦτα τἀπίχειρα τῆς φιλίας, ὦ Κεφάλων, κεκο-
6 μίσμεθα τῆς πρὸς Φίλιππον." οὕτως ἐστὶ μέγα τι καὶ
καλὸν χρῆμα μετριότης, ὥστε μᾶλλον ὁ παθὼν τοῦ
πράξαντος ᾐσχύνετο τὸ γεγονός, εἰ τοσούτων καὶ
τηλικούτων κεκοινωνηκὼς ἔργων ἐπὶ τῷ τοῦ Φιλίππου
συμφέροντι τοιαῦτα τἀπίχειρα κεκόμισται τῆς εὐνοί-
7 ας. οὗτος μὲν οὖν καὶ διὰ τὸ πολλάκις τῆς ἀρχῆς
τετευχέναι παρὰ τοῖς Ἀχαιοῖς, καὶ διὰ τὸ πλῆθος καὶ
διὰ τὸ μέγεθος τῶν εἰς τὸ ἔθνος εὐεργεσιῶν, μεταλ-

12. The Messenians had now become Philip's enemies, but he was unable to inflict any serious damage on them, although he made an attempt to devastate their territory. Toward his most intimate friends, however, he was guilty of the greatest brutality. It was not long before through the agency of Taurion, his commissioner in the Peloponnese, he poisoned the elder Aratus[36] who had disapproved of his treatment of Messene. The fact was not generally known at the time, the drug not being one of those which kill at once, but one which takes time and produces a sickly condition of the body; but Aratus himself was aware of the criminal attempt, as the following circumstance shows. While keeping it secret from everybody else, he could not refrain from revealing it to Cephalon, an old servant with whom he was very familiar. This servant waited on him during his illness with great assiduity, and on one occasion when he called attention to some spittle on the wall being tinged with blood, Aratus said "That, Cephalon, is the reward I have got from Philip for my friendship." Such a great and fine quality is moderation that the sufferer was more ashamed than the doer of the deed to feel that after acting in union with Philip in so many great enterprises and after such devotion to his interests he had met with so base a reward for his loyalty. This man then, because he had so often held the chief office in Achaea, and owing to the number and importance of the benefits he had con-

36 The allegations that Philip had Aratus and many others poisoned must be viewed with suspicion; there is no way of proving or disproving any of the alleged cases. Aratus died in office, in his 17th year as federal strategus.

λάξας τὸν βίον ἔτυχε πρεπούσης τιμῆς καὶ παρὰ τῇ
8 πατρίδι καὶ παρὰ τῷ κοινῷ τῶν Ἀχαιῶν· καὶ γὰρ
θυσίας αὐτῷ καὶ τιμὰς ἡρωικὰς ἐψηφίσαντο, καὶ συλ-
λήβδην ὅσα πρὸς αἰώνιον ἀνήκει μνήμην, ὥστ᾽ εἴπερ
καὶ περὶ τοὺς ἀποιχομένους ἔστι τις αἴσθησις, εἰκὸς
εὐδοκεῖν αὐτὸν καὶ τῇ τῶν Ἀχαιῶν εὐχαριστίᾳ καὶ
ταῖς ἐν τῷ ζῆν κακοπραγίαις καὶ κινδύνοις.

13. Πάλαι δὲ τῇ διανοίᾳ περὶ τὸν Λίσσον καὶ τὸν
(15) Ἀκρόλισσον ὤν, καὶ σπουδάζων ἐγκρατὴς γενέσθαι
2 τῶν τόπων τούτων, ὥρμησε μετὰ τῆς δυνάμεως· ποιη-
σάμενος δὲ τὴν πορείαν ἐπὶ δύ᾽ ἡμέρας, καὶ διελθὼν
τὰ στενά, κατέζευξε παρὰ τὸν Ἀρδάξανον ποταμόν, οὐ
3 μακρὰν τῆς πόλεως. θεωρῶν δὲ τόν τε τοῦ Λίσσου
περίβολον καὶ τὰ πρὸς τῇ θαλάττῃ καὶ τὰ πρὸς τὴν
μεσόγαιον ἠσφαλισμένον διαφερόντως καὶ φύσει καὶ
κατασκευῇ, τόν τε παρακείμενον Ἀκρόλισσον αὐτῷ
καὶ διὰ τὴν εἰς ὕψος ἀνάτασιν καὶ διὰ τὴν ἄλλην
ἐρυμνότητα τοιαύτην ἔχοντα φαντασίαν ὥστε μηδ᾽ ἂν
ἐλπίσαι μηδένα κατὰ κράτος ἑλεῖν, τῆς μὲν περὶ
τοῦτον ἐλπίδος ἀπέστη τελέως, τῆς δὲ πόλεως οὐ λίαν
4 ἀπήλπισε. συνθεωρήσας δὲ τὸ μεταξὺ διάστημα τοῦ
Λίσσου καὶ τοῦ κατὰ τὸν Ἀκρόλισσον πρόποδος σύμ-
μετρον ὑπάρχον πρὸς τὴν ἐπιβολὴν τὴν κατὰ τῆς
πόλεως, κατὰ τοῦτο διενοήθη συστησάμενος ἀκροβο-
λισμὸν χρήσασθαι στρατηγήματι πρὸς τὸ παρὸν
5 οἰκείῳ. δοὺς δὲ μίαν ἡμέραν πρὸς ἀνάπαυσιν τοῖς

---

[37] Aratus received burial within his city of Sicyon, his grave was declared a heroon, named *Arateion*, and annual contests were

ferred on the nation, had fitting honors[37] paid him on his death both by his own city and by the Achaean League. They voted him sacrifices and honors such as are paid to heroes, and everything in short which contributes to immortalize a man's memory, so that, if the dead have any feeling, he must take pleasure in the gratitude of the Achaeans and in the recollection of the hardships and perils he suffered in his life. . . .

Philip's Capture of Lissus in Illyria

13. Philip's attention had long been fixed on Lissus and Acrolissus,[38] and being most anxious to possess himself of these places he started for them with his army. After two days' march he traversed the defiles and encamped by the river Ardaxanus not far from the town. Observing that the defenses of Lissus, both natural and artificial, were admirable from land as well as sea, and that Acrolissus which was close to it owing to its height and its general strength looked as if there would be no hope of taking it by storm, he entirely renounced this latter hope, but did not quite despair of taking the town. Noticing that the ground between Lissus and the foot of Acrolissus was convenient for directing an attack from it on the town he decided to open hostilities on this side, and employ a stratagem suitable to the circumstances. After giving his Macedonians a day's

held in his honor. He was called "Savior" and "Second Founder of the City." See C. Habicht, *Gottmenschentum und griechische Städte* (2nd ed., Munich 1970), 169 n. 14, and 202 n. 43.

[38] See J. M. F. May, *JRS* 36, 1946, 48–52 and 54–56, with fig. 5. WC 2.90–93. Cf. P. Cabanes, *Les Illyriens de Bardylis à Genthios (IVe-IIe siècles avant J.-C.)* (Paris 1988), 297–298.

Μακεδόσι, καὶ παρακαλέσας ἐν αὐτῇ τὰ πρέποντα τῷ καιρῷ, τὸ μὲν πολὺ μέρος καὶ χρησιμώτατον τῶν εὐζώνων ἔτι νυκτὸς εἴς τινας φάραγγας ὑλώδεις ἔκρυψε κατὰ τὸν ἐπὶ τῆς μεσογαίου τόπον ὑπὲρ τὸ
6 προειρημένον διάστημα, τοὺς δὲ πελταστὰς εἰς τὴν ἐπαύριον ἔχων καὶ τὸ λοιπὸν μέρος τῶν εὐζώνων ἐπὶ θάτερα τῆς πόλεως κατὰ θάλατταν ἐχρῆτο τῇ πορείᾳ.
7 περιελθὼν δὲ τὴν πόλιν, καὶ γενόμενος κατὰ τὸν προειρημένον τόπον, δῆλος ἦν ὡς ταύτῃ ποιησόμενος
8 τὴν πρὸς τὴν πόλιν ἀνάβασιν. οὐκ ἀγνοουμένης δὲ τῆς τοῦ Φιλίππου παρουσίας ἦν πλῆθος ἱκανὸν ἐξ ἁπάσης τῆς πέριξ Ἰλλυρίδος εἰς τὸν Λίσσον ἠθροι-
9 σμένον· τῷ μὲν γὰρ Ἀκρολίσσῳ διὰ τὴν ὀχυρότητα πιστεύοντες μετρίαν τινὰ τελέως εἰς αὐτὸν ἀπένειμαν φυλακήν.

14. διόπερ ἅμα τῷ συνεγγίζειν τοὺς Μακεδόνας
(16) εὐθέως ἐκ τῆς πόλεως ἐξεχέοντο, θαρροῦντες ἐπί τε τῷ
2 πλήθει καὶ ταῖς τῶν τόπων ὀχυρότησι. τοὺς μὲν οὖν πελταστὰς ὁ βασιλεὺς ἐν τοῖς ἐπιπέδοις ἐπέστησε, τοῖς δὲ κούφοις παρήγγειλε προβαίνειν πρὸς τοὺς λόφους καὶ συμπλέκεσθαι πρὸς τοὺς πολεμίους ἐρρω-
3 μένως. ποιούντων δὲ τὸ παραγγελθέν, ἐπὶ ποσὸν μὲν ὁ κίνδυνος πάρισος ἦν· μετὰ δὲ ταῦτα καὶ ταῖς δυσχωρίαις εἴξαντες οἱ παρὰ τοῦ Φιλίππου καὶ τῷ πλήθει
4 τῶν πολεμίων ἐτράπησαν. καταφυγόντων δὲ τούτων εἰς τοὺς πελταστὰς οἱ μὲν ἐκ τῆς πόλεως καταφρονήσαντες προῄεσαν καὶ συγκαταβάντες ἐν τοῖς ἐπι-
5 πέδοις προσεμάχοντο τοῖς πελτασταῖς· οἱ δὲ τὸν

rest and addressing them in such terms as the occasion demanded, he concealed during the night the largest and most efficient portion of his light-armed troops in some thickly wooded ravines above the aforesaid ground on the side farthest from the sea, and next day with his peltasts and the rest of the light-armed infantry marched along the sea on the other side of the city. After thus passing round the city and reaching the place I mentioned, he gave the impression of being about to ascend toward the town on this side. The arrival of Philip was no secret, and considerable forces from all the neighboring parts of Illyria had collected in Lissus; but as for Acrolissus they had such confidence in its natural strength that they had assigned quite a small garrison to it.

14. Consequently, on the approach of the Macedonians those in the town began pouring out of it confident in their numbers and in the advantage of the ground. The king halted his peltasts on the level ground, and ordered his light infantry to advance on the hills and deliver a vigorous attack on the enemy. His orders being obeyed, the combat was for some time an even one; but afterward Philip's troops, yielding to the difficulties of the ground and to superior numbers, were put to flight. When they took refuge with the peltasts, the Illyrians from the town in their contempt for them followed them down the hill and engaged the peltasts on the level ground. At the same time the gar-

Ἀκρόλισσον φυλάττοντες, θεωροῦντες τὸν Φίλιππον ἐκ διαδοχῆς ταῖς σπείραις ἐπὶ πόδα ποιούμενον τὴν ἀναχώρησιν, καὶ δόξαντες τοῖς ὅλοις αὐτὸν εἴκειν, ἔλαθον ἐκκληθέντες διὰ τὸ πιστεύειν τῇ φύσει τοῦ
6 τόπου, κἄπειτα κατ' ὀλίγους ἐκλιπόντες τὸν Ἀκρόλισσον κατέρρεον ταῖς ἀνοδίαις εἰς τοὺς ὁμαλοὺς καὶ πεδινοὺς τόπους, ὡς ἤδη τινὸς ὠφελείας καὶ τροπῆς
7 τῶν πολεμίων ἐσομένης. κατὰ δὲ τὸν καιρὸν τοῦτον οἱ τὰς ἐνέδρας ἐκ τῆς μεσογαίας διειληφότες ἀφανῶς ἐξαναστάντες ἐνεργὸν ἐποιήσαντο τὴν ἔφοδον· ἅμα δὲ τούτοις ἐκ μεταβολῆς οἱ πελτασταὶ συνεπέθεντο τοῖς
8 ὑπεναντίοις. οὗ συμβάντος διαταραχθέντες οἱ μὲν ἐκ τοῦ Λίσσου σποράδην ποιούμενοι τὴν ἀναχώρησιν διεσῴζοντο πρὸς τὴν πόλιν, οἱ δὲ τὸν Ἀκρόλισσον ἐκλιπόντες ἀπετμήθησαν ὑπὸ τῶν ἐκ τῆς ἐνέδρας
9 ἐξαναστάντων. διὸ καὶ συνέβη τὸ μὲν ἀνέλπιστον, τὸν Ἀκρόλισσον παραχρῆμα ληφθῆναι χωρὶς κινδύνων, τὸν δὲ Λίσσον τῇ κατὰ πόδας ἡμέρᾳ μετὰ μεγάλων ἀγώνων, ποιησαμένων τῶν Μακεδόνων ἐνεργοὺς καὶ
10 καταπληκτικὰς προσβολάς. Φίλιππος μὲν οὖν, παραδόξως ἐγκρατὴς γενόμενος τῶν προειρημένων τόπων, ἅπαντας τοὺς πέριξ ὑποχειρίους ἐποιήσατο διὰ ταύτης τῆς πράξεως, ὥστε τοὺς πλείστους τῶν Ἰλλυριῶν
11 ἐθελοντὴν ἐπιτρέπειν αὐτῷ τὰς πόλεις· οὐδεμία γὰρ ὀχυρότης ἔτι πρὸς τὴν Φιλίππου βίαν οὐδ' ἀσφάλεια τοῖς ἀντιταττομένοις προυφαίνετο, κεκρατημένων μετὰ βίας τῶν προειρημένων ὀχυρωμάτων. [Cod. Urb. fol. 107v.]

rison of Acrolissus, seeing that Philip was slowly withdrawing his divisions one after the other, and thinking that he was abandoning the field, imperceptibly let themselves be enticed out owing to their confidence in the strength of the place, and then abandoning Acrolissus in small bodies poured down by bypaths to the level ground, thinking there would be a thorough rout of the enemy and a chance of some booty. But at this juncture the troops which had been posted in ambush on the land side rose unobserved and delivered a brisk attack, the peltasts at the same time turning and falling upon the enemy. Upon this the force from Lissus was thrown into disorder and retreating in scattered groups gained the shelter of the city, while those who had abandoned Acrolissus were cut off from it by the troops which had issued from the ambuscade. So that both Acrolissus was taken beyond all expectation at once and without striking a blow, and Lissus surrendered on the next day after a desperate struggle, the Macedonians having delivered several energetic and terrific assaults. Philip having thus, to the general surprise, made himself master of these two places assured by this achievement the submission of all the district round, most of the Illyrians placing their towns in his hands of their own accord. For after the fall of these fortresses those who resisted could look forward to no shelter in strongholds or other hope of safety. . . .

14b1. Δασσαρῆται ἔθνος Ἰλλυρίας· Πολύβιος ὀγδόῳ. [Steph. Byz. p. 220, 21 Mein.]

14b2. Ὕσκανα πόλις Ἰλλυρίδος οὐδετέρως· Πολύβιος η. [ibid. p. 653, 14 Mein.]

IV. RES ASIAE

15. Βῶλις ἦν ἀνὴρ γένει μὲν Κρής, χρόνον δὲ
(17) πολὺν ἐν τῇ βασιλείᾳ διατετριφὼς ἐν ἡγεμονικῇ
προστασίᾳ, δοκῶν δὲ καὶ σύνεσιν ἔχειν καὶ τόλμαν
παράβολον καὶ τριβὴν ἐν τοῖς πολεμικοῖς οὐδενὸς
2 ἐλάττω. τοῦτον ὁ Σωσίβιος διὰ πλειόνων λόγων
πιστωσάμενος, καὶ παρασκευάσας εὔνουν ἑαυτῷ καὶ
πρόθυμον, ἀναδίδωσι τὴν πρᾶξιν, λέγων ὡς οὐδὲν ἂν
τῷ βασιλεῖ μεῖζον χαρίσαιτο κατὰ τοὺς ἐνεστῶτας
καιροὺς ἢ συνεπινοήσας πῶς καὶ τίνι τρόπῳ δύναται
3 σῶσαι τὸν Ἀχαιόν. τότε μὲν οὖν διακούσας ὁ Βῶλις,
καὶ φήσας ἐπισκέψασθαι περὶ τῶν εἰρημένων, ἐχω-
4 ρίσθη· δοὺς δὲ λόγον ἑαυτῷ, καὶ μετὰ δύ' ἢ τρεῖς
ἡμέρας προσελθὼν πρὸς τὸν Σωσίβιον, ἀνεδέξατο τὴν
πρᾶξιν εἰς αὑτόν, φήσας καὶ γεγονέναι πλείω χρόνον
ἐν ταῖς Σάρδεσι καὶ τῶν τόπων ἐμπειρεῖν, καὶ τὸν
Καμβύλον τὸν ἡγεμόνα τῶν παρ' Ἀντιόχῳ στρατευ-
ομένων Κρητῶν οὐ μόνον πολίτην, ἀλλὰ καὶ συγγενῆ
5 καὶ φίλον ὑπάρχειν αὐτῷ. συνέβαινε δὲ καὶ τὸν Καμ-
βύλον καὶ τοὺς ὑπὸ τοῦτον ταττομένους Κρῆτας πεπι-

---

39 They dwelled close to Lake Lychnidus. *RE* Dassaretis 2221–2222 (A. Philippson).

14b1. Dassaretae, a people of Illyria.[39] Polybius in Book 8.

14b2. Hyskana, a city of Illyria,[40] neutrum plural. Polybius in Book 8.

IV. AFFAIRS OF ASIA

Capture of Achaeus

15. There was a certain Cretan named Bolis who had long occupied a high position at the court of Ptolemy, being regarded as a man possessed of superior intelligence, exceptional courage, and much military experience. Sosibius,[41] who had by continued intercourse with this man secured his confidence and rendered him favorably disposed to himself and ready to oblige him, put the matter in his hands, telling him that under present circumstances there was no more acceptable service he could render the king than to contrive a plan to save Achaeus. Bolis after listening to him, said he would think the matter over, and left him. After taking counsel with himself he came to Sosibius two or three days afterward and agreed to undertake the business, adding that he had spent some time in Sardis and knew its topography, and that Cambylus the commander of the Cretans in Antiochus' army was not only his fellow citizen, but his relative and friend. It happened that Cambylus and his force of Cretans had charge of one of the 214 B.C.

[40] In Livy (43.18.5) Uscana, the capital of the Illyrian Penestae, at a distance of three days' march from Stuberra. *RE* Penesten 495 (F. Miltner).

[41] The chancellor of Ptolemy IV (5.35.7) entrusted the mission to save Achaeus to the Cretan Bolis, a high-ranking official at the court of Alexandria.

στεῦσθαί τι τῶν φυλακτηρίων τῶν κατὰ τοὺς ὄπισθε τόπους τῆς ἄκρας, οἵτινες κατασκευὴν μὲν οὐκ ἐπεδέχοντο, τῇ δὲ συνεχείᾳ τῶν ὑπὸ τὸν Καμβύλον
6 τεταγμένων ἀνδρῶν ἐτηροῦντο. τοῦ δὲ Σωσιβίου δεξαμένου τὴν ἐπίνοιαν, καὶ διειληφότος ἢ μὴ δυνατὸν εἶναι σωθῆναι τὸν Ἀχαιὸν ἐκ τῶν περιεστώτων, ἢ δυνατοῦ καθάπαξ ὑπάρχοντος διὰ μηδενὸς ἂν ἑτέρου γενέσθαι τοῦτο βέλτιον ἢ διὰ Βώλιδος, τοιαύτης δὲ συνδραμούσης καὶ περὶ τὸν Βῶλιν προθυμίας, ταχέως
7 ἐλάμβανε τὸ πρᾶγμα προκοπήν. ὅ τε γὰρ Σωσίβιος ἅμα μὲν προεδίδου τῶν χρημάτων εἰς τὸ μηδὲν ἐλλείπειν εἰς τὰς ἐπιβολάς, πολλὰ δ᾽ εὖ γενομένων ὑπ-
8 ισχνεῖτο δώσειν, τὰς δὲ παρ᾽ αὐτοῦ τοῦ βασιλέως καὶ παρ᾽ Ἀχαιοῦ τοῦ σῳζομένου χάριτας ἐξ ὑπερβολῆς αὔξων εἰς μεγάλας ἐλπίδας ἦγε τὸν Βῶλιν·

9 ὅ τε προειρημένος ἀνήρ, ἕτοιμος ὢν πρὸς τὴν πρᾶξιν, οὐδένα χρόνον ἐπιμείνας ἐξέπλευσε, συνθήματα λαβὼν καὶ πίστεις πρός τε Νικόμαχον εἰς Ῥόδον, ὃς ἐδόκει πατρὸς ἔχειν διάθεσιν κατὰ τὴν εὔνοιαν καὶ πίστιν πρὸς τὸν Ἀχαιόν, ὁμοίως δὲ καὶ πρὸς
10 Μελαγκόμαν εἰς Ἔφεσον. οὗτοι γὰρ ἦσαν, δι᾽ ὧν καὶ τὸν πρὸ τοῦ χρόνον Ἀχαιὸς τά τε πρὸς τὸν Πτολεμαῖον καὶ τὰς ἄλλας ἁπάσας τὰς ἔξωθεν ἐπιβολὰς ἐχείριζε.

16. Παραγενόμενος δ᾽ εἰς τὴν Ῥόδον καὶ μετὰ
(18) ταῦτα πάλιν εἰς τὴν Ἔφεσον, καὶ κοινωσάμενος τοῖς προειρημένοις ἀνδράσι, καὶ λαβὼν αὐτοὺς ἑτοίμους εἰς τὰ παρακαλούμενα, μετὰ ταῦτ᾽ Ἀριανόν τινα τῶν

outposts behind the citadel where the ground did not admit of siege works, but was guarded simply by the continuous line of these troops of Cambylus. Sosibius received this suggestion with joy, and since he was firmly convinced either that it was impossible to rescue Achaeus from his dangerous situation, or that once one regarded it as possible, no one could do it better than Bolis, since, moreover, Bolis himself helped matters on by displaying such zeal, the project rapidly began to move. Sosibius both advanced funds to meet all the expenses of the undertaking and promised a large sum in the event of its success, then by dwelling in the most exaggerated terms on the rewards to be expected from the king and from Achaeus himself whom they were rescuing raised the hopes of Bolis to the utmost.

Bolis, who was quite ready for the enterprise, set sail without the least delay carrying dispatches in cipher and credentials first to Nicomachus at Rhodes, whose affection for Achaeus and fidelity toward him were regarded as being like those of a father to a son, and next to Melancomas at Ephesus. For these were the two men who previously had acted as the agents of Achaeus in his negotiations[42] with Ptolemy and all his other foreign schemes.

16. On reaching Rhodes and subsequently Ephesus, Bolis communicated with these men, and finding them disposed to accede to his requests next sent one of his officers named Arianus[43] to Cambylus, saying that he had

[42] For Achaeus and the court of Egypt see Huss (5.35.7), 388–390.

[43] Possibly an Iranian like Aribazus (7.17.9).

ὑφ᾽ αὑτὸν ταττομένων διαπέμπεται πρὸς τὸν Καμ-
2 βύλον, φήσας ἐξαπεστάλθαι μὲν ἐκ τῆς Ἀλεξανδρείας
ξενολογήσων, βούλεσθαι δὲ τῷ Καμβύλῳ συμμῖξαι
περί τινων ἀναγκαίων· διόπερ ᾤετο δεῖν τάξασθαι
καιρὸν καὶ τόπον, ἐν ᾧ μηδενὸς συνειδότος αὑτοῖς
3 συναντήσουσι. ταχὺ δὲ τοῦ Ἀριανοῦ συμμίξαντος τῷ
Καμβύλῳ καὶ δηλώσαντος τὰς ἐντολάς, ἑτοίμως ὁ
προειρημένος ἀνὴρ ὑπήκουσε τοῖς παρακαλουμένοις,
καὶ συνθέμενος ἡμέραν καὶ τόπον ἑκατέρῳ γνωστόν,
4 εἰς ὃν παρέσται νυκτός, ἀπέπεμψε τὸν Ἀριανόν. ὁ δὲ
Βῶλις, ἅτε Κρὴς ὑπάρχων καὶ φύσει ποικίλος, πᾶν
ἐβάσταζε πρᾶγμα καὶ πᾶσαν ἐπίνοιαν ἐψηλάφα.
5 τέλος δὲ συμμίξας τῷ Καμβύλῳ κατὰ τὴν τοῦ Ἀρι-
ανοῦ σύνταξιν ἔδωκε τὴν ἐπιστολήν. ἧς τεθείσης εἰς
6 τὸ μέσον ἐποιοῦντο τὴν σκέψιν Κρητικήν· οὐ γὰρ
ἐσκόπουν ὑπὲρ τῆς τοῦ κινδυνεύοντος σωτηρίας οὐδ᾽
ὑπὲρ τῆς τῶν ἐγχειρισάντων τὴν πρᾶξιν πίστεως,
ἀλλ᾽ ὑπὲρ τῆς αὑτῶν ἀσφαλείας καὶ τοῦ σφίσιν
7 αὐτοῖς συμφέροντος. διόπερ ἀμφότεροι Κρῆτες ὄντες
συντόμως κατηνέχθησαν ἐπὶ τὴν αὐτὴν γνώμην· αὕτη
δ᾽ ἦν τὰ μὲν παρὰ τοῦ Σωσιβίου προδεδομένα δέκα
8 τάλαντα διελέσθαι κοινῇ, τὴν δὲ πρᾶξιν Ἀντιόχῳ
δηλώσαντας καὶ συνεργῷ χρησαμένους ἐπαγγείλα-
σθαι τὸν Ἀχαιὸν ἐγχειριεῖν αὐτῷ, λαβόντας χρήματα
καὶ τὰς εἰς τὸ μέλλον ἐλπίδας ἀξίας τῆς προειρημένης
9 ἐπιβολῆς. τούτων δὲ κυρωθέντων ὁ μὲν Καμβύλος
ἀνεδέξατο χειριεῖν τὰ κατὰ τὸν Ἀντίοχον, ὁ δὲ Βῶλις
ἐτάξατο μετά τινας ἡμέρας πέμψειν τὸν Ἀριανὸν πρὸς

been dispatched from Alexandria to raise troops, and wished to meet Cambylus to consult him about some matters of urgency. He therefore thought it best to fix a date and place at which they could meet without anyone knowing of it. Arianus made haste to meet Cambylus and deliver his message, upon which the latter readily complied with the request, and having fixed a day and a place known to both, at which they could meet by night, sent Arianus back. Now, Bolis being a Cretan and naturally astute, had been weighing every circumstance and testing the soundness of every plan; but finally met Cambylus as Arianus had arranged, and gave him the letter. With this before them they discussed the matter from a thoroughly Cretan point of view. For they did not take into consideration either the rescue of the man in danger or their loyalty to those who had charged them with the task, but only their personal security and advantage. Both of them, then, Cretans as they were, soon arrived at the same decision, which was to divide between them in equal shares the ten talents advanced by Sosibius and then to reveal the project to Antiochus and undertake, if assisted by him, to deliver Achaeus into his hands on receiving a sum of money down and the promise of a reward in the future adequate to the importance of the enterprise. Upon this Cambylus undertook to manage matters with Antiochus, while Bolis agreed to send Arianus to Achaeus in a few days with letters in

τὸν Ἀχαιόν, ἔχοντα παρά τε τοῦ Νικομάχου καὶ Με-
10 λαγκόμα συνθηματικὰ γράμματα. περὶ δὲ τοῦ παρ-
εισελθεῖν τὸν Ἀριανὸν εἰς τὴν ἄκραν ἀσφαλῶς καὶ
11 πάλιν ἀπελθεῖν, ἐκεῖνον ἐκέλευε φροντίζειν. ἐὰν δὲ
προσδεξάμενος τὴν ἐπιβολὴν Ἀχαιὸς ἀντιφωνήσῃ
τοῖς περὶ τὸν Νικόμαχον καὶ Μελαγκόμαν, οὕτως ἔφη
δώσειν ὁ Βῶλις αὐτὸν εἰς τὴν χρείαν καὶ συμμίξειν
12 τῷ Καμβύλῳ. τῆς δὲ διατάξεως γενομένης τοιαύτης
χωρισθέντες ἔπραττον ἑκάτεροι τὰ συντεταγμένα.

17. Καὶ λαβὼν καιρὸν πρῶτον ὁ Καμβύλος προσ-
(19) 2 φέρει τῷ βασιλεῖ τὸν λόγον. ὁ δ᾽ Ἀντίοχος, πρὸς
τρόπον αὐτῷ καὶ παραδόξου γενομένης τῆς ἐπαγ-
γελίας, τὰ μὲν ὑπερχαρὴς ὢν πάνθ᾽ ὑπισχνεῖτο, τὰ δὲ
διαπιστῶν ἐξήταζε τὰς κατὰ μέρος ἐπινοίας καὶ παρα-
3 σκευὰς αὐτῶν. μετὰ δὲ ταῦτα πιστεύσας, καὶ νομίζων
ὡς ἂν εἰ σὺν θεῷ γίνεσθαι τὴν ἐπιβολήν, ἠξίου καὶ
πολλάκις ἐδεῖτο τοῦ Καμβύλου συντελεῖν τὴν πρᾶξιν.
4 τὸ δὲ παραπλήσιον ὁ Βῶλις ἐποίει πρὸς τὸν Νικό-
μαχον καὶ Μελαγκόμαν. οἱ δὲ πιστεύοντες ἀπὸ τοῦ
κρατίστου γίνεσθαι τὴν ἐπιβολήν, καὶ παραυτίκα τῷ
Ἀριανῷ συνθέντες τὰς πρὸς τὸν Ἀχαιὸν ἐπιστολὰς
γεγραμμένας συνθηματικῶς, καθάπερ ἔθος ἦν αὐτοῖς,
5 οὕτως ὥστε τὸν κυριεύσαντα τῆς ἐπιστολῆς μὴ δύνα-
σθαι γνῶναι μηδὲν τῶν ἐν αὐτῇ γεγραμμένων, ἐξαπέ-
στειλαν παρακαλοῦντες πιστεύειν τοῖς περὶ τὸν Βῶλιν
6 καὶ τὸν Καμβύλον. ὁ δ᾽ Ἀριανὸς διὰ τοῦ Καμβύλου
παρελθὼν εἰς τὴν ἄκραν τὰ γεγραμμένα τοῖς περὶ τὸν
Ἀχαιὸν ἀπέδωκε, καὶ συμπαρὼν ἀπὸ τῆς ἀρχῆς τοῖς

cipher from Nicomachus and Melancomas bidding Cambylus see to it that he got into the citadel and out again in safety. Should Achaeus agree to make the attempt and answer Nicomachus and Melancomas, Bolis engaged to devote his energies to the matter and communicate with Cambylus. With this understanding they took leave and each continued to act as they had agreed.

17. First of all Cambylus, as soon as he had an opportunity, laid the matter before Antiochus. The king, who was both delighted and surprised at the offer, was ready on the one hand in his extreme joy to promise anything and on the other hand was so distrustful that he demanded a detailed account of their project and the means they were to employ. Hereupon, being now convinced, and almost regarding the plan as directly inspired by Providence, he continued to urge upon Cambylus to put it into execution. Bolis meanwhile had likewise communicated with Nicomachus and Melancomas, who, believing that the attempt was being made in all good faith, at once drew up for Arianus letters to Achaeus written in the cipher they used to employ, so that no one into whose hands a letter fell could read a word of it, and sent him off with them, begging Achaeus to place confidence in Bolis and Cambylus. Arianus, gaining admission to the citadel by the aid of Cambylus, handed the letters to Achaeus, and as he had been initiated into

γινομένοις ἀκριβῶς τὸν κατὰ μέρος ὑπὲρ ἑκάστων
ἀπεδίδου λόγον, πολλάκις μὲν καὶ ποικίλως ὑπὲρ τῶν
κατὰ τὸν Σωσίβιον καὶ Βῶλιν ἀνακρινόμενος, πολ-
λάκις δὲ περὶ Νικομάχου καὶ Μελαγκόμα, μάλιστα δὲ
7 περὶ τῶν κατὰ τὸν Καμβύλον. οὐ μὴν ἀλλ᾽ αὐτοπαθῶς
καὶ γενναίως ὑπέμενε τοὺς ἐλέγχους, καὶ μάλιστα διὰ
τὸ μὴ γινώσκειν τὸ συνέχον τῶν τῷ Καμβύλῳ καὶ
8 Βώλιδι δεδογμένων. Ἀχαιὸς δὲ καὶ διὰ τῶν ἀνακρί-
σεων τῶν τοῦ Ἀριανοῦ καὶ μάλιστα διὰ τῶν παρὰ τοῦ
Νικομάχου καὶ Μελαγκόμα συνθημάτων πιστεύσας
ἀντεφώνησε, καὶ παραχρῆμα πάλιν ἐξέπεμψε τὸν
9 Ἀριανόν. πλεονάκις δὲ τούτου γινομένου παρ᾽ ἑκα-
τέρων, τέλος οἱ περὶ τὸν Ἀχαιὸν ἐπέτρεψαν περὶ σφῶν
τοῖς περὶ τὸν Νικόμαχον, ἅτε μηδεμιᾶς ἄλλης ἐλπίδος
ἔτι καταλειπομένης πρὸς σωτηρίαν, καὶ πέμπειν ἐκέ-
λευον ἅμα τῷ Ἀριανῷ τὸν Βῶλιν ἀσελήνου νυκτός, ὡς
10 ἐγχειριοῦντες αὑτούς. ἦν γάρ τις ἐπίνοια περὶ τὸν
Ἀχαιὸν τοιαύτη, πρῶτον μὲν διαφυγεῖν τοὺς ἐνεστῶ-
τας κινδύνους, μετὰ δὲ ταῦτα ποιήσασθαι δίχα προ-
11 όδου τὴν ὁρμὴν ἐπὶ τοὺς κατὰ Συρίαν τόπους· πάνυ
γὰρ εἶχε μεγάλας ἐλπίδας ἐπιφανεὶς ἄφνω καὶ παρα-
δόξως τοῖς κατὰ Συρίαν ἀνθρώποις, καὶ ἔτι διατρί-
βοντος Ἀντιόχου περὶ τὰς Σάρδεις, μέγα ποιήσειν
κίνημα καὶ μεγάλης ἀποδοχῆς τεύξεσθαι παρά τε τοῖς
Ἀντιοχεῦσι καὶ τοῖς κατὰ Κοίλην Συρίαν καὶ Φοι-
νίκην.

18. Ὁ μὲν οὖν Ἀχαιὸς ἐπί τινος τοιαύτης προσ-
(20) δοκίας καὶ διαλογισμῶν ὑπάρχων ἐκαραδόκει τὴν

the plot from the outset gave a most accurate and detailed account of everything in answer to the numerous and varied questions that were asked him concerning Sosibius and Bolis, concerning Nicomachus and Melancomas and chiefly concerning Cambylus. He was able to support this cross-questioning with confidence and candor chiefly because he had no knowledge of the really important part of the agreement between Cambylus and Bolis. Achaeus, convinced by the examination of Arianus and chiefly by the letters in cipher from Nicomachus and Melancomas, at once dispatched Arianus with a reply. After some continuance of the correspondence Achaeus finally entrusted his fortunes to Nicomachus, there being now no other hope of safety left to him, and directed him to send Bolis with Arianus on a moonless night when he would deliver himself into their hands. It should be known that the notion of Achaeus was, when once he had escaped from his present perilous position, to hasten without any escort to Syria, for he had the greatest hope, that by suddenly and unexpectedly appearing to the people in Syria while Antiochus was still occupied in the siege of Sardis, he would create a great movement in his favor and meet with a good reception at Antioch and throughout Coele-Syria and Phoenicia.[44]

18. Achaeus, then, his mind full of such hopes and calculations, was waiting for the appearance of Bolis. Melan-

[44] "P. seems to have forgotten that since the battle of Raphia much of this area was in Ptolemy's hand" (WC 2.95).

2 παρουσίαν τοῦ Βώλιδος· οἱ δὲ περὶ τὸν Μελαγκόμαν
ἀποδεξάμενοι τὸν Ἀριανὸν καὶ τὰς ἐπιστολὰς ἀνα-
γνόντες, ἐξέπεμπον τὸν Βῶλιν, παρακαλέσαντες διὰ
πλειόνων καὶ μεγάλας ἐλπίδας ὑποδείξαντες, ἐὰν
3 καθίκηται τῆς ἐπιβολῆς. ὁ δὲ προδιαπεμψάμενος τὸν
Ἀριανόν, καὶ δηλώσας τῷ Καμβύλῳ τὴν αὑτοῦ παρ-
4 ουσίαν, ἧκε νυκτὸς ἐπὶ τὸν συντεθέντα τόπον. γενό-
μενοι δὲ μίαν ἡμέραν ἐπὶ ταὐτό, καὶ συνταξάμενοι
περὶ τοῦ πῶς χειρισθήσεται τὰ κατὰ μέρος, μετὰ
5 ταῦτα νυκτὸς εἰσῆλθον εἰς τὴν παρεμβολήν. ἡ δὲ
διάταξις αὐτῶν ἐγεγόνει τοιαύτη τις· εἰ μὲν συμβαίη
τὸν Ἀχαιὸν ἐκ τῆς ἄκρας ἐλθεῖν μόνον ἢ καὶ δεύτερον
μετὰ τοῦ Βώλιδος καὶ Ἀριανοῦ, τελέως εὐκαταφρόνη-
τος, ἔτι δ' εὐχείρωτος ἔμελλε γίνεσθαι τοῖς ἐνεδρεύου-
6 σιν· εἰ δὲ μετὰ πλειόνων, δύσχρηστος ἡ πρόθεσις
ἀπέβαινε τοῖς πεπιστευμένοις, ἄλλως τε καὶ ζωγρίᾳ
σπεύδουσι κυριεῦσαι διὰ τὸ τῆς πρὸς τὸν Ἀντίοχον
χάριτος τὸ πλεῖστον ἐν τούτῳ κεῖσθαι τῷ μέρει.
7 διόπερ ἔδει τὸν μὲν Ἀριανόν, ὅταν ἐξάγῃ τὸν Ἀχαιόν,
ἡγεῖσθαι διὰ τὸ γινώσκειν τὴν ἀτραπόν, ᾗ πολλάκις
8 ἐπεποίητο καὶ τὴν εἴσοδον καὶ τὴν ἔξοδον, τὸν δὲ
Βῶλιν ἀκολουθεῖν τῶν ἄλλων κατόπιν, ἵν' ἐπειδὰν
παραγένηται πρὸς τὸν τόπον, ἐν ᾧ τοὺς ἐνεδρεύοντας
ἑτοίμους ὑπάρχειν ἔδει διὰ τοῦ Καμβύλου, τότ' ἐπι-
λαβόμενος κρατοίη τὸν Ἀχαιόν, καὶ μήτε διαδραίη
κατὰ τὸν θόρυβον νυκτὸς οὔσης διὰ τόπων ὑλωδῶν,
μήθ' αὑτὸν ῥίψαι κατά τινος κρημνοῦ περιπαθὴς γενό-
μενος, πέσοι δὲ κατὰ τὴν πρόθεσιν ὑπὸ τὰς τῶν

comas, when on the arrival of Arianus he read the letter, sent Bolis off after exhorting him at length and holding out great hopes to him in the event of his succeeding in the enterprise. Sending on Arianus in advance and acquainting Cambylus with his arrival, he came by night to the appointed spot. After spending a day together, and settling exactly how the matter should be managed, they entered the camp after nightfall. They had regulated their plan as follows. Should Achaeus come down from the acropolis alone or accompanied only by Bolis and Arianus, he need not give them the least concern, and would easily fall into the trap. But if he were accompanied it would be more difficult for those to whom he should entrust his person to carry out their plan, especially as they were anxious to capture him alive, this being what would most gratify Antiochus. It was therefore indispensable that Arianus, in conducting Achaeus out of the citadel, should lead the way, as he was acquainted with the path, having frequently passed in and out by it, while Bolis would have to be last of all, in order that on arriving at the place where Cambylus was to have his men ready in ambush, he could catch hold of Achaeus and hold him fast, so that he would neither escape in the confusion of the night across the wooded country, nor in his despair cast himself from some precipice, but should as they designed fall into his enemies' hands alive.

9 ἐχθρῶν χεῖρας ζωγρίᾳ. τούτων δὲ συγκειμένων, καὶ
παραγενομένου τοῦ Βώλιδος ὡς τὸν Καμβύλον, ᾗ μὲν
ἦλθε νυκτί, ταύτῃ παράγει πρὸς τὸν Ἀντίοχον τὸν
10 Βῶλιν ὁ Καμβύλος μόνος πρὸς μόνον. ἀποδεξαμένου
δὲ τοῦ βασιλέως φιλοφρόνως, καὶ δόντος πίστεις ὑπὲρ
τῶν ἐπαγγελιῶν, καὶ παρακαλέσαντος ἀμφοτέρους
διὰ πλειόνων μηκέτι μέλλειν ὑπὲρ τῶν προκειμένων,
11 τότε μὲν ἀνεχώρησαν εἰς τὴν αὑτῶν παρεμβολήν, ὑπὸ
δὲ τὴν ἑωθινὴν Βῶλις ἀνέβη μετὰ τοῦ Ἀριανοῦ, καὶ
παρεισῆλθεν ἔτι νυκτὸς εἰς τὴν ἄκραν.

19. Ἀχαιὸς δὲ προσδεξάμενος ἐκτενῶς καὶ φιλο-
(21) φρόνως τὸν Βῶλιν ἀνέκρινε διὰ πλειόνων ὑπὲρ ἑκά-
2 στου τῶν κατὰ μέρος. θεωρῶν δὲ καὶ κατὰ τὴν ἐπι-
φάνειαν τὸν ἄνδρα καὶ κατὰ τὴν ὁμιλίαν ἕλκοντα τὸ
τῆς πράξεως στάσιμον, τὰ μὲν περιχαρὴς ἦν διὰ τὴν
ἐλπίδα τῆς σωτηρίας, τὰ δὲ πάλιν ἐπτοημένος καὶ
πλήρης ἀγωνίας διὰ τὸ μέγεθος τῶν ἀποβησομένων.
3 ὑπάρχων δὲ καὶ κατὰ τὴν διάνοιαν οὐδενὸς ἥττων καὶ
κατὰ τὴν ἐν πράγμασι τριβὴν ἱκανός, ὅμως ἀκμὴν
ἔκρινε μὴ πᾶσαν εἰς τὸν Βῶλιν ἀνακρεμάσαι τὴν
4 πίστιν. διὸ ποιεῖται τοιούτους λόγους πρὸς αὐτόν, ὅτι
κατὰ μὲν τὸ παρὸν οὐκ ἔστι δυνατὸν ἐξελθεῖν αὐτῷ,
πέμψει δέ τινας τῶν φίλων μετ᾽ ἐκείνου τρεῖς ἢ τέτ-
ταρας, ὧν συμμιξάντων τοῖς περὶ τὸν Μελαγκόμαν
5 ἕτοιμον αὑτὸν ἔφη παρασκευάσειν πρὸς τὴν ἔξοδον. ὁ
μὲν οὖν Ἀχαιὸς ἐποίει τὰ δυνατά· τοῦτο δ᾽ ἠγνόει, τὸ
δὴ λεγόμενον, πρὸς Κρῆτα κρητίζων. ὁ γὰρ Βῶλις
οὐθὲν ἀψηλάφητον εἶχε τῶν ἐπινοηθέντων ἂν εἰς τοῦτο

Such being the arrangement, Cambylus, on the same night that Bolis arrived, took him to speak with Antiochus in private. The king received him graciously, assured him of the promised reward, and after warmly exhorting both of them to put the plan in execution without further delay left for his own camp, while Bolis a little before daybreak went up with Arianus and entered the citadel while it was yet dark.

19. Achaeus, receiving Bolis with singular cordiality, questioned him at length about all the details of the scheme, and judging both from his appearance and his manner of talking that he was a man equal to the gravity of the occasion, while he was on the one hand overjoyed at the hope of delivery, he was yet in a state of the utmost excitement and anxiety owing to the magnitude of the consequences. As, however, he was second to none in intelligence, and had had considerable experience of affairs, he judged it best not to repose entire confidence in Bolis. He therefore informed him that it was impossible for him to come out of the citadel at the present moment, but that he would send three or four of his friends with him, and after they had joined Melancomas, he would himself get ready to leave. Achaeus indeed was doing his best, but he did not consider that, as the saying is, he was trying to play the Cretan with a Cretan;[45] for there was no probable precaution of this kind that Bolis had not minutely exam-

[45] Proverbial; see *Paroemiogr.* 1, 101–102; W. Bühler, *Zenobii Athoi Proverbia,* vol. 5 (Göttingen 1999), 242.

6 τὸ μέρος. πλὴν παραγενομένης τῆς νυκτός, ἐν ᾗ συν-
εξαποστέλλειν ἔφη τοὺς φίλους, προπέμψας τὸν
Ἀριανὸν καὶ τὸν Βῶλιν ἐπὶ τὴν τῆς ἄκρας ἔξοδον
μένειν προσέταξε, μέχρις ἂν οἱ μέλλοντες αὐτοῖς
7 συνεξορμᾶν παραγένωνται. τῶν δὲ πειθαρχησάντων,
κοινωσάμενος παρ' αὐτὸν τὸν καιρὸν τῇ γυναικὶ καὶ
ποιήσας διὰ τὸ παράδοξον τὴν Λαοδίκην ἔκφρονα,
χρόνον μέν τινα λιπαρῶν ταύτην καὶ καταπραΰνων
8 ταῖς προσδοκωμέναις ἐλπίσι προσεκαρτέρει, μετὰ δὲ
ταῦτα πέμπτος αὐτὸς γενόμενος, καὶ τοῖς μὲν ἄλλοις
μετρίας ἐσθῆτας ἀναδούς, αὐτὸς δὲ λιτὴν καὶ τὴν
τυχοῦσαν ἀναλαβὼν καὶ ταπεινὸν αὑτὸν ποιήσας
9 προῆγε, συντάξας ἑνὶ τῶν φίλων αὐτὸν αἰὲν ἀπο-
κρίνασθαι πρὸς τὸ λεγόμενον ὑπὸ τῶν περὶ τὸν Ἀρια-
νὸν καὶ πυνθάνεσθαι παρ' ἐκείνων ἀεὶ τὸ κατεπεῖγον,
περὶ δὲ τῶν ἄλλων φάναι βαρβάρους αὐτοὺς ὑπάρ-
χειν.

20. Ἐπεὶ δὲ συνέμιξαν τοῖς περὶ τὸν Ἀριανόν,
(22) ἡγεῖτο μὲν αὐτὸς αὐτῶν διὰ τὴν ἐμπειρίαν, ὁ δὲ Βῶλις
κατόπιν ἐπέστη κατὰ τὴν ἐξ ἀρχῆς πρόθεσιν, ἀπορῶν
2 καὶ δυσχρηστούμενος ὑπὲρ τοῦ συμβαίνοντος· καίπερ
γὰρ ὢν Κρὴς καὶ πᾶν ἄν τι κατὰ τοῦ πέλας ὑποπτεύ-
σας, ὅμως οὐκ ἠδύνατο διὰ τὸ σκότος συννοῆσαι τὸν
Ἀχαιόν, οὐχ οἷον τίς ἐστιν, ἀλλ' οὐδὲ καθάπαξ εἰ
3 πάρεστι. τῆς δὲ καταβάσεως κρημνώδους μὲν καὶ
δυσβάτου κατὰ τὸ πλεῖστον ὑπαρχούσης, ἔν τισι δὲ
τόποις καὶ λίαν ἐπισφαλεῖς ἐχούσης καὶ κινδυνώδεις
καταφοράς, ὁπότε παραγένοιτο πρός τινα τοιοῦτον

ined. However, when the night came in which Achaeus had said he would send out his friends with them, he sent on Arianus and Bolis to the entrance of the citadel, ordering them to await there the arrival of those who were about to go out with them. When they had done as he requested, he revealed at the last moment the project to his wife Laodice,[46] who was so much taken by surprise that she almost lost her wits, so that he had to spend some time in beseeching her to be calm and in soothing her by dwelling on the brightness of the prospect before him. After this, taking four companions with him, whom he dressed in fairly good clothes while he himself wore a plain and ordinary dress and made himself appear to be of mean condition, he set forth, ordering one of his friends to answer all Arianus' questions and to address any necessary inquiries to him stating that the others did not know Greek.

20. Upon their meeting Arianus, the latter placed himself in front owing to his acquaintance with the path, while Bolis, as he had originally designed, brought up the rear, finding himself, however, in no little doubt and perplexity as to the facts. For although a Cretan and ready to entertain every kind of suspicion regarding others, he could not owing to the darkness make out which was Achaeus, or even if he were present or not. But most of the way down being very difficult and precipitous, at certain places with slippery and positively dangerous descents, whenever they

[46] In all probability a daughter of King Mithridates II of Pontus and a sister of Laodice, the wife of Antiochus III. *RE* Laodike no. 17, 706–707, and Laodike no. 16, 705–706 (F. Stähelin).

τόπον, τῶν μὲν ἐπιλαμβανομένων, τῶν δὲ πάλιν ἐκ-
4 δεχομένων τὸν Ἀχαιόν, οὐ δυναμένων γὰρ καθόλου
τὴν ἐκ τῆς συνηθείας καταξίωσιν στέλλεσθαι πρὸς
τὸν παρόντα καιρόν, ταχέως ὁ Βῶλις συνῆκε τίς ἐστι
5 καὶ ποῖος αὐτῶν ὁ Ἀχαιός. ἐπεὶ δὲ παρεγένοντο πρὸς
τὸν τῷ Καμβύλῳ διατεταγμένον τόπον, καὶ τὸ σύν-
θημα προσσυρίξας ὁ Βῶλις ἀπέδωκε, τῶν μὲν ἄλλων
6 οἱ διαναστάντες ἐκ τῆς ἐνέδρας ἐπελάβοντο, τὸν δ᾽
Ἀχαιὸν αὐτὸς ὁ Βῶλις ὁμοῦ τοῖς ἱματίοις, ἔνδον τὰς
χεῖρας ἔχοντα, συνήρπασε, φοβηθεὶς μὴ συννοήσας
τὸ γινόμενον ἐπιβάλοιτο διαφθείρειν αὑτόν· καὶ γὰρ
7 εἶχε μάχαιραν ἐφ᾽ αὑτῷ παρεσκευασμένος. ταχὺ δὲ
καὶ πανταχόθεν κυκλωθεὶς ὑποχείριος ἐγένετο τοῖς
ἐχθροῖς, καὶ παραχρῆμα μετὰ τῶν φίλων ἀνήγετο
8 πρὸς τὸν Ἀντίοχον. ὁ δὲ βασιλεύς, πάλαι μετέωρος ὢν
τῇ διανοίᾳ καὶ καραδοκῶν τὸ συμβησόμενον, ἀπο-
λύσας τοὺς ἐκ τῆς συνουσίας ἔμενε μόνος ἐγρηγορῶς
ἐν τῇ σκηνῇ μετὰ δυεῖν ἢ τριῶν σωματοφυλάκων.
9 παρεισελθόντων δὲ τῶν περὶ τὸν Καμβύλον καὶ καθ-
ισάντων τὸν Ἀχαιὸν ἐπὶ τὴν γῆν δεδεμένον, εἰς τοι-
αύτην ἀφασίαν ἦλθε διὰ τὸ παράδοξον ὥστε πολὺν
μὲν χρόνον ἀποσιωπῆσαι, τὸ δὲ τελευταῖον συμπαθὴς
10 γενέσθαι καὶ δακρῦσαι. τοῦτο δ᾽ ἔπαθεν ὁρῶν, ὡς
ἔμοιγε δοκεῖ, τὸ δυσφύλακτον καὶ παράλογον τῶν ἐκ
11 τῆς τύχης συμβαινόντων. Ἀχαιὸς γὰρ ἦν Ἀνδρο-
μάχου μὲν υἱὸς τοῦ Λαοδίκης ἀδελφοῦ τῆς Σελεύκου
γυναικός, ἔγημε δὲ Λαοδίκην τὴν Μιθριδάτου τοῦ
βασιλέως θυγατέρα, κύριος δ᾽ ἐγεγόνει τῆς ἐπὶ τάδε

came to one of these places some of them would take hold of Achaeus and others give him a hand down, as they were unable to put aside for the time their habitual attitude of respect to him, and Bolis very soon understood which of them was Achaeus. When they reached the spot where they had agreed to meet Cambylus, and Bolis gave the preconcerted signal by a whistle, the men from the ambush rushed out and seized the others while Bolis himself caught hold of Achaeus, clasping him along with his clothes so that his hands were inside, as he was afraid lest on perceiving that he was betrayed he might attempt his life, for he had provided himself with a sword. He was very soon surrounded on all sides and found himself in the hands of his enemies, who at once led him and his friends off to Antiochus. The king, who had long been waiting the issue in a fever of excitement, had dismissed his usual suite and remained awake in his tent attended only by two or three of his bodyguard. When Cambylus and his men entered and set down Achaeus on the ground bound hand and foot, Antiochus was so dumbstruck with astonishment that for a long time he remained speechless and at last was deeply affected and burst into tears, feeling thus, as I suppose, because he actually saw how hard to guard against and how contrary to all expectation are events due to Fortune. For Achaeus was the son of Andromachus the brother of Laodice the wife of Seleucus; he had married Laodice the daughter of King Mithridates, and had been

12 τοῦ Ταύρου πάσης. δοκῶν δὲ τότε καὶ ταῖς αὑτοῦ δυνάμεσι καὶ ταῖς τῶν ὑπεναντίων ἐν ὀχυρωτάτῳ τόπῳ τῆς οἰκουμένης διατρίβειν, ἐκάθητο δεδεμένος ἐπὶ τῆς γῆς, ὑποχείριος γενόμενος τοῖς ἐχθροῖς, οὐδέπω γινώσκοντος οὐθενὸς ἁπλῶς τὸ γεγονὸς πλὴν τῶν πραξάντων.

21. Οὐ μὴν ἀλλ' ἅμα τῷ φωτὶ συναθροιζομένων τῶν
(23) φίλων εἰς τὴν σκηνὴν κατὰ τὸν ἐθισμόν, καὶ τοῦ πράγματος ὑπὸ τὴν ὄψιν θεωρουμένου, τὸ παραπλήσιον τῷ βασιλεῖ συνέβαινε πάσχειν καὶ τοὺς ἄλλους· θαυμάζοντες γὰρ τὸ γεγονὸς ἠπίστουν τοῖς
2 ὁρωμένοις. καθίσαντος δὲ τοῦ συνεδρίου, πολλοὶ μὲν ἐγίνοντο λόγοι περὶ τοῦ τίσι δεῖ κατ' αὐτοῦ χρήσα-
3 σθαι τιμωρίαις· ἔδοξε δ' οὖν πρῶτον μὲν ἀκρωτηριάσαι τὸν ταλαίπωρον, μετὰ δὲ ταῦτα τὴν κεφαλὴν ἀποτεμόντας αὐτοῦ καὶ καταρράψαντας εἰς ὄνειον ἀσκὸν ἀνασταυρῶσαι τὸ σῶμα. γενομένων δὲ τούτων,
4 καὶ τῆς δυνάμεως ἐπιγνούσης τὸ συμβεβηκός, τοιοῦτος ἐνθουσιασμὸς ἐγένετο καὶ παράστασις τοῦ στρατοπέδου παντὸς ὥστε τὴν Λαοδίκην ἐκ τῆς ἄκρας μόνον συνειδυῖαν τὴν ἔξοδον τἀνδρός, τεκμήρασθαι τὸ γεγονὸς ἐκ τῆς περὶ τὸ στρατόπεδον ταραχῆς καὶ
5 κινήσεως. ταχὺ δὲ καὶ τοῦ κήρυκος παραγενομένου πρὸς τὴν Λαοδίκην καὶ διασαφοῦντος τὰ περὶ τὸν Ἀχαιόν, καὶ κελεύοντος τίθεσθαι τὰ πράγματα καὶ
6 παραχωρεῖν τῆς ἄκρας, τὸ μὲν πρῶτον ἀναπόκριτος οἰμωγὴ καὶ θρῆνοι παράλογοι κατεῖχον τοὺς περὶ τὴν ἀκρόπολιν, οὐχ οὕτως διὰ τὴν πρὸς τὸν Ἀχαιὸν εὔ-

sovereign of all Asia on this side of the Taurus; and now when he was supposed by his own forces and those of the enemy to be dwelling secure in the strongest fortress in the world, he was actually sitting on the ground bound hand and foot and at the mercy of his enemies, not a soul being aware of what had happened except the actual perpetrators of the deed.

21. But when at dawn the king's friends flocked to his tent, as was their custom, and saw the thing with their own eyes, they were in the same case as the king himself had been; for they were so astonished that they could not credit their senses. At the subsequent sitting of the Council, there were many proposals as to the proper punishment to inflict on Achaeus, and it was decided to lop off in the first place the unhappy prince's extremities, and then, after cutting off his head and sewing it up in an ass's skin, to impale[47] his body. When this had been done, and the army was informed of what had happened, there was such enthusiasm and wild excitement throughout the whole camp, that Laodice, who was alone aware of her husband's departure from the citadel, when she witnessed the commotion and disturbance in the camp, divined the truth. And when soon afterward the herald reached her, announcing the fate of Achaeus and bidding her come to an arrangement and withdraw from the citadel, there was at first no answer from those in the citadel but loud wailing and extravagant lamentation, not so much owing to the affection

[47] For this kind of execution there are Near Eastern precedents, among them Bessus, the murderer of King Darius III, Arr. *An.* 4.7.3–4, with A. B. Bosworth, *A Historical Commentary on Arrian's History of Alexander*, 2 (Oxford 1995), 44–45.

νοιαν ὡς διὰ τὸ παράδοξον καὶ τελέως ἀνέλπιστον
7 ἑκάστῳ φαίνεσθαι τὸ συμβεβηκός, μετὰ δὲ ταῦτα
πολλή τις ἦν ἀπορία καὶ δυσχρηστία περὶ τοὺς ἔνδον.
8 Ἀντίοχος δὲ διακεχειρισμένος τὸν Ἀχαιὸν ἐπεῖχε τοῖς
κατὰ τὴν ἄκραν ἀεί, πεπεισμένος ἀφορμὴν ἐκ τῶν
ἔνδον αὑτῷ παραδοθήσεσθαι, καὶ μάλιστα διὰ τῶν
9 στρατιωτῶν. ὃ καὶ τέλος ἐγένετο· στασιάσαντες γὰρ
πρὸς σφᾶς ἐμερίσθησαν, οἱ μὲν πρὸς Ἀρίβαζον, οἱ δὲ
πρὸς τὴν Λαοδίκην. οὗ γενομένου διαπιστήσαντες
ἀλλήλοις ταχέως ἀμφότεροι παρέδοσαν αὑτοὺς καὶ
τὰς ἀκροπόλεις.

10 Ἀχαιὸς μὲν οὖν πάντα τὰ κατὰ λόγον πράξας, ὑπὸ
δὲ τῆς τῶν πιστευθέντων ἡττηθεὶς ἀθεσίας, κατεστρέ-
ψατο τὸν βίον, κατὰ δύο τρόπους οὐκ ἀνωφελὲς ὑπό-
11 δειγμα γενόμενος τοῖς ἐπεσομένοις, καθ' ἕνα μὲν πρὸς
τὸ μηδενὶ πιστεύειν ῥᾳδίως, καθ' ἕτερον δὲ πρὸς τὸ μὴ
μεγαλαυχεῖν ἐν ταῖς εὐπραγίαις, πᾶν δὲ προσδοκᾶν
ἀνθρώπους ὄντας.

V. RES ITALIAE

24. Ὅτι οἱ Ταραντῖνοι διὰ τὸ τῆς εὐδαιμονίας
(26) ὑπερήφανον ἐπεκαλέσαντο Πύρρον τὸν Ἠπειρώτην·
πᾶσα γὰρ ἐλευθερία μετ' ἐξουσίας πολυχρονίου φύ-

48 See 7.18.7 for his flight from the town to the citadel. Important royal documents, including two letters of King Antiochus and another of his queen, Laodice, to Sardis, have recently been pub-

they bore Achaeus as because the event struck everyone as so strange and entirely unexpected. After this outburst the garrison continued in great perplexity and hesitation. Antiochus having dispatched Achaeus continued to press hard upon those in the citadel, feeling convinced that some means of taking the place would be furnished him by the garrison itself and more especially by the rank and file. And this actually took place. For they quarreled among themselves and divided into two factions, the one placing itself under Aribazus[48] and the other under Laodice; upon which as they had no confidence in each other, they both of them very soon surrendered themselves and the place.

Thus did Achaeus perish, after taking every reasonable precaution and defeated only by the perfidy of those whom he had trusted, leaving two useful lessons to posterity, firstly to trust no one too easily, and secondly not to be boastful in the season of prosperity, but being men to be prepared for anything.

V. AFFAIRS OF ITALY

Tarentum

24. It was the pride engendered by prosperity which made the Tarentines call in Pyrrhus of Epirus.[49] For in every case where a democracy has for long enjoyed power,

lished; they date from soon after Achaeus' catastrophe and assign a prominent role to Zeuxis (see 5.45.4) whom the king left in charge of Asia Minor when he began his expedition into the East in 212: Ph. Gauthier, *Nouvelles Inscriptions de Sardes* II (Geneva 1989); see also D. Knoepfler, *MH* 50 (1993), 26–43.

[49] Pyrrhus arrived in Italy in 280.

σιν ἔχει κόρον λαμβάνειν τῶν ὑποκειμένων, κἄπειτα ζητεῖ δεσπότην· τυχοῦσά γε μὴν τούτου ταχὺ πάλιν μισεῖ διὰ τὸ μεγάλην φαίνεσθαι τὴν πρὸς τὸ χεῖρον μεταβολήν· ὃ καὶ τότε συνέβαινε τοῖς Ταραντίνοις.
2 Ὅτι πᾶν τὸ μέλλον κρεῖττον φαίνεται τοῦ παρόντος
3 ὑπάρχειν. Προσπεσόντων δὲ τούτων εἰς Τάραντα καὶ τοὺς Θουρίους, ἠγανάκτει τὰ πλήθη. [Suidas π 2786.]

4 (3) Τὸ μὲν οὖν πρῶτον ὡς ἐπ᾽ ἐξοδείαν ὁρμήσαντες ἐκ τῆς πόλεως καὶ συνεγγίσαντες τῇ παρεμβολῇ τῶν Καρχηδονίων νυκτός, ἄλλοι μὲν συγκαθέντες εἴς τινα τόπον ὑλώδη παρὰ τὴν ὁδὸν ἔμειναν, ὁ δὲ Φιλήμενος
5 (4) καὶ Νίκων προσῆλθον πρὸς τὴν παρεμβολήν. τῶν δὲ φυλάκων ἐπιλαβομένων αὐτῶν, ἀνήγοντο πρὸς τὸν Ἀννίβαν, οὐδὲν εἰπόντες οὔτε πόθεν οὔτε τίνες ἦσαν, αὐτὸ δὲ μόνον τοῦτο δηλοῦντες ὅτι θέλουσι τῷ στρα-
6 (5) τηγῷ συμμῖξαι. ταχὺ δὲ πρὸς τὸν Ἀννίβαν ἐπαναχθέντες ἔφασαν αὐτῷ κατ᾽ ἰδίαν βούλεσθαι δια-
7 (6) λεχθῆναι. τοῦ δὲ καὶ λίαν ἑτοίμως προσδεξαμένου τὴν ἔντευξιν, ἀπελογίζοντο περί τε τῶν καθ᾽ αὑτοὺς καὶ περὶ τῶν κατὰ τὴν πατρίδα, πολλὰς καὶ ποικίλας ποιούμενοι κατηγορίας Ῥωμαίων, χάριν τοῦ μὴ δοκεῖν
8 (7) ἀλόγως ἐμβαίνειν εἰς τὴν ὑποκειμένην πρᾶξιν. τότε μὲν οὖν Ἀννίβας ἐπαινέσας καὶ τὴν ὁρμὴν αὐτῶν φιλανθρώπως ἀποδεξάμενος ἐξέπεμψε, συνταξάμενος παραγίνεσθαι καὶ συμμιγνύναι κατὰ τάχος αὐτῷ
9 (8) πάλιν. κατὰ δὲ τὸ παρὸν ἐκέλευσε τὰ πρῶτα τῶν

it naturally begins to be sick of present conditions and next looks out for a master, and having found one very soon hates him again, as the change is manifestly much for the worse. All that lies ahead seems stronger than what is present. When the news came to Tarentum and the Thurii, the people were in uproar.[50] And this was what happened then to the Tarentines. . . .

They[51] started from the city at first as if for an expedition, and on approaching the camp of the Carthaginians at night, the rest concealed themselves in a wood by the roadside while Philemenus and Nicon went up to the camp. 212 B.C.
There they were arrested by the guards and brought before Hannibal; for they had not said a word as to who they were or whence they came, but had simply stated that they wished to meet the general. They were at once taken before Hannibal and said that they desired to speak with him in private. When he most readily granted them the interview, they gave him an account of their own situation and that of their country, bringing many different accusations against the Romans so as not to seem to have entered on their present design without valid reasons. Hannibal having thanked them and received their advances in the kindest manner, sent them back for the time after arranging that they should come and meet him again very soon. For the present he bade them as soon as they were at a certain

[50] Hostages from Tarentum in Rome had been persuaded by a fellow citizen to escape. They were caught and hurled from the Tarpeian rock. That atrocity led Tarentum and Thurii to defect from Rome. See Livy 25.7.11–14; 8.1–2; 15.7–17.

[51] The thirteen young men from Tarentum (Livy 25.8) led by Philemenus and Nico, who conspired.

ἐξελασθέντων πρωῒ θρεμμάτων καὶ τοὺς ἅμα τούτοις ἄνδρας, ἐπειδὰν ἱκανὸν ἀπόσχωσι τῆς παρεμβολῆς, περιελασαμένους εὐθαρσῶς ἀπαλλάττεσθαι· περὶ γὰρ
10 (9) τῆς ἀσφαλείας αὐτῷ μελήσειν. ἐποίει δὲ τοῦτο βουλόμενος αὐτῷ μὲν ἀναστροφὴν δοῦναι πρὸς τὸ πολυπραγμονῆσαι τὰ κατὰ τοὺς νεανίσκους, ἐκείνοις δὲ πίστιν παρασκευάζειν πρὸς τοὺς πολίτας ὡς ἀπὸ τοῦ κρατίστου ποιουμένοις τὰς ἐπὶ τὰς ληστείας ἐξόδους.
11 (10) πραξάντων δὲ τῶν περὶ τὸν Νίκωνα τὸ παραγγελθέν, ὁ μὲν Ἀννίβας περιχαρὴς ἦν διὰ τὸ μόλις ἀφορμῆς
12 (11) ἐπειλῆφθαι πρὸς τὴν προκειμένην ἐπιβολήν, οἱ δὲ περὶ τὸν Φιλήμενον ἔτι μᾶλλον παρώρμηντο πρὸς τὴν πρᾶξιν διὰ τὸ καὶ τὴν ἔντευξιν ἀσφαλῶς γεγονέναι καὶ τὸν Ἀννίβαν ηὑρηκέναι πρόθυμον, ἔτι δὲ τὴν τῆς λείας δαψίλειαν ἱκανὴν αὐτοῖς πίστιν παρεσκευακέναι
13 (12) πρὸς τοὺς ἰδίους. διότι τὰ μὲν ἀποδόμενοι, τὰ δ᾽ εὐωχούμενοι τῆς λείας, οὐ μόνον ἐπιστεύοντο παρὰ τοῖς Ταραντίνοις, ἀλλὰ καὶ ζηλωτὰς ἔσχον οὐκ ὀλίγους.

25. Μετὰ δὲ ταῦτα ποιησάμενοι δευτέραν ἔξοδον,
(27) καὶ παραπλησίως χειρίσαντες τὰ κατὰ μέρος, αὐτοί τε τοῖς περὶ τὸν Ἀννίβαν ἔδοσαν πίστεις καὶ παρ᾽ ἐκεί-
2 νων ἔλαβον ἐπὶ τούτοις, ἐφ᾽ ᾧ Ταραντίνους ἐλευθερώσειν καὶ μήτε φόρους πράξεσθαι κατὰ μηδένα τρόπον μήτ᾽ ἄλλο μηδὲν ἐπιτάξειν Ταραντίνοις Καρχηδονίους, τὰς δὲ τῶν Ῥωμαίων οἰκίας καὶ καταλύσεις, ἐπειδὰν κρατήσωσι τῆς πόλεως, ἐξεῖναι Καρ-
3 χηδονίοις διαρπάζειν. ἐποιήσαντο δὲ καὶ σύνθημα

distance from his camp surround and drive off the first herds of cattle that had been driven out to pasture and the men in charge of them and pursue their way without fear, for he would see to their safety. This he did with the object first of giving himself time to inquire into the proposal made by the young men and next of gaining for them the confidence of the townsmen, who would believe that it was really on forays that they left the town. Nicon and his friends did as they were bidden, and Hannibal was now delighted in having at length succeeded in finding a means of executing his design, while Philemenus and the rest were much encouraged in their project now that the interview had safely taken place, and they had found Hannibal so willing, and the quantity of booty had established their credit sufficiently with their countrymen. Selling some of the captured cattle and feasting on others they not only gained the confidence of the Tarentines, but had many emulators.

25. After this they made a second expedition, managed in a similar manner, and this time they pledged their word to Hannibal and received in return his pledge[52] that he would set Tarentum free and that the Carthaginians would neither exact any kind of tribute from the Tarentines nor impose any other burdens on them; but they were to be allowed, after capturing the city, to plunder the houses and residences of the Romans. They also agreed on a watch-

[52] The thirteen conspirators concluded, as if authorized to do so, an agreement with Hannibal; *StV* 531.

τοῦ παραδέχεσθαι σφᾶς τοὺς φύλακας ἑτοίμως εἰς
4 τὴν παρεμβολήν, ὅτ᾽ ἔλθοιεν. ὧν γενομένων ἔλαβον
ἐξουσίαν εἰς τὸ καὶ πλεονάκις συμμιγνύναι τοῖς περὶ
τὸν Ἀννίβαν, ποτὲ μὲν ὡς ἐπ᾽ ἐξοδείαν, ποτὲ δὲ πάλιν
ὡς ἐπὶ κυνηγίαν ποιούμενοι τὰς ἐκ τῆς πόλεως ἐξ-
5 όδους. ταῦτα δὲ διαρμοσάμενοι πρὸς τὸ μέλλον, οἱ μὲν
πλείους ἐπετήρουν τοὺς καιρούς, τὸν δὲ Φιλήμενον
6 ἀπέταξαν ἐπὶ τὰς κυνηγίας· διὰ γὰρ τὴν ὑπερβάλ-
λουσαν ἐπὶ τοῦτο τὸ μέρος ἐπιθυμίαν ἦν ὑπὲρ αὐτοῦ
διάληψις ὡς οὐδὲν προυργιαίτερον ποιουμένου κατὰ
7 τὸν βίον τοῦ κυνηγετεῖν. διὸ τούτῳ μὲν ἐπέτρεψαν
ἐξιδιάσασθαι διὰ τῶν ἁλισκομένων θηρίων πρῶτον
μὲν τὸν ἐπὶ τῆς πόλεως τεταγμένον Γάιον Λίβιον,
δεύτερον δὲ τοὺς φυλάττοντας τὸν πυλῶνα τὸν ὑπὸ τὰς
8 Τημενίδας προσαγορευομένας πύλας. ὃς παραλαβὼν
τὴν πίστιν ταύτην, καὶ τὰ μὲν αὐτὸς κυνηγετῶν, τῶν δ᾽
ἑτοιμαζομένων αὐτῷ δι᾽ Ἀννίβου, συνεχῶς εἰσέφερε
τῶν θηρίων, ὧν τὰ μὲν ἐδίδου τῷ Γαΐῳ, τὰ δὲ τοῖς ἐπὶ
τοῦ πυλῶνος χάριν τοῦ τὴν ῥινοπύλην ἑτοίμως ἀνοί-
9 γειν αὐτῷ· τὸ γὰρ πλεῖον ἐποιεῖτο τὰς εἰσόδους καὶ
τὰς ἐξόδους νυκτός, προφάσει μὲν χρώμενος τῷ φόβῳ
τῶν πολεμίων, ἁρμοζόμενος δὲ πρὸς τὴν ὑποκειμένην
10 πρόθεσιν. ἤδη δὲ κατεσκευασμένου τοιαύτην συν-
ήθειαν τοῦ Φιλημένου πρὸς τοὺς ἐπὶ τῆς πύλης ὥστε
μὴ διαπορεῖν τοὺς φυλάττοντας, ἀλλ᾽ ὁπότε προσεγ-
γίσας τῷ τείχει προσσυρίξαι νυκτός, εὐθέως, ἀνοίγε-
11 σθαι τὴν ῥινοπύλην αὐτῷ, τότε παρατηρήσαντες τὸν
ἐπὶ τῆς πόλεως ἄρχοντα τῶν Ῥωμαίων, ἀφ᾽ ἡμέρας

word by which the sentries[53] were to admit them to the camp without any hesitation each time they came. They thus were enabled to meet Hannibal more than once, sometimes pretending to be going out of the town on a foray, sometimes again on a hunting party. Having made their arrangements to serve their purpose in the future, the majority of them awaited the time for action, the part of huntsman being assigned to Philemenus, as owing to his excessive passion for the chase it was generally thought that he considered it the most important thing in life. He was therefore directed to ingratiate himself by presents of the game he killed first of all with Gaius Livius the commandant of the town, and then with the guards of the towers behind the Temenid gate.[54] Having been entrusted with this matter, he managed, either by catching game himself or by getting it provided by Hannibal, to keep constantly bringing some in, giving part of it to Gaius and some to the men of the tower to make them always ready to open the postern to him; for he usually went out and came in by night, on the pretence that he was afraid of the enemy, but as a fact to lay the way for the contemplated attempt. When Philemenus had once got the guard at the gate into the habit of not making any trouble about it but of opening the postern gate to him at once by night, whenever he whistled on approaching the wall, the conspirators having learned that on a certain day the Roman commandant of the place was going to be present at a large and

53 Perhaps "the guards."

54 In the eastern city wall; see map in WC 2.103, and for this and other details the map of the city in the volume of plates in P. Wuilleumier, *Tarente, des origines à la conquête romaine* (Paris 2, 1939).

μέλλοντα γίνεσθαι μετὰ πλειόνων ἐν τῷ προσαγορευομένῳ Μουσείῳ σύνεγγυς τῆς ἀγορᾶς, ταύτην ἐτάξαντο τὴν ἡμέραν πρὸς τὸν Ἀννίβαν.

26. Ὁ δὲ πάλαι μὲν ἐπεπόριστο σκῆψιν ὡς ἀρ-
(28) ρωστῶν, χάριν τοῦ μὴ θαυμάζειν ἀκούοντας τοὺς Ῥωμαίους, ὡς καὶ πλείω χρόνον ἐπὶ τῶν αὐτῶν τόπων
2 ποιεῖται τὴν διατριβήν· τότε δὲ καὶ μᾶλλον προσεποιεῖτο τὴν ἀρρωστίαν. ἀπεῖχε δὲ τῷ στρατοπέδῳ
3 τριῶν ἡμερῶν ὁδὸν τοῦ Τάραντος. ἥκοντος δὲ τοῦ καιροῦ, παρεσκευακὼς ἔκ τε τῶν ἱππέων καὶ τῶν πεζῶν τοὺς διαφέροντας εὐκινησίᾳ καὶ τόλμῃ, περὶ μυρίους ὄντας τὸν ἀριθμόν, παρήγγειλε τεττάρων
4 ἡμερῶν ἔχειν ἐφόδια. ποιησάμενος δὲ τὴν ἀναζυγὴν ὑπὸ τὴν ἑωθινὴν ἐχρῆτο τῇ πορείᾳ συντόνως. τῶν δὲ Νομαδικῶν ἱππέων εἰς ὀγδοήκοντα προχειρισάμενος ἐκέλευε προπορεύεσθαι τῆς δυνάμεως εἰς τριάκοντα σταδίους καὶ τοὺς παρὰ τὴν ὁδὸν τόπους ἐξ ἑκατέρου τοῦ μέρους ἐπιτρέχειν, ἵνα μηδεὶς κατοπτεύσῃ τὴν
5 ὅλην δύναμιν, ἀλλ᾽ οἱ μὲν ὑποχείριοι γίνοιντο τῶν διεμπιπτόντων, οἱ δὲ διαφυγόντες ἀναγγέλλοιεν εἰς τὴν πόλιν, ὡς ἐπιδρομῆς οὔσης ἐκ τῶν Νομάδων.
6 ἀποσχόντων δὲ τῶν Νομάδων ὡς ἑκατὸν εἴκοσι σταδίους, ἐδειπνοποιήσατο παρά τινα δυσσύνοπτον καὶ
7 φαραγγώδη ποταμόν. καὶ συναθροίσας τοὺς ἡγεμόνας κυρίως μὲν οὐ διεσάφει τὴν ἐπιβολήν, ἁπλῶς δὲ παρεκάλει πρῶτον μὲν ἄνδρας ἀγαθοὺς γίνεσθαι πάντας, ὡς οὐδέποτε μειζόνων αὐτοῖς ἄθλων ὑποκειμένων,
8 δεύτερον δὲ συνέχειν ἕκαστον τῇ πορείᾳ τοὺς ὑφ᾽

early party in the building called the Museum near the marketplace, agreed with Hannibal to make the attempt on that day.

26. Hannibal had for some time past pretended to be sick, to prevent the Romans from being surprised when they heard that he had spent such a long time in the same neighborhood, and he now pretended that his sickness was worse. His camp was distant three days' journey from Tarentum, and when the time came he got ready a force of about ten thousand men selected from his infantry and cavalry for their activity and courage, ordering them to take provisions for four days; and starting at dawn marched at full speed. Choosing about eighty of his Numidian horse he ordered them to advance in front of the force at a distance of about thirty stades and to spread themselves over the ground on each side of the road, so that no one should get a view of the main body, but that of those whom they encountered, some should be made prisoners by them while those who escaped should announce in the town that a raid by Numidian horse was in progress. When the Numidians were about a hundred and twenty stades away from the town, Hannibal halted for supper on the bank of a river which runs through a gorge and is not easily visible. Here he called a meeting of his officers, at which he did not inform them exactly what his plan was, but simply exhorted them first to bear themselves like brave men, as the prize of success had never been greater, secondly to keep each of them the men under his command in close order

αὐτὸν ταττομένους καὶ πικρῶς ἐπιτιμᾶν τοῖς καθόλου
9 παρεκβαίνουσιν ἐκ τῆς ἰδίας τάξεως, τελευταῖον δὲ
προσέχειν τὸν νοῦν τοῖς παραγγελλομένοις καὶ μηδὲν
10 ἰδιοπραγεῖν πάρεξ τῶν προσταττομένων. ταῦτ᾽ εἰπὼν
καὶ διαφεὶς τοὺς ἡγεμόνας ἐκίνει τὴν πρωτοπορείαν,
κνέφατος ἄρτι γενομένου, σπουδάζων συνάψαι τῷ
τείχει περὶ μέσας νύκτας, καθηγεμόνα τὸν Φιλήμενον
ἔχων καὶ παρεσκευακὼς ὗν ἄγριον αὐτῷ πρὸς τὴν
διατεταγμένην χρείαν.

27. Τῷ δὲ Γαΐῳ τῷ Λιβίῳ, γενομένῳ μετὰ τῶν
(29) συνήθων ἀφ᾽ ἡμέρας ἐν τῷ Μουσείῳ κατὰ τὴν τῶν
νεανίσκων πρόληψιν, καὶ σχεδὸν ἤδη τοῦ πότου τὴν
ἀκμαιοτάτην ἔχοντος διάθεσιν, προσαγγέλλεται περὶ
2 δυσμὰς ἡλίου τοὺς Νομάδας ἐπιτρέχειν τὴν χώραν. ὁ
δὲ πρὸς μὲν αὐτὸ τοῦτο διενοήθη, καὶ καλέσας τινὰς
τῶν ἡγεμόνων συνέταξε τοὺς μὲν ἡμίσεις τῶν ἱππέων
ἐξελθόντας ὑπὸ τὴν ἑωθινὴν κωλῦσαι τοὺς κακοποι-
οῦντας τὴν χώραν τῶν πολεμίων, τῆς γε μὴν ὅλης
3 πράξεως διὰ ταῦτα καὶ μᾶλλον ἀνύποπτος ἦν. οἱ δὲ
περὶ τὸν Νίκωνα καὶ Τραγίσκον, ἅμα τῷ σκότος
γενέσθαι συναθροισθέντες ἐν τῇ πόλει πάντες, ἐτή-
4 ρουν τὴν ἐπάνοδον τῶν περὶ τὸν Λίβιον. τῶν δὲ
ταχέως ἐξαναστάντων διὰ τὸ γεγονέναι τὸν πότον ἀφ᾽
ἡμέρας, οἱ μὲν ἄλλοι πρός τινα τόπον ἀποστάντες
ἔμενον, τινὲς δὲ τῶν νεανίσκων ἀπήντων τοῖς περὶ τὸν
Γάιον, διακεχυμένοι καί τι καὶ προσπαίζοντες ἀλλή-
λοις, ὡς ἂν ὑποκρινόμενοι τοὺς ἐκ συνουσίας ἐπ-
5 ανάγοντας. ἔτι δὲ μᾶλλον ἠλλοιωμένων ὑπὸ τῆς μέθης

on the march and severely punish all who left the ranks on no matter what pretext, and lastly to attend strictly to orders and to do nothing on their own initiative, but only what should be commanded. After thus addressing and dismissing the officers, he started on his march just after dusk, intending to reach the walls of the town about midnight. He had Philemenus with him for a guide and had procured for him a wild boar to use in a manner that had been arranged.

27. As the young men had foreseen, Gaius Livius had been feasting since early in the day with his friends in the Museum, and about sunset, when the drinking was at its height, news was brought to him that the Numidians were overrunning the country. He took measures simply to meet this raid, by summoning some of his officers and ordering half his cavalry to sally out in the early morning and prevent the enemy from damaging the country; but just because of this he was less inclined to be suspicious of the plot as a whole. Meanwhile Nicon and Tragiscus and the rest, as soon as it was dark, all collected in the town to await the return home of Livius. The banquet broke up somewhat early, as the drinking had begun in the afternoon, and, while the other conspirators withdrew to a certain place to await events, some of the young men went to meet Livius and his company, making merry and creating by their mutual jests the impression that they too were on the way back from a carouse. As Livius and his company

τῶν περὶ τὸν Λίβιον, ἅμα τῷ συμμῖξαι γέλως ἐξ
6 ἀμφοῖν ἦν καὶ παιδιὰ πρόχειρος. ἐπεὶ δὲ συνανακάμψαντες ἀποκατέστησαν αὐτὸν εἰς οἶκον, ὁ μὲν Γάιος ἀνεπαύετο μεθύων, ὡς εἰκός ἐστι τοὺς ἀφ' ἡμέρας πίνοντας, οὐδὲν ἄτοπον οὐδὲ δυσχερὲς ἔχων ἐν τῇ
7 διανοίᾳ, χαρᾶς δὲ πλήρης καὶ ῥᾳθυμίας. οἱ δὲ περὶ τὸν Νίκωνα καὶ Τραγίσκον ἐπεὶ συνέμιξαν τοῖς ἀπολελειμμένοις νεανίσκοις, διελόντες σφᾶς εἰς τρία μέρη παρεφύλαττον, διαλαβόντες τῆς ἀγορᾶς τὰς εὐκαιροτάτας εἰσβολάς, ἵνα μήτε τῶν ἔξωθεν προσπιπτόντων μηδὲν αὐτοὺς λανθάνῃ μήτε τῶν ἐν αὐτῇ τῇ πόλει
8 γινομένων. ἐπέστησαν δὲ καὶ παρὰ τὴν οἰκίαν τοῦ Γαΐου, σαφῶς εἰδότες ὡς ἐὰν γίνηταί τις ὑπόνοια τοῦ μέλλοντος, ἐπὶ τὸν Λίβιον ἀνοισθήσεται πρῶτον, καὶ πᾶν τὸ πραττόμενον ἀπ' ἐκείνου λήψεται τὴν ἀρχήν.
9 ὡς δ' αἱ μὲν ἀπὸ τῶν δείπνων ἐπάνοδοι καὶ συλλήβδην ὁ τοιοῦτος θόρυβος ἤδη παρῳχήκει, τῶν δὲ δημοτῶν ἡ πληθὺς κατακεκοίμητο, προύβαινε δὲ τὰ τῆς νυκτὸς καὶ τὰ τῆς ἐλπίδος ἀκέραια διέμενε, τότε συναθροισθέντες προῆγον ἐπὶ τὴν προκειμένην χρείαν.

28. Τὰ δὲ συγκείμενα τοῖς νεανίσκοις ἦν πρὸς τοὺς
(30) 2 Καρχηδονίους· τὸν μὲν Ἀννίβαν ἔδει συνάψαντα τῇ πόλει κατὰ τὴν ἀπὸ τῆς μεσογαίου, πρὸς ἕω δὲ κειμένην πλευράν, ὡς ἐπὶ τὰς Τημενίδας προσαγορευομένας πύλας, ἀνάψαι πῦρ ἐπὶ τοῦ τάφου, τοῦ παρὰ μέν τισιν Ὑακίνθου προσαγορευομένου, παρὰ δέ τισιν Ἀπόλλωνος Ὑακίνθου, τοὺς δὲ περὶ τὸν Τρα-

were still more intoxicated, when the two parties met they all readily joined in laughter and banter. The young men turned round and escorted Livius to his house, where he lay down to rest overcome by wine, as people naturally are who begin drinking early in the day, and with no apprehension of anything unusual or alarming, but full of cheerfulness and quite at his ease. Meanwhile, when Nicon and Tragiscus had rejoined the young men they had left behind, they divided themselves into three bodies and kept watch, occupying the streets that gave most convenient access to the marketplace, in order that no intelligence from outside and nothing that happened inside the town should escape their notice. Some of them posted themselves near Livius' house, as they knew that if there were any suspicion of what was about to happen it would be communicated to him and that any measures taken would be due to his initiative. When diners-out had all returned to their homes, and all such disturbance in general had ceased, the majority of the townsmen having gone to bed, night now wearing on apace and nothing having occurred to shake their hopes of success, they all collected together and proceeded to get about their business.

28. The agreement between the young Tarentines and Hannibal was as follows: Hannibal on approaching the city on its eastern side, which lies toward the interior, was to advance toward the Temenid gate and light a fire on the tomb, called by some that of Hyacinthus, by others that of Apollo Hyacinthus. Tragiscus, when he saw this signal, was

3 γίσκον, ὅταν ἴδωσι τοῦτο γινόμενον, ἔνδοθεν ἀντιπυρ-
4 σεῦσαι. τούτου δὲ συντελεσθέντος, σβέσαι τὸ πῦρ
ἔδει τοὺς περὶ τὸν Ἀννίβαν καὶ βάδην ποιεῖσθαι τὴν
5 πορείαν ὡς ἐπὶ τὴν πύλην. ὧν διατεταγμένων, οἱ μὲν
νεανίσκοι διαπορευθέντες τὸν οἰκούμενον τόπον τῆς
6 πόλεως ἧκον ἐπὶ τοὺς τάφους. τὸ γὰρ πρὸς ἕω μέρος
τῆς τῶν Ταραντίνων πόλεως μνημάτων ἐστὶ πλῆρες,
διὰ τὸ τοὺς τελευτήσαντας ἔτι καὶ νῦν θάπτεσθαι παρ'
αὐτοῖς πάντας ἐντὸς τῶν τειχῶν κατά τι λόγιον ἀρ-
7 χαῖον. φασὶ γὰρ χρῆσαι τὸν θεὸν τοῖς Ταραντίνοις
ἄμεινον καὶ λῷον ἔσεσθαί σφισι ποιουμένοις τὴν
8 οἴκησιν μετὰ τῶν πλειόνων. τοὺς δὲ νομίσαντας ἂν
οἰκῆσ' οὕτως ἄριστα κατὰ τὸν χρησμόν, εἰ καὶ τοὺς
μετηλλαχότας ἐντὸς τοῦ τείχους ἔχοιεν, διὰ ταῦτα
θάπτειν ἔτι καὶ νῦν τοὺς μεταλλάξαντας ἐντὸς τῶν
9 πυλῶν. οὐ μὴν ἀλλ' οἵ γε προειρημένοι παραγενόμενοι
πρὸς τὸν τοῦ Πυθιονίκου τάφον ἐκαραδόκουν τὸ μέλ-
10 λον. συνεγγισάντων δὲ τῶν περὶ τὸν Ἀννίβαν καὶ
πραξάντων τὸ συνταχθέν, ἅμα τῷ τὸ πῦρ ἰδεῖν οἱ περὶ
τὸν Νίκωνα καὶ Τραγίσκον ἀναθαρρήσαντες ταῖς ψυ-
χαῖς καὶ τὸν παρ' αὑτῶν πυρσὸν ἀναδείξαντες, ἐπεὶ τὸ
παρ' ἐκείνων πῦρ πάλιν ἑώρων ἀποσβεννύμενον, ὥρ-
μησαν ἐπὶ τὴν πύλην μετὰ δρόμου καὶ σπουδῆς,
11 βουλόμενοι φθάσαι φονεύσαντες τοὺς ἐπὶ τοῦ πυλῶ-
νος τεταγμένους, διὰ τὸ συγκεῖσθαι [καὶ] σχολῇ καὶ
βάδην ποιεῖσθαι τὴν πορείαν τοὺς Καρχηδονίους.
12 εὐροήσαντος δὲ τοῦ πράγματος, καὶ προκαταληφθέν-
των τῶν φυλαττόντων, οἱ μὲν ἐφόνευον τούτους, οἱ δὲ

to signal back by fire from within the town. This having been done, Hannibal was to put out the fire and march on slowly in the direction of the gate. Agreeably to these arrangements, the young men having traversed the inhabited portion of the city reached the cemetery. For all the eastern part of the Tarentum is full of tombs,[55] since their dead are still buried within the walls owing to a certain ancient oracle, the god, it is said, having responded to the Tarentines that they would fare better and more prosperously if they made their dwelling place with the majority. Thinking, then, that according to the oracle they would be best off if they had the departed also inside the wall, the Tarentines up to this day bury their dead within the gates. The young men on reaching the tomb of the victor at Pythia[56] stopped and awaited the event. When Hannibal drew near and did as agreed, Nicon, Tragiscus, and their companions as soon as they saw the fire felt their courage refreshed, and when they had exhibited their own torch and saw that of Hannibal go out again, they ran at full speed to the gate wishing to arrive in time to surprise and kill the guards of the gate tower, it having been agreed that the Carthaginians were to advance at an easy pace. All went well, and on the guards being surprised, some of the conspirators busied themselves with putting them to the

55 Burial in the city was outlawed very early in Rome; in Greece it was restricted to those receiving honors as heroes. See R. Young, *Hesp.* 20 (1951), 67–134; *Bull. ép.* 1966, 272. C. Habicht, in M. Wörrle-P. Zanker (Ed.), *Stadtbild und Bürgerbild im Hellenismus* (Munich 1995), 91.

56 "Who he was . . . is unknown." (WC 2.105).

13 διέκοπτον τοὺς μοχλούς. ταχὺ δὲ τῶν πυλῶν ἀνοιχθεισῶν, πρὸς τὸν δέοντα καιρὸν ἧκον οἱ περὶ τὸν Ἀννίβαν, κεχρημένοι τῇ πορείᾳ συμμέτρως, ὥστε μηδεμίαν ἐπίστασιν γενέσθαι παρ' ὁδὸν ἐπί τὴν πόλιν.

29. Γενομένης δὲ τῆς εἰσόδου κατὰ τὴν πρόθεσιν
(31) ἀσφαλοῦς καὶ τελέως ἀθορύβου, δόξαντες ἠνύσθαι σφίσι τὸ πλεῖστον τῆς ἐπιβολῆς, λοιπὸν αὐτοὶ μὲν εὐθαρσῶς ἤδη προῆγον ἐπὶ τὴν ἀγορὰν κατὰ τὴν
2 πλατεῖαν τὴν ἀπὸ τῆς Βαθείας ἀναφέρουσαν· τούς γε μὴν ἱππεῖς ἀπέλειπον ἐκτὸς τοῦ τείχους, ὄντας οὐκ ἐλάττους δισχιλίων, θέλοντες ἐφεδρείαν αὑτοῖς ὑπάρχειν ταύτην πρός τε τὰς ἔξωθεν ἐπιφανείας καὶ πρὸς τὰ παράλογα τῶν ἐν ταῖς τοιαύταις ἐπιβολαῖς συμ-
3 βαινόντων. ἐγγίσαντες δὲ τοῖς περὶ τὴν ἀγορὰν τόποις τὴν μὲν δύναμιν ἐπέστησαν κατὰ πορείαν, αὐτοὶ δὲ καὶ τὸν Φιλήμενον ἐκαραδόκουν, δεδιότες πῶς σφίσι προχωρήσει καὶ τοῦτο τὸ μέρος τῆς ἐπιβολῆς.
4 ὅτε γὰρ ἀνάψαντες τὸ πῦρ ἔμελλον πρὸς τὰς πύλας ὁρμᾶν, τότε καὶ τὸν Φιλήμενον, ἔχοντα τὸν ὗν ἐν φερέτρῳ καὶ Λίβυας ὡς εἰ χιλίους ἐξαπέστειλαν ἐπὶ τὴν παρακειμένην πύλην, βουλόμενοι κατὰ τὴν ἐξ ἀρχῆς πρόθεσιν μὴ ψιλῶς ἐκ μιᾶς ἐλπίδος ἐξηρ-
5 τῆσθαι τὴν ἐπιβολὴν αὐτῶν, ἀλλ' ἐκ πλειόνων. ὁ δὲ προειρημένος ἐγγίσας τῷ τείχει κατὰ τὸν ἐθισμὸν ἐπεὶ προσεσύριξε, παρῆν ὁ φύλαξ εὐθέως καταβαίνων
6 πρὸς τὴν ῥινοπύλην. τοῦ δ' εἰπόντος ἔξωθεν ἀνοίγειν ταχέως, ὅτι βαρύνονται· φέρουσι γὰρ ὗν ἄγριον· ἀσμένως ἀκούσας ὁ φύλαξ ἀνέῳξε μετὰ σπουδῆς,

sword, while others were cutting through the bolts. Very soon the gates were thrown open, and at the proper time Hannibal and his force arrived, having advanced at precisely the right speed, so that there was no occasion to halt along the road to the city.[57]

29. His entrance having been thus effected, as prearranged, in security and absolutely without noise, Hannibal thought that the most important part of his enterprise had been successfully accomplished, and now advanced confidently toward the marketplace by the broad street that leads up from what is called the Deep Road. He left his cavalry, however, not less than two thousand in number, outside the wall as a reserve force to secure him against any foe that might appear from outside and against such untoward accidents as are apt to happen in enterprises of this kind. When he was in the neighborhood of the marketplace he halted his force in marching order and himself awaited the appearance of Philemenus also, being anxious to see how this part of his design would succeed. For at the time that he lit the fire signal and was about to advance to the gate he had sent off Philemenus with the boar on a stretcher and about a thousand Libyans to the next gate, wishing, as he had originally planned, not to let the success of the enterprise depend simply on a single chance but on several. Philemenus, on approaching the wall, whistled as was his custom, and the sentry[58] at once came down from the tower to the postern gate. When Philemenus from outside told him to open quickly as they were fatigued for they were carrying a wild boar, the guard was very pleased and

[57] Timing was crucial and worked perfectly.
[58] Perhaps "the guard."

ἐλπίζων καὶ πρὸς αὐτόν τι διατείνειν τὴν εὐαγρίαν τῶν περὶ τὸν Φιλήμενον διὰ τὸ μερίτην ἀεὶ γίνεσθαι τῶν
7 εἰσφερομένων. αὐτὸς μὲν οὖν ὁ προειρημένος τὴν πρώτην ἔχων χώραν τοῦ φορήματος εἰσῆλθε, καὶ σὺν αὐτῷ νομαδικὴν ἔχων διασκευὴν ἕτερος, ὡς εἷς τις ὢν τῶν ἀπὸ τῆς χώρας, μετὰ δὲ τοῦτον ἄλλοι δύο πάλιν οἱ
8 φέροντες ἐκ τῶν ὄπισθεν τὸ θηρίον. ἐπεὶ δὲ τέτταρες ὄντες ἐντὸς ἐγένοντο τῆς ῥινοπύλης, τὸν μὲν ἀνοίξαντα θεώμενον ἀκάκως καὶ ψηλαφῶντα τὸν ὗν αὐτοῦ πατάξαντες ἀπέκτειναν, τοὺς δ' ἑπομένους μὲν αὑτοῖς, προηγουμένους δὲ τῶν ἄλλων, Λίβυας, ὄντας εἰς τριάκοντα, σχολῇ καὶ μεθ' ἡσυχίας παρῆκαν διὰ
9 τῆς πυλίδος. γενομένου δὲ τούτου κατὰ τὸ συνεχὲς οἱ μὲν τοὺς μοχλοὺς διέκοπτον, οἱ δὲ τοὺς ἐπὶ τοῦ πυλῶνος ἐφόνευον, οἱ δὲ τοὺς ἔξω Λίβυας ἐκάλουν διὰ
10 συνθημάτων. εἰσελθόντων δὲ καὶ τούτων ἀσφαλῶς, προῆγον ὡς ἐπὶ τὴν ἀγορὰν κατὰ τὸ συντεταγμένον.
11 ἅμα δὲ τῷ συμμῖξαι καὶ τούτους, περιχαρὴς γενόμενος Ἀννίβας ἐπὶ τῷ κατὰ νοῦν αὐτῷ προχωρεῖν τὴν πρᾶξιν εἴχετο τῶν προκειμένων.

(32) 30. ἀπομερίσας δὲ τῶν Κελτῶν εἰς δισχιλίους, καὶ διελὼν εἰς τρία μέρη τούτους, συνέστησε τῶν νεανίσκων δύο πρὸς ἕκαστον μέρος τῶν χειριζόντων τὴν
2 πρᾶξιν. ἀκολούθως δὲ καὶ τῶν παρ' αὐτοῦ τινας ἡγεμόνων συνεξαπέστειλε, προστάξας διαλαβεῖν τῶν εἰς
3 τὴν ἀγορὰν φερουσῶν ὁδῶν τὰς εὐκαιροτάτας. ὅταν δὲ τοῦτο πράξωσι, τοῖς μὲν ἐγχωρίοις νεανίσκοις ἐξαιρεῖσθαι παρήγγειλε καὶ σῴζειν τοὺς ἐντυγχάνοντας

made haste to open, hoping for some benefit to himself also from Philemenus' good luck, as he had always had his share of the game that was brought in. Philemenus then passed in supporting the stretcher in front and with him a man dressed like a shepherd, as if he were one of the country folk, and after them came two other men supporting the dead beast from behind. When all four were within the postern gate they first of all cut down the guard on the spot, as, unsuspicious of any harm, he was viewing and handling the boar, and then quietly and at their leisure let in through the little gate the Libyans, about thirty in number, who were immediately behind them and in advance of the others. After this they at once proceeded some of them to cut the bolts, others to kill the guardians of the gate tower, and others to summon the Libyans outside by a preconcerted signal. When the latter also had got in safely, they all, as had been arranged, advanced toward the marketplace. Upon being joined by this force also Hannibal, much pleased that matters were proceeding just as he had wished, proceeded to put his project in execution.

30. Separating about two thousand Celts from the others and dividing them into three bodies, he put each under the charge of two of the young men who were managing the affair, sending also some of his own officers to accompany them with orders to occupy the most convenient approaches to the market; and when they had done this he ordered the Tarentine young men to set apart and save any

τῶν πολιτῶν, ἀναβοῶντας ἐκ πολλοῦ μένειν κατὰ
χώραν Ταραντίνους, ὡς ὑπαρχούσης αὐτοῖς τῆς
4 ἀσφαλείας, τοῖς δὲ παρὰ τῶν Καρχηδονίων καὶ τῶν
Κελτῶν ἡγεμόσι κτείνειν διεκελεύσατο τοὺς ἐντυγ-
χάνοντας τῶν Ῥωμαίων. οὗτοι μὲν οὖν χωρισθέντες
ἀλλήλων ἔπραττον μετὰ ταῦτα τὸ προσταχθέν.
5 Τῆς δὲ τῶν πολεμίων εἰσόδου καταφανοῦς ἤδη
γενομένης τοῖς Ταραντίνοις, πλήρης ἡ πόλις κραυγῆς
6 ἐγίνετο καὶ ταραχῆς παρηλλαγμένης. ὁ μὲν οὖν
Γάϊος, προσπεσούσης αὐτῷ τῆς εἰσόδου τῶν πολε-
μίων, συννοήσας ἀδύνατον αὑτὸν ὄντα διὰ τὴν μέθην,
εὐθέως ἐξελθὼν ἐκ τῆς οἰκίας μετὰ τῶν οἰκετῶν καὶ
παραγενόμενος ἐπὶ τὴν πύλην τὴν φέρουσαν ἐπὶ τὸν
λιμένα, καὶ μετὰ ταῦτα τοῦ φύλακος ἀνοίξαντος αὐτῷ
τὴν ῥινοπύλην, διαδὺς ταύτῃ καὶ λαβόμενος ἀκατίου
τῶν ὁρμούντων, ἐμβὰς μετὰ τῶν οἰκετῶν εἰς τὴν ἄκραν
7 παρεκομίσθη. κατὰ δὲ τὸν καιρὸν τοῦτον οἱ περὶ τὸν
Φιλήμενον, ἡτοιμασμένοι σάλπιγγας Ῥωμαϊκὰς καί
τινας τῶν αὐταῖς χρῆσθαι δυναμένων διὰ τὴν συν-
8 ήθειαν, στάντες ἐπὶ τὸ θέατρον ἐσήμαινον. τῶν δὲ
Ῥωμαίων βοηθούντων ἐν τοῖς ὅπλοις κατὰ τὸν
ἐθισμὸν εἰς τὴν ἄκραν, ἐχώρει τὸ πρᾶγμα κατὰ τὴν
9 πρόθεσιν τοῖς Καρχηδονίοις· παραγενόμενοι γὰρ ταῖς
πλατείαις ἀτάκτως καὶ σποράδην οἱ μὲν εἰς τοὺς
Καρχηδονίους ἐνέπιπτον, οἱ δ' εἰς τοὺς Κελτούς· καὶ
δὴ τῷ τοιούτῳ τρόπῳ φονευομένων αὐτῶν πολύ τι
πλῆθος διεφθάρη.
10 Τῆς δ' ἡμέρας ἐπιφαινομένης οἱ μὲν Ταραντῖνοι

of the citizens they met and to shout from a distance advising all Tarentines to stay where they were, as their safety was assured. At the same time he ordered the Carthaginian and Celtic officers to put all Romans they met to the sword. The different bodies hereupon separated and began to execute his orders.

As soon as it was evident to the Tarentines that the enemy were within the walls, the city was filled with clamor and extraordinary confusion. When Gaius heard of the entrance of the enemy, recognizing that his drunken condition rendered him incapable, he issued from his house with his servants and made for the gate that leads to the harbor, where as soon as the guard there had opened the postern for him, he escaped through it, and getting hold of one of the boats at anchor there embarked on it with his household and crossed to the citadel. Meanwhile Philemenus and his companions, who had provided themselves with some Roman bugles and some men who had learned to sound them, stood in the theater and gave the call to arms. The Romans responding in arms to the summons and running, as was their custom, toward the citadel, things fell out as the Carthaginians designed. For reaching the thoroughfares in disorder and in scattered groups, some of them fell among the Carthaginians and some among the Celts, and in this way large numbers of them were slain.

When day broke the Tarentines kept quietly at home

τὴν ἡσυχίαν εἶχον κατὰ τὰς οἰκήσεις, οὐδέπω δυνά-
11 μενοι τάξασθαι τὸ συμβαῖνον. διὰ μὲν γὰρ τὴν σάλ-
πιγγα καὶ τὸ μηδὲν ἀδίκημα γίνεσθαι μηδ' ἁρπαγὴν
κατὰ τὴν πόλιν, ἔδοξαν ἐξ αὐτῶν τῶν Ῥωμαίων εἶναι
12 τὸ κίνημα. τὸ δὲ πολλοὺς αὐτῶν ὁρᾶν πεφονευμένους
ἐν ταῖς πλατείαις, καί τινας τῶν Γαλατῶν θεωρεῖσθαι
σκυλεύοντας τοὺς τῶν Ῥωμαίων νεκρούς, ὑπέτρεχέ τις
ἔννοια τῆς τῶν Καρχηδονίων παρουσίας.

31. Ἤδη δὲ τοῦ μὲν Ἀννίβου παρεμβεβληκότος
(33) τὴν δύναμιν εἰς τὴν ἀγοράν, τῶν δὲ Ῥωμαίων ἀπο-
κεχωρηκότων εἰς τὴν ἄκραν διὰ τὸ προκατεσχῆσθαι
φρουρᾷ ταύτην ὑπ' αὐτῶν, ὄντος δὲ φωτὸς εἰλικρινοῦς,
ὁ μὲν Ἀννίβας ἐκήρυττε τοὺς Ταραντίνους ἄνευ τῶν
2 ὅπλων ἀθροίζεσθαι πάντας εἰς τὴν ἀγοράν, οἱ δὲ
νεανίσκοι περιπορευόμενοι τὴν πόλιν ἐβόων ἐπὶ τὴν
ἐλευθερίαν, καὶ παρεκάλουν θαρρεῖν, ὡς ὑπὲρ ἐκείνων
3 παρόντας τοὺς Καρχηδονίους. ὅσοι μὲν οὖν τῶν
Ταραντίνων προκατείχοντο τῇ πρὸς τοὺς Ῥωμαίους
εὐνοίᾳ, γνόντες ἀπεχώρουν εἰς τὴν ἄκραν· οἱ δὲ λοιποὶ
κατὰ τὸ κήρυγμα συνηθροίζοντο χωρὶς τῶν ὅπλων,
πρὸς οὓς Ἀννίβας φιλανθρώπους διελέχθη λόγους.
4 τῶν δὲ Ταραντίνων ὁμοθυμαδὸν ἐπισημηναμένων
ἕκαστα τῶν λεγομένων διὰ τὸ παράδοξον τῆς ἐλπίδος,
τότε μὲν διαφῆκε τοὺς πολλούς, συντάξας ἕκαστον εἰς
τὴν ἰδίαν οἰκίαν ἐπανελθόντας μετὰ σπουδῆς ἐπὶ τὴν
5 θύραν ἐπιγράψαι ΤΑΡΑΝΤΙΝΟΥ. τῷ δ' ἐπὶ τὴν Ῥω-
μαϊκὴν κατάλυσιν ἐπιγράψαντι ταὐτὸ τοῦτο θάνατον
6 ὥρισε τὴν ζημίαν. αὐτὸς δὲ διελὼν τοὺς ἐπιτηδει-

unable as they were yet to understand definitely what was happening. For owing to the bugle call and the fact that no acts of violence or pillage were being committed in the town they thought that the commotion was due to the Romans; but when they saw many Romans lying dead in the streets and some of the Gauls despoiling Roman corpses, a suspicion entered their minds that the Carthaginians were in the town.

31. Hannibal having by this time encamped his force in the marketplace, and the Romans having retired to the citadel where they had always had a garrison, it being now bright daylight, he summoned all the Tarentines by herald to assemble unarmed in the marketplace. The conspirators also went round the town calling on the people to help the cause of freedom and exhorting them to be of good courage, as it was for their sake that the Carthaginians had come. Those Tarentines who were favorably disposed to the Romans retired to the citadel when they knew what had happened, and the rest assembled in response to the summons without their arms and were addressed by Hannibal in conciliatory terms. The Tarentines loudly cheered every sentence, delighted as they were at the unexpected prospect, and Hannibal on dismissing the meeting ordered everyone to return as quickly as possible to his own house and write on the door "Tarentine," decreeing the penalty of death against anyone who should write this on the house of a Roman. He then selected the most suitable of his officers and sent them off to conduct the pillage of

οτάτους <τῶν> ἐπὶ τῶν πραγμάτων ἐφῆκε διαρπάζειν
τὰς τῶν Ῥωμαίων οἰκίας, σύνθημα δοὺς πολεμίας
νομίζειν τὰς ἀνεπιγράφους, τοὺς δὲ λοιποὺς συνέχων
ἐν τάξει τούτοις ἐφέδρους.

32. Πολλῶν δὲ καὶ παντοδαπῶν κατασκευασμάτων
(34) ἀθροισθέντων ἐκ τῆς διαρπαγῆς, καὶ γενομένης ὠφε-
λείας τοῖς Καρχηδονίοις ἀξίας τῶν προσδοκωμένων
2 ἐλπίδων, τότε μὲν ἐπὶ τῶν ὅπλων ηὐλίσθησαν, εἰς δὲ
τὴν ἐπιοῦσαν ἡμέραν Ἀννίβας συνεδρεύσας μετὰ τῶν
Ταραντίνων ἔκρινε διατειχίσαι τὴν πόλιν ἀπὸ τῆς
ἄκρας, ἵνα μηδεὶς ἔτι φόβος ἐπικάθηται τοῖς Ταραν-
τίνοις ἀπὸ τῶν κατεχόντων τὴν ἀκρόπολιν Ῥωμαίων.
3 πρῶτον μὲν οὖν ἐπεβάλετο προθέσθαι χάρακα παράλ-
ληλον τῷ τείχει τῆς ἀκροπόλεως καὶ τῇ πρὸ τούτου
4 τάφρῳ. σαφῶς δὲ γινώσκων οὐκ ἐάσοντας τοὺς ὑπ-
εναντίους, ἀλλ᾽ ἐναποδειξομένους τῇδέ πῃ τὴν αὑτῶν
δύναμιν, ἡτοίμασε χεῖρας ἐπιτηδειοτάτας, νομίζων
πρὸς τὸ μέλλον οὐδὲν ἀναγκαιότερον εἶναι τοῦ κατα-
πλήξασθαι μὲν τοὺς Ῥωμαίους, εὐθαρσεῖς δὲ ποιῆσαι
5 τοὺς Ταραντίνους. ἅμα δὲ τῷ τίθεσθαι τὸν πρῶτον
χάρακα θρασέως τῶν Ῥωμαίων καὶ τετολμηκότως
ἐπιχειρούντων τοῖς ὑπεναντίοις, βραχὺ συμμίξας Ἀν-
νίβας καὶ τὰς ὁρμὰς τῶν προειρημένων ἐκκαλεσά-
μενος, ἐπεὶ προέπεσον οἱ πλείους ἐκτὸς τῆς τάφρου,
δοὺς παράγγελμα τοῖς αὑτοῦ προσέβαλε τοῖς πολε-
6 μίοις. γενομένης δὲ τῆς μάχης ἰσχυρᾶς, ὡς ἂν ἐν
βραχεῖ χώρῳ καὶ περιτετειχισμένῳ τῆς συμπλοκῆς
ἐπιτελουμένης, τὸ πέρας ἐκβιασθέντες ἐτράπησαν οἱ

the houses belonging to Romans, ordering them to regard as enemy property all houses which were uninscribed, and meanwhile he kept the rest of his forces drawn up in order to act as a support for the pillagers.

32. A quantity of objects of various kinds were collected by the spoilers, the booty coming quite up to the expectation of the Carthaginians. They spent that night under arms, and on the next day Hannibal calling a general meeting which included the Tarentines, decided to shut off the town from the citadel, so that the Tarentines should have no further fear of the Romans who held that fortress. His first measure was to construct a palisade parallel to the wall of the citadel and the moat in front of it. As he knew very well that the enemy would not submit to this, but would make some kind of armed demonstration against it, he held in readiness some of his best troops, thinking that nothing was more necessary with respect to the future than to strike terror into the Romans and give confidence to the Tarentines. When accordingly upon their planting the first palisade the Romans made a most bold and daring attack on the enemy, Hannibal after a short resistance retired in order to tempt the assailants on, and when most of them advanced beyond the moat, ordered up his men and fell upon them. A stubborn engagement followed, as the fighting took place in a narrow space between two walls, but in the end the Romans were forced back and put to

7 Ῥωμαῖοι. καὶ πολλοὶ μὲν ἔπεσον ἐν χειρῶν νόμῳ, τὸ
δὲ πλεῖον αὐτῶν μέρος ἀπωθούμενον καὶ συγκρημνι-
ζόμενον ἐν τῇ τάφρῳ διεφθάρη.

33. Τότε μὲν οὖν Ἀννίβας προβαλόμενος ἀσφαλῶς
(35) τὸν χάρακα τὴν ἡσυχίαν ἔσχε, τῆς ἐπιβολῆς αὐτῷ
2 κατὰ νοῦν κεχωρηκυίας. τοὺς μὲν γὰρ ὑπεναντίους
συγκλείσας ἠνάγκασε μένειν ἐντὸς τοῦ τείχους,
δεδιότας οὐ μόνον περὶ σφῶν, ἀλλὰ καὶ περὶ τῆς
3 ἄκρας, τοῖς δὲ πολιτικοῖς τοιοῦτο παρέστησε θάρσος
ὥστε καὶ χωρὶς τῶν Καρχηδονίων ἱκανοὺς αὑτοὺς
4 ὑπολαμβάνειν ἔσεσθαι τοῖς Ῥωμαίοις. μετὰ δὲ ταῦτα
μικρὸν ἀπὸ τοῦ χάρακος ἀποστήσας ὡς πρὸς τὴν
πόλιν, τάφρον ἐποίει παράλληλον τῷ χάρακι καὶ τῷ
5 τῆς ἄκρας τείχει· παρ᾽ ἣν ἐκ μεταβολῆς ἐπὶ τὸ πρὸς τῇ
πόλει <χεῖλος> τοῦ χοὸς ἀνασωρευομένου, προσέτι δὲ
καὶ χάρακος ἐπ᾽ αὐτῆς τεθέντος, οὐ πολὺ καταδεεστέ-
ραν τείχους συνέβαινε τὴν ἀσφάλειαν ἐξ αὐτῆς ἀπο-
6 τελεῖσθαι. παρὰ δὲ ταύτην ἐντὸς ἔτι πρὸς τὴν πόλιν
ἀπολιπὼν σύμμετρον διάστημα τεῖχος ἐπεβάλετο
κατασκευάζειν, ἀρξάμενος ἀπὸ τῆς Σωτείρας ἕως εἰς
7 τὴν Βαθεῖαν προσαγορευομένην, ὥστε καὶ χωρὶς ἀν-
δρῶν τὰς δι᾽ αὐτῶν τῶν κατασκευασμάτων ὀχυρό-
τητας ἱκανὰς εἶναι τοῖς Ταραντίνοις τὴν ἀσφάλειαν
8 παρασκευάζειν. ἀπολιπὼν δὲ τοὺς ἱκανοὺς καὶ τοὺς
ἐπιτηδείους πρὸς τὴν τῆς πόλεως φυλακὴν καὶ τὴν τοῦ
τείχους παρεφεδρεύοντας ἱππεῖς κατεστρατοπέδευσε,
περὶ τετταράκοντα σταδίους ἀποσχὼν τῆς πόλεως,
παρὰ τὸν ποταμὸν <τὸν> παρὰ μέν τισι Γαλαῖσον,

flight. Many of them fell in the action, but the larger number perished by being hurled back and precipitated into the moat.

33. For the time Hannibal, when he had safely constructed his palisade, remained quiet, his plan having had the intended effect. For he had shut up the enemy and compelled them to remain within the wall in terror for themselves as well as for the citadel, whereas he had given such confidence to the townsmen that they considered themselves a match for the Romans even without the aid of the Carthaginians. But later, at a slight distance behind the palisade in the direction of the town he made a trench parallel to the palisade and to the wall of the citadel. The earth from the trench was in turn thrown up along it on the side next the town and a second palisade erected on the top, so that the protection afforded was little less effective than that of a wall. He next prepared to construct a wall at an appropriate distance from this defense and still nearer the town reaching from the street called Savior to the Deep Street, so that even without being manned the fortifications in themselves were sufficient to afford security to the Tarentines. Leaving an adequate and competent garrison for guarding the town and the wall and quartering in the neighborhood a force of cavalry to protect them, he encamped at about forty stades from the city on the banks of the river called by some Galaesus, but more generally

παρὰ δὲ τοῖς πλείστοις προσαγορευόμενον Εὐρώταν,
ὃς ἔχει τὴν ἐπωνυμίαν ταύτην ἀπὸ τῆς τοῦ παρὰ
9 Λακεδαίμονα ῥέοντος Εὐρώτα. πολλὰ δὲ τοιαῦτα κατὰ
τὴν χώραν καὶ κατὰ τὴν πόλιν ὑπάρχει τοῖς Ταραν-
τίνοις διὰ τὸ καὶ τὴν ἀποικίαν καὶ τὴν συγγένειαν
ὁμολογουμένην αὐτοῖς εἶναι πρὸς Λακεδαιμονίους.
10 ταχὺ δὲ τοῦ τείχους λαμβάνοντας τὴν συντέλειαν διά
τε τὴν τῶν Ταραντίνων σπουδὴν καὶ προθυμίαν καὶ
τὴν τῶν Καρχηδονίων συνεργίαν, μετὰ ταῦτα διενοή-
θη καὶ τὴν ἄκραν ἐξελεῖν Ἀννίβας.

34. Ἤδη δ᾽ ἐντελεῖς αὐτοῦ συνεσταμένου τὰς πρὸς
(36) τὴν πολιορκίαν παρασκευάς, παραπεσούσης ἐκ Μετα-
ποντίου βοηθείας εἰς τὴν ἄκραν κατὰ θάλατταν, βρα-
χύ τι ταῖς ψυχαῖς ἀναθαρρήσαντες οἱ Ῥωμαῖοι νυκτὸς
ἐπέθεντο τοῖς ἔργοις, καὶ πάσας διέφθειραν τὰς τῶν
2 ἔργων καὶ μηχανημάτων κατασκευάς. οὗ γενομένου
τὸ μὲν πολιορκεῖν τὴν ἄκραν Ἀννίβας ἀπέγνω, τῆς δὲ
τοῦ τείχους κατασκευῆς ἤδη τετελειωμένης, ἁθροίσας
τοὺς Ταραντίνους ἀπεδείκνυε διότι κυριώτατόν ἐστι
πρὸς τοὺς ἐνεστῶτας καιροὺς τὸ τῆς θαλάττης ἀντι-
3 λαμβάνεσθαι. κρατούσης γὰρ τῆς ἄκρας τῶν κατὰ
τὸν εἴσπλουν τόπων, ὡς ἐπάνω προεῖπον, οἱ μὲν
Ταραντῖνοι τὸ παράπαν οὐκ ἠδύναντο χρῆσθαι ταῖς
ναυσὶν οὐδ᾽ ἐκπλεῖν ἐκ τοῦ λιμένος, τοῖς δὲ Ῥωμαίοις
κατὰ θάλατταν ἀσφαλῶς παρεκομίζετο τὰ πρὸς τὴν
4 χρείαν· οὗ συμβαίνοντος οὐδέποτε δυνατὸν ἦν βε-
5 βαίως ἐλευθερωθῆναι τὴν πόλιν. ἃ συνορῶν ὁ Ἀννί-
βας ἐδίδασκε τοὺς Ταραντίνους ὡς, ἐὰν ἀποκλεισθῶσι

Eurotas, after the Eurotas which runs past Lacedaemon. The Tarentines have many such names in their town and the neighboring country, as they are acknowledged to be colonists of the Lacedaemonians and connected with them by blood. The wall was soon completed owing to the zeal and energy of the Tarentines and the assistance rendered by the Carthaginians, and Hannibal next began to contemplate the capture of the citadel.

34. When he had completed his preparations for the siege, some succor having reached the citadel by sea from Metapontum, the Romans recovered their courage in a measure and attacking the works at night destroyed all the machines and other constructions. Upon this Hannibal abandoned the project of taking the citadel by storm, but as his wall was now complete he called a meeting of the Tarentines and pointed out to them that the most essential thing under present circumstances was to get command of the sea. For since, as I have already stated,[59] the citadel commanded the entrance of the port, the Tarentines were entirely unable to use their ships or sail out of the harbor, whereas the Romans got all they required conveyed to them safely by sea; and under these conditions it was impossible that the city should ever be in secure possession of its liberty. Hannibal perceived this, and explained to the Tarentines, that if the garrison of the citadel were cut off

[59] In the lost section before chapter 24.

τῆς κατὰ θάλατταν ἐλπίδος οἱ τὴν ἄκραν τηροῦντες,
παρὰ πόδας αὐτοὶ δι᾽ αὑτῶν εἴξαντες λείψουσι ταύτην
6 καὶ παραδώσουσι τὸν τόπον. ὧν ἀκούοντες οἱ Ταραν-
τῖνοι τοῖς μὲν λεγομένοις συγκατετίθεντο· ὅπως δ᾽ ἂν
γένοιτο τοῦτο κατὰ τὸ παρόν, οὐδαμῶς ἐδύναντο συν-
νοῆσαι, πλὴν εἰ παρὰ Καρχηδονίων ἐπιφανείη στό-
λος· τοῦτο δ᾽ ἦν κατὰ τοὺς τότε καιροὺς ἀδύνατον.
7 διόπερ ἠδυνάτουν συμβαλεῖν ἐπὶ τί φερόμενος Ἀννί-
βας τοὺς περὶ τούτων πρὸς σφᾶς ποιεῖται λόγους.
8 φήσαντος δ᾽ αὐτοῦ φανερὸν εἶναι χωρὶς Καρχηδονίων
αὐτοὺς δι᾽ αὑτῶν ὅσον ἤδη κρατῆσαι τῆς θαλάττης,
μᾶλλον ἐκπλαγεῖς ἦσαν, οὐ δυνάμενοι τὴν ἐπίνοιαν
9 αὐτοῦ συμβαλεῖν. ὁ δὲ συνεωρακὼς τὴν πλατεῖαν
εὐδιακόσμητον οὖσαν τὴν ὑπάρχουσαν μὲν ἐντὸς τοῦ
διατειχίσματος, φέρουσαν δὲ παρὰ τὸ διατείχισμ᾽ ἐκ
τοῦ λιμένος εἰς τὴν ἔξω θάλατταν, ταύτῃ διενοεῖτο τὰς
ναῦς ἐκ τοῦ λιμένος εἰς τὴν νότιον ὑπερβιβάζειν
10 πλευράν. διόπερ ἅμα τῷ τὴν ἐπίνοιαν ἐπιδεῖξαι τοῖς
Ταραντίνοις οὐ μόνον συγκατέθεντο τοῖς λεγομένοις,
ἀλλὰ καὶ διαφερόντως ἐθαύμασαν τὸν ἄνδρα, καὶ
διέλαβον ὡς οὐδὲν ἂν περιγένοιτο τῆς ἀγχινοίας τῆς
11 ἐκείνου καὶ τόλμης. ταχὺ δὲ πορείων ὑποτρόχων κατα-
σκευασθέντων, ἅμα τῷ λόγῳ τοὔργον εἰλήφει συν-
τέλειαν, ἅτε προθυμίας καὶ πολυχειρίας ὁμοῦ τῇ
12 προθέσει συνεργούσης. οἱ μὲν οὖν Ταραντῖνοι τοῦτον
τὸν τρόπον ὑπερνεωλκήσαντες τὰς νῆας εἰς τὴν ἔξω
θάλατταν, ἐπολιόρκουν ἀσφαλῶς τοὺς ἐκ τῆς ἄκρας,
13 ἀφῃρημένοι τὰς ἔξωθεν αὐτῶν ἐπικουρίας. Ἀννίβας δὲ

from the hope of succor by sea they would in a very short time give in of their own accord and abandoning the fortress would surrender the whole place. The Tarentines gave ear to him and were quite convinced by what he said, but they could think of no plan for attaining this at present, unless a fleet appeared from Carthage, which at the time was impossible. They were, therefore, unable to conceive what Hannibal was leading up to in speaking to them on this subject, and when he went on to say that it was obvious that they themselves without the aid of the Carthaginians were very nearly in command of the sea at this moment, they were still more astonished, being quite unable to fathom his meaning. He had noticed that the street just within the cross wall, and leading parallel to this wall from the harbor to the outer sea, could easily be adapted to his purpose, and he designed to convey the ships across by this street from the harbor to the southern side. So the moment he revealed his plan to the Tarentines they not only entirely agreed with what he said, but conceived an extraordinary admiration for him, being convinced that nothing could get the better of his cleverness and courage. They very soon constructed carriages on wheels, and the thing was no sooner said than done, as there was no lack of zeal and no lack of hands to help the project on. Having thus conveyed their ships across to the outer sea the Tarentines effectively besieged the Romans in the citadel, cutting off their supplies from outside. Hannibal now leaving a garri-

φυλακὴν ἀπολιπὼν τῆς πόλεως ἀνέζευξε μετὰ τῆς δυνάμεως, καὶ παρεγένετο τριταῖος ἐπὶ τὸν ἐξ ἀρχῆς χάρακα, καὶ τὸ λοιπὸν τοῦ χειμῶνος ἐνταῦθα διατρίβων ἔμενε κατὰ χώραν.

VI. RES SICILIAE

37. Ἐξηριθμήσατο τοὺς δόμους· ἦν γὰρ <scil. ὁ πύργος> ἐκ συννόμων λίθων ᾠκοδομημένος, ὥστε καὶ λίαν εὐσυλλόγιστον εἶναι τὴν ἀπὸ γῆς τῶν ἐπάλξεων ἀπόστασιν.

2 Μετὰ δέ τινας ἡμέρας αὐτομόλου διασαφήσαντος
ὅτι θυσίαν ἄγουσι πάνδημον οἱ κατὰ τὴν πόλιν ἐφ'
ἡμέρας ἤδη τρεῖς Ἀρτέμιδι καὶ τοῖς μὲν σιτίοις λιτοῖς
χρῶνται διὰ τὴν σπάνιν, τῷ δ' οἴνῳ δαψιλεῖ, πολὺν
μὲν Ἐπικύδους δεδωκότος πολὺν δὲ Συρακοσίων, τότε
προσαναλαβὼν ὁ Μάρκος τὸ τεῖχος καθ' ὃ μέρος ἦν
ταπεινότερον καὶ νομίσας εἰκὸς εἶναι τοὺς ἀνθρώπους
μεθύειν διὰ τὴν ἄνεσιν καὶ τὴν ἔνδειαν τῆς ξηρᾶς
3 τροφῆς ἐπεβάλετο καταπειράζειν τῆς ἐλπίδος. ταχὺ δὲ
κλιμάκων δυεῖν συντεθεισῶν εὐαρμόστων πρὸς τὸ
τεῖχος, ἐγένετο περὶ τὰ συνεχῆ τῆς πράξεως καὶ τοῖς
μὲν ἐπιτηδείοις πρὸς τὴν ἀνάβασιν καὶ τὸν ἐπιφανέ-
στατον καὶ πρῶτον κίνδυνον ἐκοινολογεῖτο, περὶ τοῦ
4 μέλλοντος μεγάλας ἐλπίδας αὐτοῖς ἐνδιδούς. τοὺς δὲ
τούτοις ὑπουργήσοντας καὶ προσοίσοντας κλίμακας
ἐξέλεξε διασαφῶν οὐδὲν πλὴν ἑτοίμους εἶναι πρὸς τὸ
παραγγελλόμενον. πειθαρχησάντων δὲ κατὰ τὸ συν-
ταχθὲν λαβὼν τὸν ἁρμόζοντα καιρὸν νυκτὸς ἤγειρε

son in the town withdrew with his army, and after three days' march got back to his old camp, where he remained fixed for the rest of the winter.[60]

VI. AFFAIRS OF SICILY

Capture of Epipolae

37.[61] He counted the courses. For the masonry of the tower was even, so that it was very easy to reckon the distance of the battlements from the ground. . . . 212 B.C.

A few days afterward a deserter reported that for three days they had been celebrating in the town a general festival in honor of Artemis, and that while they ate very sparingly of bread owing to its scarcity, they took plenty of wine, as both Epicydes and the Syracusans in general had supplied it in abundance; and Marcellus now recollected his estimate of the height of the wall where it was rather low, and thinking it most likely that the men would be drunk owing to their indulgence in wine and the want of solid food, determined to try his chance. Two ladders high enough for the wall were soon constructed, and he now pushed on his design, communicating the project to those whom he regarded as fittest to undertake the first ascent and bear the brunt of the danger, with promises of great rewards. He next selected other men who would assist them and bring up the ladders; simply instructing these latter to hold themselves in readiness to obey the word of command. His orders having been complied with he woke up the first batch of men at the proper hour of the night.

60 Of 213/12.

61 For §§35–36 see the initial note to Book 8.

5 τοὺς πρώτους· προπέμψας δὲ τοὺς ἅμα ταῖς κλίμαξι
μετὰ σημαίας καὶ χιλιάρχου καὶ προσαναμνήσας τῶν
ἐσομένων δωρεῶν τοῖς ἀνδραγαθήσασι, μετὰ δὲ ταῦτα
πᾶσαν τὴν δύναμιν ἐξεγείρας τοὺς μὲν πρώτους ἐν
6 διαστήματι κατὰ σημαίαν ἐξαποστέλλει· γενομένων
δὲ τούτων εἰς χιλίους βραχὺ διαλιπὼν αὐτὸς εἵπετο
7 μετὰ τῆς ἄλλης στρατιᾶς. ἐπεὶ δ' οἱ φέροντες τὰς
κλίμακας ἔλαθον ἀσφαλῶς τῷ τείχει προσερείσαντες,
ἐξ αὐτῆς ὥρμησαν ἀπροφασίστως οἱ πρὸς τὴν
8 ἀνάβασιν ἀποτεταγμένοι. λαθόντων δὲ καὶ τούτων καὶ
στάντων ἐπὶ τοῦ τείχους βεβαίως, οὐκέτι κατὰ τὴν ἐξ
ἀρχῆς τάξιν, ἀλλὰ κατὰ δύναμιν ἅπαντες ἀνέθεον διὰ
9 τῶν κλιμάκων. κατὰ μὲν οὖν τὰς ἀρχὰς ἐπιπορευ-
όμενοι τὴν ἐφοδείαν ἔρημον εὕρισκον· οἱ γὰρ εἰς τοὺς
πύργους ἠθροισμένοι διὰ τὴν θυσίαν οἱ μὲν ἀκμὴν
10 ἔπινον, οἱ δ' ἐκοιμῶντο πάλαι μεθυσκόμενοι. διὸ καὶ
τοῖς μὲν πρώτοις καὶ τοῖς ἑξῆς ἐπιστάντες ἄφνω καὶ
μεθ' ἡσυχίας ἔλαθον τοὺς πλείστους αὐτῶν ἀποκτεί-
11 ναντες. ἐπειδὴ δὲ τοῖς Ἑξαπύλοις ἤγγιζον καταβαί-
νοντες, ἐνῳκοδομημένην τὴν πρώτην πυλίδα διεῖλον,
δι' ἧς τόν τε στρατηγὸν καὶ τὸ λοιπὸν ἐδέξαντο
στράτευμα. οὕτω δὴ τὰς Συρακούσας εἷλον Ῥωμαῖοι.
[Cod. Wescheri fol. 100r v. 341. 9 ss.]

12 Οὐδενὸς ἐπεγνωκότος τῶν πολιτῶν τὸ συμβαῖνον
διὰ τὴν ἀπόστασιν, ἅτε μεγάλης οὔσης τῆς πόλεως.
[Suidas α 3546.]

13 Τοὺς δὲ Ῥωμαίους θαρρεῖν συνέβαινε, κρατοῦντας
τοῦ περὶ τὰς Ἐπιπολὰς τόπου. [Suidas ε 2525.]

Having sent the ladder bearers on in front escorted by a maniple and a tribune, and having reminded the scaling party of the rewards that awaited them if they behaved with gallantry, he subsequently woke up all his army and sent the first batches off at intervals maniple by maniple. When these amounted to about a thousand, he waited for a short time and followed with the rest of his army. When the ladder bearers had succeeded in planting them against the wall unobserved, the scaling party at once mounted without hesitation, and when they also got a firm footing on the wall, without being observed, all the rest ran up the ladders, in no fixed order as at first but everyone as best he could. At first as they proceeded along the wall they found no sentries at their posts, the men having assembled in the several towers owing to the sacrifice, some of them still drinking and others drunk and asleep. Suddenly and silently falling on those in the first tower and in the one next to it they killed most of them without being noticed, and when they reached the Hexapyli they descended, and bursting open the first postern door that is built into the wall there, admitted through it the general and the rest of the army. This was how the Romans took Syracuse. . . .

None of the citizens knew what was happening owing to the distance, the city being large. . . .

The Romans were rendered very confident by their conquest of Epipolae. . . .

VII. RES ASIAE

22. Ὅτι Καύαρος ὁ βασιλεὺς τῶν ἐν τῇ Θρᴀ́κῃ
(24) Γαλατῶν βασιλικὸς ὑπάρχων τῇ φύσει καὶ μεγαλόφρων, πολλὴν μὲν ἀσφάλειαν παρεσκεύαζε τοῖς προσπλέουσι τῶν ἐμπόρων εἰς τὸν Πόντον, μεγάλας
2 δὲ παρείχετο χρείας τοῖς Βυζαντίοις ἐν τοῖς πρὸς τοὺς
3 Θρᾷκας καὶ Βιθυνοὺς πολέμοις. Πολύβιος . . . ἐν ὀγδόῃ ἱστοριῶν, Καύαρος, φησίν, ὁ Γαλάτης, ὢν τἄλλα ἀνὴρ ἀγαθός, ὑπὸ Σωστράτου τοῦ κόλακος διεστρέφετο, ὃς ἦν Χαλκηδόνιος γένος.

23. Ὅτι Ξέρξου βασιλεύοντος πόλεως Ἀρμόσατα,
(25) ἣ κεῖται πρὸς τῷ Καλῷ πεδίῳ καλουμένῳ, μέσον Εὐφράτου καὶ Τίγριδος, ταύτῃ τῇ πόλει παραστρατοπεδεύσας Ἀντίοχος ὁ βασιλεὺς ἐπεβάλετο πολιορκεῖν
2 αὐτήν. θεωρῶν δὲ τὴν παρασκευὴν τοῦ βασιλέως ὁ Ξέρξης, τὸ μὲν πρῶτον αὐτὸν ἐκποδὼν ἐποίησε, μετὰ δέ τινα χρόνον δείσας μὴ τοῦ βασιλείου κρατηθέντος ὑπὸ τῶν ἐχθρῶν καὶ τἄλλα τὰ κατὰ τὴν ἀρχὴν αὐτῷ διατραπῇ, μετεμελήθη καὶ διεπέμψατο πρὸς τὸν Ἀν-
3 τίοχον, φάσκων βούλεσθαι συνελθεῖν εἰς λόγους. οἱ

---

62 See Bk. iv. 46 and 52.

63 4.46.4; 52.1. This eulogy was probably part of the report on the overthrow of his Celtic realm by the Thracians. The mention of Bithynians alludes to his role in the events of 220.

VII. AFFAIRS OF ASIA

Discussion of Some Similar Instances

The Gallic King Cavarus[62]

22. Cavarus,[63] king of the Gauls in Thracia, being naturally kingly and high-minded, afforded great security to traders sailing to the Pontus, and rendered great services to the Byzantines in their wars with the Thracians and Bithynians. This Cavarus, so excellent in other respects, was corrupted by the flatterer Sostratus a native of Chalcedon. . . .

Antiochus at Armosata
(circa 212 B.C.)

23. When Xerxes was king of the city of Armosata,[64] which lies near the "Fair Plain" between the Euphrates and Tigris, Antiochus, encamping before this city, undertook its siege. Xerxes, when he saw the king's strength, at first conveyed himself away, but after a short time fearing lest, if his capital were occupied by the enemy, the rest of his dominions would be thrown into a state of disturbance, he regretted this step and sent a message to Antiochus proposing a conference. The most trusty of Antiochus'

64 Rather Arsamosata, the residence of King Xerxes of Armenia. Its exact location is uncertain. In summer 212 Xerxes acknowledged Antiochus as his overlord; he was kept on his throne and given a sister of Antiochus, Antiochis, in marriage. *RE* Xerxes 2101–2102 (D. Kienast).

μὲν οὖν πιστοὶ τῶν φίλων οὐκ ἔφασκον δεῖν προ-
ΐεσθαι τὸν νεανίσκον λαβόντες εἰς χεῖρας, ἀλλὰ συν-
εβούλευον κυριεύσαντα τῆς πόλεως Μιθριδάτῃ παρα-
δοῦναι τὴν δυναστείαν, ὃς ἦν υἱὸς τῆς ἀδελφῆς αὐτοῦ
4 *κατὰ φύσιν. ὁ δὲ βασιλεὺς τούτων μὲν οὐδενὶ*
προσέσχε, μεταπεμψάμενος δὲ τὸν νεανίσκον διελύ-
σατο τὴν ἔχθραν, ἀφῆκε δὲ τὰ πλεῖστα τῶν χρη-
μάτων, ἃ συνέβαινε τὸν πατέρα προσοφείλειν αὐτῷ
5 *τῶν φόρων. λαβὼν δὲ παραχρῆμα τριακόσια τάλαντα*
παρ᾽ αὐτοῦ καὶ χιλίους ἵππους καὶ χιλίους ἡμιόνους
μετὰ τῆς ἐπισκευῆς τά τε κατὰ τὴν ἀρχὴν ἅπαντ᾽
ἀ<πο>κατέστησε, καὶ συνοικίσας αὐτῷ τὴν ἀδελφὴν
Ἀντιοχίδα πάντας τοὺς ἐκείνων τῶν τόπων ἐψυχαγώ-
γησε καὶ προσεκαλέσατο, δόξας μεγαλοψύχως καὶ
βασιλικῶς τοῖς πράγμασι κεχρῆσθαι. [Exc. Peir.
p. 26.]

friends[65] advised him when he had once got the young man into his hands not to let him go, but to make himself master of the city and bestow the sovereignty on Mithridates[66] his own sister's son. The king, however, paid no attention to them, but sent for the young man and composed their differences, remitting the greater part of the sum which his father had still owed for tribute. Receiving from him a present payment of three hundred talents, a thousand horses, and a thousand mules with their trappings, he restored all his dominions to him and by giving his sister Antiochis in marriage conciliated and attached to himself all the inhabitants of the district, who considered that he had acted in a truly royal and magnanimous manner. . . .

65 Royal "friends" are by definition expected to be *πιστοί* and one might be tempted to change *πιστοί* to *πλεῖστοι*, "most of his friends," but X. *An.* 1.5.15 supports the transmitted text, as R. Weil has observed in his Budé edition of P.

66 It is not known who his father was and which of Antiochus' sisters was his mother. He may or may not be the same as the Mithridates who campaigned with the king in 197 and is mentioned in Livy 33.19.9 *praemissis . . . filiis duobus <et> Ardye et Mithridate,* depending on whether or not one accepts Holleaux's emendation of the text, the addition of *et: Ét.* 3. 183–193; see further M. Wörrle, *Chiron* 18 (1988), 448–454, and Ma (5.45.4), 80–82.

INDEX